Reprint Publishing

Für Menschen, Die Auf Originale Stehen.

www.reprintpublishing.com

Volkswirtschaftliche Studien

aus

Rufsland.

Volkswirtschaftliche Studien

aus

Rufsland.

Von

Dr. Gerhart v. Schulze-Gävernitz,

ord. Professor der Volkswirtschaft zu Freiburg i. B.

Leipzig,

Verlag von Duncker & Humblot.

1899.

Vorbemerkung.

Vorliegende Studien sind das Ergebnis einer vieljährigen, allerdings durch akademische Lehrthätigkeit des öfteren unterbrochenen Arbeit. Die leitenden Gedanken habe ich bereits 1894 in dem Januar-, Februar- und Märzheft der Preufsischen Jahrbücher umrissen — freilich damals noch ohne genügende Begründung und Ausbau im einzelnen. Immerhin sind diese Gedanken seitdem in der russischen Presse und Litteratur wiederholt aufgetaucht, teils mit, teils ohne Bezugnahme auf meine Arbeit. Diese Thatsache ist um deswillen hier festzustellen, damit ich dem Kenner der volkswirtschaftlichen Litteratur Rufslands nicht meinerseits von gewissen einflufsreichen Schriften der letzten Jahre abhängig erscheine. Ein Prioritätsstreit liegt mir fern. Das Anschwellen eines Gedankenkreises ist für denjenigen erfreulich, der ihn aus sachlichen, nicht persönlichen Interessen vertreten hat.

Inhaltsverzeichnis.

Seite

Fünftes Kapitel.

Sechstes Kapitel.

Einleitung.

Durch die Güte des Herrn Ministers der Volksaufklärung war es mir vergönnt, das Wintersemester 1892/93 hindurch an den volkswirtschaftlichen Studien der Universität Moskau teilzunehmen. Dieser Aufenthalt aber bot mir noch mehr: durch Verkehr in den verschiedensten, ja entgegengesetzten Kreisen suchte ich Einblick zu gewinnen in die Strömungen und Stimmungen, welche als Niederschlag des Lebens der russischen Nation in der altehrwürdigen Zarenstadt ihre Vereinigung finden. Studienreisen in den verschiedenen Gegenden des Reiches und zu verschiedenen Jahreszeiten, insbesondere zwei Sommeraufenthalte in den landwirtschaftlichen Teilen des Reiches, erweiterten die in Moskau gesammelten Erfahrungen. Durch das Studium einer ausgedehnten russischen Litteratur versuchte ich die persönlich gewonnenen Eindrücke zu vertiefen [1].

Zwar ist das orthodoxe Rufsland, von byzantinischen Kulturquellen ausgehend, gegenüber dem katholischen und protestantischen Europa eine Welt für sich. Trotzdem haben die Wellen der geistigen Bewegungen, welche in den letzten beiden Jahrhunderten über Europa hingingen, oft genug die Scheidewand zwischen Europa und Rufsland überflutet und sich an den phantastischen Mauern des Kreml in den wunderbarsten Kräuselungen gebrochen. Die russische

[1] Die Titel der russischen Litteratur gebe ich übersetzt wieder; ich fürchte nicht, dafs dadurch die Auffindung der betreffenden Bücher erschwert wird, während der des Russischen unkundige Leser einen Überblick über die benutzte Litteratur erhält.

„Intelligenz“ ist seit Peter d. Gr. ein empfangendes, heute für einige Wissenschaften, zu denen ich auch die Nationalökonomie rechne, ein gebendes Mitglied der Welt des europäischen Denkens.

Aber nicht die europäischen Gedanken europäisieren Rufslands Verhältnisse. Ohne Einflufs auf die gesellschaftliche Struktur des Ganzen verkümmern sie in der dünnen, litterarisch gebildeten Oberschicht, weil ihnen der volkspsychologische Boden fehlt, in den sie breite Wurzeln einsenken könnten. Von Bedeutung werden die philosophischen, politischen, socialen Gedanken Europas in Rufsland erst insoweit, als sie den eigenartigen wirtschaftlichen Bedürfnissen des Zarenreichs sich dienstbar erweisen. Unter diesen wirtschaftlichen Bedürfnissen steht bislang das finanzpolitische Interesse des Staates, welcher nach aufsen die Rolle einer europäischen Grofsmacht, ja einer Weltmacht spielen will, obenan. Diesem politischen Interesse dient seit Peter d. Gr. Rufslands Handels- und Gewerbepolitik, ihm vor allem die gewaltige grofsindustrielle Entwicklung des modernen Rufsland.

Aber auf dem Umwege des wirtschaftlichen Bedürfnisses, unabhängig vom Willen der Menschen, der Litteraten wie der Staatsmänner, vollzieht sich langsam diejenige Europäisierung, welche wichtiger ist als alles, was in den oberen Schichten vor sich geht: in der breiten Tiefe des Volkes entwickelt sich der psychologische Typus des Europäers, und zwar deswegen, weil er für die Befriedigung der wirtschaftlichen Bedürfnisse sich als vorteilhafter erweist.

Hand in Hand hiermit geht — trotz aller merkantilistischen Abschliefsung — eine zunehmende Verflechtung der russischen Volkswirtschaft mit dem Handels- und Kreditnexus Westeuropas, insbesondere des westeuropäischen Festlandes. Es bedeutet dies nach innen die Europäisierung der russischen Volkswirtschaft. Auch sie ist unvermeidlich — gerade im Dienste der politischen Selbstbehauptung und Machterweiterung des Staates.

Erstes Kapitel.

Der ältere Merkantilismus.

I. Allgemeines.

Die heutige russische Industrie trägt einen kolonialen Charakter: die modernen Formen des fabrikmäfsigen Grofsbetriebes wurden vom Westen her übernommen und unvermittelt aufgebaut über den altertümlichen Formen des „nationalen Gewerbes", welches bäuerlicher Hausfleifs war[1].

Die Entwicklung des Gewerbes beginnt in Rufsland wie anderwärts mit der Familie als der ursprünglichen, nach aufsen unabhängigen Wirtschaftseinheit. Dafs die grofse und geschlofsene Bauernfamilie (pjetschischtsche, d. h. grofser Herd) der Gemeinde zeitlich vorangeht, ist für Rufsland auf das deutlichste festzustellen[2]. Denn erst im vorigen Jahrhundert sind in abgelegenen Teilen des Nordens diese einzelnen Bauernhöfe zwangsweise zu Gemeinden vereinigt worden.

Der Bauernhof produzierte zunächst nur zum eigenen Verbrauch, neben Nahrungsmitteln und Rohstoffen auch

---

[1] Hier und im folgenden wird die Büchersche Terminologie angewandt; vergl. Handwörterbuch der Staatswissenschaften, Art. Gewerbe.

[2] Vergl. Engelmann, Leibeigenschaft in Rufsland, Leipzig, 1884, S. 5, und die dort angeführte Abhandlung von Jefimenko, Bäuerlicher Grundbesitz im äufsersten Norden, Russischer Gedanke, 1882 und 1883.

gewerbliche Produkte, am frühesten Gewebe. Dies that, dem gröfseren Verbrauch entsprechend in gröfserem Mafse, auch der adlige Gutshof.

Eine solche sich selbst genügende Gutswirtschaft mit bereits hoch entwickelten gewerblichen Bedürfnissen schildert der „Domostroi“, ein Laienbrevier aus dem 16. Jahrhundert, ähnlich wie auch im Westen derartige Haushaltsanweisungen die Anfänge der volkswirtschaftlichen Litteratur enthalten. Aus diesem Buche gewinnen wir den Eindruck, als habe eine wirtschaftliche Thätigkeit aufserhalb des Hauses gar nicht stattgefunden. Keine Andeutung von einer die Einzelwirtschaften verknüpfenden Volkswirtschaft! „Aller Lebenszweck scheint darin zu bestehen, das einmal im Besitze Vorhandene so zu verwalten, dafs Keller, Speise- und Kleiderkammer nicht leer werden, dafs die hamsterartig aufgehäuften Vorräte möglichst vollständig erhalten, mit möglichst geringen Opfern ergänzt werden [1].“

Hier wie überall trieb die Bevölkerungszunahme zu höheren Wirtschaftsformen. Nur so ist es zu erklären, dafs im Norden, wo die Natur karg und der Nahrungsspielraum beschränkt war, die bäuerlichen Familien sehr früh begannen, die Überschüsse ihres Hausfleifses zu verkaufen. In den holzreichen Gegenden des Nordens spielten und spielen noch heute neben den Geweben die verschiedensten Zweige der Holzbearbeitung eine besondere Rolle, so die Herstellung von hölzernen Gefäfsen, Holzschuhen, Schlitten, der Bau von Flufsschiffen, Mattenweberei, ferner Metallbearbeitung, Kessel-, Nägelherstellung u. s. w. Das Mittel des Absatzes bildete der Hausierhandel; er verbrachte die Erzeugnisse bäuerlicher Industrieen nach dem Süden, der dafür Getreide lieferte.

Später kamen auch Ausländer, welche die bäuerlichen Gewerbeprodukte holten; insbesondere bestand seit dem 16. Jahrhundert rege Tuch- und Leinenausfuhr seitens der Engländer, welche den Hanseaten den auswärtigen Handel

[1] Brückner, J. Possoschkoff. Leipzig 1878. S. 243. Derselbe, Russische Revue. IV, S. 1 ff.

Rufslands entrissen. Bezeichnet wird dieser Umschwung durch den Niedergang Nowgorods und das Aufblühen Archangels, nachdem die Engländer 1553 den Seeweg nach Rufsland durch das Weifse Meer entdeckt hatten. Bis tief in das Innere hinein wird von englischen Handelsniederlassungen im vorigen und vorvorigen Jahrhundert berichtet. Ivan IV. der Grausame, der Zerstörer Nowgorods (1533—84), wurde wegen seiner regen Beziehungen zu England auch „der englische Zar" genannt, und die Engländer erklärten zur Zeit der Elisabeth, dafs ihnen der Handel mit keinem Lande solchen Vorteil bringe wie der mit Rufsland [1].

Neben dem bäuerlichen Hausfleifs war die andere Form des nationalen Gewerbes das Wandergewerbe; der Ausgangspunkt war ebenfalls der Norden. Noch heute wandern Tausende von Schreinern, Maurern, Glasern u. s. w. von Wjatka und Wladimir nach dem landwirtschaftlichen Süden, wo sie umherziehend ihre Dienste anbieten [2]. Das Wandergewerbe ist der Boden, auf welchem das Artel entstanden ist. Wie der Mensch überhaupt als Gruppe in die Geschichte eintritt, so vereinigt er sich, wo er die natürliche Gruppe, die Familie, zu verlassen gezwungen ist, zu neuen künstlichen Gruppen. Das Artel trägt, gleich seinem Vorbilde, der Familie, einerseits einen produktivgenossenschaftlichen Charakter und ist zugleich eine Vereinigung zum Zweck der Konsumtion; es umfafst den ganzen Menschen und verbindet ihn nach aufsen in Solidarhaft. Bezeichnenderweise kam es vorwiegend bei „wandernden Industrieen" vor [3], weil es hier eben die im Boden wurzelnde Genossenschaft, die Familie, ersetzte.

---

[1] Vergl. Ordega, Die Gewerbepolitik Rufslands von Peter I. bis Katharina II. Tübingen 1885. S. 35 u. 42. Brückner, I. Possoschkoff. Leipzig 1878. S. 237—314. Derselbe, Peter der Grofse. S. 6.

[2] Vergl. Struve, Kritische Bemerkungen über die wirtschaftliche Entwicklung Rufslands. Petersburg 1894, S. 190/191; und Thun, Landwirtschaft und Gewerbe in Mittelrufsland. Leipzig 1880. passim.

[3] Vergl. Stieda in Conrads Jahrbüchern, Neue Folge. Bd. VI, S. 193 ff. Mit den modernen Wirtschaftsgenossenschaften Westeuropas scheinen mir die Artels nichts gemein zu haben; erstere ruhen auf

Dies etwa war der gewerbliche Zustand Rufslands im 17. Jahrhundert. Träger der Industrie war damals und bis tief in unser Jahrhundert, trotz aller merkantilistischen Experimente der Monarchen, der Bauer.

Die Handwerker, welche der Hof für seine Bauten und Luxusbedürfnisse brauchte, wurden aus dem Auslande verschrieben. Erst waren es Griechen; nach dem Fall des byzantinischen Reiches folgten ihnen die Deutschen. Diese fremden Handwerker befanden sich in einer halben Beamtenstellung und waren von der einheimischen Bevölkerung streng geschieden; ja sie betrachteten ihre Kunst als Geheimnis und hüteten sich, sie den Eingeborenen mitzuteilen, was selbst Peter d. Gr. noch den von ihm berufenen deutschen Handwerksmeistern zum Vorwurf machte. Als solche ausländische Gewerbetreibende werden Goldschmiede, Glocken- und Kanonengiefser, Architekten, Uhrmacher, Bildhauer und Maler, Bergleute, Tucharbeiter u. s. w. genannt. Nach Brückner betrug die Zahl der schon vor Peter d. Gr. in Rufsland thätigen Ausländer an 17—18000 [1].

Weil es kein einheimisches Handwerk als besonderen Beruf gab, so konnte es auch keine Klassenbestrebungen des Handwerks geben: keinen Kampf gegen die Lohnarbeit in den Häusern der Kunden, gegen das ländliche Gewerbe und das Wandergewerbe, keine Regelung der Produktion innerhalb des Handwerks selbst. Daher herrschte in Rufsland völlige Gewerbefreiheit bis zu Peter dem Grofsen, wie solche ja auch der Ausgang unserer westeuropäischen Entwicklung war. Die von Peter d. Gr. eingeführte Zunftverfassung trug einen rein bureaukratischen Charakter mit fiskalem Zweck. Nach Brückner bestanden die Zünfte nur nominell; ein Ukas des Kaisers bedrohte die Oberpräsidenten des Magistrats mit Zuchthaus, wenn die Zunftverfassung nicht binnen bestimmter

individualistischer Grundlage und ihre Entwicklung weist nach der Zukunft; die Artels weisen nach der Vergangenheit und verfallen mit der Entwicklung individualistischer Denkweisen.

[1] Brückner, Peter der Grofse. Berlin 1879, S. 200. Ordega a. a. O. S. 7, 35, 80—83.

Zeit eingeführt sei — die Strenge der Strafe ist jedenfalls ein Beweis der Erfolglosigkeit des kaiserlichen Willens[1].

Das Vorhandensein einer Moskauer Grofskaufmannschaft bedeutete wenig in dem Meere der bäuerlichen Naturalwirtschaft, welche das vorpetrinische Rufsland darstellte. Ein Beweis für die Rückständigkeit des Handels sind die steten Klagen über Betrügereien, in denen die Russen den Ausländern weit überlegen seien — ohne dafs sie damit dauernde Vorteile erreichten. Ähnliches sagt man heute von den Orientalen, ohne dafs die volkswirtschaftliche Bedeutung des Handels bei ihnen entfernt die gleiche ist, wie bei denjenigen Nationen Westeuropas, deren Handel die solidesten Gewohnheiten aufweist, z. B. bei den Engländern. Peter d. Gr. bedrohte mit Todesstrafe diejenigen, welche den Hanf mit Steinen beschwerten, da die Engländer sich weigerten, Hanf von den Russen zu kaufen. Russische Biberwolle wurde in Frankreich einzuführen verboten, weil sie mit Katzenhaaren vermischt und für die Fabrikation ungeeignet war[2].

Ein weiterer Beweis für den Mangel eines Kaufmannstandes im westeuropäischen Sinne ist die kommerzielle Beherrschung Rufslands durch die Ausländer in jener Zeit. Der einheimische Handel, soweit er vorhanden war, stand eben auf einer ähnlichen Entwicklungsstufe, wie das Gewerbe. Grofsenteils war er noch Nebenerwerb der geschlossenen Hauswirtschaft. So ist es zu erklären, wenn die Reformer zur Zeit Peters über das Hineinpfuschen aller Stände in die Handelsgeschäfte klagen. Nach einer Bemerkung von Possoschkoff treiben Bojaren und Edelleute Handel[3], was in dem Mafse aufhörte, als der Adel Dienstadel wurde. Die bäuerliche Wirt-

[1] Brückner, Peter der Grofse. S. 521. Ordega a. a. O. S. 82. Als zum Umbau des Schlosses in Petersburg 1761 Tischler erfordert wurden, stellte sich heraus, dafs nicht einer in die Tischlerzunft eingetragen war. Rosenberg, Arbeiterschutzgesetzgebung in Rufsland. Leipzig 1895, S. 10.

[2] Brückner, I. Possoschkoff. S. 303, 304.

[3] Vergl. Brückner, I. Possoschkoff, S. 279—304. Ähnlich Kostomaroff; citiert bei Tugan-Baranowski a. a. O. S. 2.

schaft betrieb den Handel in der Form des Hausierhandels. Man spricht von der Wanderlust des russischen Volkes. Was als angeborener Hang angesehen wird, war und ist das Ergebnis wirtschaftlicher Verhältnisse: der Wandergewerbe und des Hausierhandels. Beides, verbunden mit der wilden Feldgraswirtschaft im Ackerbau, bewirkte jene Beweglichkeit des russischen Volkes, welche noch heute den westeuropäischen Reisenden erstaunt: es gleicht einem Sandhaufen, in welchem gerührt wird.

Wie wir sehen, fehlten Handel und Handwerk als breite und gesonderte Berufsschichten, welche sich politisch vom platten Lande abgegliedert hätten. Damit fehlte die Grundlage jenes westeuropäischen Bürgertums, in dessen Kreisen gegen Ausgang des Mittelalters die geistige Befreiung des Menschen sich anbahnte. In Rufsland sprach die Vernunft nicht zum Menschen jene Worte der Selbstherrlichkeit, die ihr Dante in den Mund legt. Es fehlte eine Renaissance und eine Reformation. Wenn die Slavophilen diesen Mangel an Individualismus bei dem russischen Volke als Tugend verherrlichen, so ist das ihre Sache, und nicht mit ihnen zu rechten. Nur so viel läfst sich wirtschaftsgeschichtlich feststellen: um diesen Mangel, beziehungsweise diese Tugend zu erklären, bedarf es nicht eines besonders geartetcten russischen Nationalgeistes. Es genügt zur Erklärung die Rückständigkeit der russischen Wirtschaftsentwicklung.

Man pflegt zu sagen: Peter d. Gr. (1682—1725) europäisierte Rufsland, indem er, was er auf Reisen kennen gelernt hatte, den Merkantilismus Hollands, Frankreichs und Englands, nach seinem Reiche verpflanzte. Dies ist richtig, aber erschöpft nicht das Verhältnis. Gerade hierin zeigt sich deutlich die Abhängigkeit der Ideen von dem wirtschaftlichen Boden, auf dem sie gewachsen sind, dafs sie, auf andern Boden übertragen, andern Zwecken dienen und zu andern Ergebnissen führen.

Peter war persönlich durchtränkt von den Ideen des Westens. Aufgewachsen unter dem Einflufs der „deutschen Vorstadt“ Moskaus und ihres angesehensten Bürgers, des

Schotten Gordon, „liebte er die Deutschen“, wie das Volk zu seinem Entsetzen wahrnahm; bald nach seinem Regierungsantritt besuchte er Archangel, die nach Europa gewandte Seite und den einzigen Seehafen des damaligen Rufsland. Hier lernte er holländisch, verkehrte mit englischen Kaufleuten, schob mit holländischen Matrosen Kegel und suchte insbesondere die Geheimnisse der Schiffbaukunst zu erlernen. Die russischen Zimmerleute werden zu „schiptimmermanni“, der Boewode des Archangelschen Bezirks „min her gubernor.“[1] Später während seines berühmten Aufenthaltes in den Niederlanden wurde Peter halber Holländer. Der Reichtum der Generalstaaten, die Macht Englands wurden das Ideal, dem von nun an all seine Thätigkeit nachsteuerte. Fast sämtliche Mafsregeln des westeuropäischen Merkantilismus wurden von ihm in irgend welcher Weise nachgeahmt. Persönlich in der merkantilistischen Wirtschaftsauffassung befangen, diente er ihr — eine gewaltige, willensstarke Natur.

Trotzdem besteht ein sehr grofser Unterschied zwischen dem Merkantilismus etwa einer Elisabeth, eines Colbert oder Cromwell und dem Peters. Der französische und englische Merkantilismus bedeutete eine Zusammenfassung der Städte und des Bürgertums, welche das höchste Ergebnis der mittelalterlichen Entwicklung und zugleich geistig wie wirtschaftlich der Ausgangspunkt der neueren Geschichtsperiode waren. Hier war der moderne Staat nichts anderes als die Organisation dieses Bürgertums, gleichviel ob sie erfolgte durch die Hand der überkommenen Dynastie, wie in Frankreich und England, oder im Gegensatz zu ihr, wie in den Niederlanden. Des Staates bediente sich die neu emporgekommene Klasse, um in Handelskriegen, Kolonialpolitik u. s. w. brutal, aber durch Kraft bewundernswert ihre Interessen zu fördern. Leute mit bürgerlichen, selbst kaufmännischen Zügen treten zum erstenmal unter den Staatsmännern der Zeit hervor — ein de Witt, ein

---

[1] Vergl. Miljukoff, Die Staatswirtschaft Rufslands in der ersten Hälfte des 18. Jahrhunderts S. 204.

Colbert. Städter und Gewerbtreibende waren die Puritaner wie die Hugenotten.

Zwei Züge wies dieser moderne Staat auf, in denen er sich völlig unterschied von dem Merkantilismus Osteuropas.

Seine Finanzwirtschaft — weil aufgebaut auf einer geldwirtschaftlichen Klasse — war geldwirtschaftlich. Mit Geld bezahlte der König seine Beamten, seine Offiziere und Soldaten. Damit unabhängig vom Adel, drängte er die feudalen Verhältnisse zurück und beschränkte die Hörigkeit. Mit dieser Entwicklung also stieg zugleich der Bauer empor: Cromwells Reiter waren Bauern; von der hohen Lage des französischen Bauernstandes legt ihre Kraft in der Revolution Zeugnis ab.

Geistig war diese Entwicklung individualistisch, wie es der Handel ist, auf dem sie beruhte. Man denke an William Petty, den scharfsinnigsten der merkantilistischen Schriftsteller; neben aller Verherrlichung der Staatsgewalt ist die stillschweigende Voraussetzung fast jeder Seite seiner Schriften ein starkes, sich selbst genügendes Individuum. Ein kühner, welterobernder Handelsgeist kommt in ihm, einem Temple, einem Raleigh u. s. w. zum Ausdruck. Nicht ganz so in Frankreich. Trotz aller Erfolge auf dem Gebiete der Gewerbepolitik gelang es Colbert nicht, den französischen Handel den Rivalen gleich zu machen. Damit fehlte Frankreich die wirtschaftliche Quelle des geistigen Individualismus; der Staat erstickte das Individuum.

In Holland und in England überwog der Handel, der Träger des Individualismus. Daher wurde hier trotz aller staatlichen Zusammenfassung die Freiheit des Individuums nicht unterdrückt. Im Kampfe der Nationen aber siegte diejenige, welche die stärkste Organisation nach aufsen mit der kräftigsten Entwicklung von Individuen nach innen verband. Es war ein Blitz jenes geistvollen Realismus, womit A. Smith seinen Deduktionen häufig einen so grofsen Reiz verleiht, wenn er — in Übereinstimmung mit seinem Freunde Hume — behauptete: in dem Besitze gröfserer innerer Freiheit bestehe der wichtigste Vorteil Englands im Kampfe mit Frankreich.

Vergleichen wir hiermit Rufsland und den osteuropäischen Merkantilismus.

Die reiche und viel versprechende mittelalterliche Entwicklung Rufslands war durch die tatarische Eroberung gebrochen worden. Alles Land wurde Eigentum des Chans, alle Unterthanen seine Sklaven. Mit dem Wegfall der Tatarenherrschaft 1480 rückte der Grofsfürst von Moskau, welcher als Generalsteuereinnehmer des Chans eine Centralgewalt entwickelt hatte, in dessen Stelle. 1547 nahm er den Titel des Zaren an, während der Staat den tatarischen Charakter bewahrte: eine asiatische, auf Eroberung beruhende Monarchie auf Basis naturalwirtschaftlicher Bauern. Die bäuerliche Welt blieb, um die Worte von Karl Marx zu gebrauchen, „von den Stürmen in der politischen Wolkenregion unberührt [1].“

Dieses Staatswesen war jeder Entfaltung des Individuums feindlich; der Gedanke der rechtlich geschützten Sphäre des Einzelnen, in die selbst der Staat nicht eingreifen darf, war dem Moskoviter Staate so entgegengesetzt, wie jede Sonderrechtsbildung. Die freiheitlicheren Zustände der Handelsrepubliken von Nowgorod und Pleskau wurden durch Moskau gewaltsam nivelliert.

Aber auch im Moskoviter Staate regten sich alsbald nach Beseitigung der gewaltsamen Zusammenfassung durch die Tatarenherrschaft centrifugale Entwicklungsmomente. Das 16. und 17. Jahrhundert waren voll von inneren Unruhen, welche zeitweise die zarische Gewalt gänzlich zu beseitigen drohten. Rufsland schien abermals, wie das alte Kieff, in inneren Zwistigkeiten adeliger Gefolgschaften sich auflösen zu wollen (1605—1613).

Den Anstofs zur Neugründung der Monarchie gaben die kriegerischen Berührungen mit dem Westen. Schon Iwan der Schreckliche (1533—1584), welcher das Reich nach dem Osten hin so gewaltig ausdehnte, Kasan, Astrachan, Sibirien unterwarf, war wenig glücklich, wo er, wie z. B. gegen Livland,

[1] K. Marx, Das Kapital Bd. I. 4. Auflage S. 323.

westeuropäische Artillerie und Taktik zu bekämpfen hatte. Kurze Zeit darauf befahlen die ebenfalls mit westeuropäischer Technik ausgerüsteten Polen in Rufsland, und der Kreml von Moskau erhielt damals eine polnische Garnison. Es fehlte wenig, so wäre Rufsland eine Provinz des Westens geworden, wie etwa Indien, Centralasien u. s. w. Aber Rufsland sollte den Weg gehen, den neuerdings Japan eingeschlagen hat: politische Unabhängigkeit durch Annahme der militärischen Technik des Westens.

In einem populären Aufstande gegen die Polenherrschaft 1612 wurde die Monarchie der Romanoffs aufgerichtet. Dieselbe wandte sich abwehrend und erobernd nach aufsen, einigend und unterwerfend gegen die adlige Zerplitterung im Innern.

Die militärische Technik Westeuropas in grofsem Mafsstabe nach Rufsland übertragen zu haben, war das Werk Peters; ihr diente der Staat, ihr sein Merkantilismus. Hier im Osten ist der militärische Zweck Selbstzweck des Staates; die Kriege hatten nicht den Charakter der Handelskriege, wie im Westen.

In seinem gründlichen Werke über das Finanzsystem Peters des Grofsen hat Miljukoff gezeigt, wie sehr die Herstellung eines Heeres und einer Flotte nach westeuropäischem Muster „die bewegende Ursache aller Neuerungen auf dem Gebiete der Staatswirtschaft war.“[1] In dem Budget von 1701 machen die Ausgaben für militärische Zwecke 78 pCt. aus, während der nächsthöhere Posten auf Finanzoperationen und merkantilistische Mafsregeln fällt, welche doch zuletzt wieder dem militärischen Zwecke zu dienen hatten. Dieses Verhältnis stieg immer weiter, bis 1705 die militärischen Ausgaben 96 pCt. der Staatseinkünfte verschlangen.[2]

Der militärische Zweck des Staates aber konnte nicht erreicht werden durch dieselben Mittel, welche die westeuropäische Monarchie anwandte: durch eine geldwirtschaft-

---

[1] Miljukoff a. a. O. S. 166.
[2] Miljukoff a. a. O. S. 162, 234.

liche, auf dem Bürgertum ruhende Finanzwirtschaft. Denn eine solche Klasse gab es in Rufsland nicht. Daher lag in in der Kopfsteuer, erhoben von Staatsbauern wie Gutsbauern, der Schwerpunkt der Finanzwirtschaft[1]. Aber da die Bauern kaum etwas verkauften, so hatten sie wenig Geld, um die Steuer zu zahlen; ihr Ertrag war auf nicht mehr als 4 Millionen Rubel berechnet, welche zudem schlecht eingingen. Das Buch von Miljukoff ist voll von Belegen der Zahlungsunfähigheit der Bauern, welche sich massenhaft der mittels schwerer Strafe eingetriebenen Steuer durch die Flucht entzogen — „teils nach Sibirien, teils zu den Baschkiren, teils über die polnische und littauische Grenze.“ „Bald empfangen — so schildert Miljukoff — ganze Regimenter jahrelang keinen Sold und werden zu halben Bettlern und Landstreichern; bald kann das Geschwader nicht aus der Newa fahren wegen Mangel an Geld, und so wird die geplante Campagne um ein Jahr aufgeschoben; hier sterben die Artilleristen vor Hunger, und dort sitzen Diplomaten im Auslande ganze Jahre ohne Gehalt[2].“

Nach weiterer Schilderung derartiger Zustände fährt Miljukoff fort: „Was unternahm die Regierung? Zunächst bestand sie auf buchstäblicher Erfüllung der Steuerauflagen, wiederholte die Befehle an die Gouverneure, bedrohte sie mit Strafen und bestrafte sie zuweilen thatsächlich, machte für die Steuern die Steuerkommissare der Gouvernements haftbar, setzte die unteren Beamten ins Gefängnis und schickte endlich, nach Erschöpfung dieser Mittel, Militär in das betreffende Gouvernement. Wieder wurde geschrieben, geprügelt, gestraft, eingesperrt, und nachdem alle Mittel des Zwanges versucht worden waren, wandten sich die Offiziere an ihre Vorgesetzten mit derselben Frage: was jetzt thun? Es ist klar, dafs der Staat andere Mittel versuchen mufste.“

Aber die anderen Objekte, die man zu besteuern vor-

[1] Vergl. Janschul, Grundlagen der Finanzwirtschaft. Petersburg 1890, S. 357; ferner Miljukoff a. a. O. S. 635—648, 692 ff.

[2] Miljukoff a. a. O. S. 505.

fand, waren äufserst gering; ein Beweis hierfür sind die merkwürdigsten Steuern, die man mangels besserer ersann. Man besteuerte Bärte, Särge, Badestuben, Schornsteine, Keller und Brunnen; sehr entschieden tadelt der Engländer J. Perry die Steuer auf Backsteine — eine Mafsregel, allerdings ganz entgegengesetzt dem Geiste des Merkantilismus[1].

Da eine breitere bürgerliche Mittelklasse, die man hätte besteuern können, fehlte, so nahm Peter den Handel in die eigene Hand. Die wichtigsten Handelswaren waren Staatsmonopol: Juchten, Hanf, Pottasche, Theer, Wachs, Talg, Hanföl, Leinsaat, Borsten, Kaviar, Wagenschmiere und Leberthran, vor allem Salz, Branntwein und Tabak. Regal war die Bienenzucht und der Walfischfang, regal war auch der Handel mit China[2].

Seit 1711 hat Peter die Mehrzahl dieser Monopole fallen lassen; nur das Branntwein-, das Tabak- und das Salzmonopol blieben bestehen — gewifs nicht deswegen, weil, wie Ordega will, der Zar nunmehr „liberaleren“ Grundsätzen huldigte. Dafs kein grundsätzlicher Widerspruch gegen Monopole vorlag, beweist die Thatsache, dafs der Zar zwar die Staatsmonopole vielfach aufhob, um so bereitwilliger jedoch Privatleuten Monopole erteilte[3] — oft Monopole der wunderlichsten Art; beispielsweise wurden Ausländern Monopole für Mastbäume, Seekarten u. s. w. erteilt. Noch weniger durchschlagend ist der Grund, den Scherer anführt: der Zar habe eingesehen, dafs „ein Fürst nicht zur untergeordneten Rolle des Kaufmanns herabsteigen dürfe, damit nicht der Handel die königliche Würde herabsetze.“ Wo immer etwas zu verdienen war, hat der Zar gleich andern Monarchen seiner Zeit selbst Handelsgeschäfte gemacht, z. B. nach Spanien, Portugal u. s. w.[4] Wie wenig skrupulös er in dieser Hinsicht verfuhr, zeigt folgende Geschichte: der Zar kaufte einmal eine

[1] Brückner, Peter der Grofse S. 512.

[2] Vergl. Stieda, Russische Revue Bd. IV. S. 229 ff.

[3] Stieda a. a. O. S. 220, 229, 230.

[4] Vergl. Brückner, Possoschkoff S. 291. John Perry, Etat présent de la grande Russie. Traduit de l'Anglais. 1717. p. 242.

bestimmte Menge Hanf und liefs sie an seine Häfen liefern. Dann verbot er allen Kaufleuten Hanf zu verkaufen, bis er den seinigen abgesetzt hatte, für welchen er einen hohen Preis festsetzte[1], womit das kurzlebige Hanfmonopol wieder aufhörte.

Der offenkundige Grund der Aufgabe der meisten Monopole ist vielmehr der, dafs sie nichts einbrachten, d. h. an den naturalwirtschaftlichen Zuständen des russischen Volkes scheiterten. Alle Ausländer, welche über das damalige Rufsland schrieben, stimmten darin überein, dafs Rufsland zwar viele kostbare Naturprodukte, aber „wenig Geld" besitze.

War auf dem Wege einer geldwirtschaftlichen Finanz das angestrebte Ziel nicht zu erreichen, so blieb nichts übrig, als die Bedürfnisse des Staates und der Armee naturalwirtschaftlich zu befriedigen. Die Soldaten gewann man durch Konskription; die Einstellung zum Militär, welche der Bauer nicht weniger als ein Todesurteil fürchtete, wurde zum schärfsten Strafmittel in der Hand des Gutsherrn gegen halsstarrige Leibeigene[2].

Auch für andere staatliche Arbeiten bediente man sich der zwangsweisen Konskription; so wurden die Erdarbeiter zum Baue St. Petersburgs zwangsweise ausgehoben; nach der Rückkehr aus dem Kriege verwandte Peter die Soldaten in Kanalbauten und ähnlichem[3]. Da ihre Verpflegung zu Friedenszeiten mehr Schwierigkeiten machte, als auf fremdem Territorium im Kriege, so hat Peter vielfach die Regimenter über weite Landstrecken in Bauernquartiere zerstreut, wobei den Gemeinden die Unterhaltung der Truppen als unentgeltliche Pflicht auferlegt wurde[4].

Auch Offiziere und Beamten wufste man auf naturalwirtschaftlichem Wege sich zu verschaffen; man legte dem Adel

[1] Vergl. Stieda, Russische Revue IV. S. 226, 241.

[2] Vergl. Moltke, Briefe über Zustände und Begebenheiten in der Türkei, Berlin 1876, S. 281: „So lange türkische Linientruppen existierten, hätten die Dorfschaften entlassene Soldaten noch nie zurückkehren gesehen."

[3] Brückner, Peter der Grofse. S. 526.

[4] Miljukoff a. a. O. S. 697.

die Verpflichtung des Staatsdienstes auf und gab ihm dafür die Herrschaft über die Bauern. Dies bezeichnet einen besonders tiefen Gegensatz zwischen dem westlichen und östlichen Merkantilismus. Auf dem Schlachtfelde von Tewkesbury 1471 rief Eduard IV., ein typischer Vertreter der westeuropäischen Monarchie: „schonet das Volk und tötet die Herren“ — in Rufsland führte Peter d. Gr. die Leibeigenschaft einen starken Schritt vorwärts, und ihren Höhepunkt erreichte diese Institution erst unter der erleuchteten Katharina II. Damals fiel die Grenze, welche die Leibeigenschaft von der Sklaverei scheidet: auch ohne Land wurden Menschen verkauft, vertauscht, vermacht und verpfändet — neben Hunden und Papageien in den Zeitungen Zofen und Kammerdiener ausgeboten, auf den Märkten der Städte die gewöhnlicheren Exemplare der Menschenware an den Meistbietenden versteigert[1]. 1771 mufste Katharina verbieten, bei Zwangsversteigerung von Landgütern die Bauern gesondert vom Lande unter den Hammer zu bringen. Erst 1808 wurde der Verkauf von Menschen auf öffentlichen Märkten verboten.

Der preufsische Merkantilismus des vorigen Jahrhunderts, bisher meist vom Westen gesehen, sollte auch vom Osten her beleuchtet werden. In der That ist er ein Mittelding zwischen Westeuropa und Rufsland; das erstere ist er dem „wollen“ nach, das letztere in vielen Fällen ist sein „vollbringen“.

Das Finanzsystem Brandenburg-Preufsens hat gegenüber dem Rufslands einen westeuropäischen Zug: die Accise als eine den Städten auferlegte Verbrauchssteuer. Ihre Bedeutung beweist, dafs die preufsischen Könige wenigstens schwache Reste eines steuerfähigen Bürgertums in ihrem Staate vorfanden.

Aber dieselben waren finanziell nicht stark genug, um das Heerwesen auf ihnen ausschliefslich aufzubauen, womit das

[1] Vergl. Semjewski, Die Bauern unter der Regierung Katharinas II. Petersburg 1881. Bd. I, S. 145—157. Vergl. ferner Transehe Roseneck, Gutsherr und Bauer in Livland. Strafsburg 1890, S. 198, 199.

Königtum unabhängig von den Junkern gewesen wäre. Osteuropäisch ist der notgedrungene Kompromifs mit dem Adel, auf welchem der preufsische Staat des vorigen Jahrhunderts beruhte. „Das fürstliche Klassenbewufstsein" der preufsischen Könige war westeuropäisch und führte zu fortgesetzten Protesten gegen die Leibeigenschaft. So hat bekanntlich Friedrich der Grofse — ähnlich schon sein Vater — 1763 dekretiert: es sollen absolut und ohne das geringste Raisonnieren alle Leibeigenschaften von Stund an abgeschafft sein! Aber noch im preufsischen Landrecht 1794 besteht, wenn auch unter anderem Namen, die Leibeigenschaft fort; ja zu dem Paragraphen, welcher die Leibeigenschaft im Sinne der Sklaverei verbietet, machten die Stände der Uckermark, Neumark und der Kreise Beeskow und Storkow damals noch die Bemerkung: jener Paragraph würde geltendes Recht ändern [1]. „Der König war mehr als halb besiegt" — dieses Wort Knapps bezeichnet den fruchtlosen Kampf der preufsischen Könige gegen die Leibeigenschaft überhaupt. Was die preufsischen Könige erfolglos bekämpften, haben die grofsen Zaren des vorigen Jahrhunderts — Peter und Katharina — bewufst geschaffen. Der Grund war in beiden Fällen der gleiche: man brauchte den Adel als Offizier und Beamten und hatte nicht das Geld, seine Dienste zu bezahlen. Man zahlte mit Menschen.

Osteuropäisch im Preufsen des vorigen Jahrhunderts war jene schulmeisterliche Stellung des Staates zum Unterthanen, wie sie auch in Rufsland sich wiederfindet.

„In England", sagt Brentano [2], „war die Staatsgewalt in ihren wirtschaftlichen Mafsnahmen meist nur das Organ der Wirtschaftsinteressenten selbst. Diese waren es, von denen die Initiative ausging. Sie regten an, schlugen vor, die Staatsgewalt prüfte und verordnete. In Schlesien war es die Staatsgewalt, welche

[1] Knapp, Die Landarbeiter in Knechtschaft und Freiheit. Leipzig 1891. Derselbe, Die Bauernbefreiung und der Ursprung der Landarbeiter. Leipzig, 1887, I. S. 120.

[2] Vergl. Brentano, Zeitschr. für Social- und Wirtschaftsgeschichte Bd. I. S. 338, 339. II. 348 ff.

den Wirtschaftsinteressenten befahl, welche aus eigener Initiative ins Leben rief, ordnete und regelte" — oder in der drastischen Weise der Zeit ausgedrückt: „Der Plebs geht von der alten Leier nicht ab, bis man ihn bei Nase und Armen zu seinem Vorteil hinschleppt [1]." Wie Peter der Grofse seine Kaufleute als Kinder bezeichnete, die „willig oder widerwillig" das ABC lernen sollten, so galt auch in Preufsen der Satz: „Der Kaufmann bleibet bei dem, was er erlernt hat" — so ziemlich das Kläglichste, was man von einem Kaufmannsstande aussagen kann. Dem in der That „beschränkten Unterthanenverstand" wurde es schwer verdacht, die ihm „geschehenen Anträge skeptisch zu behandeln [2]." Grund dieser Erscheinung war die wirtschaftliche Rückständigkeit des Ostens; ihm fehlte jenes Grofsbürgertum, aus dessen Kreisen die Litteratur des westeuropäischen Merkantilismus hervorging, welche im Osten wie im Westen dem Staate selbst die leitenden Gesichtspunkte angab.

Wir haben damit die grundsätzliche Verschiedenheit des west- und des osteuropäischen Merkantilismus erörtert, welche in letzter Linie auf der Verschiedenheit der finanziellen Grundlagen des Staates beruht.

Im folgenden betrachten wir im besonderen die Gewerbepolitik des russischen Merkantilismus, ohne uns auf die Schwankungen im einzelnen einzulassen. Die von Katharina II. verkündete Gewerbefreiheit beruhte auf theoretischen Gesichtspunkten [3]. Der physiokratisch gefärbte Widerwille der Kaiserin

---

[1] Vergl. Schmoller, Studien über die wirtschaftliche Politik Friedrichs des Grofsen. Jahrb. f. Gesetzgeb. u. Verw., N. F., VIII., S. 8. „Allen ist bekannt," sagt in ähnlicher Weise Peter, „dafs unsere Leute nichts von selbst anfangen, ohne dafs man sie nicht zwinge. Daher mufs das Kommerzkollegium die Richtung der Handelsentwicklung leitend bestimmen, etwa wie eine Mutter wohl für ihr unmündiges Kind sorgt."

[2] Vergl. bei Zimmermann, Blüte und Verfall der schlesischen Leinenindustrie, S. 129, 130.

[3] Bekanntermafsen hatte die Einführung der Gewerbefreiheit selbst 1807 in Preufsen noch geringe Bedeutung; vergl. Schmoller, Kleingewerbe, Halle 1870, S. 51 ff.

gegen die Privilegien der Fabrikanten beförderte das bäuerliche Kleingewerbe und kam in letzter Linie dem Adel zu gute, welcher der Geldabgaben wegen gewerbliche Unterthanen den rein ländlichen vorzog.[1] Eine Milderung der merkantilistischen Energie ist also hier wie im Preufsen des vorigen Jahrhunderts als Sieg des Adels über das von Mehring sog. „fürstliche Klassenbewufstsein“ anzusehen[2]. Wie Kaiser Paul, Katharinas Nachfolger, die von seiner Mutter aufgehobene Prügelstrafe für den Adel wiederherstellte, so hat er auf Staatskosten wieder Fabriken errichtet und bestehende erweitert, für Fabrikanten Monopole, Privilegien und Prämien bewilligt.

Alle gewerblichen Unternehmungen in Rufsland zerfielen bis zu den Reformen Alexanders II. in zwei Gruppen: die gutsherrlichen und die unter Staatsaufsicht befindlichen, staatlichen oder halbstaatlichen Fabriken, sog. Possessionsfabriken. Dieser Unterschied beruhte auf der Strenge der Leibeigenschaft, wie sie seit Peter im vorigen Jahrhundert ihren Gipfel erreichte.

Nur der adlige Gutsherr hatte grundsätzlich das Recht, Leibeigene zu halten, also auch unbeschränkt solche zur Fabrikarbeit zu verwenden. Daneben war es nur der Staat, welcher Bauern zur Fabrikarbeit zwingen und nicht-adligen Unternehmern das Privileg verleihen konnte, Leibeigne zwecks Fabrikarbeit zu besitzen. Für dieses Privileg behielt er sich ein weitgehendes Aufsichtsrecht des gesamten Gewerbebetriebes vor.

Betrachten wir zunächst die gutsherrlichen Fabriken, welche sich unabhängig vom Staate entwickelten. Mit Recht nennt Engelmann die Gutsherrschaft einen geschlossenen und unabhängigen „Staat im Staate“, lediglich durch die Dienstpflicht des Herrn (und die Kopfsteuer der Bauern) mit der Centralregierung verbunden.

---

[1] Tugan-Baranowski, Die russische Fabrik, Petersburg 1898, S. 39, 40.

[2] Mehring, Lessinglegende, Stuttgart 1893 passim.

II. Die gutsherrlichen Fabriken.

Die Leibeigenschaft ist gewifs von gröfstem Einflufs auf die russische Gewerbeentwicklung gewesen. Sie wirkte, wie die Unfreiheit im westlichen Europa, zunächst zu Gunsten des Fortschritts. Wie einst die Grundherrschaft im Westen die fortgeschrittene landwirtschaftliche Technik der römischen Villa dem germanischen Markgenossen aufzwang, so wurde in Rufsland auf gleichem Wege eine fortgeschrittene gewerbliche Technik zwangsweise in Verhältnisse eingeführt, die noch weit entfernt waren, eine solche aus sich heraus zu entwickeln.

Ausgang der Entwicklung war hier wie dort die geschlossene Gutswirtschaft. Geschickte Bauernsöhne nahm der Gutsherr auf den Herrenhof und bildete sie zu Handwerkern, sog. Hofleuten, aus[1]. Daneben mufsten die Bauern aufser landwirtschaftlichen Abgaben und Frohnden den Überschufs ihres gewerblichen Hausfleifses dem Gutsherrn abgeben.

Nach einer feinen Bemerkung des A. Smith sind es die Luxusbedürfnisse des Adels gewesen, welche zuerst Anstofs zur geldwirtschaftlichen Entwicklung des platten Landes gaben. Auch der russische Adel wünschte weniger Naturalprodukte als Geld; denn er hatte auf Reisen und in Kriegen westeuropäische Bedürfnisse kennen gelernt, die nur durch Geld zu befriedigen waren.

Geld konnte sich aber der Bauer immerhin eher noch durch Verkauf gewerblicher Erzeugnisse oder durch Wandergewerbe verschaffen, als durch Verkauf landwirtschaftlicher Produkte. Daher begünstigte der Gutsherr die bäuerlichen Gewerbe. Insbesondere waren nach Haxthausen im nördlichen Rufsland, wo der bäuerliche Hausfleifs seinen Sitz hat, die Geldabgaben der Bauern häufig, während im rein landwirtschaftlichen Süden Naturalabgaben und Frohnden überwogen. Ein grofser Teil dieser fälschlich sogenannten Hausindustrien ist zweifellos zwangsweise durch den Adel eingeführt oder ausgedehnt worden. Noch heute gilt ein ähnliches Verhältnis.

[1] Ordega a. a. O. S. 80.

An die Stelle der gutsherrlichen Abgaben sind heute Ablösungs- und Steuerzahlungen getreten; um sie aufzubringen, ist der sonst naturalwirtschaftliche Bauer vielfach zur Fabrikarbeit während des Winters gezwungen, als der einzigen Quelle des Gelderwerbs.

Diese gutsherrliche Hausindustrie war nicht ohne Analogien im Westen. So hat Brentano auf den gutsherrlichen Charakter der schlesischen Leinenindustrie hingewiesen[1]. Freilich fehlen auch die Unterschiede nicht. Der schlesische Adel hatte das Recht zum Gewerbebetriebe auf Grund von Verträgen seitens der Städte erworben, welche früher ein ausschliefsliches Gewerberecht besafsen; der russische Adel dagegen hatte ein thatsächliches Monopol des Gewerbebetriebes, weil er allein Leibeigene hatte, und weil Menschen fehlten, welche freiwillig dem Gewerbe sich hingegeben hätten. Schlesien hatte ein städtisches Mittelalter und erlebte lediglich eine wirtschaftliche Rückentwicklung, bedingt durch Verlegung der Welthandelsstrafsen, den dreifsigjährigen Krieg u. s. w.; in Rufsland fand die neuere Gewerbeentwicklung überhaupt keine städtisch gewerbliche Anknüpfung vor.

In Rufsland allein auch konnte der gutsherrliche Gewerbebetrieb seine Tendenzen voll entfalten. In Übertragung der verbesserten gewerblichen Technik Europas vereinigte der Adel die unfreie Arbeit in Werkstätten, und so entstand die gutsherrliche Fabrik, der wichtigste Ausgangspunkt des modernen Gewerbebetriebes in Rufsland. Seit der Mitte vorigen Jahrhunderts bis in die ersten Jahrzehnte des unsrigen übertraf die gutsherrliche Fabrik an Zahl und Bedeutung die vom Staate durch einheimische Kaufleute oder Ausländer ins Leben gerufenen privilegierten Betriebe.

Zu jedem wohleingerichteten Latifundium gehörte im vorigen Jahrhundert insbesondere eine Tuchmanufaktur. Oft sehr ausgedehnte Fabrikgebäude, die heute meist leer stehen, traf ich noch vielfach als Ruinen auf adligen Gütern.

---

[1] Vergl. Brentano, Zeitschr. f. Social- u. Wirtschaftsgeschichte Bd. I S. 318 ff. Bd. II S. 235.

Man kann verschiedene Stufen dieser gutsherrlichen Entwicklung unterscheiden. Zunächst wurden die Bauern gezwungen, insbesondere des Winters, Frohntage in den gutsherrlichen Werkstätten zu leisten. Aber der Bauer erwies sich als völlig unbrauchbar zu halbwegs gelernter gewerblicher Arbeit; er arbeitete so wenig als möglich und verdarb die ihm anvertrauten Werkzeuge. Das Nächstliegende war berufliche Trennung der gewerblichen von der landwirtschaftlichen Arbeit[1].

Die zur Fabrikarbeit tauglichen Bauern wurden dauernd in die Fabriken aufgenommen, in Arbeiterkasernen untergebracht und beköstigt; ihr bisheriges Land wurde häufig dem vom Gutsherrn selbst bewirtschafteten zugeschlagen. So entstanden gewerbliche Gebilde, welche den Sklavenbetrieben des Altertums glichen: es handelte sich hier wie dort um die wirksamste Ausnutzung des Überschusses an Menschenmaterial des Oikos[2]. Einen Lohn erhielten diese Leibeigenen selbstverständlich nicht, sondern nur Beköstigung. Das Zwangsmittel zur Arbeit war die Peitsche, das einzige Schutzmittel des Arbeiters die Flucht. Die Bauern sprachen, nach dem Bericht eines Zeitgenossen, mit dem Ausdruck desselben Entsetzens von der Fabrik wie von der Pest[3].

Aber es gab zahlreiche Adlige, die nicht in der Lage waren, eigene Fabriken anzulegen. Diese verkauften oder vermieteten ihre überschüssigen Arbeitskräfte an fremde Fabriken (Kabalni rabotschi). Insbesondere in den ärmeren Teilen Weifsrufslands mieteten Agenten oder Zwischenmänner den Gutsherren das menschliche Arbeitsvieh in grofsem Umfange ab und trieben es herdenweise unter scharfer Bewachung den mittelrussischen Fabriken zu. Kinder wurden

[1] Vergl. Semjewski, Bäuerliche Frage. Petersburg 1888. Bd. I S. 333—339. Über diesen Gegenstand stellte die Freie ökonomische Gesellschaft von St. Petersburg schon 1812 eine Preisaufgabe.

[2] Semjewski, Die Bauern zur Zeit Katharina II. Petersburg 1881. I S. 479.

[3] Turgenieff, La Russie et les Russes II 143—144, citiert bei Tugan-Baranowski.

nach Haxthausen häufig auf siebenjährige Lehrzeit an Fabrikanten abgegeben.

Man machte die Erfahrung, dafs diese örtliche Versetzung die Arbeitsleistung einigermafsen steigerte. Daher pflegten vielfach auch die Gutsherren, welche mit eigenen Leibeigenen die Fabriken betrieben, von entfernteren Gütern Arbeiter kommen zu lassen und geographisch auszutauschen. In dieser Trennung vom Lande lag einer der Gründe der Entstehung einer besonderen Fabrikarbeiterklasse, welche zur Zeit der Befreiung schon vom Lande gelöst war und daher ohne Land befreit wurde[1].

Übrigens wirkt diese geographische Verpflanzung noch heute. Nur in denjenigen Bezirken des Moskauer Gouvernements, welche seit lange gewerblich sind, überwiegt die Zahl der im Bezirk geborenen Arbeiter; in den weniger und seit kürzerer Zeit gewerblichen Bezirken bilden noch heute die Arbeiter auswärtiger Abstammung bei weitem die Mehrzahl[2].

Auch diese Gutshörigen, welche vom Lande und ihrer Heimat losgelöst in den Fabriken arbeiteten, erhielten zunächst keinen Lohn, sondern Beköstigung. Der Fabrikant zahlte vielmehr eine feste Geldabgabe (z. B. 25 Rubel das Jahr) an den Gutsherrn oder den Agenten, welcher die Zuführung eines bestimmten Arbeitertrupps übernommen hatte. Solche Arbeiter kamen zwar sehr billig, aber waren nur dort zu brauchen, wo keine besondere Geschicklichkeit verlangt wurde. Ihre Mängel waren: „kein Fleifs, keine Ordnung, stündliche Fluchtgefahr"[3].

Das Bedürfnis nach leistungsfähigerer Arbeit, wie sie zu gewerblicher Thätigkeit, insbesondere zur Bedienung von Maschinen, unentbehrlich ist, trieb weiter. Haxt-

---

[1] Vergl. für die gutsherrliche Fabrik den Aufsatz von Pogojeff im Europäischen Boten 1889, insbesondere S. 8—21; ferner Tugan-Baranowski a. a. O. S. 104 ff., sowie Sammlung statistischer Mitteilungen über das Gouvernement Moskau Bd. IV Teil I. Erisman, insbesondere S. 55, 69, 70, 91.

[2] Erisman a. a. O. S. 243.

[3] Tugan-Baranowski a. a. O. S. 92.

hausen bemerkt in seinem 1847 geschriebenen Werke, dafs die Russen sehr schlechte Fabrikarbeiter seien, wenn sie als unfreie Fröhnder arbeiten; „arbeiten sie aber zum eigenen Vorteil, dann arbeiten sie herzhaft“ — ein Satz, der gewifs nicht blofs auf die Russen pafst. Der letzte Schritt also war der, den Unfreien auf eine feste Geldabgabe zu setzen und die Verwertung seiner Arbeitskraft ihm selbst zu überlassen; es geschah dies zunächst mit solchen Leibeigenen, welche Handel oder Gewerbe als Unternehmer betrieben. So gab es reiche Kaufleute, welche den Obrok als Zeichen der Unfreiheit einem Gutsherrn Generationen hindurch entrichteten. Desgleichen traten unfreie Bauern als hausindustrielle Verleger oder Fabrikunternehmer auf und erwarben als solche oft grofse Vermögen.

Höchst bezeichnend ist die Geschichte der Morosoff, einer der ersten russischen Fabrikantenfamilien der Gegenwart. Der Stammvater derselben, der Leibeigene eines gewissen Rumin, begann gegen Ende des vorigen Jahrhunderts eine Seidenweberei, welche durch die Unverfälschtheit der Seide und die Dauerhaftigkeit ihrer Farben sich auszeichnete — eben das Geschäft, aus dem sich später die gröfsten Baumwollspinnereien des Wladimirschen Gouvernements entwickelten. Erst 1820 gelang es ihm, sich um den für jene Zeit beträchtlichen Preis von 17 000 Rubel freizukaufen [1]. Dagegen wurden die Malzoffs, die älteste russische Fabrikantenfamilie, schon frühe, von Katharina II. 1775 in den Adelstand erhoben, womit das wertvolle Recht verbunden war, Leibeigene zu kaufen und ohne Beschränkung und Staatsaufsicht zur Fabrikarbeit zu verwenden [1].

Besonders interessant waren die Verhältnisse in Ivanowo, einem Dorfe im Wladimirschen Gouvernement, welches seit Mitte vorigen Jahrhunderts einer der ersten russischen Industrie-

[1] Schischmarjeff, Kurze Beschreibung der Industrie des Bezirks der Eisenbahn Nischni Novgorod—Schuja—Ivanowo. Petersburg 1892. S. 29.

[2] Schischmarjeff a. a. O. S. 41.

orte, insbesondere Mittelpunkt der Kattundruckerei und Sitz zahlreicher wohlhabender Fabrikanten wurde; bis 1861 gehörte das Dorf dem Grafen Scheremetjeff eigentümlich. Die Bauern-Fabrikanten kauften und verkauften Land und Leibeigene für ihre Fabriken, konnten jedoch als Unfreie nur im Namen ihres Herrn diese Rechtsgeschäfte abschliefsen. Jedes einzelne ihrer Geschäfte bedurfte der Bestätigung des im Orte ansässigen gutsherrlichen Verwalters, welcher davon eine Abgabe erhob nach dem Werte des Objekts. Fabriken, Maschinen und Arbeiter gehörten rechtlich dem Herrn.

Der Herr hatte ein Interesse daran, dafs die Industrie möglichst unbehindert sich entfalte. Aufser den angeführten Gebühren erhob er einen regelmäfsigen Obrok (Kopfsteuer), welcher die gewaltige Höhe von 75—87 Rubel das Jahr pro verheiratetes Paar erreichte. Für die ärmeren Gemeindegenossen entrichteten diese Abgabe die reichen Bauern-Fabrikanten, welche dafür das Recht erhielten, ihre Mitleibeignen als Fabrikarbeiter zu beschäftigen. Aufserdem besafs der Grundherr noch andere Mittel, sich den industriellen Reichtum seiner Leibeignen zu nutze zu machen. Reiche Fabrikantentöchter zahlten, wenn sie aus dem Kreise der Gemeindemitglieder hinaus heiraten wollten, wodurch das grundherrliche Eigentum an ihrer Person verloren ging, 10000 Rubel und mehr. Nicht weniger (bis 30000 Rubel) hatten die Fabrikantensöhne zu zahlen, um sich der Militärpflicht zu entziehen, die der Gutsherr ihnen auferlegen konnte.

Dagegen wurde das Verhältnis drückend, wo es sich um die Ablösung handelte. Nur in seltenen Fällen gelang es einzelnen Fabrikanten, für sich und ihre Nachkommen die Freiheit zu erkaufen, worauf der Herr wenig bereitwillig einging. Die Fabrik und das zugehörige Land blieb aber auch dann im Eigentum des Herrn; die Freigelassenen hatten die Gebäude und Maschinen nunmehr von ihrem früheren Herrn zu mieten. Bei der Bauernbefreiung gingen die Fabriken nicht ohne weiteres in das Eigentum der Befreiten über, vielmehr war hierzu eine besondere Ablösung erforderlich, deren juristische Komplikationen Garelin beschreibt[1].

Aber auch bei Leibeigenen, welche Fabrikarbeiter waren, erwies sich ein ähnliches Verhältnis als vorteilhaft, wie bei leibeigenen Fabrikanten. Der Herr begnügte sich mit einer festen Geldabgabe, Obrok, und der Arbeiter vermietete sich auf Grund eines freien Arbeitsvertrages. Diese Obrokbauern, bei denen nurmehr die gutsherrliche Abgabe an die Unfreiheit erinnerte, bildeten in den vierziger Jahren unseres Jahrhunderts bereits einen wichtigen Bruchteil aller Fabrikarbeiter. Bezeichnenderweise entstammten sie gröfsenteils der Klasse der Gutshörigen, nicht der Domänenbauern, weil die Gutsherren ihr Menschenmaterial energischer nach gröfstmöglichem Gewinne ausnutzten, als der Millionen von Leibeigenen besitzende Staat.

Im allgemeinen galt diese Klasse von Arbeitern für weniger widerspenstig, als die lediglich dem äufseren Zwange gehorchenden Leibeigenen. Man verwendete sie mit Vorliebe zu allen feineren Verrichtungen. So wurden z. B. die groben Soldatentuche, bei denen man auf festen Absatz an den Fiskus rechnen konnte, fast ausnahmslos mit unfreier Arbeit in gutsherrlichen Fabriken hergestellt; für feinere Tuche, zu deren Anfertigung man in der ersten Hälfte unseres Jahrhunderts überging, und die ihren Markt sich selbst suchen mufsten, verwendete man dagegen Arbeiter, welche von ihrem Herrn auf festen Obrok gesetzt worden waren, im freien Arbeitsvertrag. Auf solcher Arbeit beruhte von vornherein die Baumwollindustrie, weil in ihr die teueren englischen Maschinen unfreien Händen nicht anzuvertrauen waren, und die Handarbeit in dieser verhältnismäfsig modernen Industrie nie den Umfang besafs, wie in dem älteren Tuch- und Leinengewerbe[2]. Der Fabrikant Kosnoff berichtete 1803, dafs solche Arbeiter ein Gewebe gegebener Länge für 9 Rubel herstellten; wenn er dasselbe Gewebe mit gekauften Arbeitern herstellen

---

[1] Vergl. Garelin, Die Stadt Ivanowo Wosnesensk. Schuja 1884, I S. 114, 166; II 7 ff.

[2] Tugan-Baranowski a. a. O. S. 43, 44, 81, 90.

wolle, so koste ihm Verzinsung und Unterhalt des lebenden Kapitals pro Stück Gewebe 10 Rubel.

Es ist interessant, hier in unserm Jahrhundert jene Entwicklungsstufen der Arbeit von der Unfreiheit zur Freiheit nahe beisammen zu sehen, welche wir ähnlich bei dem Übergange der Grundherrschaft zur Stadt im Mittelalter Westeuropas mutmafsen.

Die allgemeine Befreiung der Bauern 1861 setzte jedoch ein, bevor die geschilderte Entwicklung allgemein vollendet war. Zwar war der Beweis der Möglichkeit, ja des Vorteils der freien Arbeit auch für russische Fabriken bereits in vielen Fällen erbracht; aber noch leistete der gröfsere Teil der Fabrikarbeiter gezwungene Arbeit. Nur bei wenigen erst war das Eigeninteresse genügend in das Spiel gesetzt, um sie an der Arbeit festzuhalten. Scharenweise flohen daher die befreiten Bauern aus den Fabriken in die Dörfer, so dafs das Befreiungswerk Alexanders II. zunächst eine ernstliche Krisis für die russische Grofsindustrie überhaupt bedeutete[1].

Staatliche Gesetze, auch wenn sie tief in das Wirtschaftsleben einschneiden, verändern eben nicht mit einem Schlage die psychologischen Bedingungen, welche die Grundlage aller Wirtschaftsverhältnisse sind. Durch die Befreiung wurde der Bauer zwar „freier Arbeiter“, nicht aber mit einem Schlage jenes thatsächlich freie Individuum, das auf dem Wege der Arbeiterbewegung seine Interessen bewufst wahrnimmt; ferne lag ihm zunächst die Steigerung seiner Lebenshaltung über das gewohnheitsmäfsig niedrige Niveau des Leibeigenen und eine dementsprechende Steigerung seiner Arbeitsleistung. Wie die geistige Nachwirkung der Leibeigenschaftsverhältnisse gewifs einer der Gründe ist, welche das Aufkommen einer Industrie im ostelbischen Deutschland verlangsamen, so leidet die russische Industrie noch heute darunter, dafs die in ihr

---

[1] Überblick über die Industrie, Ausgabe des Handelsdepartements. Petersburg 1886. Bd. II. Abschnitt über die Baumwollindustrie S. 96.

beschäftigte Arbeit geistig der Stufe der Unfreiheit immer noch nahe steht[1].

Aber ebenso verschieden wie der unfreie Fabrikarbeiter Rufslands von dem modernen westeuropäischen Arbeiter war, ebensowenig glich der Gutsherrr-Fabrikant dem westeuropäischen Arbeitgeber, welcher, in England wenigstens, bereits um die Wende des Jahrhunderts das Individuum der klassischen Nationalökonomie so ziemlich verwirklichte. Der adlige Fabrikbesitzer verfolgte nicht im freien Kampfe seine Interessen mit kaufmännischem Geiste. Seine Stellung beruhte auf rechtlichem und thatsächlichem Monopol. Die unfreie Arbeit, welche er allein frei zu verwenden das Recht hatte, veranlafste ihn zu möglichst niedrigem Kapitalaufwand „in der Hoffnung, durch eine nichts oder wenig kostende Arbeit die Abwesenheit technischer Vervollkommnung zu ersetzen“[2]. Daneben gewährte die Schlechtigkeit der Verkehrsmittel ein thatsächliches Monopol des lokalen Marktes; ein Beweis hierfür ist, dafs z. B. die Petersburger Kaufleute von dem Dasein zahlreicher Fabriken in Moskau erst durch die Ausstellung von 1829 erfuhren[3].

So lange die Leibeigenschaft bestand, kämpften die aus dem Bauernstande sich emporentwickelnden hausindustriellen Verleger einen ungleichen Kampf. Waren sie doch, wie wir sahen, oft mit beträchtlichen gutsherrlichen Lasten belegt.

Als die Leibeigenschaft aber gefallen war, da zeigte sich, dafs die Unfreiheit der Arbeit auch die Herren in ihrer wirtschaftlichen Widerstandskraft verweichlicht. Der Adel, obgleich er europäische Bücher las, war in der Selbstbehauptung seiner Interessen weniger Europäer, als die aus dem Bauern-

[1] Selbst für die schlesische Industrie gilt Ähnliches etwa im Vergleich mit der rheinischen. Vergl. meinen Grofsbetrieb S. 145. Vergl. Brentano, Über den Einflufs der Grundherrlichkeit und den Einflufs Friedrichs des Grofsen auf das schlesische Leinengewerbe. Zeitschr. f. Social- u. Wirtschaftsgeschichte II Heft 3 S. 341 ff.

[2] Vergl. Erisman a. a. O. S. 10.

[3] Überblick über die Industrie. Ausgabe des Handelsdepartements. Petersburg 1886. Abschnitt über Baumwolle S. 83.

stande sich emporkämpfenden Fabrikanten. Ähnlich wie in England die Quäker, so waren in Rufsland die Altgläubigen die Brutstätte für ein energisches Fabrikantengeschlecht. Wie der Schnee an der Sonne schmolzen mit Aufhebung der Leibeigenschaft die gutsherrlichen Fabriken. Nur diejenigen, welche von Natur günstig gelegen waren oder technisch über den Durchschnitt hervorragten, blieben bestehen; aber sie gelangten meist durch Kauf in die Hand jener dem Bauernstand entstammenden Fabrikanten, in deren Besitz sie sich an Umfang bald aufserordentlich erweiterten. Nunmehr erst kamen die Tendenzen des modernen Gewerbebetriebs nach geographischer und kapitalistischer Konzentrierung voll zur Geltung.

III. Die „Possessionsfabriken“.

Neben den Fabriken, welche ohne Staatsbeihilfe dem Adel ihre Entstehung verdankten, gab es seit Peter solche, welche auf staatlichem Privileg beruhten und aus Staatsmitteln unterstützt wurden. Die gutsherrlichen Fabriken befriedigten nämlich bei weitem nicht die gewerblichen Bedürfnisse des Monarchen, welchen militärische Gesichtspunkte zu Grunde lagen. Die Bedürfnisse der modernen Kriegstechnik, die er im eigenen Lande nicht kaufen konnte, wollte er selbst herstellen, um im Kriegsfall unabhängig von den Nachbarn zu sein.[1] Peter wurde damit nicht nur der gröfste Kaufmann, sondern auch der gröfste Gewerbetreibende seines Landes. Der ganze Staat gewann etwas von einer einzigen riesigen Hauswirtschaft und erinnert, unter merkantilistischer Umhüllung, an früh mittelalterliche Monarchien. Der Zweck der Gewerbepolitik Peters des Grofsen wird klar, wenn man erwägt, dafs fast sämtliche von ihm besonders gepflegte Gewerbezweige solche waren, die der Ausrüstung von Heer und Flotte dienten.

[1] Diese Auffassung über die Gründe des petrinischen Merkantilismus ist alt; sie findet sich schon bei Scherer, L'histoire raisonnée du Commerce de la Russie, Paris 1788, citiert bei Tugan-Baranowski a. a. O. S. 14.

An der Spitze stand die Tuchmanufaktur, deren ausgesprochener Zweck die Bekleidung der Armee war. Zwar hatte Peter die Bekleidung der Armee für eine Pflicht der Kaufmannschaft erklärt, der sie sich „willig oder widerwillig“ zu unterziehen hätte. Aber die gewünschten Fabriken entstanden nicht; und wenn Peter auch Gewaltmittel gegen die störrige Kaufmannschaft angewandt wissen wollte, so konnten solche Mafsregeln nicht gröfseren Erfolg haben, als jene „Polizeibereuter“, die schlesischen Kaufleuten in das Haus gelegt wurden, um ihnen Lust zur Leinenindustrie beizubringen.[1]

Nur durch eigenen Gewerbebetrieb also konnte es dem Zaren gelingen, das aufgestellte Ziel wenigstens teilsweise zu erreichen. Peter verfuhr dabei ähnlich wie die preufsischen Könige. Er baute die Fabriken meist auf eigene Kosten, und suchte sodann nach Privaten, welche ihre Leitung gegen Privilegien und Bezahlung übernahmen. Solche Private waren teils heimische, besonders Moskauer Kaufleute, teils Ausländer.

Wie naturalwirtschaftlich dieses System war, ersieht man daraus, dafs selbst der Rohstoff nicht gekauft, vielmehr eine Quote der Staatssteuern in Wolle geliefert wurde. Wolle und Schaffelle durften nur an den staatlichen Tuchhof verkauft werden.[2]

Nur durch weitgehende Privilegien gelang es, Persönlichkeiten zu gewinnen, die zur Übernahme der Fabriken bereit waren.

Die allgemeinen gesetzlichen Privilegien waren folgende:

a) Dienstfreiheit für die Gründer (incl. Kompagnons) und einen Teil des Personals der Fabrik. Wer eine Fabrik anlegte, „der sollte mit seinen Brüdern und Kindern, welche

---

[1] Vergl. Zimmermann, Blüte und Verfall des Leinengewerbes in Schlesien S. 130, 136, 138.

[2] Ordega a. a. O. S. 42 u. 43. Lumley, Report on the Present State of the Trade between Great Britain and Russia. Englisches Blaubuch 1866 S. 31.

mit ihm zusammen in demselben Hause wohnten, von allen Staatsdiensten (Kriegsdiensten) befreit werden."

b) Abgabenfreiheit. Die Besitzer von Fabriken hatten keine Steuern und keinen Zehnten zu zahlen.

c) Zollprivilegien. Besitzer neu angelegter Fabriken, welche „wirklichen Eifer zeigten", sollten einige Jahre sowohl für die Waren, welche sie verkaufen, als für die Waren, die sie kaufen, Zollfreiheit „zur Belohnung" geniefsen. Andererseits wurden auf alle ausländischen Waaren, welche in Rufsland hergestellt wurden, zum Teil Einfuhrverbote, jedenfalls hohe Schutzzölle gelegt.

Weil erfahrungsgemäfs wenige Russen sich fanden, die trotz der ihnen zugesicherten Privilegien zu Fabrikunternehmungen bereit waren, so wurden besondere Begünstigungen Ausländern zugesagt, um sie zu veranlassen, nach Rufsland zu kommen und in Rufsland Fabriken und Manufakturen zu gründen. Allen Fremden wurde erlaubt, Fabriken anzulegen, und zugesichert:

a) der freie Eintritt und das freie Verlassen Rufslands, letzteres ohne Steuerabzug.

b) Der zollfreie Verkauf der in ihren Fabriken gefertigten Produkte während einer begrenzten Zeit.

c) Das Recht, die notwendigen Rohmaterialien und Arbeitsinstrumente zollfrei in Rufsland zu kaufen sowie aus dem Auslande zollfrei zu beziehen.

d) Sie sollten frei von allen Abgaben, Diensten und von der Einquartierung sein und keiner anderen Obrigkeit als dem Manufakturkollegium unterstehen, welches ihnen in Notfällen zu helfen und sie zu schützen verpflichtet war.

e) Bei ihrer Ankunft in Rufsland sollten sie vorbereitete Wohnungen finden und

f) einige Jahre lang Geldvorschüsse von der Krone bekommen.

Für die Tuchmanufaktur traf Peter die weitgehendste Fürsorge.

Auf das genaueste wurde den Fabrikanten vorgeschrieben, welche Arten und wieviel Stück Tuch sie in gegebener Zeit, sowie zu welchem Preise sie zu liefern hätten; sie wurden bestraft, wenn sie weniger produzierten oder die technischen Vorschriften vernachlässigten. Ja sie wurden meist verpflichtet, nur Soldatentuch zu weben, da gewöhnlich der Bedarf die Produktion weit überstieg.

Übrigens waren die Erfolge dieser Politik keineswegs glänzende. Gegen Ende seiner Regierung hat Peter die Grenze für preufsisches Tuch wieder eröffnet; er überzeugte sich, dafs die einheimischen Fabrikanten den Bedarf nicht befriedigen konnten. Das im Inlande erzeugte Tuch war häufig schlecht und unhaltbar. Beispielsweise fand in den dreifsiger Jahren auf Antrag des Feldmarschalls Grafen Münich eine Untersuchung aller Tuchfabriken statt, bei der viel schlechtes Fabrikat konfisziert und die unsoliden Fabrikanten hart bestraft wurden. In ähnlicher Weise verdankte das eingehendste aller derartigen Reglements der Tuchindustie 1741 wiederum der Klage der Militärbehörden über schlechtes Tuch seine Entstehung.

Von anderen Fabrikationszweigen sind zu nennen: die Salpeterindustrie und die Pulverfabriken, Gewehr- und Waffenfabriken, im Zusammenhange hiermit Bergbau und Eisenverhüttung, Segeltuchfabrikation u. s. w. Daneben standen eine Anzahl von Fabriken, welche lediglich allgemein merkantilistischen Gesichtspunkten entprangen: Spiegelfabriken, Seidenwebereien u. s. w., letztere in gewifs sehr geringem Umfang.

Alle diese Fabriken waren ähnlich wie die Fabriken Colberts und Friedrichs d. Gr. im technischen Sinne „Manufakturen“, d. h. sie beruhten auf Handarbeit ohne Anwendung mechanischer Kraft in gemeinsamem Arbeitslokale. Ihr Absatz war ein pflichtmäfsiger an den Staat, aber auch von diesem gewährleistet; die Produktion hatte also einen feststehenden und gleichbleibenden Charakter wie die Bedürfnisse des Staates, denen sie diente. Das „Recht auf Absatz“ war hier wie stets die unvermeidliche Voraussetzung des „Rechtes auf Arbeit“ der Angestellten, welche die Fabrikanten fort zu entlöhnen hatten, auch wenn sie die Fabrikation etwa einschränken wollten. Anpassung der Produkte, der Preise und Löhne an wechselnde Konjunkturen gab es bei diesen Fabriken ebensowenig, wie Konkurrenz unter einander und dadurch erzwungenen technischen Fortschritt. Vielmehr hing alles vom Staate ab, unter dessen strengster Aufsicht sie standen. Zu diesem Zwecke gründete Peter 1718 eine besondere Behörde, das Manufakturkollegium.

Dabei machte es keinen allzugrofsen Unterschied aus, ob die Fabriken im staatlichen Eigentum standen und auf Staatsrechnung von Beamten betrieben wurden oder ob sie vom Staate an Private vermietet bezw. zu Eigentum gegeben waren. Auch die Privatunternehmer waren wenig mehr als Beamte, sie hatten „die Pflicht" zu fabrizieren für die Privilegien und Vorschüsse, welche ihnen die Regierung erteilte. Bezeichnenderweise wurden sie „Unterhalter von Fabriken" genannt. Damit sie ihre Pflicht erfüllten, bestand ein ganzes System von Strafen, welches im Rückfall der Fabriken an den Staat gipfelte.

Ähnlich wie die preufsische Gewerbepolitik hatte auch die russische des vorigen Jahrhunderts viel unter abenteuernden Ausländern zu leiden. Es ist viel von Leuten die Rede, die nur „zum Scheine" Fabriken betrieben, und gegen welche strenge Strafen angedroht wurden. Aber auch die wirklich in Betrieb befindlichen Fabriken scheinen häufig den Erwartungen wenig entsprochen zu haben. Peter klagte darüber, dafs ihm „die Fabriken viel kosteten."

Hier wie sonst fehlte eben dem bureaukratischen Gewerbebetriebe jener kaufmännische Geist, welcher technische Vorteile selbst im kleinsten wahrnimmt und die Überlegenheit freier Unternehmungen über staatliche ausmacht. Jene „Fabrikunterhalter" Peters hatten, so scheint es, ein geringes Interesse am Erfolg des Geschäftes. „Sie verschmolzen mit der Klasse der Angestellten, welche nicht nach einer weiteren Entwicklung und Vervollkommnung der industriellen Unternehmungen streben, sondern nur an möglichst schnellen Gewinn denken, um zu Ehre und sorglosem Dasein zu gelangen[1]."

Wer waren die Arbeiter in diesen staatlichen oder halbstaatlichen Fabriken, welche, nach einer wohl unausgeführt gebliebenen Verordnung, uniformiert[2] gehen sollten? Semjewski giebt in seinem trefflichen Buche über die Bauern zur Zeit Katharinas II. hierüber eingehende Auskunft. Waren schon Fabrikanten, welche sich freiwillig dem Gewerbe gewidmet hätten, schwer zu finden, so war diese Schwierigkeit hinsichtlich der Arbeiter noch gröfser. Wie man Soldaten zwangsweise konskribierte, so war auch die Fabrikarbeit eine zwangsweise zu leistende Pflicht der Bauernschaft. In erster Linie entnahm der Zar, welcher ja einen grofsen Teil aller Bauern zu Eigentum besafs, diesen Staatsbauern das zur Industrie erforderliche Menschenmaterial. Staatsbauern teils mit, teils ohne Land bildeten die übliche Ausstattung zu gründender Fabriken; diese Bauern wurden „für ewig" den Fabriken „zugeschrieben", d. h. immobile Pertinenzen des als ewig, in seiner Art und Gröfse als feststehend angesehenen Fabrikunternehmens.

Daneben erhielten die Fabrikanten schon von Peter d. Gr. das Recht, Leibeigene für die Fabriken von den Gutsherren zu kaufen[3]. Nach einigen Schwankungen bestätigte Kaiser Paul I. noch 1798 dieses Recht, welches 1802 von Alexander I. beschränkt wurde. Es wurde damals verboten, die Fabrikleibeigenen von der heimatlichen Scholle loszulösen und anderwärts in Fabriken zu verwenden. Hier wie sonst bedeutete also die Behandlung des Menschen als Pertinenz des Bodens statt als beweglicher Sache eine Milderung der Unfreiheit. Erst 1816 wurde das Recht der Fabrikanten, Leibeigne mit oder ohne Land für die Fabriken zu kaufen, endgültig aufgehoben[4].

---

[1] Nisselowitsch, Geschichte der russ. Fabrikgesetzgebung. Petersburg 1883. Teil I, S. 82.

[2] Semjewski, Bauern zur Zeit Katharinas II. Petersburg 1881. I. S. 463.

[3] Semjewski a. a. O. S. 394.

[4] Tugan-Baranowski a. a. O. S. 88.

Aber die Fabrikanten konnten oft billiger als durch Kauf zu den nötigen Arbeitskräften kommen. Dafür sorgte die Strenge der ländlichen Leibeigenschaft. Es wimmelte im Reiche von Läuflingen, welche, wenn aufgegriffen, ihre Abstammung nicht zu wissen vorgaben. Peter hat sogar, um die Fabriken zu begünstigen, das Rückforderungsrecht des Gutsherrn an entlaufenen Leibeigenen, die einmal in Fabriken beschäftigt waren, kurzweg aufgehoben — was jedoch von seinen gegenüber dem Adel schwächeren Nachfolgern zurückgenommen wurde [1].

Diese Läuflinge trugen in reichem Mafse zur Bildung des künftigen Fabrikproletariats bei, indem sie einfach den Fabriken zugeschrieben wurden, schon damit der Staat die Kopfsteuer von ihnen nicht verlöre. Die zwecks Begünstigung der Gewerbe ausgesprochene Steuerfreiheit der Fabrikarbeiter wurde nämlich schon unter Kaiserin Elisabeth aufgehoben.

1718 wurde eine Jagd auf die minderjährigen Bettler gemacht, welche sich auf den Strafsen von Moskau und Rjasan herumtrieben; öffentliche Mädchen und verurteilte Verbrecher wurden in die Fabriken geschickt, ebenso Soldatenkinder, Kinder aus dem grofsen Waisenhause in Moskau, entlassene Soldaten und Kriegsgefangene, insbesondere Schweden nach der Schlacht von Poltowa. Soldatenweiber wurden, während ihre Männer im Kriege waren, den Fabriken zugeteilt, und es mag oft genug vorgekommen sein, dafs die Männer sie nicht mehr zurückforderten [2]. Wenigstens bemerkt Semjewski, dafs, wer einmal — und sei es auch nur vorübergehend — einer Fabrik zugeteilt war, gewöhnlich für sich und seine Nachkommen daran gefesselt war.

Trotz ihres verschiedenen Ursprunges verschmolzen die den Fabriken zugeschriebenen Leibeigenen gegen Beginn des

[1] Semjewski a. a. O. S. 399. Der Ukas von 1736 verpflichtet die Fabrikanten zu Entschädigung an die früheren Eigentümer in Geld, während sie die Arbeiter selbst behalten durften. Näheres Tugan-Baranowski a. a. O. S. 22, 23.

[2] Semjewski a. a. O. S. 403, 404. Ebenso Tugan-Baranowski a. a. O. S. 17 ff.

Jahrhunderts zu einer Klasse, den sog. „Possessionsbauern“, welche von den Fabriken so wenig getrennt werden durften, wie die Ackerbau treibenden Bauern vom Lande[1]. Indem die Staatsbauern durch Zuschreibung an eine Fabrik von ihrem bisherigen Niveau herabgedrückt wurden, stiegen zweifelsohne die der Gutsherrschaft entlaufenen Leibeigenen durch Aufnahme in den Fabrikarbeiterstand[2]. Der beste Beweis hierfür sind die steten Reklamationen des Adels wegen Aufnahme von Läuflingen in den Fabriken. Hier wie oben bei den gutsherrlichen Fabriken hob also die gewerbliche Arbeit über die tiefste Stufe der Unfreiheit empor.

In der That behielt sich der Staat, indem er nichtadligen Fabrikanten das Recht, Leibeigene zu besitzen, zugestand, die Regulierung auch des Arbeitsverhältnisses vor. Die Possessionsbauern betrachteten sich niemals als Leibeigene der Fabrikanten, sondern waren vielmehr, entsprechend ihrem überwiegenden Ursprung aus den Staatsbauern, der Meinung: „der Zar verkauft keine Leute“. Dem entsprach die Stellung der Fabrikanten als halber Beamten. Sie hatten die Arbeiter zur Fabrikarbeit erhalten und durften sie nicht zu anderer Arbeit, auch nicht gegen Obrok, bei Dritten beschäftigen. Auch regelte der Staat die Arbeitszeit und die Arbeitslöhne, wenigstens als Oberinstanz. In anderen Fällen findet sich direkte Lohnfestsetzung durch die Behörden in Perioden von 5 bis 10 Jahren. Die Versendung widerspenstiger Leibeigenen nach Sibirien, welche der ländliche Gutsherr aus eigner Macht vornehmen konnte, bedurfte bei Possessionsbauern der Bestätigung des Manufakturkollegs, welches die gelernte Arbeitskraft des Fabrikarbeiters als wertvollen staatlichen Besitz ansah. Die Frage der Arbeitslosig-

---

[1] Vergl. über diese Arbeiterklassen aufser Semjewski den Aufsatz im Europäischen Boten 1878, Oktober S. 615 ff. und November S. 153 ff. Der Ausdruck „Bauer“ bezeichnet im Russischen bekanntlich nicht einen Beruf, sondern die rechtliche Eigenschaft des Unfreien oder gewesenen Unfreien.

[2] Dieser Ansicht ist auch Semjewski a. a. O. S. 405, 411.

keit existierte für diese Klasse von Arbeitern nicht, da der Fabrikant die Produktion nicht einschränken durfte. Zudem befahl der Staat die Landausstattung der Arbeiter.

Die Rechte dieser Fabrikarbeiter waren geschützt durch ein wiederholt mit Erfolg ausgeübtes Beschwerderecht[1] an die Behörde. Das Manufakturkolleg, später Kommerzkolleg, sollte auf Grund eines mündlichen Verfahrens entscheiden.

Aus dem Subordinationsverhältnis gegenüber dem Staat, in dem sich Fabrikanten wie Arbeiter befanden, ergaben sich strenge Strikeverbote, wie sie noch heute als Nachwirkung älterer Statusverhältnisse in Rufsland bestehen. Gegen Arbeiterbewegungen wurde allgemein mit Militär eingeschritten; die Schuldigen wurden der Knute unterworfen, und zwar in Anwesenheit ihrer Kameraden. 1752 wurde in den Eisenwerken des Ural bei einer derartigen Gelegenheit eine förmliche Schlacht geliefert, bei der 9 Offiziere und 188 Soldaten verwundet wurden[2]. Aber gerade die Möglichkeit kräftiger Strikebewegung beweist eine günstigere Lage dieser dem Staate direkt unterstehenden Arbeiter gegenüber den durch Vermittlung des Gutsherrn mit dem Staate verbundenen Leibeigenen. Die gleiche Bedeutung hat es, wenn das Manufakturkolleg „Neigung zur Anarchie" als einen „vor alters her charakteristischen Zug der Possessionsbauern" bezeichnet[3] — bei den gedrückteren Gutsleibeignen ist von solcher Neigung nie die Rede.

Verhältnismäfsig günstige Verhältnisse ergeben sich auch aus zahlreichen Bestimmungen hinsichtlich der Arbeitszeit, welche meist im Interesse ihrer Verlängerung erlassen wurden. Solange man nicht gezwungen war, kostbare Maschinen zu amortisieren, war, wie im Westen, der Arbeitstag durch das Tageslicht begrenzt; nach Erisman betrug die durchschnittliche Arbeitszeit 10—12 Stunden, wonach eine erhebliche

[1] Vergl. Semjewski a. a. O. S. 465. Tugan-Baranowski a. a. O. S. 120 ff.

[2] Vergl. den citierten Aufsatz im Europäischen Boten, Oktober S. 641 ff., November S. 153 ff.

[3] Tugan-Baranowski a. a. O. S. 133.

Verlängerung in unserem Jahrhundert stattgefunden hätte[1]. Es entspricht dies einer auch im Westen gemachten Erfahrung: z. B. wurde in England mit Aufkommen der modernen Grofsindustrie der Arbeitstag stark verlängert.

Wenn auf einen Webstuhl nicht weniger als 42 Seelen gerechnet wurden[2], so ist dies ein Beweis für den halbbäuerlichen Charakter auch dieser Arbeiterklasse und für die ungeheuere Verschwendung von Arbeitskräften.

IV. Erfolge.

Noch gegen Mitte unseres Jahrhunderts war Rufsland im grofsen und ganzen ein ungewerbliches Land. Die Gewerbepolitik Peters ist im wesentlichen ohne Erfolg geblieben, ähnlich wie auch die Erfolge der friedericianischen Politik in dieser Richtung geringe waren, was schon daraus hervorgeht, dafs noch bis in die sechziger Jahre dieses Jahrhunderts ein industrielles Schutzzollinteresse im preufsischen Osten kaum bestand. Man hört fortwährend von Mafsregeln zur Beförderung einzelner Gewerbe, aber gerade ihre ewige Wiederholung, die Verschärfung der Strafen wegen Nichtbefolgung u. s. w. ist ein Zeugnis der Vergeblichkeit dieser Anstrengungen.

Peter pries den Reichtum Rufslands an Metallen und suchte ihre Gewinnung mit allen Mitteln zu fördern; Possoschkoff machte auf das Vorhandensein vieler Farbstoffe in Rufsland aufmerksam; er knüpfte an die Entdeckung des russischen Schwefels, Naphthas und der russischen Steinkohle grofse Hoffnungen. Trotz aller Versuche einer merkantilistischen Gewerbepolitik blieben die Ausbeutung dieser Naturschätze und die darauf zu gründenden Gewerbe lange Zeit völlig unentwickelt. Schon 1723 wurden die Kohlenschätze des Dnjeprgebietes entdeckt; Peter sandte zur Untersuchung der Lager

---

[1] Vergl. den citierten Aufsatz im Europäischen Boten, November, S. 163, ferner Erisman a. a. O. S. 72, 78, 85, endlich Semjewski a. a. O. S. 476.

[2] Erisman a. a. O. S. 64.

einen Sachverständigen ab; aber erst in den letzten Jahrzehnten unseres Jahrhunderts hat diese Industrie Aufschwung genommen[1].

Ähnlich sagt Brückner, einer der besten Kenner der Zeit und Geschichte Peters: „Peters Schüler und Gesinnungsgenosse Possoschkow hoffte, die Glasindustrie werde einen solchen Aufschwung nehmen, dafs Rufsland alle Länder mit Glaswaren werde versorgen können. Einem solchen Optimismus entsprach die einzige, nur eine unbedeutende Produktion aufweisende Glasfabrik keineswegs."

Fassen wir unser Urteil zusammen: Soweit von russischer Industrie im vorigen Jahrhundert überhaupt die Rede sein kann, ist dieselbe vorwiegend bäuerlicher Hausfleifs, zum Teil Überschufsverkauf der geschlossenen Hauswirtschaft durch Hausier- und Mefshandel, zum Teil bereits kapitalistisch organisiert im sog. Verlagssystem. Auf beiden Wegen wird der heimische und volkstümliche Verbrauch aufgesucht. Dem gegenüber produziert die „Fabrik", technisch Manufaktur, vorwiegend für die Bedürfnisse des Heeres, des Hofes, des Adels, in Konkurrenz mit ausländischer Einfuhr, seltener in Konkurrenz mit dem bäuerlichen Gewerbe der Heimat. Wo eine Konkurrenz mit letzterem zu Tage tritt, hören wir Klagen der Fabrikanten, und behält der bäuerliche Hausfleifs gewöhnlich die Oberhand.[2] Erklärlich genug: die Technik ist in beiden Lagern die gleiche, aber der Bauer kann zu niedersten Preisen verkaufen, da er seinen Lebensunterhalt naturalwirtschaftlich auf den Ackerbau gründet.

Im russischen Gewerbe herrscht bis in die Mitte unseres Jahrhunderts völliger Stillstand der Technik. Dies ist der Grund dafür, dafs die frühere gewerbliche Ausfuhr z. B. von Leinengeweben nach Europa, von Tuchen nach China, verloren ging. Noch zu Beginn unseres Jahrhunderts wurde ein Drittel des gesamten Erzeugnisses an Leinen und Segeltuch ausgeführt, nicht unbeträchtliche Mengen sogar nach Amerika[3]. In gleicher Weise bestand zu Beginn des Jahr-

---

[1] Vergl. Stieda, Peter der Grofse als Merkantilist. Russ. Revue Bd. IV S. 206, 215.

[2] S. Tugan-Baranowski a. a. O. S. 52.

[3] Tugan-Baranowski a. a. O. S. 68/69, 83.

hunderts eine bedeutende Eisenausfuhr, welche 13 % der Gesamtausfuhr umfaſste. Auch diese nahm seit den 20er, noch mehr seit den 40er Jahren stark ab, sicherlich nicht wegen mangelnder obrigkeitlicher Förderung. Waren doch den Eisenwerken am Ural an 178000 Seelen männlichen Geschlechtes zugeschrieben, und gegen 15 Millionen Rubel hatte ihnen die Regierung als zinslose Dahrlehen gegeben, zudem riesige Waldungen übermacht! Der Grund des Rückgangs war allemal der gleiche. Europa und Amerika schritten technisch schnell voran; sie lernten z. B. aus der Textilindustrie durch die Maschine die Handarbeit nahezu vertreiben, Eisen mit Kohle auszuschmelzen, die Warenpreise enorm zu verbilligen. In allem diesem blieb Ruſsland zurück.

Welches sind die Gründe, denen die Miſserfolge des russischen Merkantilismus zuzuschreiben sind? Eine Industrie verlangt zu ihrer Blüte zweierlei: einen Markt für ihre Produkte und einen Handel, der sie mit dem Markte verbindet. Der von beiden ausgehende Druck erzwingt die freie Arbeit und den technischen Fortschritt. Jene Bedingungen aber sind das Ergebnis einer allmählichen geistigen und wirtschaftlichen Entwicklung. Nur, wo sie sich entfalten, kann der staatliche Eingriff die äuſsere Blüte beschleunigen.

1. Aus den zahlreichen Studien des letzten Jahrzehnts über die Gewerbepolitik Friedrichs d. Gr. gewinnt man den Eindruck, daſs das Haupthindernis einer Entfaltung der Industrie die Abwesenheit eines kauffähigen und kauflustigen Marktes war. Die schlesischen Kaufleute weigerten sich, das von Friedrich eingeführte kunstreichere Gewebe, den Damast, zu verlegen, weil ihnen niemand diese Ware abkaufe. Der königliche Hof war der wichtigste Abnehmer der in Berlin und Potsdam mit groſsen Opfern ins Leben gerufenen Seidenweberei. Die Hugenottenkolonie in Magdeburg ging am Mangel an Absatz beinahe zu Grunde.[1] Das

[1] Vergl. z. B. Schmoller, Jahrb. f. Gesetzgeb. u. Verwaltung. N. F. Jahrgang XI, Studien über die wirtschaftliche Politik Friedrichs des Gröſsen Art. XII S. 48 und das öfters citierte Buch von Zimmermann, passim.

Preufsen des vorigen Jahrhunderts setzte sich eben zumeist zusammen aus geschlossenen adligen und bäuerlichen Wirtschaften; der Absatz in das Ausland aber verkümmerte, weil der technische Fortschritt eine Welt der Konkurrenz und Freiheit erfordert; erst der Zusammenbruch monopolhafter Verhältnisse und das damit einsetzende Bestreben nach Verbilligung der Produkutionskosten erweckt das erfinderische Genie[1].

In noch viel höherem Mafse gilt das Gesagte von Rufsland. Hier fehlten die geistigen und volkswirtschaftlichen Bedingungen eines inneren Marktes gänzlich, während der auswärtige Absatz, wie wir sahen, wegen der rückständigen Technik damals verloren ging.

Es ist eine allgemeine Erfahrung, dafs die Bedürfnislosigkeit naturalwirtschaftlicher Völker das schwerste Hemmnis industrieller Entwicklung ist. Erst eine längere und wiederholte Berührung mit dem höher entwickelten Ausland erweckt die Bedürfnisse der Civilisation. Den Nationen Westeuropas war schon frühe — durch die Kreuzzüge und die Berührung mit der höheren Kultur der Mittelmeerländer — die Armut und Schmucklosigkeit des Lebens nördlich der Alpen zum Bewufstsein gebracht worden; denken wir an die Zeiten, da die Hohenstaufen, umgeben von orientalischer Pracht, ihre Reichstage in Deutschland abhielten. Ähnlich wirkte Peter d. Gr. für Rufsland, indem er die oberen Schichten seines Volkes mit westeuropäischen Lebensgewohnheiten durchtränkte. In derselben Richtung lag die Berufung zahlreicher Ausländer nach Rufsland, die europäische Ordnung des Hofstaates, die Studienreisen, zu denen er zahlreiche junge Russen nach Europa schickte, die Gründung der Hauptstadt auf einem wesentlich westeuropäischen Boden, die Kriege des Kaisers mit Schweden und Polen, die Erwerbung der baltischen Provinzen, auch die zu Unrecht verspottete Kleiderordnung des Monarchen. Hier-

---

[1] Vergl. den oben citierten Aufsatz von Brentano in der Zeitschrift für Social- und Wirtschaftsgeschichte über die Konkurrenz der irischen und schlesischen Leinenindustrie. Vergl. ferner meinen „Grofsbetrieb“ S. 29 ff.

durch hat Peter sicherlich mehr für die künftige gewerbliche Entwicklung seines Landes gethan, als durch seine künstlichen Fabrikgründungen. Durch jene Mafsregeln erweckte er erst das Bedürfnis nach gewerblichen Produkten.

Aber die Entstehung des Marktes verlangt aufser der Geneigtheit auch das Vermögen zu kaufen. Hierzu gehört Bargeld, und in dessen Besitz gelangt man allein dadurch, dafs man verkauft. Es ist einer der verhängnisvollsten Irrtümer des Merkantilismus gewesen, dafs er diese Wechselwirkung verkannte. Erst in dem Mafse, als die breiten landwirtschaftlichen Massen Rufslands, Adel und Bauern, geldwirtschaftlich wurden, war eine Entfaltung des Gewerbes in Rufsland möglich. Diese Vorbedingung aber war erst erfüllt durch Verkauf von Agrarprodukten in das Ausland. Denn jene kostbaren Naturprodukte, welche auch in unentwickelten Verkehrsverhältnissen die Ausfuhr lohnen, Pelzwerk, Metalle u. s. w., fielen in Rufsland nicht genügend in das Gewicht, um Bargeld in den Volksmassen zu verbreiten. Erst also mufsten in Westeuropa Handels- und Industriestaaten entstehen, welche der Getreideeinfuhr bedurften, ehe die Stunde der Geldwirtschaft für Rufsland schlagen konnte. Weit entfernt also, dafs die russische Wirtschaftsentwicklung sich unabhängig vom Westen vollzog, setzte vielmehr der wichtigste Fortschritt, der Übergang zur Geldwirtschaft in den ländlichen Verhältnissen, die westeuropäische Nachfrage nach Agrarprodukten voraus; ohne dieselbe war die Befreiung der Bauern, wie die Entfaltung einer eigenen Industrie unmöglich. Noch heute gilt ein ähnliches Verhältnis: die russische Industrie hat Abnehmer dadurch, dafs der russische Landmann durch Absatz nach dem Westen kaufkräftig geworden ist.

2. Aber jede Industrieentwicklung verlangt nicht nur einen Markt, sondern auch einen sie mit dem Markte verknüpfenden Handel. Nun ist zwar, entgegen der irrigen Annahme von Friedrich List, der Handel wirtschaftsgeschichtlich älter als die Industrie. Auch in ungewerblichen Verhältnissen giebt es einen Handel mit wertvollen Naturprodukten des Inlands (z. B. Edelmetallen, Bernstein, Fischen,

Pelzwerk), mit Industrieartikeln und Agrarprodukten des Auslandes (z. B. Thee, Wein, Zucker). So beschaffen war im Grunde der Handel der alten Hansa, welche eigene Gewerbeprodukte wenig auf den Markt brachte, so beschaffen der Handel des vorpetrinischen Rufslands, worauf z. B. die Thatsache weist, dafs bis in unser Jahrhundert die Moskauer Kaufmannschaft, heute die schärfste Vorkämpferin des Protektionismus, freihändlerisch gestimmt war. Aber dieser Handel der alten Zeit bezog sich auf wertvolle, wenig voluminöse Artikel, für welche man Monopolpreise fordern konnte. Der moderne Handel, die Voraussetzung der Massenproduktion unserer Grofsindustrie, ist Massenhandel und beruht auf Konkurrenz.

Dieser Massenhandel hat zunächst gewisse technische Voraussetzungen in den Verkehrsmitteln. Bis in die Neuzeit ist der Wasserweg dem Landwege so sehr überlegen gewesen, dafs Wasserwege, insbesondere maritime Lage, für die Entfaltung des Handels und damit des Gewerbes geradezu entscheidend waren. Der moderne Grofsbetrieb in der Gestalt des Verlagsystems entfaltete sich zuerst in den maritimer Entwicklung nahestehenden Gebieten (Lucca, Florenz), weil hier Massenausfuhr eine Massenproduktion ermöglichte. Die Handelsblüte Italiens und Deutschlands, später die Überlegenheit Englands über Frankreich weist auf solche geographische Vorzüge zurück. Rufsland ist der kontinentalste Teil Europas und war als solcher der lösenden Wirkung des Handels am wenigsten zugänglich. Später wurde der Bezirk, welcher im ganzen russischen Flufssystem durch gröfste Zugänglichkeit ausgezeichnet ist, das Becken der oberen Wolga und Oka, der Sitz des Handels und der Industrie.

Aber die Technik des Verkehrs überwindet die Widerstände der Natur, zunächst durch Kanalbauten, später durch Eisenbahnen. Diese wie jede Technik läfst sich von einem Lande in das andere übertragen. Indem Peter Kanäle baute, insbesondere das Wolgasystem mit dem Baltischen Meere verband, legte er eine wertvolle Grundlage für die spätere Entfaltung des Gewerbes.

Wie sehr früher die Schlechtigkeit der Landwege den Austausch von Agrar- mit Gewerbeprodukten in Rufsland erschwerte, hierfür giebt es eine Fülle von Belegen. Die Gesandtschaften Rufslands nach den Mittelmeerländern zogen vor Erwerb der baltischen Küste die mehrere Monate dauernde und gefährliche Seefahrt über Archangel durch das Polarmeer dem Landwege vor[1]. Für deutsche Industrieen, welche nach Rufsland ausführten, bedeutete anhaltendes Regenwetter, wegen Unpassierbarkeit der nach Rufsland führenden Verkehrswege, Geschäftsstockung[2]. Nach Wendlands Berechnung führt heute die Eisenbahn 1 Pud Getreide bei kurzen Entfernungen für $^{1}/_{20}$ Kopeken pro Werst, bei Entfernungen von 500 Kilometer für $^{1}/_{40}$ Kopeken pro Werst, und bei 1000 Kilometer für $^{1}/_{70}$ Kopeken pro Werst, — das ist viermal, achtmal, vierzehnmal so billig als die Axe selbst bei günstigem Landstrafsenverkehr es vermochte. Letztere aber versagt bei Herbstregen und während der Schneeschmelze gänzlich[3]. Welches Hindernis des Verkehrs müssen erst die Entfernungen und der völlige Mangel an Landstrafsen im vorigen Jahrhundert gewesen sein! Hier war der ganze Verkehr auf den Schlitten während des Winters angewiesen.

Aber wenn sich die technischen Grundlagen des Handels von einem Lande in das andere übertragen lassen, so gilt dies nicht in gleicher Weise von den geistigen Voraussetzungen. Es ist denkbar, die gewerbliche Produktion staatlich zu reglementieren; der Fabrikant wie der Arbeiter befinden sich dann in Beamtenstellung zum Staate, und das Verhältnis beider zu einander wird nach der Art der militärischen Subordination geordnet. Der moderne Handel dagegen, welcher auf Konkurrenz und Spekulation, nicht wie der mittelalterliche Handel auf Privileg beruht, erfordert seit seinem Auftreten individualistische Motive. Es ist technisch

[1] Brückner, Peter der Grofse S. 8.

[2] Vergl. Bein, Industrie des Voigtlandes II. S. 88.

[3] Vergl. Wendland, Die deutschen Getreidezölle. Berlin 1892. S. 6.

in diesem Falle unmöglich, die Führung von Handelsgeschäften unter Einzelvorschriften zu stellen, wie dies etwa für die Tuchfabrikation oder die Spiegelmanufaktur, aber auch für den gildenmäfsigen Handel des Mittelalters möglich war. Die Beurteilung künftiger ungewisser Konjunkturen mufs ihrem Wesen nach frei und unter der Strafe von persönlichem Verlust vor sich gehen. Noch mehr; der moderne Kaufmann ist, im Gegensatz zu dem durch ein eigenes Standesrecht getragenen mittelalterlichen Berufsgenossen, der self made man, der unabhängig von den überkommenen Standesverhältnissen Geld sammelt, um damit seine sociale Stellung zu erhöhen. Er verkümmert, wo die Ehren des Lebens allein durch staatlichen Rang bestimmt werden, wie dies bis in die neueste Zeit in Rufsland der Fall war.

In der verschiedenen Stellung des Staates zum Handel zeigt sich der tiefste Unterschied zwischen ost- und westeuropäischem Merkantilismus. Beiden gemeinsam ist die staatliche Förderung des Handels. Aber im Westen ist der Staat das Werkzeug, im Osten der Vormund des Handels. Im Westen beruht der Staat auf dem Handelsstande selbst, wie er als Ergebnis der mittelalterlichen Städteentwicklung vorlag. Denken wir an Venedig, den Ausgangspunkt und das Muster alles späteren Merkantilismus, ferner an den nordischen Nachfolger Venedigs, die Niederlande. An der Spitze des Staates stehen im Westen oft Kaufleute selbst, z. B. die Medici in Florenz, Colbert in Frankreich, oder Monarchen, welche ganz vom Handelsgeiste durchtränkt sind. Im Osten dagegen begünstigen die Monarchen zwar den Handel, stehen ihm aber fremd gegenüber. Wie den Homunculus unter der schützenden Glasglocke bewundern sie das künstliche Geschöpfchen, ohne es zu verstehen. Zeitlebens hat Peter der Grofse geklagt, dafs „das Kommerzwesen ihm besondere Schwierigkeiten bereite, und dafs er sich von dem Zusammenhange desselben nie habe einen deutlichen Begriff machen können“.

Wie der Monarch, so die Beamten. Im Osten achtete man den Kaufmann „geringer als eine Eierschale“. Indem man meinte, die Sache besser zu verstehen als die Nächstbeteiligten, schädigte man nach Brückner oft mehr, als man nützte. In England, sagt John Perry, ein sachkundiger Zeitgenosse Peters, sporne man die Industriellen und Kaufleute zur Thätigkeit an, in Rufsland dagegen lähme die Brutalität und Raubsucht der Verwaltung alle Betriebsamkeit; wahrer Reichtum könne hier nicht gedeihen. „Die Geschichtsquellen", fügt Brückner hinzu, „berichten von zahlreichen Fällen der ärgsten Mifshandlung von Kaufleuten durch Beamte. Viele verloren Leben und Eigentum; manche wurden zu Tode gemartert." Nach demselben Schriftsteller pflegten Industrielle und Kaufleute ihren Wohlstand zu verbergen, um den Plackereien der Beamten zu entgehen [1].

Lehrreich ist die Geschichte von J. Ssolowjeff, einem Grofskaufmann zur Zeit Peters d. Gr. Angeklagt der verbotenen Kornausfuhr aus Rufsland wurde er gefoltert, wobei ihm Arme und Beine gebrochen wurden, und 1 Million Rubel wurde ihm konfisziert. Später erkannte der Zar seine Unschuld an und bat ihn um Verzeihung, ohne jedoch die Million zurückzugeben. Im Gegensatz zu Frankreich, wo Colbert ausdrücklich den Adel zur Beteiligung an industriellen Unternehmungen aufforderte, im Gegensatz zu England, wo die Grundaristokratie und die City geradezu verschmolzen, galten in Rufsland Handelsgeschäfte als unehrenhaft für den Adel, welcher vielmehr in Beamtenstellungen auf dem einfacheren Wege der Erpressung sich die kaufmännischen Reichtümer aneignete [2].

Ein Spiegelbild der Verhältnisse ist die volkswirtschaftliche Litteratur. Die westeuropäische Litteratur des Merkanti-

---

[1] Ähnlich Moltke, Briefe über Zustände und Begebenheiten in der Türkei. Berlin 1876. S. 49. „Die Bedingung alles Reichtums ist hier, dafs man ihn flüchten könne. Der Rajah wird lieber ein Geschmeide für 100000 Piaster kaufen, als eine Fabrik, eine Mühle, ein Vorwerk anlegen. — Die Juwelen, welche in reichen Familien selbst Kinder von wenig Jahren tragen, sind ein glänzender Beweis für die Armut des Landes."

[2] Vergl. Brückner, Possoschkoff S. 248, 281, 299, 301. Brückner, Peter der Grofse S. 518 ff.; derselbe, Raumers historisches Taschenbuch 1877 über „Russische Geldfürsten" S. 6.

lismus ist ihrem Wesen nach individualistisch; das treibende Moment des Wirtschaftslebens ist ihr das Streben nach Gewinn, worin sie sich von der nachfolgenden sog. klassischen Nationalökonomie nicht unterscheidet. Für die deutschen Kameralisten und noch mehr für den litterarischen Vertreter des russischen Merkantilismus, Possoschkoff, steht als treibendes Moment der Volkswirtschaft mit dem Streben nach Gewinn zum mindesten der staatliche Zwang auf einer Linie. „Possoschkoff will den Handel organisieren, die Kaufmannschaft in scharf gesonderte Gruppen, je nach ihrem Handelsumsatz, teilen, jeden einzelnen Kaufmann überwachen und kontrollieren.“

3. Die rückständige Stufe von Verkehr und Handel, wie wir sie im Vorhergehenden kennen lernten, weist zurück auf die naturalwirtschaftlichen Zustände des damaligen Rufsland, denen gegenüber die Befehle der Monarchen machtlos waren. Auf derselben Endursache beruht ein weiterer Mangel, an welchem der russische Merkantilismus vorerst scheitern mufste: die unfreie Arbeit. Zwar ist zuzugeben, dafs anders als mit unfreier Arbeit Grofsbetriebe überhaupt nicht aufzubauen gewesen wären; denn, wo immer die breite Masse des Volkes ihr Dasein auf den Boden der geschlossenen Hauswirtschaft gründet, wird sie sich nie freiwillig zur Arbeit im gewerblichen oder landwirtschaftlichen Grofsbetrieb verstehen. Insofern ist die unfreie Arbeit eine notwendige Begleiterscheinung der Naturalwirtschaft. So kamen zu Beginn unseres Jahrhunderts wirkliche Grofsbetriebe mit Hunderten von Arbeitern nur in denjenigen russischen Industriezweigen vor, in denen die unfreie Arbeit stark überwog.[1]

Aber wir sahen oben, dafs die unfreie Arbeit sich als unvereinbar erwies mit dem technischen Fortschritt, insbesondere dem Übergang von der Manufaktur des vorigen Jahrhunderts zur neuzeitigen Fabrik und Maschine. So haben gegen Mitte unseres Jahrhunderts wiederholt russische Fabrikanten um Befreiung ihrer Possessionsbauern petitioniert;

[1] Vergl. Struve, Kritische Bemerkungen. St. Petersburg 1894. S. 83. Tugan-Baranowski a. a. O. S. 86.

sie hofften nicht nur auf dem Wege des freien Arbeitsvertrages sich eine leistungsfähigere Arbeit schaffen zu können, sondern auch der Verpflichtung ledig zu werden, jene Possessionsbauern zu beschäftigen, was die Einführung arbeitsparender Maschinen hinderte — eine Wirkung des „Rechtes auf Arbeit."

Nicht minder dem technischen Fortschritt feindlich wirkte die Unfreiheit der Fabrikanten gegenüber dem Staat. Bei den Possessionsfabriken erforderte jede Veränderung der Produktion die Genehmigung der Oberbehörde. Aber die Akten durchwanderten damals äufserst langsam die riesigen Entfernungen des Reichs, den büreaukratischen Aufbau der Behörden. Jahre vergingen, bis Erlaubnis oder Verbot der Erneuerung zurückkam. Auch diese Zustände waren nur möglich, so lange die Industrie lediglich der naturalwirtschaftlichen Bedürfnisbefriedigung des Fiskus diente. —

Dafs der osteuropäische Merkantilismus nicht im stande war, durch staatlichen Zwang die Naturalwirtschaft zu überwinden, darauf beruht in letzter Linie sein Mifserfolg. Hierauf beruht es ferner, dafs in Preufsen wie in Rufsland der Merkantilismus erst in der Gegenwart eine Renaissance feiern sollte — zu einer Zeit, da auch in Mittel- und Osteuropa die inneren Bedingungen für Massenhandel und Geldwirtschaft auftauchten.

Welches waren diese Bedingungen für Rufsland? Den Anstofs zum wirtschaftlichen Fortschritt gab seit den ersten Jahrzehnten unseres Jahrhunderts der steigende Verkehr. Daneben war es abermals die Notwendigkeit, der militärischen Technik des Westens ein Pari zu bieten. Selten hat ein Krieg so sehr als Kulturträger gewirkt, wie der Krimkrieg; denn er machte die Eisenbahnen zur strategischen Notwendigkeit, gegen welche sich die konservative Regierung des Kaisers Nicolaus lange gesträubt hatte, weil sie „die Unbeständigkeit des Geistes unserer Epoche" vergröfserten. (Worte Kankrins.) Die Nachbarschaft des technisch fortgeschrittenen Westens und militärisch-auswärtige Gesichtspunkte zwangen abermals und zwingen heute den Staat zur Beschleunigung des wirtschaftlichen Fortschritts in der Richtung auf den „Kapitalismus".[1] Mit dem Eisenbahnbau hielt Tausch und Geldwirtschaft Einzug in Rufsland. Dieser gewaltige Umschwung fand seinen Ausdruck in dem Reformwerk Alexanders II. Die Bedingungen für eine moderne Grofsindustrie waren erst gelegt, als der Bau der Eisenbahnen an Stelle von Monopolpreisen die Konkurrenz setzte, damit den technischen Fortschritt erzwang und Märkte eröffnete, als die Schaffung einer von der Verwaltung unabhängigen Civiljustiz für die rechtliche Sicherung des gewaltig um sich greifenden Verkehrs sorgte.

Eine andere Folge der beginnenden Geldwirtschaft war die Befreiung der Bauern. Indem der Bauer in die Lage kam, Getreide zu verkaufen, erhielt er bar Geld. Damit wurde dem Adel ermöglicht, die Leistungen seiner Leibeigenen in kapitalisierte Abfindungssummen zu verwandeln. Zum erstenmal erschien in der russischen Gesellschaft durch die Ausgabe der verkäuflichen Ablösungsscheine eine grofse Menge flüssigen Kapitals. Eisenbahn-, Bank- und Industrieunternehmungen schossen aus der Erde. Zudem wurde der Adel — zeitweise wenigstens — ein kaufkräftiger Abnehmer von Industrieprodukten; mit zunehmender Übersiedelung nach den Städten legte er seine naturalwirtschaftlichen Gewohnheiten ab.

Sodann schuf das Emancipationswerk die freie Arbeit. In der freien Arbeit aber gewann die Industrie erst die Grundlage, ohne welche die Anwendung komplizierter und wertvoller Maschinen nicht möglich ist. Mit Recht datiert Mendelejeff den Beginn der modernen Grofsindustrie von dem Reformwerk des Zar-Befreiers[2].

Die Bemühungen Peters um die Industrie trugen nunmehr ihre Früchte. Wir sahen oben, wie sehr dem soeben

---

[1] Vergl. Struve, „Kritische Bemerkungen zur ökonomischen Entwicklung Rufslands". Petersburg 1894. S. 277.

[2] Vergl. Überblick über die Entstehung der russischen Industrie. Ausgabe des Departements für Handel und Manufakturen für die Ausstellung von Chicago. Derselben Ansicht ist Erisman a. a. O. S. 35.

befreiten Bauern die Fabrikarbeit widerstand. Soweit er mit Land ausgestattet war, floh er von den Fabriken auf das Land. Nur allmählich unter dem Druck der Bevölkerungszunahme wäre er im Laufe der Jahrzehnte zur gewerblichen Arbeit zurückgekehrt. Der russische Merkantilismus aber hatte eine vom Lande getrennte Arbeiterklasse geschaffen, welche bei der Bauernbefreiung zwar befreit wurde, aber ohne Landausstattung[1]. Sie war von vornherein zur Fabrikarbeit gezwungen und bildete die Grundlage der neuentstehenden Klasse von freien Industriearbeitern. Auch hier liegt eine Ähnlichkeit mit dem preufsischen Merkantilismus vor, dessen wichtigster Erfolg darin bestand, insbesondere in Berlin und Schlesien eine zur gewerblichen Arbeit bereite Bevölkerung geschaffen zu haben. Ihrer konnte sich die auftretende Grofsindustrie als Arbeitermaterials bedienen, nachdem die anderen Bedingungen geschaffen waren[2].

Erst in neuester Zeit gelang es einigen Industrien auf russischem Boden feste und zukunftsvolle Wurzel zu schlagen. Merkwürdigerweise aber waren es keineswegs die einstigen Schofskinder des Merkantilismus. Die Baumwollindustrie

---

[1] So mit Recht Tugan-Baranowski a. a. O. S. 43: „Die ersten Fabriken erwiesen sich als technische Schulen für den russischen Arbeiter.“

[2] Eine ähnliche Auffassung findet sich bei Schmoller hinsichtlich Preufsens, Umrisse und Untersuchungen. 1898. S. 559: „Friedrich d. Gr. hat etwa 2 Millionen Thaler im Laufe seiner Regierung für die Seidenindustrie ausgegeben, wohl mehr als für irgend eine andere Industrie.“ „Ich sage, die 2 Millionen Thaler sind als Schulaufwendung, als ein Erziehungsgeld anzusehen, das Berlin und dem Osten die Kräfte und Fertigkeiten, die Sitten und Gewohnheiten einimpfen half, ohne welche ein Industriestaat nicht bestehen kann.“ „Es ist charakteristisch, dafs zuerst Franzosen und Juden unter den Verlegern, überwiegend Lyoner, Italiener und andere Fremde unter den Arbeitern auftreten, während 1800 in beiden Klassen die Einheimischen vorherrschen.“ „Das Wichtigste aber war, dafs Berlin im Jahre 1800 eine technisch hochstehende Arbeiterschaft und ein fähiges, kapitalkräftiges industrielles Unternehmertum hatte, und diese Thatsache blieb, ob die Seidenindustrie fortdauerte oder nicht, das grofse Resultat der Friedericianischen Politik“.

war für den Staat, weil für die Kriegsverwaltung ohne Nutzen, weder Gegenstand des Interesses noch der Fürsorge; trotzdem überholte sie weit die staatlich gepflegte Tuch- und Leinenfabrikation.

Da die Baumwollindustrie heute die leitende Industrie Rufslands ist, da sie von allen Grofsindustrien auf das volkswirtschaftliche Ganze von gröfstem Einflufs ist, da ihre Vertreter in der Handelspolitik des Reiches stets am meisten Berücksichtigung seitens der Regierung erfahren, so ist der mittelrussischen Baumwollindustrie ein besonderer Teil dieses Werkes gewidmet.

Zweites Kapitel.

Die mittelrussische Baumwollindustrie.

Statt einer allgemein gehaltenen Darstellung der russischen Industrieentwicklung seit den Reformen Alexanders II. scheint es mir richtiger, ein Einzelbeispiel herauszugreifen, welches dem Leser konkrete Vorstellungen vermittelt. Dieser Weg empfiehlt sich um so mehr, als eine allgemeine Darstellung auf einem vielfach mifsverständlichen und in seiner Zuverlässigkeit zweifelhaften statistischen Material beruhen müfste, aus dem entgegengesetzte Schlüsse gezogen werden könnten und gezogen worden sind.

An allgemeiner Bedeutung ist es selbstverständlich unmöglich, die russische Baumwollindustrie mit der Weltindustrie Lancashires zu vergleichen. Dagegen verglichen mit den übrigen Industrien des Zarenreiches besitzt die Baumwollindustrie für Rufsland eine ähnliche Bedeutung, wie die Industrie Lancashires in den mittleren Jahrzehnten unseres Jahrhunderts für England. Zudem ist ihre Entwicklung bezeichnender als alles andere für den neuerlichen Umschwung der russischen Volkswirtschaft. Leroy-Beaulieu und Mackenzie Wallace erwähnen sie kaum [1]; eine Beurteilung der russischen Volkswirtschaft um den Ausgang des 19. Jahrhunderts mufs dagegen auf sie einen Hauptnachdruck legen.

---

[1] Die üblichsten allgemeinen Werke über Rufsland: Anatole Leroy-Beaulieu, L'empire des Tsars et les Russes. Mackenzie Wallace, Russia.

Die Bedeutung der Baumwollindustrie erhellt bereits aus folgenden Ziffern[1]: In den 80er Jahren waren 85 % aller Fabrikarbeiter des industriellen Moskauer Gouvernements in der Textilindustrie und von diesen wieder 60 %, bezw. unter Zurechnung von Druckerei und Färberei 70 % in der Baumwollindustrie beschäftigt. Als die leitende russische Industrie erweist sich die Baumwollindustrie auch dadurch, dafs das Baumwollgeschäft für den Ausfall der Nischnier Messe seit den siebziger Jahren entscheidend ist.

Im Frühjahr 1893 bereiste ich den Moskau-Wladimirschen Industriebezirk. Das Ergebnis dieser Studienreise war ein Aufsatz in Schmollers Jahrbuch 1895, welcher gegenwärtigem Kapitel mit Veränderungen zu Grunde liegt.

I. Der natürliche und volkswirtschaftliche Hintergrund[2].

Nirgends ist auf reichem, landwirtschaftlichem Boden eine Industrie naturwüchsig ins Leben getreten; denn nur gezwungen durch die Kargheit der Natur wandte sich der Mensch von der Landwirtschaft zum Gewerbe. So waren in Deutschland und England gebirgige, ärmliche Gegenden die ursprünglichen Sitze der Industrie. Ähnlich in Rufsland: in ihrem Oberlauf erscheint die Wolga als die Nährmutter von Handel und Gewerbe; beide aber finden ihr jähes Ende dort, wo die „schwarze Erde" hinter Nischni an die Wolga hinanstreift. Von Kasan an versenkt sich der Strom in jene unabsehbaren Ebenen des Landbaues, deren Bevölkerung noch heute jeder gewerblichen Thätigkeit abgeneigt ist.

Zwischen dem oberen Lauf der Wolga und der Oka gelegen, umfafst der mittelrussische Industriebezirk das heutige Gouvernement Wladimir und den östlichen Teil des Moskauer Gouvernements. Im Süden wird er begrenzt durch die „schwarze Erde". Das Metallgewerbe

---

[1] Vergl. Sammlung statistischer Mitteilungen über das Moskauer Gouvernement. Abteilung der Gesundheitsstatistik. Band IV, Teil I, S. 20, 21, 27.

[2] Vergleiche hierzu die Karte auf Seite 54.

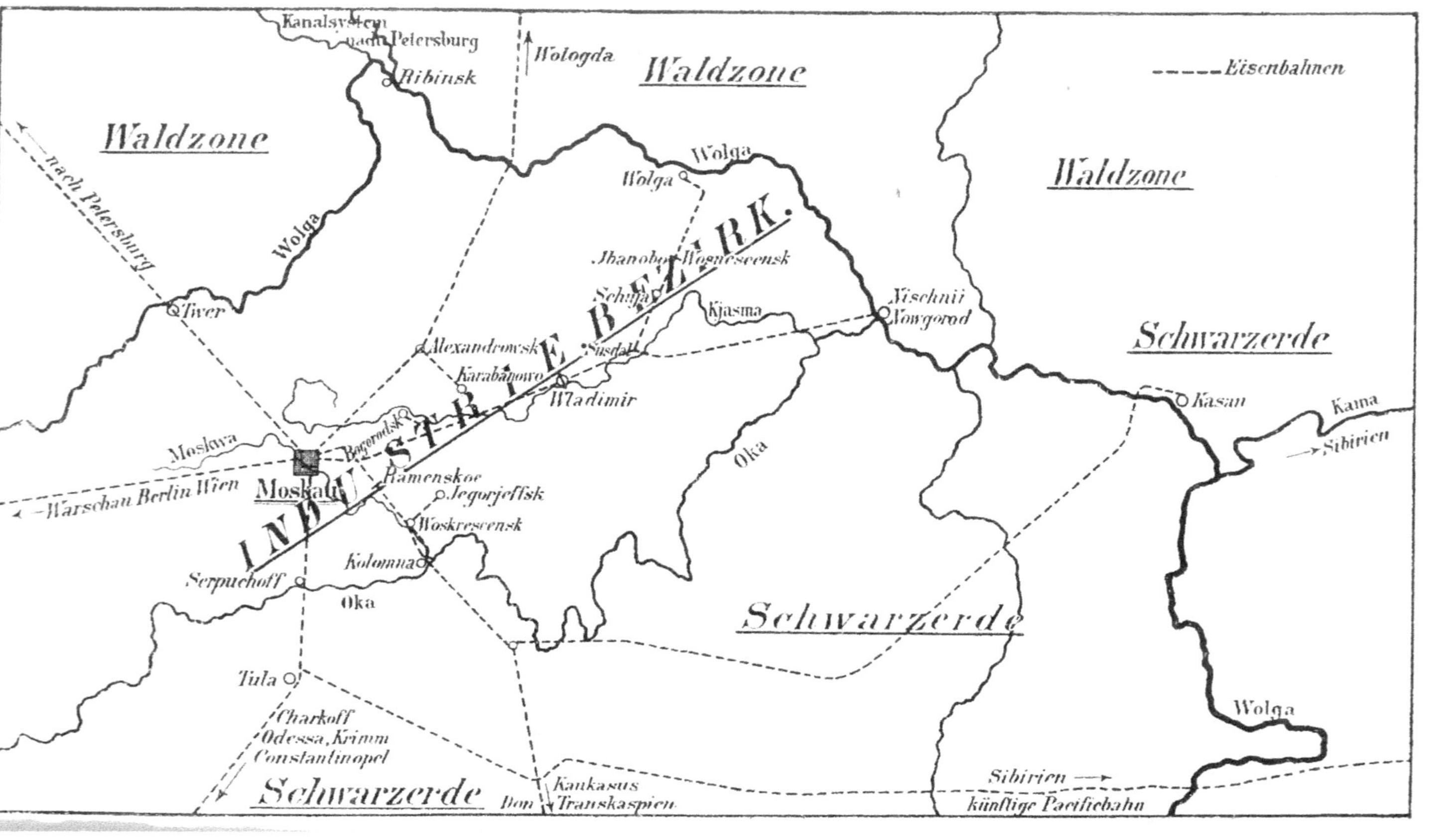

Kanalsystem nach Petersburg
Ribinsk
Wologda
Waldzone
Eisenbahnen
Waldzone
nach Petersburg
Wolga
Wolga
Wolga
Waldzone
INDUSTRIEBEZIRK.
Jbanobo Wosnesensk
Schuja
Kjasma
Nischnii Nowgorod
Tiwer
Alexandrowsk
Susdal
Schwarzerde
Karabanowo
Wladimir
Kasan
Kama
Moskwa
Bogorodsk
Sibirien
Oka
Ramenskoe
Moskau
Jegorjeffsk
Warschau Berlin Wien
Woskresensk
Kolomna
Serpuchoff
Oka
Schwarzerde
Tula
Wolga
Charkoff
Odessa, Krimm
Constantinopel
Schwarzerde
Kaukasus
Don
Transkaspien
Sibirien
künftige Pacificbahn

Tulas, der am meisten vorgeschobene Posten des mittelrussischen Industriebezirkes, liegt immerhin erst in den Grenzgebieten der schwarzen Erde. Dagegen ist die weit im Süden angesiedelte Montanindustrie des Dnjepr-Donezbeckens allermodernsten Ursprungs; ausländisches Kapital hat erst in den achtziger Jahren ausländische Vorarbeiter und nordrussische Arbeiter in die bis dahin durchaus ungewerbliche Steppe des Südens gerufen.

Im Norden wird der mittelrussische Industriebezirk begrenzt durch die unermeſslichen Wälder, welche sich vom nördlichen Ufer der Wolga bis zu der polaren Tundra und den Grenzen der Vegetation erstrecken. Allzu groſse Kargheit der Natur und Strenge des Klimas verhindern hier den wirtschaftlichen Aufschwung; noch heute lebt hier der Mensch der ursprünglichen Beschäftigung eines Fischer- und Jägerlebens. Vor Zeiten gehörte der Industriebezirk selber dem Waldgebiete an; noch gegenwärtig sind 32 % seiner Oberfläche mit Wald bedeckt. Ja, der Wald war für das Aufkommen der modernen Fabrikbetriebe notwendige Voraussetzung; er lieferte, beim Mangel an Steinkohle, lange Zeit die Heizung der Dampfkessel; erst heute wird das Holz durch einen weit intensiveren Brennstoff, das kaspische Naphtha, ersetzt; aus den undichten Schiffen aussickernd, überdeckt es die Wolga vielfach mit einer schillernden Petroleumhaut.

Als Übergang zwischen der kulturfeindlichen Armut des Nordens und der landwirtschaftlichen Fülle des Südens wies der mittelrussische Bezirk seine Bevölkerung von vornherein auf das Gewerbe. Aber das Gewerbe, soweit es nicht für den Eigenverbrauch, sondern für den Verkauf arbeitet, erfordert den Verkehr, und dieser ist in unentwickelten Verhältnissen vorwiegend Wasserverkehr[1]. Auch in dieser Hinsicht war der geschilderte Bezirk durch seine natürliche Lage

[1] Auch für das deutsche Mittelalter hat bekanntlich der Wasserverkehr die weit überwiegende Bedeutung, vergl. z. B. Lamprecht, Deutsches Wirtschaftsleben im Mittelalter. Leipzig 1895. Band II, S. 249.

aufserordentlich begünstigt. Im Norden begrenzt von der Wolga, im Süden von der Oka, durchschnitten von schiffbaren Nebenflüssen, steht der Industriebezirk in Verbindung mit den entferntesten Teilen des Reiches; seine Lage ist in dieser Hinsicht wirklich central.

Die Bedeutung der Wolga als Wasserstrafse ist uralt, schon deswegen, weil sie den Getreide ausführenden Süden mit dem Getreide einführenden Norden verbindet. Dort wo der Thalverkehr dem Bergverkehr etwa gleichkommt, zwischen Nischni und Ribinsk ist noch heute die belebteste Strecke des ganzen Stromes[1]. Seit alters wurden hier Getreide gegen Holz, orientalische gegen europäische Ware getauscht; und gerade dieser Strecke des Stromlaufes schmiegt sich im Süden der Industriebezirk an.

Von ihm aus weist die Wolgastrafse nach Süden bis zu den Küsten Persiens, den Naphthaquellen Bakus und dem Ausgangspunkte der uralten indischen Karawanenstrafse, jetzt der transkaspischen Eisenbahn. Im Osten setzt die Wolga sich fort durch das Stromgebiet der Kama bis zu den Eisenwerken des Ural; da der Ural bekanntlich kein Grenzgebirge ist, so bedarf es nur einer geringen Land-, jetzt Eisenbahnverbindung mit den Stromgebieten Sibiriens. Nach Norden und Westen breitet sich ein plattes, wasser- und seenreiches Land. Mit geringer Mühe liefs sich hier ein Kanalsystem anlegen, welches von Ribinsk abzweigend, die Wolga mit dem Baltischen und dem Weifsen Meere verbindet; auf diesem Wege vollzieht sich noch heute ein Teil der Getreideversorgung Petersburgs und der Getreideausfuhr Rufslands über die Baltische See. Der Industriebezirk liegt ferner, wie die Karte zeigt, zwischen den beiden städtischen Mittelpunkten, welchen vor allen andern eine allgemein russische Bedeutung zugeschrieben werden mufs: zwischen M o s k a u und N i s c h n i - N o w g o r o d.

1. Moskau. Die natürlichen Vorzüge seiner Lage erhoben das Wolga-Okabecken vor Jahrhunderten zur politischen

[1] So B e s o b r a s o f f, Economie nationale de la Russie. St. Pétersbourg 1883. Band I. S. 86.

Vorherrschaft in Rufsland. Auch später, nachdem die Residenz an die baltische Küste gerückt war, blieb dieses Gebiet doch der unbestrittene Mittelpunkt des Zarenreiches.

In früher Vorzeit vollzog sich die Wolga hinunter die Einwanderung der Slaven, welche die breite Masse finnischer Ureinwohner langsam aufsogen — ein Prozefs, der in etwas östlicher gelegenen Gegenden auch heute noch nicht beendigt ist. Zwischen Wolga und Oka, in dem späteren Industriebezirk, entstand durch diese Vermischung mit finnischen Stämmen der grofsrussische Typus, welcher später seinen Stempel der russischen Nation überhaupt aufdrückte. Kieff, die Mutter aller russischen Städte, unterlag, inmitten der offenen Ebenen des Südens gelegen, den Angriffen der Feinde von Ost und West. Demgegenüber bildeten die Wälder des Nordens einen Schutz für das junge Reich von Susdal und Wladimir, von dem später die politische Einigung der Nation ausging. Die Macht seiner Fürsten beruhte schon damals darauf, dafs sie in der Lage waren, der Grofsmacht des Nordens, der Republik Nowgorod, die Getreidezufuhr abzuschneiden [1]; so erkannten 1170 die Nowgoroder, obgleich sie den Fürsten von Susdal besiegt hatten, „aus freien Stücken", wie der Chronist sagt, d. h. der Getreidezufuhr wegen, die Oberherrschaft Susdals an [2]. Noch heute erinnern uralte Kirchen und halbverfallene Kreml den Besucher an die einstige Gröfse von Susdal und Wladimir [3].

Erbe beider Städte wurde Moskau, wohin der Herrschersitz 1328 verlegt wurde. Als Generalsteuereinnehmer der tatarischen Eroberer stiegen die Moskauer Grofsfürsten

[1] Vergl. Besobrasoff, Economie nationale de la Russie. St. Pétersbourg 1883. Band I, S. 60.

[2] Vergl. z. B. Rambaud, Histoire de la Russie. Paris 1878. S. 92.

[3] Nach den Angaben von Baedekers Rufsland entstammen die Altertümer Wladimirs, insbesondere die Uspjenski-Kathedrale und die goldene Pforte dem 12. Jahrhundert; sie werden an Alter nur übertroffen durch die Sophienkathedrale in Kieff aus der ersten Hälfte des 11. Jahrhunderts.

allmählich zur Alleinherrschaft in Rufsland auf. Nach der Befreiung von den Tataren 1480 besiegelte die Zarenwürde 1547 den Anspruch Moskaus auf die Nachfolge Konstantinopels.

Haxthausen, dessen Reisewerk noch heute, trotz Leroy-Beaulieu und Mackenzie Wallace lesenswert ist, giebt eine anschauliche Schilderung von Moskau zur Zeit des Brandes 1812. Diese Schilderung ist lehrreich für das, was unter jenen Städten der Vorzeit vorzustellen ist, deren Einwohnerzahl wir anstaunen, ohne dafs wir eine geldwirtschaftliche Grundlage annehmen können. Moskau zählte damals bereits gegen 250 000 Einwohner; aber wie verschieden waren ihre Lebensbedingungen von denen des gleichzeitigen Paris oder London. Von den 8300 bebauten Grundstücken gehörten 6400 dem Adel. Inmitten von Hof und Garten erhob sich das Herrenhaus, aus Holz gebaut, meist nur eine Etage hoch, im Innern reich, ja öfters luxuriös ausgestattet. Als eines der wenigen noch erhaltenen Beispiele dieser Art, die den Brand überdauerten, lernte ich das Haus des Fürsten Gagarin kennen. In den Nebengebäuden lebte eine ungeheure Masse leibeigener Diener. Haxthausen versichert, dafs ihre Zahl sich in einzelnen Fällen auf 1000 und mehr belaufen habe. Ihr Unterhalt kostete nichts, denn sie lebten von den Naturalabgaben der unfreien Bauern. Ähnlich mag einst der Grofse im kaiserlichen Rom gelebt haben.

Um die Wende des Jahrhunderts führten langwierige Kriege den Adel in Massen nach Westeuropa und machten ihn mit europäischen Luxusbedürfnissen bekannt. Auch in dieser Hinsicht wirkten die von der französischen Revolution ausgehenden Wellen nivellierend. Das alte Bojarendasein schwand; neben der Quantität begann man die Qualität der Lebensgenüsse zu schätzen. Hierzu brauchte man Bargeld, womit sich bereits die Befreiung der Bauern vorbereitete.

An Stelle des altrussischen Kaufmanns, welcher, im Kaftan gekleidet, zäh an den Gewohnheiten der Väter hielt, trat der europäische Importeur und allmählich der Industrielle — bürgerliche Elemente, welche dem Adel die Wage hielten, ja an Reichtum ihn heute weit überholt haben. Hier, wie so oft in der Wirtschaftsgeschichte, waren Ausländer die Träger dieses Fortschrittes. Was die Hugenotten für Berlin, das waren die Deutschen für Moskau, wie denn noch heute die deutsche Sprache an der Moskauer Börse fortlebt.

Trotz der unter Cancrin (Finanzminister 1823—44) herrschenden, nahezu prohibitiven Zollsätze war in der ersten Hälfte des Jahrhunderts die grofsgewerbliche Entwicklung Rufslands nur eine langsame. Erst die Reformen Alexanders II. gaben die Möglichkeit einer selbständigen Industrieentwicklung gröfseren Stiles. Gerade in Moskau kam die Bauernbefreiung zu besonderer Wirkung. Hier nämlich, am Sitze zahlreicher adliger Hofhaltungen, befand sich eine Menge von Leibeigenen, welche bisher zu persönlichen Diensten des Herrn verwandt worden waren, sog. „Hofleute". Diese wurden ohne Land befreit. Auch im übrigen waren wegen der vorhandenen Bevölkerungsdichte hier im Mittelpunkte des Reiches die Landloose der befreiten Bauern schmal bemessen. Aus beiden Umständen folgte der Zwang zu gewerblicher Beschäftigung für einen starken Bruchteil der Bevölkerung.

Moskau wurde unter Alexander II. ferner Mittelpunkt des Eisenbahnnetzes. Mit den Eisenbahnlinien strahlen Moskaus Sprache und Geschmack nach allen Seiten; wie sie beide Rufsland eroberten, so auch die ihnen folgenden Moskauer Industrieprodukte. Jede dichtere Maschung dieses Eisennetzes im Innern[1], jedes tiefere Vorrücken der Lokomotive in den kontinentalen Block Asiens, jedes Pud Getreide, welches auf diesen Schienen nach Westeuropa wandert, erweitert das Absatzgebiet der Moskauer Industrie.

Noch streitet die russische „Intelligenz", ob Rufsland die kapitalistische Entwicklung des Westens mitmachen „solle". Demgegenüber hatte ich nirgends so sehr wie auf Moskauer

[1] Noch heute hemmt ein zeitiges Frühjahr und die damit verbundene Grundlosigkeit der Landstrafsen die Abhaltung der ländlichen Kleinmärkte und damit den Absatz von Industrieprodukten. Vergl. Finanzbote, 5. Februar 1895, S. 261.

Pflaster das Gefühl, mich auf dem Boden einer der fruchtbarsten Brutstätten des modernen Kapitalismus zu befinden. Ähnlich mufs Manchester gewesen sein, als es zu Beginn des Jahrhunderts im Alleinbesitze der modernen Technik eine wehrlose Welt eroberte. So erobert heute Moskau hinter den hohen Mauern des russischen Zolltarifs breite, durchaus ungewerbliche Märkte. Der Kapitalismus, in Westeuropa dem scharfen Lufthauche der Konkurrenz ausgesetzt, entfaltet sich auf Moskauer Boden üppig und treibhausmäfsig. Moskau wird damit der wirtschaftliche Mittelpunkt Rufslands[1].

2. Nischni-Nowgorod. Bei der geringen Dichte und Kaufkraft der Bevölkerung war der Handel in Rufsland bis vor kurzem vorwiegend Mefs- und Markthandel. Wie in anderen Beziehungen, gewähren die russischen Zustände auch in dieser Hinsicht Einblick in Verhältnisse, die für Westeuropa den dunkelsten Perioden der Wirtschaftsgeschichte angehören, — in die Zeit vor Entstehung der Städte. Die Kaufleute, von welchen die Bauern die wenigen Waren ihres Bedarfes auf den ländlichen Kleinmessen kauften, bildeten noch um die Mitte unseres Jahrhunderts eine wandernde Bevölkerungsklasse[2]. Sie verproviantierten sich auf den grofsen Jahrmärkten, auf welchen die Grofskaufleute und die mit dem Ausland in Beziehung stehenden Importeure erschienen. Diese Jahrmärkte folgten der Zeit nach in der Weise aufeinander, dafs die unverkauften Waren von einem Markte auf den nächsten geschafft

[1] Demgegenüber ist die Bedeutung von Petersburg als Einfuhrhafen und Fabrikstadt zurückgegangen. Nach „Nicolai — — on“, Ein „Abrifs unserer Volkswirtschaft seit der Reform“, Petersburg 1893, S. 86/87, verlor Petersburg in den 10 Jahren von 1880—90 von seinem Absatze nach Moskau 58 %, nach der Provinz 4 %. Das genannte Jahrzehnt brachte dabei eine aufserordentliche Entwicklung von Handel und Industrie im allgemeinen. Nur als Bankplatz übertrifft Petersburg noch heute Moskau.

[2] Bis 1863 waren stehende Läden auf dem platten Lande den Stadtleuten verboten. Vergl. Samoilowitsch und Bunjakowski, Der innere Handel Rufslands und seine Jahrmärkte, in der offiziellen, für die Ausstellung zu Chicago hergestellten Ausgabe „Fabrikindustrie und Handel Rufslands“, 1893, S. 239.

werden konnten. Ähnlich wie einst die Messen der Champagne ein in sich geschlossenes System bildeten[1], so standen in Rufsland bis in die neueste Zeit die grofsrussischen und die kleinrussischen Messen nebeneinander. In sich geschlossen, hatten beide gegenseitig wenig Beziehungen. Nach dem Berichte des Ivan Aksakoff über die Jahrmärkte der Ukraine hatten viele Kaufleute, welche auf den Messen Kleinrufslands verkauften, im Laufe des Jahres ihre Waren an zwanzig Mal ein- und auszupacken, um im folgenden Jahre denselben Kreislauf von neuem anzutreten.

Auch diese gröfseren Messen waren keineswegs notwendig mit Städten verbunden: Irbit, auf dessen Messen noch gegenwärtig an 100 000 Personen zusammenströmen, zählt nicht mehr als 5000 ständige Einwohner; der älteste der kleinrussischen Märkte bei Kursk lag in einer als „Einöde" bezeichneten Gegend. Klöster vielmehr scheinen Anziehungspunkte für den Mefsverkehr gebildet zu haben, wie auch in Westeuropa Reliquienbesitz oft zum Mefsort emporhob[2].

Von allen Messen war und ist die Messe von Nischni Nowgorod die wichtigste. Diese Stadt bildet den östlichen Endpunkt des Industriebezirks und liegt in einer für den Wasserverkehr aufserordentlich günstigen Lage, an dem Zusammenflufs von Wolga und Oka. Nach diesem Punkt siedelt vom 15. Juli bis 10. September jedes Jahres der Moskauer Handel über. Von hier aus vollzieht sich die Verteilung der Waren noch heute für den gröfsten Teil Grofsrufslands und des asiatischen Rufsland. Von Eröffnung der Schiffahrt im Frühjahr bis zu Beginn der Messe können fast aus allen Teilen des Reiches die Waren nach Nischni gebracht sein, und noch ist es Zeit, dafs die Käufer sie abermals verschiffen, ehe die Ströme zufrieren.

Dr. Kosegarten[3], welcher 1843 die Messe besuchte, giebt

---

[1] Vgl. Goldschmidt, Universalgeschichte des Handelsrechts. Handbuch des Handelsrechts. 3. Aufl., Band I, Abt. I, 1891, S. 224 ff.

[2] Lamprecht, Deutsches Wirtschaftsleben im Mittelalter II S. 257/258.

[3] Sein Bericht findet sich bei Haxthausen Band I, S. 389 ff. der französischen Ausgabe.

ein interessantes Warenverzeichnis. Vorwiegend nennt er Produkte des bäuerlichen Hausfleifses: grobe Textilstoffe, Räder, kleine Metallwaren, Heiligenbilder, Ritualschriften, Edelmetallarbeiten, Schuhe u. s. w.

Wie überall, wo der Absatz in die Ferne den Produzenten vom Markte trennt, so lag auch hier der Übergang des bäuerlichen Hausfleifses zur kapitalistisch organisierten Hausindustrie nahe[1]. In dieser Richtung liegt z. B., was Haxthausen von einem Dorfe erzählt, das sich ausschliefslich mit Schuhmacherei beschäftigte und seine Waren auf der Messe zu Nischni vertrieb. Er berichtet von einzelnen Bauern, welche 20000 bis 50000 Rubel jährlicher Einnahme hatten. Ich erkläre dies so: bäuerliche Hausgenossenschaften, etwa solche mit grofser Personenzahl und intelligentem Oberhaupt, senden einzelne ihrer Mitglieder zum Absatz in die Ferne. Sehr leicht werden diese ausgesandten Händler auf den von ihnen besuchten Messen neben den Erzeugnissen des eigenen Hauses auch die ihrer ärmeren und beschränkteren Nachbarn vertreiben. Dabei verheimlichen sie vielleicht den Käufern Wohnort und Persönlichkeit des Produzenten, wenn überhaupt die Möglichkeit einer Verbindung zwischen beiden vorliegt. Sie machen sich so beiden Seiten unentbehrlich und begründen damit über ihre Dorfgenossen ein ökonomisches Herrschaftsverhältnis[2].

Neben den Erzeugnissen des bäuerlichen, meist nordrussischen Hausfleifses traf Kosegarten 1843 auf der Nischnier Messe gewisse wertvollere Naturprodukte des Südens und Ostens, z. B. tatarische Schafpelze für Winterkleidung, sibirisches Pelzwerk, Baumwolle, edle Hölzer aus dem Süden und vor allem den Thee, damals die leitende Ware der Messe. Der Abschlufs des Theehandels war für den Geschäftsgang der Messe überhaupt entscheidend, direkt zunächst für den Handel mit Wollstoffen, gegen welche in Kiachta die Chinesen den

---

[1] Von Bücher „primäre Hausindustrie“ genannt. Vergl. Art. Gewerbe im Handwörterbuch der Staatswissenschaften III S. 942.

[2] Vergl. Haxthausen a. a. O. S. 288. Besobrasoff a. a. O. S. 155.

Thee austauschten. Der Theehandel befand sich, entgegen dem Handel in den oben genannten mehr demokratischen Waren, in wenigen Händen. Das chinesische Viertel der Messe, nicht etwa von Chinesen, sondern von den mit Kiachta in Verbindung stehenden Grofskaufleuten und Kommissionären bevölkert, war der vornehmste Teil der Messe; ähnlich heifst noch heute die Altstadt von Moskau Chinesenstadt (Kitaigorod) — ein Beweis dafür, wie der Grofshandel zunächst anknüpft an die wertvollen, wenig voluminösen Naturprodukte des fernen Auslandes. Ein ähnliches Objekt, wenn auch von weit geringerer Bedeutung, als der Thee, war der westeuropäische Wein.

Von fremden Industrieprodukten bezeugt Kosegarten ausdrücklich persische und bucharische Baumwollgewebe, von europäischen Waren die „Ladenhüter" Westeuropas, die auf verschiedenen Etappen bis in das Innere Rufslands vorgedrungen waren.

Als wichtigste Ware einheimischer Grofsbetriebe, und zwar der Zeit entsprechend grundherrlicher Grofsbetriebe, traten damals in Nischni die Metalle auf, insbesondere Eisen und Kupfer; sie wurden aus den Metallwerken des Ural die Kama im Frühjahr zur Messe heruntergeschwemmt. Auch das Eisen befand sich, bei der Verschuldung der Grundherren, in der Hand von wenigen Grofskaufleuten. Drei oder vier Kaufmannsfamilien monopolisierten nach Besobrasoff Jahrzehnte lang den ganzen innerrussischen Eisenhandel[1].

Diese Übersicht ist bezeichnend für die Zustände des Nicolaïschen Rufsland. Noch herrschte der russisch-asiatische Fernhandel vor, ein Zeichen naturalwirtschaftlicher Zustände des russischen Volkes. Insbesondere war die mittelrussische Baumwollindustrie — ein Gewerbe, das den heimischen Massenabsatz zum Zweck hat — noch nicht auf dem Plane erschienen. Garne wie Gewebe wurden noch aus den transkaspischen Ländern nach Rufsland eingeführt, ähnlich

[1] Besobrasoff, Economie nationale de la Russie. St. Pétersbourg 1883. Band I, S. 204.

wie Indien im vorigen Jahrhundert noch Baumwollwaren nach England versandte. Die Einfuhr von Baumwollwaren aus Asien nach Rufsland stieg sogar noch in den Jahren von 1824—1852 beträchtlich[1]; die Einfuhr asiatischen, selbstverständlich handgesponnenen Garnes ging erst in den 60er Jahren zurück — alles Beweise der geringen Bedeutung der eigenen fabrikmäfsigen Baumwollindustrie. Die Garneinfuhr aus Asien, d. h. aus Chiwa, Buchara und Persien betrug:

1854	43 985 Pud im Werte von	336 020 Rubel[2],
1860	14 478 - - - -	86 710 -

Diese Ziffern weisen auf den Umschwung hin, der sich um jene Zeit in der russischen Volkswirtschaft vollzog und den Charakter der Nischnier Messe grundlegend umgestaltete.

Die breiten Massen Rufslands begannen zu jener Zeit in den Besitz einer Handelsware grofsen Stiles zu gelangen: ihr Getreide wurde verkäuflich. Damit veränderten sich, wenn auch allmählich, die naturalwirtschaftlichen Gewohnheiten des Volkes. Der tiefste Grund dieser Veränderung war das Getreideeinfuhrbedürfnis, also die städtisch-gewerbliche Entwicklung Westeuropas. Beschleunigt wurde diese Veränderung durch die Reformen Alexanders II., vor allem den Eisenbahnbau. Die gesetzlichen Beschränkungen, denen bisher die Kramläden auf dem Lande unterworfen gewesen waren, fielen. Gewifs wirkte in der angedeuteten Richtung auch die Aufhebung der Leibeigenschaft. Früher verbarg der Bauer etwaige Ersparnisse, da er durch Ausgaben auf Kleidung und Bequemlichkeit die Habgier des Herrn erweckte. In auffallender Weise vermehrte sich gerade in den Jahren nach der Bauernbefreiung auf den Jahrmärkten der Absatz der für das

[1] Vergl. Scherer, Die Baumwollindustrie, in der offiziellen Ausgabe über die verschiedenen Zweige der Industrie Rufslands, St. Petersburg 1863, Band II, S. 486.

[2] Vergl. Lumley, Reports by her Majestys Secretaries of Embassy on Manufactures and Commerce 1865, Nr. 8, S. 102.

Volk bestimmten Waren. Der befreite Bauer kleidete sich besser und in lichteren Farben[1].

Im Jahre 1895 habe ich in einem grofsen Dorfe des Gouvernements Woronesch den Inhalt des Dorfladens gemustert, um einen Einblick in die gegenwärtigen Verbrauchsverhältnisse des Bauern zu gewinnen. Bei weitem überwogen die Produkte der Baumwollindustrie. Begierig greift das Schmuckbedürfnis der Frau zu den leuchtenden Farben des Kattundruckes, welcher die unansehnlicheren Produkte des eigenen Hausfleifses verdrängt. Maschinengarn wurde feilgehalten für die Nähtereien und die oft reichen und künstlichen Stickereien der Frauen. Auch den Männern bot der Laden ein Erzeugnis der Baumwollfabrik; geradezu typisch für die Bauern ist in vielen Gegenden Rufslands heute das rote Kattunhemd. Da in den Bauernstuben gewöhnlich eine aufserordentlich hohe Temperatur herrscht, so können sich beide Geschlechter im Hause auch während des Winters in Baumwolle kleiden.

Neben der Baumwolle spielte in dem besuchten Laden das Erdöl die zweite Rolle, ebenfalls ein Produkt der jüngsten kapitalistischen Wirtschaftsentwicklung. Aufserdem fand ich zahlreiche eiserne Kleinwaren: die Räder werden jetzt meist mit eisernem Reife, die Pflugschar mit eisernem Rande versehen. Daneben sah ich eiserne Beile, eiserne Töpfe, Nägel u. s. w. Zwar nicht in dem betreffenden Laden, jedoch in der Gegend sah ich eiserne Pflüge, meist deutschen Ursprungs, welche teils von Handlungsreisenden südrussischer Einfuhrhäuser, teils von den Beamten der Landschaft unter der bäuerlichen Bevölkerung verbreitet werden.

Alles dies deutet auf eine Zunahme der geldwirtschaftlichen Gewohnheiten des Volkes. Damit ist die Möglichkeit gegeben, vom Mefshandel zum ansässigen Handel überzugehen. Dies ist bereits der Fall in dem dichter besiedelten Klein-

[1] Scherer, Die Baumwollindustrie, in der offiziellen Ausgabe „Überblick über die verschiedenen Zweige der Industrie Rufslands". St. Petersburg 1863, Band II, S. 522. Auch Lumley a. a. O. S. 99.

rufsland, dessen Messen heute verfallen, dessen Handelsmetropole Charkoff gewaltig aufblüht. Die Jahrmarktsteuer, erhoben in fünf Klassen nach der Gröfse des Jahrmarktes von den anreisenden Kaufleuten, zeigt dementsprechend seit 1884 für Kleinrufsland einen Rückgang[1].

Dagegen gehört die Bedeutung der Nischnier Messe keineswegs der Vergangenheit an, vielmehr ist ihr die verkehrswirtschaftliche Entwicklung der sechziger und siebziger Jahre zunächst zu gute gekommen. Ihr geographisches Gebiet deckt noch heute das gesamte Wolgabecken einschliefslich des mittelrussischen Industriebezirkes selbst, sowie das im Norden und Osten dieses Beckens gelegene Gebiet. Im Westen wird es begrenzt durch das Twersche Gouvernement, welches kommerziell bereits von Petersburg abhängt. Das Gebiet der Messe ist also nahezu das gleiche, wie das des bäuerlichen Gemeindebesitzes — gewifs kein Zufall. Beides vielmehr deutet auf den weniger verkehrswirtschaftlichen Charakter des mittleren und östlichen Rufsland im Vergleich mit dem Norden, Westen und Süden.

Aber wenn Nischnis Handel bis in die achtziger Jahre nicht gelitten hat, so hat sich doch der Charakter seiner Messe völlig geändert. Der asiatische Fernhandel, insbesondere der russisch-chinesische Handel, ist zurückgegangen. Der Thee hat die Überlandsroute verlassen; mit der Verbilligung der Seefracht ist an Stelle des Karawanenthees der Cantonthee getreten. Zwar erscheint der Thee noch in Massen auf der Nischnier Messe, aber Nischni empfängt ihn doch nur aus zweiter Hand. Von den Schwarzen Meerhäfen, sowie von Moskau aus und ohne Vermittlung der Messe vollzieht sich in wachsendem Mafse die Versorgung des Landes mit dem allbeliebten Genufsmittel. Der Ausfuhrhandel russischer Gewerbeprodukte, besonders russischer Wollstoffe, nach China ist gänzlich verfallen. Seit der Mitte des Jahrhunderts bis in die achtziger

[1] Vergl. Samoilowitsch und Bunjakowski a. a. O. S. 241 u. 250. Beispielsweise ist der Umsatz der Charkoffer Messe von 22½ Mill. Rubel 1873 auf 15 Millionen in den letzten Jahren gesunken.

Jahre sank die russische Ausfuhr über Kiachta von 22 Millionen auf kaum $1^1/_2$ Millionen Rubel. Der vornehmlichste Grund für diesen Rückgang liegt wahrscheinlich darin, dafs Rufsland auf den chinesischen Märkten begann, der Konkurrenz europäischer Fabrikerzeugnisse zu begegnen. Während in Westeuropa die Preise der Gewerbeerzeugnisse allgemein und dauernd zurückwichen, verhinderte der Hochschutzzoll Rufsland, dieser Entwicklung zu folgen. Bei der Sicherheit ihrer Gewinne entbehrte die russische Industrie jenes Ansporns, welcher in dem Kampf auf offenen Märkten liegt[1].

An Stelle des Fernhandels spielt in Nischni der Innenhandel seit den siebziger Jahren die Hauptrolle. Der Moskauer Grofshändler und Fabrikant verkauft hier an die Provinzialkaufleute, von denen die Versorgung der ländlichen Kleinhändler ausgeht. Hier wie überall ging der Fortschritt des Handels hinunter in die Tiefe des Volksganzen, das er einst als internationaler Fernhandel nur oberflächlich berührte.

Bezeichnenderweise erscheint diejenige Ware, welcher in letzter Linie der ganze Umschwung verdankt wird, und welche heute die wichtigste Rufslands ist, das Getreide, nicht auf der Messe von Nischni. Der Getreidehandel sitzt vielmehr in den Hafenstädten des Schwarzen und Baltischen Meeres, woselbst sich die Preisbildung in engem Anschlufs an die westeuropäischen Börsennotierungen vollzieht.[2] Aber trotzdem ist diese Ware ausschlaggebend für den Gang der Messe. Denn die Ernte und die Getreidepreise sind in Rufsland als einem vorwiegend

[1] Über die Schädigung des russischen Ausfuhrhandels durch die Lösung des Rubels von seinem Silbernennwert, welche sich in jenen Jahren vollzog, vergl. Besobrasoff a. a. O. I S. 188 und Appendix III S. 78 ff. Ähnlicher Ansicht ist das Memorandum des deutschen Handelstages 1864, abgedruckt in dem engl. Blaubuche „The present state of the trade between Great Britain and Russia", 1866, S. 134, welches die Kursschwankungen der Schädigung des russischen Ausfuhrhandels bezichtigt.

[2] Vergl. ähnlich für Indien Ellstätter, Indiens Silberwährung. Stuttgart 1894. S. 39.

agraren Lande entscheidend für die Nachfrage nach Industrieprodukten[1]; von unmittelbarstem Einflufs sind sie insbesondere für die Baumwollindustrie, deren Vertreter sich irrigerweise für unabhängig von Europa halten. Je mehr Europa Getreide kauft, desto gröfser ist der Absatz von Kattunen zu Nischni.

Was in der Mitte des Jahrhunderts der Thee war, werden in den sechziger Jahren die Baumwollwaren: die leitende Ware der Messe.

Wie in Europa und Indien, so hat auch in Rufsland die Baumwolle die Bedeutung gehabt, die geldwirtschaftliche Bedürfnisbefriedigung in die Massen hinunterzutragen. Durch sie werden Wolle und Flachs aus der Eigenproduktion des Bauernhofes verdrängt. Auf der Grundlage des heimischen Massenverbrauchs entfaltete sich die Baumwollindustrie als die erste moderne Fabrikindustrie Rufslands. Während die Einfuhr von Textilprodukten aus Asien nahezu aufgehört hat, gehen russische Garne, Druckkattune, auch farbenprächtige Seiden- und Halbseidenwaren in wachsenden Beträgen nach den transkaspischen Besitzungen Rufslands. Die Spindel aus Metall hat die kunstgeübte Hand der asiatischen Spinnerin auch in ihrer eigenen Heimat geschlagen.

Neben den Textilwaren spielen Eisenwaren heute die wichtigste Rolle auf der Messe, sodann eine stets wachsende Anzahl anderer russischer Industrieprodukte, z. B. Glas-, Porzellanwaren u. s. w. Der europäische Schund, berechnet auf einen gänzlich ungebildeten Geschmack, ist nahezu verschwunden. Heute kauft man europäische Luxuswaren in den glänzenden Magazinen des Petersburger Newski oder der Moskauer Schmiedebrücke, zwar zu hohen Preisen, aber in Qualitäten, die selbst den Kenner befriedigen.

Eine Folge der verbesserten Verkehrsverhältnisse ist das

[1] Abgesehen natürlich von staatlicher Nachfrage, etwa zu Zwecken des Eisenbahnbaues; aber die finanzielle Kraft des Staates, welche ausländische Anleihen und damit Eisenbahnbau ermöglicht, beruht doch in letzter Linie auch auf agrarer Grundlage.

breitere Auftreten von Naturprodukten auf der Messe, — Naphtha, Fische, russische Weine, Rohbaumwolle u. s. w. Sie alle dienen dem inneren Verkehr. Dagegen ist der Ausfuhrhandel mit Rohprodukten nach Europa dem Meſsverkehr entzogen. Die einzige Ausnahme bildet das Pelzwerk, dessen asiatisches Produktionsgebiet dem regulären europäischen Handel wenig zugänglich ist.

In den letzten Jahren vollzog sich eine weitere Veränderung. Die Messe von Nischni hat ihren Höhepunkt überschritten. Der Wert der zugeführten Waren betrug 1880—84 im Jahresdurchschnitt 215½ Millionen Rubel und war in den Jahren 1892—1896 auf 170 Millionen gesunken. Insbesondere werden heute weniger Textilwaren zur Messe gebracht, als vordem, obgleich dieselben noch immer die leitende Ware der Messe sind: 49 Millionen Rubel im Durchschnitt der Jahre 1868 bis 1872 gegen 45 Millionen 1890 und 91 — und dies trotz der gewaltigen Ausdehnung gerade der Textilindustrie in den letzten zwei Jahrzehnten. Dies bedeutet, daſs die wichtigste russische Industrie sich vom Meſsabsatz los zu machen beginnt. Baumwollgarne erscheinen oft nur in Specialitäten auf der Messe, z. B. gefärbte Garne für den asiatischen Verkehr, die Kattune vielfach nur in Mustern. Die Messe wird zur Börse; an Stelle des Verkaufs in natura tritt die Preisfestsetzung und Bestellung nach Proben unter örtlicher Zusammenfassung von Angebot und Nachfrage.

Aber diese Börse läſst sich ebensogut oder besser in Moskau abhalten, um so mehr als die einjährige Frist, an welche die Messe von Nischni gebunden ist, den schnelleren Schwankungen der geschäftlichen Konjunkturen von heute nicht mehr entspricht.

Jedoch bleibt der Messe ein breites, ja wachsendes Gebiet in den asiatischen Dependenzen Ruſslands. Politisch unabhängige Asiaten, Perser und Türken pflegen auf der Messe nur zu verkaufen, um Bargeld mit nach Hause zu nehmen, für welches sie daheim westeuropäische Industrieprodukte kaufen. Die Kaukasier nnd die Transkaspier dagegen sind durch das sie umschlingende Schutzzollsystem gezwungen, russische Industrieprodukte von der Messe mitzunehmen. Durch ein wertvolles Ausfuhrobjekt, welches mehr und mehr an Bedeutung gewinnt, die Rohbaumwolle, werden diese Transkaspier zunehmend kaufkräftige Abnehmer der russischen Industrie.

Den asiatischen Gewohnheiten aber entspricht noch heute und auf lange hinaus der Mefshandel. Soweit nicht unter den Volksgenossen geheiligte Überlieferung die Preise festsetzt, ist der Kaufmann noch heute wie vor alters der „Überlister". Der Asiate mifstraut den zugesandten Mustern und Warenproben; er will die Waren selbst sehen und untersuchen. Er glaubt sich übervorteilt, wenn der Preis ohne stundenlanges Feilschen zustande kommt. Denn er sucht seine persönliche Schlauheit beim einzelnen Geschäft in die Wagschale zu werfen; nicht Angebot und Nachfrage bestimmen für ihn die Preise, sondern das Mafs gegenseitiger Geriebenheit.

Diesen Gepflogenheiten aber kommt der Mefshandel entgegen. In demselben Verkaufslokal werden in derselben Stunde, ohne dafs irgend welche Umstände sich geändert hätten, dieselben Waren oft zu den allerverschiedensten und geheimgehaltenen Preisen verkauft. In der Abneigung des Asiaten gegen öffentliche Preisfestsetzung liegt auch für die Zukunft eine gewisse Bedeutung der Messe zu Nischni gesichert.

II. Die Leinenindustrie in Wladimir.

Obwohl Wolle und Flachs seit jeher in Rufsland gesponnen und verwoben wurden, obwohl Rufsland diese Rohstoffe noch heute in Masse besitzt und ausführt, so ist es, ähnlich wie in England, nicht die heimische Textilfaser, sondern die Baumwolle gewesen, auf deren Boden sich die bedeutendste Fabrikindustrie Rufslands aufbaute[1]. Diese That-

[1] Ich brauche „Fabrik" nach dem Sprachgebrauche, der durch Marx eingebürgert wurde, im Sinne von Grofsindustrie mit Anwendung des mechanischen Motors und der Werkzeugsmaschine. Die älteren

sache mag auf den ersten Blick befremden bei der Ungunst der geographischen Lage Mittelrufslands für den Bezug amerikanischer Baumwolle. Man hat daher von Seiten der älteren Freihändler die Baumwollindustrie für eine „unnatürliche“ Pflanze auf russischem Boden erklärt.

Sehr zu unrecht. Schon die naive Freude des russischen Volkes an der Farbe kam der Baumwollenindustrie entgegen, welche die farbenprächtigen Surrogate für Seide schafft [1]. Farbe und Licht ist der erste Eindruck, den der Westeuropäer schon beim Betreten Moskaus empfängt und den er in gleicher Stärke südlich erst in Neapel und Palermo wiederfindet.

Ein anderer Gesichtspunkt ist wichtiger: noch auf lange hinaus sind die Massen des russischen Volkes zu arm, um bei geldwirtschaftlicher Beschaffung ihres Kleidungsbedarfes andere Gewebe als Baumwollgewebe zu kaufen. Aus gleichem Grunde war der englische Arbeiter in der ersten Hälfte unseres Jahrhunderts so ausschliefslich mit Baumwolle bekleidet, dafs der Name dieses Stoffes „Fustian“ geradezu die Bezeichnung für den Arbeiter selbst wurde. Die Armut der Bauern ist noch heute das Haupthindernis, das einer breiteren Entwicklung sogar der russischen Baumwollindustrie entgegensteht.

Infolge der Billigkeit ihrer Produkte schiebt sich zuerst die Baumwollindustrie trennend ein zwischen die Person des Konsumenten und des Produzenten und unterwirft so arme, der Naturalwirtschaft noch nahestehende Märkte: Rufsland, Indien, Mittelasien. Diese Billigkeit ihrer Produkte hat in letzter Linie wirtschaftsgeschichtliche Gründe: ein Kind des Handels, wurde die Baumwolle am frühesten in Roherzeugung, wie Verarbeitung dem Prinzipe des gröfstmöglichen Gewinnes,

---

„Fabriken“ mit Handbetrieb fallen für mich unter die Bezeichnung „Manufaktur“. Verschiedene Terminologie war hier der Anlafs zu vielfacher sachlicher Verwirrung.

[1] Nach Bücher ist die Grofsindustrie anfänglich oft Surrogatindustrie. Vergl. Handwörterbuch der Staatswissenschaften, Band III, S. 944.

damit der Verbilligung der Produktionskosten und dem technischen Fortschritt unterworfen.

Der Baumwollindustrie geht in Rufsland, wie anderwärts, eine Leinenindustrie voraus.

Die Herstellung leinener Gewebe ist bei den Völkern Nordeuropas einheimischen Ursprungs und wurde auch vom russischen Bauer seit alters ausgeübt[1]. Bäuerlicher „Hausfleifs", um den Ausdruck Büchers zu verwenden, ist auf diesem Gebiete in Rufsland noch heute aufserordentlich verbreitet — zunächst für die Zwecke eigenen Bedarfes, sodann für den Verkauf.

Wahrscheinlich war es der vom Gutsherrn geübte Zwang, welcher die Bevölkerung ursprünglich veranlafste, mehr an Textilprodukten herzustellen, als der Eigenbedarf erforderte. Bei der Schlechtigkeit des Bodens im nordrussischen Waldgebiete hatte der Gutsherr kein anderes Mittel, sein Menschenmaterial zu verwerten. Zunächst erhob er Abgaben in natura, und zwar für den Eigenbedarf des menschenreichen Herrenhaushaltes in Stadt und Land. Das Garn, welches die Bäuerinnen dem Gutsherrn abzuliefern hatten, wurde auf dem Gutshofe von unfreier Arbeit verwoben. Noch in diesem Jahrhundert hatten in dem Hauptfabrikort des Wladimirschen Gouvernements, in Iwanowo, die Frauen einen gutsherrlichen Obrok in Garn zu entrichten: Frauen im Alter von 18 bis 20 Jahren 3 Pfund, von 20—25 Jahren 8 Pfund, von 25 bis 30 Jahren 10 Pfund. Daneben erhoben, wie aus dem Wladimirschen ausdrücklich berichtet wird, die Gutsherren bäuerliche Abgaben in Leinwand und Tuch[2].

In doppelter Weise war nun ein Fortschritt aus diesen rein naturalwirtschaftlichen Verhältnissen denkbar: entweder begann der Gutsherr selbst im grofsen und daher mit Absicht auf Verkauf zu produzieren oder er verwies die Bauern auf den Verkauf ihrer Erzeugnisse und begnügte sich mit einer

---

[1] Vergl. Tugan-Baranowski a. a. O. S. 432, 206.

[2] Vergl. Industriebote Januar 1860, S. 197—202.

festen Geldabgabe. Im ersteren Fall vereinigte der Gutsherr die unfreie Arbeit in gutsherrlichen „Fabriken", d. h. im technischen Sinne in Werkstätten oder Manufakturen[1].

Aber nicht diese gutsherrlichen Unternehmungen waren es, welche zu den modernen Grofsbetrieben Moskaus und Wladimirs auswachsen sollten[2]. Auf dem Privileg der unbeschränkten Benutzung unfreier Arbeit beruhend, waren sie ohne jede Rücksicht auf die Verkehrsverhältnisse angelegt. Leibeigene schleppten Rohstoffe und Brennmaterialien herbei, führten Garne und Gewebe oft Hunderte von Meilen nach Städten und Jahrmärkten — alles ohne Entgelt auf ein Wort des Herrn. Die Leibeigenschaft war ein Faulbett für den technischen Fortschritt; die Werkzeuge der gutsherrlichen Manufakturen waren schlecht und veraltet und wurden von widerwillig geleisteter Arbeit mifshandelt[3]. Die Bedingung ihres Daseins fiel mit der Bauernbefreiung. Insbesondere räumte der bald folgende amerikanische Bürgerkrieg unter ihnen auf: er traf sie ohne Kapital und Vorräte an Rohstoff, sodafs in jenen Jahren die meisten gutsherrlichen Fabriken sich schlossen, ohne je wieder geöffnet zu werden[4].

Wie in der westeuropäischen Agrargeschichte knüpft die fortschreitende Entwicklung vielmehr an die zweite Möglichkeit: der Gutsherr setzte das Eigeninteresse der Bauern in Bewegung, um eine feste Geldabgabe zu erzielen. In diesem Falle mufste die bäuerliche Hausgenossenschaft einen Überschufs über den eigenen Bedarf erzeugen und verkaufen. Dieser Überschufs konnte nicht agrarer Natur sein —

---

[1] Ich acceptiere die von Karl Marx aufgebrachte Terminologie.

[2] Tugan-Baranowski a. a. O. S. 227.

[3] Über die technische Unzulänglichkeit gutsherrlicher Fabrikbetriebe vergl. Erismann in der Statistik des Moskauer Gouvernements. Moskau 1890, Band IV, Teil I, S. 49.

[4] Vergl. Mitchell, The present state of the trade between Great Britain and Russia. Englisches Blaubuch von 1866. S. 38, 39.

ein solcher wäre unverkäuflich gewesen; er konnte nur industrieller Natur sein. Dieselbe Hausgenossenschaft verspann und verwebte die selbsterzeugte Flachsfaser, ja sie besorgte auch das Färben, soweit ein solches überhaupt stattfand. Mit Erweiterung der Produktion mochte sie „Verwandte und Bekannte" zu Hilfe ziehen; äufserlich mochte der Bauernhof das Aussehen einer Webmanufaktur annehmen, — innerlich war er, solange die alten Verhältnisse fortdauerten, einer modernen Gewerbeunternehmung so entgegengesetzt wie möglich. Denn jene Hilfspersonen wurden nach dem Rechte der „Primaki", d. h. in die Stellung blutsverwandter Genossen aufgenommen. Die Familie war eine Produktionsgenossenschaft zu gleichen Rechten [1].

Der Verkauf des Überschusses der Produktion vollzog sich zunächst auf dem Markte (Bazar) des Heimatsdorfes, wie noch aus den sechziger Jahren berichtet wird. Der Berichterstatter klagt darüber, dafs die Bauern-Weber den in die Kaufmannsgilden eingeschriebenen und dafür Steuern zahlenden Fabrikanten Konkurrenz machten [2]. Übrigens ergiebt derselbe Bericht zugleich, dafs die Entwicklung in jener Zeit bereits über jene ursprünglichen Zustände hinaus war. Nur mehr die schlechtesten Sorten der in Iwanowo gangbaren Gewebe wurden von den Bauern als Selbstunternehmern erzeugt und zu Markte gebracht; die besseren entstanden in der Hausindustrie und der Manufaktur. Auch deutet ein anderer gleichzeitiger Bericht [3] an, dafs die Kleinverkäufer auf den ländlichen Bazaren vielfach hausindustrielle Arbeiter waren, welche in truck bezahlt wurden.

Neben dem ländlichen Bazar stand als weiteres Mittel, den Überschufs der bäuerlichen Produktion zu vertreiben, der

---

[1] Vergl. Max Weber, Zur Geschichte der Handelsgesellschaften. Stuttgart 1889, S. 53 ff.

[2] Vergl. Industriebote 1858, S. 103—121 (Artikel von Schuroff).

[3] Vergl. den Wladimirschen Gouvernementsanzeiger, Dezember 1853, Nr. 50, S. 310, 311.

Hausierer. Durch den Hausierhandel gelangten zahlreiche Bauern zu Kapital, wurden sefshafte Kaufleute und beschäftigten sich nur mehr mit dem Vertriebe der Gewebe[1]. Über diese Bauernhausierer vergleiche man folgende bezeichnende Stelle aus der Schrift von J. Aksakoff über die Jahrmärkte der Ukraine, Petersburg 1858: „Sie bringen ihre häuslichen Erzeugnisse oft 1000 Werst weit und weiter, grofsenteils mit eignen Pferden. Öfters kauft ein gescheiter Bauer, welcher selbst webt, bei seinen Dorfgenossen die von diesen hergestellten Waren und bringt sie mit den seinen auf die Messe."

Wo es sich um Absatz im grofsen und in die Ferne handelte[2], geriet der bäuerliche Hausfleifs in kommerzielle Abhängigkeit vom Verleger, war also dann nicht minder „kapitalistisch organisiert", — um diesen mifsverständlichen, aber in der russischen Litteratur häufigen Ausdruck zu gebrauchen — als die gutsherrliche Manufaktur oder die moderne Fabrik.

Unter diesem System entwickelte sich insbesondere Iwanowo, das Eigentum der Grafen Scheremetjeff, zum Mittelpunkt der Wladimirschen Industrie. Schon im vorigen Jahrhundert gab es dort wohlhabende, ja reiche Bauernfabrikanten[3]. Wir sahen oben, wie ungern der Gutsherr sich auf den Loskauf der unfreien Fabrikanten einliefs. Noch viel weniger gern verstand er sich zum Verkauf des industriell benutzten Landes[4]. Vielmehr mufsten die Fabrikanten, nachdem sie

---

[1] Vergl. den Wladimirschen Gouvernementsanzeiger, Dezember 1853, Nr. 49, S. 303—304, und daselbst Nr. 50, S. 310, 311.

[2] In Schuja gab es in der Mitte des vorigen Jahrhunderts einen besonderen Kaufhof der Engländer. Vergl. Ordega, Die Gewerbepolitik Peters des Grofsen, S. 35. Betr. die Ausfuhr über Archangel daselbst S. 42.

[3] Die Entwicklung von Jwanowo schildert Garelins interessantes Buch: Die Stadt Jwanowo. Schuja 1894.

[4] Vergl. Industriebote, Januar 1860, S. 247—262.

sich freigekauft hatten, ihre bisherigen Fabriken dem Grundherrn abmieten — daher der Auszug vieler Fabrikanten und die Gründung des Vorortes Wosnessensk, dessen Boden einem benachbarten Gutsherrn abgekauft wurde.

Wo die Entwicklung so verlief, war der Gutsherr nur Rentenempfänger, nicht Glied im Produktionsnexus. Mit einem Federstrich konnte ihn gelegentlich der Bauernbefreiung der Gesetzgeber wegstreichen, und übrig blieb der bisher unfreie Bauer als selbständiger Träger des Gewerbes — hausindustrieller Verleger, Manufakturist oder moderner Fabrikant.

Die mittelrussische Textilindustrie erwuchs also bäuerlichem Boden. Vorbereitet wurde dieses äufserst unzugängliche Erdreich durch die Sekten. Gerade Iwanowo war ein Mittelpunkt der Sektiererei, ehe es Mittelpunkt der Industrie wurde. Es wird erzählt, dafs selbst grofse Fabrikanten der älteren Generation jedes Geschäft im Stiche liefsen, um jenen Wortgefechten beizuwohnen, wie sie in Rufsland zwischen den Vertretern der Staatskirche und den Altgläubigen in Streitfragen meist ritueller Natur abgehalten werden. Erst in den zwanziger Jahren wurden die Zeichen äufserer Duldung, ein Friedhof und eine Kapelle, erreicht. Seitdem verlor die Ketzerei an Schärfe und starb allmählich in dem Mafse ab, als die Fabrikantensöhne anfingen, nach Moskau und selbst nach England zu gehen, und die grofse Welt kennen lernten; freilich büfsten sie dabei nicht selten das Rückgrat ihrer Väter ein[1].

Die Bedeutung der Sektiererei für die Industrieentwicklung ist nicht gering anzuschlagen, wofür die Quäker das bekannteste Beispiel abgeben. Zwar mochte der Raskol den technischen Fortschritt zeitweise verlangsamt haben, indem seine Anhänger alles Ausländische als Teufelswerk flohen; aber auf der anderen Seite besafsen diese Sektierer eine Schule für die Entwicklung der Individualität, welche die

---

[1] Vergl. Industriebote, Januar 1860, S. 247 ff.

geistige Loslösung des Einzelnen aus dem Gruppendasein der Vorzeit anbahnte. Auch für Rufsland ist das Wort Pettys wahr, dafs Ketzerei und Reichtum häufig zusammengehen. In der That steht die ganze Moskauer und Wladimirsche Geschäftswelt, soweit sie einheimischen Ursprungs ist, auf dieser heute allerdings stark verblafsten psychologischen Grundlage.

Gegenüber dieser bäuerlichen Gewerbeentwicklung erwiesen sich die von Staatswegen geförderten Unternehmungen des städtischen Kaufmannsstandes konkurrenzunfähig. So erbaute z. B. in dem später so hochindustriellen Schuja 1720 ein Holländer mit dem Gelde Peters des Grofsen eine Manufaktur für starke Leinengewebe. Aber von dem Verlaufe dieser und ähnlicher Unternehmungen ist wenig zu berichten[1]; jedenfalls lag nicht in ihnen der Keim zu der später so mächtigen Industrieentwicklung des Wladimirschen Bezirks. Vielmehr hatte die nach westeuropäischem Muster eingerichtete, unter staatlicher Bevormundung stehende Manufaktur, sog. „Fabrik", lediglich das Verdienst, die Bauern mit neuer Technik und neuen Produktionszweigen bekannt zu machen. Aber was die Bauern in ihr gelernt hatten, das verwendeten sie lieber und vorteilhafter im eigenen Hause, frei von staatlicher Kontrolle und Besteuerung[2]. Daher immer wieder der Schrei der „Fabrikanten", d. h. der in Kaufmannsgilden eingetragenen und daselbst Steuern zahlenden Manufakturunternehmer gegen die Konkurrenz des bäuerlichen Gewerbes. Worin der Grund der Überlegenheit des letzteren lag, zeigen folgende Vorschläge: „in dem Bestreben, das bäuerliche Gewerbe einzuengen, wünschen die Fabrikanten, es der obrigkeitlichen Aufsicht zu unterwerfen, Zünfte, staatliche Prüfung der Waren einzurichten" u. s. w.[3]. Andere Vorschläge gingen dahin, den

[1] Bericht der Wladimirschen Landschaft „Die Fabriken und andere Gewerbebetriebe des Wladimirschen Gouvernements". 1890. S. 29.

[2] Bericht des Departements für Manufaktur und innern Handel. 1832 citiert bei Tugan-Baranowski a. a. O. S. 223.

[3] Vergl. Tugan-Baranowski a. a. O. S. 221, 222.

Bauern nur so viel Garn zu geben, als sie selbst verweben konnten, dagegen ihnen zu verbieten, das Garn an andere weiterzugeben. Diesen Wünschen wurde jedoch vom Staate keine Folge gegeben; wir werden nicht fehl gehen, wenn wir darin eine Rücksicht auf die Gutsherrn erblicken, welche als Obrokberechtigte am bäuerlichen Gewerbe das gröfste Interesse hatten.

So zerflossen die merkantilistischen „Fabriken" in das Meer des bäuerlichen Kleingewerbes; aus ihm tauchten unter Zuhilfenahme von Hausgenossen oder Lohnarbeitern wieder neue Werkstätten (sbjetelka) auf; wir finden Webermeister mit 5, 6, ja 20 Gehilfen.

Es ist irrig, in diesem „Zerfall der Fabrik" eine technische Veränderung zu erblicken und hieraus auf Besonderheiten der russischen Wirtschaftsentwicklung gegenüber Westeuropa zu schliefsen. Der sog. „Fabrikant" wie der bäuerliche Hausweber arbeiteten mit dem gleichen Werkzeug: dem Handwebstuhl[1]. Vielmehr handelt es sich um eine Klassenverschiebung: aus den Händen des Gutsherrn, aber auch aus den Händen des staatlich geförderten, kaufmännischen Unternehmers glitt der Zügel der industriellen Bewegung in die Hände des damals noch unfreien Bauern, welcher — im eigentlichen Sinne des Wortes ein „Pfuscher" — den Vorzug hatte, „ohne Regel und Beobachtung der Vorschriften" zu arbeiten.

Auch im Westen erwies sich vielfach Freiheit von merkantilistischer Bevormundung nicht als Nachteil, sondern als Vorzug für jugendliche Industrien. Nicht die Schofskinder des Merkantilismus wuchsen zu den Weltindustrien der Gegenwart aus. Ja die älteste Grofsindustrie, die Englands Gröfse mehr als jede andere begründete, die von Lancashire, ist sogar im Kampfe mit dem Staate aufgekommen.

---

[1] Vergl. Tugan-Baranowski a. a. O. S. 247.

III. Die Färberei in Jwanowo.

Die kapitalistische Entwicklung der Wladimirschen Industrie wurde dadurch aufserordentlich beschleunigt, dafs man in Wladimir schon frühe neben dem selbsterzeugten Leinengarn auch importiertes Baumwollgarn verwandte. Damit wurde der bäuerliche Hausfleifs, in seinem Absatz bereits kapitalistisch zusammengefafst, auch von seiten des Rohstoffes her abhängig vom Handel. Er geriet sozusagen zwischen zwei Mühlsteine, die ihn zerrieben. Endlich griff der Handel erobernd auch auf das Gebiet der Produktion über: er bemächtigte sich nicht nur des Absatzes der Waren und der Zufuhr des Rohstoffes, sondern er bröckelte auch von vorn und hinten am Produktionsprozesse selbst ab. Der bäuerliche Hausfleifs verlor Spinnerei und Färberei, welche zum modernen Fabriksystem übergingen.

In England war es die Spinnerei, welche zuerst die Form des Grofsbetriebes annahm. Auf russischem Boden schlug die Spinnerei erst spät Wurzeln, um dann freilich, wie wir sehen werden, das Gebiet des gesamten Gewerbes zu beherrschen. Bis in die Mitte unseres Jahrhunderts dagegen beruhte die russische Baumwollindustrie auf der Einfuhr fremden Garnes. Wie in England erwies sich auch in Wladimir zunächst die altgeübte Hand der orientalischen Spinnerin den gröberen Fingern des Europäers überlegen. Die einheimische Kette aus festem Leinengarn pflegte man mit dem feinen orientalischen Baumwollgespinst zu durchschiefsen, wie dies wohl die ältere Form aller europäischen Baumwollgewebe überhaupt war. Seit Beginn des Jahrhunderts vertrieb das Produkt der englischen Spinnmaschinen die orientalischen Garne von den Ufern der Wolga; die Kontinentalsperre hatte demgegenüber wenig Wirkung; das englische Garn wurde in Massen geschmuggelt und genofs als „Brabanter Garn" sogar die dem befreundeten Frankreich gemachten Zollvergünstigungen[1].

[1] Garelin a. a. O. I 183, 185, 186.

Demgegenüber entwickelte sich in Rufsland der moderne Fabrikbetrieb zuerst auf dem Boden der Färberei. Sie war es, welche die Wladimirsche Industrie grundlegend umgestaltete. Ihrem Interesse wurde bereits der Übergang vom Leinen zu der den Farben geneigteren Baumwolle verdankt.

Der Aufschwung der Färberei vollzog sich nicht ohne Anstofs von aufsen. Ähnlich wie in England knüpfte die Baumwollindustrie auch in Rufsland an die Beziehungen mit dem indischen Kulturkreis an, der durch das Wolgasystem mit dem Herzen Rufslands in Verbindung stand. Aus den verstreuten Nachrichten lassen sich folgende Stufen der Entwicklung feststellen [1].

Schon frühe kamen die Wolga hinauf bunte asiatische Gewebe. Insbesondere stach das türkische Rot, mit dem die Perser und Bucharen die Baumwolle zu färben verstanden, den Naturkindern des Nordens in die Augen. Die gewerbliche Überlegenheit des Südens kam darin zum Ausdruck, dafs der Norden die Gewebe des Südens gegen Naturerzeugnisse eintauschte: Fische, Holz, Getreide u. s. w. Dieser Handel mufs ziemlich bedeutend gewesen sein; denn er veranlafste orientalische Kaufleute, eigene Färbereien in Rufsland anzulegen. Bald versuchten die Russen selbst die Farbenpracht der orientalischen Gewebe nachzuahmen — ursprünglich in sehr primitiver Weise mit vergänglichen Ölfarben auf einseitig bemalter Leinwand. Wasserreichtum und der Besitz

[1] Vergl. die älteren Jahrgänge des Industrieboten. Ferner: den Historisch-statistischen Überblick über Rufslands Industrie, Petersburg 1886. Ausgabe des Departements für Handel und Industrie, S. 73 ff. Die Aufsätze Mendelejeffs in der Ausgabe der gleichen Behörde für die Ausstellung in Chicago, Petersburg 1893. Ferner „Fabriken und andere Gewerbebetriebe im Gouvernement Wladimir", Ausgabe der Landschaft von Wladimir, Wladimir 1890; Garelin, Die Stadt Jwanowo-Wosnessensk, Schuja 1894; Erismann, Sammlung statistischer Mitteilungen über das Gouvernement Moskau, Band IV, Teil I, und die wiederholt citierten englischen Blaubücher. Endlich Tugan Baranowski passim.

von Wiesen zum Bleichen gab den Bezirken an der nördlichen Wolga einen natürlichen Vorteil vor den Asiaten.[1] Garelin setzt den Beginn der Färberei in Iwanowo um den Anfang des 18. Jahrhunderts.

Die Annahme westeuropäischer Technik setzte, wie auf dem Gebiete des Heerwesens, so auf dem des Gewerbes, die Russen in den Stand, ihre orientalischen Lehrmeister zu schlagen.

Um 1750 wurde aus der Manufaktur eines Deutschen Namens Leimann in Schlüsselburg zuerst ein dauerhafteres Färbverfahren nach Wladimir gebracht. 1772 fiel das Monopol, welches der merkantilistische Staat den Fabrikanten der Hauptstadt für Kattundruck gegeben hatte; damit erst entwickelte sich eine lebhafte Auswanderung junger Bauernsöhne aus dem Wladimirschen nach Petersburg zur Lehre bei den Deutschen und die Rückwanderung gelernter Arbeiter in die Provinz. Auch hier also wieder der Übergang städtischer, staatlich überwachter, vielfach in Händen von Ausländern befindlicher Manufakturen in unregulierte, bäuerliche Kleinbetriebe, welche oft zu gröfseren bäuerlichen Färbewerkstätten auswuchsen. An Stelle der bisherigen abwaschbaren Farben traten dauerhaftere, an Stelle des kalten Aufmalens der Farbe die innigere Verbindung des Gewebes mit dem Farbstoff durch Kochen. Eine weitere Vervollkommnung erfuhr der Kattundruck durch Kriegsgefangene des Jahres 1812 — wahrscheinlich Elsässer. Gegenüber den Petersburger Konkurrenten war die geographische und kommerzielle Beziehung mit den Asiaten ein Vorteil.[2]. Trotzdem war bis in die zwanziger und dreifsiger Jahre unseres Jahrhunderts die Technik in Wladimir noch äufserst einfach. Man druckte noch allgemein mittelst hölzerner Stempel, ja bediente sich daneben des Pinsels, wobei die altnationale Heiligenbildmalerei Anknüpfung bot. Solcher hochgelöhnter Handdrucker gab es in dem Dorfe Iwanowo damals

[1] Vergl. den angeführten Bericht der Wladimirschen Landschaft, S. 9.

[2] Vergl. Garelin a. a. O. I 142, 145, 200.

an siebentausend; der Mangel kostspieliger Technik erlaubte vielen von ihnen das Aufsteigen zu selbständigen Färbemeistern[1].

Die Gewebe, welche man färbte und druckte, wurden zum Teil aus dem Orient importiert; während des ganzen vorigen Jahrhunderts scheint ein ziemlich reger Veredelungsverkehr die Wolga hinauf und hinunter bestanden zu haben. Daneben verwandte man die oben geschilderten heimischen Baumwollgewebe.

Nach dem angeführten Buche von Garelin scheint die färbende Hausgenossenschaft sich vielfach zur Machtstellung eines hausindustriellen Verlegers über ihre nur webenden Nachbarn emporgeschwungen zu haben. Eng verknüpft mit dem kaufmännischen Absatz der fertigen Produkte, entwickelte sie in sich jenen psychologischen Umschwung, welcher das Prinzip des gröfstmöglichen Gewinnes an die Stelle der gewohnheitsmäfsigen Produktionsverhältnisse setzt. Seit alters galt es auf dem Gebiete des Handels für Recht, ohne Bindung durch Sitte den eigenen Vorteil bis zum äufsersten zu verfolgen. Leute, die mit dem Handel in Berührung standen, verpflanzten diese Anschauungsweise auf das Gebiet des Gewerbes. Ihre Nachbarn im Produktionsprozesse, die nur gewohnheitsmäfsige Gewerbetreibende waren, fielen ihnen zum Opfer; zunächst gerieten sie in ein ökonomisches Abhängigkeitsverhältnis (Hausindustrie); aber bald führte der im Gewerbe zur Herrschaft gelangte Handelsgeist zu dem Streben möglichster Verbilligung der Produktion selbst, damit zur technischen Revolution, zur Maschine.

Seit 1830 gingen die gröfseren der Färbereien Iwanowos, welche alle bäuerlichen Ursprungs waren, zum maschinellen Cylinderdruck über, im Kampfe mit den gesteigerten Lohnansprüchen der Handdrucker. Die hierzu erforderlichen Maschinen wurden zuerst durch Pferdekraft, später durch Dampf bewegt. Zugleich erfolgte die Berufung von ausländischen Koloristen und Chemikern. Typisch für die Ver-

[1] Vergl. Tugan-Baranowski a. a. O. S. 213.

bindung hausindustrieller Weberei und fabrikmäfsigen Druckes ist z. B. das Unternehmen Baranoffs, welcher, ein Verleger von Tausenden von Hauswebern, 1846 bei Alexandroff im Wladimirschen gewaltige Fabrikanlagen für Färberei und Kattundruck errichtete. Auch ist dieses Unternehmen bezeichnend für die Verbindung der Wladimirschen Industrie mit den asiatischen Märkten. In Chiwa, Buchara, Astrabad und Tiflis wurden Baranoffs Waren verkauft[1].

So entstand auf russischem Boden der erste aussichtsvolle Fabrikbetrieb im modernen Sinne des Wortes: fabrikmäfsiger Druck, aufgebaut auf der Beschäftigung von hausindustriellen Webern und auf der Einfuhr von Garnen.[2] Die Farben waren und sind auch heute noch vorwiegend nichtrussischer Herkunft; grofsenteils besitzt für sie Deutschland einen selbst durch russische Schutzzölle bis heute nur wenig gefährdeten Vorsprung[3].

Werfen wir noch einen Blick auf die Baumwollweberei, welche der also fortschreitenden Färberei die Grundlage bot. Der Zustand um die Mitte des Jahrhunderts läfst sich auf Grund der öfters citierten Aufsätze im Industrieboten ziemlich klar übersehen. Die Weberei vollzog sich in bäuerlichen Webewerkstätten, welche 5, 10 ja 20 Webstühle beherbergten. Der Besiter der Webstätte beschäftigte entweder Familienangehörige oder Lohnarbeiter oder vermietete die Webstühle an selbständig webende Dorfgenossen. Noch befand sich ein Teil der Weber im Besitze der Produktionsmittel: sie kauften Garn und verkauften Gewebe. Die Mehrzahl dagegen erhielt die Garne bereits vom Verleger. Jedoch war auch in diesem Fall die Lage der Weber noch keine ungünstige. Es beruhte dies vielleicht auf der landwirtschaftlichen Grundlage, welche der Gemeindebesitz gewährleistete, solange eine bestimmte Bevölkerungsdichte nicht überschritten war. In anschaulicher Weise wird geschildert, wie die Agenten der

[1] Vergl. Swirski a. a. O. S. 15.
[2] Vergl. Garelin a. a. O. Band I, S. 201. 215, 216.
[3] Vergl. Finanzbote vom 5. Febr. 1896, S. 262.

Verleger auf das Land hinausfahren; in Zeiten des Geschäftsaufschwunges sucht einer schneller zu fahren, als der andere, um die bereits gedungenen Weber dem Konkurrenten abspenstig zu machen, wobei der Branntwein eine grofse Rolle spielt.

Den Webern gegenüber stand eine Klasse von Verlegern (sog. „Fabrikanten), von denen einzelne an fünftausend Webstühle beschäftigten. Vielfach waren dieselben zugleich Besitzer maschineller Färbereien. Die Garne bezogen sie von Moskauer Händlern, meist auf Kredit und lange Fristen, wozu sie der einjährige Mefskredit zwang, den sie selbst ihren Kunden zu gewähren hatten. Die Verbindung der Verleger mit den auf dem Lande zerstreuten Webern vermittelten Zwischenmeister, sogenannte „Kommissionäre"; dieselben übernahmen das Garn zum Verweben nach Gewicht gegen bestimmte Accordsätze. Diese Kommissionäre hatten vielfach eigene Schlichtereien, in denen sie die Ketten zum Verweben fertig stellten. Die den Kommissionären von den Verlegern gewährten Accordsätze waren durch Verabredung unter den Verlegern festgelegt. In unmittelbarer Verbindung mit den Webern standen die gröfseren der Verleger nicht[1].

Weiter, in Wladimir dieselbe Erscheinung wie z. B. in England im Anfang des Jahrhunderts: die Löhne der Hausweber fielen, ihre Lage verschlechterte sich infolge der unter ihnen herrschenden Konkurrenz, lange vor Einführung des mechanischen Webstuhls.[2] Je schlechter die Lage der Hausweber sich gestaltete, um so gröfser die von ihnen verübten Betrügereien. Sie verkauften einen Teil des erhaltenen Garnes und ergänzten das fehlende Gewicht durch Beschwerung des Gewebes mit Mehl, Kreide u. s. w. Nicht selten gingen sie mit dem erhaltenen Garn und Handgeld durch, indem sie erlogene Namen und Heimatsorte angaben. Diese Verhältnisse waren um

[1] Vergl. aufser dem Industrieboten Reports by her Majestys Secretaries of Embassy on the Manufaktures and Commerce of the Countries in which they reside. Nr. 8. 1865. Report by Lumley, S. 87.

[2] Tugan-Baranowski a. a. O. S. 250. Vergl. meinen „Grofsbetrieb". Leipzig 1892. S. 41.

so unerträglicher, als die Gutsherren die Betrügereien ihrer Unterthanen offen begünstigten. Betrüger schlimmster Sorte wiesen, wenn sie um gewerbliche Arbeit einkamen, gewöhnlich die besten Sittenzeugnisse seitens der gutsherrlichen Verwaltung auf; ja es wird ausdrücklich berichtet, dafs die Gutsherren oft genug ihren Obrok aus derartigen unlauteren Quellen bezogen. Der angeführte Bericht von 1860 schätzt den Verlust, welchen die Verleger durch die Betrügereien der Weber erlitten, auf 6 % vom Wert aller Waren.

Folge dieser Verhältnisse war der Übergang zur mechanischen Weberei, welche eine bessere Kontrolle ermöglichte[1]. Vor dem Verlassen der Fabrik wurden die Arbeiter körperlich untersucht und dadurch die meisten Betrügereien abgeschnitten.

Immerhin vollzog sich der Übergang zur mechanischen Weberei nur sehr allmählich[2]. Im Jahre 1860 bestanden erst drei mechanische Webereien in Wladimir. Neuerdings jedoch konstatiert der angeführte Bericht der Wladimirschen Landschaft einen entschiedenen Rückgang der Handweberei in Baumwolle (1882—90 Verminderung um 64 %), welche Entwicklung allerdings dadurch verdeckt wird, dafs die Leinenweberei noch wenig von der mechanischen Betriebsform ergriffen ist[3]. In vielen Orten des Wladimirschen Gouvernements ist die Baumwollhandweberei bereits völlig ausgestorben[4].

Seit den fünfziger Jahren vollzog sich ein Fortschritt über die geschilderten Verhältnisse hinaus: die fremden Garne fingen an, durch russische verdrängt zu werden. Jedoch waren es nur in Ausnahmefällen die Färbereien, welche sich eigene Spinnereien angliederten. Ein solches Beispiel ist das Geschäft der Garelins in Iwanowo, welches, ausgehend von der Färberei,

[1] Tugan-Baranowski a. a. O. S. 253.

[2] 1847 erste mechanische Weberei zu Schuja. Vergl. Swirski, Fabriken und andere Industriebetriebe des Wladimirschen Gouvernements. Landschaftsausgabe. Wladimir 1890, S. 13.

[3] Vergl. Swirski a. a. O. S. 27.

[4] Eine Menge von Citaten und Belegen hierfür bringt Tugan-Baranowski a. a. O. S. 420 ff.

allmählich zur Spinnerei und in letzter Linie auch zur mechanischen Weberei überging[1]. 1863 besafs diese Firma bereits über 21000 Spindeln. Im allgemeinen jedoch vollzog sich dieser wichtigste Fortschritt nicht auf dem Boden Wladimirs, sondern in Moskau. Wie einst den politischen, so mufste jetzt Wladimir den gewerblichen Vorrang an Moskau abtreten.

Aber selbst ein Teil der in Wladimir altheimischen Färberei und Druckerei verschob sich nach dem wohnlicheren und westlicheren Moskau. Hier entstanden die technisch höchststehenden Betriebe, wie die von Titoff und Zündel, mit einem Stabe von Elsässer Technikern und Vorarbeitern. In ihnen wurde zum erstenmale in Rufsland der Prozefs kontinuierlicher Bleiche angewandt. An dieser Stelle darf auch der Name der Rabeneckschen Manufaktur nicht vergessen werden, welche, als die erste in Rufsland, Elberfelder Rotfärberei betrieb. Diese Fabriken brachten unter dem Schutze hoher Zölle und bei allerdings hohen Preislagen bald vorzügliche Leistungen zuwege; bereits zur Zeit der Moskauer Gewerbeausstellung 1865 erregten letztere die gerechte Anerkennung einer Abordnung der Manchester Handelskammer[2]. Die gewöhnliche Färberei und Druckerei dagegen hat noch heute zum grofsen Teil ihren Standort in Iwanowo beibehalten.

IV. Die Moskauer Spinnerei[3].

Der Färber war dem Weber überlegen gewesen — ein Kaufmann dem Bauer. Seine Macht beruhte auf der Verbindung mit dem heimischen und dem asiatischen Markte. Aber ein Stärkerer trat auf die Bühne, der Ausländer, der mit dem europäisch-amerikanischen Markte verbunden, zugleich

[1] Vergl. Scherer a. a. O. S. 452 und Lumley a. a. O. S. 85.

[2] Vergl. Mitchell a. a. O. 36. 15.

[3] Das folgende beruht gröfstenteils auf mündlichen und schriftlichen Mitteilungen Moskauer Geschäftsleute, daher die geringere Zahl von Litteraturnachweisen.

im Besitze der kommerziellen und industriellen Technik des Westens sich befand.

Wir sahen bisher, wie die grofsindustrielle Entwicklung von den Seiten des Absatzes der gewerblichen Erzeugnisse den bäuerlichen Hausfleifs anfrafs. Dieser Prozefs wurde nunmehr auch von seiten des Imports des Rohstoffes aufgenommen und rascher und grofsartiger durchgeführt. Die Spinnerei tritt an Bedeutung vor die Färberei, Moskau vor Wladimir.

Diese Entwicklung, die den europäischen Importeur zeitweise zum Herrn der ganzen Industrie machte, wäre nicht möglich gewesen, wenn die asiatischen Beziehungen ihre Wichtigkeit bewahrt hätten. Aber die asiatische Baumwolle verlor ihre Bedeutung gegenüber der amerikanischen. Klimatische Gründe kommen für diese Veränderung nicht in Betracht; in neuester Zeit hat man festgestellt, dafs auch langstaplige Baumwollen, ja hervorragende Qualitäten, in Transkaspien gedeihen. Der Grund ist vielmehr ein wirtschaftlicher.

Die asiatische Baumwolle wurde gewohnheitsmäfsig seit Jahrhunderten in unveränderter Form gepflanzt, geerntet und verfälscht. Der Pflanzer der amerikanischen Baumwolle war dagegen ein moderner Mensch, einer der ersten völlig geldwirtschaftlichen Produzenten auf dem Gebiete der Landwirtschaft überhaupt. Die Sklavenfarm Amerikas produzierte für den Verkauf, nicht wie der Asiat für Eigenverbrauch und Überschufsverkauf. Daher in ihrem Betriebe die Fortschritte der Technik; von ihr wurden zuerst Reinigungsmaschinen zwecks Qualitätssteigerung der Baumwolle erfunden und angewandt[1]. Der amerikanische Baumwollpflanzer war ein Kapitalist, — in jenerZeit noch der mächtigste Mann in den Vereinigten Staaten. Der transkaspische Produzent war dagegen ein Parzellenbauer, welcher ähnlich wie der indische Bauer

[1] Vergl. für den geldwirtschaftlichen Charakter der amerikanischen Negersklaverei Knapp, Die Landarbeiter in Knechtschaft und Freiheit. Leipzig 1891, S. 16 und passim.

in der Hand von blutsaugerischen Dorfwucherern sich befand [1]. Dieselben machen den Bauern gleichgültig gegen den Erfolg seiner Arbeit, da sie ihm jeden Gewinn auspressen. Die asiatische Baumwolle war bis in die neueste Zeit unrein, sandig und gewässert, um ihr Gewicht betrügerisch zu erhöhen.

Wie in der Produktion, so im Handel. Die asiatische Baumwolle wurde durch Karawanenhandel dem Meſsplatz zugeführt; sie war dabei den Unbilden der Witterung ausgesetzt und wurde allabendlich vom Kameel abgeladen. Der Graf Ignatieff erzählt, daſs die asiatischen Karawanenstraſsen oft wie beschneit aussehen von den Flocken verlorener Baumwolle [2]. Die amerikanische Baumwolle dagegen befand sich unter der Obhut des technisch fortgeschrittensten Handels der Welt. Als Produkt einer geldwirtschaftlichen Volkswirtschaft gewährleistete die amerikanische Baumwolle die gleichmäſsige Qualität und die Sicherheit der Bezüge, welche der moderne Maschinenbetrieb erheischt — im Gegensatz zur asiatischen, welche sich oft bis zu 50 % unbrauchbar erwies.

Aus gleichem Grunde verhielten sich gewiſs auch die heimisch europäischen Textilfasern, welche immerhin weniger geldwirtschaftlich hergestellt und gehandelt wurden, lange Zeit spröde gegenüber dem Maschinenbetrieb [3].

Mit dem Übergang zum amerikanischen Rohstoff wurde der Importeur der mächtigste Mann auf dem ganzen Gebiete der Industrie. Die Importfirma allein war den Banken und Baumwollgroſshändlern Westeuropas bekannt, welche jede Berührung mit den Russen als unsicheren Zahlern scheuten. Die Moskauer Importfirma dagegen fand um so leichter Kredit, als ihr Inhaber, zumeist ein deutscher, nicht selten halb anglisierter Kaufmann, in Deutschland und England zahlreiche persönliche Beziehungen besaſs. Sein Übergewicht beruhte

[1] Von den Engländern euphemistisch „Bankiers" genannt. Vergl. Ellstätter, Die Silberwährung Indiens 1895, S. 16.

[2] Vergl. Lumley a. a. O. S. 103—109.

[3] Sehr bezeichnend sagt Mitchell a. a. O. S. 40 von Ruſsland, dem Hauptexportlande des Flachses: „Cotton easier supplied than hemp and flax." Ähnlich Scherer a. a. O. S. 459.

zudem auf persönlichen Eigenschaften. In den Comptoiren des Westens aufgewachsen, war er dem Russen überlegen durch Warenkenntnis und den Besitz der kommerziellen Technik. Diese Überlegenheit mufste um so schwerer wiegen, als bei dem Moskauer Baumwollgeschäft äufserst verwickelte Konjunkturen, die Schwankungen der Baumwollpreise wie die des Rubelkurses über Gewinn und Verlust entschieden. Hierzu kam das Zufrieren der baltischen Häfen im Winter, die Gewohnheit der russischen Fabrikanten, den Rohstoff in riesigen Massen aufzustapeln, die Entfernung des Produzenten vom preisbestimmenden Liverpooler Markte und damit das zeitliche Auseinanderfallen von Einkauf des Rohstoffes und Verkauf des Produktes. Den sich hieraus ergebenden Gefahren konnte nur der Importeur begegnen: er allein kannte und las die seit 1805 erscheinenden Wochenberichte der Liverpooler Makler: nur er verstand sich auf die Technik des in Liverpool früh ausgebildeten Termingeschäftes zwecks Risikoversicherung, er allein verstand es, nach Ausbildung des Rubelterminmarktes in Berlin Kurssicherung in Valuta vorzunehmen. Hierauf beruhte das Übergewicht, welches der Moskauer Handel zeitweise über die Industrie zu erobern verstand.

Der Importeur war ursprünglich Garnimporteur. Denn die Spinnerei in Rufsland ist jung. Ihre Entwicklung geben folgende Zahlen. Die Einfuhr aus dem Westen betrug in Pud und im Jahresdurchschnitt auf Grund der Angaben Lumleys und Mendelejeffs:

	Rohbaumwolle	Baumwollgarn
1824—26	74 268	337 101
1836—38	282 799	626 713
1842—44	524 511	592 193
1848—50	1 329 031	281 520
1889—91	7 305 333	214 666

Diese Ziffern ergeben einen Umschwung für die vierziger Jahre. In der That fiel damals das englische Maschinenausfuhrverbot. Bis dahin hatten die englischen Arbeiter, die man schon bei den ersten Versuchen einer Spinnerei in

Moskau verwandte, nur widerwillig und schlecht die ungewohnten elsässischen und belgischen Spinnmaschinen bedient[1]. Nach Beseitigung jenes Hindernisses nahmen Baumwoll- und Maschinenimport gewaltigen Aufschwung. Der Weg war gewöhnlich folgender: der deutsche Importeur finanzierte den russischen Spinner, versah ihn mit englischen Maschinen und Vorarbeitern, häufig auch englischen Fabrikdirektoren, um sodann an ihm einen festen Abnehmer für Baumwolle zu besitzen. Noch heute lebt dieses Verhältnis, wenn auch abgeschwächt, an der Moskauer Börse fort: der Handel spricht vorwiegend deutsch, die Industrie russisch.

Es wäre ungerecht, eines Mannes hier zu vergessen, welcher sich vom mittellosen Commis zu einer fast königlichen Stellung in der zu schildernden Industrie emporschwang. Bezeichnenderweise wird in keiner der angeführten zahlreichen Schriften dieser interessanten Episode der russischen Industriegeschichte gedacht. Sie paſst eben weder in die freihändlerische noch in die schutzzöllnerische Schulmeinung, welche darin sich gleichen, daſs sie die Konkurrenz annähernd Gleicher auf internationalem bezw. nationalem Markte für den normalen Zustand der Industrie halten. Nur Mitchell erwähnt die Erfolge des alten Knoop, um daran die moralisierende Betrachtung zu knüpfen: da sähe man, daſs der Schutzzoll zu Unnatur und Monopol führe[2]! Das Folgende beruht daher ausschlieſslich auf persönlichen Erkundigungen. Dieselben wurden vielfach durch das in Ruſsland strenger als z. B. in England gewahrte Geschäftsgeheimnis erschwert.

Die Laufbahn des späteren „Baron“ Ludwig Knoop erinnert an die des Amerikaners Rockefeller. Aber Knoop war mehr als Rockefeller; er war zugleich der Arkwright Ruſslands, der Schöpfer einer gewaltigen Groſsindustrie dort, wo das Gewerbe bisher vorwiegend auf dem Überschuſsverkauf der bäuerlichen Hausgenossenschaft beruht hatte. Es verrät kleinbürgerliche Beschränktheit, einem Genie des Kapitalismus wie Knoop Bewunderung zu versagen; unverständlich aber

[1] Scherer a. a. O. S. 448.
[2] Mitchell a. a. O. S. 39.

ist es, wenn russische Prefsstimmen aus nationalen Gründen das Andenken des alten Knoop angriffen. Knoop war längst russischer Unterthan geworden; der grofse Betrag seiner Intelligenz ging für sein Heimatland verloren und war ein Reingewinn für Rufsland.

Ludwig Knoop wurde am 3. August 1821 zu Bremen als Sohn eines Kleinkaufmanns geboren. Mit 14 Jahren war er Lehrling in einem Bremer Handlungshause, sodann Commis in der Firma de Jersey in Manchester, welche englische Garne nach Rufsland importierte. Nur ein Jahr verbrachte der junge Knoop auf diesem Heimatboden der Baumwollindustrie; jedoch genügte diese Zeit, um ihn nicht nur mit dem Geschäft des Garnexports, sondern auch mit der Fabrikation des Garnes bekannt zu machen. Er lernte die Spinnerei zu Rochdale, wo John Bright damals auf der Höhe seiner Triumphe stand, und wo die Pioniere soeben ihr Reformwerk begannen. Ob Knoop die letzteren überhaupt bemerkte? Ob er zeitweise Adept des berühmten Quäkers war — Knoop, der die Industrie Rochdales auf einen Boden des Prohibitivzolles und der tiefststehenden Arbeit verpflanzen sollte?

1839 kam Knoop nach Moskau als Gehülfe des Vertreters der Firma de Jersey. Leute, welche Moskau um die Mitte des Jahrhunderts kannten, versicherten mir, dafs Knoop seine Erfolge einem guten Magen verdankte. Er hätte es verstanden, mit den russischen Kaufleuten familiär zu verkehren, mit ihnen Wodka zu trinken und bei Traktieren[1] und Zigeunerinnen manche Flasche Champagner zu köpfen — ein keineswegs gefahrloses Unternehmen, da die Sitten damals noch recht asiatisch gewesen, und oft genug Gläser, Flaschen und Spiegel in der Luft herumgeschwirrt seien. Nun mag Knoop einen guten Magen besessen haben; jedenfalls besafs er daneben einen guten Kopf. In aufserordentlicher Weise mufs er es verstanden haben, die Menschen, mit denen er verkehrte, auf ihre Vertrauenswürdigkeit zu durchschauen; auf dieser Eigenschaft beruht das Geheimnis so mancher glänzenden geschäftlichen Laufbahn.

[1] Traktiere sind volkstümliche Kneipwirte.

Der Wendepunkt seines Lebens ging aus von C. W. Morosoff, einem Moskauer Garnhändler, welcher damit der Gründer der berühmten Nikolskischen Manufaktur wurde. Dieser Mann beauftragte Knoop, ihm eine Spinnerei mit Maschinen, Vorarbeitern und allem Zubehör aus England zu verschreiben und in der Nähe von Moskau fertig hinzustellen. Alle Welt riet dem unbekannten und mittellosen jungen Knoop von einem Unternehmen ab, welches undurchführbar erschien. Noch bestand das englische Maschinenausfuhrverbot; dazu kamen die aufserordentlich langfristigen und unsicheren Kreditverhältnisse Rufslands gegenüber den Barzahlung verlangenden Engländern. Aber Knoop kannte seinen Russen und übernahm die Sache. Er arbeitete rastlos, wobei sein jüngerer Bruder in Manchester ihm ein treuer Bundesgenosse war. Die Firma de Jersey schenkte Vertrauen und Kredit. Das Unternehmen schlug glänzend ein, und bald folgten ähnliche. Einer nach dem anderen von den russischen Garnhändlern wurde durch Knoop zum Spinner gemacht. Am Abend seines Lebens konnte Knoop auf 122 Spinnereigründungen zurückblicken. Auch in Wladimir fand Knoop Eingang und versah die dortige Industrie mit mechanischen Webstühlen, mit Maschinen für Kattundruck und Färberei, sowie mit englischen Technikern. Von ihm sagte ein viel gebrauchtes Reimwort:

Keine Kirche ohne Popen
Keine Fabrik ohne Knoopen[1].

Fragen wir nach den wirtschaftlichen Gründen des aufsergewöhnlichen Erfolges Knoops. Neben der freien Konkurrenz finden sich in der Industriegeschichte öfters Versuche einheitlicher Zusammenfassung einer Industrie, entweder als Verabredungen mehr oder minder Gleicher (Kartelle) oder als monarchische Organisationen. Letztere knüpfen gewöhnlich an den Umstand an, dafs der Rohstoff, das Halbfabrikat oder das fertige Fabrikat einen bestimmten Kanal passieren mufs,

[1] Eine dritte russische Reimzeile enthält die etwas kühne Behauptung:

Kein Bett ohne Wanze.

welcher die Alleinherrschaft Eines ermöglicht. Um den standard oil trust aufzubauen, eroberte Rockefeller die Herrschaft über die Röhrenleitungen, in denen das Erdöl von den Quellgebieten des Westens nach den Raffinerien, Verbrauchscentren und Ausfuhrhäfen des Ostens geleitet wird. Knoop vereinigte in seiner Hand die Verbindung des russischen Produktionsgebietes mit dem Lande des Rohstoffes, der Maschinen und des bankmäfsigen Kredits. Seine Machtstellung beruhte insbesondere darauf, dafs die englischen Maschinen, welche seit den vierziger Jahren in Rufsland einströmten, durch seine Hand hindurch mufsten.

Schon wegen ihrer Unbekanntschaft mit dem russischen Markte, sodann wegen der gänzlich abweichenden Kreditverhältnisse Rufslands gewährten die englischen Maschinenfabrikanten keinen Kredit an die Russen. Hier setzte Knoop ein. Er war ebenso bekannt und geschätzt in Manchester wie in Moskau. Dort erhielt er Kredit, hier gewährte er Kredit.

In Manchester besafs Knoop das Monopol der Kenntnis Moskaus. Daher hielt es die gröfste englische Spinnmaschinenfabrik, Platt Brs. in Oldham, in ihrem Interesse, mit Knoop in folgendes Verhältnis zu treten: Knoop verpflichtete sich, seine Maschinenbestellungen allein bei Platt zu machen; dagegen versprach die Firma Platt, keinen anderen als Knoop zum Vertriebe ihrer Erzeugnisse in Rufsland zuzulassen. In ähnlicher Weise bezog Knoop die Dampfmaschinen ausschliefslich von Hick Hargreaves und seit den achtziger Jahren von John Musgrave and Sons; elektrische Beleuchtungsanlagen werden neuerdings durchweg von der bekannten Firma Mather in Salford bezogen.

Gefahr war beiderseits bei einem Abkommen, wie dem mit Platt geschlossenen, kaum zu laufen. Der Schutzzoll in Rufsland verhiefs reiche Gewinne, wenn anders den technischen Erfordernissen bei Begründung und Betrieb der zu errichtenden Spinnereien genügt wurde — und hierfür war den Engländern die Persönlichkeit Knoops gut.

Auf Grund einer genauen Kenntnis der Moskauer Verhältnisse und Persönlichkeiten stellte Knoop den ihm geeignet scheinenden Russen die günstigsten Zahlungsbedingungen; er drängte nie; stets erneuerte er die Wechsel seiner Kunden. Niemand lieferte in Moskau eine Spinnerei entfernt so billig wie Knoop. Die Sicherheit für seine Forderungen fand er darin, dafs er die Inbetriebsetzung der Fabriken in seine Hand nahm. Keiner der von ihm finanzierten Spinner hatte die Möglichkeit, bezüglich der technischen Einrichtungen der zu gründenden Fabriken Wünsche zu äufsern. Es lag dies jedenfalls im Interesse der in das Leben zu rufenden Industrie, deren Eigentümlichkeiten den russischen Kaufleuten unbekannt waren. Wenn Knoop im allgemeinen Lancashire kopierte, so wird man darin keinen Nachteil erblicken. In den Maschinen Lancashires ist die Denkarbeit von nunmehr vier Generationen einer ganzen Bevölkerung verkörpert. Auch lag darin, dafs man die Fabriken nach einer bestimmten Schablone entwarf, eine wichtige Beschneidung der Anlagekosten, indem man die Ausarbeitung kostspieliger Pläne vermied.

Allerdings sagt man, dafs Knoop keineswegs immer die neuesten Erfindungen und Vervollkommnungen sofort übernahm; das Journal der russischen technologischen Gesellschaft macht ihm neuerdings aus einer angeblichen technischen Rückständigkeit einen Vorwurf[1]. Dieser Vorwurf beruht auf der irrigen Meinung, dafs der technische Fortschritt mit der theoretischen Erkenntnis und dem Beispiel fortgeschrittenerer Länder von selbst gegeben sei. Er ist vielmehr in jeder seiner Einzelheiten das Ergebnis des Kampfes um die Gewinne, der auf offenen Märkten mit besonderer Schärfe tobt; der technische Fortschritt wird verlangsamt, wo die Gewinne an sich hoch und sicher sind. Knoop und seine Klienten wollten nichts als verdienen, und wenn es wahr ist, was ich nicht beurteilen kann, dafs sie keineswegs ängstlich allen technischen Neuerungen Lancashires folgten, so ist dies lediglich ein Beweis dafür, dafs sie ihnen nicht zu folgen brauchten, dafs sie auch ohne das reichlich, ja überreichlich verdienten.

[1] „Das Kontor Knoop und seine Bedeutung“, auch als Broschüre veröffentlicht.

Der Tadel trifft dann den bestehenden Hochschutzzoll, welcher der aufkommenden Industrie das Dasein vielleicht etwas zu bequem machte, nicht die Industriellen, die sich seiner bedienten.

Knoop hat die von ihm finanzierten Spinnereien nicht nur selbst gebaut; er versah sie auch mit ausländischen, meist englischen Beamten und Vorarbeitern. Zu Hülfe kam ihm das hohe geistige und physische Niveau, zu dem sich seit den sechziger Jahren die Arbeiterbevölkerung Lancashires emporschwang. Zu Vorarbeitern konnte Knoop einfache englische Spinner, zu Direktoren einfache englische Vorarbeiter gebrauchen. Wenn das angeführte Journal auch hieraus Knoop einen Vorwurf macht, so sollte es bedenken, dafs man in England selbst heute nicht anders verfährt, dafs insbesondere die Spinnereidirektoren vielfach aus dem Arbeiterstande hervorgehen, und dafs gerade hierin eine aufserordentliche Verbilligung der Verwaltung und damit eine besondere Stärke der Industrie Lancashires besteht[1]. Dafs übrigens diese Abkömmlinge einer Arbeiteraristokratie ohne Verständnis für die Eigentümlichkeiten der russischen Arbeit waren, wie das angeführte Journal behauptet, erscheint nicht unglaublich.

Auch nachdem die Fabriken in Betrieb gesetzt waren, gab Knoop fortlaufend Rat und übte weitgehende technische Aufsicht.

Fast ohne Ausnahme sind seine Gründungen geglückt und zum Teil zu den gröfsten Grofsbetrieben ausgewachsen. Ihre Besitzer, einst kleine Garnhändler, wurden die mächtigste Fabrikantengruppe im heutigen Rufsland. Die Morosoffs, die Maljutins, die Chludoffs, die Jakuntschikoffs und wie sie alle heifsen, die grofsen, jetzt unabhängigen Unternehmungen, sie alle verdanken ihre Existenz als Fabrikanten dem alten Knoop.

Aber Knoop war nicht nur der Begründer und Beirat der russischen Spinner; er war zugleich ihr Baumwolllieferant und übte als solcher besonders während des amerikanischen

[1] Vergl. Sinzheimer, Die Tendenzen der Entwickelung des fabrikmäfsigen Grofsbetriebs. München 1894. S. 185 und meinen „Grofsbetrieb“, S. 251.

Bürgerkrieges eine aufserordentliche Machtstellung aus, da er allein Baumwolle besafs, und von seinem Willen der Fortbestand jeder einzelnen Fabrik abhing. Knoop war zugleich der Bankier seiner Klienten, denen er Kontokorrent eröffnete und deren Wechsel er acceptierte. Es war dies wichtig bei der geringen Entwicklung der Moskauer Bankverhältnisse. Auch heute noch geniefsen die Industriellen selten bankmäfsigen Kontokorrentkredit zum Zweck der Ziehung von Kreditwechseln, vielmehr gewähren die Banken nur Kredit gegen Unterlage von Waren oder Wertpapieren. Wechsel sind gemeinhin nur als Warenwechsel Grundlage von Bankkredit und unterliegen aufserordentlich hohen Diskontsätzen. Demgegenüber war es für die Moskauer Industriellen ein grofser Vorteil, auf Knoop Kreditwechsel ziehen zu können, um so mehr als es in ganz Rufsland kein angeseheneres Accept gab, als das Knoops.

Ferner war Knoop bei den meisten der von ihm gegründeten Spinnereien Aktienteilhaber, häufig im Vorstande, gewöhnlich, wenn auch nur durch einen seiner Vertrauten, im Aufsichtsrat. Ähnlich wie Rockefeller nicht selten unter anderem Namen mit sich selbst Geschäfte abschlofs, so sind die Danileffskische, die Wosnecenskische, die Ismaïloffskische Manufaktur — alles hervorragende Moskauer Spinnereien — gleich Knoop. Selbst bei einigen der Morosoffschen Betriebe, welche als die selbständigsten im heutigen Rufsland gelten, ist die Firma Knoop noch immer einflufsreicher Aktionär. Bei der aufserordentlichen Rentabilität der Knoopschen Gründungen genügten oft wenige Jahre, um einen Reservefonds aufzubringen, der zur Verdoppelung der Spindelzahl ausreichte. Bei Geschäftserweiterung auf dem Wege der Vermehrung des Aktienkapitals machte sich Knoop häufig durch Übernahme der neuen Aktien für den erstgewährten Kredit bezahlt.

Aber die Machtstellung Knoops hatte noch eine weit festere Grundlage. Er war instande, innerhalb der russischen Zollgrenzen den Moskauern überlegene Konkurrenz zu machen. Es ist dies die Bedeutung der Gründung eines Grofsbetriebes ersten Ranges zu Kränholm bei Narwa. Versteht man unter „Spinnerei“ nicht Firma, sondern Gebäudekomplex, so ist die

Spinnerei zu Narwa wahrscheinlich die gröfste der Welt; mitte der neunziger Jahre, als ich die Fabrik besuchte, hatte sie mehr als 400000 Spindeln und über 2000 Webstühle. Sie benutzt den herrlichen Wasserfall der Narwa, dem sie durch Turbinen mehrere tausend Pferdekräfte abgewinnt. Die Küstenlage ermöglicht billigste Beschaffung von Kohlen, Baumwolle, Maschinen und Baumaterial. Das Ganze ist ein Stück England auf russischem Boden. Nur die Turbinen sind deutsches Fabrikat.

Der Weitblick des alten Knoop zeigte sich darin, dafs er bereits 1857 den Wasserfall kaufte; 1860 war das erste Fabrikgebäude vollendet. Diese Gebäude sind durchweg aus Stein und Eisen gebaut; die Arbeitsräume sind weit und luftig; die Erschütterung durch die Maschinen ist äufserst gering. Alle technischen Fortschritte kommen nach Rufsland via Kränholm; schon 1863 waren nach Scherer selbstreinigende Kratzen daselbst in Thätigkeit[1]. Auf die Fabrik zu Kränholm trifft also ebenso wenig der Vorwurf technischer Rückständigkeit, wie gesundheitswidriger Arbeitsräume zu, welchen das Journal der Technologen gegen die Knoopschen Gründungen erhebt. Die Arbeitsräume zu Kränholm dürften in hygienischer Beziehung vielmehr zu den besten Rufslands gehören.

Auch die Arbeitsverhältnisse liegen günstiger in Kränholm wie in Moskau. Der langjährige Direktor, ein Engländer aus Blackburn, sagte mir, der esthnische Arbeiter, welcher in Narwa vorherrscht, sei zwar schwerer zu regieren, als der Russe; insbesondere sei er nicht mit Schlägen zu regieren, da er wieder schlage, aber er sei produktiver und trotz höherer Wochenlöhne billiger. In der That fand ich bei meinem Besuche in Narwa 1893 aufserordentlich günstige Produktionsverhältnisse und eine Arbeitsersparnis, welche von guten deutschen Spinnereien kaum erreicht werden dürfte. Ich notierte folgende Zahlen:

Garnnummer 32 s	pair of mules zu 1512 Spindeln		bedient von nur
„ 35 „	„ „ „ „ 1552 „		3 Arbeitern
„ 40 „	„ „ „ „ 1996 „		(1 Spinner, 2 Geh.)

[1] Scherer a. a. O. S. 497.

Der Spinner bezog in diesem Falle einen Wochenlohn von 11—12 Rubel, also eher mehr als die deutschen Spinner, die ich in meinem „Grofsbetriebe“ anführte. Seit den achtziger Jahren hat sich — ein Zeichen steigender Produktivität der Arbeit — in Narwa die Zahl der Spindeln bedeutend vermehrt, die der Arbeiter dagegen vermindert. Wenn auf eine Spindelzahl bis zu 20000 nur ein Aufseher kam, so war auch dieses Verhältnis zwar ungünstiger als in England, dagegen keineswegs schlechter als in Deutschland. Der hohe technische Stand von Kränholm zeigte sich auch darin, dafs hier wohl allein in Rufsland feinste Garne, von Nr. 90s aufwärts, aus ägyptischer Baumwolle und unter Anwendung von Kämmmaschinen erfolgreich gesponnen wurden.

Betreffend die Schnelligkeit der Webstühle notierte ich (Januar 1893) folgende Ziffern, die ebenfalls von den besten deutschen und schweizer Beispielen damals kaum erreicht wurden.

Breite	1 arschin	220	Schläge die Minute,
„	1¼ „	200	„ „ „
„	1½ „	180	„ „ „

Ein Weber bediente 2—3 Stühle, und auf 50 Stühle kam erst ein Aufseher[1].

Im ganzen genommen dürfte Kränholm nicht teurer als Deutschland produzieren. Die Überlegenheit des Betriebes zu Kränholm über die Moskauer Spinnerei ist aufserordentlich grofs. Aus den Angaben eines englischen Blaubuchs bereits aus den siebziger Jahren lassen sich folgende Ziffern berechnen[2]:

Jährliche Produktion pro Arbeiter der Spinnerei in Esthland (Kränholm)	Wert 402 Rubel,
Jährliche Produktion pro Arbeiter der Spinnerei in Moskau	„ 146 „
Jährliche Produktion pro Arbeiter der Spinnerei in Wladimir	„ 141 „

[1] 1 Arschin = 71.1 cm. Vergl. hierzu die Angaben meines „Grofsbetriebes“, S. 142—145.

[2] Reports respecting factories for spinning and weaving, London 1892 (C. 734), S. 95.

Der Besitz dieses technisch hochstehenden Betriebes ermöglicht der Firma Knoop die Garnpreise für ganz Rufsland festzusetzen. Etwaige Konkurrenten wären nicht in der Lage, sie zu unterbieten, weil sie alle weit teurer produzieren als Kränholm. Bessere Preise aber als Knoop erhalten sie nicht, weil Knoop jederzeit Riesenquanta auf den Markt werfen kann. Thatsächlich bekommt Knoop (meines Wissens wenigstens für Kränholm) sogar bessere Preise als andere, weil sein Garn besser ist, wie überhaupt der Preis bei den einzelnen Spinnereien doch etwas verschieden ist, je nach Güte und Renommée ihres Garnes; Knoop setzt nur die Basis fest. Dreimal im Jahre pflegte der alte Knoop, auch nachdem er sich zur Ruhe gesetzt hatte, nach Moskau zu kommen, um die Garnpreise festzusetzen. Niemand verkaufte, ehe er gesprochen hatte; die Weber hatten sich mit ihrer Garnnachfrage einfach „einzuschreiben“. Beachten wir den Unterschied zwischen England und Rufsland: in England werden die fertigen Garne gegen bar zu den wechselnden Tageskursen an der Manchesterbörse gehandelt; in Moskau verkaufen die Spinner ihre künftige Produktion gegen Kredit oft auf Monate hinaus und auf Grund autoritativer Preise.

Knoop hat den Gesamtbestand der russischen Spinnerei stets etwas unter der Nachfrage der Weber gehalten. Trotzdem wäre es irrig zu meinen, dafs den Preisfestsetzungen Knoops einfach die englischen Preise plus Zoll zu Grunde gelegen hätten. Dies war nur der Fall bei den Garnen über 60, welche noch heute grofsenteils eingeführt werden. Bei den niederen Nummern war eine volle Ausnutzung der Zölle unmöglich, und findet daher nur in Ausnahmsfällen Einfuhr aus England statt. In der naturalwirtschaftlichen Verwendung von Wolle und Flachs besitzt nämlich der Bauer zur Zeit ein Schutzmittel gegen übermäfsige Preissteigerungen des Baumwollgarnes. Beispielsweise war es während des amerikanischen Bürgerkrieges in Rufsland weniger möglich als in Westeuropa, die Preise der Baumwollwaren über das gewohnheitsmäfsige Niveau emporzuschrauben [1]. Freilich versagt diese

[1] Scherer a. a. O. S. 522.

Waffe, jemehr der Bauer zwecks Getreideverkaufes das Land aufpflügt, die Schafhaltung einschränkt, den Flachs verkauft. In dieser Richtung bezeichnet die steigende Ausfuhr von Flachs ohne Steigerung seiner Anbaufläche und das Verschwinden der Hanfgärten in Südrufsland eine Steigerung der Machtlage der Moskau-Wladimirschen Industrie im Preiskampf mit den Bauern [1].

Bei seinem Tode 1894 war Knoop zweifellos der gröfste Industrielle Rufslands. Sein Geschäft hatte internationale Bedeutung. Er besafs Einkaufshäuser in New-Orleans und Bombay. Als die russische Regierung aus den mäfsigen Finanzzöllen hohe Schutzzölle für Rohbaumwolle machte, da erschien Knoop auf dem mittelasiatischen Produktionsfelde zwar als einer der letzten, aber war doch bald der gröfste. Das Haus de Jersey, welches mit Knoop verschmolzen wurde, besorgte in Manchester die Ausfuhr von Maschinen und Garn, während die Moskauer Hauptniederlassung die gröfste russische Grofsindustrie leitete.

Gewifs hat Knoop nicht für die schönen Augen seiner Kunden gearbeitet. Aber die Thatsachen zeigen, dafs auch seine Klienten reich wurden. Seine Thätigkeit war also nützlich für Rufsland. Nicht zu unrecht bezeichnet die Firma ihre Stellung als die einer „wohlwollenden Vormundschaft“. Wenn ich oben von einem Herrschaftsverhältnis sprach, so liegt hierin kein Vorwurf, wie ihn die meist noch kapitalfeindliche Presse Rufslands mit diesem Worte verbindet. Was erstrebt der Staatsmann und der Schriftsteller, was der Bankokrat und der Grofsindustrielle, was aber auch der westeuropäische Arbeiterführer anders, als die Herrschaft und Organisation von Menschen? Erscheinungen, wie die eines Rockefeller und eines Knoop, eines Stumm und eines John Burns sind gerade für unsere Zeit bezeichnend; ihnen gegenüber ist es unverständlich, wie ein moderner Philosoph (Nietzsche) behaupten konnte,

[1] Vergl. Nicolaï — on, Skizzen unserer Volkswirtschaft seit der Reform. Petersburg 1893. S. 238/39.

dafs die urwüchsigen Herrschaftsinstinkte den Menschen heute verloren gegangen seien.

Übrigens ist auch auf industriellem Gebiete dafür gesorgt, dafs die Bäume nicht in den Himmel wachsen. Die monarchischen Stellungen in der Industrie sind nicht erblich; sie stehen, wie man sagt, auf zwei Augen. Auch der Firma Knoop wird diese Erfahrung nicht erspart bleiben; um so unnötiger aber sind die Warnrufe der russischen Presse gegen die kapitalistische Übermacht des Hauses Knoop.

Bald nach dem Tode Knoops trat ein, was Knoop stets zu vermeiden gewufst hatte: zum erstenmal wurde das Verhältnis der Firma zu den Moskauer Spinnern Gegenstand gerichtlicher Verhandlung. Der Strafprozefs gegen Sergejeff wurde ein Sensationsprozefs ersten Ranges. Nicht darin bestand sein Interesse, dafs der Angeklagte die Firma Knoop in gröblicher Weise zu betrügen versucht hatte; interessanter war, dafs man einen Einblick gewann in die Beziehungen zwischen Knoop und seinen Klienten, die der Öffentlichkeit bisher entzogen waren.

Sergejeff war Direktor und Hauptaktionär der Lapinskischen Manufaktur; Hauptgläubiger war Knoop. Da die übrigen Aktien im Besitz nächster Verwandten des Sergejeff waren, so hatte die Form der Aktiengesellschaft augenscheinlich den Zweck, im Interesse des finanzierenden Gläubigers die Privatschulden des Sergejeff von denen der Gesellschaft zu trennen. In der That hat Knoop nur mit der Gesellschaft, grundsätzlich nicht mit Sergejeff persönlich Geschäfte gemacht.

Das Verhältnis zwischen der Lapinskischen Manufaktur und dem Hause Knopp war das typische. Knoop hatte die Fabrik in Kommission gebaut, versah sie mit Baumwolle und Garn und liefs sie von seinen Technikern beaufsichtigen. Auch gewährte er der Manufaktur laufenden Kredit. Seine Sicherheit bestand in einem Faustpfande, das er an dem gröfsten Teil der Aktien der Manufaktur ausübte; in dem Knoopschen Kassenschrank aufbewahrt, waren sie der Verfügung ihrer Eigentümer entzogen. In gleicher Weise hatte die Firma Knoop das Wechselportefeuille der Manufaktur in

Depot und damit die Verfügung über die ausstehenden Forderungen ihrer Schuldnerin. Die Firma Knoop hatte die Güte mir mitzuteilen, dafs diese Mafsregel ergriffen worden sei: „schon lange, bevor es zum Bruch mit der Manufaktur kam und im vollen Einverständnis mit der Verwaltung“.

Seit seiner Verheiratung führte Sergejeff ein verschwenderisches Leben und vernachlässigte den Betrieb. August 1889 betrugen die Forderungen der Firma Knoop an die Manufaktur 1 200 000 Rubel, die übrigen Schulden 200 000 Rubel, das Aktivum 1½ Millionen Rubel. In dieser kritischen Lage beschlofs die Firma Knoop, die Zahlung ihrer Forderungen zu verlangen, solange noch volle Befriedigung zu erwarten stand. Sergejeff parierte den Schlag durch Verletzung des Strafgesetzbuches. Infolge des Mifsverständnisses eines Knoopschen Buchhalters wufste er seine an Knoop verpfändeten Aktien dem Gewahrsam des Gläubigers zu entziehen. Nunmehr von jeder Rücksicht frei, nahm er aus dem Geschäfte, was zu Geld zu machen war: die fertige Ware wurde schleunigst verkauft, ja der Versuch gemacht, nach einem eingetretenen Brande eine Versicherungssumme von 200 000 Rubel dem Gesellschaftsvermögen zu entziehen.

Nicht ohne Interesse war das Plaidoyer des Verteidigers des Sergejeff, welcher Knoop als den Ausbeuter, Sergejeff als den Ausgebeuteten hinzustellen versuchte. Wenn Knoop sich als Kommissionär des Sergejeff bezeichne, so sei dies eine ähnliche Bescheidenheit, wie die des Fürsten Bismarck, welcher sich mit dem bescheidenen Namen eines ehrlichen Maklers begnügt hätte zu der Zeit, da er der Schiedsrichter Europas gewesen sei. Demgegenüber ist folgendes hervorzuheben: gewifs bestand eine Abhängigkeit, aber nicht ohne Grund. Denn ohne Knoop wäre die Lapinskische Manufaktur gar nicht vorhanden gewesen und hätte dem Sergejeff nicht die Mittel zu einem verschwenderischen Leben gewährt. Hat doch die Manufaktur im Verlaufe von nur 12 Jahren 982 952 Rubel Gewinn an ihre Aktionäre verteilt.

Gerade die letztere Thatsache weist aber bereits auf die Gründe, welche früher oder später den Verfall der Knoopschen

Macht herbeiführen müssen. Der alte Knoop hatte fast durchweg tüchtige Geschäftsleute mit soliden Lebensgewohnheiten finanziert, wenn er auch nicht in allen Fällen ihnen eben solche Frauen besorgen konnte. Bei den riesenhaften Gewinnen müssen die Klienten allmählich in die Lage kommen, ihren Patron abzustofsen. Hierzu kommt, dafs eine junge Generation herangewachsen ist, welche mit der Firma Knoop nicht mehr durch ein persönliches Verhältnis verknüpft ist. Zwar haben die russischen Spinner noch neuerdings bei Gelegenheit des Prozesses gegen Sergejeff in einer Eingabe an das Finanzministerium die nützliche Thätigkeit des Hauses Knoop einstimmig anerkannt. Aber das hindert nicht die Entwicklung der Thatsache: die russischen Spinner werden „flügge", die Firma Knoop wird zum „Erhaltungsconcern". Aber auf industriellem Gebiete, wie auf politischem ist Stillstand gleich Rückgang.

Aber noch aus einem weiteren Grunde werden die Moskauer Spinner unabhängig von Knoop. Moskau wird allmählich dem Kreditnexus der Welt eingegliedert, womit die Sonderstellung des Kredit vermittelnden Einfuhrhauses aufhört. Heute fahren nur noch die kleineren Industriellen, welche am altnationalen Typus festhalten, fort, beim Importeur in russischer Valuta zu kaufen. In diesem Falle sichert sich der Importeur bei den langen, oft neunmonatlichen Fristen, zu denen gekauft wird, gegen Preisschwankungen von Baumwolle und Rubel durch doppeltes Termingeschäft; er macht seinem Käufer einen selbständigen Preis, natürlich unter Berücksichtigung der zu laufenden Risiken und mit einem anständigen Gewinnaufschlag, wie er allemal da einzutreten pflegt, wo der Kaufmann dem Nichtkaufmann gegenübersteht.

Viel häufiger ist es bereits, dafs der Industrielle in £ vom Importeur kauft und die Sicherung gegen Valutaschwankungen selbst vornimmt. Aber auch in diesem Falle ist der Importeur noch Selbstkontrahent und in einer Machtstellung gegenüber dem Industriellen, weil dieser letztere bei dem ausländischen Liverpooler oder amerikanischen Ausfuhrhause kreditlos ist und deswegen den Moskauer Importeur nicht umgehen kann.

Dadurch aber wurde eine Bresche in die Machtstellung des Importeurs gelegt, dafs die gröfseren mittelrussischen Industrieunternehmungen in Europa bekannt und kreditwürdig wurden — es wurde dies gewifs dadurch beschleunigt, dafs die tüchtigsten der Fabrikantenfamilien ihren jungen Nachwuchs nach Westeuropa schickten, wo er in den Comptoiren, insbesondere Manchesters, sich die kommerzielle Technik des Westens aneignete; viele der jüngeren Fabrikanten Moskaus und Wladimirs sprechen geläufig englisch. Soweit nun die russischen Fabrikanten über westeuropäische Bankverbindungen verfügen, auf welche sie Ausländern Rembours geben können, sind sie in der Lage, im eigenen Namen Geschäfte im Westen zu kontrahieren. Gegenwärtig kaufen zahlreiche Moskauer Häuser direkt in Amerika Baumwolle, in England Maschinen. Der Amerikaner oder Engländer macht sich in diesem Falle durch Trassierung auf die vom Russen angegebene Remboursstelle in London oder Berlin bezahlt. In diesem Falle wird der Importeur zum Agenten herabgedrückt und mufs sich mit einer mageren Provision begnügen.

Wenn so die russische Baumwollindustrie in die Lage gekommen ist, ihre Verschuldung gegenüber der Firma Knoop allmählich zu lösen, wenn ferner die monopolhafte Stellung des Importeurs im Zurücktreten begriffen ist, so dürfte die Firma Knoop als sachkundige finanzierende Kapitalmacht für die weitere Ausdehnung der Industrie ihre Bedeutung und ihren Nutzen noch lange behaupten. Gerade gegenwärtig entwickelt sich die mittelrussische Baumwollindustrie in raschem Tempo vorwärts, hauptsächlich auf Grund des Kredites, welchen die den Bezug der Maschinen vermittelnden Firmen gewähren — und unter diesen steht Knoop noch heute obenan, wenn auch nicht mehr ohne Konkurrenz.

Es ist diese Thätigkeit der Firma Knoop für Rufsland um so nützlicher, als noch immer die Kapitalbeschaffung für zu gründende Industrien in Moskau mit grofsen Schwierigkeiten verknüpft ist. Den privilegierten Banken für Bodenkredit steht nicht das Recht zu, industrielle Anlagen (Fabriken,

Maschinen) zu beleihen. Bei ihren Beleihungen wird ausschliefslich der Grund und Boden und das Gebäude geschätzt. Privater Bodenkredit aber ist sehr teuer (mindestens 10 bis 12 %) wegen des Mangels eines Hypothekenrechtes, das die Grundsätze der Publizität und Priorität verwirklichte. Frühere Belastungen sind schwer zu ermitteln und Vorhypotheken gegen die Eingriffe des späteren Pfandgläubigers nicht genügend geschützt. Somit ist die Industrie mehr als anderwärts auf die Vermittlung von Emissionsbanken angewiesen. Es geschieht dies meist in der Weise, dafs die Aktien (Anteile, paï) unter die sich persönlich bekannten Gesellschafter bezw. Gründer verteilt werden, wogegen man zwecks weiterer Kapitalbeschaffung den Weg der Ausgabe von Obligationen beschreitet; diese Obligationen werden durch die Banken emittiert oder in Pfand genommen. Hierbei machen die Banken Gewinne von 10—20 % vom Nennwerte der Papiere.

Es ist bekannt, dafs die Banken gegenwärtig den Rahm der russischen Industrieentwicklung abschöpfen, und dafs ihre Gewinne nach den Ausweisen des Finanzboten an der Spitze sämtlicher daselbst aufgeführten Gesellschaftsunternehmungen stehen. Bisher hat die Firma Knoop die Thätigkeit dieser Emissionsbanken der Baumwollindustrie fern gehalten. Es liegt hierin ein Verdienst, da sie jene Banken an Fachkunde gewifs übertrifft. Ihre eigenen Gewinne schmälern jenes Verdienst nicht. Vielmehr ist es die Seltenheit des Kapitals, welche der kapitalvermittelnden Instanz auf lange hinaus eine Monopolstellung sichert, die nur im Laufe der Zeit und insbesondere durch stärkeres Einströmen ausländischen Kapitals gehoben werden kann.

Fragen wir, welches war das Ergebnis der Lebensarbeit Knoops? Die Slavophilen hatten behauptet, in Rufsland gebe es keine Parteien im westeuropäischen Sinne. Sie hatten recht gehabt. Der westeuropäischen Partei liegt ein Wirtschaftsinteresse zu Grunde; dasselbe mufs geldwirtschaftlicher Natur sein; denn naturalwirtschaftliche Verhältnisse bleiben von der Wirtschaftspolitik der Allgemeinheit unbeeinflufst und haben daher keine Tendenz, auf sie zurückzuwirken. Als der russische Landbau geldwirtschaftlich zu werden anfing, da erwiesen sich seine Vertreter, Adel und Bauer, geistig als Kinder der alten Zeit; sie wurden keine Partei. Aber gerade die Absonderung vom Westen, welche die Slavophilen verlangt hatten, das heifst wirtschaftlich der Schutzzoll, führte zur Widerlegung der slavophilen Lehre. Unter den schützenden Flügeln Knoops wuchs ein junges und energisches Wirtschaftsinteresse heran. Allmählich dem Knoopschen Einflusse entwachsend, sind seine Vertreter auf russischem Boden heute die Kerntruppe der ersten Partei im westeuropäischen Sinne, einer Partei, die um so bedeutsamer ist, je ärmer und naturalwirtschaftlicher das Land noch im allgemeinen.

V. Die Produktionskosten in Moskau und Westeuropa.

An der Hand der englischen Baumwollindustrie suchte ich anderorts[1] die charakteristischen Merkmale der westeuropäischen Industrieentwicklung nachzuweisen. Ich führte dieselben auf zwei Grundthatsachen zurück; einmal auf die fortschreitende geographische und kapitalistische Konzentrierung der Industrie unter Specialisierung ihrer Produkte, sodann auf den fortschreitenden Ersatz der Arbeit durch Kapital unter Abnahme der Kosten der Arbeit pro Produkt bei Steigerung der Wochenverdienste der Arbeiter und Verkürzung der Arbeitszeit. Es ist nicht ohne Interesse, die Anwendbarkeit dieser Sätze auf ein osteuropäisches Wirtschaftsgebiet zu prüfen. In der That ergeben sich, wie wir sehen werden, eine Reihe von Abweichungen: die junge russische Grofsindustrie beginnt mit gewissen Eigentümlichkeiten, welche im Westen nur langsam erreicht wurden; dagegen zeigt sie keineswegs eine kontinuierliche

---

[1] Der Grofsbetrieb, ein wirtschaftlicher und socialer Fortschritt. Leipzig, Duncker und Humblot, 1892. Übersetzungen des Buches mit einigen geringfügigen Änderungen: The Cotton trade in England and on the Continent. Manchester, Marsden Co., 1895. La grande industrie. Paris, Guillaumin, 1896. Daneben erschien eine italienische und eine russische Übersetzung, letztere mit einem interessanten Vorwort meines Freundes P. Struve. Petersburg, Pantelejeff, 1897.

Vorwärtsentwicklung im Sinne der obigen Regel. Selbst scheinbar rückläufige Bewegungen kommen vor, werden jedoch dadurch erklärt, dafs die Industrie — zuerst ein ausländischer Setzling — in die nationale Volkswirtschaft organisch hineinwächst, wofür wir schon oben in dem Siege der bäuerlichen Industrie über die merkantilistische Fabrik ein Beispiel kennen lernten. Um die Anwendbarkeit des oben aufgestellten allgemeinen Satzes auch für Rufsland zu verstehen, gedenke man zweier Thatsachen, welche Rufsland vom Westen tiefgreifend unterscheiden: einerseits des kolonialen Charakters der russischen Industrie und der damit verbundenen hohen Kosten des Kapitals, sodann der mittelalterlichen Volkspsychologie und der daraus entspringenden Eigentümlichkeiten der industriellen Arbeit.

In Mittelrufsland kostet die Spindel drei- bis viermal so viel wie in England. Aljantschikoff gab in der Sitzung der Gesellschaft zur Beförderung der russischen Industrie vom 3. Dezember 1895 folgende Ziffern, welche mit anderen Angaben, z. B. denen Mendelejeffs, genügend übereinstimmen.

Kosten pro Spindel	Maschinen, Kessel	15	Rubel	59½ Kop.
„ „ „	Arbeiterkasernen u. ä.	8	„	27½ „
„ „ „	Fabrikgebäude	7	„	70½ „
„ „ „	Wege	1	„	56 „
	Summa: russ. Spindel	33	Rubel	13½ Kop.

Eine englische Spindel kostet demgegenüber circa 10 Rubel und weniger.

I. Entsprechend den oben aufgestellten Gesichtspunkten fragen wir zunächst nach dem Mafse der kapitalistischen Konzentrierung der russischen Baumwollindustrie.

1. Im Westen entwickelte sich die grofsindustrielle Unternehmung allmählich aus Mittel- und Kleinbetrieben. Durch den Willen einer kapitalistischen Grofsmacht wurde sie fertig auf russischen Boden verpflanzt. Ähnliches werden wir unten für die Eisenindustrie kennen lernen. Die russische Industrieentwicklung beginnt vielfach mit gewaltiger Kapitalkonzentrierung. Auch wenn wir der Knoopschen Gründung zu Narwa

nicht gedenken, so ist doch die Durchschnittsspindelzahl pro Fabrik in Moskau und Wladimir gröfser als in Deutschland und England. Demgegenüber nimmt der Umfang der Grofsbetriebe in Rufsland möglicherweise nicht so ununterbrochen zu, wie in Westeuropa.

Wir befinden uns hier in der eigentümlichen Lage, dafs zwei bekannte Nationalökonomen das entgegengesetzte Ergebnis aus der offiziellen Statistik herauslesen und mit Ziffern belegen. Ich selbst bin nicht imstande, das vorhandene statistische Material zu bewerten. Ich lasse also beide Autoren zu Worte kommen.

Karischeff [1] behauptet, dafs in der von ihm untersuchten Periode (1885—91) der Umfang der Fabrikunternehmungen sich im Durchschnitt verringert habe, dafs die Zahl der kleinen und mittleren Betriebe mehr zugenommen habe, als die der grofsen, und dafs im Wachstum der grofsen ein Stillstand eingetreten sei. Diese Thatsache gelte für die drei wichtigsten Gewerbszweige, welche 84 % der Gesamtproduktion der russischen Grofsindustrie hervorbringen. Der Wert der Produktion pro Fabrik betrüge auf Grund der offiziellen Statistik in 1000 Rubeln:

	1885	1891
in der Textilindustrie	145	137
in der Metallindustrie	79	86
in der Nahrungsmittelindustrie (Müllerei, Zuckerfabrikation, Brennerei)	46	33

Tugan-Baranowski behauptet das Gegenteil; nach den von ihm beigebrachten Ziffern erscheint Karischeffs Satz in seiner Allgemeinheit mehr als zweifelhaft. Unrichtig ist er jedenfalls für die beiden Grofsindustrien, welche der Verbrauchssteuer unterliegen, für deren Statistik der Staat daher mehr als eine blofs platonische Zuneigung empfindet [2].

[1] Karischeff in der Monatsschrift „Russischer Reichtum", Heft 11 und 12. 1894. Die offizielle Statistik giebt allerdings zu mannigfachem Zweifel Anlafs, schon weil der Begriff Fabrik sehr schwankend ist. Hierzu kommt das allgemeine Herabgehen der Warenpreise. Vergl. Tugan-Baranowski a. a. O. S. 352—356.

[2] Im Jahre 1869 gab es 4300 Branntweinbrennereien in Rufsland,

Aber selbst wenn die von Karischeff aufgestellte Behauptung richtig wäre, so ist es jedenfalls verfehlt, wenn die nationalistische Wirtschaftslehre daraus folgenden Schlufs zieht: der Kapitalismus finde in Rufsland nur unfruchtbares Erdreich und werde sich dort nie so entfalten, wie er es im Westen gethan habe. Im Gegenteil, man könnte jene Thatsache, soweit sie richtig sein sollte, auch auf eine Zunahme des Kapitalismus in Rufsland deuten. Das Kapital wird billiger; die monopolhafte Stellung weniger Kredit vermittelnder Instanzen gerät in das Wanken; die Unternehmungslust wächst; viele beginnen sich am industriellen Wettkampf zu beteiligen. Russlands Industrie verliert ihren kolonialen Charakter.

Ähnlich pflegen im Zahlungsverkehr Europas mit fernen und unkultivierten Ländern zunächst Devisen hoher Beträge zu erscheinen, weil nur wenige, gröfste Häuser des Koloniallandes in Europa Kredit geniefsen; je mehr das Land eingegliedert wird in den europäischen Kreditnexus, je kapitalistischer es also wird, desto mehr tauchen neben den grofsen auch die kleineren Wechsel der mittleren Geschäftswelt auf.

2. Die russische Industrie zeigt auch um deswillen eine grofse Kapitalkonzentrierung, weil sie mehr als irgend welche andere europäische Industrie die verschiedenen Betriebszweige kombiniert. Ich gebrauche diesen Ausdruck in dem von Sinzheimer, wie mir scheint, glücklich umschriebenen Sinne[1] und verstehe darunter die Vereinigung verschiedener Produktionsstadien und Hilfsbetriebe in einem Unternehmen: derselbe Betrieb fertigt die Halbfabrikate, Hilfstoffe, Werkzeuge, Modelle u. s. w. selbst, welche zur Herstellung des Ganz-

1887/88 nur 2139: Ende der 60er Jahre erzeugte der Betrieb 16 900 Wedro, zwanzig Jahre später 41 300 Wedro im Durchschnitt. Janschull, Grundsätze der Finanzwissenschaft. Petersburg 1890, erste Auflage, S. 456.

1882/83 erzeugten 237 Zuckerfabriken 17½ Millionen Pud, 1893/94 226 Fabriken über 35 Mill. Pud Zucker. Kaschkaroff, Die hauptsächlichsten Resultate der staatlichen Finanzwirtschaft 1885—1894. Petersburg 1895, S. 81.

[1] Sinzheimer, Über die Grenzen der Weiterbildung des fabrikmäfsigen Grofsbetriebes. Stuttgart 1893. S. 20.

fabrikates erforderlich sind. Es bedeutet dies eine Verminderung der Einkaufs- und Verkaufsgeschäfte innerhalb des Produktionsprozefses. Der kombinierte Betrieb wird also insbesondere dort aufkommen, wo bei diesen Einkaufs- und Verkaufsgeschäften der eine der beiden vertragschliefsenden Teile entschieden schwächer als der andere ist und infolgedessen ungünstiger produziert: der Starke gliedert sich das Produktionsgebiet des Schwachen an. Dies ist in Rufsland der Fall bei der Weberei, da, wie wir sahen, der Weber abhängig ist von den monopolistischen Preisfestsetzungen des Spinners. Der Spinner, welcher eignes Garn verwebt, hat daher weit geringere Produktionskosten, als der Garn kaufende Weber. Zudem ist der Weberei und Spinnerei verbindende Betrieb geschützt gegen die Gefahren, welche aus den Preisschwankungen der Garne hervorgehen — Gefahren, welche in Rufsland um so gröfser sind, als der Garneinkauf und der Verkauf der Gewebe zeitlich weit auseinander fallen.

Nach dem öfters citierten Bericht der Wladimirschen Landschaft von 1890 hatten bereits damals sämtliche Spinnereien des Gouvernements sich Webereien angegliedert; es sind dies Grofsbetriebe ersten Ranges, im westlichen Teile des Gouvernements gelegen und thatsächlich nur durch eine zufällige politische Grenze von der Moskauer Spinnerei getrennt, die ebenfalls allgemein mit Weberei kombiniert ist. Ihnen gegenüber kommen die kleineren, kapitalschwachen und unorganisierten Webereien, welche im östlicheren Iwanowo ihren Mittelpunkt haben, stark in das Gedränge und geraten zum Teil in direkte Abhängigkeit von ihren Garnlieferanten[1]. Man nimmt an, dafs die kombinierten Grofsbetriebe Moskaus und des westlichen Wladimirs 15—20 % des angelegten Kapitals abwerfen, die kleineren auf Garneinkauf angewiesenen Webereien des östlichen Wladimirs dagegen nur 7—10 %. — So siegt auch in dieser Hinsicht der europäische Setzling,

[1] Vergl. Swirski, Fabriken und andere Industrieunternehmungen des Wladimirschen Gouvernements. Ausgabe der Landschaft. 1893. S. 18—21.

den ein kundiger Gärtner aus Europa nach Moskau verpflanzt hatte, über die ältere und eigenständige Entwicklung Wladimirs.

Im Gegensatz zu der mittelrussischen Entwicklung, welche die kombinierten Betriebe auf Kosten der unkombinierten begünstigt, sind in England die früher auch dort verbunden gewesenen Produktionsstadien der Spinnerei und Weberei auseinandergefallen. Vom technischen Standpunkt aus ist diese Trennung vorzuziehen, weil der Leiter des Geschäftes seine Kenntnisse und Kräfte auf ein Gebiet vereinigen kann; kommerzielle Gründe aber sprechen dort nicht mehr für die Vereinigung, wo ein börsenmäfsiger Garnmarkt die Chancen für Spinner und Weber ausgleicht, und wo die Risiken der Preisschwankung schon deswegen geringer sind, weil Baumwolle und Garne im Verlaufe weniger Tage durch die Fabrik hindurchgejagt werden [1].

Geht die Verbindung von Weberei und Spinnerei schon auf unentwickelte Marktverhältnisse zurück, so ist die in Rufsland übliche Vereinigung der Baumwollgrofsbetriebe mit unzähligen Hilfs- und Nebenbetrieben erst recht ein Zeichen der Rückständigkeit der volkswirtschaftlichen Umgebung. Es gilt das zunächst von den Maschinenwerkstätten, wie denn z. B. in ganz Wladimir eine selbständige Maschinenfabrik irgendwelcher Bedeutung überhaupt nicht besteht. Es gilt das aber nicht minder von all den Betrieben, welche dem Unterhalt der Arbeiter dienen und durch die eigentümliche Natur der russischen Fabrikarbeit notwendig gemacht werden, z. B. Bäckereien, Schlächtereien, Kramläden, Bädern u. s. w. Ein Auseinanderfallen aller dieser Betriebe wäre nur denkbar mit fortschreitender geographischer Sammlung der Industrie nach Städten und Eisenbahnstationen, was bisher durch die vorwiegende Holzheizung verhindert wurde.

---

[1] Über die Frage der Kombinierung von Weberei und Spinnerei, ihre Vorzüge und Nachteile vergl. meinen „Grofsbetrieb“, Leipzig 1892, S. 98—110; daran anschliefsend Martin, Schmollers Jahrbuch Band XVII, S. 674, und meine Erwiderung darauf, daselbst S. 1228, endlich Sinzheimer a. a. O. S. 21, 26, 172.

Die russische Baumwollindustrie, wie die russische Industrie überhaupt, zeigt neben starker Kombinierung der Betriebe eine geringe Specialisierung der Produkte, obgleich gerade hierin eines der wichtigsten Merkmale des industriellen Fortschritts besteht. Die russischen Baumwollfabriken spinnen viele und wechselnde Garnsorten und verfertigen die mannigfaltigsten Arten von Geweben. Es beruht dies auf der Armut des Marktes, welcher unfähig ist, eine Massenproduktion aufzunehmen, wie sie gerade die Eigentümlichkeit der specialisierten Grofsindustrie ausmacht.

II. Was in zweiter Linie den Ersatz der Arbeit durch Kapital betrifft, so ist allgemein hervorzuheben, dafs man in Rufsland vorwiegend solche Produkte herstellt, in denen die Elemente der Arbeit wie des Kapitals gegenüber dem Rohstoff zurücktreten — Beleg einer längst gemachten Bemerkung des Josiah Tucker[1]. Rufsland spinnt grobe Garne und stellt gewöhnliche Stapelgewebe her, während England feinere Garne spinnt und Deutschland specialisierte Baumwollgewebe, -wirkereien u. s. w. ausführt[2]. Der durchschnittliche Verbrauch einer russischen Spindel beträgt circa 93 englische Pfund Baumwolle gegen 61 Pfund der westeuropäisch-festländischen und 34,5 der englischen Spindel.

Im einzelnen ist folgendes zu bemerken:

1. Die Maschinen gehen in Rufsland verhältnismäfsig schnell, nicht viel langsamer als in England, zum Teil schneller als in Deutschland. Es beruht dies auf der Notwendigkeit möglichster Ausnutzung des teuren Kapitals. Es gilt dies von der Spinnerei wie von der Weberei. Beispielsweise fand ich bei einer Länge der Ausfahrt des Selfactors von 64 bis 66 englischen Zoll in den besseren Spinnereien Wladimirs und Moskaus Geschwindigkeiten von 13½—16 Sekunden pro Aus-

---

[1] Four tracts on political and commercial objects. Glocester, third edition 1774, S. 30 u. 40.

[2] Vergl. meinen „Grofsbetrieb“, Leipzig 1892, S. 114, 152; Mendelejeff, Bericht für Chicago, engl. Ausgabe S. 7.

und Einfahrt bei Nr. 30 und nächstfolgenden Nummern Twist, während in England die Geschwindigkeit in diesen Fällen auf 13—14 Sekunden zu schätzen ist. In Petersburg und Riga, wo bereits die Spindel etwas weniger kostet, werden die Geschwindigkeiten verringert. Also auch hier eine Art rückläufiger Entwicklung.

Jedoch ist eine so weit getriebene Beschleunigung in Rufsland nur bei groben Nummern möglich; bei feinen Nummern würde wegen der Mangelhaftigkeit der Arbeit die Zahl der Fadenbrüche allzusehr steigen. Während bei 30 Twist die englischen und russischen Geschwindigkeiten etwa gleich sind, hat England schon bei Nummer 40 einen beträchtlichen Vorsprung. In Oldham läuft in diesem Falle der Selfactor mit einer Geschwindigkeit von 13 Sekunden, in Russland fand ich keinen Fall unter 20 Sekunden. Bei höheren Nummern wird dieser Unterschied immer klaffender, und damit das Spinnen feiner Garne in Rufsland unrentabel.

Bei gewöhnlichen Baumwollgeweben gehen die Webstühle in Moskau und Wladimir sehr schnell, zwar nicht ganz so schnell wie in England, teilweise jedoch schneller als in Deutschland. Bei geringen Breiten von etwa 71—80 cm. (1—1¹/₈ Arschin) finden sich Schützenschläge von 200 bis 215 die Minute — eine Zahl, die in England auf 240 steigt, während in der Schweiz und Deutschland wohl selten 200 überschritten wird. Bei feineren Geweben und gröfseren Breiten nimmt jedoch in Rufsland die Geschwindigkeit der Webstühle in schnellerem Mafse ab, als in Westeuropa — aus ähnlichen Gründen, wie bei feinen Garnen.

2. Zeigt Rufsland immerhin recht günstige Geschwindigkeiten, so weist es im Vergleiche mit Westeuropa aufserordentlich hohe Differenzen zwischen theoretischer und thatsächlicher Leistung, d. h. grofse Verlustziffern auf. Es beruht dies einmal auf der geringeren Qualität des verwandten Rohstoffs. Von einem Freunde, der das Baumwollgeschäft in Manchester erlernt hat und in Moskau ausübt, hörte ich folgende Äufserung: Die Moskauer nehmen mit geringerer

Baumwolle vorlieb wegen mangelnder Warenkenntnis und wissen aus derselben Qualität weniger zu machen, als die Engländer. Nicht minder aber beruhen die aufserordentlich hohen Verlustziffern auf der Rückständigkeit der Arbeit, der ein liebevolles Verständnis für die in den Maschinen niedergelegten Gedanken der Technik mangelt. Aus zahlreichen Beispielen, welche ich der Güte des Herrn Mikulin, Fabrikinspektors zu Wladimir, verdanke, berechne ich für die Webereien Iwanowos den durchschnittlichen Verlust auf 40 % der theoretischen Leistung, wogegen der Verlust in England nicht über 10 %, in Deutschland nicht über 20 % zu gehen pflegt.[1] Übrigens fand ich in einigen vortrefflichen Grofsbetrieben Moskaus bereits weit geringere Verlustziffern, beispielsweise in der noch öfters zu erwähnenden Fabrik zu Ramenje. Bezeichnender Weise arbeitete dieser Betrieb in zwei 9stündigen Schichten, also in einer für russische Verhältnisse stark abgekürzten Arbeitszeit.

Durch die hohen Verluste gegenüber der theoretischen Leistung werden nicht nur die relativ grofsen Geschwindigkeiten, sondern auch die langen Arbeitszeiten aufgewogen. Einer 9—9½ stündigen Arbeitszeit in England steht in Rufslands Baumwollindustrie zumeist eine 12stündige, in der Weberei eine 13- und 14stündige gegenüber. Trotzdem ist das Ergebnis der Maschinen im allgemeinen hier kein gröfseres als dort. Der bekannten Danilewskischen Spinnerei in Moskau und einer mafsgeblichen Spinnerei in Bolton entnahm ich folgenden Vergleich. Die Geschwindigkeit in Moskau stand wenig unter der in Bolton (hier 16 Sekunden, dort 14,6 Sekunden); dabei betrug die tägliche Arbeitszeit in Bolton 9, in Moskau in diesem Falle 13½ Stunden. Trotzdem war, zur Zeit meiner diesbezüglichen Untersuchung Februar 1893,

[1] Die Angaben für England entnehme ich meinem „Grofsbetrieb“, Leipzig 1892, welche durch den sachverständigen Übersetzer, Herrn Hall M. I. Mech. E. Webstuhlfabrikanten zu Bury Lancashire, acceptiert wurden. Das Buch erschien unter dem Titel: The Cotton Trade in England and on the Continent. Manchester. Marsden Co. 1895.

das Erzeugnis einer Spindel pro Tag in Moskau 1,2 engl. Pfund, in Bolton 1,1 engl. Pfund Nr. 30 Twist.

Dasselbe gilt von der Ringspinnerei. Auch hier bin ich in der Lage, eine der ersten Spinnereien des Moskauer Industriebezirks, die Manufaktur zu Ramenje, mit einer mafsgeblichen Spinnerei Manchesters zu vergleichen[1]. In der erstgenannten Manufaktur wurde mir als gute Leistung einer Ringspindel bei Doppelschicht von 24 Stunden eine Wochenleistung von 84 hanks bei 32 s Twist angegeben, also für die einfache Schicht von 12 Stunden 42 hanks; dasselbe, eher mehr (40—50 hanks), ist die Wochenleistung einer englischen Spindel in 9stündiger Arbeitszeit[2]. Für die Weberei ist es schwierig, vergleichbare Zahlen anzuführen, weil absolut gleiche Gewebe sich selten auffinden lassen. Dafs ein Webstuhl in England trotz weit kürzerer Arbeitszeit eher ein gröfseres Wochenprodukt liefert als in Iwanowo, ist bei den hohen Verlustziffern in letztgenanntem Orte nicht unwahrscheinlich.

3. Obgleich die Maschinen der russischen Fabriken in England gemacht werden, so sind doch die in England selbst thätigen Maschinen vielfach gröfser und leistungsfähiger. Es mag dies einmal darauf beruhen, dafs die Russen wegen der hohen Kosten des Kapitals die Maschinen viel älter werden lassen, als dies in England üblich ist; auch mögen die Engländer nicht immer das Neueste hinausschicken. Nicht minder aber dürften in das Gewicht fallen die Mängel der russischen Arbeit; selbst eine gesteigerte Personenzahl könnte so grofse Maschinen, wie sie in England üblich sind, überhaupt nicht bedienen. Insbesondere ist die Zahl der Spindeln pro Paar Selfactor in Bolton und Oldham weit gröfser, als in Moskau. Selfactorpaare über 2000 Spindeln sind in England jetzt allgemein und die Spindelzahl wird stetig gesteigert; in den zahlreichen russischen Spinnereien, welche ich durchwanderte, sind mir

[1] Diese letztere Ziffer entstammt meinem „Grofsbetrieb“, S. 119. Ich zweifle nicht, dafs die Technik seit meinen Untersuchungen in England Sommer 1891 über die gegebenen Ziffern hinausgegangen ist.

[2] Hank = 840 yards = 1082 arschines.

nie Selfactorpaare über 2000 Spindeln, ja selten solche über 1500 Spindeln begegnet. Infolge hiervon ist das Ergebnis eines Selfactorpaares in England gröfser als in Rufsland. In dem oben angeführten Vergleich zwischen Moskau und Bolton standen 1512 russischen Spindeln 2064 englische Spindeln gegenüber. Das Paar Selfactors lieferte dabei in 12stündiger Arbeitszeit in Rufsland 1800 engl. Pfund, in England bei 9stündiger Arbeitszeit über 2200 engl. Pfund 30s Twist.

4. Die Zahl der Arbeiter pro Maschine ist in Rufsland weit gröfser als in England. Der übliche Mafsstab in der Spinnerei besteht in der Reduktion der Gesamtarbeiterzahl — alle Vorbereitungsarbeiten eingeschlossen — auf je 1000 Spindeln. Nach den Angaben Mendelejeffs, welche auf der allgemeinen Statistik beruhen, kommen in Rufsland auf 1000 Spindeln 16,6 Arbeiter, nach den Ausführungen in meinem „Grofsbetriebe“ in England nur 3 Arbeiter. Danach könnte der Engländer den vierfachen Wochenlohn verdient haben, als der Russe, und würde immer noch billiger arbeiten. Nach meinen Beobachtungen in den besseren Spinnereien Moskaus und Wladimirs ist jedoch das Verhältnis für Rufsland entschieden günstiger, als nach jener Statistik erscheinen könnte. In diesen Fällen kommen thatsächlich nicht über 10 bis 12 Arbeiter auf 1000 Spindeln. In der trefflichen Spinnerei zu Narwa, welche, wie wir sahen, den Moskauer Betrieben überlegen ist, kamen zur Zeit meines Besuches nur 6 Arbeiter auf 1000 Spindeln, ein sehr günstiges, selbst in Deutschland noch nicht überall erreichtes Verhältnis.

Richten wir im einzelnen unsere Aufmerksamkeit auf den Teil des Spinnereiprozesses, den man als Feinspinnen bezeichnet, so kommen in Rufsland 4 bis 6 Arbeiter auf das Paar Selfactors, in England 2 bis 3. Dabei bedenke man, dafs die Selfactors in Rufsland kürzer sind, als in England. Selbst in der unter allen Moskauer Fabriken so hervorragenden Manufaktur zu Ramenje fand ich 4 Arbeiter pro Paar Selfactors. Auch hier macht der Narwasche Betrieb eine rühmliche Ausnahme. Dort war es 1892 bereits gelungen, die Zahl der Arbeiter an allerdings ziemlich kurzen Selfactors auf 3 herabzudrücken. In ähnlicher Weise ist in der Ringspinnerei das Verhältnis der angewandten Arbeit in Rufsland und England etwa wie 2 zu 1.

Was von dem Feinspinnen gilt, gilt von dem Vorspinnen. In England kommt auf zwei Vorspinnbänke (slubbing, intermediate, roving frame) je eine Person: in den besten Spinnereien Moskaus bedient wohl nirgends eine Person mehr als eine Vorspinnmaschine. Dasselbe gilt wahrscheinlich auch von den Kratzmaschinen, bei denen gerade in England die Arbeitsersparnis sehr weit fortgeschritten ist; aber die Verschiedenheit in der Gröfse und dem Bau dieser Maschinen läfst zahlenmäfsige Vergleiche nicht zu. Noch gröfser ist die Arbeitsersparnis in England beim Mischen der Baumwolle, welches nahezu ganz der Maschine übertragen ist; in einer Fabrik von 60000 Spindeln fand ich in England hierfür nur einen Mann thätig, in Rufsland dagegen eine grofse Anzahl sog. „billiger“ Handarbeit.

Auch in der Weberei lassen sich zahlenmäfsige Vergleiche gewinnen, welche das Gleiche besagen. Man pflegt hier, indem man alle Vorbereitungsarbeiten einschliefst, die Zahl der Stühle auf 1 Arbeiter zu reduzieren; natürlich darf man hierbei nur Webereien gewöhnlicher Baumwollgewebe berücksichtigen, weil sonst die Vergleichbarkeit verloren geht. In den Webereien Wladimirs, in denen meist sehr einfache Stoffe hergestellt werden, kommt in recht guten Fabriken 1 Arbeiter schon auf 0,8 Stühle, in England durchschnittlich 1 Arbeiter erst auf 2.8 Stühle, in den Fällen einfachster Weberei, in Nordlancashire 1 Arbeiter sogar erst auf 3 bis 4 Stühle. Läfst man die Vorbereitungsarbeiten aufser Betracht und berücksichtigt man nur das Weben selbst, so bedient in Wladimir bei ganz einfachen Geweben ein Arbeiter 2 Stühle, in England 4—6.

Fassen wir zusammen, so können wir sagen: die hohen Verluste an der theoretischen Leistung, die geringeren Dimensionen der Maschinen, die gröfsere Arbeiterzahl pro Maschine bewirkt, dafs die Kosten der Arbeit pro gegebenes Produkt in Rufsland nicht billiger sind als in England. Zahlenmäfsige

Vergleiche sind nicht ohne Vorsicht anzustellen, da in Rufsland aufser dem Geldlohn der Arbeiter meist die Wohnung, hin und wieder auch noch Naturalverpflegung erhält. Mein Gesamteindruck ist folgender: Zieht man nur die Geldlöhne in Betracht, so verdient der englische Arbeiter wöchentlich das 3—5fache wie der russische; trotzdem sind die Kosten der Arbeit pro Produkt in Rufsland nur wenig niederer als in England, entschieden niederer nur in jenen besten Grofsbetrieben Moskaus, welche zur Neunstundenschicht übergingen. Aber auch dieser Unterschied zu Gunsten Rufslands wird mehr als ausgeglichen einmal durch die Aufwendungen für Arbeiterwohnungen u. a., sodann durch die Kosten der Aufsicht und Verwaltung, welche in Rufsland aufserordentlich viel höher sind als in England. In England ist der Spinner sein eigner Aufseher und kann daher die Löhne des Aufsehers mit beziehen.

Aus einer gröfseren Anzahl von Beispielen, die ich auf Grund des in meinem „Grofsbetriebe" ausgearbeiteten Schemas (vergl. daselbst S. 138 139) sammelte, wähle ich folgende das Selfactorspinnen betreffende aus:

(Siehe Tabelle S. 119.)

Hiernach scheint bei 36s Twist der Punkt zu liegen, wo die Kosten der Arbeit zuzüglich der Aufsicht in England billiger werden, als in Rufsland. Bei feineren Nummern mufs dieser Unterschied zu Gunsten Englands rasch wachsen. Zu gleichen Ergebnissen scheint Onofrieff[1] zu kommen. Er vergleicht den Durchschnitt dreier leitender Spinnereien Lancashires mit zwei russischen Beispielen, jedoch ohne Angabe der gesponnenen Garnnummern und Produktionsmengen. Danach kommen im halben Jahr auf tausend Spindeln in Rubeln Kredit (1 £ = 10 Rubel):

[1] Vergl. die Mitteilungen der Gesellschaft zur Förderung der russischen Industrie, Sitzung vom 10. Januar 1893, Bd. II der Mitteilungen der Gesellschaft, Art. 3, sowie die Russischen Nachrichten vom 23. Februar 1893.

	Zahl der Spindeln pro Selfactor	Zahl der Arbeiter pro Selfactor	Länge der Ausfahrt inches	Sekunden für Aus- und Einfahrt	Wöchentliche Arbeitszeit pro Schicht	Wochenerzeugnis pro Schicht engl. Pfund	Spinnlohn in Pfenn. pro engl. Pfund an Spinner und Gehilfen	Wochenlohn des Spinners in Mark	Zahl der von 1 Aufseher beaufsichtigten Spindeln
A.									
36 s. Moskau (weft)	1512	4	66	16	72	1248	2,7	12,69	in Rufsland 1 Aufseher auf 4—6000 Spindeln mit 15—20 M. wöchentlich
36 s. Wladimir (twist)	1936	5	66	14	72	1728	2,8	10,03	
36 s. Oldham	2688	4	67	13	55	2723,6	2,88	40,15	fehlt
B.									
30 s. Moskau	1136	3	66	15,5	54	960	2	9,24	wie oben
30 s. Wladimir	1512	4	66	14,5	72	1536	2	10,03	
30 s. England	2064	3	64	14,6	55	2200	3,35	46	fehlt.

	Rufsland Beispiel I	Rufsland Beispiel II	England
an Löhnen und Gehalten, sonstigen Ausgaben für die Arbeiter, Besorgung von Kesseln und Dampfmaschinen	1885	1669	1317
an Verwaltungskosten	519	465	14

Insbesondere charakteristisch ist der Unterschied hinsichtlich der Verwaltungskosten; während mit der Emporentwicklung des Arbeiterstandes in England das Angebot für die Posten der Leitung ein ungeheures ist, und die Beamtengehälter herabgehen, sind in Rufsland technische Kenntnisse verbunden mit praktischer Sachkunde selten; häufig müssen Ausländer durch hohe Gehälter herbeigezogen werden. Die russischen Fabriken wimmeln von einem Stabe von Beamten, während in England die dort allerdings viel leichtere Aufsicht von einem schlichten, meist dem Arbeiterstande entstammenden Manne besorgt wird. Weiteres Anschwellen der Verwaltungskosten bewirken in Rufsland die vielfältigen Schreibereien, welche mit dem Pafssystem und der Polizeiaufsicht über die Arbeiter zusammenhängen und die Anstellung besonderer Schreiber erfordern.

Dieselben Unterschiede, welche sich zwischen Moskau und Westeuropa feststellen lassen, gelten, wenn auch in geringerem Grade, zwischen Moskau und Polen. In Polen erwuchs bekanntlich, befruchtet von deutscher Arbeit, unter einem mäfsigen Zollschutz und der fördernden Fürsorge der der preufsischen Seehandlung nachgebildeten polnischen Bank ein Industriecentrum ersten Ranges: Lodz. Ehe ich jedoch auf den Vergleich von Moskau und Lodz eingehe, möchte ich die Meinung abweisen, als ob ich den Angstschrei der nationalen Volkswirtschaftler Moskaus gegenüber der polnischen Konkurrenz für begründet hielte. Obgleich Lodz zweifellos hinsichtlich des Kapitals wie der Arbeit vor Moskau Vorteile geniefst, so hat Moskau von Lodz doch nichts zu fürchten, wie ein Blick auf die unten folgende Statistik der Baumwollindustrie zeigt. Es lassen sich hierfür drei Gründe anführen:

Zwischen Moskau und Polen besteht eine Arbeitsteilung; Polen macht dichte, buntgewebte, gerauhte und halbwollene Stoffe, und seine Stärke in der Spinnerei ist die Vigogne; Moskau macht Druckkattune und spinnt gewöhnliche Garne niederer und mittlerer Nummern. Moskau und Polen machen sich kaum mehr Konkurrenz als Gladbach und Mülhausen. Polen hat noch nie Garne auf den Moskauer Markt geworfen, vielmehr kauft es von Moskau Garne, besonders Zwirne.

Ferner: die geographische Lage Moskaus ist günstiger als die Polens, weil es den Märkten näher ist. Die Frachtsätze von Lodz sind bis Wladikawkas um 45%, bis Kursk um 180%, bis Orenburg um 288%, bis Ufa 250%, bis Slatust um 248% teurer als die von Moskau[1]. Je mehr die russische (asiatische) Baumwolle Bedeutung gewinnt, umsomehr ist Moskau im gleichen Vorteil auch hinsichtlich des Rohstoffes. 1889 wurden nach Lodz im ganzen 1 292 194 Pud ausländischer und 584 451 Pud russischer Baumwolle zugestellt. Nach Bjeloff aber betrugen die Transportkosten vom kaspischen Hafen bis Moskau 46, nach Lodz 67,59 Kopeken pro Pud Baumwolle. Wahrscheinlich besitzt Lodz gewisse Vorteile infolge billigeren Heizmaterials; aber diese Vorteile verringern sich in dem Mafse, als Moskau zum kaspischen Naphtha übergeht, welches ich in den besten Grofsbetrieben Moskaus bereits allgemein zur Kesselheizung angewandt fand.

Moskau hat endlich die politische Macht und kann jederzeit die polnische Konkurrenz durch die Eisenbahntarifpolitik in Schach halten.

Aus dem Gesagten ergiebt sich, dafs Lodz zwar neben Moskau Platz hat, aber kaum in der Lage sein dürfte, Moskau ernstlich zurückzudrängen. Unter diesem Vorbehalt ist eine

[1] Nach den Angaben Bjeloffs in einem Vortrage über die polnische Konkurrenz im Verein zur Förderung der Industrie und des Handels Rufslands. St. Petersburg 1892.

Betrachtung der Vorteile, welche Lodz thatsächlich vor Moskau in der Produktion geniefst, sehr interessant, weil von allgemeiner Bedeutung für die Vorzüge westeuropäischer vor östlicher Industrie.

In Polen sind die Entwicklungstendenzen des modernen Grofsbetriebes in vieler Hinsicht weiter entwickelt als in Rufsland. Die russischen Fabriken liegen noch heute grofsenteils in den Wäldern zerstreut, wohin sie ursprünglich das Bedürfnis nach Brennmaterial führte. Die zur Zeit der Schneeschmelze nahezu unpassierbaren Wege zwingen zur Anhäufung riesiger Warenlager und Rohstoffvorräte. Erst gegenwärtig sammeln sich die Fabriken allmählich um die Eisenbahnstationen. Die polnische Industrie dagegen hat in Lodz, Warschau, Sosnowice engere geographische Mittelpunkte. Der örtlichen Zusammenfassung entspricht ein Auseinanderfall der in Moskau übermäfsig kombinierten Grofsbetriebe. So konstatieren Ilin und Langoff wenigstens für schwere Baumwollstoffe und Halbwollstoffe, wie sie Polen vorwiegend fertigt, eine Trennung der Färberei und Appretur von der Weberei. Die Färber als die kapitalkräftigeren kaufen den Rohstoff, lassen ihn um Lohn verspinnen, an anderem Orte verweben und besorgen selbst nur die Fertigstellung des Produktes. Die Überlegenheit der Färber und Appreteure beruht vielleicht darauf, dafs bei der grofsenteils sehr niederen Qualität der Garne und Gewebe ihr Geschäft, welches fragwürdigem Material ein annehmbares Äufsere giebt, das wichtigste ist. Der russische Markt ist zu arm, um qualitativ hohe Ansprüche machen zu können — die Grofsindustrie entwickelt sich an Surrogaten, wie denn Baumwollabfälle und Lumpen zur Kunstwollfabrikation einen starken Einfuhrartikel Polens bilden[1]. Besondere Reparaturwerkstätten für Maschinen erlauben den polnischen Fabriken, auf eigne Hilfsbetriebe in dieser Richtung zu verzichten. Selbst die Anfänge einer eignen Maschinenfabrikation, wenigstens für die

[1] Vergl. den Bericht von Ilin und Langoff. Über die Fabrikindustrie des Zartums Polen. Petersburg 1888. S. 23, 27, 67—71.

Weberei, die Kratzenfabrikation, die Herstellung von Jacquardkarten u. s. w. liegen vor.

Nicht minder wichtig aber ist die Überlegenheit der polnischen Industrie über die russische in Rücksicht auf den Kredit. Eine Anzahl polnischer Fabriken sind Filialen deutscher Häuser und nehmen an allen Vorteilen der deutschen Kreditorganisation teil. Aber auch die selbständigen Firmen Polens sind denen Moskaus überlegen, zunächst durch die Existenz eines westeuropäischen Hypothekarrechtes, welches in Rufsland fehlt[1]. Daher ist das Kapital und damit die Anlage der Fabriken billiger und die Beschaffung von Maschinen leichter. Der Ersatz veralteter Maschinen vollzieht sich in Polen schneller als in Rufsland. Die Moskauer Fabriken sind meist gezwungen, um das teuere Anlagekapital zu verzinsen, Tag und Nacht zu arbeiten; in den polnischen Fabriken dagegen kann man wegen der gröfseren Billigkeit des Kapitals die qualitativ wenig erfreuliche Nachtarbeit vermeiden. Die billigeren Anlagekosten ermöglichen ferner der polnischen Industrie, die Konjunkturen des Marktes schneller auszunutzen. In wenigen Monaten, sagt Janschull, werden in Polen Fabriken erbaut und in Betrieb gesetzt, deren Anlage in Moskau Jahre

[1] Das russische Pfandrecht an Immobilien war bis in dieses Jahrhundert Faustpfand mit Eigentumsübergang an den Gläubiger im Falle der Nichteinhaltung des Zahlungstermins. Seitdem hat man eine Verpfändung entwickelt, bei welcher der Besitz zwar beim Schuldner bleibt, jedoch über das Gut ein Veräufserungs- und Verpfändungsverbot verhängt wird. Das Gut haftet nur, so lange es Eigentum des Schuldners ist. Dieser ist daher an Händen und Füfsen gebunden und kann eine neue Schuld auf das Gut nur aufnehmen, wenn er die alte tilgt. Die Feststellung, dafs ein Grundstück bislang unverpfändet, d. h. von einem öffentlichen Veräufserungsverbot nicht betroffen ist, ist umständlich und unsicher, daher der Kredit auf Immobilien teuer. Vergl. Pobedonosceff, Kurs des russischen Civilrechts. Teil I. — Thatsächlich befindet sich der Immobiliarkredit in der Hand von öffentlich privilegierten Banken, welche den Grund und Boden und das Gebäude, nicht aber die Maschinen beleihen und für Industriezwecke wenig in Betracht kommen. Die polnische Hypothekenordnung stammt aus der Zeit Alexanders I. und beruht auf deutschen Rechtsgedanken.

erfordern würde. Die seit 1877 gegründeten Fabriken produzierten 1885 bereits 44,7 % des Gesamterzeugnisses Polens[1].

Die verhältnismäfsige Billigkeit des Kapitals macht sich insbesondere in dem Preise derjenigen Produkte geltend, bei deren Herstellung das Kapital, also Maschinenarbeit, eine bedeutende Rolle spielt. Bei den Fabrikbauten in Polen wird mehr Eisen verwandt, während in Moskau die höheren Eisenpreise Steinbauten erforderlich machen, z. B. bei Treppen. Nach dem angeführten Bericht von Ilin und Langoff kosteten 1886/87 1000 Stück Ziegel in Moskau 22 Rubel, in Lodz 8 bis 9 Rubel. Bezeichnenderweise ist gerade in der Ziegelfabrikation der Handbetrieb durch die Maschine erfolgreich eingeschränkt worden.

Auch hinsichtlich des Betriebskredits steht Polen günstiger als Moskau. Polen bildet in dieser Hinsicht einen Annex des deutschen Kreditsystems. Eine Monopolstellung des Importeurs von Rohstoff und Maschinen, wie die Knoops, wäre hier unmöglich. Der polnische Fabrikant bezieht gleich dem deutschen, der sich bekanntlich von Liverpool unabhängig gemacht hat, vielfach die Baumwolle und Wolle direkt von den Exporthäusern in New-York, New-Orleans, Buenos-Aires, und zahlt durch Tratten auf deutsche Banken, welche bekannten polnischen Fabriken gern Rembourskredit gewähren. Beispielsweise: der Pole, d. h. meist ein deutsch-jüdischer Fabrikant, kauft Maschinen in England oder Deutschland, Baumwolle in Amerika; der englische, deutsche, amerikanische Lieferant kennen die Kreditverhältnisse Polens nicht, fürchten die Schwankungen des Rubelkurses und würden unserm Polen gewifs keinen Kredit gewähren. Dagegen sind einige der Berliner Bankhäuser, welche speciell polnisch-russische Kundschaft pflegen, zugleich Welthäuser, deren Accept allenthalben nicht anders als bar Gold gilt. Mit Vergnügen verzichtet der Lieferant der polnischen Fabrik auf Barzahlung, wenn er dafür z. B. auf Mendelsohn einen Goldwechsel ziehen darf, der von diesem

[1] Janschull, Geschichtlicher Überblick über die Entwicklung der Industrie Polens. S. 40.

acceptiert wird. Nicht minder günstig ist es ferner für unsern Polen, auf seine Berliner Bankverbindung, soweit sein Kontokorrentvertrag es erlaubt, Kreditwechsel zu ziehen, welche, mit dem Primabankaccept des Berliners versehen, auf dem deutschen Wechselmarkte zu günstigsten Diskontsätzen zu verwerten sind. Auf diese Weise kommt der polnische Fabrikant zu billigstem Betriebskredit.

Diese Vorteile, welche die polnische Industrie geniefst, wurden dadurch verschärft, dafs bisher keine Filialen westeuropäischer Bankhäuser den billigen Kredit des Westens dem innerrussischen Fabrikanten nahe bringen konnten. Der Rückhalt, welchen der polnische Fabrikant an dem Kreditsystem Deutschlands hat, ermöglicht ihm auch, im Kampfe um den Kredit seinen Abnehmern günstigere Bedingungen abzuzwingen. Die polnischen Fabriken gewähren nach dem Innern Rufslands 3 bis 6 Monate Kredit, wogegen die russischen Fabriken ihren Käufern 6 Monate bis 1½ Jahre, ja nach Asien 18 Monate Zahlungsfrist gewähren müssen[1].

Zusammenfassend können wir sagen: in Moskau überwiegt das Anlagekapital (man denke an die Arbeiterkasernen, die Waldungen, Torfmoore u. s. w. der russischen Fabriken); in Polen tritt das Betriebskapital gegenüber dem Anlagekapital in den Vordergrund. Das Betriebskapital wird schneller durch die Betriebe hindurchgejagt; Polen besitzt z. B. nicht die riesigen Vorräte an Rohstoffen, Heizmaterialien u. s. w. wie Moskau. Auch kehrt das in der fertigen Ware aufgespeicherte Betriebskapital schneller in die Hand des Unternehmers zurück (kürzere Kreditfristen). Aber auch das Anlagekapital, weil billiger, ist beweglicher (die Maschinen werden z. B. schneller erneuert). Es sind dies Erscheinungen, welche allgemein die fortschreitende Entwicklung der modernen Grofsindustrie charakterisieren.

---

[1] Vergl. Janschull, Bericht über die Fabrikindustrie Polens, Petersburg 1888, S. 20 und Garelin, Die Stadt Jwanowo Wosnesensk II, S. 29.

In derselben Richtung liegen die Vorteile Polens über Moskau hinsichtlich der Arbeit. Denn der polnische Arbeiter, wenn auch dem englischen und deutschen Arbeiter nicht gewachsen, steht beiden doch näher als der Moskauer; er ist, um den Ausdruck der Slavophilen zu gebrauchen, europäischer. Leider habe ich Lodz aus eigener Anschauung nicht kennen gelernt; die zahlreichen, russischen Berichte aber, welche ich über die dortigen Verhältnisse las, und welche zum Teil der soliden und sachkundigen Feder Janschulls entstammen, lassen mir keinen Zweifel darüber, dafs die Arbeitsersparnis gegenüber Moskau in Lodz weit fortgeschritten ist. Das gleiche berichten mir Bekannte, welche sowohl in Moskau wie in Polen als Industrielle thätig sind. Den russischen Berichterstattern fällt in Polen die Abwesenheit jener Unzahl von Untermeistern und Aufsehern auf, welche in den russischen Fabriken zur Disciplinierung der Arbeiter unumgänglich sind.

Der polnische Arbeiter bedarf weniger scharfer Zwangsmittel zur Arbeit als der russische. Schläge sind in den russischen Fabriken alltäglich, und Janschull stellte in Moskau zahlreiche Fälle fest, in denen Strafabzüge am Lohne eine regelmäfsige Einnahme des Fabrikherrn bedeuteten; derselbe Beobachter fand in den polnischen Fabriken körperliche Strafen und Lohnabzüge nur in mäfsiger Anwendung[1]. Mir scheint der Grund hierfür darin zu liegen, dafs in den polnischen Fabriken ein wirksamerer Antrieb zur Arbeit vorhanden ist als Schläge und Strafen: das Eigeninteresse des Arbeiters, welches, wie wir sehen werden, die mehr europäischen Arbeiterverhältnisse Polens wirksamer in das Spiel setzen, als die halb asiatischen Moskaus.

Das Ergebnis scheint ein ähnliches zu sein, wie das, welches wir oben im Vergleich zwischen Moskau und Lancashire feststellten. Alle Berichterstatter stimmen darin überein, dafs die Löhne in Polen, und speciell in der polnischen Baumwoll-

[1] Vergl. Janschulls angeführten Bericht S. 67, Ilins und Langoffs Bericht S. 102.

industrie, höher sind, als in Moskau[1]. Nach den Angaben Janschulls wird man nicht zu hoch greifen, wenn man Lohnunterschiede von etwa 50 % zu Gunsten Polens annimmt. Trotzdem ist die Arbeitsersparnis und die Arbeitsintensität um soviel gröfser, dafs in den Produktionskosten eines Pfundes Garn gegebener Nummer der Posten Arbeit in Polen gewifs nicht höher, wahrscheinlicherweise niedrer ist, als in Moskau. Janschull und Swjatlowski beziffern übereinstimmend den auf die Arbeit kommenden Betrag eines Pfundes Garn gewöhnlicher grober Nummern für Polen auf 66 Kop. bis 1 Rubel 20 Kop., für Moskau auf 80 Kop. bis 1 Rub. 50 Kop., wobei die höheren Aufsichts- und Verwaltungskosten noch aufser Acht gelassen sind[2]. Die Richtigkeit dieser Aufstellung wird dadurch um so wahrscheinlicher, als nach offiziellen Angaben die Produktivität pro Kopf des Arbeiters in Polen weit gröfser ist als in Moskau. Schon die älteren Angaben Matthaeis bestätigen die gröfsere Produktivität des polnischen Arbeiters; dasselbe besagt die neuere Statistik der Regierung, aus der ich die folgenden Ziffern berechne[3].

---

[1] Vergl. Janschulls Aufsatz über die polnische Industrie im Europäischen Boten, Februar 1888, S. 789—791, 795, ferner übereinstimmend den citierten Bericht von Ilin und Langoff, S. 106; eingehende Vergleiche der Löhne zwischen Polen und Moskau giebt Janschull in seinem Bericht über die Fabrikindustrie Polens, Petersburg 1888, S. 39 und Beilage 15, S. 83.

[2] Vergl. Janschull im Europäischen Boten, Februar 1888, S. 791 ff., ferner Swjatlowskis Buch „Der Fabrikarbeiter“, S. 46.

[3] Ich entnehme diese Ziffern dem „Histor. Statist. Überblick über die Industrie“, unter der Redaktion von Timirjaseff herausgegeben vom Departement für Handel und Manufaktur 1886, S. 93, und den Angaben des „Abrifs von Thatsachen über die Fabrikindustrie für 1892“, herausgegeben 1895 von derselben Behörde. Die Verminderung in der Produktivität der Arbeit in der Spinnerei von 1879 bis 1892 ist vielleicht auf Mängel der Statistik, vielleicht aber auch auf Verschiebungen in der Nationalität der Arbeiter zurückzuführen.

Wert der Produktion pro Kopf eines Arbeiters in Rubeln:

	Jahr	in Rufsland ohne Finnland und Polen	in Polen
Spinnerei	1867	1080	1400
	1879	1485	2050
	1892	1219	1653
Weberei	1867	500	558
	1879	650	1000
	1892	796	2092

Die Löhne in Polen können danach bedeutend höher sein, und trotzdem wird immer noch ein Unterschied zu Gunsten der polnischen Fabrikanten übrig bleiben.

Die Vorzüge Polens vor Moskau betreffen nicht nur die Arbeit in engerem Sinne. Sie gelten auch von der nicht minder wichtigen Arbeit, welche der Unternehmer selbst leistet. Alle Kenner rühmen die Tüchtigkeit der polnischen Fabrikbesitzer, ihren Fleifs, ihre Unternehmungslust im Vergleich mit vielen Moskauer Fabrikanten, welche durch langjährige Begünstigungen seitens der Regierung und durch die Sicherheit der Gewinne auf riesigen, geschützten Märkten verwöhnt sind. Viele von den polnischen Fabrikanten haben als Schlosser, Maschinentechniker u. s. w. angefangen und mitgearbeitet.

Das Ergebnis des Vergleiches zwischen Moskau und Westeuropa läfst sich in folgenden Sätzen zusammenfassen.

1. Die in meinem „Grofsbetriebe“ aufgestellten Sätze waren gewonnen auf Grund westeuropäischer Industrieentwicklung. Sie sind mit gewissen Modifikationen auch dort anwendbar, wo die westeuropäische Industrie einem ihr

fremden, kapital- und kreditarmen Boden und einer ihr fremden, mittelalterlich gebundenen Volkspsychologie aufgepfropft wurde, wie dies in Moskau, ähnlich wie in Bombay und Japan geschah.

2. Diese Modifikationen sind, soweit Rufsland in Betracht kommt, Nachteile in der Konkurrenz mit der westeuropäischen Industrie; diese Nachteile wiegen in dem Mafse schwerer, als es sich um kapitalintensive Produkte, d. h. um die Erzeugnisse wertvoller und komplizierter Maschinen handelt, deren Bedienung nicht sowohl manuelle Geschicklichkeit, in der der Russe dem Westeuropäer überlegen ist, sondern Geistesanspannung, Verantwortlichkeitsgefühl und technisches Verständnis erfordert.

3. Diese Nachteile verblassen jedoch in dem Mafse, als der westeuropäische Kredit- und Handelsnexus die russischen Industriebetriebe umschlingt, und der westeuropäische Individualismus den Arbeiter erfafst. Dafs das erstere für Moskau der Fall ist, lernten wir bereits oben kennen; der Europäisierung des mittelrussischen Fabrikarbeiters soll ein besonderer Abschnitt gewidmet werden[1].

VI. Vorteile und Nachteile in der Anwendung mittelrussischer Fabrikarbeit[2].

Die Slavophilen sagen: die glänzende Kultur des Westens beruhe auf der Ausbeutung eines Arbeiterproletariats, dessen Lage sich zusehends verschlechtere und jene Kultur selbst

---

[1] Betreffend Luxemburg, „Die industrielle Entwicklung Polens", siehe Nachtrag am Schlufs dieses Kapitels.

[2] Es entspricht der Natur eines Buches, wie des vorliegenden, dafs seine Entstehung Jahre beansprucht. Vorliegende Abschnitte VI und VII gehören zu den am frühesten ausgearbeiteten. Sollten einige der mitgeteilten Thatsachen überholt sein, so bleibt doch das Wichtigere: die Richtung der gegenwärtigen Entwicklung, welche ich aufzudecken mich bemühte. Vieles Mitgeteilte beruht auch hier auf eigener Wahrnehmung und mündlicher Mitteilung.

mit Untergang bedrohe. Die Slavophilen irren; die städtisch-industrielle Entwicklung des Westens tritt zwar diejenigen Klassen zu Boden, welche sie depossediert. Dagegen hebt sie wirtschaftlich wie politisch die ihr dienenden Klassen. Zweifellos ist diese Thatsache dort zu beobachten, wo die wirtschaftliche Entwicklung selbst am weitesten fortgeschritten ist.

Wenn der Schwerpunkt der politischen Macht in England langsam, aber sicher von den Mittelklassen auf die Arbeiter hinübergleitet, so erweist sich dies keineswegs als nationale Gefahr, vielmehr fällt das politische Aufsteigen der Arbeiter zeitlich zusammen mit dem Aufleben neuer nationalistischer Stimmungen im heutigen England. Nirgends ging die nationale Begeisterung gelegentlich des Sieges von Omdurman höher als in den oberen Schichten der englischen Arbeiterwelt, wofür ich ein interessantes, briefliches Zeugnis von der Hand eines Engeneers einsah.

Für Deutschland ist es kein Geheimnis, dafs das utopistisch-revolutionäre Element unserer Socialdemokratie auf einer gewissen technischen Rückständigkeit der gewerblichen Verhältnisse Deutschlands beruht. Dem gegenüber haben auch die deutschen Arbeiter bereits den Weg langsamen, aber sicheren Emporsteigens gefunden — Beweis die deutsche Gewerkschaftsbewegung. Früher oder später mufs es auch in diesen Köpfen dämmern; denn zu offenkundig ist die Thatsache, dafs die wirtschaftliche Weltstellung Deutschlands und damit Deutschlands politische Macht „Messer- und Gabelfrage“ für die deutschen Arbeiter ist. — Meiner Meinung nach liegt die internationale Vereinigung des Proletariats in den Wolken[1].

Aber der Irrtum der Slavophilen war verzeihlich, denn er wurde von den älteren Beobachtern im Westen selbst geteilt. Insbesondere glaubte Karl Marx, dafs die Reichen reicher, die Armen ärmer würden, bis der grofse Krach ein

[1] Anders Luxemburg a. a. O. S. 92.

Ende mit Schrecken bereite. Dem gegenüber, so fahren die Slavophilen fort, das „heilige" Rufsland: in Rufsland gäbe es kein Proletariat im westlichen Sinne. Jedes seiner Kinder, auch der Fabrikarbeiter, sei im Besitze des Urrechtes der Menschen, des Rechtes auf die heimische Scholle; der Gemeindebesitz verknüpfe ihn mit der Mutter Erde. Unberührt von den Ideen des Westens, sei er, wie der Bauer, ein Träger altnationaler und kirchlicher Traditionen[1].

In der That läfst sich der Grundunterschied der russischen von der westeuropäischen Fabrikarbeit in den oft gebrauchten Satz zusammenfassen: „der Arbeiter hat das Band mit dem Lande noch nicht zerrissen." Er ist mehr oder weniger Bauer, gewöhnlich Mitglied einer Landgemeinde. Nur vorübergehend sucht er industriellen Nebenerwerb, den er früher oder später mit dem Pfluge wieder zu vertauschen hofft. Das Ziel seiner Wünsche sind die wogenden Getreidefelder der Heimat.

Die Richtigkeit dieser Behauptung ist durch eine Menge von Thatsachen zu belegen. Im Sommer sind die industriellen Löhne um 10 bis 20 % höher als im Winter, und trotzdem ist im Sommer die Arbeiterzahl in den Fabriken geringer als im Winter. In den mechanischen Webereien Moskaus und Wladimirs hält man im Sommer, selbst bei dringender Arbeit, nur 70 bis 80 % der im Winter beschäftigten Arbeiter zusammen[2]. Zur Zeit der Ernte stehen die meisten Fabriken still. Ferner: über die Höhe der industriellen Löhne entscheidet in erster Linie die vorangegangene Ernte. Bei

---

[1] Vergl. die Ausgabe des Departements für Handel und Manufaktur „Die Fabrikindustrie und der Handel Rufslands", Teil II, S. 274—275 — eine sehr bezeichnende Stelle.

[2] Vergl. Janschull, Fabrikleben im Moskauer Gouvernement, S. 86, 91. Selbst in Narwa, wo die Arbeiter grofsenteils Esthen sind, fand ich in der bekannten Stieglitzschen Tuchmanufaktur dasselbe Verhältnis: auf 47 Arbeiter im Winter kamen nur 36 im Sommer.

guter Ernte hat der Bauer genug, um zu essen und Steuern zu zahlen, und sucht deshalb keinen industriellen Nebenerwerb; je schlechter dagegen die Ernte, desto gröfser das Angebot an industrieller Arbeit, um so niederer der Lohn[1].

Diese Verhältnisse schienen den Slavophilen umkleidet mit dem Schimmer der nationalen Romantik. Den Kenner der einschlägigen Litteratur erinnern sie an das, was englische Blaubücher über die Arbeit der jungen indischen Grofsindustrie berichten. Wichtiger ist die Frage: ist diese landwirtschaftliche Grundlage der industriellen Arbeit wirklich, wie die Slavophilen meinen, ein Vorzug Rufslands vor Westeuropa oder — um konkreter zu fragen — ist sie rentabel? Hier nun, wie in vielen Punkten, schien die slavophile Lehre dem nächstliegenden Interesse der Fabrikanten trefflich entgegenzukommen, weshalb sie unter ihnen ihre gläubigsten Anhänger fand. In der That sind die aufsergewöhnlich niederen Löhne, die überlangen Arbeitszeiten, die willenslose Abhängigkeit der Arbeiter vom Arbeitgeber — Eigentümlichkeiten, durch die sich das industrielle Rufsland von Westeuropa unterscheidet — nur zu verstehen unter Berücksichtigung des Zusammenhanges des Arbeiters mit dem Lande.

Ich gründe die folgende Darstellung auf die Arbeiten von Janschull, Peskoff, Mikulin und Erisman, welche sich auf den mittelrussischen Industriebezirk und auf die in ihm überwiegende Textilindustrie beziehen. Als Ergänzung sehr wertvoll sind die Arbeiten Swjatlowskis, dessen amtliche Thätigkeit als Fabrikinspektor Südrufsland und Polen zum Gegenstand hatte. Die genannten Gewährsmänner haben ihre Mitteilungen gröfstenteils in der Form von Fabrikinspektoratsberichten und Landschaftsveröffentlichungen niedergelegt. Diese Berichte stammen zumeist aus den achtziger Jahren; ich

[1] Vergl. Rosenberg, Die Arbeiterschutzgesetzgebung in Rufsland. Leipzig 1895, S. 114.

ergänzte sie durch Besichtigung einer grofsen Anzahl von Fabriken, Arbeiterwohnungen u. s. w. im Winter 1892/93. Die neueren Reformbestrebungen auf dem Gebiete des Arbeiterschutzes, welche durch die Schilderungen der genannten Gewährsmänner gewifs zum Teil mit hervorgerufen wurden, sollen unten besonders erwähnt werden.

Werfen wir zunächst einen Blick auf die Arbeitslöhne. Jeder, der sich mit Lohnstatistik beschäftigt hat, weifs, dafs Angaben über Durchschnittslöhne mit äufserster Vorsicht zu gebrauchen sind. In Rufsland ist diese Schwierigkeit besonders grofs; denn einmal bezieht in vielen Fabriken der Arbeiter gewisse Naturalien von der Fabrik; andererseits fliefst auf Umwegen nicht selten ein beträchtlicher Teil des Geldlohnes in die Tasche des Arbeitgebers zurück. Trotzdem wird man im grofsen und ganzen der Annahme Janschulls zustimmen können, dafs die Löhne der englischen Baumwollindustrie um das Doppelte bis Fünffache höher sind als die entsprechenden mittelrussischen Löhne. Mit aller Reserve führe ich die Ziffern Janschulls an, welche sich auf den Ausgang der siebziger und Anfang der achtziger Jahre beziehen, und setze mit ebensolchem Vorbehalt daneben Daten, welche ich selbst anfangs der neunziger Jahre bei Gelegenheit der Bereisung zahlreicher nordenglischer und mittelrussischer Fabriken gesammelt habe.

Monatslöhne in Kreditrubeln:

	(Ziffern Janschulls)			(eigene Ziffern)	
	Amerika	England	Moskau	England	Moskau
Spinner am Selfactor	80	58	19½	70—90	17—24
mechan. Weber	60	35½	15	38—50	12—16

Janschull[1] hat keinesfalls die russischen Löhne zu niedrig angesetzt, denn spätere Berichterstatter führen noch geringere

[1] Vergl. Janschull, Fabrikleben im Moskauer Gouvernement. Petersburg 1884. S. 114—116, sowie die zugehörige Beilage.

Ziffern an. So werden z. B. von Schischmarieff als Weblöhne für Maschinenweber im Wladimirschen 9,50—14 Rubel angegeben[1]. In dem vortrefflichen Grofsbetriebe zu Ramenje bei Moskau, welcher die anerkannt besten Arbeiterverhältnisse aufweist, wurden Anfang 1893 an Spinner Monatslöhne bis 25 Rubel, Löhne an Zweistuhlweber bis 20 Rubel bezahlt. Diese Ziffern enthalten wahrscheinlich die Maximalgrenze nach oben.

Auf indirektem Wege ist es vielleicht besser möglich, die Lohnverhältnisse der mittelrussischen Industrie zu beschreiben. Soweit überlieferte Lebenshaltung nicht abändernd einwirkt, gilt für unorganisierte Arbeiter auch hier das Ricardosche Lohngesetz: die Löhne werden durch den zur Erhaltung und Fortpflanzung der Arbeiter notwendigen Betrag bestimmt. Jedoch braucht dieser Betrag nicht immer vom Arbeitgeber selbst bezahlt zu werden. In Rufsland wälzt die Industrie einen Teil des notwendigen Lohnes ab auf die Landgemeinde. Es beruht dies darauf, dafs der russische Arbeiter in dem gewerblichen Lohn nur eine Ergänzung des landwirtschaftlichen Einkommens erblickt. Die Aufzucht der Kinder, die Sorge für die Alten und Kranken hat die ländliche Gemeinde zu tragen. Man findet erstaunlich wenig Kinder in den Kasernen der russischen Fabrikarbeiter. Schwangere Frauen werden zur Geburt auf das Land geschickt, oder die neugeborenen Kinder werden dorthin verbracht und bleiben dort, bis sie das arbeitsfähige Alter erreicht haben. Arbeitsunfähige werden in ihre Gemeinden zurückgeschoben. So hält sich die grofse Mehrzahl aller Einwohner der Industrieorte daselbst nur vorübergehend auf, ohne der städtischen Gemeinde je zur Last zu fallen. Nur unter Berücksichtigung dieser Abwälzung eines Teiles der Lohnlast sind die aufserordentlich

[1] Kurze Beschreibung des Industriebezirks der Eisenbahn von Nischni Nowgorod nach Schuja. Petersburg 1892, S. 63. Ähnlich Peskoff, Fabrikleben des Wladimirschen Gouvernements. Beilage S. 38 ff.

niederen Lohnsätze der russischen Fabrikarbeit zu erklären.

Aber, wie schon erwähnt, wird in vielen Fällen nur ein Teil des Nominalbetrags der Löhne den Arbeitern thatsächlich ausgezahlt. Strafen und Lohnabzüge fand Janschull bei seinen Dienstreisen im Moskauer Gouvernement „in sehr beträchtlichem Mafse“, „bei den verschiedensten Anlässen“, „nach dem Gutdünken des Herrn“ in Anwendung[1]. Eng verwandt mit den Strafabzügen sind die Lohneinbehaltungen. Janschull bemerkt, dafs zur Zeit seiner Untersuchung in vielen Fabriken feste Termine der Lohnzahlung überhaupt nicht existierten[2]. Während der Arbeitsvertrag laufe, erhielten die Arbeiter nur dann Geld, „wenn sie darum bitten, und der Herr geneigt ist und Mittel hat.“

Abrechnung findet erst bei Beendigung des mehrmonatlichen oder halbjährigen Kontraktes statt; wer die Arbeit früher verläfst, mufs sich Abzüge gefallen lassen. Dasselbe berichtet Peskoff aus dem Wladimirschen Gouvernement. Swjatlowski meint: wer die Arbeiter „abgerissen, mit der Mütze in der Hand, betteln gesehen habe um den mit ihrer Arbeit verdienten Lohn, der verstehe, warum selbst eine ordentliche und sparsame Familie sich nicht über die Lebenshaltung der Büfser der Vorzeit erheben könne“[3].

Ein anderer Teil der Löhne fliefst mittelst der Fabrikläden in die Hand der Arbeitgeber zurück. Die Niedrigkeit der Löhne und die Unregelmäfsigkeit der Lohnzahlungen zwingt die Arbeiter, ihre Lebensmittel auf Kredit zu kaufen. Kredit erhalten sie aber am ehesten in den Läden der Fabrik selbst. Nach Janschull giebt es Arbeiter, welche nie einen

---

[1] Janschull a. a. O. S. 79 u. 80.

[2] Janschull a. a. O. S. 78—90.

[3] Vergl. Janschull, Fabrikleben im Moskauer Gouvernement, 1884, S. 78, 79, 90; Peskoff, Fabrikleben im Wladimirschen Gouvernement, 1886, S. 67; Swjatlowski, Der Fabrikarbeiter. Warschau 1889, S. 33—37.

Pfennig bar besehen, sondern sich stets in der Schuld gegenüber ihrem Herrn befinden; Lohnzahlung vollzieht sich hier einfach im Fabrikkontor durch Umschreibung von einem Konto auf das andere. Nicht selten, sagt Janschull, wisse man nicht genau, ob der Laden um der Fabrik oder die Fabrik um des Ladens willen da sei. Wo die Fabriken keine eigenen Läden besitzen, weisen sie häufig ihre Arbeiter an, in bestimmten Läden der Nachbarschaft zu kaufen. Hierfür gewähren die Ladeninhaber oft 15 % des Betrages der von den Arbeitern gemachten Einkäufe als Rabatt an die Fabrik. Janschull berichtet von Arbeitsverträgen, welche die Verpflichtung der Arbeiter auf bestimmte Läden bereits ausdrücklich enthielten[1].

Neuerdings hat die Gesetzgebung die Fabrikläden der Aufsicht der Fabrikinspektoren unterstellt und ihrer Kontrolle insbesondere die Preistaxen unterworfen. Die hierdurch erzielten Erfolge sind unleugbar. Trotzdem scheinen Abmachungen mit Privathändlern auch heute noch Mittel zu biete n, um das Gesetz zu umgehen. Was Erisman aus den neunziger Jahren berichtet, bleibt hinter den Mitteilungen Janschulls aus den achtziger Jahren kaum zurück[2].

Neben niederen Löhnen steht im mittelrussischen Industriebezirk vielfach eine ungewöhnlich lange Arbeitszeit. In den Webereien Wladimirs wird 12—15 Stunden täglich gearbeitet[3]. In Moskauer Färbereien konstatierte Janschull bei Geschäftsfülle Arbeitstage von 16 und mehr Stunden[4]. In Industrien, welche der Baumwollindustrie gegenüber kapitalistisch rückständig sind, finden sich sogar noch längere Arbeitszeiten — ein Beweis dafür, dafs nicht etwa die Maschine

[1] Janschull a. a. O. S. 92, 93, 102, 108.

[2] Vergl. Erisman, Die Ernährung der Arbeiter in den Fabriken des Moskauer Gouvernements, Untersuchungen im Auftrage der Moskauer Landschaft. Moskau 1893, S. 6—10.

[3] Vergl. Peskoff a. a. O. S. 94.

[4] Vergl. Janschull a. a. O. S. 38.

es ist, welche die Arbeitszeiten verlängert. Mattenfabriken, Segeltuchfabriken, Zündholzfabriken u. s. w. haben nach Swjatlowski vielfach 16—18stündige Arbeitszeit. Hören wir noch Janschull[1] über die Moskauer Mattenfabriken; es sind das Handwebereien in Werkstättensystem, wobei sich meist zwei Erwachsene und zwei Kinder gemeinschaftlich verdingen:

„Die Arbeitszeit beginnt Sonntags Abend 9 Uhr; der Mann, die Frau und zwei Kinder arbeiten ununterbrochen bis 4 Uhr morgens. Der Mann webt, die Frau leistet Hilfsarbeit, die Kinder spulen den Bast. Um 4 Uhr legt sich der Mann hin und die übrigen arbeiten weiter bis 7 Uhr morgens; um 7 Uhr steht der Mann auf und legt sich die Frau nieder und schläft bis 9 Uhr; dann legt sich eines der Kinder und schläft bis 1 Uhr. Während dieser Zeit arbeiten die Erwachsenen ununterbrochen; das zweite Kind schläft dann bis 4 Uhr. Von 4 Uhr nachmittags bis 2 Uhr nachts arbeiten alle ununterbrochen und dann schlafen sie zwei oder drei Stunden bis 4 oder 5 Uhr morgens u. s. w. Die Hälfte der Arbeiter sind Kinder, von denen sehr viele nicht 10 Jahre alt sind, ja man findet schon Kinder von 3 Jahren an der Arbeit. Nach dem Ausdruck des Besitzers einer Mattenfabrik sind sie gegen Ostern, wenn die Arbeit eingestellt wird, „so schwach, dafs ein Wind sie umbläst". Das, was wir in dieser Hinsicht in den Berichten der Fabrikinspektoren lesen, begreifen wir nur unter der Voraussetzung, dafs der Arbeiter periodisch auf das Land zurückkehrt, hier Wochen verschläft und so neue Kräfte sammelt.

Bei dem steten Zuflusse vom Lande konnte die Industrie zunächst Arbeitergenerationen aufbrauchen, ohne auf Ersatz durch Inzucht zu rechnen. Einer ständigen Arbeiterbevölkerung solche Arbeitszeiten aufzuerlegen, wäre eine physiologische Unmöglichkeit.

---

[1] Janschull a. a. O. S. 44.

Bezüglich der Arbeitszeit liegen die Verhältnisse in den grofsen Moskauer Spinnereien entschieden günstiger. Das fixierte Kapital ist hier so wertvoll, dafs man die Spindeln Tag und Nacht laufen läfst; die Arbeit aber ist gelernt und schwierig; eine ununterbrochene Ausnutzung der Arbeitskraft wäre unmöglich; daher arbeitet man hier gewöhnlich in zwei zwölfstündigen Schichten. Um jedoch jede Pause zu vermeiden, zerreifst man die zwölfstündige Arbeitszeit in je zwei sechsstündige Abschnitte[1].

Es ergiebt sich daher folgende Anordnung der Arbeitszeit:

Schicht I	von	5	bis	10	Uhr	vorm.,	
Schicht II	„	10 Uhr	vorm.	bis	4	Uhr	nachm.,
Schicht I	„	4	„	nachm.	„	9 „	„
Schicht II	„	9	„	„	„	5 „	vorm.

Diese Anordnung der Arbeitszeit wird von Fabrikinspektoren und Landschaftsärzten für gesundheitsschädlich erachtet; sie gestatte niemals eine genügend lange Ruhepause. Auch reifse sie die Familien willkürlich auseinander und mache jede Art von Familienleben den Arbeitern unmöglich.

Seitdem das Fabrikgesetz die Nachtarbeit von Frauen und Minderjährigen verboten hat, ist man in den besten Spinnereien Mittelrufslands zu einer Doppelschicht von 18 Stunden übergegangen[2].

[1] Janschull a. a. O. S. 37; Peskoff a. a. O. S. 94 ff.

[2] Vergl. Bericht der Moskauer Sektion der Gesellschaft zur Unterstützung für russischen Handel und Industrie, betr. das Lodzer Projekt, 1895, S. 6. Ferner den Bericht von Aljantschikoff in der Gesellschaft für Unterstützung des russischen Handels und Industrie, abgedruckt in den Russischen Nachrichten vom 9. Februar 1896; danach arbeiten über die Hälfte aller untersuchten Spindeln 24 Stunden, über ein Viertel 18 Stunden täglich in doppelter Schicht, 18% in einer Schicht von 12 und mehr Stunden.

Es ergiebt sich daraus folgendes Schema:

erster Tag	Schicht I	von	4	Uhr	vorm.	bis	10	Uhr vorm.,
	Schicht II	„	10	„	„	„	4	„ nachm.,
	Schicht I	„	4	„	nachm.	„	10	„ „
zweiter Tag	Schicht II	„	4	„	vorm.	„	10	„ vorm.,
	Schicht I	„	10	„	„	„	4	„ nachm.,
	Schicht II	„	4	„	nachm.	„	10	„ „

Es waren dies die kürzesten Arbeitszeiten, welche zur Zeit meines Besuches in Mittelrufsland vorkamen — ein Beleg des social-fortschrittlichen Charakters des kapitalistischen Grofsbetriebes.

Trotz niedrer Löhne und langer Arbeitszeit schliefst die Natur der russischen Fabrikarbeiter zwar nicht gewaltsame Ruhestörungen, wohl aber alle planmäfsigen Versuche aus, ihre Lage zu bessern. Der russische Arbeiter ist weder Socialdemokrat noch Gewerkvereinler. Heiligenbilder finden wir an Stelle der Porträts von Marx und Lassalle, womit die deutschen Arbeiter ihre Stuben schmücken, — an Stelle der englischen Gewerkvereinsembleme, welche zwar unschön in der Zeichnung, aber bewundernswert durch das Selbstgefühl sind, das sich in ihnen ausspricht.

In den russischen Fabriken wird viel geschlagen und zwar, wie der oben erwähnte Bericht des Journals der technischen Gesellschaft ausdrücklich zugiebt, sowohl von englischen als von russischen Aufsehern. Wenn man sich hierüber skandalisiert, so sollte man bedenken, dafs eben überall solange geschlagen wird, als der Geschlagene es sich gefallen läfst. Solange insbesondere von Rechtswegen gegen Angehörige des Bauernstandes, zu denen ja die Fabrikarbeiter gehören, die Prügelstrafe erkannt werden kann, so lange ist eine Abstellung des mifsbräuchlichen Prügelns in Fabriken und Gutsbetrieben kaum zu erwarten.

Die Natur der russischen Fabrikarbeit bringt es mit sich, dafs über den Inhalt des Arbeitsvertrages der einseitige Wille des Arbeitgebers entscheidet. Es zeigt dies z. B. der Umstand, dafs Verträge vorkommen, in denen der Arbeiter sich verdingt gemäfs den Fabrikregeln und Lohnlisten, deren Inhalt er gar nicht kennt und gewöhnlich nicht lesen kann[1].

Auch die Gesetzgebung steht in Rufsland keineswegs auf dem Standpunkt der Rechtsgleichheit, welche ja auch in Westeuropa vielfach nur formeller Natur ist.

Der Strike ist gesetzwidrig und strafbar. Widersetzlichkeit gegen den Arbeitgeber gilt gleich der Widersetzlichkeit gegen die Staatsgewalt. Man vergleiche die Bestimmung des Strafgesetzbuchs § 1358 I: „Bei Einstellung der Arbeit in einer Fabrik infolge eines Strikes mit der Absicht, den Fabrikbesitzer zu zwingen, den Lohn zu erhöhen oder andere Bedingungen des Arbeitsvertrages zu ändern, bevor der Verdingungstermin abgelaufen ist, werden die Schuldigen bestraft: der Anstifter zum Beginn und zur Fortführung des Strikes mit Gefängnis von 4—8 Monaten, die übrigen Teilnehmer an demselben mit Gefängnis von 2—4 Monaten. Die Teilnehmer an einem solchen Strike werden von der Strafe befreit, wenn sie den Strike aufgeben und die Arbeit auf die erste Aufforderung der Polizei wieder aufnehmen."

Erst kürzlich, da die Strikewelle im Westen hochging, hat der Finanzminister in einem Cirkular an die Fabrikinspektoren die Strafbarkeit des Strikes von neuem eingeschärft. Die Arbeitgeber seien die Väter der Arbeiter, und ihrem Wohlwollen allein sei die Verbesserung des Loses der Arbeiter anzuvertrauen.

Vernehmen wir hier nicht — so könnte man fragen — eine Schilderung des Eldorados, jenes fabelhaften Goldlandes, nach der Phantasie mancher deutscher Fabrikfeudalen? Wenn die Konkurrenzfähigkeit einer Industrie auf niederen Löhnen, langen Arbeitszeiten und der Unterwürfigkeit der Arbeiter beruhte, so müfste Moskau Manchester schlagen und Rufsland die industrielle Gröfse Westeuropas bedrohen. Gerade das Umgekehrte ist der Fall. Alle Kenner russischer Industrieverhältnisse sind darüber einig, dafs die Erschliefsung der aufserordentlichen Reichtümer Rufslands vorwiegend durch

---

[1] Peskoff, Das Fabrikleben in Wladimir, 1884, S. 71.

Mängel auf seiten der Arbeit verlangsamt wird. Zahlreiche mittelrussische Industrielle, zumal solche, welche die hochgelernte Arbeit Westeuropas aus eigener Erfahrung kannten, insbesondere Franzosen und Engländer, hörte ich diese Schwierigkeiten als aufserordentlich schwerwiegend beklagen.

Die russische Fabrikarbeit ist gröfstenteils unständig, flüssig und unzuverlässig. In den meisten Fabriken wird die gesamte Arbeiterschaft im Frühjahr entlassen. Nach der mehrwöchentlichen Osterpause treten in sehr zahlreichen Fällen neue Arbeiter ein, welche oft in dem betreffenden Gewerbe überhaupt noch nicht beschäftigt waren. Immer von neuem ergiebt sich die Notwendigkeit des Anlernens, welche jene allmähliche, aber stetige Steigerung der Arbeitsleistung verhindert, worin im Westen eine wichtige Seite des industriellen Fortschritts besteht. Neulinge vergeuden am Material, auch ermüden sie früher, als erfahrene Leute, welche die Arbeit an der rechten Stelle anzugreifen gelernt haben. Der russische Arbeiter wandert von Ort zu Ort, von Gewerbe zu Gewerbe, von der Industrie zur Landwirtschaft und umgekehrt: ein „Fabriknomade“ nach der zutreffenden Bezeichnung eines geistvollen Franzosen. Noch nicht auf die Maschine eingelebt, versteht er es schlecht, die in ihr verborgenen Mächte zu entfesseln. In manchen Industrien, die in Europa längst fabrikmäfsige Grofsbetriebe sind, ist aus diesem Grunde der Hausindustrielle trotz seines technisch tief stehenden Werkzeuges in Rufsland der Fabrik ökonomisch noch überlegen.

Aber die russische Fabrikarbeit ist nicht nur unstät: sie ist widerwillig, und nur dem äufseren Zwang gehorchend dient sie der Maschine. Innerlich hafst und verachtet sie die Fabrik; so hörte ich bei Bereisung des jugendlichen, aber gewaltig aufstrebenden Industriebezirks des Donez-Dnjepr-Beckens, dafs die eingesessene Bevölkerung die aus den Convertern hervorschiefsende Flamme für höllisches Feuer halte und die Werke fliehe, so viel sie könne. Es ist dies eine Erscheinung, die sich bei jeder ursprünglichen, landwirtschaftlichen Bevölkerung wiederholt und z. B. die geringe Ausnutzung der Wasserkräfte der österreichischen und bayerischen Alpenländer gegenüber dem schon im Mittelalter städtischeren Schwaben und der Schweiz erklärt[1]. In Rufsland ergiebt sich hieraus folgender Widerspruch: bei guten Ernten schwillt die Nachfrage nach Industrieprodukten an, denn die Bauern haben Geld. Aber gerade dann fliefsen die Arbeiter ab, weil sie den industriellen Verdienst im Augenblick nicht notwendig haben; daher gerade in solchen Zeiten ein oft unerträglicher Arbeitermangel. Hohe Löhne vermögen hiergegen wenig; denn der russische Arbeiter ist zufrieden, wenn ihm das gewohnheitsmäfsige Dasein gesichert erscheint. Nur der Hunger zwingt ihn zur Arbeit. Während in Westeuropa sich die Überzeugung Bahn gebrochen hat, dafs der bestgenährte Arbeiter auch der leistungsfähigste ist, kann man von russischen Fabrikanten oft genug die vielleicht nicht immer unbegründete Meinung hören, der satte Arbeiter sei faul[2].

Einen Einblick in das Denken und Fühlen der mittelrussischen Fabrikbevölkerung gewährt ein im Moskauischen verbreitetes Arbeiterlied[3], von dem ich einige Verse anführe:

Blüh'nder Sommer nun entschwand,
Kalter Winter zieht ins Land.
Heifsa, sause, Schlitten sause,
Winterfrost naht Feld und Hause.
Unter Winterfrostes Banne
Prefst das Herz sich armem Manne.
Mitternacht steigt kaum hernieder,
Eilet zur Fabrik er wieder.

[1] „Der Tiroler," sagte mir kürzlich ein aus Tirol gebürtiger Kollege, „hält das Gefängnis für ehrlicher als die Fabrik."

[2] Es erinnert dies an die in meinem „Grofsbetrieb", Einleitung, behandelte Kontroverse der Engländer des vorigen Jahrhunderts und begründet die dort aufgestellte Meinung, dafs es sich um eine psychologische Entwicklung handle, welche entgegengesetzte Meinungen erklärt.

[3] Rosenberg a. a. O. S. 75.

Seine Rechte reifst in Stücke
Ihm im Schlaf Maschinentücke.

— — — — —
— — — — —
— — — — —

O Fabrik, du schlimme, böse,
Die du schufst des Volkes Blöfse!
Ausgestofsen bin von allen,
Mag zur Hausfrau nicht gefallen,
Nicht dem Herrn, noch dem, der Handel
Treibt, noch Burschen stolz im Wandel!
Und zur Gattin heischt mich balde,
Der die Schweine treibt im Walde —
Der im Walde treibt die Schweine
Armes Mädchen, wird der deine!

Wie bezeichnend der ländliche Hintergrund, der trübe Winter, der die Bauern in die Fabrik treibt, der Unfall während des Schlafs (!) bei der Arbeit, die geringe Wertschätzung des Fabrikmädchens in der Stufenleiter der ländlichen Gesellschaft, vor allem der Widerwille gegen die Fabrik und die Maschine. Will man sich des äufsersten Gegensatzes bewufst werden, so gedenke man der Arbeiterbevölkerung Lancashires, welche stolz ist auf die Maschinen als das Werk ihres eigensten Genius und ihnen selbst ihre Mufsestunden widmet in Fortbildungsklassen und technischen Erörterungen der Arbeiterpresse. Aber auch die Ahnen dieses kräftigen Arbeitergeschlechtes wurden einst mit Zwang an die Maschinen gesetzt; man erinnere sich jener Wagenladungen von Armenkindern, welche einst aus Südengland nach den nordenglischen Fabriken verfrachtet wurden.

Nicht verwunderlich ist es daher, wenn man in Rufsland die verschiedensten Mittel anwenden mufs, um die widerwillig geleistete Arbeit an die Fabrik zu fesseln. In erster Linie zu nennen sind hier jene die Anlagekosten verteuernden Arbeiterkasernen zur Unterkunft der Arbeiter; häufig werden ihre Thore des Nachts verschlossen, da man fürchtet, dafs die Arbeiter von abendlichen Ausgängen nicht wieder zurückkehren könnten. Ein weiteres Mittel, die Arbeiter an den Betrieb zu fesseln, sind langdauernde Arbeitsverträge. In

Moskau sind halbjährige und ganzjährige Verträge gewöhnlich. Am gebräuchlichsten sind Verträge vom 1. Oktober, als dem Endtermin der Feldarbeiten, bis Ostern und sodann nach mehrwöchentlicher Osterpause bis Oktober[1]. Diese langen Verträge sind nicht ohne Nachteile für die Industrie; soweit der Arbeitgeber sich an sie gebunden hält, ist er aufserstande, bei schlechten Konjunkturen die Arbeit beliebig abzustofsen, um sie bei guten wieder anzuziehen; in dieser Möglichkeit besteht ein wesentlicher Vorteil insbesondere der englischen Industrie, welche eine dichte, sefshafte und sparkräftige Arbeiterbevölkerung hinter sich hat.

Aber weder die Arbeiterwohnungen, noch die langen Kontrakte, selbst wenn sie mit bedeutenden Lohneinbehaltungen verbunden sind, erreichen in allen Fällen ihren Zweck. Hauptkalamität in Rufsland ist das Entlaufen der Arbeiter, selbst unter Instichlassung der verdienten Löhne. So entliefen z. B. im Charkoffer Fabrikbezirk während der Campagne 1881/82 12% aller Arbeiter der Zuckerfabriken[2]. Von den Arbeitern, welche man aus dem Norden nach den Hüttenwerken des Südens kommen läfst, wurde mir erzählt, müsse man stets die doppelte Zahl verschreiben; bis sie das Werk erreicht hätten, seien sie auf die unentbehrliche Hälfte zusammengeschmolzen. Daher überall in Rufsland, selbst in den besten Grofsbetrieben, jene Fülle von Ersatzarbeitern, welche einzutreten haben, wenn der zunächst Verpflichtete ausbleibt! Hieraus erklärt sich auch der Mangel an bestimmten Arbeitspausen, in denen die Maschinen abgestellt werden; man läfst die Arbeiter nacheinander abtreten und behält immer noch genug für die zu verrichtende Arbeit übrig. Daher endlich auch das gänzliche Fehlen oder die Beschneidung der Sonntagspausen, da der Arbeiter durch zeitweises Wegbleiben oder völlige Flucht für die physiologisch unentbehrliche Ruhezeit selber sorgt.

[1] Vergl. Janschull a. a. O. S. 76 und die oben citierte amtliche Schrift „Die Fabrikindustrie und der Handel Rufslands". Teil II. Petersburg 1893, S. 274—279.

[2] Rosenberg a. a. O. S. 113.

Das Gesagte ergiebt, dafs trotz des freien Arbeitsvertrages, welcher seit der Bauernbefreiung die rechtliche Grundlage des Arbeitsverhältnisses bildet, dasselbe innerlich noch mit den Nachteilen der unfreien Arbeit behaftet ist. Aber selbst die rechtliche Fiktion des freien Vertrages wird nicht in allen Fällen aufrechterhalten. Es kommt z. B. vor, dafs Dorfverwaltungen ihre Steuerrückständler an Fabriken oder Zwischenmeister verdingen — es ist dies oft das einzige Mittel für die Landgemeinden, der Steuerrückstände Herr zu werden, für welche sie solidarisch haften, und zu deren Eintreibung Körperstrafe eintreten kann. Janschull berichtet z. B. folgenden Fall[1]: „Im Gouvernement Kaluga im Massalskischen Bezirk besteht ein Wolost (unterer Verwaltungsbezirk), welcher seit lange den Mattenfabriken im Moskauischen als Bezugsquelle für Arbeiter dient. Nicht später als im September schicken die Mattenfabrikanten in jenen Wolost Zwischenmeister, welche gewöhnlich aus den dortigen Bauern stammen; diese setzen sich mit der Wolostbehörde in Verbindung und empfangen von ihr eine Vollmacht, auf Grund deren sie für den Wolost mit den Fabrikanten einen Vertrag abschliefsen über die Lieferung von so und so viel Arbeitern für eine bestimmte Zahl von Mattenwebstühlen. Nach den Worten der Zwischenmeister selbst, welche ich befragte, verfährt die Wolostverwaltung in diesem Fall durchaus selbständig (d. h. ohne die Arbeiter zu fragen); sie verdingt in der angegebenen Weise hauptsächlich Steuerrückständler und rechnet aus den Handgeldern, die sie empfängt, ab auf die Steuerrückstände einer jeden verdungenen Person." Auch kommt es vor, dafs der verdiente Lohn, statt an den Arbeiter ausgezahlt zu werden, von den Fabrikanten direkt an die Wolostverwaltung gesandt wird.

Überblicken wir das Gesagte, so ist es nicht verwunderlich, dafs auch heute noch für die russische Industrie der Satz Haxthausens gilt: „la main d'oeuvre est chère en Russie." Wir können dem hinzufügen: teuer, wie jede unfreiwillig

[1] Janschull a. a. O. S. 86, 91.

geleistete Arbeit. Teuer, ja oft überhaupt nicht zu haben ist insbesondere die gelernte und verantwortungsvolle Arbeit, welcher man wertvolle Kapitalien und komplizierte Maschinen anvertrauen könnte. Wir sind damit zum Verständnis der oben ausgeführten Thatsache gelangt, warum die Arbeit pro Produkt in Rufsland nicht billiger, sondern eher teurer ist als in England, trotz der 2—5mal niederen Wochenverdienste in Rufsland.

VII. Die Europäisierung der mittelrussischen Fabriken.

So mangelhaft die russische Fabrikarbeit auch heute noch sein mag, so sind Fortschritte zu Intensität und Gelerntheit zweifellos. Diese Fortschritte aber vollziehen sich nicht ohne eine allmähliche Annäherung des russischen Arbeiters an die Lebenshaltung und Denkweise seines westeuropäischen Arbeitsgenossen. Hatten die Slavophilen den Individualismus des Westens verketzert und Rufsland gepriesen, das in seinen breiten Schichten von ihm unberührt sei — gleichviel, auch der Russe der unteren Klassen wird Europäer. Beweis auf dem Lande der als Kulak verschrieene reiche Bauer, der Kosak und der Kolonist in den Getreideausfuhrgebieten des Südens. Beweis auch der mittelrussische Fabrikarbeiter. Er wird Europäer einfach deswegen, weil für die Unternehmer die Anwendung des Europäers rentabler ist — ein Grund, gegen den Litteraturmeinungen wenig verschlagen. Dieser Vorgang schliefst in sich die Loslösung aus der Gebundenheit der ursprünglichen Gruppenzusammenhänge, so der Familiengenossenschaft, des Agrarkommunismus, an deren Stelle die kleine westeuropäische Familie tritt. Hand in Hand hiermit geht der Zusammenbruch der überkommenen Lebenshaltung und die Erweiterung der menschlichen Wünsche über das Gewohnheitsmäfsige hinaus: die Geburt des Individuums.

Bei der mittelrussischen Fabrikarbeit läfst sich dieser Prozefs, welcher von allgemein wirtschaftsgeschichtlichem Interesse ist, auf das deutlichste beobachten. Er vollzieht sich in vier Stufen, von denen die erste grofsenteils überwunden, die vierte nur in wenigen Fällen erreicht ist; auf der zweiten befindet sich die grofse Masse der mittelrussischen Industrie, insbesondere die Mehrzahl der Webereien und Färbereien, auf der dritten die fortgeschritteneren Grofsbetriebe Moskaus.

1. Noch heute findet man in technisch zurückgebliebeneren Gewerben Fälle der primitivsten Stufe der gewerblichen Arbeit. Wie einst der Bauer auf dem Gutshofe unter anderem auch Fabrikarbeit verrichtete, so bedienen sich heute noch die kleineren, insbesondere die auf dem Lande zerstreuten Fabriken der umwohnenden bäuerlichen Bevölkerung. Der Bauer ist hier zufällig und vorübergehend Fabrikarbeiter. Dem entspricht seine Lebensweise. Für eine dauernde Unterkunft der Arbeiter bei der Fabrik ist nicht gesorgt. Sie nächtigen im Sommer im Freien vor der Fabrik, im Winter in den Arbeitsräumen selbst, auch wohl bei den nächst umwohnenden Bauern oder in flüchtig errichteten Baracken. Janschull und Peskoff sagen von diesen Arbeitern, „dafs sie schlafen, wo sie hinfallen". Der erstgenannte Augenzeuge erzählt von Handwebern, die auf den Webstühlen, Handdruckern, die auf den von Farben triefenden Drucktischen, Seidenweberinnen, die auf der Diele des Websaales in grofser Enge und ohne Ordnung durcheinander schlafen. Swjatlowski berichtet, dafs die Arbeiterinnen gewisser Chokoladenfabriken des Nachts auf denselben Tischen kampierten, auf denen sie am Tage die Konfekte bereiteten. Derselbe Sachverständige erzählt von Gerberei- und Handschuhwerkstätten, die zugleich als Schlafräume dienten, und in denen „die Luft nicht besser sei als in einem schlecht ventilierten anatomischen Theater."[1] In Wladimir, dem östlichsten Industriebezirk Europas, wo der Fabrikarbeiter aus dem allgemeinen Bauerntypus noch am wenigsten herausgeschält ist, mangelt häufiger als im westlicheren Moskau jede Fürsorge für die Unterkunft der Arbeiter.[2]

Auch die Beköstigungsweise ergiebt den durchaus vorübergehenden und zufälligen Charakter derartiger Industriearbeit: besondere Speiseräume bestehen nicht, die Nahrung wird in

[1] Vergl. Janschull a. a. O. S. 119 ff.; Peskoff a. a. O. S. 57; Swjatlowski a. a. O. S. 116.

[2] Peskoff a. a. O. S. 89.

den Arbeitsräumen und häufig in den unregelmäfsigen Pausen während der Arbeit verzehrt. Die Leute bringen das Essen mit, leben hiervon die Woche und kehren des Sonntags nach Hause zurück. Gekochtes Essen nehmen sie während der Woche selten zu sich. Ihre Nahrung ist äufserst einförmig und besteht fast ausschliefslich in Schwarzbrot. Das Artell, jene die Familie nachahmende, altertümliche Form der Genossenschaft, besteht bei diesen Arbeitern nicht, weil nach einer bezeichnenden Bemerkung Erismans „das ganze Volk aus der Nähe ist“, d. h. der Mensch ist von der im Boden wurzelnden Familiengenossenschaft noch nicht entschieden genug losgerissen, um eine neue Genossenschaft zu bilden[1].

Unter solchen Verhältnissen ist die Arbeit äufserst unständig, so dafs man etwa dreimal so viel Leute anstellen mufs, als man braucht, und doch oft genug nicht die genügende Anzahl von Händen beisammen behält.

2. Arbeiter aus der Ferne können schwerer entlaufen; wo man auf dauernde Arbeit Wert legen mufs, zieht man daher auswärtige Arbeiter vor. Seit alters sucht der Bevölkerungsüberschufs der nördlichen Gouvernements seinen Lebensunterhalt in der Ferne; an das Gruppendasein gewöhnt, schliefst sich der Bauer zu Artellen zusammen, wandernden Produktiv- und Konsumtivgenossenschaften, welche gewisse Arbeiten gegen Gesamtlohn übernehmen. Es bedeutet dies für den Bauern eine geringe Veränderung seines Daseins: auch die ländliche Familie, wie sie bis in dieses Jahrhundert hinein die Daseinsform des russischen Volkes darstellte, war weniger eine verwandtschaftliche, als eine wirtschaftliche Gemeinschaft. Sie erweiterte sich durch Aufnahme (Adoption) Fremder; sie verlor durch Wegzug oder Wegheirat Blutsverwandter und stand — genau wie das Artell — nicht unter der Leitung des Geschlechtsältesten nach Blutsverwandschaft, sondern des Stärksten und Fähigsten[2]. Das

[1] Erisman a. a. O. S. 14 u. 28.

[2] Vergl. Maine, Ancient Law. Neueste Auflage. London 1894. S. 133, 184, 265.

Artell ist die mobilisierte Bauernfamilie, wie die Drujina (Gefolgschaft) die mobilisierte Adelsfamilie ist. Das Artell wie jede familienhafte Genossenschaft ist nur so lange gesund, als bei dem Führer die persönlichen mit den Gesamtinteressen zusammenfallen.

Neuerdings nehmen diese wandernden Genossenschaften dadurch einen individualistischen Charakter an, dafs der bisherige Älteste sich zum Unternehmer aufschwingt; als Zwischenmann übernimmt er es, der Fabrik eine bestimmte Anzahl von Arbeitern gegen eine bestimmte Summe zu stellen; seinerseits wirbt er die Arbeiter auf eigene Rechnung an, oft mittels Branntweins, und ohne dafs sie wissen, wohin die Reise gehen soll [1].

Sobald man Arbeiter aus der Ferne in gröfserer Zahl anstellt, tritt die Notwendigkeit ein, für ihre Unterkunft zu sorgen. Nach übereinstimmender Meinung der einsichtigsten Fabrikinspektoren bedeutet der Bau von Arbeiterwohnungen in diesem Falle einen Fortschritt; denn während in Westeuropa heute Arbeiterwohnungen vielfach vom Fabrikanten gebaut werden, um die Organisation der Arbeiter hintenan zu halten, sind sie in Rufsland der erste Schritt, um einen Arbeiterstand selbst erst zu schaffen. Nicht dazu sind sie da, den planmäfsigen Strike zu bekämpfen, sondern jenen stillschweigenden, aber gefährlicheren Strike, den in Deutschland zwar nicht der westdeutsche Fabrikant, wohl aber der ostelbische Landwirt aus eigener Erfahrung kennt: den Abflufs der Arbeit. Damit entsteht die Arbeiterkaserne, welche für die Mehrzahl der russischen Fabriken typisch ist. Die Arbeiter nächtigen in gemeinsamen Schlafsälen, meist auf Holzpritschen, welche mit Schafpelzen bedeckt sind. In anderen Fällen thun Lumpen oder alte Baumwollsäcke denselben Dienst [2].

Auf dieser Stufe der Arbeit überwiegen die Männer. Fast alle sind verheiratet, denn der russische Bauer heiratet sehr früh; aber die Frauen sind zu Hause geblieben unter der

[1] Vergl. Rosenberg a. a. O. S. 112 u. 113.

[2] Vergl. Swirski a. a. O. S. 63; Janschull a. a. O. S. 118. Hier wie im folgenden beruht die Schilderung auf eigener Anschauung.

Schutzgewalt des Schwiegervaters, welcher häufig die ehelichen Rechte des Sohnes geltend macht. Zu Ostern, vielfach für den ganzen Sommer, kehren die Arbeiter aus den Fabriken zur Bestellung der heimischen Felder zurück.

Frauen werden auf dieser Stufe seltener angestellt. Aber auch wo Frauen sich zur Fabrikarbeit stellen, ist zunächst von familienhaftem Leben keine Rede. In gemeinsamen Schlafräumen schlafen alle Geschlechter und Alter unterschiedslos durcheinander, oft dicht gedrängt wegen Raummangels oder zum Schutz vor der Kälte. Wo in zwei Schichten gearbeitet wird, werden die Lagerstätten häufig überhaupt nicht kalt, und fehlt jede Möglichkeit ihrer Reinigung[1]. Die besseren Fabriken gewähren den Frauen dagegen besondere Schlafsäle, welche sich von Anfang an durch gröfsere Sauberkeit auszeichnen. Aber wie dem auch sei, in allen diesen Fällen reifst die Fabrikarbeit die ländliche Familie auseinander: die Männer arbeiten hier, die Frauen dort. Alle diese Leute streben daher nach Hause und betrachten das Fabrikleben als etwas vorübergehendes.

Auch hier ersetzt das nunmehr örtlich festgewurzelte Artell dem Arbeiter die Familie — ein Beweis für den das Empfinden des Volkes auch heute noch beherrschenden Trieb nach familienhafter Gebundenheit.[2] Bezeichnenderweise pflegen diese Artelle sich zu gliedern in Artelle der Männer, der Frauen und der Kinder. Es ist dies ein Anzeichen dafür, dafs das Artell für die Genossen nur eine vorübergehende Gemeinschaft ist, dafs hinter ihm die „ewige“ Gemeinschaft der Familie steht, in deren Schofse das sexuelle Zusammenwohnen

[1] Vergl. Swirski a. a. O. S. 63; Janschull a. a. O. S. 117 und den haarsträubenden Bericht von Swjatlowski a. a. O. S. 68.

[2] Eine gute Litteraturzusammenstellung, sowie die richtige Grundauffassung über das Artell enthält Stacher, Über Ursprung, Geschichte, Wesen und Bedeutung des russischen Artells. Dorpat 1890. Vergl. bes. S. 59. Die Schrift von Apostol, Das Artell. Münchner volkswirtschaftliche Studien. Stuttgart 1898 enthält in deutscher Sprache viele interessante Einzelangaben. Im Grundgedanken — Anlehnung des Artells an die Familie der älteren Zeit — stimmt es mit der in diesem Buche vertretenen Auffassung überein.

der Geschlechter sich normalerweise vollzieht. Da die Produktion kapitalistisch geordnet ist, so sinkt hier das Artell zu einer Gemeinschaft des Lebens und Verbrauchs herab; jedoch zeigt sich der alte erwerbsgemeinschaftliche Charakter der Familiengenossenschaft noch darin, dafs die Löhne nicht dem einzelnen Arbeiter, sondern dem Artellhaupt ausgezahlt werden, welcher sie den Genossen verrechnet. In riesigen Kesseln ferner wird in den Artellküchen auf gemeinsame Rechnung gekocht; man speist an gemeinsamen Tischen, oft aus gemeinsamen Schüsseln.

Das Gemeinschaftsleben, welches sich in den russischen Arbeiterkasernen abspielt, erinnert in mancher Beziehung an die Familistères der französischen Socialisten. Hier wie in anderen Punkten erweist sich das Zukunftsbild des Socialismus als ein idealisierter Reflex der Vergangenheit. Demgegenüber ist der westeuropäische Arbeiter zu individualistisch, um an Massenabfütterungen Geschmack zu finden. Er vermeidet, soweit er kann, sogenannte Volks- oder Fabrikküchen und speist lieber, wenn auch schlechter, im eigenen Haushalte. Darin gerade besteht die zukunftsreiche Seite der Konsumgenossenschaften Westeuropas, dafs sie dem Arbeiter die Vorteile gemeinsamen Warenbezuges sichern, ohne die Neigungen gesonderten Familienlebens zu beschränken.

Aber auch in Rufsland geht das altertümliche Gruppendasein einem unaufhaltsamen Verfall entgegen. Voraussetzung für den Bestand jener alten familienhaften Organisationen ist die psychologische Gebundenheit der Genossen. Aber der Individualismus greift von den Höhen der Gesellschaft hinunter nach der Tiefe. Er ergreift den Ältesten des Familienverbandes früher als den minderen Genossen; sein Interesse ist nicht mehr das der Brüder; statt ihr Führer wird er ihr Ausbeuter. Jene aber sind seine wehrlosen Opfer, denn er ist stärker, weil individualistischer als sie. Je nach den äufseren Verhältnissen ergeben sich hieraus die verschiedensten Formen ökonomischer Abhängigkeit: das Familienhaupt wird Feudalherr oder hausindustrieller Verleger, bei wandernden Genossenschaften Gangmeister, bei den Artellen in den russischen

Fabrikkasernen ein Zwischenhändler der von den Genossen verbrauchten Nahrungsmittel und Getränke.

„Gegenwärtig“, sagt Janschull, „sind die Artellältesten Wucherer, welche ihren Genossen Kredit gewähren gegen hohe Prozente und andere Nebenverdienste; beispielsweise verkaufen sie im geheimen Schnaps und Tabak und geben den Arbeitern Anweisungen auf die benachbarten Kneipwirte.“ Ganz besonders ungünstig liegen die Verhältnisse für die Arbeiter dort, wo die Interessen des Fabrikladens mit denen der Artellältesten ein Bündnis schliefsen. In zahlreichen Fabriken wird den Arbeitern aus dem Fabrikladen nicht anders eine Ware verabfolgt als durch Vermittelung des Artellvorstandes, welcher sich für diese Vermittelung natürlich von den Arbeitern bezahlen läfst. So werden die Preise, welche ohnehin teuer genug sind, durch die Artellvorstände oft um ein beträchtliches weiter verteuert (nach Janschull nicht selten um 10—50 %). Wie wir sahen, zahlt das Fabrikkontor in vielen Fällen den Artellvorständen die von den Arbeitern verdienten Löhne aus. Die Artellvorstände begleichen hiervon die Nahrungsmittelkonti der Arbeiter und die Wucherzinsen, die sie für die gewährten Vorschüsse erheben. Es ist klar, dafs diese fremde Kassenführung für die Arbeiter um so ungünstiger ist, als sie grofsenteils des Schreibens und Lesens unkundig und zur Kontrolle unfähig sind.

Die Veränderung, welche im Wesen des Artells vor sich gegangen ist, ergiebt sich daraus, dafs die Vorsteher früher besoldet wurden. Ihre unrechtmäfsigen Nebeneinnahmen erlaubten ihnen jedoch, ihren Schreibern oft höhere Monatsgehalte zu zahlen, als sie selbst vom Artell Jahresgehalte bezogen. Neuerdings haben die Arbeiter ein Gegenmittel gegen die an ihnen verübten Betrügereien darin gefunden, dafs sie die Vorsteherstelle an den Meistbietenden versteigern. Janschull schätzt die Einnahmen der Ältesten gröfserer Artelle trotzdem noch auf Hunderte von Rubeln.[1] Leider wird die Abschlagszahlung, welche die Genossen für die Erlaubnis, sie

[1] Vergl. Janschull a. a. O. S. 97 ff.; Peskoff a. a. O. S. 98 ff.

auszuwuchern, vom Ältesten erhalten, gewöhnlich sofort in einigen Eimern Schnaps angelegt.

Aus dem Gesagten ergiebt sich der Verfall der Artelle, welcher um deswillen unaufhaltsam ist, weil es sich um Zerstörung ihrer psychologischen Grundlagen handelt. Dieser Vorgang ist zunächst gegen das Interesse der Arbeiter. Zwar sind die Artelle kein Mittel zur Emporentwicklung der Arbeiterklasse, wie die westeuropäischen Gewerkvereine; dagegen bilden sie, so lange sie gesund sind, eine nicht zu unterschätzende Schutzwehr der Arbeiter gegen Herabdrückung vom überkommenen Niveau. In den Artellen lebt die gewohnheitsmäfsige Lebenshaltung des Bauern fort. Zwar sind die Artellküchen meist dunkel und schmutzig; auch mag in ihnen die Zubereitung der Speisen nach westeuropäischen Begriffen recht unappetitlich sein — Swjatlowski erzählt von Fällen, in denen die Kessel abwechselnd zum Kochen und zum Waschen der schmutzigen Wäsche benutzt wurden. Auf der anderen Seite steht jedoch die Beköstigung in den Artellen, nach der Analyse Erismans[1], an Nährwerten verhältnismäfsig hoch, ja wahrscheinlich höher als die mancher deutscher Fabrikarbeiter.

Nach Erisman enthält die tägliche Nahrung an Gramm:

	Eiweifs	Fett	Kohlenstoff
bei den männlichen Artellen der Moskauer Fabriken (in Nichtfastenzeit)	136,08	76,23	573,49
bei einem englischen Weber (nach Playfair)	151	43	621
bei einem Tischler in München (nach Forster)	131,1	67,6	494
die theoretische Norm für den erwachsenen Arbeiter	130	75	450

[1] Erisman, Die Ernährung der Arbeiter in den Fabriken des Moskauer Gouvernements. Moskau 1893.

Zum Vergleiche führe ich nach Erisman folgende bäuerliche Ernährungswerte an. Die erste Reihe dürfte die gewohnheitsmäfsige Lebenshaltung des Moskauer Gouvernements darstellen, die zweite die Proletarisierung breiter Teile des mittelrussischen Bauernstandes bezeichnen.

		Eiweifs	Fett	Kohlenstoff
I. Bauer	im Moskauischen (nach Skibnebski)	147	53	750
II. Bauer		92	28	495

Auch hinsichtlich der Auswahl der Lebensmittel hält die Artellkost das Gewohnheitsmäfsige fest. Fast der ganze Betrag der Nährwerte wird dem Pflanzenreiche entnommen. In Rufsland sind allein 180 Tage des Jahres Fasttage. Das Fleisch spielt in den Moskauer Artellküchen eine geringe Rolle, freilich auch die im Westen zu trauriger Berühmtheit gelangte Kartoffel. Brot und Buchweizen bilden den Hauptbestand der Artellkost; ihnen wird nach Erisman 76½ % des Eiweifses und 91½ % des Kohlenstoffes entnommen. Fett wird in Gestalt von pflanzlichen Ölen genossen.

Diese Kost ist einförmig, reizlos und schwer verdaulich; es ist die Kost eines Bauers, welcher in freier Luft harte Körperarbeit verrichtet. Aber der mittelrussische Fabrikarbeiter steht gesundheitlich unter weit ungünstigeren Bedingungen; er arbeitet in geschlossenen, oft schlecht ventilierten Räumen. Die geschilderte Ernährungsweise ist für ihn nur so lange möglich, als er periodisch zum Lande zurückkehrt und eine bäuerliche Konstitution von seinen Eltern ererbt. Nur unter dieser Bedingung ist es für ihn möglich, solche Massen tiefschwarzen Roggenbrotes in sich aufzunehmen, wie sie in Jahren guter Ernte der russische Bauer verschlingt. Aus diesem Grunde ist die Abweichung vom gewohnheitsmäfsigen Dasein, wie sie der Verfall der Artelle mit sich bringt, auch wenn sie zunächst eine Verminderung der Nährwerte zeigt, immerhin in der Richtung des Fortschritts auch für den Arbeiter gelegen, weil sie eine Anpassung seiner Lebensweise an die veränderten Lebensbedingungen vorbereitet.

Wir lernten die Schlafsäle, die Speiseräume und die Küchen der russischen Fabrikarbeiter kennen. Es erübrigt noch, einer anderen Örtlichkeit zu gedenken, zu welcher sich der Westeuropäer so sehr als Individualist verhält, dafs zeitweiser Alleinbesitz für ihn geradezu Bedingung der Benutzung ist. In Rufsland untersteht auch dieser Ort einem weitgehenden Gemeinschaftsleben. Ich erinnere mich meines Staunens, als mir in einer der bekanntesten Moskauer Fabriken der Besitzer hinter einem Vorhang, den er ein wenig zur Seite schob, einen Anblick zeigte, wie er für die Verschiedenheit der westeuropäischen und russischen Fabrikarbeit nicht bezeichnender gedacht werden kann. Ich erblickte ein Massenabort, gleichzeitig besetzt von etwa 60 bis 70 Personen beiderlei Geschlechtes, der augenscheinlich zugleich als Rauch- und Konversationszimmer diente.. Es wurde in gemeinsamer Sitzung geschwatzt, gescherzt, gelacht; unter einer halben Stunde kehre niemand zurück, versicherte mein Begleiter, und diese Gewohnheit seiner Arbeiter zwinge ihn, mehrere Dutzend von Ersatzarbeitern zu halten. Sehr bald bemerkte ich, dafs die Beschaffenheit der bezeichneten Örtlichkeit und ihre Benutzungsweise durch die Arbeiter allgemein einen Schlufs auf die Stufe gestattete, bis zu welcher in einer gegebenen Fabrik die Annäherung des Arbeiters zum europäischen Typus vorgeschritten war. Sehr oft ist jene Örtlichkeit der Tummelplatz der Kinder, und nur in wenigen fortgeschrittensten Fällen fand ich jene Ausschliefslichkeit der Nutzung, welche wir für selbstverständlich halten — sie taucht auf erst mit der kleinen, westeuropäischen Familie.

3. Die Bildung einer besonderen Arbeiterklasse und die Loslösung des Arbeiters vom Lande vollzieht sich in dem Mafse, als ihm die Fabrik ein familienhaftes Dasein ermöglicht. Voraussetzung hierfür ist die Ausdehnung der Frauenarbeit. Auch für Westeuropa möchte ich die gewerbliche Frauenarbeit an sich keineswegs beklagen, vielmehr nur wünschen, dafs die verheiratete Frau und Mutter kleiner

Kinder der Erwerbsthätigkeit enthoben sei. Aber dies wird am ehesten ermöglicht durch die Ersparnisse, welche sie bei den hohen Löhnen einzelner englischer und amerikanischer Grofsindustrien als Mädchen machen konnte; ökonomisch unabhängig, ist sie in der Lage, den Eheschlufs nicht zu übereilen.

Die geringe Ausdehnung der Frauenarbeit in der russischen Industrie ist weder als wirtschaftlicher, noch als socialer Vorzug anzusehen, wie denn gerade die fortgeschrittenste russische Industrie, die Baumwollindustrie, es ist, welche die Frau in wachsendem Mafse in die Fabrik eingliedert. Für die Moskauer Baumwollindustrie betrug der Prozentsatz der beschäftigten Frauen in den achtziger Jahren 42,9 % (in der englischen Baumwollindustrie dagegen 62 %), im einzelnen für die mechanische Weberei 52,8 %, für die Spinnerei 46,8 %[1], für die Druckerei nach Janschull 27,4 %. In den andern, der Baumwollindustrie gegenüber ökonomisch rückständigen Textilgewerben, welche sich ihrer Natur nach nicht minder für Frauenarbeit eignen, z. B. in der Seiden- und der Wollindustrie, überwiegt die Zahl der Männer in Rufsland noch bedeutend; nach Erisman betragen die Prozente der in ihnen beschäftigten Frauen 38 und 28 %.

Aber die Frauenarbeit bedeutet für Rufsland einen Kulturfortschritt. Wo wenig Frauenarbeit vorhanden ist, da führen die Männer jenes oben geschilderte, kulturell tiefstehende Massendasein in Artellen; sie wandern und wechseln die Berufe. In denjenigen Industrien dagegen, in denen die Frauenarbeit bereits stark entwickelt ist, werden die Arbeiterverhältnisse stetiger[2]. Auch die gesetzliche Beschränkung der Arbeitszeit für Kinder — eine der wichtigsten Voraussetzungen für die Ergänzung des Arbeiterstandes aus sich heraus — führt zur Vermehrung der Frauenarbeit[3].

[1] Wir entnehmen diese Ziffern Erisman in der öfters citierten Statistik des Moskauer Gouvernements. Bd. IV. Teil I. S. 206.

[2] Vergl. Erisman a. a. O. S. 292, 297.

[3] Vergl. Janschulls Bericht als Fabrikinspektor. St. Petersburg 1886. S. 52.

Mit der Frauenarbeit tritt an Stelle des einzelnen Wanderarbeiters das verheiratete Paar. Aber zunächst fehlt noch die heranwachsende Jugend. Vielmehr werden die schwangeren Frauen oder die neugeborenen Kinder, nachdem die Entbindung der Arbeiterin in der zur Fabrik gehörigen Entbindungsanstalt stattgefunden hat, nach der ländlichen Gemeinde geschickt, welcher die Eltern angehören. So sah ich in russischen Fabriken riesige Schlafsäle, besetzt mit hunderten von Ehebetten, welche — ebenfalls wieder ein Fortschritt in der Richtung des Individualismus — in der Mehrzahl der Fälle bereits von Latten oder Vorhängen umgeben waren. Es ist klar, dafs mit diesem System der Nachteil verbunden ist, den Nachwuchs der Fabrikarbeit immer von frischem wieder der Landbevölkerung entnehmen zu müssen. Nach einer mir mündlich gemachten Mitteilung des Fabrikinspektors von Wladimir befinden sich unter der Arbeiterbevölkerung dieses gewerblichen Gouvernements auch heute noch nicht 10 % Kinder.

Der Fortschritt besteht nun darin, dafs man zunächst einzelnen, fähigen Arbeitern, sogenannten „Arbeitern erster Klasse“, ermöglicht, ihre Kinder bei sich in der Fabrik zu behalten. Anfänglich behält man nur soviel Kinder zurück, als nötig ist, um den Bedarf an Vorarbeitern, Commis u. s. w. zu decken: diese Kinder werden dann in der Fabrikschule erzogen. Allmählich ermöglicht man der Mehrzahl der Arbeiter, ihre Kinder bei sich zu behalten; die Fabrikschulen füllen sich. Die Schuleinrichtungen einer ganzen Anzahl Moskauer und Wladimirscher Fabriken sind um so rühmlicher, als für die breite Masse der Bevölkerung in Rufsland bekanntlich allgemeine Schulbildung auch heute noch nicht existiert. Z. B. sind die Fabrikschulen der Morosoff, welche ich besuchte, geräumig, gut beleuchtet und ventiliert, mit Lehrkräften und Lehrmaterial reichlich ausgestattet. Aufser den gewöhnlichen Elementarfächern findet sich in ihnen teilweise auch Handfertigkeits- und Anschauungsunterricht.

Nach und nach gelingt es, einen grofsen Teil des notwendigen Nachwuchses der Fabrikbevölkerung selbst zu entnehmen, welche damit in ihren Lebensgewohnheiten von der

Landbevölkerung sich trennt und mit ihr nur noch durch die Unterstützungs- und Steuerordnung zusammenhängt. Auf dieser Stufe werden zwar Invalide und Alte nach wie vor auf das Land zurückgeschoben, die Kranken dagegen, deren Herstellung zu hoffen ist, in dem Fabrikkrankenhause behandelt: Anzeichen der beginnenden Schätzung der gelernten Arbeit.

Eine Anzahl der grofsen Spinnereibetriebe Moskaus besitzt Krankenhäuser, welche den Anforderungen der Zeit voll entsprechen. Statt „des Feldschers" finden sich hier oft mehrere studierte Ärzte. Einzelne dieser Krankenhäuser machten mit ihren breiten Korridoren, lichten und nicht überfüllten Krankenzimmern, Bade- und Operationsräumen, Rekonvalescentengärten u. s. w. auf mich einen durchaus erfreulichen Eindruck.

Auf diese Weise ist es heute einer Anzahl von Fabriken möglich, ihren ganzen Arbeiterbestand aus sich selbst heraus zu ergänzen. An Stelle des Fabriknomaden tritt der berufsmäfsige, mit dem Betrieb verknüpfte Arbeiter.

In mehreren der besten Spinnereien Moskaus giebt es heute bereits Arbeiter, welche in der dritten Generation der Fabrik angehören. Trägerin dieses Fortschrittes ist zugestandenermafsen die Baumwollindustrie. Die ihr dienenden Spinner und Weber sind die stetigste Arbeiterklasse im Moskauischen.

Die geschilderte Entwicklung liegt zunächst im Interesse der Fabrikanten. Kinder von Fabrikarbeitern, welche in der Fabrik und der Fabrikschule aufgewachsen sind, erlernen nach Angaben einsichtiger Unternehmer in 3—4 Monaten schwierige Arbeiten, wozu Bauern vom Lande 3—4 Jahre brauchen [1]. Zu der eigentlich gelernten Arbeit an Maschinen sind letztere überhaupt kaum zu verwenden, und bei ihnen ist der Verlust

[1] Diese und einige der folgenden Angaben beruhen auf einer Privatenquete des Herrn A. Scheikewitsch, welcher mir freundlichst Einsicht gestattete.

an Zeit und Material stets gröfser, als bei den fabrikbürtigen Arbeitern. Einer der von Herrn Scheikewitsch befragten Fabrikanten schätzt diesen Unterschied auf 20—25 Prozent. Nach der interessanten Äufserung dieses Zeugen hat die Verkürzung der Arbeitszeit auf die Arbeitsleistung der Bauern keinen Einflufs, dagegen zeigt im gleichen Falle der fabrikbürtige Arbeiter jene aus Westeuropa bekannte Steigerung der Arbeitsintensität.

Aber die geschilderte Entwicklung ist auch im Interesse der Arbeiter. Wo die junge Generation in der Fabrik zurückgehalten wird, tritt an Stelle des Artells die individualistische Familie des westlichen Europas. Dafür, dafs auch der russische Arbeiter Europäer wird, ist nichts bezeichnender, als die von allen Zeugen einstimmig berichtete Thatsache: die Arbeiter fliehen die Artelle[1]. Freilich ist die Sonderexistenz der Einzelnen immerhin noch gering. Zwar verzichtet der Fabrikant nunmehr auf die grofsen Schlafsäle und baut die Kasernen so, dafs in jedem Stockwerk das Gebäude der Länge nach von einem Korridor durchzogen wird, von dem auf beiden Seiten einzelne Stuben abgehen. Aber in jeder solchen Stube wohnen noch mehrere Familien zusammen, gewöhnlich je vier, wie die in jeder Ecke stehenden riesigen Familienbetten dem Besucher beweisen. Öfters fand ich die Zahl der in einem Zimmer hausenden Familien auf zwei beschränkt; in letzterem Falle waren die beiden hinteren Ecken der Stube den Betten vorbehalten, die beiden vorderen, am Fenster gelegenen Ecken dagegen mit Heiligenbildern und einer brennenden Lampe geschmückt. In diesen Stuben und Korridoren wimmelt es nunmehr von Kindern; die kleinen hängen häufig in Wiegen von der Decke herab; trotz aller störenden Gerüche bietet das Bild einen immerhin viel menschlicheren Anblick, als jene öden Schlafsäle der Wanderarbeiter, in denen übermüdete Gestalten auf schmutzigen Schafpelzen sich wälzen. Mit dem Familienleben beginnt die Lust an dem kleinen Schmuck des Daseins; die Wände sind oft mit Buntdrucken bedeckt, welche

[1] So unter andern Janschull, Moskauer Fabrikleben. S. 95.

Heiligenlegenden, die Krönung des Zaren u. s. w. darstellen. Kinder und Frauen begrüfsen höflich den Besucher. Man sieht die Männer in ihrer Mufsezeit bereits hin und wieder lesen.

In einzelnen der besten Moskauer Grofsbetriebe hat jede Familie ein eigenes Zimmer. Es sind dies die Fabriken, welche zugleich die höchste Arbeitsintensität aufweisen, und in denen man mit der sonst wenig geschätzten Menschenkraft bereits zu sparen beginnt. So fand ich in dem bekannten Grofsbetriebe zu Ramenje in den Arbeiterkasernen saubere und wohlgehaltene Zimmer mit genügendem Luftraum, Wasserdampfheizung und Wasserleitung, eine Krippe, in welche die kleinen Kinder gebracht werden, solange die Mütter in der Fabrik beschäftigt sind, lichte Korridore, verschliefsbare Aborte u. s. w. Es stellt diese Fabrik wahrscheinlich den Höhepunkt dar, dessen das ganze System fähig ist.

Mit der Entstehung der Familie beginnt die Thätigkeit der Hausfrau. Zwar sind die Küchen noch gemeinsam, aber jede Familie hat ihren eigenen Kochtopf. Die einförmige Artellkost wird mannigfacher und individueller. Freilich bedeutet, wie für die englischen Industriearbeiter zu Beginn des Jahrhunderts, wie für die ostdeutschen Landarbeiter unserer Tage, die Durchbrechung des gewohnheitsmäfsigen Daseins zunächst eine Verschlechterung der Ernährungsverhältnisse. Die Kartoffel beginnt ihre traurige Rolle. Erisman giebt folgende chemische Analyse der täglichen Nahrung in Gramm[1]:

	Eiweifs	Fett	Kohlenstoff
Artellkost von Männern	136,08	76,23	573,19
Artellkost von Frauen	99,62	48,52	462,41
Familienweise Beköstigung pro Kopf	100,13	44,32	470,06

[1] Vergl. Erisman a. a. O. S. 32. (Gemischte Artelle sind sehr selten.)

Man kann diese Minderernährung des Mannes bedauern; man bedenke aber, dafs ihr eine bessere Ernährung der Frau und der Kinder gegenübersteht; auf der Stufe des Artelldaseins ist die Ernährung der weiblichen und jugendlichen Arbeiter völlig unbefriedigend. Ferner darf man den psychologischen Gewinn des Familiendaseins nicht vergessen. Mit der gewohnheitsmäfsigen Lebenshaltung fallen die Grenzen des gewohnheitsmäfsigen Genügens. Weitere Wünsche und neue Kulturbedürfnisse erwachen im Arbeiter, und es wird damit erst die geistige Voraussetzung eines späteren Aufsteigens durch eigene Kraft gegeben. Wäre die Arbeiterbewegung des Westens, alles in allem doch eines der wichtigsten Kulturelemente unserer Zeit, auf dem Boden des Gewohnheitsmäfsigen geworden?

Überblicken wir das Gesagte, so erscheint es unverständlich, wie der Verfasser des öfters citierten Aufsatzes „das Kontor Knoop und seine Bedeutung" der Moskauer Spinnerei — denn diese ist doch das Lebenswerk Knoops — vom Gesichtspunkte des Arbeiterinteresses aus einen Vorwurf machen kann. Gewifs sind die in der Moskauer Spinnerei herrschenden Verhältnisse weit entfernt vom Ideal. Aber nach der Lektüre von Peskoff, Janschull, Erisman und Swjatlowski ist doch unzweifelhaft, dafs in der Mehrzahl der Moskauer Kleinbetriebe, z. B. in den noch sehr verbreiteten Handwebereien, wahrscheinlich auch in den kleineren und wenig kapitalkräftigen mechanischen Betrieben des östlichen Wladimirs, die Lage der Arbeiter viel unerfreulicher ist, als in den auf Spinnerei fufsenden Grofsbetrieben. Beweis hiefür — und nicht, wie man gewollt hat, Beweis des Gegenteils — sind die gerade in den Moskauer Grofsbetrieben häufigen, oft gewaltsamen Arbeiterunruhen: nur ein Arbeiter, welcher leidlich genährt ist, besitzt Kraft und Lust zum Widerstande. Ist doch auch in Westeuropa der Strike gerade die Waffe der besser bezahlten Arbeiterklassen, während die unteren Schichten der Arbeiterwelt ihr Elend am wehrlosesten, meist auch am schweigsamsten ertragen.

4. Aber das geschilderte System, wie es die Moskauer Grofsbetriebe verkörpern, hat wahrscheinlich schon seinen

Höhepunkt überschritten. Der ganze umfängliche Apparat von Arbeiterwohnungen mit dazu gehörigen Krankenhäusern, Entbindungsanstalten, Läden, Metzgereien, Bäckereien, Leichenhallen u. s. w. ist nur solange haltbar, als er unentbehrlich ist, um aus den landwirtschaftlichen Millionen einen Industriearbeiterstand herauszuschneiden. Die Anlage von Fabriken wird dadurch aufserordentlich verteuert; auch bleiben die laufenden Kosten nahezu die gleichen, wenn bei schlechtem Geschäftsgange nur eine geringere Zahl von Arbeitern beschäftigt wird. Dieser doppelte Nachteil kann nur so überwunden werden, dafs der Arbeitgeber dem Arbeiter die Sorge für Lebensführung und Unterkunft überläfst und mit ihm lediglich durch Geldlohn in Verbindung tritt. Freilich ist Voraussetzung dafür die fortschreitende Konzentrierung der Industrie in Städten und an Eisenbahnstationen, wo die Arbeiter Mietwohnungen, Kramläden u. s. w. finden.

Auch für den Arbeiter liegt ein Fortschritt in dieser Europäisierung seiner Lage. Selbst wenn seine Wohnungsverhältnisse und Lebenshaltung nicht unmittelbar dabei gewinnen sollten, so wird doch seinem wichtigsten Interesse durch diese Entwicklung gedient. Dieses nämlich liegt darin, dafs die Herrschaft über seine Person, wie sie in der Leibeigenschaft bestand, losgelöst wird von der Verfügung über die Arbeitskraft, welche der moderne Fabrikant allein braucht. Nur damit wird dem Endzweck gedient, welcher für den Arbeiter in der Ermöglichung eines selbständigen und selbstverantwortlichen Sonderdaseins an Stelle des kulturlosen Gruppendaseins der Vorzeit besteht.

Bezeichnenderweise geht, wie in anderen Ländern, so auch in Moskau der Maschinenbau in der socialen Entwicklung voran. Die Maschinenbauer sind nicht nur die höchstbezahlten aller Moskauer Arbeiter, sondern sie führen auch, im Gegensatz zu den Baumwollarbeitern, in eigenen Wohnungen und mit eigenem Haushalt, ein europäisches Familienleben[1]. Die

[1] Vergl. das öfters citierte Buch von Janschull, Fabrikleben des Moskauer Gouvernements, S. 116, sowie seinen Fabrikinspektorenbericht 1886, S. 59.

Baumwollspinnerei folgt als nächste — und zwar aus Gründen des technischen Fortschriits. „In der gegenwärtigen Zeit", sagt ein einsichtsvoller russischer Fabrikant, „hat die Baumwollspinnerei einen solchen Grad der Entwicklung erreicht, dafs vom Arbeiter nicht Körperkraft, sondern Verständnis und Klugheit gefordert wird. Der zukünftige Arbeiter mufs sich um so viel über dem gegenwärtigen erheben, wie der Arbeiter der Gegenwart über dem Arbeiter zur Zeit der Leibeigenschaft steht" [1].

In welcher Richtung diese Fortschritte des mittelrussischen Arbeiters liegen müssen, zeigt Petersburg und Polen. In Polen haben die Arbeiterverhältnisse der Textilindustrie bereits ein europäisches Aussehen. Wir müssen auf dieselben hier um so mehr einen Blick werfen, als die innere Konkurrenz früher oder später auch Moskau in dieser Richtung weitertreiben wird. Ich verweise dabei auf die oben wiederholt angeführten Berichte über die Fabrikindustrie Polens.

Während in Rufsland die ärmsten der Bauern ihre Zuflucht in der Fabrik suchen, besitzt Polen einen früher aus Deutschland, nunmehr auch aus den intelligenteren Teilen der Landbevölkerung ergänzten Arbeiterstand, der teilweise bereits seit Geschlechtern der Industrie dient, und dessen Lebensstellung hoch über der umgebenden Landbevölkerung steht. Während der russische Fabrikarbeiter sich geistig vom Bauern nicht unterscheidet, ist der Fabrikarbeiterstand Polens dem polnischen Bauern weit überlegen. Letzterer ist regelmäfsig Analphabet, während Janschull, als Regierungskommissar mit der Untersuchung dieser Frage betraut, in den polnischen Fabriken die Kenntnis des Schreibens und Lesens über Erwarten verbreitet fand. Er untersuchte 64 Fabriken des Lodzer, Warschauer und Sosnovicer Industriebezirks, darunter alle mafsgeblichen Fabriken, und fand daselbst 45,2% Alphabeten unter den Arbeitern und 8,3% der Angestellten im

[1] Fedoroff, Arbeiten der Textilabteilung der Kommission für die Frage der Regulierung der Arbeitszeit. Moskau 1896. S. 19.

Besitz einer höheren Bildung[1]. Der polnische Arbeiter lebt in besonderer Familie, ifst — wenn auch schlecht — so doch aus seinem eigenen Kochtopf; ein Artelldasein wäre für ihn undenkbar.

Während die Bedürfnisse des russischen Fabrikarbeiters gewohnheitsmäfsig feststehen, ist der Fabrikarbeiter Polens beseelt von dem Streben nach Erhöhung der Lebenshaltung. Der polnische Boden ist seit Jahrhunderten unter Privateigentümern aufgeteilt; der landlose Proletarier mufs daher auf dem Boden der Lohnarbeit die Verbesserung seiner Lage anstreben. „Anders als die Mehrzahl der Moskauer Arbeiter", sagt Janschull, „haben sie in Polen kein Land, gehen deswegen nicht zur Landarbeit im Sommer aus der Fabrik und haben daher das Interesse, soviel zu verdienen, um in der Fabrikstadt ein kleines Eigentum zu erwerben."

Es gelten damit für sie jene Sätze von der zunehmenden Arbeitsersparnis und Arbeitsintensität unter Steigerung der Wochenverdienste, die ich anderwärts entwickelte. Hierdurch wird verständlich, was wir oben zahlenmäfsig zeigten, dafs die Kosten der Arbeit pro Produkt — soweit die Erzeugnisse maschineller Grofsindustrie in Betracht kommen — in Lodz wahrscheinlich geringer sind als in Moskau.

Die polnische Arbeit verläfst selten ihren Standort und den Erwerbszweig, in dem sie von Jugend an beschäftigt war. Ersatzarbeiter sind unbekannt. Alle jene an die unfreie Arbeit erinnernden Mittel, durch äufseren Zwang die Arbeiter bei der gewerblichen Arbeit festzuhalten, fehlen. Die Lohnzahlung erfolgt in regelmäfsigen kurzen Zwischenräumen; unbekannt ist die Beköstigung und Nächtigung der Arbeiter innerhalb der Fabrikmauern, unbekannt die Bewachung der Fabrikthore, unbekannt sind jene riesigen Arbeiterkasernen, in denen während der langdauernden Verträge die Arbeiter eingesperrt sind, unbekannt jene Krankenhäuser, Entbindungsanstalten u. s. w., wie wir sie in den Moskauer Fabriken fanden.

---

[1] So Janschull, im angeführten Bericht über die polnische Industrie, S. 58.

Der polnische Arbeiter wohnt, wie der deutsche, gedrängt in Industrieorten, meist zur Miete, teilweise auch in eigenem Häuschen[1]. Für ihn besteht die in Westeuropa typische, sogenannte Wohnungsfrage, welche der nur vorübergehend in der Fabrik einquartierte russische Fabrikarbeiter — freilich auch der Sklave im Ergasterium — nicht kennt.

Unberührt von Lob und Tadel der Litteratur — so können wir das Vorhergehende zusammenfassen — entwickelt sich auch in den osteuropäischen Fabriken der psychologische Typus des Europäers, und zwar aus wirtschaftlichem Zwange. Hier, wie so häufig, geht neben dieser geistigen und ökonomischen Entwicklung eine entsprechende gesetzgeberische her.

Es ist gewifs kein Zufall, dafs die Arbeiterschutzgesetzgebung in Rufsland zu dem Zeitpunkt auftauchte, da man den Arbeiterstand aus sich selbst zu ergänzen anfing. Die bisherige Ausnutzung der Arbeitskraft wurde unmöglich, da sie den Arbeiter selbst konsumierte. Da die russische Arbeiterschutzgesetzgebung neuerdings von Rosenberg (Leipzig 1895) und auch sonst in deutscher Sprache behandelt worden ist, so gehe ich darauf nicht näher ein[2]. Ich thue dies um so weniger, als ich mangels verläfslichen Materials die Behauptung Issajeffs[3] weder bestätigen, noch widerlegen kann, wonach die von den Verwaltungsbehörden zugelassenen zahlreichen Ausnahmen die gesetzlichen Vorschriften vielfach durchlöchern sollen. Seitdem die Berichte der Fabrikinspektoren nicht mehr veröffentlicht werden, tappt man in dieser Frage völlig im Dunkeln.

---

[1] Vergl. den angeführten Bericht von Janschull S. 37, 48—51; Swjatlowski a. a. O. S. 47, 106.

[2] Vergl. Handwörterbuch der Staatswissenschaften, Bd. I, S. 479 ff.; ferner Dementjeff, Archiv für sociale Gesetzgebung, Band IV, S. 197 ff. In russischer Sprache enthält wertvolles Material das Buch von Tugan-Baranowski S. 360 ff.

[3] Vergl. Issajeff, Zur Politik des russ. Finanzministeriums. Stuttgart 1898. S. 36 ff.

Das Gesetz vom 2. Juni 1897 bedeutet zum mindesten einen gewaltigen prinzipiellen Fortschritt über die von Rosenberg dargestellte Gesetzgebung hinaus. Danach besteht gesetzlich ein elfstündiger Normalarbeitstag für alle Arbeiter in den Fabriken, ein allgemeines Verbot der Sonntagsarbeit, ein Verbot der Nachtarbeit der Frauen in der Textilindustrie, eine zehnstündige Maximalarbeitszeit bei Nachtarbeit, ein Verbot der Arbeit von Kindern unter 12 Jahren, Beschränkungen der Arbeitszeit Minderjähriger von 12—17 Jahren.

Bezeichnenderweise wurde die gesetzliche Verkürzung der Arbeitszeit in denjenigen Fabriken am leichtesten vertragen, in denen die Arbeiterverhältnisse am meisten einen europäischen Charakter aufweisen. Aus diesem Grunde sind Lodz und Petersburg dem Fortschritte der Arbeiterschutzgesetzgebung geneigter als Moskau. Aber auch in Moskau wurde in einzelnen Fällen die Verkürzung der Arbeitszeit durch Steigerung der Arbeitsintensität völlig eingebracht. So erfuhr ich z. B. in der bekannten Fabrik von Baranoff zu Alexandroff, dafs beim Übergang zur neunstündigen Arbeitszeit die Stücklöhne unverändert blieben, trotzdem aber die Arbeiter keine Einbufse am Wochenverdienst erlitten; vor allem kam hierfür in Betracht eine aufserordentliche Verminderung der Strafabzüge wegen fehlerhafter Arbeit. Dieses Beispiel scheint nicht vereinzelt dazustehen[1]. Dagegen unterliegt es keinem Zweifel, dafs kleinere und technisch zurückgebliebene Betriebe, besonders solche, in denen der bäuerliche Typus der Arbeit noch überwiegt, unter dem gesetzlichen Arbeiterschutz am ehesten leiden. Da nun aber die russische Regierung aus kulturellen, hygienischen und humanitären Gründen nicht umhin kann, auf der Bahn der Fabrikgesetzgebung Westeuropa zu folgen, so verschiebt sie selbst damit weiter die Konkurrenzbedingungen zu Gunsten des europäischen, vom Lande losgelösten Arbeiterstandes.

[1] Vergl. Materialien zu dem oben citierten Bericht der Moskauer Abteilung vom 20. Januar 1895, S. 19 und den Fabrikinspektorenbericht Janschulls von 1886, S. 63.

Auch in anderer Beziehung ist die russische Gesetzgebung neuerdings gewissen Mifsständen in den Fabriken zu Leibe gegangen. Man hat regelmäfsige Termine der Lohnzahlung vorgeschrieben. Die erhobenen Strafen sollen in einen Fonds fliefsen, der nur zu Gunsten der Arbeiter verwendet werden darf. Man hat die Fabrikläden, wie schon oben hervorgehoben wurde, unter die Aufsicht des Fabrikinspektors gestellt. Seitdem ist zweifellos manches besser geworden. Dadurch, dafs die Fabrikinspektoren die Preistaxen für die in diesen Läden auf Kredit verkauften Waren festzusetzen haben, wurde die Zahl solcher Läden sofort beträchtlich vermindert, und wurden innerhalb eines Monats Preisherabsetzungen von durchschnittlich 20 % ermöglicht[1]. Eine Anzahl kleiner Fabriken, welche bisher von den Läden gelebt hatten, schlossen sich selbst samt ihren Läden.

Es liegt in den Verhältnissen Rufslands, insbesondere den riesigen Entfernungen, dafs mit den Fabrikgesetzen noch keineswegs ihre Durchführung gegeben ist. Man bedenke, dafs der Bezirk des Charkower Fabrikinspektorats so grofs ist, wie das Königreich Preufsen, und dafs Janschull als Fabrikinspektor ganz zufällig von der Existenz von Fabriken hörte, welche auf der Karte falsch oder gar nicht angegeben waren[2]. Die Fabrikinspektoren selbst bezweifeln insbesondere die Richtigkeit vieler ihnen gemachten Altersangaben[3].

Neben den eigentlichen Fabrikgesetzen europäisiert den russischen Fabrikarbeiter die Verbreiterung des Volksschulunterrichts. Gerade in neuester Zeit ist eine äufserst rege Agitation für einen allgemeinen Volksschulunterricht in das Leben getreten — eine Bewegung, welcher die Regierung Nikolaus' II. in dankenswerter Weise entgegenkommt. Keine

[1] Rosenberg, Arbeiterschutzgesetzgebung in Rufsland. Leipzig 1895. S. 120—130.

[2] Janschull, Fabrikleben im Moskauer Gouvernement. Einl. S. XV.

[3] Peskoff a. a. O. S. 13; Janschulls Fabrikinspektorenbericht S. 73 u. 87. Vergl. auch den Bericht von Bischoff auf dem Kongrefs für technischen Fortbildungsunterricht zu Moskau. Januar 1896.

Landschaftsversammlung, in der diese Wünsche nicht Ausdruck fänden, kein Zeitungsblatt, das diese Frage nicht behandelte! Thatsächlich geht jedes Jahr eine wachsend gröfsere Anzahl von Kindern durch Landschafts-, Kirchen- und Ministerialschulen, und vermindert sich damit der immer noch weit überwiegende Prozentsatz der Analphabeten in den Fabriken. Nach dem Zeugnis einsichtiger Fabrikanten wird auch hierdurch die Entstehung einer gelernten und ständigen Industriearbeit befördert; nach ihrer Ansicht bleiben Analphabeten auf der niedersten Stufe der Arbeit stehen; sie sind nur dort zu brauchen, wo lediglich rohe Körperkraft verlangt wird: in Rufsland sogenannte „schwarze Arbeit". Ihre Verwendung an Maschinen ist unvorteilhaft; als Aufseher oder Vorarbeiter sind sie völlig unbrauchbar. Selbst dort, wo es sich um rein körperliche Arbeit zu handeln scheint, ist der Alphabet vorzuziehen, indem er die Arbeit an der rechten Stelle anzufassen und damit an Muskelkraft zu sparen weifs. In auffallender Weise geht bei Verwendung von Alphabeten die Zahl der im Betriebe vorkommenden Unfälle herab, ebenso auch der Verlust an Stoff und Zeit bei der Arbeit. Diese Thatsachen wurden neuerdings auf dem Kongrefs für technische Erziehung in Moskau festgestellt und werden, wie Frau Janschull mitteilt, auch durch amerikanische Erfahrungen bestätigt [1].

Dem entspricht, dafs die Alphabeten im allgemeinen besser gelohnt werden, als die Analphabeten. Dies gilt merkwürdiger Weise schon bei Eintritt in die Fabrik; der Unterschied wächst während der folgenden Jahre. Auf dem soeben erwähnten Kongresse wurde ein Bericht von Schestakoff verlesen [2], welcher aus einem der bekanntesten Moskauer Grofs-

[1] Janschull, Mufsestunden. Moskau 1896, S. 186 ff.

[2] Vergl. Russische Nachrichten vom 30. Januar 1896. Die höheren Altersstufen, welche Unregelmäfsigkeiten aufweisen, sind zu vernachlässigen, weil in ihnen Alphabeten nur erst ausnahmsweise vorkommen, und die Zahl der Arbeiter über 50 Jahre überhaupt äufserst gering ist.

betriebe (Kattundruckerei und -färberei Zündel) folgende interessante Daten mitteilt:

Alter der Arbeiter	Zahl der Arbeiter	Tagelohn in Kopeken		Unterschied zu Gunsten der Alphabeten in Prozenten
		der Alphabeten	der Analphabeten	
15—20	427	33,5	31,1	+ 8
20—25	282	51,0	45,6	+ 12
25—30	297	62,1	48,2	+ 25
30—35	203	89,7	59,8	+ 50
35—40	166	88,5	64,8	+ 37
40—45	91	88,9	69,7	+ 28
45—50	56	107,5	71,4	+ 51

Zur Erklärung dieser auffallenden Thatsachen macht man darauf aufmerksam, daſs die Arbeiter in den Schulen schon als Kinder zu Aufmerksamkeit und geistiger Anspannung erzogen werden, worauf ja das Wesen der Maschinenarbeit beruht. Bei dem Besuche zahlreicher russischer Volksschulen beobachtete ich den kleinen Mujik mit seinem blonden Rundschädel und seinem roten Kattunhemd — dem Tribut, den er der Baumwollindustrie zahlt. Mit erstaunlichem Eifer eignet er sich die geheimnisvolle Kunst der Buchstaben an und mit seinen groben Fingern sucht er gelehrig das feine Instrument des Griffels zu meistern. Der Schnaps war bisher der einzige Freund der Muſsestunden des Arbeiters — ein Freund, dessen Bekanntschaft Kopfschmerz und Arbeitsversäumnis nach sich zog. Der Russe, der lesen gelernt hat, liest gern. Ich erinnere mich, auf Dnjepr- und Wolgadampfern schon bei jenen rohen Wanderarbeitern beobachtet zu haben, wie Vorleser allemal von dichtem Zuhörerkreise umlagert waren. Aus den Fabrikbezirken wird berichtet, daſs der Arbeiter bereits vielfach dem kindlichen Lesestoff der Volksbibliotheken entwachsen sei; bekanntlich sind in Ruſsland keineswegs alle Schriften, welche die Censur passiert haben, für Volksbibliotheken erlaubt, vielmehr nur eine kleine Auswahl derselben. Die bessere Verwendung der Mufsezeit steigert zweifellos die Ausdauer und Geschicklichkeit des Arbeiters bei der Arbeit.

Mehr aber als alles andere europäisiert den russischen Fabrikarbeiter die Entwicklung der ländlichen Verhältnisse. Ihr ist es zu verdanken, wenn die Trennung vom Lande für die gelernte Arbeit der mittelrussischen Grofsindustrie heute als Thatsache anzusehen ist[1]. Die Gleichheit der Lebenslose, welche der Gemeindesitz gewährleisten sollte, ist heute im Verschwinden, und eine breite Schicht proletarisierter Bauern vorhanden, welche ausschliefslich auf Lohnarbeit angewiesen sind. Auch hier wird der Staat nicht umhin können, früher oder später die gesetzliche Konsequenz der thatsächlichen Entwicklung zu ziehen und dem Fabrikarbeiter den Austritt aus seiner ländlichen Gemeinde zu erleichtern, mit welcher er nunmehr nur noch durch Steuer- und Pafspflicht zusammenhängt. Das Stück Gemeindeland, das er erhielt, mochte vielleicht früher dem Arbeiter von Nutzen sein, als er periodisch noch auf das Land zurückkehrte. Jetzt hat er auf seinem Nadjel vielleicht noch Weib und Kind sitzen, aber längst in der Stadt und Fabrik eine vom Priester nicht getraute zweite Ehe eingegangen, in welcher der Schwerpunkt seines Lebens liegt. Die Maschine erfordert einen ihr ausschliefslich dienenden Arbeiter. Dafs er auch gesetzlich auf die städtisch gewerbliche Basis gestellt werde, liegt im Interesse der Stetigkeit und Gesittung seines Lebens, welches wieder eine Vorbedingung gesteigerter Arbeitsintensität ist. —

Unsere wirtschaftsgeschichtliche Erkenntnis zeigt uns, dafs die industrielle Entwicklung Westeuropas nicht möglich war ohne eine volkspsychologische Parallelentwicklung. Dieselbe bedeutete auch für die unteren Schichten der Gesellschaft

[1] So das Buch von Dementjeff, „Die Fabrik, was sie der Bevölkerung nimmt und giebt“, das ich, mit der Ausarbeitung der späteren Teile dieses Buches beschäftigt, für obige Darstellung nicht mehr benutzen konnte.

Herausschälung des Individuums aus dem Gruppendasein der Vergangenheit. Wir sahen, daſs ähnliche geistige Verschiebungen auch auf mittelrussischem Boden vor sich gehen. Wenn der Staat die Industrie will, so muſs er auch diese Entwicklung gutheiſsen. Denn europäische Denk- und Empfindungsweisen sind zur erfolgreichen Inbetriebsetzung von Maschinen nicht weniger unentbehrlich, als Dampf, Kohle und Technik; aber sie sind mit dem Schutzzoll noch keineswegs gegeben und nicht ohne weiteres aus der Fremde zu übertragen; sie sind vielmehr ein volkswirtschaftliches Kapital, das nur allmählich heranwächst und das mehr als alles andere heute die Übermacht Europas über die Welt begründet[1].

Anhang.

Über die „Industrielle Entwicklung Polens“ vergleiche jetzt Dr. Rosa Luxemburg, Leipzig 1898. Genanntes Buch ist mir erst nach Abschluſs obiger Ausführungen zu Gesicht gekommen. Der zweifellos vorhandene Geist der Verfasserin wird leider in der Unbefangenheit des Urteils getrübt durch veraltete Marxistische Orthodoxie. Der Zeitpunkt, „wo an Stelle der privaten Warenwirtschaft eine neue sociale Ordnung auf Basis einer planmäſsigen genossenschaftlichen Organisation treten wird“, gehört der Glaubenslehre, nicht der induktiven Wissenschaft an. Ihr Standpunkt macht die Verfasserin blind für das zweifellose Hineinspielen nationaler Momente in die

---

[1] Verfasser hat absichtlich jede Bezugnahme auf die ihm persönlich unbekannte ostasiatische Industrie unterlassen. Soviel scheint sich ihm jedoch aus Obigem deutlich zu ergeben: niedrig gelohnte Handarbeit an sich entscheidet nicht den groſsindustriellen Wettkampf der Nationen. Der Schwerpunkt der Frage scheint ihm vielmehr darin zu liegen: ob und in welcher Frist es den ostasiatischen Nationen gelingen wird, die wirtschaftlichen und volkspsychologischen Bedingungen zu schaffen, welche es dem Fortschritte des technischen Gedankens erlauben, seine Heimstätte von den Ufern des atlantischen nach denen des pacifischen Oceans zu verlegen.

Wirtschaftskämpfe unserer Tage. Die russische Regierung treibe lediglich Klassenpolitik zu Gunsten der Unterthanen, welche „gründen“ und „besitzen“ gegen die, welche „arbeiten“. Ist die Judenpolitik Rufslands eine Politik zu Gunsten der Juden, welche doch gewifs zu den besitzenden Klassen gehören? Dafs übrigens die polnischen Fabrik„besitzer“ auch „arbeiten“, belegt jede Zeile der Verfasserin. Im einzelnen bemerke ich noch, dafs der Anonymus S. G. der „Neuen Zeit“, gegen welchen Verfasserin vielfach zu Felde zieht, mir unbekannt ist. Ich selbst habe nirgends die höheren Wochenlöhne Polens als einen Nachteil gegenüber Moskau hingestellt, wie jedem, der meine früheren Schriften kennt, selbstverständlich ist, und wie auch ein genaueres Durchlesen der angegriffenen Stelle ergiebt. (Preufsische Jahrbücher Band 75, Heft 2, S. 361.) Die Verfasserin betrachtet die Naphthaheizung im Moskauischen „als temporäre Erscheinung“, unter Verweisung auf die Autorität Mendelejeffs, welcher ein trefflicher Chemiker, dagegen nicht Geologe, noch weniger Nationalökonom ist. Ein bekannter, hervorragender Industrieller in Moskau schreibt mir zu dieser Frage: „Kohlenheizung für Kessel giebt es im Moskauer Rayon kaum mehr. Soweit an oder nahe der Bahn gelegen, wird fast nur Naphtha gebraucht. Es ist auf fortgesetzte Vermehrung der Naphthaheizung zu rechnen. Die Produktion von Naphtha nimmt nicht nur in Baku mächtig zu, sondern es kommen auch andere Produktionsgebiete hinzu.“

Drittes Kapitel.

Die Slavophilen und die Panslavisten.

I. Die Slavophilen.

Die Verschiedenheit der wirtschaftlichen Grundlage bedeutet meist zugleich eine Verschiedenheit der geistigen Atmosphäre. Die erstgeborene aller modernen Grofsindustrien, die von Lancashire, war umrankt vom englischen Freihandel und vom Liberalismus des englischen Bürgertums, das mit ihr zum Zenith seiner Macht gelangte. Auf dem Boden der Moskauer Industrieentwicklung dagegen steht eine nationalistische Wirtschaftslehre, welche Europa und den liberalen Idealen Europas so entgegengesetzt wie möglich ist. Der englische Freihandel, wenn auch mit stark nationalem Beigeschmack und heute in seiner ursprünglichen Form überlebt, schliefst wertvolle Keime der Zukunft in sich. Er enthält den unverlierbaren, dem Merkantilismus weit überlegenen Gedanken der internationalen Arbeitsteilung, wie denn schon heute eine nach aufsen völlig unabhängige Volkswirtschaft undenkbar ist. Er weist damit auf eine weltwirtschaftliche Organisation, welche die vom Merkantilismus überlieferten nationalwirtschaftlichen Grenzen vielleicht einmal ähnlich überspringen wird, wie der Merkantilismus selbst die Stadt als autarke Wirtschaftseinheit überwand.[1]

[1] Ich brauche Volkswirtschaft und Stadt im Sinne Büchers. Vergl. Bücher, Die Entstehung der Volkswirtschaft.

In der Wirtschaftslehre der Slavophilen und ihrer Nachfolger lebt dagegen die in Westeuropa längst überwundene merkantilistische Idee des geschlossenen Handelsstaates wieder auf, leidenschaftlich beredt oft vorgetragen, so noch neuerdings von dem bekannten Chemiker Mendelejeff. Diese Leute glauben, gleich den Merkantilisten der alten Zeit, an die Möglichkeit des Exports ohne Import und gehen damit über die Vorstellung des erziehlichen Schutzzolls, wie ihn List vertrat, weit hinaus.

Aber die nationalistische Lehre der Slavophilen und ihrer Nachfolger ist selbst weit entfernt, ein urwüchsiges Kind russischen Bodens zu sein; sie ist vielmehr — und gerade darin zeigt sich die geistige Zugehörigkeit Rufslands zu Europa — der Ausläufer einer gewaltigen Wellenbewegung, welche im Laufe unseres Jahrhunderts ganz Europa überflutete. Der Widerspruch gegen den Individualismus der vorangehenden Aufklärungsperiode, gegen die klassische Nationalökonomie und das System der unbeschränkten Konkurrenz war eine allgemein europäische Erscheinung, in welcher bereits Mill den Unterschied des 19. vom 18. Jahrhundert erblickte. Aber diese Bewegung gestaltete sich verschieden, je nach dem Medium, in welches sie einschlug, d. h. je nach den Klassen, welche sie zur Verteidigung ihrer wirtschaftlichen Interessen benutzten.

In England diente die Bewegung dem Fortschritt, mochten auch ihre frühen Vertreter, ein Disraëli, ein Carlyle, sehnsuchtsvoll nach der Vergangenheit schauen; sie diente dem Aufsteigen der arbeitenden Klassen vom revolutionären Widerspruch zur politischen Mitherrschaft im Staate. Sie bewirkte eine Veränderung der liberalen Partei, während die konservative Seite, mehr und mehr Vertreterin des beweglichen Besitzes, die einst liberale Manchesterlehre auf ihre Fahne schrieb.

In Deutschland traf die neue Lehre noch feudale Gewalten bei kräftigem Leben an und sie wurde in ihren Händen zur scharfgeschliffenen Waffe gegen den Siegeslauf der bürgerlichen Klassen. Sie wirkte hier rückschrittlich trotz der in ihr enthaltenen theoretischen Wahrheiten, so als Romantik, als germanistische Rechtsschule, als Staatssocialismus. Auf der anderen Seite aber stärkte der Widerspruch gegen die vorangehende Aufklärung in Deutschland die nationale Gedankenwelt, ohne deren Entfaltung die Gründung des deutschen Reichs und damit die bürgerliche, ja grofskapitalistische Entwicklung des heutigen Deutschland undenkbar gewesen wäre. Sie wirkte in diesem Sinne fortschrittlich.

Ähnlich in Rufsland. Hier bedeutete der Widerspruch gegen den philosophischen und nationalökonomischen Individualismus zunächst eine rückschrittliche Verherrlichung der Naturalwirtschaft. Trotzdem enthielt er auch hier ein fortschrittliches Element: hier schmiedete die Romantik als Slavophilismus nicht den Arbeitern wie in England, nicht dem Junkertum wie in Preufsen-Deutschland, sondern — und dies gerade soll in Folgendem nachgewiesen werden — dem bürgerlich-grofsindustriellen Elemente das Schwert.

So war die „Moskauer Zeitung“ lange Zeit und nicht zufälligerweise ausgesprochenste Vertreterin der „russischen Weltanschauung“ und zugleich der Moskauer Industrieinteressen. Der ältere sogenannte „manchesterliche“ Liberalismus diente in England dem aufsteigenden Fabrikantentum; in Rufsland mufste die spätgeborene Grofsindustrie gerade diese Lehre bekämpfen. Eigentümlich: in Moskau wie einst in Manchester war die zarte Baumwollfaser die Trägerin dieser scheinbar rein geistigen Bewegungen.

Natürlich kann es hier nicht auf eine litteraturgeschichtliche Darstellung ankommen, noch weniger auf eine Charakterisierung der einzelnen Schriftsteller, sondern vielmehr auf eine Zusammenfassung der Gedankenbewegung in grofsen Zügen.

Das Ende der siebziger Jahre bildet in dieser Hinsicht einen Markstein in der Entwicklung. Vorher herrschen offiziell die mehr oder minder liberalen Strömungen, welche das Rufsland Alexanders II. charakterisieren. Bis zu jenem Wendepunkte steht die Entwicklung des Nationalismus also im Gegensatz zur herrschenden Richtung; im Türkenkriege 1878 wird sie zum ersten Mal offiziös verwendet. Nachher wird die „russische Weltanschauung“ der zeitweise Grundton der inneren wie der äufseren Politik des Zarenreichs. Katkoffs Versöhnung mit dem jüngeren Aksakoff, die Bekehrung der bis dahin freihändlerischen „Moskauer Zeitung" zum Schutzzoll, der Regierungsantritt Alexanders III. bezeichnen äufserlich diesen Umschwung.

Den Kern seines Gedankeninhalts verdankte der russische Nationalismus jedoch auch damals den älteren Slavophilen. Der Freundeskreis, welcher sich unter dem Namen der „Slavophilen" in den vierziger und fünfziger Jahren in Moskau zusammenfand, stand in engem Zusammenhang mit der deutschen Romantik. Ausdrücklich hat dies der eigentliche Begründer der slavophilen Lehre, Ivan Wassiljewitsch Kirejewski, betont; auch waren die Mitglieder dieses Kreises sämtlich auf deutschen Universitäten gebildet[1]. Die Verhältnisse, in denen sie lebten, prägten diesen älteren Slavophilen eine doppelte Eigentümlichkeit auf. Das Rufsland des Kaisers Nikolaus war eine absolute Militärmonarchie; die Grundlage des Staates war der naturalwirtschaftliche Bauer. Demgegenüber war die Zahl derer, welche lasen und schrieben, verschwindend — eigentlich nur der von westeuropäischer Bildung berührte Teil des Landadels, soweit er nicht als Beamter oder Offizier in Anspruch genommen war. Der geringe Umfang der in Betracht kommenden Kreise, deren Kämpfe das Volk nicht berührten, ermöglichte enge Beziehungen der Gesinnungsgenossen und planvolle Arbeitsteilung innerhalb der kleinen litterarischen Zirkel. So übernahm Ivan Kirejewski die philosophische, Konstantin Aksakoff die historische, Alexei Chamiakoff die theologische Seite der neuen Lehre. Hierauf beruht die einheitliche Geschlossenheit des slavophilen Gedankensystems.

Die Regierung, eifersüchtig bestrebt, das alte Rufsland zu erhalten, beschränkte damals noch die litterarischen Kreise auf das Wolkenkuckucksheim der Gedanken. So war der Slavophilismus anfänglich eine unpolitische Richtung; daher konnte man

[1] Vergl. den Aufsatz von Prof. Winogradoff in den philosophischen Fragen, Heft 11: „J. W. Kirejewski und der Beginn der Slavophilen", besonders p. 117—120.

ihm später eine wirtschaftspolitische Spitze geben, welche er ursprünglich gar nicht hätte besitzen können, weil zur Zeit seiner Entstehung die ökonomische Entwicklung des Landes noch nicht weit genug war. Erst in den sechziger und siebziger Jahren wird die slavophile Lehre zum politischen und volkswirtschaftlichen Programm.

Ausgangspunkt der slavophilen Lehre ist der Widerspruch gegen Europa als eine Welt des Individualismus und der Konkurrenz. Damit tritt — anders als bei den westeuropäischen Romantikern — das Element des Nationalismus sofort in den Vordergrund. Denn Rufsland, in dem der Individualismus eben noch nicht zur Herrschaft gelangt ist, erscheint somit als Träger einer sittlich höheren Kultur.

„Gewaltsamkeit“ als übermäfsige Betonung der Individualität ist nach der Anschauung der Slavophilen der Grundzug des europäischen Charakters; rücksichtslos suche der Europäer seine Persönlichkeit der Umgebung aufzuzwingen, rücksichtslos den eignen Interessen die Interessen der andern zu unterwerfen. Dies zeige sich auf geistigem Gebiete in gleicher Weise in der Herrschsucht und Intoleranz der römischen Kirche, wie in dem Protestantismus, dem Aufruhr gegen diese und jede Autorität. Die religiösen und philosophischen Streitigkeiten des Westens seit der Reformation beurteilen die Slavophilen als die Auflösung überlieferter Glaubensformen, als „geistige Anarchie“, in Übereinstimmung mit zahlreichen westeuropäischen Kritikern der bestehenden Gesellschaft, den Romantikern, den Comtisten u. a.

Dasselbe gelte vom politischen Gebiet. Die Herrschaft des Starken zwecks Ausbeutung des Schwachen und die Auflehnung des Beherrschten hiergegen sei das Thema der europäischen Geschichte. Wie einst der Egoismus das Prinzip des römischen Rechts gewesen sei, so sei die Vergewaltigung der Schwachen die Grundlage der feudalen Gesellschaft. Die liberalen Freiheitsbewegungen seien die Auflehnung gegen die feudalen Herrschaftsformen und hätten daher nicht, wie die russischen Liberalen meinten, eine allgemein - menschliche, sondern nur eine westeuropäische Bedeutung. Sie verwirklichten in ihrem Siegeszuge nun zwar die politische Freiheit, aber lediglich um an ihre Stelle die wirtschaftliche Vergewaltigung treten zu lassen. Nichts andres nämlich bedeute die politische Freiheit dort, wo Individualismus und Konkurrenz ungezügelt herrschten. An Stelle der feudalen trete die schlimmere kapitalistische Ausbeutung. Sie beraube das Volk „des ursprünglichsten aller Menschenrechte, des Rechtes auf das Land“. Die unteren Klassen trügen „einem Atlas gleich den Himmel der Kultur, stöhnend und sich krümmend“. Nicht zu Unrecht sieht Kirejewski den Typus des modernen Europäers im Engländer und Yankee verkörpert, welche in der rastlosen Verfolgung ihrer Interessen in der That den äufsersten Gegensatz bilden zu der thatenlosen Ergebenheit des russischen Bauern.

Indem es Europa nicht gelungen sei, die politische Freiheit aufzubauen auf der wirtschaftlichen Unabhängigkeit des Einzelnen, erhebe sich ein unlösbarer Widerspruch. Der Liberalismus spiele den enterbten, nur mit Gewalt niedergehaltenen Massen die Herrschaft in die Hand; eine Katastrophe sei daher unvermeidlich. So trage Europa trotz aller glänzenden Früchte seiner Kultur in sich den Wurm des Todes. „Die Zeit der Ernte ist da, und die Sonne, welche die Früchte hervorbrachte, überschritt den Meridian und neigt sich im Westen.“ — „Europa fault,“ das ist der verbreitetste Ausdruck dieses Gedankens, es fault wie ein Leichnam, dessen Berührung man fliehen mufs, um nicht selbst der ansteckenden Krankheit zu unterliegen. Wie der russische Liberale es als Beleidigung empfindet, nicht als Europäer bezeichnet zu werden, so weist der Slavophile diese Bezeichnung entrüstet zurück.

Trotz dieses starken Ausdrucks enthalten derartige Ideen nichts Neues für den, welcher die älteren konservativen Staatslehrer Deutschlands, welcher Disraëli und Carlyle, welcher die socialistische und comtistische Kritik der modernen Gesellschaft kennt.

Westeuropa gegenüber steht nach der Meinung der Slavophilen die Slavenwelt, welche weder wirtschaftlich noch geistig auf Individualismus beruhe. Bejahe in Europa der Einzelne seine Interessen auf Kosten des Nächsten, so opfere er sie hier zu Gunsten der Gesamtheit. Herrsche dort das Prinzip der Persönlichkeit, so hier das „Gemeinschaftsprinzip“[1].

Die Slavophilen verweisen mit Recht auf die Bedeutung der geistigen und wirtschaftlichen Gruppenzusammenhänge, gegenüber denen das Individuum in Rufsland vielfach verschwindet. Nur vergessen sie, dafs solche Zusammenhänge auch in Westeuropa der Entfesselung des Individuums vorausgingen.

Die Slavophilen erblicken dem Rationalismus gegenüber die geistige Autorität, welche viele westliche Romantiker durch Übertritt zum Katholizismus suchten, in der griechischen Kirche. Aber das russische Volk sei nicht nur der Träger der wahren Kirchenlehre. Entsprechend dem in ihm lebendigen Gemeinschaftsprinzip verwirkliche es mehr als andere das christliche Sittengesetz, es sei „das christlichste aller Völker“, Rufsland das „heilige Rufsland“. Der Mensch sei hier dem Menschen nicht Mitbewerber, sondern Liebe und Mitleid heischender Bruder. Im freien Entschlusse christlicher Selbstaufopferung für die Brüder verwirkliche Rufsland allein die wahre Freiheit. Die formale Freiheit des Westens sei demgegenüber die „Freiheit des wilden Tiers in der Wüste“, die infolge der Selbstsucht des Starken zur thatsächlichen Knechtschaft der Mehrzahl führe. Daher ruft K. Aksakoff: „Der Westen ist verurteilt zur Unfreiheit, Freiheit bleibt nur im Osten“[2]. „So ist gefunden für den Osten die Lösung jener für den Westen unlösbaren Frage der Vereinigung der Freiheit mit der objektiven, für alle verbindlichen Norm“.

Womit belegen die Slavophilen diese ihre Theorie? Als Romantiker gehen sie einmal zurück in die Vergangenheit. Sie verherrlichen das „vorpetrinische Rufsland“, da alles staatliche wie private Leben einen kirchlichen Anstrich

[1] Vergl. z. B. die Zeitschrift „Rufs“ 1883, Nr. 3 p. 30—34, woselbst der grundlegende, früher veröffentlichte und weit früher geschriebene Aufsatz von K. Aksakoff, Über den Menschen der Gegenwart, zum Abdruck gebracht ist.

[2] Werke von Aksakoff, Band I, S. 7—9.

trug. Schüler der deutschen Rechtsschule, preisen sie die gewohnheitsmäfsigen Institutionen jener Zeit gegenüber dem formalen Recht der späteren Periode. Sie preisen die Bedürfnislosigkeit jener Zeit, die das Streben nach Reichtum nicht gekannt habe. So sagt Walujeff: „Wenn wir unter Kultur nicht nur eine äufsere Verbesserung des Daseins verstehen, sondern die gesamte geistliche und sittliche Bewegung, welche die Völker vereinigen soll zu einer Einheit brüderlichen Lebens, dann ist es sehr zweifelhaft, welches mit gröfserer Gerechtigkeit wir gebildet nennen können, das Rufsland des 15. und 16. Jahrhunderts oder das gegenwärtige katholische und evangelische Europa“ [1].

Freilich mufsten die Slavophilen den Schleier märchenhafter Romantik um die damals noch wenig bekannte Geschichte des älteren Rufslands werfen, um in ihr die Herrschaft christlicher Moralprinzipien aufzuweisen. Trug nicht der gewaltigste der „Moskauer Zaren“, Iwan IV., in der Geschichte den Namen der „Schreckliche“ in Erinnerung an jene von ihm hingerichteten 60 000 Nowgoroder, deren Handelsgröfse und Freiheitssinn ihm unbequem waren? War doch das Volk damals zu Tausenden entlaufen, um in den Steppen des Südens als Kosakenschaft ein lebender Protest zu sein gegen das angeblich dem christlichen Ideal so nahe gekommene Moskauer Zarentum.

Neben der Vergangenheit diente den Slavophilen „das Volk“ zum Belege ihrer Anschauungen, zum Gegenstande der Verherrlichung. „Das vergangene Rufsland lebt noch heute im Volke, in ihm allein ist das wahre Rufsland, das Rufsland von heute, welches direkt an das Rufsland von gestern anschliefst,“ sagt K. Aksakoff. Aus der Tiefe des Volkes allein seien wahre Kultur- und dauernde Rechtsgedanken zu schöpfen. Das Volk sei der bleibende Stamm, der tief im Erdreich wurzele, die gebildeten Klassen die von ihm ernährten, vergänglichen Blätter.

Das Volk aber sei der Bauer. Nicht nur der Zahl nach

[1] Vergl. Pipin, Charakteristiken der Litteraturmeinungen p. 287, zweite Auflage. Petersburg 1890.

mache er die Nation selbst aus, sondern er sei auch der einzige Träger wahren russischen Volkstums. K. Aksakoff und die älteren Slavophilen stellten zum erstenmal jenen halb christlichen, halb orientalischen Typus des russischen Mujik, einen neuen „göttlichen Dulder", als das Ideal des Menschen überhaupt auf. Dieses Ideal wurde später durch den Grafen L. Tolstoi auch im Westen bekannt. Ich erinnere an die herrliche Figur des Platon Karatajeff und an die reizenden Volkslegenden des grofsen Dichters. Arm, hungernd, unwissend, von den gebildeten Klassen wie den Europäern verachtet, sei der Mujik ihnen doch allen voran, wenn man das Leben als Pilgerfahrt nach der himmlischen Heimat auffasse. Während der Europäer, von Goldgier getrieben, rastlos die Welt durchstreife und alle Völker zu Sklaven mache, während der Arme in Europa die Genüsse des Reichen begehre und, stets zum Aufruhr bereit, an seinen Ketten rüttle, folge der russische Bauer dem Grundsatz: „Widerstrebe nicht dem Übel." Er allein habe sich so aus der unendlichen Kette des Bösen befreit, welche alle die umstricke, die Böses mit Bösem vergelten. Folgerichtigerweise verurteilt der Graf Tolstoi daher jedes wirtschaftliche Streben, jede Steigerung der Lebensbedürfnisse, kurz alles Handeln, welches mehr bezweckt als den barsten Lebensunterhalt. „Arbeit", wie sie der Westeuropäer versteht, ist nach Tolstoi[1] unmoralisch, „grausam", weil sie Bejahung der eignen Persönlichkeit und Unterwerfung der Aufsenwelt bedeutet.

Auch in dieser Hinsicht weisen die Slavophilen auf einen thatsächlich zwischen Rufsland und Europa bestehenden Unterschied; nur vergessen sie, dafs die ohne äufseren Zwang, lediglich auf Grund des Selbstinteresses geleistete Arbeit auch im Westen ein verhältnismäfsig spätes Erzeugnis der Wirtschaftsgeschichte ist.

Die moralischen Vorzüge des Bauern kommen nach Ansicht der Slavophilen vor allem zum Ausdruck in der russischen

---

[1] Vergl. den Aufsatz Tolstois „Nichtsthun" im Nördlichen Boten.

Dorfgemeinde, welche damals gerade von Haxthausen litterarisch entdeckt und irrigerweise in Zusammenhang mit den in früher Vorzeit bestehenden oder vermuteten Gesamteigentumsverhältnissen gebracht worden war [1]. Die periodischen Umteilungen des Landes, „Ausgleichungen“, wie das Volk sagt, betrachten die Slavophilen als den wichtigsten Ausflufs jener Europa überlegenen, moralischen Eigenschaften des russischen Bauern. Wäre es doch einem Westeuropäer unerträglich, zuzugeben, dafs das Land, in dem der Schweifs seiner Arbeit ruht, nach kürzerer oder längerer Frist an die Gemeinde zurückfalle; er würde nie gestatten, dafs seine Arbeit einem vielleicht trägeren und unwissenderen Genossen zu gute komme, während er sie an dessen bisherigem vernachlässigten Felde von neuem zu beginnen habe. Jedem Nachgeborenen sichere der russische Gemeindebesitz ein gleiches Recht auf Landausstattung, auch wenn sich dadurch die Gröfse der Ackerlose der bisherigen Besitzer verkleinere. In diesem Mangel an einer Verteidigung seiner persönlichen Interessen, wie ihn der russische Bauer im Gemeindebesitz offenbart, sehen die Slavophilen einen positiven moralischen Vorzug; der Gemeindebesitz setze voraus „den höchsten Akt der persönlichen Freiheit: die Selbstentäufserung.“ In ihm gelte „einer für alle, alle für einen“, der Grundsatz des Christentums.

So besitze Rufsland einen ungeheuren Vorzug vor Europa. Die europäische Gesellschaft, glänzend zwar nach aufsen, sei auf zerfliefsendem Sande gebaut; denn die Zusammenhänge in ihr beständen nur aus den Erwägungen persönlichen Vorteils, aus einem blofsen Geldnexus. Der russische Gesellschaftsbau dagegen sei fest verkittet durch das ihn durchziehende Gemeinschaftsprinzip. Nicht nach den Rezepten ungläubiger Nationalökonomen sei er errichtet, sondern er ruhe auf dem Felsengrunde, den ein Gröfserer in der Bergpredigt gelegt habe.

[1] Haxthausen, Studien über die inneren Zustände Rufslands. III. Bd. 1847—52.

Das heilvolle Ergebnis hiervon bleibe nicht aus. Die sociale Frage, der unentrinnbare Fluch einer Welt der Konkurrenz, sei für Rufsland unmöglich. Der Gemeindebesitz gewährleiste einem jeden gesichertes Auskommen; er erhalte die Gleichheit der Lebenslage in der Masse des Volkes und verhindere die Entstehung des Proletariats — ein Satz, der heute zum vielgebrauchten Schlagwort geworden ist. Arbeit und Kapital seien hier nicht feindlich getrennt; der das Land bebaue, sei sein Besitzer. Während der Westen die unteren Klassen mit einer formalen Freiheit abspeise, gewähre ihnen Rufsland mehr, nämlich die thatsächliche Freiheit in der Gestalt ökonomischer Unabhängigkeit. Indem das russische Volk auf Jahrhunderte hinaus durch den Gemeindebesitz das Land sich gesichert habe, mache es sich gegenüber den von socialer Krankheit zerrissenen westeuropäischen Völkern zum jugendlichen Träger der Zukunft[1].

Der Gemeindebesitz gilt den Slavophilen als die Grundlage der ganzen Staats- und Gesellschaftsorganisation Rufslands. Er ist dem Patrioten die theuerste nationale Eigentümlichkeit; er ist ihm zugleich das wertvollste Vermächtnis, welches das russische Volk von der Geschichte erhalten hat. Mit ihm ist es auf die Weltbühne getreten, um mit ihm seine historische Aufgabe zu erfüllen: sociale Organisation an Stelle der socialen Anarchie zu setzen, welche das abtretende Europa hinterlasse.

Die Slavophilen berühren sich hier eng mit den russischen Socialisten. Insbesondere meint Herzen[2]: Europa habe eine Vergangenheit durchgemacht, die es nicht mehr verleugnen könne; mit allen Fasern hänge es am Privateigentum, der

[1] Die früheste Formulierung dieser socialen Theorie, welche die Volksparteiler später paraphrasieren, ist der Artikel des slavophilen Anonym M . . . Z . . . K . . im „Moskauer" 1847. Vergl. die Auszüge von Pipin a. a. O. S. 292 ff. Vergl. auch Keufsler, Kritik und Geschichte des bäuerlichen Gemeindebesitzes. Riga 1876, I, p. 116 ff.

[2] Vergl. hierfür Otto von Sperber, Die socialpolitischen Ideen Alexander Herzens. Leipzig 1894. S. 87 ff.

letzten Ursache seines Marasmus. Die Verwirklichung der socialistischen Gesellschaft verlange einen frischen und jugendlichen Boden, dem die Entwicklung des Kapitalismus fremd geblieben sei. Dieser Boden sei das Slaventum, das noch heute auf der ursprünglichen socialistischen Grundinstitution, dem Gemeindebesitz, beruhe. In der russischen Gemeindeverfassung erblicken Herzen wie Tschernischefski den Schlüssel zur Lösung der socialen Frage, womit Rufsland an die Spitze der Entwicklung der Menschheit überhaupt trete[1]. Es sind diese auch heute noch viel wiederholten Ausführungen ein Zeichen dafür, wie wenig diese Socialisten von Marxistischer Geschichtsauffassung berührt sind[2].

Aber nicht nur die landwirtschaftliche, sondern auch die gewerbliche Produktion ist nach Ansicht der Slavophilen in Rufsland eigenartig und günstiger geordnet als in Europa.

[1] Vergl. Tschernischefski, Sur la forme communale de la possession foncière. Genève 1879.

[2] Die soeben dargelegte slavophile Lehre ist hinsichtlich ihrer historischen Bestandteile widerlegt. Tschitscherin hat recht behalten: Der heutige Gemeindebesitz Rufslands ist ein fiskales Produkt des Moskauer Staates. Nach Jefimenko und Engelmann ist die ursprüngliche Form des Grundbesitzes bei den Slaven der grofse Einzelhof (Hauskommunion, Gentilgenossenschaft). Wo die Bauern frei blieben, ist aus diesen Familiengütern separierter Grundbesitz entstanden, z. B. im Norden, in Kleinrufsland. Diese Entwicklung wurde in Grofsrufsland unterbrochen durch die Eroberung, seit der alles Land dem tatarischen Chan gehörte oder dem, welchem dieser es lieh. Rechtsnachfolger des Chan war der Zar. Zum Zwecke der Steuervermehrung und zur Ausgleichung des Steuerdrucks fanden auf diesem sogenannten „schwarzen Boden“ periodische Ausgleichungen des Besitzes statt. Die Anfänge des Privateigentums wurden also durch die Entwicklung der Unfreiheit überwuchert in dem Mafse, als das ererbte oder erworbene Recht am Lande in eine Pflicht zur Bebauung des staatlich zugewiesenen Landes sich verwandelte. Noch im Laufe dieses Jahrhunderts wurde eine solche Besitzausgleichung gegen den Willen der Bauern seitens der Regierung mancherorts erzwungen. So Tschitscherin bereits 1856 im Russischen Boten. Vergl. Handw. d. Staatswiss. IV, 1185 ff. Artikel „Mir“ von Keufsler; Engelmann, Die Leibeigenschaft in Rufsland, Leipzig 1884, S. 343 ff.

Infolge der allgemeinen Landausstattung, welche der Gemeindebesitz gewährleiste, hafte auch die gewerbliche Bevölkerung am Lande. Die „nationale“ Industrieform sei daher die ländliche Hausindustrie. In ihr sei verwirklicht, was die Socialisten Europas fordern: der Arbeiter sei Besitzer des Produktionsmittels, und der volle Mehrwert, den seine Arbeit schaffe, sei sein Gewinn — ein Satz, welcher nur insofern mit den thatsächlichen Verhältnissen übereinstimmt, als es sich um die primitivste Form der Industrie, die Überschufsproduktion der bäuerlichen Hauswirtschaft, handelt. Nun geben zwar die Slavophilen die technischen Mängel der Hausindustrie zu; diese aber würden mehr als aufgewogen durch „moralische Vorzüge“. Rufsland kenne nicht jene Anhäufung gefährlicher Proletariermassen in den Städten, welche der Herd aller revolutionären Bewegungen im Westen seien. Der gewerbliche Arbeiter Rufslands gleiche in Einfalt der Sitten und des Glaubens dem Bauern.

In beschränktem Mafse erkennen die Slavophilen auch die Notwendigkeit von Fabriken auf russischem Boden an, als der Wegweiserinnen des technischen Fortschritts. Jedoch knüpfen sie daran die Bedingung, dafs das Arbeitsverhältnis seinen patriarchalischen Charakter bewahre. „Der Fabrikherr ist der Vater der Familie, die Arbeiter seine Kinder.“ Dem unbedingten Gehorsam der Arbeiter entspricht die Pflicht des Fabrikanten, die Arbeiter zu beschäftigen, unterzubringen und zu ernähren — ein Ideal, das, wie wir sahen, die Possessionsfabrik damals auf dem Boden der Unfreiheit noch verwirklichte.

Aber auch wo dieses Ideal nicht voll verwirklicht sei, besitzen die gewerblichen Arbeiter Rufslands in allen Fällen einen ungeheuren Vorteil vor den Proletariern Europas, besonders vor den englischen Arbeitern, deren Elend in der Welt seinesgleichen suche. Jede Geschäftsstille, jede arbeitsparende Erfindung werfe in England Tausende auf das Pflaster. In Rufsland gäbe es keinen Menschen, der nicht in letzter Linie sein Land, sein Haus, sein Brot habe. Gehe die Fabrikation schlecht, so kehre der Arbeiter auf das Land zurück und ergreife den Pflug. Die Fabrik gebe nur einen Zuschufs zum Volkswohlstande, indem sie dem Bauern ermögliche, seine freie Zeit nutzbringend anzuwenden.

In Anknüpfung an die socialistischen Ideale Westeuropas erklärten die Slavophilen die Produktivgenossenschaft in der Form des Artells als die nationale Organisation der bäuerlichen Industrie Rufslands. Sie konnten in dieser Hinsicht allerdings kaum mehr auf Thatsachen Bezug nehmen, indem die kaufmännische Organisation der ländlichen Industrie (Verlagssystem) schon damals weit überwog[1].

Im engsten Zusammenhang mit diesen volkswirtschaftlichen Lehren steht die slavophile Auffassung der Autokratie. Indem das Volk sich das Land, d. h. die ökonomische Freiheit, gesichert habe, verzichtete es auf die politische, den Schein der Freiheit, obgleich es zu ihrer Ertragung geeigneter wäre, als die Proletarier Europas. Alle liberalen Bewegungen, deren Ziel es sei, „Garantien“ zu schaffen, gingen lediglich zurück auf den Ehrgeiz von Publizisten, welche, dem Volke entfremdet, an Stelle des gottgesetzten Herrschers selbst den Herrscher spielen wollten; dieser Vorwurf gegen die Liberalen findet sich noch heute häufig in der nationalistischen Presse[2]. Dem gegenüber habe das russische Volk die Autokratie errichtet, indem es freiwillig die Waräger herbeirief. Wie daher der russische Staat der einzige sei, der nicht auf Gewalt und Eroberung beruhe, so habe Rufsland auch den einzig möglichen Weg beschritten, um Freiheit auf Erden zu erhalten: den Weg der freiwilligen Selbstentäufserung. Daher kann K. Aksakoff sagen: „Die Wege von Europa und Rufsland sind vollständig verschieden, verschieden bis zu dem Grade, dafs die Völker, die sie beschreiten, niemals in ihren Anschauungen übereinstimmen können. Der Westen, aus einem Zustande der Sklaverei übergehend zu einem Zustand des Aufruhrs, verwechselt Aufruhr

[1] Vergl. über die Stellung der Slavophilen zur Industrie Tugan-Baranowski a. a. O. S. 279. Über das Artell vergl. oben zweites Kapitel, Teil VII.

[2] So häufig die „Moskauer Nachrichten“, z. B. vom 27. Okt. 1893.

mit Freiheit, rühmt sich seiner und sieht Sklaverei in Rufsland. Rufsland erhält dauernd bei sich die von ihm freiwillig herbeigerufene Macht, erhält sie freiwillig und sieht deshalb in dem Aufrührer den Sklaven, der sich erniedrigt vor dem neuen Idol des Aufruhrs so wie einst vor dem alten Idol der Macht. Nur der Sklave erhebt den Aufruhr, ein freier Mensch wird nicht zum Aufrührer" [1].

Ähnlich wie das Gesamteigentum der Gemeinde dem wirtschaftlichen Kampfe aller gegen alle überlegen sei, so die Autokratie dem politischen Kampfe aller gegen alle, welcher das Staatsleben Europas ausmache. Das russische Volk erscheine im Zarentum als organisches Gesamtindividuum. Seine Geschichte sei nicht wie die Westeuropas die mechanische Mittellinie widerstreitender Interessen, sondern beruhe auf einheitlichen Entschlüssen. Nicht Parteikämpfe gingen den grofsen Wandlungen in der russischen Entwicklung voraus, sondern innerlich reife der Entschlufs, um dann scheinbar unvermittelt in die Wirklichkeit zu treten. Man vergleicht hier den tönenden Streit um die Abschaffung der Kornzölle in England mit der Befreiung des russischen Bauern, der eine Agitation nicht voranging. (Wie weit war hieran die Censur beteiligt?)

Der Zar sei die lebendige Verwirklichung des Selbstbewufstseins und Willens des Volkes. Beschränkung der Selbstherrschaft sei unmöglich, denn in ihr liege die Einheit des Volkes selbst ausgedrückt, welches durch den Willen seines Herrschers in „disciplinierter Begeisterung" zu den gröfsten Kraftanstrengungen angespannt werden könne. Hierauf beruhten die von Friedrich dem Grofsen und Napoleon anerkannten moralischen Vorzüge des russischen Heeres, ferner die Einheit und Unzertrennbarkeit der russischen Nation selbst. Der Bauer, wie weit er immer durch seine Auswanderung die Grenzen der Nation ausbreite, überall trage er die Anhänglichkeit an den Zaren mit sich, bis an die Schneehäupter Asiens

[1] K. Aksakoffs Werke I, p. 7—9.

und die Küsten des Stillen Ozeans. „Himmlisches Manna“ nannten die „Moskauer Nachrichten“, das Organ des damals mit den Slavophilen vereinigten Katkoff, das kaiserliche Manifest vom 29. April 1881, in dem der Monarch seine Absicht kund gab, die Selbstherrschaft ungeschmälert zu erhalten.

Das Zarentum allein ermögliche Unterordnung des ganzen Menschen unter den Staatszweck. Die Slavophilen begründen hierdurch wohl nicht mit Unrecht auch die Leibeigenschaft des Bauern. Denn im Gegensatz zu der feudalen Entwicklung des europäischen Mittelalters hat ja erst die Monarchie in Rußland die Leibeigenschaft durchgeführt. Ihr gegenüber war Bauer wie Adel gleich rechtlos. Die eine Hälfte der Bauern, die Staatsbauern, diente unmittelbar dem Zaren, während die andere Hälfte den Beamten, d. i. dem Adel, zum Unterhalt bestimmt war. Die ganze höhere Erziehung dieser letzteren Klasse war Vorbereitung zum Staatsdienst.

Hierin ist nun eine Veränderung eingetreten, in welcher die Slavophilen recht eigentlich die Krankheit des russischen Lebens unserer Tage erblicken. Europäische Bildung — weiter um sich greifend als zu jenem rein technischen Zweck des Staatsdienstes notwendig war — entnationalisierte die oberen Schichten der russischen Gesellschaft. Damit zerfiel die Nation in zwei Teile: in das Volk, welches die wahre Nation ist, und seine schillernde, trügerische, dünne und vergängliche Oberfläche, die sogenannte „Intelligenz“.

„Ein Teil des russischen Volkes verleugnete das russische Leben, Sprache und Kleidung, und bildete das „Publikum“, welches an der Oberfläche schwimmt. Es ist unser Band mit dem Westen; es verschreibt daher alles, materielle wie geistige Lebensregeln, beugt sich vor ihm wie vor dem Lehrer, entleiht ihm Gedanken und Gefühle gegen den ungeheuren Preis des Bandes mit dem Volke und der Wahrheit des Denkens. — — Das Publikum spricht französisch, das Volk russisch; das Publikum trägt deutsche Kleidung, das Volk russische; das Publikum hat Pariser Moden, das Volk russische Gewohnheiten. — — Das Publikum und das Volk haben ihre Beinamen: das Publikum ist das ehrenwerte, das Volk das orthodoxe“ [1]. Durch Petersburg, das „Fenster, das Peter der Große nach dem Westen gebrochen hat“, hielt das Unheil den Einzug. Die Reformen dieses Schöpfers des modernen Rufsland waren nach Ansicht der Slavophilen nur insoweit berechtigt, als sie Annahme europäischer Technik bedeuteten. Letztere war nötig zunächst auf dem Gebiete des Heerwesens, um dem deutschen „Drange nach dem Osten“ ein Halt zu gebieten. Europa mufs mit europäischen Machtmitteln bebekämpft werden.

Unberechtigt dagegen war die ideelle Seite der Rezeption, insbesondere die Annahme europäischer Bildung und Sitten, Sprache und Kleidung u. s. w., wie denn K. Aksakoff, ähnlich dem Grafen L. Tolstoi, das russische Bauernkleid wieder zu Ehren brachte. Peter, indem er europäische Sitten und Bildung einführte, hat sich nach Ansicht der Nationalen um Rufsland schlecht verdient gemacht; auch bezüglich des europafreundlichen Alexander II. hörte ich in slavophilen Kreisen wenig ehrerbietige Worte flüstern. Aus der Entrussung der oberen Klassen folgen nach Ansicht der Nationalen viele Nachteile, sowohl nach aufsen wie nach innen. So hatte Rufsland viel Schaden davon, dafs es die auswärtige Politik unter europäischem, statt unter russischem Gesichtspunkte ansah und sich zum Verteidiger der Legitimität in Europa aufwarf.

Nach innen hin ist nach Ansicht der Slavophilen das Beamtentum die unerfreuliche Folge der Europäisierung der oberen Gesellschaftsschicht. Wenn die verherrlichte Autokratie sich manchmal den Slavophilen unbequem fühlbar machte, so wurde die ganze Schuld dem Beamtentum als einer „deutschen Einrichtung“ zugeschoben, von der es gelte, den Zaren zu befreien. Um Zar und Volk unter sich in unmittelbare Berührung zu bringen, empfahlen diese Romantiker den „allgemeinen Landtag“ — also doch ein Stück aus der Rüstkammer des Liberalismus.

Glücklicherweise sind die Versuche der Liberalen, durch

---

[1] So K. Aksakoff. Vergl. Pipin im Europäischen Boten, April 1884. S. 610.

Ausdehnung der westlichen Bildung das Volk allmählich zu europäisieren, nach Ansicht der Slavophilen zum notwendigen Fehlschlagen verdammt. „Durch litteräre Meinungen die eingewurzelten Überzeugungen des Volkes zu verändern, ist ebenso leicht, wie durch einen abstrakten Gedanken den Knochenbau eines lebenden Organismus zu verändern" — dieser Satz ist der an die deutsche Romantik anklingende Grundgedanke Kirejewskis. Gelänge der Versuch, das Volk zu europäisieren, so wäre dies das Ende des Volkes selbst. „Denn was ist ein solches Volk anders, als der Betrag von Überzeugungen, die mehr oder weniger in seinen Sitten und Gebräuchen, in seiner Sprache, seinen Gefühls- und Verstandesauffassungen, seinen religiösen und gesellschaftlichen Beziehungen, mit einem Wort in der ganzen Fülle seines Lebens zum Ausdruck kommen [1]?"

War die „Petersburger Periode" eine Zeit der Fremdherrschaft, so glauben die Slavophilen selbst eine neue Periode der russischen Geschichte einzuleiten: die „Rückkehr zu dem Mütterchen Moskau" [2], die Rückkehr zu den durch Moskaus Namen vertretenen altrussischen Grundsätzen. Indem man lediglich die Annahme der europäischen Technik und Naturwissenschaft zuläfst, um Rufsland gewerblich und militärisch von Europa unabhängig zu machen, verlangt man Abschlufs nicht nur gegen europäische Industrieprodukte, sondern auch gegen europäische Gedanken.

Indem die europäische Bildung aber die einzig vorhandene war, stellte sich dieser Kampf als ein Kampf gegen Bildung überhaupt dar. Denn es war ein Rezept, das Kirejewski leichter aufstellen, als seine Nachfolger verwirklichen konnten, „die slavische Philosophie der Zukunft aufzubauen auf den byzantinischen Kirchenschriftstellern."

Die Slavophilen predigten zunächst den Kampf gegen Europa in Rufsland, also auch den Kampf gegen das west-

[1] Werke II, 33—35.

[2] Ähnlich verherrlicht Katkoff Moskau, z. B. bereits 1865. „Mosk. Nachr." 182.

europäische Volkstum der russischen Grenzländer. So wandten sie sich vor allem gegen die deutschen Elemente der baltischen Provinzen; das Buch Samarins, eines der bekanntesten Vertreter der jüngeren Slavophilen, „über die Grenzländer des Reichs" war der Ausgang jenes Stromes russifizierender Mafsregeln, welcher das Deutschtum in jenen Ländern überflutete. Diesen Bestrebungen kam zu gute, dafs das baltische Junkertum, solange es in jenen Ländern allmächtig gewesen war, eine zeitgemäfse Demokratisierung, vor allem die Aufnahme der Bauern in den Landtag, unterlassen hatte. Es fehlte damit eine einheitliche Phalanx[1].

Nicht minder aber wendete man sich gegen die Polen, worin die ersten Slavophilen noch andrer Meinung waren, gegen die Finnländer, die Rumänen und die deutschen Kolonisten des Südens, vor allem gegen die Juden, welche sich besonders empfänglich der europäischen Bildung gegenüber erwiesen, gegen die Eigentümlichkeiten Kleinrufslands, obgleich die Ukrainophilen doch ursprünglich selbst eine slavophile Richtung waren[2]. In gleicher Weise verlangte man Russifizierung des in Rufsland versprengten „ethnographischen Materials", dem man selbständige Kulturaufgaben absprach, so der finnischen Völkerschaften, auch der Esthen, „welche Russifizierung begehren, wenn wir nicht selbst einen künstlichen Damm errichtet hätten", der Georgier und der Armenier, bei denen es ebenfalls das Eindringen westlich-liberaler Ideen sei, das ihre Assimilierung erschwere.

Vom Standpunkte der slavophilen Weltanschauung aus

[1] Nachdem der lettische und esthnische Bauer heute zu nationalem Selbstbewufstsein gelangt ist, sind alle Versuche einer wirklichen Russifizierung jener Gebiete vergeblich und stärken lediglich die Reaktion im eigentlichen Rufsland selbst. Zudem sind diese Versuche unnötig, da das Deutsche Reich doch keinerlei politisches Interesse an dieser Küste ohne Hinterland hat.

[2] Vergl. über die slavophile Bewegung unter den Kleinrussen, welche im Gegensatz zu Moskau stets ein föderalistisches Programm vertraten, die interessanten Mitteilungen Pipins im Europäischen Boten Okt. 1878. S. 757.

erschienen jene Mafsregeln als Verdienste um die betroffenen Völker selbst, indem man ihnen die europäische „Fäulnis“ fern halte. In gleicher Weise aber habe man Aufgaben an den nicht zum russischen Reiche gehörigen Gliedern der Slavenwelt. Um sie zu Mitträgern der künftigen „slavischen Kultur“ zu machen, müssen sie von dem Einflufs Westeuropas befreit und zu diesem Zweck mit Rufsland politisch verbunden werden. Die Slavenwelt sei nicht geneigt, die Rolle zu übernehmen, welche einst die abgelebten Völker Asiens gegenüber der griechisch-alexandrinischen Kultur, welche Indien und China heute gegenüber Europa spielten. Um sich hiervor zu schützen, bedürfte sie der Zusammenfassung durch die politische Macht Rufslands.

Schon K. Aksakoff träumte von der Vereinigung aller Slaven; bereits in den vierziger Jahren formulierte der Herausgeber des „Moskauers“, Professor Pogodin, dessen Zeitung auch der engere slavophile Kreis viel benutzte, das panslavistische Programm. So sagt er in einer Eingabe an das Ministerium der Volksaufklärung 1842: „Rufsland — eine Bevölkerung von 60 Millionen, so weit die Zählung reicht, aufser denen, die noch nicht gezählt sind, eine Bevölkerung, die jährlich um Millionen wächst und bald hundert Millionen erreicht haben wird. Fügen wir hierzu die dreifsig Millionen Brüder und Vettern, die Slaven, welche zerstreut sind in ganz Europa von Konstantinopel bis Venedig, von Morea bis zum baltischen Meer und der Nordsee, Slaven, in denen dasselbe Blut rollt wie in uns, welche unsere Sprache reden und welche daher durch Naturgesetz mit uns sympathisieren und trotz ihrer geographischen und politischen Zersplitterung mit uns ein moralisches Ganzes bilden. Ziehen wir ihre Zahl von Österreich und der Türkei ab und zählen wir sie uns bei, was bleibt von jenen übrig, wie viel wächst uns zu! Der Gedanke steht still, der Geist schaudert! Der neunte Teil der bewohnten Welt, fast der neunte Teil ihrer Bevölkerung, ein halber Äquator, ein Viertel Meridian[1]!“

[1] Vergl. den angeführten Aufsatz Pipins p. 751—765.

Der Regierung des Kaisers Nikolaus waren derartige Äufserungen keineswegs sympathisch, weil in der Idee des Panslavismus die der „Befreiung“ enthalten war: der Aufruhr gegen die legalen Gewalten in Österreich und der Türkei. Da eine strenge Censur damals jedwede politische Äufserung bekämpfte, so zog der engere, unter dem Namen der „älteren Slavophilen“ bekannte Freundeskreis die Beschäftigung mit dem philosophischen Ausbau des Systems vor.

II. Die Panslavisten.

Erst einer jüngeren, im Gegensatz zu den Slavophilen als „Panslavisten“ bezeichneten Generation war es beschieden, die politische Seite des Systems in den Vordergrund zu rücken.

In der Phantasie der Panslavisten baut sich das kommende Weltreich auf „vom Archipel bis zum Eismeer, von der Adria bis zum Stillen Ozean“, das Reich, für welches ganz Asien als Herrschafts- und Kolonisationsgebiet zu dienen habe. Nicht nur eine Entwicklung äufserer Gröfse, sondern vor allem die Verwirklichung der höheren, wahrhaft socialen Kultur sei die Aufgabe Rufslands gegenüber Europa. Die Eigentümlichkeit der slavischen Kulturperiode — und hierin nehmen die Panslavisten die slavophile Weltanschauung auf — bestehe in der Überwindung des Individualismus, der Europa zerfleische. Höher als die künstlerische Kultur der alten Welt, höher als die wissenschaftliche Kultur Europas stehe die aus Keimen sich heute entfaltende slavische Kultur der Gemeinwirtschaft: sie gründe die Blüte der Kunst wie der Wissenschaft nicht auf Sklaven oder Proletarier, nicht auf die Beraubung der Mehrzahl zu Gunsten Weniger, sondern auf die wirtschaftliche Sicherung der Massen.

Demgegenüber sei es verhältnismäfsig uninteressant, welche Rolle den Völkern Europas noch zugewiesen sei. Der milde Geist der älteren Slavophilen gewährte ihnen die Möglichkeit der Rettung in einer Rückkehr „zu den lebendigen Quellen des Ostens.“ So beschäftigte sich Chamiakoff viel mit dem

Gedanken einer Bekehrung des Westens zur morgenländischen Kirche[1]. Die jüngeren Anhänger der Schule dagegen waren folgerichtiger vom Standpunkt der behaupteten Unübertragbarkeit der Kultur aus: nach ihnen mufs die fortschreitende Entwicklung des Unglaubens auf geistigem und diejenige des Proletariats auf socialem Gebiet die noch vorhandenen Lebensformen Europas soweit auflösen, bis endlich das Zersetzungsprodukt reif geworden sei zum ethnographischen Material der aufstrebenden Slavenwelt. „Für den Einzelnen so wenig wie für Völker giebt es einen Jungbrunnen."

War die Richtung der Slavophilen mehr eine philosophisch-idealistische, so war die der Panslavisten eine politisch-realistische; die Ausdrucksweise jener war oft poetisch und blumenreich — erinnert sei an die formvollendeten Gedichte von Chamiakoff —; die dieser war nicht selten agitatorisch und leidenschaftlich. Dort waltete ein auf das allgemeine gerichteter Geist, hier nationale Begrenzung. Der Gegensatz zu Europa war bei den Slavophilen mehr theoretisch, bei den Panslavisten chauvinistisch.

Das Buch „Rufsland und Europa" von Danilewski wurde der weit verbreitete „Katechismus des Panslavismus". Seine Ideen bildeten in scharfer Zusammenfassung die Grundlage jenes Nationalismus, wie ihn die „Moskauer Nachrichten" predigten, und wie er in den achtziger Jahren, entsprechend gemildert, sich vielfach in offiziösen Schimmer kleidete.

Nach Danilewski bediente sich die göttliche Vorsehung der Türkei, um die jugendlichen Völker der südlichen Slaven vor der Ansteckung Europas zu bewahren. Die türkische Herrschaft war nützlich, weil sie die ursprüngliche Art der unterjochten Völker erhielt. Heute dagegen ist das muselmännische Joch wertlos und zwecklos geworden; denn die Türkei ist ein Spielball in den Händen Europas, kein Schutz mehr vor europäischen Einflüssen. Aufserdem aber ist die zum Kampf gegen den Westen berufene Weltmacht

---

[1] Vergl. seinen Briefwechsel mit Palmer, gesammelte Werke II, p. 343 ff.

erstarkt: Rufsland, „die Zuflucht und der Anker“ der Slaven. Wenn der slavische Geist im Balkan nicht überwuchert werden soll von dem immer stärker um sich greifenden „Kulturträgertum des Westens“, so ist die einzige Rettung für ihn „die Vereinigung mit dem stärkeren Bruder“. Die Erhaltung der Türkei oder die Selbständigkeit einzelner kleiner Slavenstaaten, wofür sich Europa begeistert, wäre nichts als ein Mittel der „Europäisierung der Südslaven“. Dagegen kann die starke Hand Rufslands die Ansteckung der Südslaven durch die europäische „Fäulnis“, d. h. die Ideen des Liberalismus, verhindern. Längst hat nach Meinung der Panslavisten das grofse Slavenreich der Zukunft Gestalt gewonnen für die Phantasie des russischen Volkes in dem Namen Konstantinopels: „Kaiserstadt“ heifst sie in dem ahnungsvollen Sprachgebrauch des russischen Bauern. In den Kämpfen um den Besitz dieser Stadt liegt inbegriffen der Kampf zwischen der Slavenwelt und Europa selbst. Daher feiert Danilewski die Stadt mit folgenden Worten:

„Das Ziel der Bestrebungen des ganzen russischen Volkes von der Morgenröte seines politischen Erwachens an; das Ideal der Bildung, des Ruhmes, des Reichtums und der Gröfse für unsere Vorfahren, der Mittelpunkt der Rechtgläubigkeit, der Zankapfel zwischen uns und Europa — welche geschichtliche Bedeutung hätte für uns Konstantinopel, entrissen den Türken, zum Trotze ganz Europas. Mit welchem Triumphe erfüllte unser Herz das leuchtende Kreuz, welches wir auf der Kuppel der Sophienkirche wieder aufgerichtet hätten[1].“

Wenn bereits der Phantasie des älteren Aksakoff dieses Ziel vorschwebte, so begeistert sich die jüngere Generation, realistischer gesinnt, für Konstantinopel nicht nur aus antiquarischen Gründen. Konstantinopel, ein Punkt von höchster militärischer und kommerzieller Wichtigkeit, enthöbe Rufsland der Notwendigkeit einer Sicherung seiner südlichen Küsten, machte das Schwarze Meer zum russischen Binnensee, es wäre

---

[1] Danilewski a. a. O. p. 416 ff. Ähnlich Aksakoff.

ein Ausfallsthor in das Mittelländische Meer, und sicherte die Herrschaft Rufslands über Vorderasien und die Balkanslaven.

Ähnliches gilt von den Westslaven. Unter deutscher Herrschaft, als „Österreich“, retteten sie einst die Unabhängigkeit Europas vor den Türken; später flofs slavisches Blut am Rhein für die Verteidigung des „Vaterlandes“ gegen Frankreich. So verdanken die europäischen Völker überhaupt, so insbesondere Deutschland, den Slaven erst die Möglichkeit selbständiger Kulturentwicklung. Heute nun, da die Türkengefahr verschwunden, und das geeinigte Deutschland sich selbst zu verteidigen imstande ist, hat Österreich seine Rolle ausgespielt. „Es blieb nichts als ein Joch, nichts als ein Hindernis für die Entwicklung der Völker[1].“

Das blofse Dasein dieses Staates ist eine Beleidigung für die Slaven; die Grenze zwischen Österreich und Rufsland ist „eine Grenze im lebendigen Körper“.

Die zwischen den Slaven versprengten kleineren Völker sind Gegenstand der panslavistischen Aufsaugungspolitik: die Griechen, Rumänen, Magyaren. Letztere sind zur Herrschaft gelangt, indem die Deutschen Österreichs mit ihnen ein Bündnis schlossen zur Unterdrückung der Slaven. Ihre Herrschaft, schimpflicher für die Slaven als die des deutschen Kulturvolkes, erwartet jedoch dasselbe Schicksal, — und von derselben Hand — welches Scheinmächte ohne nationale Basis, wie Schweden und Polen ereilte. Den Magyaren bleibt nichts übrig, als aufzugehen im slavischen Meere, „wie schon andere finnische Stämme thaten[2]!“

Die Verhältnisse des übrigen Europa dagegen sind für Rufsland vollständig gleichgültig, seine Geschicke liegen der Slavenwelt so fern, „als spielten sie sich auf dem Monde ab“. Insbesondere wandten sich die Panslavisten gegen die Scheu

[1] A. a. O. 350, 360—364.

[2] Vergl. Danilewski a. a. O. 375—381. Ähnlich die „Moskauer Nachrichten“, welche stets die Kämpfe der Slaven Österreichs, besonders der galizischen Russen, mit gröfstem Interesse verfolgen.

des Kaisers Nikolaus und vieler Legitimisten, sich gegebenenfalls mit der Revolution in Europa zu verbinden. Gleichgültig gegenüber der roten wie der weifsen Farbe, das Ziel im Auge, treibe Rufsland „Gelegenheitspolitik“ und bediene sich der inneren Zwistigkeiten Europas[1].

Auf dieser Grundanschauung beruht die Stellung der Panslavisten zu Deutschland. An sich ist es für das slavische Interesse gleichgültig, ob Schleswig-Holstein deutsch oder dänisch, das linke Rheinufer deutsch oder französisch ist. Ja, die Panslavisten hielten einen Vergleich mit Deutschland für möglich und erspriefslich, welcher auf Grund der Zertrümmerung Österreichs und des Heimfalls seiner westlichen Provinzen an Deutschland gedacht war. Zeitweise waren die Panslavisten also bereit, den vorgeschobensten Posten der Slaven, das von ihnen so hoch gepriesene Czechenvolk zu opfern — die lärmenden Sympathien für die Czechen sollten nur ihren Wert als Vergleichsobjekt steigern. Der Berliner Kongrefs 1878 bedeutete den Wendepunkt der öffentlichen Meinung Rufslands gegenüber Deutschland. Man glaubte damals zu erkennen, dafs der „Weg nach Konstantinopel durch das Brandenburger Thor führe“. Nachdem Deutschland die Integrität Österreichs gewährleistet hatte, erblickte der russische Nationalismus in Deutschland die festeste Bastion Europas, deren Einnahme durch die slavischen Sturmkolonnen den Kampf zwischen Ost und West überhaupt entscheide. Wenn Deutschland Österreich preisgegeben hätte, so würde nach Meinung der Panslavisten der Streitgegenstand zwischen Deutschland und Rufsland aus der Welt geschafft worden sein. Aber gerade weil man hierauf vergeblich hoffte, waren seit den 80er Jahren die Panslavisten Befürworter des russisch-französischen Bündnisses mit einer gegen Deutschland gerichteten Spitze.

Sicherlich liefen auch andere als die erörterten politischen Gründe bei diesem Gegensatz zu Deutschland mit unter. Die

[1] Ganz ähnlich Katkoff in den „Moskauer Nachrichten“, 1886, Nr. 187.

eifrigsten Anhänger fand der Panslavismus unter den Moskauer Industriellen und Grofskaufleuten. Schon der ältere Slavophilismus hatte seine Entstehung auf dem industriellen Boden Moskaus nicht verleugnet, indem er von Anfang an für Schutzzölle eingetreten war. Seinen realistischen Nachfolgern aber war die wirtschaftliche Unabhängigkeit von Europa wichtiger, als die von den Slavophilen in erster Linie erstrebte Unabhängigkeit von europäischer Bildung. Der Panslavismus war allezeit hochschutzzöllnerisch.

In handelspolitischer Beziehung aber ist Europa und Deutschland für Rufsland nahezu gleichbedeutend. Deutschland hat eine gröfsere Einfuhr nach Rufsland als irgend welches andere Land. Wie die geistige Berührung mit Deutschland (die Romantiker, Hegel, Marx) in diesem Jahrhundert für das russische Geistesleben entscheidend gewesen ist, so sind auch die russisch-deutschen Wirtschaftsbeziehungen von Natur die engster Nachbarschaft; der deutsche Kaufmann versteht sich am besten auf russische Bedürfnisse und russischen Geschmack; die zahlreichen Deutschen in Rufsland vermitteln zudem persönliche Beziehungen.

Bei aller Feindschaft gegen Deutschland aber war für die Panslavisten, wie für die Slavophilen der verhafste Typus des Europäers im Engländer am schärfsten verkörpert. England ist nach Meinung der Panslavisten der geborene Feind Rufslands in Asien, das von der Vorsehung als russisches Herrschaftsgebiet bestimmt ist. Man glaubte sich der Achillesferse der englischen Weltmacht zu nähern, wenn man die asiatischen Bahnen an die indische Grenze vorschob. Dabei sprach man nicht von der Eroberung, sondern der „Befreiung Indiens“. Mit Vorliebe wies man darauf hin, dafs die russische Herrschaft dem Asiaten verständlicher sei als die englische, dafs der Begriff des „Eingeborenen“ (native) und die Fülle von Verachtung, welche dieses Wort in sich schliefse, dem Russen fremd sei. Dem „weifsen Zaren“ gegenüber sind in der That alle Unterthanen zwar nicht frei, aber gleich, und dem unterworfenen Fürstensohn winken die gleichen Ehren einer militärischen oder Verwaltungslaufbahn wie dem Russen.

Der Kampf zwischen Europa und Rufsland, abgesehen von seinen gehofften Ergebnissen, galt für die Panslavisten als rettendes und heilbringendes Ereignis, weil er die dünne Schicht des Europäertums von Rufslands Oberfläche hinwegfegen werde. Auch werde er die Slaven, ungeachtet des Einwirkens aller deutschen, französischen und englischen Litteratur, ungeachtet alles westlichen Liberalismus, auf die Bühne historischer Selbständigkeit treiben; mehr als die friedlichen Bemühungen der Slavophilen um die slavische Altertumskunde werde der Kampf mit Europa slavisches Nationalitätsgefühl stärken und für die Einigung aller Slaven unter Rufslands Scepter sorgen.

„Einige Jahre allgemeinen Kampfes im einfachen und buchstäblichen Sinn dieses Wortes, eines Kampfes, geführt für das gemeinsame heilige Ziel, thut mehr für die geistige Einheit der Slaven und die Einführung der russischen Sprache zum allgemeinen Mittel des Gedankenaustausches, als Jahrhunderte angestrengtester Bemühungen mündlicher und schriftlicher Predigt[1]." —

Die Panslavisten standen, wie gesagt, im Gegensatz zu den liberalen Strömungen, welche unter der Regierung Alexanders II. die öffentliche Meinung beherrschten; im Jahre 1887 dagegen schrieben die „Moskauer Nachrichten"[2]: „Der Panslavismus in Rufsland ist nicht das Programm irgend einer Partei, sondern das politische Bekenntnis des russischen Volkes."

Inzwischen war ein Umschwung erfolgt: der Nationalismus war offiziöse Weltanschauung geworden, und der gröfste Publizist Rufslands, Katkoff, hatte sich öffentlich mit den Slavophilen bei Gelegenheit der Puschkinfeier 1880 verbündet[3], nachdem bereits 1878 die „Moskauer Nachrichten" schutzzöllnerisch geworden waren.

---

[1] Vergl. für das Vorhergehende das Buch Danilewkis S. 468—475.

[2] Moskauer Nachrichten. Jahrgang 1887 Nr. 260.

[3] Vergl. Europäischer Bote, 1880 Oktober und November.

Es ist hier leider nicht der Raum, auf jenen merkwürdigen Mann näher einzugehen, welcher so lange der Leiter der öffentlichen Meinung Rufslands war. Sein früherer Liberalismus hatte zuerst an der polnischen Revolution Schiffbruch gelitten, wurde dann mehr und mehr vom Nationalismus und von panslavistischen Vorstellungen überwuchert, zu deren Verbreitung er in seiner Zeitung mehr als irgend einer beigetragen hat[1]. In dem Lande der Selbstherrschaft und des Beamtentums war dieser Mann der Presse ohne staatlichen Rang, vor dem die Minister zitterten, und den der Kaiser jederzeit empfing, eine bisher ungewohnte Erscheinung. Zeitweise schien das Staatsschiff in panslavistisch-nationalistisches Fahrwasser einzulaufen.

Der äufsere Anlafs zu jenem Umschwung der öffentlichen Meinung wie der Politik war die auf dem Berliner Kongrefs erlebte Enttäuschung, welche Bismarck zum bestgehafsten Manne in Rufsland machte, ferner die Gräuelthaten des Nihilismus, zu deren Bekämpfung allein die eiserne Gewaltherrschaft des Moskauer Zaren geeignet schien, endlich der Umschwung der damaligen deutschen Politik, welcher im Socialistengesetz seinen Ausdruck fand. Hier wie dort erschien nun den Leitern des Staates der Liberalismus als gefährlicher denn der Socialismus, weil er die abstofsenden Züge seines Innern unter einschmeichelnder Maske verberge. Auch die deutschen Getreidezölle, deren Erhöhung in den achtziger Jahren insbesondere als direkte Feindschaft aufgefafst wurde, haben dazu beigetragen, in Rufsland nicht nur dem extremsten Industrieschutzzoll, sondern überhaupt allen Europa und speciell Deutschland feindlichen Richtungen die Wege zu ebnen[2].

[1] Vergl. Newjedenski, Katkoff und seine Zeit. Petersburg 1888.

[2] Vergl. die Sammlung von Aufsätzen, Moskowski Sbornik, 1896, worin Pobedonoscetf seine Politik entwickelt. Europa ist der Herd, von dem aus schreckliche Miasmen socialer Krankheiten (z. B. Prefsfreiheit, Parlamentarismus) sich gegen das „unglückliche“ Rufsland heranwälzen. In den Gesprächen, welche ich im Januar 1893 mit

III. Kritik.

Die Panslavisten borgen die Grundlage ihrer Weltanschauung von den älteren Slavophilen. Die Letzteren aber beruhen, wie wir sahen, auf der Kritik der liberalen Gesellschaft Westeuropas. Insofern sind sie, wie die westlichen Romantiker, im Besitz einer unvergänglichen Wahrheit: der Auffassung der menschlichen Gesellschaft als organischer Einheit; hieraus folgt die geschichtliche Bedingtheit des Einzelnen durch Umgebung und Erbschaft. Die von poetischer Leidenschaft getragenen Anklagen der Slavophilen gegen die liberale Volkswirtschaft erinnern manchmal an die Wucht Carlylescher Donnerkeile. Aber gleich ihren westlichen Gesinnungsgenossen fehlen die Slavophilen darin, dafs sie eine historische Beurteilung ihrem Gegner verweigern. In der liberalen Wirtschaftsordnung und in deren geistigen Begleiterscheinungen erblicken sie nichts als „Verirrung", statt zu erkennen, dafs auch sie nur entstanden und zur Herrschaft gelangt sein können, weil sie dem wirtschaftlichen Bedürfnis *ihrer* Zeit, für Westeuropa wenigstens, entsprachen.

1. Geschehenes läfst sich durch Verherrlichung der Vergangenheit eben nicht ungeschehen machen. Die Romantik

diesem bekannten und damals einflufsreichsten Staatsmann Rufslands führen durfte, verwies er auf den toleranten, jeder Propaganda abgeneigten Charakter der russischen Kirche. Seine eigene Kirchenpolitik begründete er aus staatlichem Interesse: in Rufsland wie im Orient bestimme die Kirche die Nationalität: „um wahrer Russe zu sein, mufs der Mensch orthodox sein." Die Kinder eines orthodoxen Elternteils seien daher durch das Gesetz orthodox, der Austritt aus der Staatskirche sei aus staatlichem Interesse unmöglich. So schütze man den Bauern, auf den der Einflufs des Popen gering sei, vor fremder und staatsfeindlicher Propaganda. „Rufsland hat keinen Freund, auch nicht die Franzosen, welche religionslos sind." Die Presse, die Rufsland verleumde, sei die jüdische Presse; ihr gelte er selbst als der „moderne Torquemada". „Der Türke, welcher Christ werden sollte, wird Franke; ähnlich der Russe, der Protestant oder Katholik wird."

Westeuropas tötete ihren Gegner, die liberale Wirtschaftsordnung, keineswegs, wenn sie auch zu ihrer Umgestaltung mitwirkte. Die Slavophilen wiesen z. B. auf England hin als das Land, wo der Liberalismus am weitesten zu seinen Konsequenzen entwickelt, wo ein Zusammenbruch also am nächsten und unvermeidbarsten sei. Der totgesagte Gegner aber, der englische Liberalismus, schluckte, wie sauer es ihm ankommen mochte, die sociale Pille, welche seine Feinde ihm gedreht hatten, und statt zu verscheiden, reckte er sichtlich gestärkt seine Glieder. Die liberale Wirtschaftsordnung, weil sie ein natürliches Ergebnis ihrer Zeit war, erwies sich zwar nicht als ewig, aber als vorwärts entwicklungsfähig und zur Anpassung an neue Bedürfnisse geschickt. Die Geschichte widerlegte die romantische Kritik Westeuropas.

Demgegenüber waren die Slavophilen in anderer Lage. Der Gegner, gegen den sie schrieben, hatte kaum seinen Fufs nach Rufsland gesetzt und war ihnen nur aus Büchern bekannt. Arbeitsteilung und Tausch, die Grundlagen der liberalen Wirtschaftsordnung, waren in dem Rufsland des Kaisers Nikolaus noch kaum entwickelt. Abgerissen von ihrem Heimatsboden führten die liberalen Ideen in den Kreisen der sogen. Intelligenz ein Treibhausdasein.

Daraus aber, dafs in Rufsland die alte Zeit, welche die Romantik der liberalen Gesellschaftsordnung gegenüberstellte, thatsächlich noch existierte, flofs für die Slavophilen ein Vorteil und ein Nachteil. Der Nachteil bestand in folgendem. Mochten sie immer den Schimmer der Romantik über das alte Rufsland breiten, manchmal rückte es ihnen leibhaftig doch allzu nahe, so in Gestalt des Censors ihrer Artikel. Daher hatten die älteren Slavophilen gewisse freiheitliche Forderungen mit den Liberalen gemein, so die der Prefsfreiheit, ja selbst die einer Volksvertretung. So sagte Aksakoff: „Die Freiheit des Wortes ist unentbehrlich, ein Landtag notwendig und nützlich.“ Auch Samarin soll, wie mir persönliche Freunde des Verstorbenen berichteten, ähnliche Ansichten gehabt haben. Erst in dem Mafse als der russische Nationalismus offiziös wurde, legte er die liberalen

Allüren seiner Jugend ab. Er predigte mit Katkoff den Feldzug gegen Prefs- und andere Freiheiten.

Aber auch ein Vorteil bestand für die Slavophilen darin, dafs sie das Alte noch lebendig vor Augen hatten. Statt mühsam in der Vergangenheit zu suchen, konnten sie, um ihre Ansichten zu belegen, in das Leben greifen. Durchaus richtig war es, wenn sie im Mangel des wirtschaftlichen Egoismus den Unterschied der russischen von der europäischen Volkswirtschaft sahen, wenn sie erklärten, dafs die Grundlage jener das Gemeinschaftsprinzip, die Grundlage dieser die Konkurrenz sei; richtiger war es, wenn sie auf die Gemeinde und das Artell als echt russische, Europa gegensätzliche Institutionen hinwiesen. Aber sie hatten unrecht, wenn sie in diesen Institutionen die wertvollen Keime einer Europa überragenden Kultur erblickten, einen Ausdruck des slavischen Nationalgeistes. Auch in Westeuropa war das Individuum einst durch die Gemeinschaft gebunden gewesen. Auch dort war die Entfaltung des wirtschaftlichen Egoismus etwas verhältnismäfsig Neues. Da zu Gunsten des Alten auch dort das Gesetz der Trägheit gesprochen hatte, die neue Zeit dagegen die Anspannung aller menschlichen Kräfte verlangte, so konnte sich die liberale Gesellschaftsordnung des heutigen Europa nicht ohne scharfen, inneren Zwang entwickelt haben: unter dem Drucke des Bevölkerungsgesetzes.

In Rufsland hatte bei dem ungeheuren Nahrungsspielraum das wirtschaftliche Bedürfnis weniger vorwärts gedrängt. Die geographische Einförmigkeit des Landes war der Entwicklung von Tausch und Arbeitsteilung weniger günstig gewesen, als die reiche Gliederung Westeuropas. Die Welthandelsstrafsen berührten Rufsland nur in ihren Ausläufern. Zudem hatte eine schwere Fremdherrschaft, welche alle — grofs und gering — zu Sklaven machte, die Entwicklung des Individuums gehemmt.

Was also die Slavophilen als Vorzüge der Zukunft Rufslands betrachteten, waren Reste, vielleicht Vorzüge der Vergangenheit. Mochten sie immer den Gemeindebesitz preisen, weil er die Gleichheit der Lebenslose gewährleiste, mochten sie die russische Staatsform erheben, weil Parteikämpfe in ihr nur wenig Boden fänden — das war Geschmackssache. Aber noch hatten diese Institutionen die Probe zu bestehen gegenüber dem gröfsten Umschwung, den das Leben eines Volkes durchmachen kann: dem Übergang von der Natural- zur Geldwirtschaft. Verfehlt war es daher, in ihnen nicht nur die Gröfse der Vergangenheit zu erblicken, sondern auch die Gröfse der Zukunft und ihnen sogar die Lösung der von Europa ungelöst gelassenen socialen Frage beizumessen.

2. In gleicher Weise irrten die Slavophilen, indem sie die Abhängigkeit der geistigen von der wirtschaftlichen Entwicklung verkannten. Mochten sie immer die moralischen Eigenschaften des russischen Bauern, seine Bedürfnislosigkeit, seine Widerstandsfähigkeit gegen Schmerz und Leiden, mochten sie sein Solidaritätsgefühl, sowie seine Ergebenheit gegenüber der Autorität preisen, auch das war Geschmackssache. Aber sie durften nicht vergessen, dafs auch in Westeuropa der Subjektivismus gegenüber der Autorität, das höhere Bedürfnis gegenüber der Bedürfnislosigkeit, sich verhältnismäfsig erst spät und aus wirtschaftlichen Gründen ausgebildet haben.

In der That verfehlte der russische Bauer auch auf mich eines tiefen Eindruckes nicht: jenes Antlitz frommer Ergebenheit, mit langem, in der Mitte gescheiteltem Haar, blondem, wirren Bart. Ich erinnere mich des Staunens, mit welchem ich die Widerstandsfähigkeit des Volkes gegen körperlichen Schmerz und Entbehrungen beobachtete; ich sah die Pförtner, wie das in Moskau und anderen Städten üblich ist, die Winternächte vor den Thoren der Häuser sitzen, unbeweglich, unbekümmert um die dreifsig Grad Kälte. Ich sah Wäscherinnen Wäsche waschen in Löchern, die in das Eis des Flufses gehackt waren. Ich sah in den Notstandsbezirken die Bauern hungern, leiden und sterben so leichten Sinnes, wie ich es nicht für möglich gehalten hätte. Aber diese Erscheinungen, die die Slavophilen rühmten, verfehlten sie wirtschaftsgeschichtlich zu begreifen. Die Entwicklung gröfserer Sensibilität erscheint eben als eines der wichtigsten Machtmittel im Kampfe um das Dasein, indem sie zu einer energischen Abwehr feindlicher Einflüsse und zu persönlicher Initiative führt. Dies empfindet das russische Volk selbst; weniger rückschrittlich als seine Verherrlicher sieht es sein Ideal nicht in dem entsagungsreichen Mujik, sondern in dem selbstbewufsten, sich und seinem Rofs das Dasein verdankenden Sohn der Steppe, „dem freien Kosaken“.

Die Slavophilen behaupteten mit Recht die Unselbständigkeit der russischen „Intelligenz“ gegenüber Europa. Geschmackssache war es, wenn sie gegen diese „affenhaftige Nachahmung des Westens“ wetterten. Aber gerade darin bestand die Schwäche der bisherigen Vertreter der „Bildung“ in Rufsland, jener Professoren, Beamten, Journalisten, dafs sie alle von der Regierung abhängig, nicht westeuropäische „Klasse“, Bürgertum waren.

Auch darin irrten die Slavophilen, dafs sie die mittlere Schicht des Bauern, welche heute nach zwei Seiten zerfällt, als die Grundlage der „nationalen Bildung“ der Zukunft ansahen. Das Geistesleben dieser Schicht ist festgelegt. Dagegen hebt sich heute auch in Rufsland eine bürgerliche Schicht empor, für deren Fortschritt die Zunahme der Städte an Einwohnerzahl und Steuerfähigkeit den besten Beweis liefert, — hinter ihr bereits die industrielle Arbeiterklasse. Auf dem Lande aber entsteht eine obere, geldwirtschaftliche Schicht von Bauern, deren geistige Bewegungen einen subjektivistischen, also europäischen Charakter tragen. Hier liegt der Boden, der dem Geistesleben der Zukunft eine tiefgründige Wurzelung ermöglicht.

Indem die Slavophilen die wirtschaftliche Grundlage aller menschlichen Entwicklung übersahen, erblickten sie nationalslavische Eigentümlichkeiten da, wo gewisse Ähnlichkeiten zwischen Russen und übrigen Slaven durch eine gleiche Rückständigkeit der Wirtschaftsstufe bewirkt waren. So verfielen sie der Idee einer besonderen slavischen Kultur und panslavistischen Träumen.

In der That, die Feindschaft gegen europäische Ideen ist nur so weit begründet, als man an den naturalwirtschaftlichen

Zuständen festhält. Europäische Wirtschaftsformen sind untrennbar von europäischen Denkweisen, und letztere hören in dem Maſse auf, nur „europäisch" zu sein, als die Wirtschaft Europas sich zu einer den Globus umspannenden Weltwirtschaft erweitert. Mit den Eisenbahnen und der Schiffahrt Europas eignet sich Japan in erstaunlichem Maſse europäische Bildung an. In der Zeit, da die englischen Blaubücher die Entwicklung einer indischen Groſsindustrie vermelden, legen indische Verfassernamen in englischen Zeitschriften und die Berichte der indischen Universitäten Zeugnis ab von der Verbreitung europäischer Wissenschaft in diesem neben China gewohnheitsmäſsigsten aller Länder. Selbst der „Sohn des Himmels" denkt, nachdem ihm Eisenbahnen aufgezwungen worden sind, an die Errichtung einer Hochschule nach europäischem Muster. Und die Slaven, selbst hochbegabte Europäer, deren Blut den Deutschen von heute reichlich beigemischt ist, sollten eine Ausnahme machen? Der Augenschein zeigt das Gegenteil. In dem Maſse, als die Slaven sich freimachen von naturalwirtschaftlicher Gebundenheit, verfallen sie europäischen Idealen in Litteratur und Politik. Dies weiſs K. Leontief[1]. Eine teuflische Kraft, die über das menschliche Verständnis hinausgeht, sieht er, der starre, byzantinische Reaktionär, in der von Europa ausgehenden Demokratisierung und Nivellierung. Auch Ruſsland sei auf die Dauer kaum zu bewahren, es sei denn durch Erhaltung seiner „Barbarei". „Wie der Arzt am Bett eines hoffnungslos Kranken, so wünscht Leontief das Verhängnis nur so weit als möglich aufzuschieben[2]". —

Die Entwicklung der Thatsachen schien die Slavophilen bald überholen zu sollen. Soeben hatten sie den Beginn einer besonderen slavischen Kulturperiode verkündet, als Ruſsland

---

[1] Der Osten, Ruſsland und die Slaven. Moskau 1885.

[2] Vergl. den geistreichen Aufsatz des Fürsten Sergei Trubetzkoi im Europäischen Boten, Oktober 1892, und die Entgegnung von Tichomiroff in der Russischen Rundschau.

die gewaltigsten Fortschritte in der Richtung auf die Geldwirtschaft that und sich damit notwendig europäisierte.

In dieser Richtung lagen die grofsen Reformen Alexanders II., die Erbauung der Eisenbahnen und die Befreiung der Bauern, die Schaffung unabhängiger Gerichte und die Einführung der Selbstverwaltung. Die Geldwirtschaft mufste sich die äufseren Mittel des Verkehrs wie seine rechtliche Sicherung schaffen; der Adel, indem er die Bauern befreite, zog den Naturalleistungen von Hörigen eine kapitalisierte Abfindung vor. Indem er Selbstverwaltung, ja Beteiligung am Staate erstrebte, zeigte er, dafs die staatlichen Mafsnahmen auch für den Einzelnen von einer Bedeutung geworden waren, welche sie in einem Zeitalter der Naturalwirtschaft schlechthin nicht besitzen. Liberale Ideen hielten damit ihren Einzug in die Presse und in die Regierungsbureaus.

Seit den Reformen Alexanders II. ist die Entwicklung Rufslands in die Bahnen europäischer, sog. „kapitalistischer“ Volkswirtschaft ein für allemal festgelegt. Es ist eine Vogel-Straufs-Politik, wenn die neuzeitlichen Volkstümler das sie in Rufsland leibhaftig umgebende Europa nicht sehen wollen.

Aber wenn der wirtschaftliche Fortschritt das alte von den Slavophilen verherrlichte Rufsland vernichtete, wie kommt es, dafs die von ihnen bereitete Weltanschauung im Nationalismus der achtziger Jahre ihre Auferstehung feiern konnte? Rufsland europäisierte sich thatsächlich wirtschaftlich weiter. Die Geldwirtschaft ergriff mehr und mehr die ländlichen Verhältnisse; eine einheimische Industrie erstarkte. Liegt hierin nicht ein Beweis gegen den Zusammenhang der geistigen mit der wirtschaftlichen Entwicklung?

Nur scheinbar. Die liberalen Ideen der Reformzeit waren keineswegs ausgestorben. Aber sie waren von der Herrschaft verdrängt durch eine, wenn auch kleine, so doch wohlorganisierte und durch Besitz mächtige Minderzahl, welche sich zur Stütze ihrer Herrschaft der reaktionären Weltanschauung bediente. Der Adel, der Sohn eines anderen Zeitalters, ging an der Geldwirtschaft zu Grunde, für die er nicht geschaffen war; er unterlag gegenüber derjenigen Klasse, welche die geistigen Konsequenzen der Geldwirtschaft am weitesten zog. Denn der Moskauer Kaufmann, zugleich Industrieller, ist trotz seiner „altrussischen" Ansichten in der rücksichtslosen Verfolgung seiner wirtschaftlichen Interessen von allen Russen am meisten Europäer.

Um die landwirtschaftlichen Klassen niederzuhalten, bediente sich die Industrie, wie wir noch näher sehen werden, der romantischen Verherrlichung der Vergangenheit. Ihr zu gute kam der panslavistische Hafs gegen Europa, die Forderung der Unabhängigkeit vom Westen, ebenso aber auch die Zulassung westlicher Technik, um den Westen zu bekämpfen.

Wunderbare Ironie des Schicksals: diejenige Lehre, welche auf Grund der Naturalwirtschaft mit Recht behauptet hatte, in Rufsland gäbe es keine Parteien im Sinne von europäischen Interessenvertretungen, wurde zum Werkzeug der ersten wahrhaft europäischen Partei in Rufsland, einer Partei, deren Kerntruppen Baumwollspinner und Montanindustrielle waren. Dieselbe Lehre, welche den wirtschaftlichen Aufbau des alten Rufsland verherrlicht hatte, führte durch ihre auswärtige Politik zu einem Steuerdruck, der das gewohnheitsmäfsige Dasein der Vorzeit zerbrach. Durch den Steuerdruck zwang sie den Bauern, zur Verkaufsproduktion von Getreide überzugehen, den naturwirtschaftlichen Anbau von Flachs und Hanf aufzugeben und damit für sein Bekleidungsbedürfnis Abnehmer der grofskapitalistischen Fabrikindustrie zu werden; ja in vielen Fällen kam der Bauer dazu, den Landbau ganz aufzugeben und als Tagelöhner oder Fabrikarbeiter sein Dasein völlig auf den Boden der Geldwirtschaft zu stellen.

IV. Die Volkstümler (Naródniki).

Gegen die nationalistische Lehre, wie wir sie im Vorhergehenden dargestellt haben, erhob sich ein doppelter Widerspruch: ein theoretischer, welcher wirkungslos blieb, und ein praktischer, daraus hervorgehend, dafs die nationalistische

Politik gegen Ende der 80er Jahre an einem toten Punkte angelangt war und eine Fort- und Umbildung erheischte.

Werfen wir hier vorerst einen Blick auf den theoretischen Widerspruch, welchen der Gang der Thatsachen unberücksichtigt bei Seite liefs. Er ist insofern von Wichtigkeit, als er noch heute die Stimmung weiter Kreise der volksfreundlichen Intelligenz zum Ausdruck bringt und in L. Tolstoi einen gottbegnadeten Propheten gefunden hat.

Die Slavophilen verherrlichten die Eigenart und Unvergleichlichkeit des russischen Gesellschaftsaufbaues, welcher, beherrscht von dem „Gemeinschaftsprinzip", anders als Westeuropa, von selbst und ohne innere Kämpfe dem Socialismus entgegenreife. Hierauf beruhe die moralische Berechtigung einer panslavistischen Politik nach aufsen.

Thatsächlich dagegen führte die nationalistische Politik zu einer Stärkung des Kapitalismus in Rufsland, d. h. zur wirtschaftlichen Europäisierung. Nicht die Hausindustrien, sondern die Fabrikindustrie erblühte unter dem Hochschutzzoll. Unter dem Steuerdruck, den die auswärtige Politik nötig machte, zerfiel der Gemeindebesitz. Mit Recht konnte man sagen, dafs der offiziöse Nationalismus der achtziger Jahre, welcher die Verbreitung der russischen Grundsätze im gesellschaftlichen Leben predigte und das Monopol des Patriotismus sich angeeignet hatte, zu Gunsten der Entwicklung einer westeuropäischen Plutokratie thätig war[1].

Hiergegen nun traten die Volkstümler (naródniki) in die Schranken. Ihre Gedanken finden sich zusammengefafst in den Büchern zweier anonymer Verfasser, W. W.: „Die Geschicke des Kapitalismus in Rufsland, Petersburg 1882, und Nicolai—on: „Abrifs unserer Volkswirtschaft seit der Reform." Petersburg 1893[2].

[1] Nicolai—on: Abrifs unserer Volkswirtschaft seit der Reform. Petersburg 1893, S. 282.

[2] Aufser dem öfters citierten Buche von Struwe findet sich eine interessante Kritik der Volkstümler von Issajeff in den Preufs. Jahrbüchern 1896, Band 86, S. 368 ff.

Ausgangspunkt der Volkstümler ist das Dogma von der Unvergleichlichkeit der russischen Wirtschaftsentwicklung, worin sie sich als echte Slavophilen offenbaren; ja man darf sagen, sie sind die „folgerichtigen Slavophilen“ [1]. Aufs nachdrücklichste betonen sie den slavophilen Gedanken, dafs das Volk der Bauer sei. Industrien, Eisenbahnen und Banken nährten sich vom Bauern. Der Bauer aber — auch hierin lebt die slavophile Lehre auf — führe seine Wirtschaft nicht nach den Grundsätzen der europäischen Nationalökonomie, nicht nach rechnerischer Berücksichtigung von Gewinn und Verlust. „Der Landbau sichert ihm gewisser als jede andere Art von Arbeit die notwendigen Gegenstände seines Verbrauches; er wird ihn fortführen, auch wenn er keinen Gewinn erzielt, sondern nur sich selbst und sein Vieh damit ernährt. — Wirtschaften dieser Art geben keinen Überschufs für die Ausfuhr und zur Erfüllung der höheren nationalen Ziele, — aber durch sie wird die Befriedigung der nötigsten Bedürfnisse des Volkes gesichert und ohne sie würde die Hälfte der Bevölkerung in Proletarier verwandelt“ [2].

Auch die gewerbliche Arbeit des Bauern vollzöge sich grundsätzlich für eigenen Verbrauch. Habe er genug Land, so habe er genug, um zu essen und sich zu kleiden; weitere Ziele verfolge er nicht. Die Landenge allein treibe ihn dazu, sein Dasein auf den Verkauf von hausindustriellen Gewerbeprodukten zu gründen, ja dazu, die Landwirtschaft ganz fallen zu lassen und als Arbeiter in die Fabrik zu gehen.

Landenge also sei der letzte Grund der bäuerlichen Notlage, sie sei jedoch nicht unvermeidlich, vielmehr zu be-

---

[1] Struwe, „Kritische Bemerkungen“. Petersburg 1894, S. 26.

[2] Sokoloffsky citiert bei Struve a. a. O. 171 u. 172: Irrigerweise stellt der Verfasser Grofs- und Kleinbetrieb hier gegenüber; auch der Kleinbetrieb kann nach Rücksicht von Gewinn und Verlust geführt werden; man denke z. B. an den Rheinischen Kleinbauer, vergl. Hecht, Drei Dörfer der Badischen Hard, Leipzig 1895. Der feudale Grofsgrundbesitz wurde dagegen, wie A. Smith schön ausführt, ohne jede Rücksicht auf Gewinn und Verlust bewirtschaftet.

seitigen, „wenn nicht in der Gegenwart, so doch in nächster Zukunft“[1]. Man denkt hierbei nicht nur an Aussiedelung in das Neuland des Ostens, sondern an vermehrte Landausstattung auf Kosten des Gutslandes. Im Grunde findet also die „goldene Umteilung“, von welcher der Bauer noch heute vielfach träumt, d. h. die kostenlose Verteilung des Gutslandes an das Volk, hier ihre litterarische Verherrlichung.

Aus dem Gespräche, welches ich mit Herrn W. W. führte, notierte ich folgende Worte: „Wir wollen nicht, wie die Liberalen, dafs der Staat den Ankauf des Gutslandes dem Bauern erleichtere (Bauernbank), denn damit hilft er nur den reichen Bauern; wir wünschen die Verteilung des Landes an alle zu gleichen Teilen.“

Das Ideal dieser Lehre ist der „Seelennadjel“: „jeder Mensch besitzt und bebaut das zu seinem Dasein notwendige Land. In diesem glücklichen Zustande giebt es keine Trennung von Produktionsmitteln und Produzenten, weder Unternehmergewinn noch Lohn, weder arm noch reich. Es giebt keine Fabriken; denn nur die Peitsche des Hungers treibt den Bauer in die Fabrik. Es herrscht eine allgemeine Befriedigung der „mittleren Bedürfnisse“. Dieser Zustand wird verherrlicht als die „volkstümliche Wirtschaftsweise“; jedes andere Dasein wird ihr gegenüber mit moralischem Makel belegt. „Der Mensch, der den Landbau fallen liefs, ist ein gefallener Mensch; er tritt heraus aus der sittlichen und materiellen Wirkung der Gemeinschaft und betritt einen neuen Weg, auf welchem ihm nicht mehr Solidarität und Gerechtigkeit nötig sind, auf dem er schneller vorwärts kommt durch Schlauheit und Ränke[2].“

Die Lehre der Volkstümler ist folgerichtig. Mit Recht nennt sie Struwe eine „Idealisierung der Naturalwirtschaft“[3]. Daher ist auch die grofse Zahl ihrer Anhänger nur

[1] W. W. a. a. O. S. 95.
[2] W. W. a. a. O. 104.
[3] Struwe, Socialpolitisches Centralblatt. 1893. S. 1.

zu erklärlich bei einem Volke, welches erst vor kurzem und ziemlich gewaltsam aus dem gewohnheitsmäfsigen Dasein der Vorzeit aufgejagt wurde.

Auch die Einwände liegen auf der Hand. Nur bei äufserst dünner Bevölkerung ist die „volkstümliche Wirtschaftsweise“ möglich. Daher ist es gewifs kein Zufall, wenn sie heute einen besonders glühenden Vertheidiger in dem Kosaken Tscherbina gefunden hat, welchem der Landüberflufs des Südostens vorschwebt. Auch der reisende Westeuropäer kann sich dem Reize der unbegrenzten Steppe nicht entziehen; er begreift das Vollgefühl der Freiheit, das nur derjenige geniefst, den die Fülle jungfräulichen Bodens umgiebt: mit der Natur allein, kann er der Menschheit entbehren; er versteht es, wenn der Russe nicht erst in Westeuropa, sondern schon im mittleren Rufsland über „Enge“ klagt.

Aber alle höheren Gaben und Fähigkeiten des Menschen entwickeln sich in letzter Linie im Kampfe um das Dasein, das ist im Kampfe mit der Landenge. Daher ist jene Freiheit des Landüberflusses kulturwidrig. Ihre Aufrechterhaltung erfordert fortgesetzte Auswanderung des Bevölkerungsnachwuchses, unter welchem Gesichtspunkt die Auswanderung geradezu Feindin des Fortschritts werden kann. Insbesondere führt erst der Druck der Bevölkerungszunahme auf gleichbleibender Fläche zur Absonderung rein gewerblicher Existenzen, zur Loslösung ganzer Volksschichten vom Lande, ebenso wie zu einer intensiveren Landwirtschaft zwecks Mehrproduktion auf gleichbleibender Fläche.

Die Entwicklung kann mächtig beschleunigt werden durch Druck von oben, d. h. aus politischen Gründen. Hierauf beruht folgerichtig der Widerspruch der Volkstümler gegen die von den Panslavisten gewünschte Eroberungspolitik nach aufsen. Für seine auswärtige Politik braucht der Staat Kanonen, Gewehre, Kriegsschiffe und Eisenbahnen, besoldete Offiziere und Beamte. Wie die gegenwärtigen und künftigen Kriege, so wirken die Kriege der Vergangenheit nach, deren traurige Denkmäler, die Schuldzinsen im Staatsbudget, Geschlechter überdauern. Die zu diesem Zwecke erhobenen

Geldsteuern verfrühen und verstärken den durch das Bevölkerungsgesetz geübten Druck. In der That hat der Steuerdruck schon manches naturalwirtschaftliche Volk in die dem Naturkinde verhafsten Bahnen der Geldwirtschaft getrieben, z. B. die eingeborenen Unterthanen europäischer Kolonialregierungen. Wie sehr der Steuerdruck — eine Folge der Grofsmachtspolitik des Staates — auf dem russischen Bauer lastet, beschreibt Nicolai—on[1] in folgenden von mir unkontrollierbaren Ziffern: „Wir haben gesehen, dafs die direkte Besteuerung der Bauern $^1/_4$ des Rohertrages der wichtigsten Getreidesorten verschlingt; hierbei haben wir die Landschafts- und Gemeindesteuern nicht in Ansatz gebracht. Wir sahen desgleichen, dafs die indirekten Steuern, welche ebenfalls hauptsächlich auf den Bauern fallen, Mitte der 80er Jahre ungefähr $^4/_5$ der Reinerträge der Hauptgetreidesorten verschlangen, Ende der 80er Jahre den ganzen Reinertrag.“

Blicken wir zurück: Die Volkstümler sind gleich den älteren Slavophilen zu verstehen und zu widerlegen als die Lobredner einer unwiderbringlich verlorenen Vergangenheit. Sie würden es jedoch dem Kritiker schwer verdenken, wenn er sie nur unter diesem Gesichtspunkt betrachtete. Ihre Weltanschauung trägt einen Januskopf; das eine Gesicht ist der Vergangenheit zugewendet, das andere der Zukunft, freilich, wie mir scheint, einer Zukunft über den Wolken. In Rücksicht auf diesen zweiten Teil ihrer Lehre bezeichnen sich die Volkstümler selbst als Radikale; denn sie sind — Socialisten. Es ist hier wieder einmal in interessanter Weise die reaktionäre Bedeutung der socialistischen Gedankenwelt Deutschlands auch für das Ausland bemerkbar: die Volkstümler halten ihr Wirtschaftsprogramm aus dem Grunde für durchführbar, weil ihrer Meinung nach binnen weniger Jahre in Westeuropa der socialistische Staat aufgerichtet sein wird. Damit wird die Notwendigkeit des Militarismus und Fiskalismus auch für Rufsland hinfällig. Mit der Notwendigkeit des Steuerdrucks

[1] A. a. O. S. 258.

fällt der gewichtigste Anstofs zur Geldwirtschaft für den russischen Bauer.

Ferner: die grofsen europäischen Industriestaaten hören auf zu exportieren, denn das socialistische Prinzip verbietet die gesellschaftlich gewordenen Produktionsmittel anders und in längerer Arbeitszeit anzuwenden, als für die Bedürfnisbefriedigung der Arbeiter selbst notwendig ist. Die Verwirklichung des Socialismus also bedeutet Verminderung der Produktion[1] — eine Folge, mit der die auf Ausfuhr angewiesenen Arbeitermassen Deutschlands trotz allen Socialismus sich wohl ungern einverstanden erklären würden.

Nach Ansicht der russischen Volkstümler wird mit Beseitigung des Mehrwerts die Frage von Schutzzoll und Freihandel gleichgiltig. Daher habe Rufsland die Möglichkeit, ohne Rücksicht auf westeuropäische Konkurrenz seine Industrie auf „nationaler Grundlage“ (d. h. auf bäuerlichem Hausfleifs) aufzubauen.

Ich konnte mich eines Lächelns nicht erwehren, wenn mir von ernsthaften Russen ausgeführt wurde, das russische Reich werde in kurzem auf so und so viel hundert Meilen im Westen an den leibhaftigen Zukunftsstaat angrenzen und müsse seine innere Politik bereits heute darauf zuschneiden. Im besten Fall handelt es sich hier doch lediglich um eine Glaubenssache. In wissenschaftlichen Schriften aber sollte man mit dieser Möglichkeit wie einer bekannten Gröfse nicht rechnen. In Deutschland mag mancher daran glauben, mancher auch nicht, und doch den Zukunftsstaat zu Agitationszwecken im Munde führen. Bekanntlich ist der Tag des Heils bereits auf das Jahr 1898 geweissagt gewesen.

In dem unvergefslichen Gespräche, welches ich vor einigen Jahren mit L. Tolstoi führen durfte, forschte der grofse Dichter und Volksfreund nach keiner Kunde aus meiner

---

[1] „Eine jede technische Verbesserung der Produktionswerkzeuge wird nicht zur Vergröfserung der Produktion dienen, sondern zur Verkürzung der Arbeit der Arbeitenden, zur Vergröfserung ihrer Mufse.“ W. W. a. a. O. 16.

Heimat lebhafter und mit gröfserem Interesse, als nach den Fortschritten des Socialismus in Deutschland. In seinem Aufsteigen erblickte er die Morgenröte eines völlig neuen, wahrhaft evangelischen Zeitalters, dem ebenso die friedliche Vergewaltigung des Schwachen durch das Privateigentum fremd sein werde, wie die blutige Vergewaltigung durch die bewaffnete Macht. Wie enttäuscht würde er gewesen sein, wenn ich ihm schon damals hätte erzählen können, dafs auf dem letzten Parteitage der deutschen Socialdemokratie zu Stuttgart 1898 die meisten Redner das socialistische Endziel nur mehr als Ornament neben einem zwar radikalen, aber durchaus praktischen Programm behandelten, welches mitten in der Welt des verhafsten Privateigentums darinstand; viele von ihnen waren bereit, dieses Endziel als leere Floskel über Bord zu werfen, einige sogar bereit, mit dem bestehenden Staate einen Vergleich zu schliefsen; nur Frauen und Greise schwärmten mit aufrichtigem Glauben in der alten socialistischen Glaubenswelt. Blinderen Glauben finden diese Nachzügler der deutschen Entwicklung wohl nirgends als bei den russischen Volkstümlern.

Übrigens ist Karl Marx der Vorwurf nicht zu ersparen, zu dieser Verwirrung selbst beigetragen zu haben. Die russischen Volkstümler berufen sich auf einen etwas zweifelhaft gefafsten Brief, in welchem Karl Marx sich folgendermafsen äufsert: „Wenn Rufsland sich bestrebt, eine kapitalistische Nation zu werden nach dem Vorbilde der westeuropäischen Nationen — und im Lauf der letzten Jahre hat es sich in diesem Sinne viel Schaden angethan — so wird es dieses Ziel nicht erreichen, ohne einen guten Teil seiner Bauern in Proletarier zu verwandeln, und danach wird es der Herrschaft derselben unerbittlichen Gesetze unterfallen wie jede andere Nation“ [1]. Gerade dieses „Wenn“ hofft man vermeiden zu können.

Als Ziel also, und zwar als ein für fortschrittlich geltendes

[1] Citiert bei Struwe a. a. O. S. 179.

Ziel, schwebt den Volkstümlern vor die **Beseitigung des Kapitalismus.** Auf russischem Boden, glauben sie, sei dieses Ziel leichter zu erreichen, als auf dem Boden Westeuropas.

Die Volkstümler betrachten den Kapitalismus als etwas gewaltsam nach Rufsland Importiertes; ein Reis aus fremdem Lande kränkele er auf russischem Boden, in seinem Dasein abhängig von der schützenden Hand des Staates. Den ruhigen Lauf der „volkstümlichen Wirtschaftsweise" habe er nur oberflächlich beunruhigt. Ohne den Kapitalismus, „diesen kühnen Pfadfinder", müsse Rufsland in seiner eigenen Werkstatt das ihm passende Bild der neuen Gesellschaft ausarbeiten [1].

Grundlage des russischen Zukunftsstaates ist auch für die Volkstümler wie für die älteren russischen Socialisten der **Gemeindebesitz.** Auch hierin nehmen die Volkstümler in letzter Linie den Gedanken der Slavophilen wieder auf. „Unsere Vergangenheit hinterliefs uns als Erbstück den Gemeindebesitz, welcher unter der Einwirkung des Kapitalismus, bei den hierdurch hervorgebrachten Verhältnissen in Güterproduktion und Güterumlauf, bei der Trennung des Gewerbes von der Landwirtschaft heute nicht mehr imstande ist, seinen Mitgliedern die Mittel der Existenz zu sichern. Trotzdem ist der Gemeindebesitz eine der Grundlagen, auf welcher das Gebäude der künftigen Gemeinwirtschaft aufgebaut werden kann. Die wissenschaftliche Landwirtschaft und die moderne Grofsindustrie müssen wir auf die Gemeinde aufpfropfen und dieselbe zugleich so verändern, dafs sie ein geeignetes Werkzeug wird für die Umformung der Grofsindustrie aus ihrer kapitalistischen in die gesellschaftliche Form [2]." Selbst die offizielle Nationalökonomie der Universitäten steht diesen Anschauungen nicht allzu fern, und zeigt vielfach eine wenn auch abgemilderte „volkstümliche" Färbung. So preist Karischeff den Gemeindebesitz als den Keim der „kooperativen"

---

[1] W. W. a. a. O. S. 303.
[2] Nicolai — on a. a. O. S. 343.

Landwirtschaft der Zukunft, ähnlich wie ihn W. W. ein herrliches Erziehungsmittel nennt, um im Volke die Fähigkeit solidarischer Thätigkeit zu entwickeln[1].

Schofskind der Volkstümler wie einst der Slavophilen ist neben dem Gemeindebesitz jene öfters berührte primitive Arbeitergenossenschaft, das Artell, welches sich in Rufsland in einzelnen Exemplaren bis auf die Gegenwart gerettet hat. Statt eines merkwürdigen Restes der Vergangenheit erblicken die Volkstümler im Artell Keime einer glücklicheren Zukunft. „Das Volk selbst hat den weiten Begriff des Artells ausgearbeitet, gleichsam eine besondere Art von Organisation der Arbeit, wie sie bei keinem anderen Volke besteht (bestand?), bemerkenswert durch tiefes Verständnis der Natur des Menschen, durch Gerechtigkeit, Verständigkeit, Humanität[2]“. Eifrig suchen die Volkstümler auf dem weiten russischen Boden die wenigen noch lebendigen Beispiele der artellmäfsigen Produktion, welche sich in technisch rückständigen, wenig komplizierten Gewerben finden. So haben einst auch im Westen die Liebhaber der Produktivgenossenschaft jedes derartige Beispiel in den Himmel gehoben, und es hat lange gedauert, bis der Glaube an dieses Allheilmittel endgiltig erschüttert war[3]. Realistischer als die Litteraten bezeichnet das russische Volk die Schmieden von Artellgenossen als „Streitschmieden“. In der That sind unter den Hunderttausenden hausindustrieller Schmiede, Schlosser, Gerber, Holzarbeiter Artelle heute eine Seltenheit. „Wie einfach diese Gewerbe auch sein mögen, sie erscheinen doch bedeutend komplizierter als die Jagd, der Fischfang, das Lastentragen, welche die gröfste Zahl von Genossenschaften liefern[4].“

---

[1] W. W., Unsere Richtungen. S. 139—142.

[2] Vergl. Aufsatz aus Conrads Jahrbüchern. Dritte Folge, Bd. XIV, Simchowitsch S. 671.

[3] Viel hierzu beigetragen hat B. Potter: Die britische Genossenschaftsbewegung, Kap. V.

[4] Issajeff, Preufsische Jahrbücher. Sechsundachtzigster Band. 1896. S. 397.

Die Volkstümler — einer späteren Zeit angehörig als die alten Slavophilen — sehen den Verfall der genossenschaftlichen Institutionen der Vorzeit, des Gemeindebesitzes und des Artells zu deutlich vor Augen, um ihn zu leugnen; ihre Wiederbelebung erhoffen sie „von dem aufklärenden Einflufs der intelligenten Jugend“. Die „Intelligenz“, d. h. Studenten, Lehrer, Ärzte u. s. w. sollen „zum Volke gehen“, sich mit dem Volke befreunden, um in ihm den schlummernden Funken gemeinwirtschaftlichen Geistes zu neuer Flamme anzufachen. Diese Rückkehr zum Volke, zu bäuerlicher Lebensweise und Kleidung, zu kommunistischer Gemeinschaft predigt bekanntlich Tolstoi nicht ohne Erfolg in seinen späteren Schriften. Seinem Anstofs verdanken manche kommunistische Kolonien ihr Dasein, von denen ich eine besuchte.

Gründer derselben war ein früherer Kavallerieoffizier, in den Petersburger Salons seinerzeit eine beliebte Erscheinung. Soeben hatte Wladimir Sergejewitsch — so wollen wir ihn nennen — neben dem Herrensitze des väterlichen Gutes, der noch in den Händen seiner Mutter sich befand, eine luxuriöse Villa für sich und die Seinigen errichtet, als ihn Tolstois Gedanken übermannten. Der verwöhnte Liebling des Lebens warf sich der Askese in die Arme. Ein abseits gelegenes Bauernhaus war seine Behausung geworden. Um ihn herum hatten sich Gesinnungsgenossen angesiedelt: Studenten, ein junger Arzt, ein geistlicher Seminarist u. s. w. In gemeinschaftlicher Arbeit hatte man den Pflug und die Sichel zur Hand genommen. Der Toilette am Morgen diente der Brunnen des Hofes; gegen den übermäfsigen Verbrauch des Westeuropäers an Wasch- und Badewasser wurde geeifert. Auf all jene kleinen Annehmlichkeiten des Lebens, die bis in die tiefsten Schichten der Bevölkerung hinein dem Westeuropäer als selbstverständlich erscheinen, war hier verzichtet worden. Bei Tische fehlte selbst jenes mehrzinkige Gerät, das einst eine Dogenfrau aus Konstantinopel nach dem Abendlande eingeführt hatte, um die Speisen damit aufzuspiefsen. Wenn der Chronist hinzusetzt, dafs sie für diesen unerhörten Luxus den Zorn des Himmels sich zuzog, so empfanden meine Gastfreunde ähnlich: mit hölzernem

Löffel entnahmen sie einer gemeinsamen Schüssel ihre streng vegetarische Kost.

Umso lieber leisteten sie Verzicht auf alles, was als Bedürfnis gelte, und doch Luxus sei, als sie damit die Erreichung ihres Endzieles zu beschleunigen hofften: die Befriedigung ihrer wahren Bedürfnisse durch eigene Arbeit, die Loslösung von den Fesseln, womit Tausch und Arbeitsteilung den Einzelnen an die Gesellschaft und damit an das sociale Unrecht ketten.

Die berühmteste derartige Kolonie ist Kriniza in Südrufsland. Aber auch hier haben sich die Erfahrungen wiederholt, welche mit den Versuchen kommunistischer Ansiedlungen in Europa und Amerika so oft gemacht wurden. Um nicht der Parteilichkeit gescholten zu werden, brauche ich die Worte Issajeffs, welcher keineswegs als Westling anzusehen ist: „Seit der Zeit ihrer Gründung haben in ihr bis zu 200 Personen beiderlei Geschlechts aus der gebildeten Klasse verweilt, um sich an den neuen Bau des Lebens zu gewöhnen und ähnliche Kolonien zu gründen. Wenige, nur sehr wenige aus der Masse der Besucher und Schüler sind ihrer anfänglichen Absicht treu geblieben. Die ungeheuere Mehrzahl ist unbefriedigt geblieben; sie fand die Einrichtung zu eintönig, das Leben aber — zu drückend, sie verzweifelte an der Möglichkeit, so leben zu können, wie die Ansiedler von Kriniza, und kehrte in ihr früheres Fahrwasser zurück. Sobald nur die Wirklichkeit beweist, dafs die Erlangung des Glückes durch Schaffung eines neuen Lebensgefüges bedeutend schwerer ist, als die Erwerbung eines materiellen Auskommens und einer geachteten gesellschaftlichen Stellung mit Hilfe der gewöhnlichen, traditionellen Mittel, durch Hingebung an die bestehende Ordnung in allen Stücken bis ins kleinste, — dann tritt Enttäuschung und Abkühlung ein[1].“

Aber selbst wenn derartige Kolonien sich als lebensfähig erweisen sollten, so ist es doch sehr fraglich, ob sie auf das

[1] Issajeff, Preufs. Jahrbücher a. a. O. S. 407.

Leben des Volkes einen Einfluſs üben könnten in der Richtung auf Erziehung zur Gemeinwirtschaft. Dadurch, daſs der Student das Bauernhemd anzieht, werden seine Worte und seine Gefühle dem Bauern noch nicht verständlich. Nirgends aber ist die geistige Entfernung zwischen Volk und Gebildeten gröſser als in Ruſsland, wo bei den Bauern die Leibeigenschaft unvergessen ist und der Argwohn gegen die Herren noch ungebrochen fortlebt. Diese Kluft nimmt überhaupt von Westen nach Osten zu; sie ist z. B. an der Oder gröſser als am Rhein, wo städtische und ländliche Klassen miteinander verschmelzen.

In der Nähe der von mir besuchten Tolstoischen Kolonie befand sich z. B. ein Dorf von Molokanen, welche ähnlich den Stundisten zu den protestantisch gerichteten Sektierern Ruſslands gehören. Die Tolstojaner hatten versucht, mit dieser Molokanengemeinde anzuknüpfen; aber die miſstrauischen Bauern hatten ihren Vorsteher in der Meinung, daſs er sich zu sehr den „Herren" genähert habe, fallen gelassen und einen neuen Ältesten gewählt, welcher sich den Einflüssen von auſsen gegenüber widerstandsfähiger erwies. Die bäuerlichen Sekten beruhen auf Selbstbehauptung, nicht Selbstaufgabe, auf Individualismus, nicht Quietismus. Obgleich der Bauer keine westeuropäischen Bücher kennt, erweist er sich europäischer als seine litterarischen Bewunderer: Tolstojaner ruinieren sich meist, die Bauern-Sektierer sind reich.

Der Besuch der Tolstoischen Kolonie hat mir einen neuen Beleg dafür gebracht, daſs der Socialismus die Weltanschauung von Klassen ist, welche auf dem Boden der gegenwärtigen Welt nicht imstande sind, ihre Interessen zu wahren; ihr Ideal liegt in dem schützenden Gruppendasein der Vorzeit. So war der Socialismus vor fünfzig Jahren das Credo des englischen Fabrikarbeiters; er ist heute die Weltanschauung niedergedrückter Schichten des deutschen Proletariats wie des russischen Adels.

Anders der russische Bauer, dessen obere Schichten sich energisch den Erfordernissen der neuen Zeit anpassen. Nicht auf dem Wege der „goldenen Umteilung" setzt sich der Bauer in den Besitz des Gutslandes, sondern auf dem Wege der Pachtung und des Kaufes, und nicht auf dem Boden des Gemeinbesitzes vollzieht sich dieser Fortschritt, sondern als Fortschritt einzelner besonders Begabter, Thatkräftiger, Voranstrebender.

Wenn auf dem Gebiete der Landwirtschaft der noch bestehende Gemeindebesitz den Träumen der Volkstümler eine gewisse thatsächliche Grundlage und Anknüpfung für kommunistische Experimente darbot, so war es anders auf dem Gebiete der Industrie. Russischen Studenten und Bauern Hüttenwerke, Baumwollspinnereien und Eisenbahnen in die Hand zu geben und von diesem Ereignis den wirtschaftlichen Aufschwung zu erhoffen, das überstieg selbst die Glaubenskräfte der gläubigsten Volkstümler.

Daher will W. W. diese eigentlichen Grofsunternehmungen in die Hände des Staates geben, wobei er sehr vernünftig bemerkt, dafs es ja bis vor kurzem in Rufsland nicht anders gewesen sei[1]. In der That hat der Staat oft genug durch Darlehen und Privilegien Private zur Übernahme von Fabriken veranlafst und ist nicht selten — nachdem die Unternehmer mit den dargeliehenen Summen verduftet waren — auf den Betrieben sitzen geblieben. Richtig, nur kein Ideal! Deutlicher noch als der deutsche Socialismus idealisiert der russische auch in diesem Falle Vergangenheit — eine Vergangenheit, welche in Rufsland der Gegenwart zeitlich noch sehr viel näher liegt, als im Westen.

Aus letzterem Grunde finden sich bei den besprochenen Schriftstellern im einzelnen manche feine und geistvolle Bemerkungen über naturalwirtschaftliche Verhältnisse; verzeihlich sind dagegen mancherlei Irrtümer hinsichtlich der mehr gehafsten, als gekannten „kapitalistischen“ Organisation des Westens. Nur einige dieser Irrtümer, welche für die Grundanschauungen von Bedeutung sind, seien hier noch erwähnt.

1. Der unzweifelhafte Rückgang der adeligen Gutsbetriebe zu Gunsten des bäuerlichen Kleinbetriebes wird als Beweis

[1] W. W. a. a. O. S. 67.

dafür angegeben, dafs der „Kapitalismus“ auf russischem Boden keine Wurzel fassen könne. Der Adel geht aber gerade daran zu Grunde, dafs er das ihm reichlich gewordene Leihkapital verschwendete, statt es „kapitalistisch“ in den Betrieb zu stecken. Ein sachkundiger, höherer Beamter sagte mir einmal: „unbeschränkter Meliorationskredit bedeutet unbeschränktes Champagnertrinken für den Adel“ — gerade keine „kapitalistische“ Geldanlage. Man denke der berühmten Schilderungen Saltikoffs, Uspjenskis, Terpigorjeffs; geradezu als Satire wirkt dann die Bezeichnung des Adels als „Kapital—isten“; besser sagte man „Kapital—esser“.

2. Die Hausindustrie, für welche die Volkstümler sich begeistern, ist eine Form des kapitalistischen Grofsbetriebes, sobald sie aufgehört hat, Überschufsverkauf der selbständigen Familienwirtschaft zu sein. Dafs dieser Übergang in Rufsland heute fast durchgehend vollzogen ist, ergeben die interessanten Mitteilungen des Herrn W. W. selbst auf Schritt und Tritt; sie ergeben auch, dafs die Hausindustrie in Rufsland wie anderwärts zu einer besonders unerfreulichen Ausbeutung der Arbeiter führt, zu überlangen Arbeitszeiten, zu Lohnzahlung in Waren statt in Geld u. s. w.

3. In der werdenden deutschen Fabrikindustrie der Mitte des Jahrhunderts finden sich alle diejenigen Mängel, welche heute der russischen Fabrikindustrie ankleben: mangelnde Specialisierung, ungelernte und unstete Arbeit, Beschränkung auf den inneren Markt u. s. w. Angesichts der heutigen Entfaltung der deutschen Industrie können diese Mängel nicht, wie Herr W. W. will, als Belege der Unmöglichkeit der grofsindustriellen Entwicklung überhaupt angesehen werden.

4. Wäre es richtig, dafs die kapitalistische Entwicklung des Westens die Lage der breiten Masse dauernd verschlechtert, so wäre der Gedanke der Volkstümler allerdings berechtigt: es sei unmöglich, die Industrie auf den Verbrauch weniger Reicher zu gründen; sie müsse daher bei der zunehmenden Armut der heimischen Massen in wachsendem Mafse fremde und ungewerbliche Märkte aufsuchen, um nicht zu sterben. Daher könne Rufsland, das die auswärtigen Märkte

vergeben vorfinde, eine Grofsindustrie überhaupt nicht entwickeln. Aber die Grundlage dieser Schlufsfolge ist falsch. Die höchstentwickelten Industrieländer Westeuropas gerade zeigen eine demokratische Art des Verbrauchs: zunehmenden Verbrauch der Massen gegenüber dem Luxusverbrauch der besitzenden Klassen. England, Deutschland und Belgien, drei hochentwickelte Industrieländer, sind sich gegenseitig die besten Abnehmer für Massenartikel. Aber auch Länder, welche durch agraren Export die Kaufkraft ihrer Angehörigen heben, können in wachsendem Mafse aufnahmefähige Märkte für eine heimische Industrie sein, z. B. die Vereinigten Staaten.

Der russischen Industrie stehen zwar nicht so reiche, wohl aber doch breite und sich ausdehnende innere Märkte zur Verfügung: einmal die heute und in Zukunft erst zur Geldwirtschaft neu übergehenden Gebiete Europas und Innerasiens. Es ist in diesem Gedankengange gleichgiltig, ob diese Bevölkerungen, wie Nicolai—on meint, ihre Bedürfnisse früher auf naturalwirtschaftlichem Wege reichlicher befriedigt haben oder nicht. Denn wenn sie auch vielleicht mehr afsen und sich besser kleideten, so kauften sie doch nichts.

Wichtiger aber als diese für die russische Industrie sich eröffnenden neuen Märkte ist die zunehmende Kaufkraft der alten. In den älteren Teilen Rufslands mag zwar die proletarisierte untere Schicht der bäuerlichen Bevölkerung an Kaufkraft abnehmen, ihr gegenüber stehen neue, emporstrebende Klassen: die an Zahl schnell zunehmenden Städter, die Industriearbeiter selbst, vor allem aber die obere ländliche Schicht, die den Volkstümlern verhafsten, sog. „reichen“ Bauern, welche Steuern zahlen und Industrieprodukte kaufen.

V. Neuere Weltmachtspolitik.

In Rufsland wie anderwärts hat nicht die socialistische Utopie die Reaktion überwunden. Vielmehr ist hier wie sonst das Verblassen socialistischer Stimmungen die Vorbedingung einer Periode thatsächlicher Reformen auf dem Boden des

Gegebenen. Glücklicherweise ist in fortschreitenden Volkswirtschaften die Gewalt der Thatsachen ein unbeugsamer Lehrmeister, der ebenso den Blick der Utopisten zur Erde zurückzwingt, wie er das Auge selbst des Reaktionärs nach vorwärts richtet.

Die Politik der Abkehr von Europa konnte für das neuzeitige Rufsland nicht mehr als eine vorübergehende Entwicklungsstufe bedeuten. Zunächst erlitt das Programm des Panslavismus Schiffbruch. Zwar wurde Europa noch neuerdings durch den Mund des „Generals“ Kamaroff bei Gelegenheit der Palackyfeier in Prag daran erinnert, dafs panslavistische Stimmungen als mächtige Unterströmung noch heute vorhanden sind. Aber dennoch hat jene Bewegung zweifellos ihren Höhepunkt längst überschritten. Das offizielle Rufsland eines Nikolaus II. steht ihr fern. Auch auf dem Gebiete der Gedankenbewegung ist die Vorhut heute weit über Panslavisten wie Volkstümler hinaus.

Zunächst durchzieht das auswärtige Programm des Panslavismus ein Widerspruch, dessen zeitweise Überbrückung möglich war in der Wolkenregion der Slavophilen, nicht aber in der Welt der harten Thatsachen, zu welcher die Panslavisten hinabstiegen.

Rufsland, der Vorkämpfer slavischer Freiheit, hält nur mit Gewalt dasjenige der slavischen Völker darnieder, welches auf Grund einer alten und ruhmvollen Geschichte am frühesten eine eigene Kultur hervorgebracht hat. In ihrer Stellung zu Polen zeigt sich am schärfsten der Gegensatz zwischen dem älteren und dem jüngeren Geschlechte der Schule. Selbst Samarin, der doch unter den Slavophilen am meisten die politische Seite vertrat, sah in Polen den slavischen Bruder, welchem eine selbständige Entwicklung zu ermöglichen sei. Gerade ihre Stellung zu Polen bildete den wichtigsten Gegensatz der Slavophilen zur damaligen Regierungspolitik. Der jüngere Nationalismus dagegen billigt die nach dem Aufstande von 1864 angewandten Gewaltmafsregeln und verlangt Beschränkung der polnischen Sprache wie der katholischen Kirche. Bezeichnend für die weitverbreitete Auffassung der polnischen

Frage in nationalen Kreisen ist die Art und Weise, wie Danilewski sein slavophiles Gewissen mit der von ihm vertretenen Polenpolitik abfindet.

Rufsland als Vertreter des slavischen Gesamtinteresses sei berufen, den Verrat des abtrünnigen Sohnes der Slavenfamilie zu sühnen. Böhmen sei grofs, wo immer es gegen Europa sich wandte, so besonders in seiner gröfsten That, dem Hussitenkriege, einem Vorstofse der Slaven gegen den Germanismus, der morgenländischen Rechtgläubigkeit gegen die katholische Kirche. Polen dagegen habe sich zum Werkzeug Europas erniedrigt gegen den „Träger Lichtes“, den Osten. Die Polen allein von allen Slaven seien innerlich Europäer geworden. Indem sie die feudale Entwicklung des Westens mitmachten, gelangten sie zu jenem aristokratischen Gesellschaftsaufbau, welcher den von Europa unbeeinflufsten Slaven fremd sei. Wie die oberen Klassen Europas überhaupt, so beruhe die polnische Schlachta auf ökonomischer Vergewaltigung der unteren Klassen; schlimmer noch: sie betrüge das Volk zugleich um sein höchstes ideales Gut, seine Nationalität. Gegen sie und die mit ihr verbündete katholische Kirche verteidige Rufsland slavisches Volkstum vor wirtschaftlicher und nationaler Unterdrückung. Der Kampf gegen Polen sei also nichts als ein Teil des Kampfes gegen Europa.

Wenn Rufsland im polnischen Adel das alte, feudale Europa bekämpfe, so bekämpfe es das neue demokratische in der polnischen Intelligenz. Hier sei der Kampf gegen Polen zugleich auch ein Kampf gegen den russischen Liberalismus, welcher seine Meinungen über Polen bezöge und mit den polnischen Aufrührern in Verbindung stände [1]. Gehässiger aber als die Europäer selbst seien dem wahren Slaven diese Renegaten, welche nicht einmal die europäische Kultur, sondern nur die Karikatur derselben besäfsen [2].

---

[1] So beschuldigte Katkoff die Polen sogar des Zusammenhangs mit den nihilistischen Attentaten. „Moskauer Nachrichten“ 1881 Nr. 65, 81.

[2] Vergl. hierfür das angeführte Buch Danilewskis p. 131, 132, 200, 240, 429.

Die Stellung der Panslavisten zu den Polen war realistischer als die der Slavophilen. Ein endgültiger Vergleich mit dem Polentum ist nämlich für Moskau um dessenwillen unmöglich, weil der polnische Stamm in Rufsland grofsenteils nicht kompakte Volksmasse ist, mit der man sich durch Verabredung einer Grenzlinie auseinandersetzen könnte, sondern vielfach grundherrliche Klasse über kleinrussische Bauern. Das auch heute nicht über alle Zweifel erhabene Bündnis Kleinrufslands mit Moskau aber beruht auf dem Schutze Kleinrufslands gegen Polentum und Katholizismus. Konzessionen an Polen bedeuten Gefährdung dieses Bündnisses, auf dem die russische Weltmacht beruht, Gefährdung der Nationalität und der Orthodoxie in breiten Gebieten des Südwestens, Gefährdung vor allem des heiligen Kieff, der „Mutter aller russischen Städte“.

Dafs man auch heute in russischen Regierungskreisen sich hinsichtlich Polens keinen Täuschungen hingiebt, obgleich ein milderes und europäischeres System der Verwaltung seinen Einzug gehalten hat, zeigt ein Bericht des polnischen Generalgouverneurs, des Fürsten Jemeretinski vom Anfang des Jahres 1898[1]. Nach wie vor gehört danach der katholische Klerus zu den rastlosesten Feinden der russischen Herrschaft, während die Spaltung zwischen Adel und Bauern, welche die Besiegung des Aufstandes 1862 ermöglichte, überbrückt erscheint — letzteres gilt selbstverständlich nur vom sog. Kongrefspolen, in welchem eine nationalpolnische Bauernklasse in Frage kommt.

Nun aber liegt auf der Hand, dafs jeder siegreiche Vorstofs Rufslands gegen Deutschland nicht Rufsland, sondern das Polentum stärken würde. Das also gestärkte Polen aber würde notwendig nach dem Meere, dem Baltischen, wie dem Schwarzen, drängen. Solange Deutschland die erste Militärmacht Europas besitzt, ist seine Bekämpfung nur mit grofsen Gefahren und mit gröfsten finanziellen Opfern für Rufsland möglich. Der Siegespreis aber wäre im besten Fall die

[1] Vergl. die Times vom 13. Aug. 1898.

Stärkung des inneren Gegners. Daher mufs jeder Staatsmann in Rufsland, der sich seiner Verantwortlichkeit bewufst ist, einer Verständigung mit Deutschland geneigt sein.

Diese Gesichtspunkte behalten auch dann ihre Kraft, wenn man die wirtschaftlichen Veränderungen berücksichtigt, welche Polen neuerdings durchgemacht hat. Das leitende polnische Wirtschaftsinteresse ist heute nicht mehr das des Adels oder des Bauern, sondern das Interesse der polnischen Grofsindustrie. Aber das Antlitz von Lodz ist nach dem Osten gerichtet; in die weiten, geschützten Märkte Rufslands und Asiens hinaus streckt dieses Centrum osteuropäischen Kapitalismus seine mächtigen Wurzeln. Die Sammlung alter, längst verloren gegangener polnischer Gebietsteile aus den Trümmern des Deutschen Reiches macht ihm wenig Sorge. Zudem befindet sich die polnische Grofsindustrie noch heute vorwiegend in der Hand deutscher und deutsch-jüdischer Kapitalisten, nicht in der eines nationalen Bürgertums, welches geeignet wäre, die Führung der polnischen Gesamtnation zu übernehmen. Wenn zwar neuerdings eine starke Wendung des rein polnischen Elements zur polnischen Industrie sich bemerklich macht, so wird es noch lange dauern, bis die grofskapitalistische Oberschicht national durchtränkt ist. Wie dem aber immer sei, jedenfalls bleibt der oben angeführte Gesichtspunkt in Kraft: die polnische Industrie ist nach dem Osten, nach Asien hin, vielleicht antienglisch interessiert, dagegen nach dem Westen hin neutral, ja jeder Gebietserweiterung abhold, welche stärkere, westeuropäische Konkurrenten an dem reichen Mahl der russischen Absatzgebiete zu gleichen Rechten teilnehmen liefse[1].

Die Verständigung mit Deutschland liegt um so näher, als dieses in der gleichen Lage sich befindet, wie Rufsland: kann Deutschland wünschen, innerhalb seiner Grenzen das

[1] Neuerdings fördert Rufsland das polnische Industrieinteresse nach Kräften, während es früher, wenigstens zeitweise im Interesse nationalrussischer Industrien, Polen zurückhielt. Diese Wendung bestätigt der englische Konsularbericht aus Warschau 1898, S. 4.

polnische Element weiter zu verstärken, das schon heute infolge niedrer Lebensbedürfnisse und Lohnansprüche die deutsche Bevölkerung nach den Westen hin zurückdrängt? Zudem müfste Deutschland wohl oder übel im Kriege mit Rufsland sich des Polonismus bedienen. Ein siegreicher Ausgang entrollte also die Frage der polnischen Zukunft; diese Frage im Sinne der Polen zu lösen, ist zum mindesten solange unmöglich, bis Posen und Westpreufsen überwiegend deutsch geworden und endgültig von den polnischen Patrioten aufgegeben sind. Es ist zu fürchten, dafs dies eine Vertagung auf griechische Kalenden bedeutet. Ein siegreicher Krieg gegen Rufsland brächte also Deutschland gegenüber den polnischen Ansprüchen in eine schwierigere Lage, als die, welche es vor Beginn des Krieges eingenommen hätte.

Aber auch der gegen Österreich gerichtete Teil des panslavistischen Programms wurde durch die Thatsachen überholt. Zwar liefsen sich die Südslaven gern vom türkischen Joche befreien, wie noch heute die ungarischen Slaven in Rufsland den Befreier erwarten. Aber einmal befreit, suchten diese Völker den Weg eigener staatlicher Entwicklung. Sie öffneten ihre Thore den Ideen des Westens, wogegen sich die Vorstellung einer besonderen slavischen Kultur als Phantom erwies. Im Besitze parlamentarischer Einrichtungen zwar zweifelhafter Ächtheit, aber doch nach europäischem Vorbilde, verabscheuen diese Völker das autokratische Regiment. Aus der Ferne lassen sie sich vom „Väterchen" protegieren und zwar um so lieber, je weiter sie von ihm wohnen. Dagegen wäre die politische Vereinigung dieser Glieder der Slavenwelt unter Rufslands Scepter, wie sie die Panslavisten erträumten, heute nur denkbar auf dem Wege des Zwanges. Gewaltsam angegliedert aber würde jedes dieser Völker ein zweites Polen werden, wofür die Bulgaren bereits wenig erfreuliche Belege lieferten, obgleich sie den Russen in Sprache und Sitten von allen am nächsten verwandt sind[1]. Auch hier mufste eine realistische

[1] Bismarck, Gedanken und Erinnerungen II, S. 270: „Befreite Völker sind nicht dankbar, sondern anspruchsvoll."

Politik die ungeheuren Opfer und Gefahren, welche die Zertrümmerung Österreichs erfordern würde, abwägen mit dem zweifelhaften Siegespreise.

Ja, es ergab sich, dafs das, was für Rufsland in der Balkanfrage allein Lebensinteresse ist, der freie Zugang zum Meere, sich durch Verständigung mit Österreich erreichen läfst. Demgegenüber ist es ganz gleichgiltig, ob eine Teilung der Einflufssphären zwischen Österreich und Rufsland durch ausdrücklichen Vertrag vorliegt oder nicht. Wichtig dagegen, als ein gewaltiger Fortschritt über den Panslavismus hinaus, ist die Einsicht, welche der Fürst Uchtomski, der Reisebegleiter des Zaren Nikolaus II. in Asien, gegenwärtig Herausgeber der Petersburger Nachrichten und Vorsitzender der russisch-chinesischen Bank, mit folgenden Worten ausspricht: „Ich bin sehr befriedigt, und es war durchaus notwendig, dafs die russische Politik sich vom Balkan losgemacht hat. Der Sultan mag bleiben; er mufs aber ein kleiner Emir werden, und ob dieser Emir ein Vasall Rufslands oder sonst Jemandes wird, scheint mir ziemlich gleichgiltig. Für Rufsland genügt es, wenn es die Meerenge von einer Seite beherrscht“ [1]. —

Aber man würde den in der öffentlichen Meinung und in der Politik des Zarenreichs erfolgten Umschwung unterschätzen, wenn man ihn lediglich auf die Schwierigkeiten zurückführen würde, welche der Verwirklichung des panslavistischen Programms gegenüberstanden. Die heutige Politik Rufslands ist nicht eine Politik der Entsagung, sondern eine Politik erweiterter Ziele. Um sie richtig zu würdigen, bedarf es eines grofsen geschichtlichen Mafsstabes.

Seit dem Zeitalter der Entdeckungen ist die Geschichte des westlichen Europas nicht mehr die Weltgeschichte. Vielmehr haben seit jener Zeit die leitenden europäischen Grofsmächte ihre Ziele aufserhalb Europas gesetzt: politische Beherrschung und wirtschaftliche Ausbeutung in letzter Linie

---

[1] Preufsische Jahrbücher Bd. XCII, Heft 2.

der gesamten Erdoberfläche wird in wachsendem Maſse das Thema der Weltgeschichte. Unter diesem Gesichtspunkt ist die westeuropäische Geschichte der letzten Jahrhunderte ein Kampf Englands und Frankreichs um die Weltherrschaft, — ein Kampf, in dem nach Seeley anfänglich, gegen 1688, die Franzosen sowohl in Indien wie in Nordamerika den Vorsprung hatten [1].

Die sinnlosen Kriege am Rhein, welche mit ihren Grenzverschiebungen heute etwa zu dem Zustande zurückgeführt haben, mit dem sie unter Ludwig XIV. begannen, werden erst verständlich, wenn man bedenkt, daſs die deutschen Heere im Interesse und häufig im Solde Englands gekämpft haben. Sind doch z. B. in den napoleonischen Kriegen preuſsische Landwehren sogar in englischen Uniformen ins Feld gezogen. Nicht nur die Siege Marlboroughs und Wellingtons, sondern nicht minder die des Prinzen Eugen, Friedrichs des Groſsen und Blüchers begründeten, worauf Schmoller mit Recht hinweist, die englische Weltherrschaft. Lord Chatham erklärte, daſs er Amerika in Deutschland erobere. Den ersten Napoleon beherrschte der Gedanke einer Zusammenfassung der kontinentalen Kräfte gegen England; indem er diesen Gedanken zu seinem Schaden auf dem Wege der Gewalt und des Despotismus zu verwirklichen suchte, besiegten ihn deutsche und russische Waffen, nicht minder aber der wunderbare Aufschwung der englischen Baumwollindustrie, welcher nach Macculloch England die finanzielle Kraft gab, sich der Waffen des Festlandes in Jahrzehnte langem Kampfe zu bedienen [2].

---

[1] Vergl. Peez, Zur neuesten Handelspolitik. Wien 1895. S. 178 ff.

[2] Im Frieden von Utrecht 1713 erwarb England Neufundland, Neuschottland, Gibraltar, und verhinderte die Vereinigung der französischen Industrie mit dem spanischen Kolonialbesitz. Im Pariser Frieden 1763 erwarb England Canada und Florida. Die Erschöpfung Frankreichs durch österreichische und preuſsische Waffen gestattete kurz darauf die Eroberung Indiens. Im Pariser Frieden 1815 erwarb England Südafrika, Malta und Ceylon. In Gedanken an die Eröffnung des Suezkanals schreibt Naumann in seinen Reisebriefen aus Suez

Seitdem ohne ernstliche Nebenbuhler, verkündete England um die Mitte des Jahrhunderts den Freihandel. „Die Werkstatt der Welt“, hoffte es, dafs die übrigen Nationen zum Freihandel übergehen und fortfahren würden, Rohstoffe und Nahrungsmittel gegen englische Gewerbeerzeugnisse auszutauschen. Der Gröfse des damaligen England war der Globus gerade grofs genug.

Aber die weitere Entwicklung vollzog sich anders als die grofsen Apostel des englischen Freihandels geträumt hatten. Hinter Schutzzöllen errichteten die festländischen Nationen ein aufblühendes Grofsgewerbe. Das Bedürfnis industrieller Ausfuhr, die Notwendigkeit, eine schnellanwachsende Bevölkerung auf schmalem Gebiete zu ernähren, der Gedanke an die auswandernden Volksgenossen schreckte „das Volk der Dichter und Denker“ aus dem engbegrenzten Stillleben, in dem es drei Jahrhunderte verträumt hatte. Schüchtern, tastend und verspätet betrat Deutschland den Weg, der über die Grenzen des alten Europa hinausführt.

Anders Frankreich: Weniger das Bedürfnis der Ausfuhr und der Auswanderung, als das Bedürfnis der Anlage reicher, ererbter und neuersparter Kapitalien verbündete sich hier mit der alten und glorreichen Tradition kolonialer Ausdehnung. Nachdem bereits bei Waterloo der Entscheid endgültig gefallen schien, erhob sich Frankreich mit wunderbarer Elasticität zu neuem Anlauf. Sein grofser Tag in unserem Jahrhundert war die Eroberung Algiers. Durch europäische Festlandspolitik ging einst das amerikanische Frankreich verloren, für dessen Weite die Namen Montreal, St. Louis und Neu-Orleans noch heute Denkmäler sind; seitdem erstand ein neues afrikanisches Frankreich — in seiner Zukunft wiederum durch europäische Festlandspolitik bedroht (Faschoda!).

(Hilfe 4. Dec. 1898): „Es war doch eine andere Zeit, als Napoleon III. hier sein Hoflager hielt! Wo ist heute Frankreichs Macht? Ganz Ägypten spricht in seinen gebildeten Kreisen noch französisch, aber die Kanonen von Sedan haben auch hier gewirkt — zu Gunsten Englands.“

Nachdem heute die Erfindungen auf dem Gebiete des Verkehrswesens voll zur Wirkung gekommen sind, sieht der Ausgang des XIX. Jahrhunderts eine neue Welle europäischer Ausdehnungspolitik. Durch Dampfschiffe, Eisenbahnen und Telegraphen sind Länder und Völker in ungeahnter Weise zusammengerückt, und die fernsten Zonen uns heute näher und erreichbarer, als vor hundert Jahren benachbarte Provinzen der eigenen Heimat.

Aber nicht die alten Staaten Europas sind es, welche als ernstlichste Mitbewerber der englischen Weltherrschaft auftreten; ihnen erwies sich der Vorsprung Englands zu grofs. Die moderne Verkehrsentwicklung überbrückte den Raum, vor allem den kontinentalen Raum, welcher bis dahin ein Hindernis für die Entfaltung wirtschaftlicher und politischer Macht gewesen war. Nunmehr wurde der Raum selbst zum Machtmittel. Damit traten neue Mächte in den Vordergrund, welche dem europäischen Staatensystem bisher nicht angehört, aber zugleich die Gefahr abgewehrt hatten, zu Herrschaftsgebieten Europas herabzusinken. Auf gröfserem Raume aufgebaut, setzten sie die militärische und wirtschaftliche Technik Europas nunmehr zu eigenen Zwecken in Thätigkeit. Ihre Überlegenheit erinnert daran, wie einst die nationale Monarchie Westeuropas schon allein durch ihre breitere Basis den italienischen und deutschen Stadtstaaten und Territorien, wie das breiter angelegte ostelbische Deutschland, ein Preufsen, ein Österreich, der westdeutschen Kleinstaaterei überlegen gewesen war.

Nahezu imstande, alle Produkte der Erde in ihren Grenzen hervorzubringen, stellen N o r d a m e r i k a u n d R u f s l a n d dem englischen Freihandel starren Schutzzoll und möglichste Geschlossenheit nach innen entgegen. Die Antwort, die England hierauf gab, war die Fortbildung der englischen Freihandelsstimmungen zum britischen Imperialismus. Zwischen die Nation und die Menschheit schiebt sich das Weltreich.

Es ist nicht unsere Aufgabe, von Nordamerika hier zu reden, welches mit England zwar durch Stammverwandtschaft verbunden ist, dessen gewerbliche Konkurrenz aber nach der Meinung des gegenwärtigen englischen Handelsministers,

Herrn Ritchie, mit der Zeit für England gefährlicher werden dürfte, als das heute vielbesprochene Made in Germany.

Noch kontinentaler als Nordamerika ist Rufsland. So lange der Seeweg das einzige Mittel war, weite Strecken bequem zu überwinden, waren für Rufsland die riesenhaften Landentfernungen in seinem Innern kein Moment der Stärke, sondern der Schwäche. Beleg hierfür war der Krimkrieg. Seitdem hat Rufsland durch Ausdehnung des Eisenbahnnetzes seine weitzerstreuten Glieder gesammelt. Erst dadurch hat es wirtschaftliche Einheit erworben und seine politische Aktionsfähigkeit aufserordentlich gesteigert. Seine geographische Lage erlaubt ihm Weltpolitik als kontinentale Politik, mit dem Ziele der Erreichung des Weltmeeres auf dem Landwege.

Vor wenigen Monaten wurde das russische Telegraphennetz mit dem chinesischen verbunden. Eine gleiche Vereinigung des russisch-europäischen und des chinesischen Eisenbahnsystems ist naher Zukunft vorbehalten. Die sibirische Bahn ist das grofse und bleibende Denkmal der Regierung Alexanders III., welcher dieses riesige Kulturwerk nicht nur beschlofs, sondern werkthätig förderte. Von Petersburg bis Wladiwostock am Stillen Meere wird diese Bahn über 10000 Kilometer lang sein, während die kanadische Bahn Englands 5000, die nördliche Querlinie der Vereinigten Staaten vom Atlantischen zum Stillen Meere 5300 und die südliche 5600 Kilometer messen. Nach Vollendung des sibirischen Schienenweges wird man in etwa gleicher Zeit, in einigen 20 Tagen, von London nach Osten oder Westen ausfahrend, das Gelbe Meer und Japan erreichen. Der Umstand, dafs der gegenwärtige Zar Nikolaus II. als Thronfolger den Stillen Ozean besuchte und durch Sibirien heimkehrte, verbürgt ein dauerndes Interesse der gegenwärtigen russischen Regierung an den weitreichenden Zielen russisch-asiatischer Politik.

Wie sich diese Ziele in den Köpfen einflufsreicher Kreise spiegeln, zeigen folgende Worte des Fürsten Uchtomski[1]:

---

[1] Vergl. Rohrbach in den Preufs. Jahrbüchern. Mai 1898.

„Rufsland tastet die Integrität Chinas und die Autorität der Dynastie nicht an, übernimmt aber eine freundschaftliche, beratende und kulturfördernde Stellung nach Art eines wohlwollenden Vormundes. Ich sehe eine hohe und ideale Aufgabe für Rufsland darin, ein Träger der Kultur im fernen Osten, ein Bringer der leiblichen und geistigen Wohlfahrt für die Hunderte von Millionen des asiatischen Erdteils zu sein."

Gleichzeitig hat Rufsland durch Vertrag die persische Regierung verpflichtet, für die nächsten Jahre keine Eisenbahn zu erbauen[1]. Da man zur Zeit die Hände im Osten voll hat, so überläfst man der Zukunft die Verfolgung des gleichen Zieles im Süden: Erreichung des Weltmeeres durch den Landweg; von letzterem ist zudem ein Teil durch Binnengewässer bereits herrlich gegeben: der Spiegel des Kaspischen Meeres.

Die Fragen der österreichischen Slaven verlieren demgegenüber für Rufsland an Interesse. Ja der Fürst Uchtomski geht weiter: „Die Czechen sind zwar Slaven, aber sie fallen ganz in das germanische Gebiet." Gegenüber den erweiterten Zielen wünscht Rufsland heute im Gegensatz zur panslavistischen Schulmeinung die Erhaltung der Türkei und die Vermeidung orientalischer Wirren[2].

Wenn also das Programm der Panslavisten heute überholt ist, so beruht das darauf, dafs es europäische, nicht Weltpolitik enthielt. Während sich erstaunlicherweise noch immer viele Franzosen finden, denen die Fragen des Rheins wichtiger erscheinen als die des Nils, so ist Rufsland zum Bewufstsein seiner Aufgabe erwacht: Die Welt ist ihm wichtiger, weil gröfser, denn das enge und alte Europa.

Ist aus diesen allgemeinen Gründen die Umbildung des Panslavismus zur neueren Weltmachtspolitik schon verständlich, so weist die Gewalt besonderer Thatsachen gerade Rufsland auf übereuropäische Ziele.

[1] G. Drage M. P. im Forum, New-York, Oktober 1898.

[2] Vergl. Rohrbach, In Turan und Armenien. Berlin 1898. S. 240, 244.

Rufslands Staatsform ist ungeeignet zur Beherrschung und Amalgamierung westeuropäischer Völker. Die Vasallenstaaten, welche Rufsland auf türkischem Boden errichtete, die Donaufürstentümer, später Bulgarien, erstrebten Unabhängigkeit gegen Rufsland. Sarten, Perser, Chinesen haben den grofsen Vorzug, gefeit zu sein gegen die Ansteckung durch westeuropäische Staatsweisheit. Die autokratische Beherrschung ist ihnen naturgemäfs; sie sind, um mit den Panslavisten zu reden, in der That ethnographisches Material.

Ferner: die gewaltig aufblühende Industrie Rufslands ist aus Gründen, die wir oben kennen lernten, auf freiem Markte konkurrenzunfähig. Bei der Armut des heimischen Marktes hat sie Ausfuhrbedürfnis und bedarf hierzu weiter, geschützter Märkte. Die Bande, mit denen das panslavistische Moskau das Juwel am Bosporus zu umschlingen hoffte, waren nicht zum wenigsten die Fesseln der Zolllinie. Das industrielle Moskau jubelte dem General Kaufmann am lautesten zu, dem Eroberer Transkaspiens. Er unterwarf ein weites, wirtschaftlich sicheres und politisch gefahrloses Absatzgebiet. Denn auf lange hinaus ist das angegliederte Centralasien ein ungewerblicher Verbraucher russischer Industriewaren. Abgesehen von natürlichen Hindernissen sind einfache Verwaltungsmafsnahmen im stande, das Aufkommen konkurrierender Fabriken dort zu verhindern. Jede europäische Erwerbung würde dagegen innerhalb der Mauer des russischen Zolltarifs alsbald ein gefährlicher Mitbewerber für das industrielle Moskau werden, da man im Westen billiger produziert. Moskau aber hat an dem einen Lodz gerade genug.

Wichtiger endlich als alles andere: die grofse und stillschweigende That des russischen Bauern, die Besiedelung Sibiriens. Nicht von der Staatsgewalt, sondern auf eigene Faust von Kosaken erobert, wurde Sibirien ohne Wissen, ja zum Teil gegen den Willen der Regierung von Russen besiedelt. Erst neuerdings wurde die Bevölkerungswelle, die noch immer über den Ural flutet, in ein staatliches Bett gelenkt. Ist doch das Uralgebirge keine Grenze, und verschwimmen doch hier Asien und Europa so sehr ineinander, dafs Leroy Beaulieu mit Recht Sibirien für das „gesteigerte Rufsland", Rufsland für das „gemilderte Sibirien" erklärte. In dem Jahrzehnt 1887—1897 sind nach offiziellen Angaben 842 355 Seelen beiderlei Geschlechts nach Sibirien eingewandert[1]. Schon heute hat der Kranz russischer Ansiedlungen den Stillen Ozean erreicht; die Kosaken z. B., welche neulich dem Prinzen Heinrich von Preufsen bei seinem Besuche des Amurgebietes das Ehrengeleit gaben, sind nicht nur Garnisonen, sondern zugleich Kolonisten. Von der sibirischen Bahn hofft Rufsland die dichtere Besiedlung Sibiriens mit der Entwicklung des Bergbaus und der Städte[2].

Bedenken wir, was dies bedeutet: durch eiserne Klammern sind auch die fernsten Teile der Nation mit dem Ganzen verankert. Denn überall hin trägt das russische Volk, unberührt von den wechselnden Meinungen der oberen Schichten, das gottgeweihte Bild des Zaren mit sich. Dieses Bild herrscht in seinem Herzen, ähnlich dem riesigen Erlöserbilde, welches von der Apsis ausstrahlend, das ganze Innere des byzantinischen Kuppelbaues beherrscht. Mit einem Wort kann der Zar das Ganze der Nation in Bewegung setzen.

Es liegt auf der Hand, dafs Rufslands Weltpolitik an den verschiedensten Punkten mit England zusammenstöfst[3]. Je mehr dieser Gegensatz sich zuspitzt, um so mehr fühlt Rufsland das Bedürfnis der Anlehnung an das europäische

[1] Simkhowitsch, Feldgemeinschaft in Rufsland. Jena 1898. S. 312.

[2] Mit Recht warnt Kaufmann, der beste Kenner der sibirischen Ansiedelungsverhältnisse davor, die wirtschaftliche Bedeutung der Auswanderung nach Sibirien zu überschätzen; auf den Entwicklungsgang der innerrussischen Agrarfrage übt sie gewifs keinen Einflufs. Vergl. z. B. Kaufmann in Conrads Jahrbüchern 1898, Heft 4, S. 455. Im Text spreche ich von der Bedeutung der sibirischen Kolonisation für die asiatische Politik Rufslands. Diese Bedeutung ist eine grofse. Die Russen sind bislang die einzigen Europäer, welche ihr asiatisches Herrschaftsgebiet besiedeln und dadurch fester als durch irgend welches andere Mittel an sich knüpfen.

[3] Vergl. hierüber meinen Aufsatz in den Preufs. Jahrbüchern Band 63, Heft 3: Ein Programm englischer Reformpolitik.

Festland, nicht nur an Frankreich, dessen Stütze zwar wertvoll, aber nicht breit genug ist, sondern zugleich an Deutschland. Liegt doch der Gedanke an den Krimkrieg nahe, welcher deswegen für das erschöpfte Rufsland nicht völlig verhängnisvoll wurde, weil Deutschland sich weigerte, den Kriegsschauplatz an die Weichsel verlegen zu lassen. Dies begründet den Umschwung, welchen die öffentliche Meinung Rufslands im Verhältnis zu Deutschland und den Deutschen in erstaunlich kurzer Zeit durchgemacht hat, und wovon heute jedes Zeitungsblatt ein Zeugnis ablegt. —

Diese Anlehnung an den Westen ist um so unentbehrlicher, als die wirtschaftlichen Machtmittel Rufslands der Gröfse seines Gebiets und der Weite seiner Ziele keineswegs entsprechen. Aus finanzpolitischen Gründen schwerwiegendster Art erstrebt heute Rufsland Sicherung und Erweiterung seiner europäischen Absatzmärkte für Rohstoffe, Halbfabrikate und Nahrungsmittel, damit Handelsverträge; es bedarf ferner der Herbeiziehung europäischen Kapitals, damit der Valutaregulierung. Seine ganze innere Politik hat einen europafreundlichen und mafsvoll fortschrittlichen Charakter angenommen. Diesen Satz im einzelnen zu begründen, ist den folgenden Kapiteln vorbehalten. —

Werfen wir, ehe wir hierzu übergehen, noch einen kurzen Überblick auf die gegenwärtige Position Rufslands in Asien, wobei wir u. a. die Zusammenfassung von Ratzel benutzen[1].

Am 1. Januar 1895 wurde auf Grund der Polizeilisten die Bevölkerung Sibiriens auf 7,2 Millionen, davon 4,5 Millionen Russen, geschätzt. Für die Städte Tomsk und Irkutsk wurden 50000 Einwohner angegeben[2].

Die Arbeiten der Sibirischen Bahn werden mit grofser Energie vorwärtsgeführt. Für dieses Werk wurden in den Jahren 1893—97 nahezu 400 Millionen Rubel aus-

---

[1] Ratzel, Geographische Zeitschrift 1898. S. 268 ff.

[2] Die vorläufigen Ergebnisse der Volkszählung vom 9. Februar 1897 weisen Sibirien nur 5,7 Millionen Einwohner zu.

gegeben[1]. Thatsächlich ist der gröfsere Teil der Bahn bereits vollendet. In Betrieb ist gegenwärtig die Strecke von Tschelabinsk bis Irkutsk, d. h. vom Ural bis zum Baikalsee; ferner ist der östlichste Teil von Wladiwostok bis Chabarowsk, die sog. Ussuribahn, dem Verkehr übergeben.

Es bleibt also noch übrig die Strecke durch Transbaikalien. Diese Strecke führt durch bergiges Gelände und überschreitet die Jablonnoikette in einer Höhe von 1040 m über dem Meeresspiegel. Die Terrainschwierigkeiten haben sich hier als unerwartet grofse erwiesen, denn selbst während des Sommers taut der Boden nur ein paar Centimeter tief auf. Man kann sich von den zu überwindenden Schwierigkeiten eine Vorstellung machen, wenn man hört, dafs auf dem Jablonnoi-Bergrücken während der Monate Juni und Juli das Thermometer am Tage + 28 ° C., nachts aber — 5 ° zeigte. Ein bedeutender Teil der Erdarbeiten ist nichtsdestoweniger beendigt und auf einer kleineren Strecke sind die Schienen gelegt. Bei Njertschinsk trifft die Bahn mit der Dampfschiffslinie auf dem Amur zusammen und von dort wird die Bahn vorläufig nicht weiter gen Osten geführt, weil kraft des im März 1898 ratifizierten russisch-chinesischen Vertrages die mandschurische Bahn von dem im Westen von Njertschinsk belegenen Punkte Onon als direkte Verlängerung der sibirischen Bahn nach Port Arthur geführt werden soll. Eine Riesendampffähre vermittelt die Verbindung zwischen beiden Ufern des Baikalsees und erst im Jahre 1902 wird man den Bau der überaus schwierigen und kostspieligen Baikal-Ringbahn beginnen.

Von Sibirien aus schiebt sich Rufsland nach dem pacifischen Asien vor und übt zur Zeit den ausschlaggebenden Einflufs in Korea und der Mandschurei. Noch im Vertrage vom 9. Juni 1896 erkannte Rufsland eine gewisse Gleichberechtigung Japans in Korea an. Bald nach dem japanisch-chinesischen

---

[1] Bericht des englischen Konsuls in Petersburg 1898. S. 15. Näheres enthält die offizielle Angabe: Sibiria and the great Sibirian Railway; for the Worlds Columbian Exhibition. Petersburg 1893.

Kriege, als Japans Absichten auf Korea deutlicher hervortraten, erzwang Rufsland den Rückzug Japans vom asiatischen Festlande. Nicht lange darauf unternahmen russische Offiziere die Neubildung einer koreanischen Armee. Die russischen Konsulate in Söul und Tschemulpo sind seitdem Geschäftsstellen geworden, von denen aus ein Teil der Verwaltung Koreas besorgt wird. Die von den Japanern schon 1894 geplante Eisenbahnlinie Söul-Fusan ist an dem Widerstande der koreanischen Regierung, also Rufslands, gescheitert. Die Japaner haben nach dem allgemeinen Urteil in Korea seit dem Kriege stark an Boden verloren.

Die Ausdehnung der Mandschurei[1] entspricht etwa der österreichisch-ungarischen Monarchie; ihre Bevölkerung wird auf 12—20 Millionen geschätzt. Auch hier gab der Sieg der Japaner über China den Anstofs für das Vordringen Rufslands. Ratzel bemerkt darüber folgendes: „Seit der Vertrag von Aigun 1858 dem russischen Handel die Schiffahrt auf dem Sungari erschlofs, der für Schiffe von $1^1/_2$ m Tiefgang 800 km schiffbar ist, hatte Rufsland formell das früher allen Fremden versagte Recht, in das Mutterland der heutigen chinesischen Dynastie einzudringen. Erst als die Japaner die chinesische Armee niedergeworfen hatten, erschien ein russischer Dampfer vor Ttitsikar, und seitdem hat sich der Verkehr rasch entwickelt. 1896 räumte China Rufsland Zollerleichterungen in der Mandschurei ein. Der alten Amurdampfschiffahrtsgesellschaft ist seit 1894 eine neue zur Seite getreten, und der Stromverkehr wächst ununterbrochen seit dem Beginn der Eisenbahnbauten. Der Eisenbahnvertrag von 1896 giebt nun nicht allein Rufsland das Recht, die Mandschurei mit einem Netz von Eisenbahnen zu überziehen, sondern verbietet auch China, die wichtigen befestigten Häfen von Talienwan und Port Arthur einer anderen Macht als Rufsland abzutreten."

Seitdem ist die Besetzung dieser Häfen durch Rufsland

[1] Näheres findet sich in der zweibändigen Ausgabe des russischen Finanzministeriums 1897 „Beschreibung der Mandschurei".

erfolgt[1]. Von ihnen aus schiebt sich die mandschurische Bahn in das nahezu noch unerschlossene Hinterland. An dieser Bahn wird mit voller Kraft gearbeitet; ihre Vollendung ist bis zu Beginn des neuen Jahrhunderts zu erwarten. Man beabsichtigt die mandschurische Bahn an zwei Punkten in das sibirische Eisenbahnsystem einzuhängen, in Nikolskoje, gegenwärtig Station der Ussuribahn, und in Onon, Station der künftigen Transbaikalbahn. Auf diesem Wege gewinnt die sibirische Überlandbahn einen eisfreien Ausgangshafen am Gelben Meere; zugleich wird der baltisch-pacifische Schienenweg um ein erhebliches verkürzt.

Die politische Bedeutung des sibirisch-mandschurischen Bahnbaues kann man nicht besser beschreiben, als mit folgenden Worten Stanleys, des kolonialen Sachkenners und gegenwärtigen Mitgliedes des englischen Parlaments[2]: „Rufsland wird die vorherrschende Macht in Ostasien werden in dem Augenblick, wo die sibirische Bahn fertig ist. Was nutzt den Engländern Wei-hai-wei, wenn Peking erst die Endstation der Eisenbahn von St. Petersburg ist? Mit Schiffen und Landungstruppen kann man dann die Chinesen nicht mehr vor den russischen Zumutungen schützen, und von Pecking ist die Eisenbahn leichter und schneller bis Hongkong fortgeführt, als sie von Moskau bis Port Arthur zu bauen war. Hat Rufsland vermöge seiner Eisenbahnanschlüsse erst China unterworfen, so folgt das übrige Asien bald nach.“

---

[1] Die „Times“ veröffentlichte neuerdings ein Telegramm aus Niutschwang, in welchem ausgeführt wird, dafs die Russen jetzt vollständig Herren auch dieses Vertragshafens sind, der einzigen „offenen“ Thür für den Handel der Mandschurei. Die von den Russen gebaute, 26 km lange Zweigbahn zur Hauptlinie der mandschurischen Bahn ist fast fertig. Russisches Eisenbahnmaterial wird in Niutschwang ausgeladen, ohne dafs dafür dem Seezollamt die gesetzlichen Abgaben entrichtet werden. Die Eisenbahn ist eine rein russische militärische Bahn. In dem Vertragshafen befinden sich Kosaken und längs der ganzen Eisenbahn durch die Mandschurei befinden sich russische Militärposten.

[2] Nineteenth Century No. 256. Vergl. Preufsische Jahrbücher Juli 1898. S. 192.

Dieser Satz erfordert eine gewichtige Einschränkung. In einer Zeit asiatischen Vorrückens ist Rufsland nicht in der Lage, eine europäisch-festländische Komplikation in das Auge zu fassen. Es wird daher die Interessen keiner anderen Macht in Asien so schonsam behandeln als die Deutschlands, der nachbarlichen Landmacht im Westen. Es wird Deutschlands Interessen insbesondere ganz anders beachten als die solcher Mächte, welche nur maritime Streitkräfte in die Wagschale werfen können. Daher Englands Wunsch, zwischen sich und Rufsland deutsche Puffer einzuschieben; denn wo es sich um kontinentale Fragen der alten Welt handelt, bedeutet für England Amerikas Hilfe wenig.

Werfen wir nunmehr einen Blick auf Russisch Centralasien, dessen Bevölkerung nach der Volkszählung vom 9. Februar 1897 auf 7,6 Millionen angegeben wird. Hierzu kommt das völlig abhängige, handelspolitisch mit Rufsland verschmolzene Chanat Buchara.

Transkaspien ist durch die heute bis Taschkent fortgeführte Transkaspibahn der russischen Volkswirtschaft angegliedert. Von dem Seitenzweige dieser Bahn nach Kuschk beherrscht Rufsland das afganische Herat, sowie die persische Ostprovinz Chorassan.

Das Alpenland des Pamir ist derjenige Punkt, wo das russische Einflufsgebiet heute unmittelbar an die britische Machtsphäre angrenzt. Im Pamirgebiet wurde 1897 eine Militärstrafse über den Kyzil-Art-Pafs nach Schignan für Truppen und Kriegsmaterial eröffnet. Eine grofse Expedition, von der Russischen Geographischen Gesellschaft und der Petersburger Akademie ausgerüstet, ist 1897 zur Erforschung der Gebiete von Roschan, Schignan und Darwas in den Pamir abgegangen, offenbar nicht nur zu wissenschaftlichen Zwecken. Von Samarkand aus schiebt Rufsland seine Eisenbahn über Chawast bis unmittelbar an die Passübergänge.

Das dritte asiatische Herrschaftsgebiet Rufslands ist Kaukasien, dessen Bevölkerung nach der letzten Volkszählung auf 9,7 Millionen angegeben wird. Auch hier dieselbe Erscheinung. Bisher war dieses Land durch doppelte

Küstenschiffahrt und die berühmte Heerstrafse von Wladikawkas mit Rufsland verbunden. Heute ist man daran, Eisenbahnlinien sowohl an der Küste des Kaspischen wie des Schwarzen Meeres vorzuschieben und Kaukasien so in das russische Eisenbahnsystem einzugliedern. Auch ist der Bau der Eisenbahnlinie nach Kars nahezu vollendet. Der persische Hafen Enzeli am Kaspischen Meer ist von den Russen neuerdings ausgebaut und von dort eine Landstrafse nach Kaswin in das Innere gebaut worden — alles Gegengewichte gegen den an den Küsten des persischen Meerbusens vorherrschenden englischen Einflufs. Übrigens hat Rufsland in Persien auch noch andere Vorteile. Die von der Türkei aus herübergreifende Bewegung veranlafste in der ersten Hälfte von 1897 gegen 75000 nestorianische Armenier, zu der orthodoxen Kirche überzutreten. Im Orient aber ist Kirchenangehörigkeit gleich Nationalität.

Aber Rufsland beschränkt sich heute nicht auf europäisch-asiatische Interessen, welche Absicht durch den Verkauf Alaskas 1867 an die Vereinigten Staaten besiegelt schien. Heute wird der Verkauf dieses jüngsten Goldlandes in Petersburg gewifs bedauert.

Um so mehr zeigt Rufsland durch Pflege seiner Beziehungen zu Abessinien die Absicht, künftig auch in die afrikanische Politik einzugreifen. Für Rufsland wird das Rote Meer in dem Mafse wichtiger, als seine pacifischen Interessen wachsen. Zugleich bedroht das ostafrikanische Alpenland Englands, des grofsen Gegners, Nilstellung an einer zwar entfernten, aber verwundbaren Stelle. Rufsland zu gute kommen die engen Beziehungen der griechischen Orthodoxie zur abessinischen Kirche.

Viertes Kapitel.

Die Handelspolitik der achtziger Jahre.

I. Geschichtlicher Überblick[1].

Die Handelspolitik einer grofsen und verwickelten Volkswirtschaft der Gegenwart zusammenfassend auf wenigen Bogen darzustellen ist dann eine Kühnheit, wenn nicht die Veränderungen der Tarifpositionen äufserlich beschrieben, sondern die treibenden Kräfte dieser Veränderungen deutlich gemacht werden sollen. Es erfordert dies einmal einen Überblick über die gesamte Volkswirtschaft des betreffenden Landes; auf der anderen Seite ist die Kenntnis zahlreicher, oft schwieriger Einzelfragen erforderlich, über die nicht nur eine meist ausgedehnte Litteratur, sondern wie im folgenden mehrfach geschehen, die Meinung der Geschäftswelt zu hören ist. Trotzdem sollte der Nationalökonom gelegentlich jene Kühnheit besitzen. Verzichtet er darauf, so entgeht ihm nur allzuleicht der Zusammenhang der volkswirtschaftlichen Einzelfragen,

[1] Einen Überblick über die einzelnen Zollveränderungen findet man bei Bayerdörffer, Conrads Jahrbücher für Nationalökonomie 1894. S. 411, sowie bei Wittschefski, Schriften des Vereins für Socialpolitik, Band 46. Extrem schutzzöllnerischen Standpunkt vertritt Mendelejeff, Zolltarif, Petersburg 1892. Einen guten Überblick über die frühere Entwicklung enthält Lobijenski, Geschichte des Zolltarifs, Petersburg 1886.

häufig damit die Kenntnis der bewegenden Faktoren des von ihm behandelten Specialgebietes selbst.

Die Geschichte des russischen Zolltarifs zerfällt in 4 Perioden: 1. Vom Beginn des Jahrhunderts bis einschliefslich zum Tarif 1821 herrscht Prohibition in Gestalt von Einfuhrverboten und prohibitiven Zollsätzen, wobei der kurzlebige, unter dem Einflufs des preufsischen Tarifs zu Stande gekommene Tarif von 1819 nur eine vorübergehende Schwankung bedeutet. 2. In den Jahren 1824 bis 1850 wird unter Beseitigung der Einfuhrverbote der Tarif von prohibitivem auf hochschutzzöllnerischen Boden gestellt. 3. Die Tarife von 1850, 1857, 1867 bringen weitere Herabsetzung der Zölle auf gemäfsigt schutzzöllnerische Basis und bedeuten einen Sieg freihändlerischer Strömungen. 4. Seit 1877 beginnt eine rückläufige Bewegung, welche in verschiedenen Etappen bis zu dem hochschutzzöllnerischen Tarif von 1891 führt. Diese Daten zeigen einen auffallenden Parallelismus mit der deutschen, ja der europäischen Entwicklung.

Aber eine Einsicht in handelspolitische Entwicklungen verlangt, dafs man die Interessen- und Klassengegensätze aufweise, welche in den dürren Zahlen eines Tarifs ihre Mittellinie finden. Alsdann zeigt sich, dafs die handelspolitischen Wellen, ähnlich den litterären Strömungen, zwar häufig über ganz Europa hingehen, dafs sie aber, je nach der wirtschaftlichen Entwicklungsstufe eines Landes, verschiedene Träger finden und verschiedenen Interessen dienen.

War von diesem Gesichtspunkte aus das russische Zollsystem bis 1850 der Ausdruck industrieller Unternehmerinteressen?

Bauer wie Adel gingen damals noch vorwiegend in Kleidern, welche aus der Wolle ihrer Herden und dem Flachs ihrer Felder auf dem Guts- oder Bauernhofe hergestellt waren. Die Felder des Adels wie die eigenen bestellte der Bauer mit hölzernen, selbstgefertigten Geräten. Beide, Bauer wie Adel, wohnten in Häusern aus dem Holz ihrer Wälder und kauften wenig Eisen und Textilstoffe, diese Träger moderner Industrieentwicklung. Nur wenige bevorzugte Söhne des Adels, besonders des Hofadels in den Städten, bedienten sich europäischer Waren als eines seltenen Luxus. Weder die gutsherrliche noch die staatliche Fabrik waren demgegenüber die Träger eines energischen Schutzzollinteresses; erstere nicht, weil sie bei den unergründlich schlechten Strafsen schon genügend in ihrem lokalen Absatz geschützt war, letztere aber war ein Teil der Staatswirtschaft selbst oder durch Monopole gesichert. Es fehlte ein eigentliches Fabrikantentum als gesonderte, ihres Interesses selbstbewufste Klasse.

Mochte man also immer dem Kaiser Nikolaus I. eine Übersetzung von F. List vorlegen; das Zollsystem seiner Tage glich eher dem Merkantilismus Friedrichs d. Gr., welcher Einführung der Industrie in ein ungewerbliches Land und Schutz staatlicher oder staatlich privilegierter Fabriken bezweckte; die Prohibition jener Zeit war ein Ausdruck der Naturalwirtschaft.

Den Anstofs zum wirtschaftlichen Fortschritt gab der steigende Verkehr. Bereits unter Nikolaus I. deutete er sich an durch die Zunahme des Schmuggels [1] und die Möglichkeit, durch Zollherabsetzungen die Staatseinnahmen zu vermehren. Rücksichten auf beides, also fiskale Interessen, führten zur Herabsetzung der bis dahin prohibitiven Zollsätze in den Jahren 1824—1850.

Aber erst um die Mitte des Jahrhunderts hielt Tausch und Geldwirtschaft Einzug in Rufsland: hierdurch, nicht durch litteräre Bewegungen, wurde Rufsland europäisiert. Dieser gewaltige Umschwung fand seinen Ausdruck in dem Reformwerk Alexanders II. Die Bedingungen für eine moderne Grofsindustrie waren, wie wir oben sahen, erst mit dem Bau der Eisenbahnen und der Schaffung einer unabhängigen Civiljustiz gelegt.

Voraussetzung für die Entwicklung der Industrie war ferner die Befreiung der Bauern. In ihr zog der Adel die

[1] Nach Mitchell a. a. O. Einleitung S. 5 betrug Mitte des Jahrhunderts die Versicherungsprämie für Schmuggeltransport nach Rufsland nur 35 % des Zolls — ein Beweis für die Chancen des Schmugglers.

Konsequenzen der Geldwirtschaft, indem er die Leistungen der Leibeigenen in kapitalisierte Abfindungssummen verwandelte. Zum erstenmal erschien damit in der russischen Gesellschaft durch die Ausgabe der verkäuflichen Ablösungsscheine eine grofse Menge flüssigen Kapitals. Eisenbahn-, Bank- und Industrieunternehmungen schossen aus der Erde. Zudem wurde der Adel — zeitweise wenigstens — ein kaufkräftiger Abnehmer von Industrieprodukten; mit zunehmender Übersiedelung nach den Städten legte er seine naturalwirtschaftlichen Gewohnheiten ab. Sodann schuf das Emancipationswerk die freie Arbeit. Da diese weit produktiver ist als die unfreie, so erforderte die Landwirtschaft weniger Hände; es entstand ein Arbeitsangebot für die Industrie. Ferner gewann die Industrie in der freien Arbeit erst die Grundlage, ohne welche die Anwendung kostspieliger und komplizierter Maschinen unmöglich ist. Mit Recht datiert daher Mendelejeff den Beginn einer wirklich modernen Grofsindustrie Rufslands von dem Reformwerk des Zar-Befreiers[1].

Aber nicht das eben aufkommende Fabrikantentum, sondern der Adel war damals die mafsgebende Klasse. Solange er in Naturalwirtschaft lebte, hatte ihm das Zollsystem gleichgiltig sein können. Nunmehr wurde er Konsument ausländischer Industrieprodukte und, was noch wichtiger war, in wachsendem Mafse Getreideexporteur. Damit fiel das alte System; freihändlerische Strömungen erlangten die Oberhand und führten zu den gemäfsigten Tarifen von 1857 und 1867. Es zeigte sich hier die allgemeine Erscheinung: der grundbesitzende Adel ist, solange die Landwirtschaft ausführt, freihändlerisch gestimmt, wie es das preufsische Junkertum bis 1878 auch war. Bis 1857 war die Einfuhr von Roh- und Gufseisen in Rufsland so gut wie untersagt; demgegenüber wurde sie 1859 und 1861 teils einem sehr geringen Zoll unterworfen, teils gänzlich freigegeben; es bedeutete dies, dafs der

[1] Überblick über die Entstehung der russischen Industrie, offizielle Ausgabe für die Ausstellung von Chicago. Derselben Ansicht ist Erisman a. a. O. S. 35.

Adel an den Eisenpreisen (Maschinen, Eisenbahnbau u. s. w.) interessiert zu sein anfing. Dies war sicher das Entscheidende; die freihändlerischen Strömungen der „Intelligenz" waren nur ein Ausdruck der wirtschaftlichen Verhältnisse.

Trotz des mäfsigen Industrieschutzes hat sich in den 60er und 70er Jahren die russische Industrie mächtig entfaltet. Das Buch von Nowikoff, welches als freihändlerische Parteischrift allerdings mit Vorsicht zu gebrauchen ist, enthält hierfür zahlreiche Belege[1].

Damals auch stellte sich die industrielle Geographie Rufslands fest, deren Aufbau für das Verständnis der zollpolitischen Entwicklung von grofser Wichtigkeit ist. Ihren wirtschaftlichen Bedingungen nach sind zu scheiden die Industrie des inneren Rufslands und die der westlichen Grenzländer. Das wichtigste Glied der ersteren ist der Moskau-Wladimirsche Industriebezirk, der Sitz zahlreicher Gewerbe, vor allem der Sitz der fortgeschrittensten Industrie Rufslands, der Baumwollindustrie. Zu der Zeit, da die Slavophilen auf dem Boden der alten Zarenstadt ihr luftiges Ideenschlofs aufbauten, errichteten die Moskauer Kaufleute, realistischer als jene, die schlanken Schornsteine ihrer Spinnereien.

Zwischen Moskau und Nischni-Nowgorod siedelte sich diese Industrie, wie wir oben sahen, auf einem Boden an, wie er günstiger nicht gedacht werden kann. Ist Moskau seit jeher der Sitz der kapitalkräftigsten Kaufmannschaft Rufslands, so ist Nischni, zu dessen Messen jährlich bis 200000 Menschen zusammenströmen, der wichtigste Absatzmarkt aller Industrieprodukte. Haupthafen der unvergleichlichen Wolgastrafse, erfreut sich Nischni der Vorteile einer nahezu maritimen Lage. Das ganze Flufssystem aber weist nach dem Osten und Süden, nach den urältesten Kultursitzen der Menschheit, nach Ländern, welche in der Peripherie des indischen Kulturkreises liegen.

Wenn die junge Industrie Rufslands der fortgeschritteneren des Westens gegenüber an sich stark schutzzöllnerisch sein

[1] Protektionismus. Petersburg 1890. S. 95—104.

mufste, so war es die Moskauer Baumwollindustrie zudem noch aus Gründen der einheimischen Konkurrenz. Indem man nämlich bei Einführung der modernen Massenproduktion zur amerikanischen Baumwolle griff, besafsen die baltischen Hafenstädte vor der Industrie des Innern einen gewaltigen Vorzug; Moskaus Interesse daher verlangte Einführung von Schutzzöllen auf Rohbaumwolle, um die russische Industrie auf russisch-asiatischen Rohstoff zu gründen, den es durch die Wolgastrafse aus erster Hand empfängt[1]. In dem Mafse als dies geschieht, siegt die Industrie des Innern; in dem Mafse wird aber auch für Baumwollwaren die Steigerung der Zölle unentbehrlich.

Auch Kohlenzölle, welche den westlichen Grenzprovinzen das Brennmaterial verteuern, liegen im Interesse Moskaus. Die wirtschaftlichen Zusammenhänge weisen Moskau auch hier nach dem Osten; die Gefahr eines Mangels an Brennmaterial, womit die fortschreitende Entwaldung drohte, wurde durch das Naphtha des Kaspischen Meeres beseitigt. Von der Wolgastrafse aus findet dieser ausgezeichnete Heizstoff seine Verbreitung im Innern, auch in den Grofsbetrieben Moskaus und Wladimirs. Dem Westen abgewandt, dem Osten eng verbunden, ist die mittelrussische Baumwollindustrie die Kerntruppe der Schutzzöllner.

In ähnlicher Lage befindet sich die Eisenindustrie des Ural, welche ebenfalls dem Wolgasystem angehört und in Nischni ihren Markt hat, sowie der in den letzten Jahren gewaltig aufblühende Montanbezirk des Donez und unteren Dnjepr. Hier, wo im Verlauf weniger Jahre Hochöfen, Bessemerwerke, Siemens-Martin-Öfen aus dem Boden einer unbebauten Steppe gestampft wurden, schuf die Zusammenfassung der Industrie in wenigen grofsen Unternehmungen ein in hohem Mafse aktionsfähiges schutzzöllnerisches Interesse. Dafs gerade in dieser Industrie besonders viel ausländisches Kapital angelegt ist, verhindert sie nicht, nationalistische

[1] Vergl. den Bericht für Chicago über die Baumwollindustrie S. 7. Ferner Russische Revue Bd. 26, S. 516—18; Bd. 28, S. 526 ff.

Wirtschaftspolitik zu treiben. Alle diese Industrieen haben das gemein, dafs sie vom Westen durchaus unabhängig und in ihrem Absatz nach dem Süden und Osten gewiesen sind.

Ihnen gegenüber steht zunächst die Industrie der baltischen Küstenstädte, insbesondere Petersburgs und Rigas. Auf ausländische Kohlen angewiesen, verarbeitete sie ursprünglich ausländische Halbfabrikate. So lebte der dort aufblühende Maschinenbau, ebenso die sonstigen Zweige der Metallverarbeitung von eingeführtem Roheisen. In ähnlicher Lage befindet sich Polen, dessen Textil- wie Metallindustrie auf die Einführung deutscher Halbfabrikate angewiesen war, und sich auch bis heute nur teilweise davon emanzipieren konnte, wie wir unten bei Besprechung der Eisenindustrie sehen werden.

Der Umschwung, welcher in den siebziger Jahren das freihändlerische Zeitalter Alexanders II. über den Haufen warf, erscheint, unter diesem Gesichtspunkte betrachtet, als ein Sieg Innerrufslands über die Grenzländer, Moskaus über Petersburg. Der nach dem Westen neigende Liberalismus, welcher für das Petersburg Alexanders II. so bezeichnend war, unterlag dem Bündnis slavophiler Stimmungen mit innerrussischen Industrieinteressen. Dieser Umschwung gelangte auf den verschiedensten Gebieten der inneren wie der äufseren Politik in den achtziger Jahren zum Durchbruch. Nicht am wenigsten scharf war der Rückschlag auf dem Gebiete der Handelspolitik. In jener Zeit traten weite Kreise der öffentlichen Meinung, Litteraten wie Interessenten, unter die Herrschaft des merkantilistischen Ideals — des Ideals der Selbständigkeit der nationalen Volkswirtschaft, ihrer Loslösung vom Auslande, selbst von dem westeuropäischen Getreidemarkte.

Die Tage des Kampfes fielen in eine schutzzöllnerische Welle, welche über ganz Europa herging. 1879 änderte Deutschland sein Tarifsystem, und es ist kein Zweifel, dafs Retorsionsabsichten den russischen Schutzzöllnern ihre Arbeit erleichterten[1]. Aber gar verschieden war der Kampf in

[1] Witschefski, Schriften des Vereins für Socialpolitik. Bd. 49. S. 406.

beiden Ländern seinem innern Charakter nach. Der deutsche Schutzzoll beruhte auf einem Bündnis eines Teiles der Industrie mit dem ostelbischen Grofsgrundbesitz, welcher mit der wachsenden Getreideeinfuhr seine früheren freihändlerischen Neigungen vergafs. Diesem Bündnis entgegen stand aufser dem Handel nur der exportierende Teil der Industrie. Der Sieg konnte nicht zweifelhaft sein; aber das Bündnis, auf dem er beruhte, wird fortwährend geschwächt durch Übergang einzelner Industrieen auf die Seite des Exportinteresses.

Anders in Rufsland! Auf den ersten Blick konnte dort die Überzahl mehr oder minder freihändlerischer Interessen überwältigend erscheinen; unabsehbar dehnte sich ihre Schlachtreihe aus, Adel und Bauern, also 85 % der Nation umfassend; ihre Vorhut bildeten die auf fremde Halbfabrikate angewiesenen Industrieen der westlichen Grenzprovinzen. Ihr gegenüber stand lediglich das Moskauer Industrieinteresse und seine Verbündeten — eine kleine, aber im Besitz der heutigen Kriegstechnik befindliche Schar, der vor allem dasjenige Mittel zu Gebote stand, demgegenüber nach einem griechischen Worte keine Festung Stand hält, das Geld. Sie wandte in dem Kampfe, welcher sich entsprechend den russischen Verhältnissen hinter den Coulissen der Staatsverwaltung abspielte, nicht immer die lautersten Mittel an; bewundernswert aber waren die Energie und die Taktik, mit der sie den Kampf führte. Erst wurden die einzelnen Häuflein der Vorhut in den Sand gestreckt, ohne dafs die agrarische Hauptmacht davon etwas merkte, und dann diese selbst, eine kunstlose Schlachtreihe Sensenbewaffneter, mit leichter Mühe auseinandergesprengt.

Wir betrachten die einzelnen Etappen des Siegeslaufes der Schutzzöllner, denen zunächst fiskale Schwierigkeiten zu Hilfe kamen. Wir unterscheiden dabei allgemeine Zollerhöhungen, welche sich als prozentuale Zuschläge zu den Sätzen des bestehenden Zolltarifs kennzeichnen, und besondere Zollerhöhungen einzelner Positionen. Ähnlich wie in Deutschland, vollziehen sich die entscheidenden Kämpfe und Erfolge der Schutzzöllner auf dem Gebiete des Eisens und der

Baumwolle; dem schliefsen sich zahlreiche Zollerhöhungen für andere Industrieprodukte an. Endlich wird das Ergebnis der ganzen Entwicklung im Zolltarif von 1891 zusammengefafst.

In der Absicht, für den bevorstehenden Türkenkrieg die Metallzahlung der ausländischen Anleihen zu sichern, erhob die russische Regierung vom 1. Januar 1877 ab die Zölle in Gold. Es bedeutete dies eine Zollerhöhung von 30—34 %. Auch der 1881 erfolgte weitere Zuschlag von 10 % auf den gesamten Tarif hatte neben protektionistischen finanzpolitische Gründe, indem man durch diesen Schritt die Beseitigung der Salz- und der Kopfsteuer vorbereitete. Währungstechnische Gesichtspunkte spielten mit, welche eine Verbesserung der Zahlungsbilanz verlangten. Anders die 1885 erfolgte allgemeine Zollerhöhung von 10 auf 20 %; bei ihr stand der Retorsionszweck gegen Deutschland im Vordergrund, wie sie denn für das folgende Jahr eine Verminderung der Zolleinnahmen mit sich brachte[1]. Zwischen jenen Jahren lag der entscheidende Sieg der Schutzzöllner, welcher auf dem Boden der Eisen- und Kohlenzölle erfochten wurde.

In jener Zwischenzeit entfaltete sich eine äufserst rege schutzzöllnerische Agitation, welche in den Kongressen der Montan-Industriellen, den Börsenkomitees von Moskau und Charkow, der kaiserlich russischen technischen Gesellschaft u. s. w. ihre Vertreter fand.

Als Wortführer der schutzzöllnerischen Bewegung trat der bekannte Chemiker Mendelejeff auf, einer der bedeutendsten Naturwissenschaftler Rufslands, der über die technischen Fragen der chemischen, der Naphtha- und der Eisenindustrie zu allgemein zollpolitischer Propaganda gelangte. Seine Argumente klingen vielfach an List an, wobei sich freilich vielfach der Mangel einer gründlichen, volkswirtschaftlichen Fachbildung bei ihm nur allzusehr fühlbar macht. Ein grofser Naturforscher ist noch kein grofser Nationalökonom. Über die

---

[1] Skalkowski, Ministres de la finance de la Russie. Paris 1891, S. 275.

finanzpolitische Bedingtheit der Handelspolitik, über ihre Zusammenhänge mit der Währungs- und Kreditpolitik des Staates finden sich bei Mendelejeff nicht einmal Andeutungen. Wie phantastisch die von Mendelejeff vertretenen Pläne sind, zeigt z. B. der Vorschlag, unter Einführung prohibitiver Kohlenzölle den Verkehr zwischen den Küsten des Baltischen und des Schwarzen Meeres ausschliefslich russischen und in Rufsland gebauten Schiffen vorzubehalten; man solle alsdann die südrussischen Kohlenwerke und Reeder zum Kohlenexport über Gibraltar in die Baltische See mit Prämien antreiben — Mafsregeln, die „eines Cromwell würdig wären".

Einstweilen waren trotz der allgemeinen Zollerhöhungen von 1877 und 1881 die Schutzzöllner noch weit von ihrem Ziele entfernt. Noch 1878 wurde von einem Regierungskomitee die zollfreie Eiseneinfuhr für Maschinenfabriken für unentbehrlich erklärt. Erst mit der Aufhebung dieser Vergünstigung 1880 wurde die entscheidende Bresche in das bestehende System gelegt. Es folgten die Erhöhungen der Roheisenzölle vom 16. Juni 1884 und 21. April 1887, an welche sich die entsprechenden Zollerhöhungen für Walzeisen, Stahl, Maschinen u. s. w. anschlossen. Abschlufs fand diese Entwicklung erst in dem Zolltarif von 1891, welcher neben hochprotektionistischen für einige der wichtigsten hier in Betracht kommenden Einfuhrartikel prohibitive Zollsätze enthielt. Die bei Roheisen gemachte Unterscheidung zwischen Land- und Seegrenze bedeutete eine Benachteiligung der für „ausländisch" erklärten polnischen Eisenindustrie, welche schlesisches Roheisen mit schlesischem Coaks verarbeitete.

Im Jahre 1880 wurde ein Kohlenzoll von 1 Kopeken pro Pud für die westliche Landgrenze eingeführt; 1884 gelangte man zu einem allgemeinen Kohlenzoll, mit differentieller Belastung der Schwarzen Meer-Häfen und der westlichen Landgrenze. In ihrem weiteren Verlaufe führte diese Entwicklung für das Schwarze Meer zu prohibitiven, für die westliche Landgrenze zu hochprotektionistischen, für die baltischen Häfen zu immer noch schwer lastenden Kohlenzöllen. Die Unterscheidung zwischen baltischer See- und westlicher Landgrenze wirkte hier, wie bei dem Eisen, als Differentialzoll zu Ungunsten Deutschlands, zu Gunsten Englands. Das Mifsverhältnis zeigte sich deutlich, wenn man mit einer englischen Kohleneinfuhr von 89757 Pud die deutsche von 16900 Pud (jährlicher Durchschnitt 1886—1890) verglich, während doch die schlesischen Kohlenfelder so nahe den Sitzen der ihrer bedürfenden Industrie Polens liegen.

So wenig wie bei den Eisenzöllen machte sich gegen die Kohlenzölle das womöglich hier noch gröfsere landwirtschaftliche Interesse geltend; denn der Kohlenzoll befördert die Entwaldung und damit die viel beklagte Verschlechterung des Klimas. Trotzdem dürfte bei der Kohle die protektionistische Widerstandskraft geringer sein als beim Eisen [1]. Die Richtigkeit dieses Satzes erwies sich bei den Verhandlungen über den deutsch-russischen Handelsvertrag.

Wie sehr die Rohbaumwollzölle, welche noch nach dem Tarif von 1891 (Januar 1893) eine Erhöhung erfuhren, einen Sieg Moskaus bedeuteten, sahen wir oben. Auch diese Zölle zeigten jene oben beobachtete Unterscheidung zwischen Land- und Seegrenze. Neben dem Bestreben, den Verkehr über baltische Häfen und russische Eisenbahnen zu leiten, war hierbei die Absicht einer Verschiebung der inneren Konkurrenzbedingungen unverkennbar. Aber auch hier wirkte diese Mafsregel als Differentialzoll gegen Deutschland, über welches Rufsland einen beträchtlichen Teil seiner Baumwolle bezieht. Dem Baumwollzoll entsprechen Garnzölle, welche nach Mendelejeff durchschnittlich etwa 50% des Wertes betragen, also für alle gewöhnlichen Garnnummern prohibitiv sind. Dasselbe gilt für gewöhnliche Baumwollgewebe und -drucke. Hinter diesen Zöllen steht das stärkste schutzzöllnerische Interesse Rufslands, aufser dort, wo es sich um vereinzelte Specialitäten handelt.

---

[1] So verteidigten selbst die hochschutzzöllnerischen „Moskauer Nachrichten“ (Vergl. die Nummern vom 14. und 16. Dezember 1893) vor Abschlufs des deutsch-russischen Handelsvertrages Zollherabsetzung für Kohle.

Ohne mich bei den Durchgangspunkten aufzuhalten, gebe ich kurz die wichtigsten Ergebnisse der schutzzöllnerischen Entwicklung für Baumwolle, Kohle und Eisen und setze, um Wiederholungen unten zu vermeiden, die auf diesen Gebieten sehr geringfügigen Zollermäfsigungen des deutsch-russischen Handelsvertrags bei.

	Tarif 1891	Vertragstarif
1) Baumwolle. — Art. 183. Baumwollgarn, je nach Feinheit, pro Pud	4,80—11 Rubel	unverändert
Art. 187, 188. Baumwollgewebe, je nach Feinheit, pro Pfund	0,35—1,45 „	„
2) Kohle. — Art. 79. Stein-, Torf- und Holzkohlen, Coaks und Torf:		
1. Stein-, Torf-, Holzkohlen und Torf		
a) in den Häfen des Schwarzen und Asowschen Meeres eingeführt, Pud	0,04 „	„
b) über die westliche Landgrenze, Pud	0,02 „	0,01 Rubel
c) über die baltischen Häfen, Pud	0,01 „	unverändert

Anmerkung aus dem Vertragstarif zur Position Kohle. Der Zollsatz dieser Artikel kann vom 1. Januar 1898 an (alten Stils) erhöht werden, falls nur die Höhe der Zölle für die westliche Landesgrenze und für die Ostseehäfen dieselbe bleibt.

	Tarif 1891	Vertragstarif
2. Coaks:		
a) in den Häfen des Schwarzen und Asowschen Meeres eingeführt, Pud	0,06 Rubel	unverändert
b) über die westliche Landgrenze, Pud	0,03 „	0,01½ Rubel
c) über die baltischen Häfen, Pud	0,01½ „	unverändert
3) Eisen. — Art. 140.		
1. Band- und Sortiereisen jeder Art, mit Ausnahme des unten genannten, in Kritzen, Puddlingstücken oder Blöcken, als Bruch, Millbars, Eisen in Pulverform, Pud	0,60 „	0,50 Rubel
2. eiserne Schienen (Rails), wenn auch mit Bohrungen und Spunden, Pud	0,60 „	0,50 „
3. Eisen in Blättern jeder Art, bis Nr. 25 einschliefslich nach Birminghamer Kaliber u. s. w., Pud	0,85 „	0,65 „
4. in Blättern über Nr. 25 nach Birminghamer Kaliber, Pud	1 „	0,80 „

	Tarif 1891	Vertragstarif
Art. 141. Blech (verzinntes Dünneisen), Pud	1,70 Rubel	1,55 Rubel
Art. 142. Stahl:		
1. Band- und Sortierstahl jeder Art, Pud	0,60 „	0,50 „
2. Stahlschienen (Rails), Pud	0,60 „	0,50 „
3. in Blättern jeder Art, bis Nr. 25 einschliefslich nach dem Birminghamer Kaliber, Pud	0,85 „	0,65 „
4. in Blättern über Nr. 25 nach Birminghamer Kaliber, Pud	1 „	0,80 „

Um Eisen, Kohle und Baumwolle gruppierten sich eine Menge schwächerer Schutzzollinteressen, welche mit dem Siege jener ebenfalls auf ihre Rechnung kamen. Für die deutsche Einfuhr kamen von ihnen insbesondere in Betracht an Rohstoffen und Halbfabrikaten: Wolle (Kammzüge), Häute und Leder, Blei, Zink, Zinn, Pelzwerk; an Fabrikaten: Woll-, Leinen- und Seidenwaren, Papier-, Glas- und Porzellanwaren, chemische Produkte, vor allem Maschinen und sonstige Fabrikate aus Stahl und Eisen. Da, wie wir sahen, der russische Tarif in erster Linie das Ergebnis eines Kampfes zwischen der nationalen Industrie und der der westlichen Grenzprovinzen war, so erwies sich die Widerstandskraft, welche hinter seinen einzelnen Posten stand, sehr verschieden. So starr die Hochburgen der nationalen Produktion verteidigt wurden, so geneigt war man und dürfte man auch in Zukunft sein, gewisse Aufsenposten zu räumen.

Der wirtschaftliche Mittelpunkt Rufslands verschob sich mit der geschilderten Entwicklung nach dem Süden, worauf z. B. die wachsende Bedeutung des Schwarzen Meeres gegenüber den baltischen Häfen deutet. Die wirtschaftliche Hauptstadt des Reiches wurde Moskau — ein Parallelismus der slavophilen Lehre und der wirtschaftlichen Entwicklung. Nach den Berechnungen von Nicolaï—on haben in den drei Jahren 1886, 1887, 1888 die industriellen Gewinne im allgemeinen um 18 %, die Gewinne der Baumwollindustrie, deren Schwerpunkt in Moskau liegt, um 133 % zugenommen [1].

[1] Nicolaï—on, Abrifs unserer Volkswirtschaft seit der Reform. St. Petersburg 1893. S. 191—193.

Erst in zweiter Linie war der russische Tarif das Ergebnis eines Kampfes zwischen Industrie und Landwirtschaft. Denn letztere rührte sich erst, als man ihren nächsten Interessen zu Leibe ging. Dies geschah dann, als die Entscheidung zu Gunsten der Eisenzölle bereits gefallen war. Als notwendige Folge dieser Zölle erschien nämlich, um die heimische Maschinenindustrie am Leben zu erhalten, die Erhöhung der Maschinenzölle und die Zollbelastung der bis 1885 zollfreien landwirtschaftlichen Maschinen. Erst nachdem die Schlacht verloren war, machte die Landwirtschaft mobil. Die kaiserliche freie ökonomische Societät insbesondere führte aus, dafs die Einfuhr von ausländischen Maschinen nicht nur den Landwirt mit billigen Werkzeugen versorge, sondern auch die Voraussetzung für die Einführung aller technischen Fortschritte des Landbaus sei; allein eine gesteigerte Maschinenanwendung rufe die so notwendigen Reparatur-Werkstätten in allen Teilen des Reichs hervor. Eine schärfere Tonart schlug die Livländische Gemeinnützige Gesellschaft an. Während der amerikanische Farmer auf das vollkommenste gerüstet den Kampfplatz des Weltmarkts beschreite, solle der russische Landmann ohne Waffen sein Blut vergiefsen? Während das fragwürdige Experiment im Gange sei, in Rufsland eine Maschinenindustrie grofs zu ziehen, um den riesenhaften Bedarf der Produzenten von 300 Mill. Tschetwjert Getreide zu befriedigen, könne leicht der letzte Blutstropfen des armen waffenlosen Kämpfers vergossen sein [1].

Obgleich der Minister des Innern und der Domänenminister für die Landwirtschaft eintraten, behielt der Tarif von 1891 die Zölle auf landwirtschaftliche Maschinen bei, ja verschärfte sie noch, indem er alle gesondert eingeführten Reserveteile sowie landwirtschaftliche Dampfmotoren den allgemeinen Zollsätzen für Maschinen unterwarf. Sonst blieben für landwirtschaftliche Maschinen gewisse Milderungen bestehen. Auch war diese Position keine der festesten der Schutzzöllner. Selbst eine offizielle Denkschrift giebt zu, dafs die Verteuerung

[1] Wittschefski a. a. O. S. 421/422.

der Produktionskosten des Getreides durch einen Maschinenzoll von 70 Kopeken Gold, wie er im Tarif von 1891 enthalten war, die Produktionskosten des Getreides um 1,85 Kop. Kredit pro Pud verteuere. Die Ansicht des Referenten, dafs dieser Betrag wegen seiner Geringfügigkeit nicht ins Gewicht falle, dürfte um so weniger Glauben verdienen, als die geringfügigste Differenz zwischen den Produktionskosten und dem Marktpreise des Getreides für Rufslands Volkswohlstand entscheidend ist. In dieser Differenz, welche durch die technischen Fortschritte Amerikas immer weiter verengt wird, sind Bruchteile eines Kopeken bereits von Bedeutung.

In gleichem Mafse gilt das Gesagte von dem Zoll auf künstliche Düngemittel. In einem Lande, dessen wirtschaftlicher Schwerpunkt in einer exportierenden Landwirtschaft liegt, war eine solche Mafsregel eine Orgie des schutzzöllnerischen Sieges.

Seinen Gipfel erreichte das System einseitigen Merkantilismus gegen Ausgang der achtziger Jahre mit dem Ministerium Wischnegradski vom 1. Januar 1887 bis 20. Aug. 1892. Vom Mathematiklehrer durch technische Kenntnisse in einer industriellen Laufbahn emporgekommen, war dieser Mann ganz im Sinne der Nationalen, wie denn auch seine Ernennung auf Katkoffs Einflufs zurückgeführt wurde. Ein Beleg seiner einseitig unternehmerfreundlichen Stellung war z. B. auch, dafs er die Veröffentlichung der Fabrikinspektorenberichte einstellte und Janschull, welchem treffliche Berichte verdankt wurden, des Amtes als Fabrikinspektor enthob. Unter Wischnegradski erreichte die wirtschaftliche Abschliefsung Rufslands von Europa, insbesondere von dem handelspolitisch wichtigsten Nachbarn, von Deutschland, ihren Höhepunkt. Ihm verdankt Rufsland den Zolltarif von 1891, welcher nach Mendelejeff durchschnittlich 33 % des Wertes der eingeführten Waren beträgt (gegen 5 bis 18 % der sonstigen europäischen Zolltarife).

Der Zolltarif von 1891 übertrifft alles, was sonst in Europa an Schutzzöllnerei geleistet worden ist. Wir borgen hier einige Angaben Issajeffs: „Von einem Pud Eisen werden bei uns 60—100 Kopeken (144—216 Pfg.) Gold erhoben, während in Frankreich 14,3—26,6 Kopeken, in Österreich-Ungarn 6,6—25,3, in Deutschland 7,6—12,7 Kopeken erhoben werden. Der Zoll auf eine Reihe verschiedener Eisen- und Stahlerzeugnisse beträgt in Rufsland 170—270 Kopeken für ein Pud, in Frankreich 26,6—53,3, in Österreich-Ungarn 55—75, in Deutschland 30,4 Kopeken; kleine Eisen- und Stahlwerkzeuge für Handwerker und Landwirte sind in folgender Proportion besteuert: in Rufsland 1 Rubel 40 Kopeken, in Deutschland 50,7—76, in Österreich-Ungarn 50,6, in Frankreich 49—95 Kopeken. Von einem Pud grober, gebleichter und gefärbter Baumwollgewebe werden bei uns 1400—5800 Kopeken Gold erhoben, in Frankreich 250—2500, in Österreich-Ungarn 323—1410, in Deutschland 618 Kopeken. Bei vielen Waren müssen wir einen 5—6, ja 12mal so grofsen (Schuhwerk) und sogar einen 30mal so grofsen (Schreibpapier) Zoll zahlen als die Deutschen, Österreicher und Franzosen [1]."

Selbst im Vergleich mit Amerika sind die Zollsätze wichtiger Positionen des russischen Tarifs hoch zu nennen. „In Goldkopeken werden von einem Pud erhoben: Von Rundeisen, Bandeisen und Stangeneisen, wie auch von Stahl 50 bei uns und 25 in Amerika, von Stahl- und Eisenschienen bei uns 50, dort 16,30, von Roheisen bei uns 30, dort 8,30 Kopeken [2]."

Bei wichtigen Positionen des Zolltarifs von 1891 handelte es sich geradezu um Prohibition. Der Zoll für bestes Roheisen zum Gufs wird von Peez auf 105 %, der für Walzdraht auf 170—350 % vom Werte der Ware berechnet — in der That „eine höflich ausgedrückte Prohibition" [3]. Auch der

[1] Issajeff, Zur Politik des russischen Finanzministeriums. Stuttgart 1898. S. 11.

[2] Vergl. Issajeff a. a. O. S. 13. So auch Radzig, Die Eisenindustrie der ganzen Welt. Petersburg 1897. S. 59 (im Mac Kinleytarif 14 Kop. pro Pud).

[3] Peez, Zur neuesten Handelspolitik. Wien 1895. S. 102.

Schienenzoll (1891 pro 100 kg 60 Kopeken) war nahezu prohibitiv. Ähnliches galt und gilt von den Zöllen auf Baumwollgarn und -gewebe, welche für mittlere und gröbere Nummern jede Einfuhr ausschliefsen. Erst bei Nr. 60 twist beginnt unter günstigen Umständen die Möglichkeit der Garneinfuhr, jedoch beträgt auch hier der Zoll noch immer 60 % der Ware[1].

Wie sehr der Zolltarif von 1891 und die ihm vorangehenden Zollerhöhungen insbesondere die deutsche Ausfuhr nach Rufsland schädigten, ergeben folgende Ziffern:

Ausfuhr aus Deutschland nach Rufsland in Mk. 1000[2].

Waren	1880	1892
Baumwollgarn	5 274	509
Baumwollwaren	3 768	932
Roheisen	974	299
Eisenbahnschienen	2 642	105
Grobe Eisenwaren	15 539	6 137
Glas	753	231
Häute und Felle	8 705	3 316
Bernstein	1 668	71
Hopfen	3 191	1 017
Eisenbahnfahrzeuge	1 571	17
Gummiwaren	1 284	301
Kleider und Wäsche (inkl. Herrenhüte)	4 864	823
Verarbeitetes Kupfer	2 401	577
Leinwand	909	78
Salz	1 083	168
Pappe	558	44
Seidene Waaren	2 135	438
Halbseidene Waren	1 539	479
Steinkohlen	3 752	1 054
Harz	1 448	156
Wollgarn	8 222	2 246
Wollwaren	9 436	2 497

Diese Ziffern aber erscheinen erst dann in ihrem richtigen Lichte, wenn wir der politischen Wandlungen gedenken, welche

[1] Bayerdörffer a. a. O. S. 415, 417.

[2] Auswärtiger Handel des deutschen Zollgebietes, V. Rufsland. Berlin 1897.

in der Zwischenzeit eingetreten waren. 1880 war Deutschland noch der Hauptgläubiger Rufslands und Berlin der Markt für russische Wertpapiere. 1892 war die Übertragung der russischen Anleihen auf den Pariser Markt der Hauptsache nach erfolgt, der Kredit Rufslands war gehoben und die Währungsreform in die Wege geleitet. Diese Wandlungen wurden dem grofsartigen Entgegenkommen des sonst so vorsichtigen französischen Kapitals verdankt. Dasselbe rechnete hierbei augenscheinlich nicht nur nach wirtschaftlichen Gesichtspunkten, es verfolgte zweifellos politische, ja kriegerische Hoffnungen, welche mit Hilfe Rufslands an der Rheingrenze verwirklicht werden sollten. Es waren die Tage, da der Zweibund und der Dreibund, bis auf die Zähne bewaffnet, sich gegenüberstanden, täglich zum mörderlichsten aller Kriege bereit.

II. Die Schutzzöllner.

Wer waren die Schutzzöllner? Wie wir sahen, Interessenten und Ideologen, Industrielle und Nationalisten. Werfen wir einen Blick auf jede der beiden Parteien dieses Bündnisses.

1. Die Wucht, mit der die industrielle Minderheit ihr Interesse zur Geltung brachte, wird nur dann verständlich, wenn wir jener Eigentümlichkeit der neuzeitigen russischen Industrieentwicklung gedenken, die wir bereits oben an einem wichtigen Einzelbeispiel kennen lernten: ihrer grofsen kapitalistischen Konzentrierung.

Die Grofsindustrie wurde von dem Boden Westeuropas fertig nach Rufsland verpflanzt. Ihr kleben weniger die Eierschalen allmählichen Entstehens an, als der deutschen und selbst der englischen Industrie. Ihre Analogie mag in dieser Hinsicht mehr auf amerikanischem Boden liegen. Die weiten und geschützten Märkte des Reiches lohnten sofort Anlagen im gröfsten Stile, während der hohe Zinsfufs und die hohen Anlagekosten nur wenigen die Beteiligung an dem industriellen Wettkampf ermöglichten. So findet man z. B. in Rufsland Spinnereien allergröfsten Umfanges, welche sonst nur wenige ihresgleichen haben, z. B. die oben geschilderte in Narwa.

Zudem zwingt die mangelhafte Ausbildung der Verkehrs- und Handelsverhältnisse, mit den Hauptbetrieben eine Masse von Hilfsbetrieben zu vereinigen. Nicht nur, dafs, wie wir sahen, eine weitgehende Kombination von Spinnerei, Weberei, Druckerei u. s. w. stattfindet, — es müssen auch grofse Lager von Rohstoff, ausgedehnte Maschinenwerkstätten u. a. mit diesen Fabriken verbunden sein, wie es denn im ganzen Gouvernement Wladimir keine einzige selbständige Maschinenfabrik gröfseren Umfanges giebt.

Einsam, inmitten der monotonen Linien unbegrenzten Waldes erheben sich diese Grofsbetriebe als stadtähnliche Anlagen von 10—12000 und mehr Einwohnern. In der Mitte allbeherrschend — um eines der von mir besuchten Beispiele zu beschreiben — stehen die Fabrikgebäude, vier- bis sechsstöckige Spinnereien mit über 100000 Spindeln, daneben weit gedehnte Sheds für die Weberei mit 2100 Webstühlen. Weiter sehen wir die Bleicherei, die Druckerei, die Färberei und die Appreturwerkstatt, daneben riesige Magazine für den Rohstoff, der in Massen vorrätig gehalten werden mufs, ferner die zahlreichen, der Maschinenfabrikation dienenden Betriebe, so die Eisen- und Kupfergiefserei, die Tischlerei, die Drechslerei u. s. w. Etwas abseits finden wir zierliche, villenähnliche Häuser für die Angestellten, unter denen ich für die Spinnerei mehreren Engländern, für die Druckerei einigen Elsässern begegnete. Daneben erheben sich die mehrstöckigen, aus Stein gebauten Arbeiterkasernen, welche 6000 Arbeiter beherbergen. Hieran schliefsen sich wieder einer Menge einzelner Betriebe: die Fabrikläden, denen die Arbeiter ihre Bedürfnisse entnehmen, die Bäckerei, ein Schlachthaus, ein Krankenhaus mit drei dauernd angestellten Ärzten und 6 Heilgehilfen, eine geburtshilfliche Anstalt mit 3 Ärzten und 3 Hebammen, Leichenhallen, Bäder, zwei Kirchen mit Geistlichen, eine Feuerwehr, eine Schule mit 15 Lehrern und Lehrerinnen u. s. w. In England würden diese Unternehmungen allein sich in der Hand von mindestens 20 bis 30 getrennten Personen befinden. In weitem Kreise lagern sich herum die Hütten der Hilfstagelöhner, welche nicht in den Kasernen untergebracht sind.

Alles dies befindet sich in der Hand eines Mannes, der zugleich die Polizei hier besoldet, und dem alles Land im Umkreise bis zu 50 000 pr. Morgen gehört. 20 000 Personen werden von ihm teils direkt in der Fabrik, teils als Forst-, Torfarbeiter, Hausindustrielle u. s. w. beschäftigt. Dabei ist der geschilderte Betrieb zu Bogorodsk noch nicht der gröfste dieser Art in Wladimir.

Ähnliches zeigt die südrussische Montanindustrie, welche den Puddelprozefs überhaupt nur in geringem Umfange kannte und sofort mit grofsartigen Bessemer- und Siemens-Martinanlagen anfing. Auch hier fand ich weitestgehende Kombination der Betriebe, welche Kohlen- und Eisenbergbau, Hochöfen und Schienenwalzung vereinigen. Auch äuserlich gleichen jene Industrieorte, Gründungen jüngsten Datums, den oben geschilderten, nur dafs hier die Linien des nordischen Waldes durch die noch einförmigeren der Steppe ersetzt sind. Nach ihrem Gründer Hughes wurde der älteste dieser Industrieorte mit heute über 30 000 Einwohnern, obgleich er erst zwei Jahrzehnte alt ist, Jusowka genannt. Dieser Name ist bezeichnend für den monarchischen Charakter derartiger Ansiedlungen, welche sich ganz in der Hand des industriellen Unternehmers befinden.

Es ist klar, welche Bedeutung in einem armen Lande und gegenüber niedergehenden agraren Klassen derartige Kapitalzusammenballungen besitzen. Dies um so mehr, als die meisten Grofsindustrien Rufslands kartellisierte Einheiten bilden. Am bekanntesten ist das Zuckersyndikat. Es kontingentiert für jeden Teilnehmer die Menge des auf russischem Markte abzusetzenden Zuckers und bestimmt die Höhe der Inlandspreise. Letztere sind hoch genug, um die Produktionskosten auch des ausgeführten Zuckers teilweise mitzutragen — sodafs der Verkauf auf dem Weltmarkt zu Lasten des einheimischen Verbrauchers und oft zu Verlust bringenden Preisen erfolgt[1]. Auch in der Montanindustrie bestehen

[1] Vergl. über dieses Syndikat die interessanten Mittheilungen: Janschull „Industriesyndikate“, Petersburg 1895, S. 123—145. Um

Preisverabredungen, über die näheres nicht an die Öffentlichkeit gelangt ist. In den verschiedenen Zweigen der Baumwollindustrie geschieht die Preisfestsetzung, wie wir sahen, nicht auf dem Wege der Konkurrenz.

Das Kartell der Zuckerindustriellen befindet sich seit 1895 unter staatlicher Leitung und ist für alle Produzenten obligatorisch. Seit 1895 bestimmt der Finanzminister alljährlich das Quantum, das jeder Produzent auf den inneren Markt bringen darf. Aufserdem hat jeder Fabrikant einen bestimmten Reservevorrat herzustellen, welcher unter staatlicher Kontrolle verwahrt wird. Alljährlich bestimmt der Finanzminister den Zuckerpreis und erzwingt seine Einhaltung dadurch, dafs er die Reservevorräte auf den offenen Markt läfst, sobald die Marktpreise des Zuckers den festgesetzten Normalpreis übersteigen[1]. Ferner bestimmt der Finanzminister das jährlich unter Rückvergütung der Accise zu exportierende Quantum. Auch in der Naphthaindustrie erfolgte die Gründung eines Syndikats auf Anregung des Finanzministers; manche erblickten darin die Voraussetzung eines Abkommens mit der Standard Oil-Company zwecks Verteilung der Märkte.

Die Macht des industriellen Kapitals wird noch dadurch erhöht, dafs ihr keine Arbeit im westeuropäischen Sinne gegenübersteht.

II. Wirksame Hilfe erhielt die schutzzöllnerische Agitation durch das Bündnis, welches die Industrie mit der nationalistischen Zeitströmung schlofs. Dieselbe Presse, welche Panslavismus und Europafeindschaft vertrat, erhob sich nicht nur gegen die Einfuhr europäischer Geistes- und Industrieerzeugnisse, sondern auch gegen die in den westlichen Grenzprovinzen aufgekommene „Treibhausindustrie“, welche auf Grund ausländischen Eisens und ausländischer Kohle von „Ausländern“

---

so eigentümlicher berührt es, immer noch den längst widerlegten Gedanken von F. List offiziell aufrecht erhalten zu sehen, dafs bei Schutzzollsystem die innere Konkurrenz die Preise allmählich auf das Weltmarktniveau herabdrücke. So Hist. statist. Überblick über die Industrie, Petersburg 1886, S. 102.

[1] Raffalowich, Le marché financier 1896/97 S. 256.

in das Leben gerufen sei. „Nationale Wirtschaftspolitik“ ward das Schlagwort dieser Presse, welcher die slavophile Abneigung gegen Petersburg trefflich zu statten kam, wenn es sich um die Bekämpfung der schutzzollfeindlichen Gutachten der Petersburger, Rigaer und Libauer Kaufmannschaft handelte. Freihändlerische Äufserungen wurden seitdem als „antinational“ gebrandmarkt.

Häufig war das Aufsteigen einer wirtschaftlichen Klasse von politischen und geistigen Nebenströmungen begleitet, welche das Handeln der Menschen auf den Boden ideologischer Antriebe erhoben und damit gerade das kräftigste Machtmittel dem zu Grunde liegenden Wirtschaftsinteresse boten. So erscheint auch die panslavistische Weltanschauung, welche wir kennen lernten, bis in das Einzelne hinein dem allerdings kurzsichtig erfafsten Industrieinteresse Mittel- und Südrufslands angepafst. Auf der Hand liegt dies für den Konkurrenzkampf mit den Industrien Europas und der westlichen Grenzprovinzen.

Aber auch für die Unterjochung des landwirtschaftlichen Interesses bot die nationalistische Lehre eine treffliche Handhabe. Nicht nur dafs ein prohibitiver Zoll allein jener Anschauung gerecht wird, wonach die Entwicklung des Westens Rufsland so ferne liegt, „als ob sie sich auf dem Monde vollzöge“. Noch in ganz besonderer Weise kam das romantische Element des Slavophilismus und die volkswirtschaftliche Reaktion dem industriellen Interesse zu statten.

Als Rufsland zur Geldwirtschaft überging, standen Adel und Bauer diesem Umschwung unvorbereitet gegenüber. Dagegen wufste das kaufmännische Element, besonders Moskaus, die Konsequenzen der neuen Zeit thatkräftig zu ziehen. Auf den weiten, geschützten Märkten Rufslands baute es eine achtunggebietende Grofsindustrie auf. An Stelle gewohnheitsmäfsiger Wirtschaftsführung trat hier das Streben nach gröfstmöglichem Gewinn und jene energische Verteidigung der eigenen Interessen, welche die Slavophilen als „Gewaltsamkeit“ des europäischen Charakters gebrandmarkt hatten. Breite, wuchtige Gestalten diese Kaufleute — vielleicht wenig rücksichtsvoll in der Wahl ihrer Mittel, aber energisch und selbstbewufst, nicht dem Ideale Tolstois entsprechend, eher dem eines merkantilistisch gestimmten Finanzministers!

Aber da das industrielle Interesse auf lange hinaus in Rufsland eine Minderheit ausmacht, so kann es nur so lange ausschlaggebend sein, als ihm auf landwirtschaftlicher Seite niedergehende Klassen gegenüberstehen. Wie nützlich ist hier das slavophile Ideal von dem entsagungsreichen Mujik, natürlich nur auf die Gegner angewendet! Wie nützlich eine reaktionäre Agrarpolitik, welche die Schwäche der Gegner verewigt! Der Bauer der alten Zeit ist viel zu sehr in Naturalwirtschaft befangen, um als Verteidiger des landwirtschaftlichen Gesamtinteresses in Betracht zu kommen. Aber auch der Adel, ob er gleich europäische Bücher liest, ist im wirtschaftlichen Sinne kein „Europäer"; vom Staate stets abhängig gewesen, mangelt ihm die Schneidigkeit eines Junkertums in der Verteidigung seiner Interessen. In solcher Gesellschaft aber ist ein wirklicher „Europäer" ein reifsendes Tier im Schafstall. Gerade weil der baltische Adel ein kräftigeres Rückgrat besafs und sich nicht einfach aufspeisen zu lassen gewillt war, mufste er — und auch hier kamen die Slavophilen zu Hilfe — in den Ruf der Staatsfeindlichkeit gebracht werden.

Bis in das Einzelne hinein läfst sich das nationalistische Agrarprogramm der achtziger Jahre unter diesem Gesichtspunkte verstehen. Wenn dieses Programm die Erhaltung des bäuerlichen Gemeindebesitzes in seiner bisherigen Form verfolgte – so erinnern wir uns daran, dafs der Gemeidebesitz eine teilweise Abwälzung der Unterhaltungskosten der Industriearbeit auf landwirtschaftliche Schultern ermöglicht. Wenn dieses Programm den Adel als besondere Klasse erhalten wollte, so denken wir daran, dafs der grundbesitzende Adel zum grofsen Teil so sehr dem wirtschaftlichen Niedergange anheim gefallen ist, dafs seine Existenz lediglich vom Wohlwollen des Staates abhängt. Alle diese Mafsregeln hatten in letzter Linie den Zweck, das Aufkommen neuer ländlicher Mittelklassen zu verhindern, welche dem einseitigen Industrialismus gegenüber energischere Wirtschaftsgegner gewesen wären, als der heruntergekommene Adel und der altertümliche Mir. Ansätze zu solchen Klassen wurden als Parasiten und Wucherer gebrandmarkt. Es ist klar, dafs dieser ganzen reaktionären Politik dann der Boden entzogen wäre, wenn die Landwirtschaft besser rentierte und damit kaufmännisches Kapital zu produktiven Zwecken in gröfserem Umfange in sie einströmte; dann würde die Landwirtschaft gar bald energischere Verteidiger ihrer Interessen finden.

Von diesem Gesichtspunkte läfst sich auch begreifen, dafs seit den siebziger Jahren die Selbstverwaltung Boden verloren hat. Denn jede Landesvertretung läfst die Minderheit des industriellen Interesses nur zu deutlich erkennen. Auch hier bietet die slavophile Theorie das ideologische Gewand. Dagegen wird ein Landtag heute gerade vom Adel als Vertretung des agraren Interesses gewünscht[1]. Ähnliches gilt von dem Kampfe gegen die Prefsfreiheit, dem Kampfe gegen die liberalen und zumeist freihändlerischen Zeitungen, wobei ebenfalls die slavophilen Ergüsse gegen die Westlinge angewandt wurden. Wie sehr man sich im Besitz des Staates wähnte, zeigte der in den achtziger Jahren von den „Moskauer Nachrichten“ wiederholt gemachte Vorschlag, statt der präventiven Censur eine aktive Beeinflussung der Prefsmeinungen von oben einzuführen, d. h. die Vertretung bestimmter Meinungen von der Presse unter Strafe zu fordern.

In letzter Linie ist es verständlich, wenn die Vertreter des Industrieinteresses auch an der auswärtigen Politik des Panslavismus Gefallen fanden. Winkte doch hier die Erweiterung der Absatzgebiete durch politisch beherrschte, dem russischen Zollsystem einverleibte Märkte. Auf diesem Wege konnte man hoffen, den im Laufe des Jahrhunderts verloren gegangenen Absatz nach Asien wieder zurückzuerobern; denn die russische Industrie ist zur Konkurrenz mit Europa auf

[1] Vergl. Preufsische Jahrbücher 1897, Band 87, S. 63 — ein Gesichtspunkt, welcher die absolutistische Staatsform zur Zeit des Merkantilismus als Organisation der industriellen Minderheit überhaupt begründet.

neutralem Markte unfähig. In dieser Hinsicht liegt u. a. ein interessanter Bericht des Finanzministeriums aus der Feder des Herrn Lasareff vor. Nur in dem nördlichen Teile Persiens können danach russische Waren sich halten, und ungeachtet des kostspieligen Transportes auf dem Rücken des Dromedars über unglaublich schlechte Wege konkurrieren die Kattune von Manchester mit denen Moskaus bis zu den kaspischen Küsten.

Daher das Ideal: Rufsland nicht nur ein Weltreich, sondern eine Weltwirtschaft für sich, alle Zonen umfassend, alle Produkte der Erde hervorbringend, nach aufsen abgeschlossen, nach innen selbstgenügsam!

> Leicht wohnen bei einander die Gedanken,
> Doch hart im Raume stofsen sich die Sachen.

Wir sahen oben, wie die vagen Träume des politischen Panslavismus sich zu einem konkreten Programm asiatischer Weltmachtspolitik verdichten. Auch das Wirtschaftsprogramm der extremen Schutzzöllner erleidet heute eine Umgestaltung, nicht nur weil es dem weitsichtig erfafsten Industrieinteresse selbst wenig entspricht, sondern auch und in erster Linie deswegen, weil es dem politischen Programm asiatischer Weltmacht entgegensteht. Letzteres nämlich, sobald man es aus der Welt der Gedanken in die der Thatsachen hinabführt, erfordert eine wirtschaftliche Anlehnung an Europa und eine Europäisierung nach innen — Europäisierung nicht nur der Industrie, sondern auch der Landwirtschaft. Diesen Satz wenigstens für einige Seiten der russischen Volkswirtschaft zu begründen, ist die Aufgabe, welcher der Rest dieses Buches gewidmet ist.

III. Kritik.

Gegenüber der neuzeitigen Industrieentwicklung Rufslands wollen wir Deutsche uns vor dem Fehler hüten, den Friedrich List einst den Engländern vorwarf, welche sich allein zur Industrieentwicklung berufen erklärten. Wir wollen vielmehr anerkennen, dafs Rufsland von seinem Standpunkt aus mit

Recht eine Grofsindustrie innerhalb seiner Grenzen anstrebt und sich zu diesem Zwecke des Schutzzolls bedienen mufs. Um so ruhiger aber können wir behaupten, dafs der Schutzzoll keineswegs zu den Dingen gehört, von denen der Satz gilt: je mehr um so besser.

Werfen wir zunächst einen Blick auf westeuropäische Beispiele. Ich habe an anderer Stelle geschildert, wie es das Aufkommen des festländischen Mitbewerbes auf neutralen Märkten war, welches die aufserordentlichen technischen Fortschritte der englischen Baumwollindustrie in den dreifsiger Jahren unseres Jahrhunderts erzwang. „Noch kleben damals auch der ältesten Grofsindustrie, der Spinnerei, die Eierschalen kleingewerblicher Zustände an. Das Abstreifen dieser Eierschalen ist die Geschichte der englischen Baumwollindustrie, welche in dem Mafse die Eigentümlichkeiten der Grofsindustrie entwickelt, als sie um die Herrschaft des Weltmarktes zu kämpfen hat. Von diesem Gesichtspunkte aus wird die ungeheure Masse verworrener Blaubuchsberichte durchsichtig[1].“

Wenn heute die deutsche Industrie als ernsthafte Nebenbuhlerin der englischen auf den offenen Märkten der Welt auftritt, so verdankt sie diese Kraft gewifs dem scharfen Luftzuge der Konkurrenz, welcher fast stets über die Grenzen des Zollvereins dahinfegte. Deutschland war nie ein Land des Hochschutzzolls; es hat im Laufe des Jahrhunderts zweimal seine Industriezölle in entschieden freihändlerischem Sinne abgebaut, und Sachsen, der industriellste Teil Deutschlands, verfolgte im vorigen Jahrhundert in Rücksicht auf die Leipziger Messe eine eher freihändlerische Politik. Die kräftigsten deutschen Industrien, z. B. die Eisen-, die Baumwoll-, die Wollindustrie, entwickelten sich im Laufe dieses Jahrhunderts unter steter Einwirkung der englischen Konkurrenz und unter Zöllen, welche im Vergleich mit dem russischen Tarif von 1891 geringfügig zu nennen sind. Demgegenüber erwies sich die

[1] Vergl. meinen „Grofsbetrieb“, Leipzig 1892, S. 46 ff.

elsässische Industrie nach ihrer Vereinigung mit Deutschland als ein im französischen Treibhaus verzärteltes Gewächs.

Auch nach den schutzzöllnerischen Erfolgen von 1879 sind, wie Lotz[1] mit Recht betont, die deutschen Industriellen immerhin in dem erstrebten und durchgesetzten Zollschutz mafsvoll gewesen. Es haben in den achtziger und vor allem den neunziger Jahren neben allerdings nicht unbeträchtlichen Zollerhöhungen auch wichtige Zollherabsetzungen für Industrieprodukte stattgefunden.

Besonders offenkundig sind die Fortschritte der deutschen Eisenindustrie. In den sechziger Jahren war Deutschland auf beträchtliche Eisenzufuhr angewiesen, heute bilden Eisen, Stahl, sowie Eisen- und Stahlfabrikate einen der wichtigsten Zweige der deutschen Ausfuhr[2]. Dabei hat sich der inländische Verbrauch von Eisen pro Kopf, bei stark anwachsender Bevölkerung und sinkenden Eisenpreisen, in den dreifsig Jahren von 1864—1894 nahezu vervierfacht. Deutschlands Eisenproduktion rückt heute an den Umfang der englischen heran, welche 1870 noch sechsmal so grofs als die deutsche war. Diese Entwicklung hat sich teils unter völliger Zollfreiheit, teils unter Zöllen vollzogen, welche im Vergleich mit den russischen nicht in das Gewicht fallen. Einem russischen Zoll von 30 Kopeken prò Pud Roheisen entspricht seit 1879 ein deutscher von ca. 5 Kopeken. In der That hat die deutsche Eisenindustrie nie aufgehört, unter der Wirkung der ausländischen Konkurrenz zu stehen. Die deutschen Eisenbahnen haben immer wieder auf ausländisches Material gegriffen und nicht nur die Seestädte, sondern auch Berlin führen englisches Roheisen, wenn auch in wenig beträchtlichen Quantitäten ein.

---

[1] Lotz, Ideen zur deutschen Handelspolitik. Leipzig 1892. S. 176.

[2] Es belief sich 1897

	Einfuhr	Ausfuhr
	in Millionen Mk.	
Eisen und Eisenwaren	72	330
Instrumente, Maschinen, Fahrzeuge	51	189

Vgl. Statistik des Deutschen Reichs. Neue Folge. Bd. 97, S. 20, 23.

Der heute vom Auslande vielfach so beachtete Aufschwung der deutschen Industrie[1] ist also zum mindesten kein Beleg für die Richtigkeit einer hochschutzzöllnerischen Industriepolitik, wie sie Rufsland in den achtziger Jahren einschlug.

In ähnlicher Weise entstand die Industrie Polens nicht unter dem prohibitiven Tarif Rufslands von 1822, dessen Anwendung auf Polen durch Bestimmungen der Wiener Kongrefsakte ausgeschlossen war. Gerade weil die russische Industrie viel höher geschützt war, als die polnische, hörte die Einfuhr industrieller Gegenstände aus Rufsland nach dem bis dahin völlig ungewerblichen Polen auf; der Prohibitivzoll hielt die Produktionskosten in Rufsland augenscheinlich auf einer Höhe, wie sie in Polen die ausländische Konkurrenz unmöglich machte. Als 1850 die Binnenzolllinie fiel und Rufsland und Polen ein einheitliches Zollgebiet wurden, hatten sich die Rollen vertauscht; Polen exportierte nach Rufsland.

In Rufsland selbst hat die Prohibition des Kaisers Nikolaus I. die Industrie, insbesondere die Eisenindustrie, nicht entwickelt — ein Beweis, dafs nicht der Schutzzoll an sich in der Lage ist, eine Industrie dort hervorzuzaubern, wo ihre sonstigen Daseinsbedingungen fehlen. Nach dem Tarif von 1822 war die Eiseneinfuhr zur See überhaupt verboten, die zu Lande aufserordentlich hohen Zollsätzen unterworfen; aufserdem konnte beim Mangel von Verkehrswegen die Einfuhr über die Landgrenze überhaupt nur eine geringe Rolle spielen. Im preufsischen Tarife von 1818 und dem sich anschliefsenden Zollvereinstarife war bis 1845 dagegen die Einfuhr von Roheisen völlig freigegeben, um sodann geringen Zollsätzen Platz zu machen. Dabei betrug die Produktion von Roheisen in 1000 Pud[2]:

[1] z. B. Georges Blondel, L'essor industriel et commercial du peuple Allemand. Bibliothèque du Musée social. Paris 1898.

[2] Ich entnehme diese Ziffern Radzig a. a. O. S. 2. Nach Sering, Eisenzölle, hat sich die Roheisenproduktion in Preufsen von 1830—50 ungefähr verdreifacht.

	1830	1850
in Rufsland	7 137	13 664
in Deutschland	7 930	25 010

Diese Ziffern sind geeignet, doktrinäre Schutzzöllner in Erstaunen zu setzen.

Dagegen ist es für eine tiefer gehende volkswirtschaftliche Betrachtung nicht erstaunlich, wenn sie unter Alexander II. einem gewaltigen Aufschwung der russischen Industrie begegnet[1]: die Reformen Alexanders II. entwickelten die Geldwirtschaft, die Voraussetzung jeder Industrie. So läfst sich ein starkes Anschwellen der Rohbaumwoll- und Garneinfuhr gerade in den Jahren wahrnehmen, welche auf die Herabsetzung der Garnzölle um 30 %, der Gewebezölle um 20—80 % folgten:

	Einfuhr pro Jahr in Pud[2]	
	Baumwolle	Garn
1853—1857 fünfjähriger Durchschnitt	1 495 000	85 000
1858—1860 dreijähriger Durchschnitt	2 550 000	180 000

Diese Ziffern deuten auf gewaltige Zunahme der industriellen Produktion. Dabei konstatiert Scherers offizieller Bericht als wohlthätige Wirkung jener Zollreform und der damit stärker fühlbaren ausländischen Konkurrenz eine Verbesserung der Qualität der Waren und technischen Fortschritt.

Vor allem aber ist nicht zu vergessen, dafs die ganze neuzeitige Industrieentwicklung Rufslands überhaupt nicht denkbar wäre ohne den relativen Freihandel der sechziger und siebziger Jahre. Ohne denselben nämlich wäre es unmöglich gewesen, Rufslands riesige Fläche in verhältnismäfsig kurzer Zeit mit einem Eisenbahnnetz zu überziehen, welches sowohl

[1] Vergl. Nowikoff, Protektionismus. Petersburg 1890. S. 95 bis 104.

[2] Vergl. Scherer a. a. O. S. 453. 454.

für Herbeischaffung der Rohstoffe wie Vermittlung des Absatzes erste Voraussetzung der modernen Grofsindustrie war[1].

Aber wenn wir bisher die doktrinären Schutzzöllner bekämpften, so wäre es doktrinäres Freihändlertum, leugnen zu wollen, dafs der Schutzzoll Alexanders III. die russische Industrieentwicklung mächtig gefördert hat. Nichts unterscheidet das heutige Rufsland von dem Zeitalter Alexanders II. so sehr, als die Bedeutung, welche innerhalb des volkswirtschaftlichen Ganzen heute eine reich erblühte Grofsindustrie einnimmt. Rufsland befindet sich heute, um den unschönen, aber bezeichnenden Ausdruck Friedrich Lists zu gebrauchen, in der Periode des Manufaktur-Agrikulturstaates. Hierfür einige Ziffern[2]:

	Werte in 1000 Rubel	
	1878	1890
Industrieproduktion	580 000	1 026 000
Bergwerksproduktion	119 000	189 000
Getreideproduktion	1 449 000	1 441 000
Bevölkerung in Tausend	97 153	115 389

„Im Jahre 1873 wurden auf den russischen Fabriken nicht volle 3 700 000 Pud Baumwolle verarbeitet, während schon im Jahre 1891 ihre Menge 11½ Millionen Pud erreichte. Die Eisenfabrikation vermehrte sich von 17,9 Millionen Pud im Jahre 1880 bis zu 30,1 Millionen Pud im Jahre 1893. Aber eine besonders starke Zunahme ist in der Naphthaindustrie zu bemerken: im Jahre 1871 wurden nur 2 Millionen Pud Naphtha erbeutet, im Jahre 1893 dagegen 337 Millionen. Die Steinkohlengewinnung wuchs von 200,9 Millionen im Jahre 1880 auf 460,2 Millionen im Jahre 1893. Im Jahre 1870 wurden in Rufsland für 29 391 755 Rubel Maschinen erzeugt, im Jahre 1890 aber beinahe für 50 Millionen[3]."

---

[1] Vergl. Tugan-Baranowski a. a. O. S. 328.

[2] Raffalovich, Marché financier en 1892. Paris 1893. S. 86.

[3] Vergl. Issajeff, Preufsische Jahrbücher 1896, S. 359/360. Denjenigen Leser, welchen eingehendere Ziffern interessieren, verweise ich

Aber trotz dieser glänzenden Aufsenseite haften der neuzeitigen Industrieentwicklung Rufslands gewisse Mängel an, welche auf Übertreibungen des Schutzzollsystems hinweisen.

1. Die Folge des aufserordentlich hochgespannten Zollschutzes ist die Steigerung der industriellen Gewinne, welche wahrscheinlich in keinem Lande der Welt die gleiche Höhe wie in Rufsland erreichen. Der offizielle Finanzbote enthält Zusammenstellungen über die Gewinne der Aktien- und Erwerbsgesellschaften auf Grund der jährlichen Geschäftsberichte, welche an die Behörden einzureichen sind[1]. Da diese Berichte den Zwecken der Besteuerung dienen, so dürften die ihnen entnommenen Angaben sich unter den thatsächlichen Erträgnissen halten. Diese Thatsache hat neuerdings Herr W. I. Kowalewski, der bekannte Direktor des Departements für Handel und Manufaktur, anerkannt bei Gelegenheit der Beratung einer Reform der Gewerbesteuer; insbesondere seien solche Gesellschaften, welche aus einer kleinen Anzahl von Aktionären bestünden, in der Lage, ihre Gewinne unter dem Titel von Gehalten an Direktoren und Aufsichtsräte, Reservefonds u. s. w. zu verschleiern[2]. Unter diesem Vorbehalte werfen wir einen Blick auf die offizielle Zusammenstellung, welche neuerdings im Bulletin Russe[3] erschien und durch Professor Janschull in der Zeitschrift „Die Woche“ besprochen wurde.

Janschull führt aus, dafs die Jahre 1891—93 nicht als aufsergewöhnlich günstige gelten können. Zwar fällt in jene Jahre kurz vor Abschlufs des Handelsvertrags mit Deutschland der Höhepunkt des russischen Schutzzolls, aber auch die

---

auf den in englischer Sprache herausgegebenen Band offizieller Statistik und Industriebeschreibung: The industries of Russia, St. Petersburg 1893 for the Worlds Columbian Exhibition at Chicago.

[1] Das Gesetz vom 1. Januar 1885 statuiert die Pflicht der Bilanzveröffentlichung der Aktien- und Erwerbsgesellschaften. Vergl. Finanzarchiv Band II, S. 230.

[2] Vergl. Russische Nachrichten vom 14. Januar 1996.

[3] Bulletin russe de statistique financière Nr. 11 u. 12, 1895, sowie die „Woche“ vom 3. Februar 1896.

Hungersnot von 1892 und 1893 und die damit verbundene Einschränkung der Nachfrage nach Industrieprodukten. Nach dem Bulletin Russe brachten die Aktiengesellschaften der Baumwollindustrie in jenen Jahren einen durchschnittlichen Gewinn von 11,67 %; mehr brachten die chemische Industrie (12,70 %), die Papier- und Stearinfabrikation (je 13 %), die Zuckerindustrie (17 %), die Industrie der Nahrungsmittel und Getränke (18,17 %), die Töpferei, Cement- und Porzellanindustrie (19 %), Färberei und Appretur (19,52 %). Von den beiden gröfsten Baumwollfabriken Rufslands brachte die Nikolskische Manufaktur der Morosoff im dreijährigen Durchschnitt 52,79 %, die Scheiblerischen Industrien in Lodz 32 %. 1893 verteilte die Baumwollfabrik von Sawa Morosoff bei einem Aktienkapital von 5 Millionen und einem Reservefonds von 4 Millionen 3 Millionen Rubel Gewinn[1].

Über die Dividenden der polnischen Eisenwerke finden sich im englischen Konsularbericht[2] folgende Angaben:

	Dividenden	
	1897	1896
Lilpop, Rau & Loewenstein	25 %	20 %
Rudzki & Co.	17	15
Starachowice	19	14
Ostrowice	30	—

Dafs die südrussische Industrie hiergegen nicht zurücksteht, ergiebt der Bericht des englischen Konsuls zu Odessa.

Es ist nun gewifs zugegeben, dafs in einem Lande wie Rufsland, wo das Kapital teuer ist und die Intelligenz nach Staatsanstellung strebt, die industriellen Gewinne höher sein müssen, als in den Ländern Westeuropas mit alter Industrie und billigem Kapital. In England wird der Industrielle vielfach entlohnt mit dem Imponderabile der Beherrschung eines Weltreichs; von Peel bis Chamberlain erwuchsen Englands

---

[1] Raffalowich, Marché financier 1894—95, S. 250.

[2] Trade of Warsaw and District 1897. Foreign Office, June 1898, S. 34. Trade of Odessa and District 1897. Foreign Office, August 1898, S. 8.

gröfste Staatsmänner dem industriellem Erdreich. Darum können die Dividenden in England niedrig sein. Trotzdem ist anzunehmen, dafs eine solche Höhe der Gewinne, wie wir sie heute in Rufsland begegnen, das Mafs überschreitet, welches notwendig ist, um Intelligenzen der Industrie zu gewinnen.

Übermäfsige und mühelos sichere Gewinne aber verlangsamen den technischen Fortschritt. Sie ermöglichen den Fabrikanten ein Dasein in thatenloser Routine. Auf solchem Boden werden die wirtschaftlichen Tugenden der Selbsthilfe und Selbstverantwortlichkeit nicht erblühen.

Der Mangel an Konkurrenz mufs in Rufsland um so lähmender wirken, als ein zweiter Faktor fehlt, der im Westen vielfach neben der Konkurrenz den technischen Fortschritt vorwärts getrieben hat: eine von unten andrängende Arbeiterbewegung. Manche Erfindung in England verdankt ihre Entstehung dem Kampfe um die Verteidigung der Gewinne gegenüber den Löhnen, z. B. der Selfactor. Die technische Höhe, zu der Amerika fortgeschritten ist, beruht gewifs auf den hohen Löhnen und der Machtstellung der dortigen Arbeit; dadurch wird dort die einschläfernde Wirkung des Schutzzolls aufgewogen und, wie die Schriften von Schönhof und Atkinson schlagend nachweisen, Arbeitsersparnis unter möglichster Steigerung der Arbeitsintensität erzwungen. Bei der eigentümlichen Natur der russischen Arbeit ist ein von ihr ausgehender Druck in der Richtung des technischen Fortschritts nicht zu erwarten.

Die Höhe der industriellen Gewinne aber kommt in Rufsland bei vielen und wichtigen Industriellen vorwiegend ausländischen Aktionären zu gute. Schätzt man beispielsweise die belgischen Kapitalanlagen in der russischen Industrie[1] auf 500 Millionen Franken und nimmt man an, dafs ihnen die Höhe des bestehenden Zollsystems durchschnittlich 10 % Dividende garantiert, so tritt die hieraus entspringende, schwere Belastung der russischen Zahlungsbilanz in das Licht. Eine

[1] Vergl. Volkswirtschaftliche Rundschau. Juli 1897. Brief aus Belgien S. 68 u. 78.

Beschneidung der Zölle durch Zollherabsetzung würde in dieser Hinsicht, ähnlich der Zinskonversion einer Staatsanleihe wirken, entlastend für die Zahlungsbilanz.

2. Rufsland ist der Verbilligung der Industrieprodukte, wie sie in Westeuropa in den letzten Jahrzehnten eintrat, keineswegs gefolgt. Nach Mitchell betrug in den sechziger Jahren der Preisunterschied von Garnen mittlerer Nummer zwischen England und Rufsland 30 % und waren die russischen Preise nur unbedeutend höher als die im Zollverein. Seitdem ist das Verhältnis zu Gunsten Englands und mehr noch Deutschlands verschoben worden. Die russischen Produkte sind heute im Vergleich zu Westeuropa verhältnismäfsig viel teurer als vor 30 Jahren[1]. Das ist das Gegenteil der Wirkung, welche ein erziehlicher Schutzzoll im Sinne von Fr. List haben soll.

Besonders drückend ist diese Teuerung der Industrieprodukte dort, wo es sich nicht um Luxusgegenstände handelt, sondern um Halbfabrikate und Hilfsmittel, welche weiterer gewerblicher oder landwirtschaftlicher Produktion dienen. Für die Preisgestaltung der wichtigsten Ausfuhrwaren ist die Höhe der russischen Produktionskosten gleichgültig: für sie herrschen internationale Preise. Die russischen Industriezölle belasten also hier in vollem Betrage den Produzenten. Besonders schwer lasten in dieser Hinsicht Eisenzölle.

Nach Radzig sind die Preise der Eisenwaren auf der Messe von Nischni-Nowgorod seit den vierziger Jahren eher gestiegen. „Verfolgt man die Preise für die wichtigsten Eisenwaren auf dem Jahrmarkte zu Nischni-Nowgorod im Laufe der letzten 50 Jahre, so zeigt sich, dafs sie teils gestiegen sind, teils sich kaum verändert haben. In den vierziger Jahren kostete Bandeisen 95—160 Kreditkopeken, in den neunziger Jahren aber schwankte sein Preis von 1 Rubel 35 Kopeken bis 2 Rubel 95 Kopeken. Eisenblech wurde in den vierziger Jahren bis zu 1 Rubel 6 Kopeken für das Pud abgelassen

[1] Ende Juni 1896 kostete z. B. 1 kg 32s. Twist in Manchester 1,05 bis 1,25 Mark, in Moskau 2,24 bis 2,31 Mark.

und ging im Preise nicht über 2 Rubel 85 Kopeken hinaus, für die neunziger Jahre aber haben wir einen Preis von 2—6 Rubel für das Pud. Für die erste Periode stand der Preis für 1 Pud Stahl zwischen 1 Rubel und 2 Rubel 20 Kopeken, für die zweite aber zwischen 1 Rubel 50 Kopeken und 4 Rubel 80 Kopeken."

In neuester Zeit hat diese Verteuerung des Eisens weitere Fortschritte gemacht gegenüber einer fortschreitenden Verbilligung im Auslande.

Preise des Gufseisens Cleveland-Sorte pro Pud in Goldkopeken[1]:

	Petersburg	England	Breslau	Nordamerika
1886	39	16	22	39
1895	55	18	24	27

Das Gleiche gilt von den wichtigsten Eisenfabrikaten, insbesondere den Eisenbahnmaterialien.

Stahlschienen kosteten pro Pud	Kopeken Kredit[2]
in Rufsland 1873	110
" " 1893	180
" England 1893	55

In den Jahren 1884—95 hat die russische Regierung für 113 Millionen Pud Schienen von russischen Fabriken gekauft. Wären diese Schienen im Auslande gekauft worden, so hätte man 93 Millionen Rubel sparen können. Hierzu treten die von der Regierung den heimischen Fabriken gezahlten Prämien und Zuschüsse. Bei einer Ersparnis von 100 Millionen Rubel aber hätte man 2000 Werst Eisenbahn mehr bauen können. Diese Rechnung betrifft nur die Verteuerung der Schienen; aber zum Eisenbahnbau braucht man aufserdem Laschen, Schrauben, Brücken, Röhren, Telegraphendrähte u. s. w., welche durch die Zölle in noch höherem Verhältnis verteuert

[1] Die Papierpreise in Petersburg sind zum Durchschnittskurs des betreffenden Jahres in Goldkopeken umgerechnet worden. Die Angaben entnehme ich Tugan-Baranowski a. a. O. S. 333. Daselbst Quellenangabe für die Ziffern.

[2] Diese Ziffern entstammen der „Eisenbahnsache" 1896. S. 161.

werden. Nach Radzig wird das gesamte Eisenbahnmaterial für eine Werst sibirischer Bahn durch den Zoll um ca. 10000 M., d. h. um etwa 100 % des Weltmarktpreises verteuert. Mindestens das Gleiche gilt vom rollenden Material[1]. Was diese Verteuerung des Eisenbahnbaus nicht nur für Rufslands Ausfuhr, sondern auch für seine strategischen Zwecke bedeutet, liegt auf der Hand.

3. Prüfen wir endlich die Einwirkung des Zolles auf den Absatz der Industrieprodukte.

Die Höhe der russischen Zölle verschliefst die Möglichkeit der Ausfuhr auf neutrale Gebiete, wo der Kampf mit Industrien zu bestehen wäre, die unter härteren Daseinsbedingungen aufgekommen sind. Aber Mittelrufsland besitzt wie Lancashire sein Indien, nur nicht durch langen Seeweg getrennt, sondern nahe bei der Hand: die riesigen, landwirtschaftlichen Flächen Rufslands und Asiens. Noch ist ein grofser Teil dieser Märkte durch die daselbst herrschende Naturalwirtschaft gesperrt. Ähnlich wie Indien erst Abnehmer Englands in grofsem Stile wurde mit dem Eisenbahnbau und der Getreideausfuhr, so ist das wichtigste Interesse der russischen Industrie die Entwicklung der Geldwirtschaft unter den Massen der russischen Landbevölkerung. Damit sind Millionen von Abnehmern und eine breitere Basis für den russischen Kapitalismus zu gewinnen.

Dieser enge Interessenzusammenhang der industriellen mit der agraren Entwicklung tritt in der Litteratur und der Presse merkwürdig wenig zu Tage: die Industriellen und ihre litterarischen Vertreter verteidigen in sehr handgreiflicher Weise ihre nächstliegenden Interessen, welche ihnen allein in der Prohibition zu liegen scheinen. Dagegen überlassen sie neidlos den Theoretikern das Gebiet der Agrarpolitik, auf welchem zwar Luftschlösser aufzubauen, aber keine Dividenden zu sammeln sind. Die Theoretiker aber wandeln in der Nebelwelt des Gemeindebesitzsocialismus, durch welche ihren Augen die Schlöte Moskaus verhüllt werden. Schade nur: auf diese

---

[1] Radzig a. a. O. S. 54 56.

Weise kam mehr als einmal das thatsächliche Interesse der Landwirtschaft zu kurz; sodann aber wird von den Industriepraktikern nur allzu häufig die Thatsache vergessen, dafs in Rufsland das Wohl der Industrie wie des Fiskus in letzter Linie von der Zahlungsfähigkeit der Landbewohner abhängt.

Die Abhängigkeit der Industrie von der Lage der Landwirtschaft zeigt sich z. B. darin, dafs der Ausfall der Nischnier Messe und damit die Entscheidung über die Lage der Industrie von dem Ernteergebnis des Jahres abhängt[1], welches zur Zeit der Messe soeben übersehbar wird. Insbesondere zeigen die Ziffern der Ernteergebnisse und der Produktion der Baumwollindustrie den auffallendsten Parallelismus[2].

Das russische Volk ist eben der russische Bauer, und dieser ist gröfstenteils nur soweit in die Geldwirtschaft einbezogen, als er einen Teil seiner Ernte zwecks Steuerzahlung verkauft. Die stets vorhandenen Steuerrückstände ermöglichen einen Schlufs darauf, wie wenig bar Geld zu anderen Zwecken zur Verfügung steht. Daher ist der Verbrauch an Industrieprodukten in Rufsland äufserst gering. Der jährliche Eisenverbrauch betrug nach Issajeff in letzter Zeit in Rufsland 45 Pf. pro Kopf der Bevölkerung, dagegen in Deutschland 220 Pf., in England, Belgien und den Vereinigten Staaten 280 Pf.[3]. Nach Nicolaï—on ist sogar in dem Jahrzehnt von 1880—1890, also während der schutzzöllnerischen Erfolge der achtziger Jahre, der Gesamtverbrauch Rufslands an Industriewaren, heimische Produktion und Einfuhr zusammengenommen, von 18 auf 17 Rubel pro Kopf gefallen[4]. So wenig ich diese Ziffern für unangreifbar halte, so dürfte doch feststehen: der Verbrauch an Industrieprodukten entwickelt sich in Rufsland nur langsam; seine Ausdehnung ist das wichtigste Interesse der Industrie.

---

[1] So übereinstimmend mit vielen anderen Garelin, Die Stadt Iwanowo-Bosnescensk. Schuja 1884, II, S. 29.

[2] Nicolaï—on a. a. O. S. 179.

[3] Issajeff, Zur Politik des russischen Finanzministeriums. Stuttgart 1898. S. 15. 1 Pf. russisch = 409 Gramm.

[4] Vergl. Nicolaï—on a. a. O. S. 37, 239, 286, 316.

Der Landmann aber wird nur dann mehr kaufen, wenn er selber in die Lage kommt, mehr zu verkaufen. An wen aber soll er verkaufen? Es wäre ein Fehlschlufs, mit Mendelejeff zu antworten, an die städtischen Konsumenten, die wir durch Schutzzölle schaffen wollen. Die chronologische Reihenfolge ist vielmehr: erst der ländliche Absatzmarkt, damit die Industrie und damit die gewerblichen Konsumenten. Mit andern Worten: in Rufsland ist es die Landwirtschaft, welche „das Geld in das Land bringt“, die Zahlungsbilanz verbessert und damit den Volkswohlstand und die Kaufkraft der Bevölkerung hebt. Kein noch so hoher Industriezoll verändert die Naturalwirtschaftlichkeit des umgebenden agraren Bodens. Die Industrie erblühte nicht unter der Prohibition Nicolaus' I., sondern nachdem die Reformen Alexanders II. die landwirtschaftliche Ausfuhr hervorgerufen hatten. Die Fortschritte der Geldwirtschaft auf dem Lande aber und damit die Entwicklung der Industrie werden auch künftig in erster Linie abhängen von dem Verkauf land- und forstwirtschaftlicher Produkte, Mineralien u. s. w. nach Europa; insbesondere also von der zunehmenden Bevölkerungsdichte und dem wachsenden Wohlstand desjenigen Nachbarlandes, welches in wirtschaftlicher Beziehung für Rufsland stets am wichtigsten ist: Deutschlands.

Die Geldwirtschaft sprengt zudem den Gemeindebesitz, welcher durch „die Gleichheit der Armut“, die er verewigt, dem industriellen Absatz feindlich ist. Das Interesse der Industrie erfordert die Entwicklung bäuerlicher Überschufswirtschaften, welche Steuern zahlen und Industrieprodukte kaufen.

Wie aber eine reaktionäre Agrarpolitik dem tiefer gefafsten Interesse der russischen Industrie widerspricht, ebenso wenig kann sie sich auf die Verwirklichung der weit aussehenden politischen Expansionsgedanken ihrer nationalistischen Freunde vertrösten lassen, abgesehen selbst von dem geringen Geschick, welches gerade Moskau auf asiatischen Absatzgebieten vielfach an den Tag legt[1].

---

[1] Die „Apathie und Trägheit des Moskauer Unternehmertums“ tadelt z. B. der offizielle Finanzbote vom 11. Nov. 1894. Auch in dieser Beziehung ist Polen energischer. Vergl. Luxemburg a. a. O. S. 86—88.

Die zunächst erreichten asiatischen Märkte sind nur langsam aus der Naturalwirtschaft herauszuentwickeln. Dies gilt z. B. von Westchina, der Mandschurei, Transkaspien und Nordpersien. Über die Armut dieser Länder herrscht Übereinstimmung in der russischen Presse, welche doch die Wohlhabenheit eines Landes gewifs mit geringerem Mafsstabe mifst als dem in Westeuropa üblichen. Armut ist Begleiterscheinung der Kulturrückständigkeit. Zwar winken reichere Märkte im Süden. Aber noch dürfte manche Welle den Indus und den Jangtsé hinabrollen, ehe die Kosaken ihre Rosse in ihnen tränken, um an ihnen Zolllinien zu Gunsten der Kattune von Moskau aufzurichten. Statt dieser unsicheren und phantastischen Aussicht nachzuhängen, ist es für die russische Industrie vorteilhafter, ja der einzig mögliche Weg, die Geldwirtschaftlichkeit des heimischen Marktes zu pflegen und zu entwickeln. Geringe Fortschritte in dieser Richtung ermöglichen bei der Gröfse dieses Marktes bereits eine gewaltige Produktionsvermehrung der Industrie.

Hat aber die russische Industrie an der vermehrten Kaufkraft des russischen Volkes, damit der vermehrten und vorteilhafteren Ausfuhr landwirtschaftlicher und ähnlicher Produkte das gröfste Interesse, so liegt es auf der Hand, dafs sie eine weitere Verschärfung der schutzzöllnerischen Bewegung im festländischen Westeuropa nicht wünschen kann. Denn diese Schutzzölle bedeuten dort vor allem Agrarzölle. Die Pflege jener Märkte aber ist für Rufsland um so wichtiger, als trotz aller Schwierigkeiten, die dem entgegenstehen, die Herstellung eines handelspolitischen Greater Britain, d. h. praktisch gesprochen die Benachteiligung des russischen Getreides zu Gunsten des indischen und kanadischen, vielleicht auch des amerikanischen, in der Luft liegt. Will aber Rufsland, dafs die protektionistische Entwicklung Europas zum Stillstand kommt, so kann es dieses Ziel offenbar nicht mehr fördern als durch Konzessionen auf dem Gebiete seiner Industriezölle. Selbstverständlich darf das Ziel der russischen Finanzverwaltung, die Entwicklung einer heimischen Grofsindustrie, dabei nicht leiden.

Zur Hilfe kommt in diesem Dilemma der dem Merkantilismus überlegene Gedanke der internationalen Arbeitsteilung, welcher in dem deutsch-russischen Handelsvertrage anklingt. Die russische Baumwollindustrie und andere kräftige und den Bedürfnissen der Massen gemäfse russische Grofsindustrien haben zweifellos den Anspruch und, was wichtiger ist, die Macht, ihren Schutzzoll zu verteidigen. In ihrem Interesse liegt dagegen keineswegs ein gleich hoher Zoll für andere, oft kaum noch vorhandene, zur Zeit wenig entwicklungsfähige Industrien. Vielmehr entsprechen ihrem Interesse gerade Opfer auf diesem Gebiete, wenn damit der Landmann in die Lage gebracht werden kann, günstiger sein Getreide zu verkaufen und damit mehr Baumwollstoffe zu kaufen. Gewisse Zollherabsetzungen, z. B. von Maschinen, Farbstoffen, Coaks, liegen zudem im unmittelbaren Interesse wichtiger russischer Industrien.

IV. Die Eisenindustrie.

Im Januar 1898 ist die zwölfjährige Frist abgelaufen, innerhalb deren die russische Regierung keine Herabsetzung der Eisenzölle vorzunehmen versprach. Da auf Grund dieses Versprechens zahlreiche auswärtige Kapitalien der russischen Eisenindustrie zugeflossen waren, so stand eine Herabsetzung der Eisenzölle bei Gelegenheit der Vertragsverhandlungen mit Deutschland aufser Frage. Dagegen wird neuerdings neben der Herstellung der Währung keine volkswirtschaftliche Frage in der Presse und öffentlichen Meinung Rufslands gleich viel erörtert als die: liegt die nahezu prohibitive Höhe der Eisenzölle im Interesse der russischen Volkswirtschaft oder entsprächen Zollherabsetzungen auf diesem Gebiete einer vernünftigen und für Rufsland nützlichen, internationalen Arbeitsteilung? Selbstverständlich wird diese Frage nicht auf dem Boden freihändlerischer Theorie, sondern auf dem Boden praktischer Einzeluntersuchung von den entscheidenden Stellen beantwortet werden. Nichts liegt mir ferner, als im folgenden eine Beantwortung dieser vielbestrittenen und verwickelten Frage geben zu wollen, zumal ich gerade an diesem Punkte als Deutscher dem Verdachte der Parteilichkeit ausgesetzt wäre. Da ich jedoch ein so wichtiges Gebiet wie die russische Eisenindustrie in vorliegendem Buche nicht völlig übergehen darf, auch mich gerade hier auf eine Reihe mündlicher wie brieflicher Mitteilungen russischer Eisenindustrieller stützen kann, so erwähne ich im folgenden einige Thatsachen, welche als unbestritten gelten dürften.

Die Preise des Eisens und der Eisenwaren stehen in Rufsland höher als in irgend einem anderen Lande der Welt. Dabei ist Rufsland heute mehr denn je „eisenhungrig". Es ergiebt sich dies bereits aus der Thatsache steigender Einfuhr trotz aufserordentlich hoher Zollsätze. Aus dem „Überblick über den Aufsenhandel Rufslands im Jahre 1896" ist zu ersehen, dafs die Einfuhr von Metallen in den 10 Jahren von 1886—1896 sich der Menge nach verdoppelt hat, dem Werte nach um das 2½fache gewachsen ist.

Im einzelnen ist zu bemerken, dafs die Einfuhr von Gufseisen sich 1896 im Vergleich zum Durchschnitt der Jahre 1886—1890 um ⅓ vermindert, die von Schmiedeeisen aber 3½ mal, die von Stahl 6 mal vermehrt hat. Die Einfuhr von Erzeugnissen aus Metallen hat sich gegenüber dem in den Jahren 1886—1890 erreichten Durchschnitt 1896 verdreifacht, die Einfuhr von Maschinen vervierfacht (in erster Linie Dampfmaschinen, dann landwirtschaftliche Maschinen u. s. w.). Das Anwachsen der Einfuhr ist um so bemerkenswerter, als die Metalle nach den Ausweisungen des Zollamtes einem 30% ihres Wertes betragenden Einfuhrzoll unterliegen.

Rufsland kann im Interesse seiner Landwirtschaft, im Interesse seiner Ausfuhr, also seiner Handelsbilanz und seiner Währung, im Interesse seines Bahnbaues, also seiner militärischen Leistungsfähigkeit einen solchen Zustand der Eisenteuerung auf die Dauer nicht ertragen. Die Notwendigkeit einer gewaltigen Zunahme des Eisenverbrauchs in nächster Zukunft wird von keiner Seite bestritten. Der Eisenverbrauch ist der beste Mafsstab für die Produktivität der menschlichen Arbeitskraft, für ihre Verbindung mit den

Gedanken der Technik. Noch ist der Eisenverbrauch in Rufsland äufserst gering; 1897 betrug er 1,3 Pud pro Seele, gegenüber 8,4 Pud in Amerika, 6,6 bezw. 6,5 Pud in England und Deutschland. Um nur einen Eisenverbrauch wie Frankreich von 3,9 Pud pro Seele zu erzielen, müfste Rufsland, bei Verzicht auf Zufuhr aus dem Auslande, seine Produktion von 114 Millionen Pud auf 495 Millionen pro Jahr erhöhen [1]. Es erhebt sich damit die entscheidende Frage: Ist die Aussicht vorhanden, dafs in naher Zukunft die innere Produktion entsprechend gesteigert und auf dem Wege der inneren Konkurrenz der Eisenpreis entsprechend erniedrigt werden wird, um eine derartige Zunahme des Verbrauchs zu ermöglichen? [2].

Diejenigen, welche diese Frage bejahend beantworten, verweisen auf das geradezu erstaunliche Wachstum der russischen Eisenindustrie während der letzten Jahre [3].

	Produktion an Roheisen in Rufsland	Ausfuhr (an Eisen)	Einfuhr (an Eisen)	Verbrauch im ganzen	Verbrauch pro Kopf
	in 1000 Pud				Pfund
1824	8 525	1807	153	6 871	4
1850	13 892	1137	396	13 151	8
1870	21 932	770	34 000	55 562	25
1890	56 560	626	26 358	82 292	27
1895	88 785	—	47 602	136 387	45
1897	113 982	1730	52 870	165 122	52

[1] So Ökonomische Rundschau, Nov. 1898, S. 24.

[2] Dieser Ansicht ist die Ökonomische Rundschau, Januar 1898, S. 145: „Wir stehen fast am Vorabend dieser Erniedrigung der Eisenpreise.“ Dieser Ansicht ist auch der bekannte, von mir öfters citierte Akademiker J. J. Janschull nach brieflicher Mitteilung.

[3] Die Ziffern entnehme ich Raffalowich. Marché financier 1896/97, S. 381 und der Ökonomischen Rundschau, November 1898, S. 23.

Im Jahre 1897 wurden in Rufsland achtzehn neue Hüttenwerke gegründet mit einem Gesamtkapital von über 90 Mill. Mark[1]. Diese Erfolge zusammenfassend, sagt der Bericht des amerikanischen Generalkonsuls zu Petersburg vom Dezember 1898: „Das schnelle und ununterbrochene Wachstum der russischen Eisenindustrie ruft die unfreiwillige Bewunderung und das Interesse in allen Ländern Europas hervor. Vor zehn Jahren nahm Rufsland den siebenten Platz unter den Eisenproduzenten der Welt ein, heute den fünften, indem es Österreich und Belgien überholte. Während zehn Jahren hat Rufsland seine Eisenindustrie verdreifacht[2]. Insbesondere aber verweisen die Anhänger des gegenwärtigen Systems darauf, dafs es der Regierung, als der Hauptkonsumentin von Eisenbahnmaterial, durch die Androhung des Einkaufs im Auslande neuerdings gelungen ist, die Schienenpreise von 2 Rubel pro Pud auf 1,10 Rubel pro Pud herabzudrücken[3]. Bekanntlich hat die russische Regierung letzthin auch wieder gröfsere Mengen von Lokomotiven im Auslande bestellt.

Die Gegner der bestehenden Hochschutzzölle verweisen demgegenüber darauf, dafs die angeführten Mafsnahmen Durchbrechung des Zollsystems bedeuten, welche für Private unmöglich seien. Für letztere, insbesondere die Verbraucher von Klein- und Handelseisen, seien die russischen Preise festgelegt durch die internationalen Preise plus Zoll. „So kostete z. B. fremdes Gufseisen im Juli 1898 in Petersburg pro Pud 88—102 Kopeken, russisches 90,5—108 Kopeken. Mit anderen Worten, trotz eines Zolles von 45 Kopeken pro Pud und eines internationalen Preises von 45,5—63 Kopeken (einschliefslich Transportkosten) haben ausländische Firmen

---

[1] Bericht des englischen Konsuls zu Warschau 1897/98, S. 33. Über das rapide Anwachsen der Aktienunternehmungen in der Metallindustrie überhaupt vergl. Ökonomische Rundschau, November 1898, S. 4.

[2] Citiert in der „Woche“ vom 25. Dez. 1898 von Janschull.

[3] Raffalowich, Marché financier 1897/98, S. 378.

noch einen Nutzen gehabt, während einheimische von ihren horrenden Preisen nicht abgehen zu können glauben" [1].

Theoretisch läfst sich der Widerspruch gegen die heutige Höhe der Eisenzölle in folgender Weise begründen. Der Gedanke von Friedrich List, dafs die innere Konkurrenz die Verbilligung der Produktionskosten erzwinge, hat sich in vielen Fällen als trügerisch erwiesen: Preisverabredungen und Produktionsbeschränkungen, ausdrückliche oder stillschweigende, sind auf begrenztem Markte leichter als gegenüber dem unbegrenzten internationalen Wettbewerb. Diese Möglichkeit aber liegt dort besonders nahe, wo es sich um Naturprodukte handelt, welche im Verhältnis zu den Ansprüchen der Konsumtion in begrenzter Menge vorhanden sind.

Es erhebt sich also die weitere Frage: machen die geologischen und wirtschaftlichen Verhältnisse Rufslands in nächster Zukunft eine solche Vermehrung der Eisenproduktion wahrscheinlich, dafs das Unterangebot die bisher überwiegende Nachfrage einholen oder gar überholen wird?

Werfen wir also einen Blick auf die einzelnen Montanbezirke Rufslands [2], wobei wir folgende Statistik zur Übersicht vorausschicken.

---

[1] Aus dem interessanten Artikel des Warschauer Tageblatts vom 23. Dez. 1898.

[2] Über russische Lagerstätten und russischen Bergbau enthält die „Zeitschrift für praktische Geologie", Verlag von J. Springer, Berlin, Angaben an folgenden Stellen, unter reichlicher Berücksichtigung ausländischer Litteratur: 1893 S. 32, 54, 57, 148, 229; 1894 S. 93, 100, 225, 427; 1895 S. 219; 1896 S. 271; 1897 S. 32, 177. Wertvolles Material schöpfte ich ferner aus dem halb in russischer, halb in deutscher oder französischer Sprache geschriebenen Annuaire géologique und aus der öfters citierten „Volkswirtschaftlichen Rundschau" des russischen Finanzministeriums, besonders aus den Heften vom Juni 1897, August 1897, Januar 1898, April 1898, August 1898 mit reichen Litteraturangaben. Ferner verweise ich auf die in Lüttich erscheinende Revue universelle des Mines und in derselben auf die Aufsätze von Michel Levitzki, Bergbau im südlichen Rufsland 1896, S. 91—122; ebendas. Paul Trasenter 34,

Roheisenproduktion in 1000 Pud:

	1886	1890	1896
im ganzen	32 484	56 560	98 414
Sibirien	226	279	539
Finland	906	1 348	1 271
Mittelrufsland	3 992	5 754	8 226
Polen und Nordwestrufsland	2 832	7 424	13 419
Ural	21 258	28 174	35 457
Süd- und Südwestrufsland .	3 078	13 418	39 169

Bei der riesenhaften Ausdehnung des asiatischen Rufsland ist es selbstverständlich, dafs es reiche Eisen- und Kohlenschätze birgt. Jedoch sind in den meisten Teilen Sibiriens die Absatzverhältnisse und Verkehrswege noch völlig unentwickelt; auf lange Zeit hinaus dürfte von allen Montanindustrien nur die Gewinnung edler Metalle in Betracht kommen. Unter ausgezeichneten Verkehrsverhältnissen befinden sich die in der Nähe des Meeres anstehenden Kohlenschätze der Insel Sachalin. Die Zukunft dieser Kohle liegt jedoch voraussichtlich in der Versorgung von Kriegs- und Handelsschiffen, vielleicht auch der Ausfuhr nach japanischen und mandschurischen Häfen. Aufserordentlich reich an Metallen und Kohlen sind die Kirgisensteppen, d. h. jene riesigen Gebiete, welche Turan und Sibirien verbinden. „Diese Gegenden sind in der Luftlinie circa 900—1000 km von der nördlich vorbeiziehenden transsibirischen und der südlich von ihnen bei Kokand und Taschkent aufhörenden transkaspischen Bahn entfernt, vollkommen weglos, wasserarm und fast menschenleer, ohne Flufsverbindung, im Sommer ein Glutofen,

S. 1—53, 172—230 u. Arthur Monseu 37, S. 159—204, 227—289. Vergl. auch Bulletin Russe 1898, Nr. 4—6, S. 246; Nr. 10—12, S. 772 ff.; sehr interessante Statistik.

im Winter eine kältestarrende Schneesturmregion"[1]. Die Ausbeutung dieser Naturschätze ist jedenfalls ferner Zukunft vorbehalten, abhängig insbesondere von vorhergehendem, riesenhaftem Eisenverbrauch im Bahnbau (Samarkant-Tomsk).

Dagegen ist bereits im Besitz einiger Eisenhütten das reiche Berggebiet des Altai, welches seit alters dem kaiserlichen Kabinette gehört. Es steht durch schiffbare Ströme mit dem westlichen, dichtest kolonisierten Sibirien in Verbindung, erfreut sich eines günstigen Klimas und besitzt eine namhafte Goldproduktion. Das dem Altai angehörige Kohlenbecken von Kusnezk nennt Keppen „beinahe das gröfste aller bekannten." Es ist fast so grofs, wie alle Steinkohlenfelder Europas zusammen; die Mächtigkeit der Kohlenlager beträgt mehrere Meter. Die Anwendung der Kohle zur Coakserzeugung ist durch die kaiserliche Eisenhütte zu Gurieffsk festgestellt. Eisen- und Magnetitlager laden zur Entwicklung der Eisenindustrie ein. — Aber auch hier sind die wirtschaftlichen Verhältnisse zur Zeit solche, dafs nur eine allmähliche Entwicklung zu erwarten ist. Diese Entwicklung mag nach der offiziösen Ökonomischen Rundschau eine „Frage kurzer Zeit"[2] sein; trotzdem wird ihr zweifelsohne der stark anwachsende Bedarf Sibiriens an Eisenbahnmaterial, Maschinen und landwirtschaftlichen Geräten voraneilen.

Für die praktisch in Betracht kommende Zukunft also ist Sibirien auf Eiseneinfuhr angewiesen; als Eisenlieferer nach Rufsland kommt es nicht in Betracht; seine Erschliefsung wirkt zunächst Eisen verteuernd.

Im Kaukasus findet sich Kohle im Gouvernement Kutais, über deren Koksbarkeit mir widersprechende Mitteilungen zugehen. Auch über das Eisenvorkommen ist das Urteil noch nicht abgeschlossen; im Gouvernement Elisabetpol, also immer noch ziemlich weit von Kutais, sind neuerdings beträchtliche Eisenlager entdeckt worden. Als Eisenproduzent

---

[1] Rohrbach, Erfolge der russischen Wirtschaftspolitik, Deutsche Rundschau 1897, S. 105.

[2] Vergl. Ökonomische Rundschau, November 1898, S. 25.

kommt der Kaukasus gegenwärtig nicht in Betracht. Auch liegen für die nächste Zukunft andere Gelegenheiten zur gewinnreichen Kapitalanlage im Kaukasus viel näher. Aufser der Naphthaindustrie, welche an Leistungsfähigkeit die amerikanische übertrifft, kommt die Gewinnung von Manganerzen in Betracht, für welche der Kaukasus die reichste Fundstätte der Welt ist. Über Batum wird dieser wichtige Hilfsstoff der Eisenindustrie in grofsen und wachsenden Mengen ausgeführt, auch in das Gebiet der südrussischen Montanindustrie. Die wichtigsten Absatzgebiete sind jedoch Deutschland, England, Nordamerika, 1897 mit einer Ausfuhr von 70810, bezw. 68650, bezw. 42200 Tons[1].

Die breiten Flächen des mittleren Rufsland besitzen keine zur Eisenverhüttung geeignete Kohle. Ihre Holzvorräte sind zu gering, und Holz ist daselbst zu teuer, um für die Eisenindustrie in Betracht zu kommen.

Dagegen gewinnen neuerdings die Erzvorkommen im mittleren Rufsland eine wachsende praktische Bedeutung, für deren Verhüttung südrussischer Koks zu Gebote steht. Ein in verschiedenen Montanbezirken thätiger Eisenindustrieller schreibt mir hierüber folgendes: „Tulaer Erze spielen schon seit lange eine nicht unbedeutende Rolle. Der Bedarf der Tulaer und Kalugaer Hochöfen von zehn Millionen Pud jährlich wird in Tula selbst gedeckt. Soeben beginnt die Gesellschaft der Wolga-Stahlwerke ein Erzlager von 200 Millionen Pud an der Wolga auszuarbeiten; soeben werden auch die auf siebzehn Millionen Tons geschätzten Spherosiderite von Kromy (Gouv. Orel) durch die neugegründete belgische Société des Hauts Fourneaux d'Orel in Angriff genommen. Die sonderbaren magnetischen Deklinationserscheinungen im Kursker Gouvernement legen den Gedanken nahe, dafs auch dort ein neuer Eisenerzbezirk entstehen wird.“

Wir kommen nunmehr auf die drei wichtigsten Gebiete

[1] Bericht des englischen Konsuls zu Batum, April 1898, S. 8.

der Eisenproduktion, auf welche sich 1895 die Erzeugung in folgendem Verhältnis verteilte[1].

	Roheisen %	Eisen %	Stahl %	Kohle %
Bezirk Ural. . . .	36	56	7,7	2,9
„ Donez . . .	40	6	42,0	54,0
„ Polen . . .	14	14	23,0	40,0

Polen besitzt aufserordentlich reiche Kohlenschätze, welche die Fabriken und Eisenbahnen Polens reichlich mit Brennmaterial versorgen. 40 % der ganzen russischen Kohlenproduktion fielen 1895 auf Polen. Jedoch ist die polnische Kohle zur Verkoksung wenig geeignet und die polnische Eisenindustrie auf schlesische Kokse angewiesen. Die Herbeischaffung südrussischer Koks nach Polen ist nur möglich bei stark herabgesetzten Eisenbahntarifen; Erhöhung der Kokszölle träfe die Daseinsbedingungen der polnischen Eisenindustrie.

Eisenerze sind in Polen zwar reichlich vorhanden, aber vielfach von geringer Qualität; deswegen wurde früher Roheisen aus Deutschland und wird heute ein Teil der Erze aus Südrufsland zugeführt. Die Entfernung von den südrussischen Erzgruben beläuft sich auf circa 1300 Werst (1 Werst etwas über 1 Kilometer). Über die wachsende Nachfrage Polens nach südrussischen Erzen finden sich wiederholte Angaben im Russischen Finanzboten (Organ des Finanzministeriums)[2].

Man ist also vielleicht zu der Behauptung berechtigt: die Eisenindustrie Polens verdankt ihre Bedeutung innerhalb der russischen Volkswirtschaft weniger ihrer natürlichen Grundlage, als jenen wirtschaftlichen Vorzügen in Bezug auf Arbeit

[1] Ziffern entnommen Luxemburg a. a. O. S. 28.

[2] Z. B. Finanzbote, 5. Januar 1896.

und Kapital, welche wir oben am Beispiel der Baumwollindustrie kennen lernten. Sie ist abhängig von Erz- und Kokszufuhr.

Der altüberlieferte Sitz der russischen Eisenindustrie ist der Ural. Der Reichtum des südlichen Ural an Eisenerzen, teilweise bester Qualität, ist unerschöpflich. Jedoch leidet der Ural an Mängeln, zum Teil historischer, zum Teil natürlicher Art, auf die wir mit einigen Worten eingehen müssen.

a) Der Ural ist zunächst belastet mit der Vergangenheit der Leibeigenschaft, aus welcher Zeit ein grofser Teil seiner Werke herstammt. Die Arbeitsverschwendung ist ungeheuer; so betrug die Produktion des Ural 1893 in tausend Pud:

an Roheisen	Eisen	Stahl
30 919	17 109	4546

Diese Produktionsmenge hätte nach Radzig in Belgien etwa 11 000 Arbeiter, in Südrufsland circa 24 000 Arbeiter erfordert; im Ural nahm sie 142 000 Menschen in Anspruch[1]. Wahrscheinlich wiederholt sich auch hier die oben öfters nachgewiesene Erscheinung: die Kosten der Arbeit pro Produkt sind trotz niedrigster Wochenverdienste im Ural höher als im Süden und Polen, höher jedenfalls als in Westeuropa und Amerika.

Im engen Zusammenhang hiermit steht die zurückgebliebene Technik. Nur äufserst langsam ist man im Ural z. B. zur Errichtung von Wind-Erhitzern übergegangen, zu deren Heizung die der Gicht entströmenden Gase verwendet werden. Noch 1893 arbeiten von 113 Hochöfen des Ural 39 mit kalter Luft[2].

Ferner entstammen die Eisenwerke einer Zeit, in welcher die Wasserkraft die einzige mechanische Triebkraft war. Sie sind infolge dessen in den Thälern des Gebirges zerstreut,

---

[1] Vergl. Radzig, Die Eisenindustrie der ganzen Welt. Petersburg 1897. S. 50.

[2] So Radzig a. a. O. S. 49.

oft weit entfernt von den Erzgruben, von welchen die Erze mit Achse oder Schlitten und unter grofser Verschwendung an Menschenkraft den Werken zugeführt werden. Die Wasserstrafse war aber auch bislang das einzige Mittel zur Versendung der Produkte des Ural. Seit Eröffnung der Bahn Jekaterinenburg—Tschelabinsk wird jetzt viel per Bahn transportiert. Trotzdem sind noch heute zahlreiche Eisenhütten während des langen Winters dieser nördlichen Breiten vom Markte abgeschnitten. In trockenen Sommern bleiben die Schiffe und Flöfse manchmal auf Untiefen sitzen. So kommen Fälle vor, in denen mit der Verschiffung der Produkte zwei Winter und einen Sommer gewartet werden mufs. Die Folge hiervon ist ein äufserst langsamer Umsatz des Betriebskapitals, welches in Südrufsland und in Polen ungefähr sechsmal so schnell umlaufen soll als im Ural. Daher ist der Betrieb eines Werkes im Ural teuerer als im Süden und in Polen. Hierdurch wird die Errichtung umfangreicher Grofsbetriebe im Ural sehr erschwert, weil dazu riesenhafte Betriebskapitalien erforderlich sind. Der Ural ist also bei verhältnismäfsigen Kleinbetrieben stehen geblieben. Innerhalb der russischen Eisenindustrie sind daher im Ural die Produktionskosten am höchsten und mit dem Hinweis auf den Ural vor allem werden die gegenwärtigen Zölle von 45 Kop. pro Pud Roheisen gerechtfertigt.

Die bisher geschilderten Mängel sind geschichtlich geworden und daher geschichtlich zu beseitigen. Sicherlich kann in dieser Richtung der Eisenbahnbau viel beitragen, welcher die Zufuhr der Rohstoffe wie den Absatz der Produkte erleichtert. Aber hier erheben sich Schwierigkeiten, welche gewifs nur langsam zu überwinden sind.

Die Eisenwerke liegen in den Tiefen der Thäler und es ist unmöglich, auch nur die Mehrzahl derselben mit irgendwelcher einheitlichen Eisenbahntrace zu berühren, während zur Anlage eigener Seitenbahnen den Werken vielfach das Kapital mangeln wird. Bezeichnenderweise hat bisher noch keine Privatgesellschaft der Regierung ein Angebot für die Erbauung von Kleinbahnen im Ural gemacht, während sonst in Rufsland derartige Projekte heute in der Luft schwirren [1].

Aber auch wenn wir die vielbesprochene Uralbahn, als Verbindung des Ural mit dem Eisenbahnnetz des europäischen Rufsland, verwirklicht denken, so bleibt immer noch die Entfernung von den westlichen Absatzgebieten. Erst ein Aufschwung der sibirischen Volkswirtschaft könnte den Ural hinsichtlich der Absatzverhältnisse in eine vorteilhaftere Lage bringen, sowohl gegenüber der inländischen, wie der ausländischen Konkurrenz.

Auch würde eine energische Ausnutzung des Bahnbaues wahrscheinlich solange auf sich warten lassen, als die Höhe des Eisenzolls selbst technisch völlig rückständigen Werken das Dasein fristet. In der That mag es unter ihnen solche geben, die auch heute bei einem Zoll von 45 Kopeken pro Pud Roheisen sich nur gerade über dem Wasser halten und zu 43 Kopeken Selbstkosten das Pud Roheisen produzieren, welches in England für 17—20 Kopeken (also einschliefslich des Unternehmergewinnes) verkauft wird [2]. Eine mafsvolle Zollherabsetzung würde Unternehmungen unmöglich machen, welche als langlebige Denkmäler der Leibeigenschaft die Arbeitsverschwendung und den technischen Stillstand der alten Zeit verewigen. Für diejenigen Uralwerke dagegen, welche den Anforderungen ihrer Zeit gefolgt sind und bereits 1889 das Pud Roheisen zu 25 Kopeken produzierten, wäre sie erträglich, ja sie gäbe vielleicht einen Antrieb, die Verluste am Preise einzubringen durch Vergröfserung der Betriebe, Vermehrung der Produktion, Arbeitsersparnis und technischen Fortschritt. Eine solche Mafsregel würde voraussichtlich die Uralwerke mit der Zeit aus ihren abgelegenen Schlupfwinkeln im Gebirge vertreiben und um die Eisenbahnstationen sammeln.

b) Aber nicht nur geschichtliche, sondern auch natürliche und daher schwerer zu bekämpfende Schwierigkeiten verlangsamen die Entwicklung der Uralindustrie. So liegt die

---

[1] Ökonomische Rundschau, Mai 1898, S. 107.

[2] Radzig a. a. O. S. 65, 46.

ungünstige Verteilung der Eisenwerke zum Teil begründet in dem nestförmigen und zerstreuten Vorkommen des Erzes. Schwerwiegender ist der Umstand, dafs die Eisenindustrie des Ural auf Holzkohlenfeuerung angewiesen ist. Zwar besitzt der Ural Kohle auf beiden Abhängen, jedoch Kohle nur mittlerer Qualität und für Verhüttungszwecke wenig geeignet[1]. Nun sind zwar die Wälder des Ural noch sehr ausgedehnt, aber bei einer Waldwirtschaft, welche die Naturschätze nicht vernichtet, sondern erhält, ist der jährliche Holzzuwachs die Grenze, die der Ausdehnung der Eisenproduktion gesetzt ist. Damit ist allerdings der Bestand der Eisenindustrie des Ural für alle Zeit gesichert. Auch eine Ausdehnung der Produktion ist nicht ausgeschlossen; denn nach Herstellung besserer Verkehrsstrafsen könnten entferntere Wälder in Angriff genommen werden. Immerhin verteuert die entferntere Zufuhr das Brennmaterial. Dadurch ist die Ausdehnungsmöglichkeit der Eisenproduktion beschränkt. Auf einen weiteren Mangel macht mich ein Sachkenner brieflich aufmerksam: „Holzkohlenhochöfen können nicht sehr grofs gebaut werden, weil bei grofser Höhe (Masse) Holzkohle nicht genügend Widerstandskraft haben würde und dem Gebläse nicht genügend Durchlafs gewähren würde. Daher Maximalleistung eines solchen Hochofens etwa nur 35 tons Roheisen pro Tag."

Unter den russischen Fachmännern wird die Frage „Ural oder Donez-Dnjepr?" mit einer gewissen Leidenschaft bestritten. Ein „Anhänger des Ural" und guter Sachkenner, Matwejeff[2], glaubt, dafs unter günstigen Bedingungen die Uralproduktion in Zukunft auf das Doppelte wachsen könne[3]. Aber

---

[1] Vergl. Guide des Excursions du VII Congrès Géologique International, St. Pétersburg 1897: „Tous les travaux métallurgiques dans l'Oural du Sud se font, à défaut de combustible minéral, au charbon de bois." Vergl. auch Zeitschrift für praktische Geologie 1893, S. 33; Ökonomische Rundschau, August 1897, S. 78.

[2] Hierzu schreibt mir ein im Ural thätiger Industrieller: „Betrachte ich als ausgeschlossen, so lange Holzkohle in Betracht kommt."

[3] Ökonomische Rundschau, August 1898, S. 150.

selbst dieser Optimist müfste zugeben, dafs die Anlage von Strafsen und Eisenbahnen langwierig und kostspielig ist, dafs die Preise des Holzes auch in Rufsland in steter Steigerung begriffen sind, dafs Waldbrände auch in die beste Waldwirtschaft störend eingreifen können. Man wird alsdann zu der Annahme gelangen, dafs im besten Falle die Verdoppelung der gegenwärtigen Uralproduktion (1896 ca. 35 Millionen Pud Roheisen) immerhin eine geraume Zeit erfordern wird. Demgegenüber erhöhte Rufsland seinen Verbrauch an Roheisen 1891—1895 von 77 Millionen auf 136 Millionen Pud; die Zukunft erheischt eine abermalige Verdoppelung letzterer Ziffer innerhalb weniger Jahre. Es erhellt hieraus, dafs für den ungeheuren Eisenbedarf Rufslands auf die Industrie des Ural nur in zweiter Linie zu rechnen ist.

Dagegen wird der Ural voraussichtlich bald als Erzversorger für andere Montanbezirke eine grofse Rolle spielen — um so mehr, da es ja eine allgemeine Erscheinung ist, dafs reichhaltiges Erz der Kohle zugeführt wird und nicht umgekehrt. Neueren Zeitungsnachrichten zufolge scheint Kohlenzufuhr aus Sibirien nach dem Urâl im Entstehen begriffen. Über die Koksbarkeit dieser Kohle ist mir nichts bekannt.

In jeder Beziehung entgegengesetzte Verhältnisse vom Ural weist der südrussische Montanbezirk auf, das sog. Donez-Dnjeprbecken[1]. Im Ural seit Jahrhunderten ein

---

[1] Im Jahre 1893 bereiste ich das Donez-Dnjeprbecken und verdanke dem jüngeren Herrn Hughes persönlich eine Anzahl wertvoller Mitteilungen. Ferner besichtigte ich eingehend die Eisenwerke zu Kamenskoje, wo mir ebenfalls vielfache Auskunft zu teil wurde. In Band LVI 1886 des belgischen „Recueil consulaire" brachte der belgische Generalkonsul für das südliche Rufsland, Ingenieur P. Hagemans, einen interessanten Bericht über die Kohlen und Erzlager des Donezbassins, dem ich für das Folgende wertvolle Angaben über die Entstehungsgeschichte der Industrie entnahm. Dieser Bericht ist auch um deswillen von hohem Werte, weil er das Einströmen belgischen Kapitals in die südrussische Eisenindustrie und damit den neuesten Aufschwung dieser Industrie veranlafste. Ferner verweise ich auf die Mitteilungen von Trasenter und Monseu, Revue universelle des mines 1896 und 1897.

Arbeitsfeld des Merkantilismus; in Südrufsland eine völlig koloniale Industrie jüngsten Datums — dort eine alt eingesessene, in den Nachwirkungen der Leibeigenschaft fortlebende Bevölkerung; hier bunt zusammengewürfelte Arbeitermassen aus weiter Entfernung, zum Teil aus dem Auslande durch das Zauberwort des Kapitals in die menschenleere Steppe gerufen — dort blieb ein allmähliges Werden entsprechend der Beschränktheit des einheimischen Kapitals in kleineren Betrieben stecken; hier wurden Grofsbetriebe ersten Ranges und alle Errungenschaften der neuesten Technik mit einem Schlage durch ausländisches Kapital auf den Boden „Neurufslands“ hingesetzt — dort wird der Verkehr noch heute vermittelt durch Flofs und Axe; hier herrscht, ohne dafs die Landstrafse voranging, der Schienenweg.

Betrachten wir zuerst die geologische Grundlage der Eisenindustrie des Donez-Dnjeprbeckens.

Blicken wir auf die Karte des südlichen, durch das Asowsche Meer bespülten Rufslands (S. 297) und verfolgen wir den Lauf des Kalmius-Flüfsleins.

In einer Entfernung von 50 Werst nördlich von der Mündung dieses Flusses treffen wir auf den Kohlen führenden Kalkstein. Wenn wir, von diesem Punkte ausgehend, das an den Tag tretende Flötz in östlicher Richtung verfolgen, so gelangen wir, fast mit der Meeresküste parallel gehend, bis zum Zusammenflufs des Don und des Donez; von dort aus gehen wir dem Lauf dieses letzteren Flusses nach bis zur Stadt Slaviansk und kommen von dieser bergabwärts wieder auf den Ausgangspunkt zurück. Wir haben alsdann den Weg um das Donezbecken zurückgelegt, welches eine Fläche von 2500000 Defsjätinen (2730000 ha) besitzt, also etwa das 18 fache der belgischen Kohlenbecken.

Die östlichen ²/₃ des Beckens enthalten Anthracit; das westliche Drittel des Beckens dagegen führt in reichlicher Menge qualitativ hervorragende, koksbare Backkohlen, welche die Grundlage des Hochofenprozesses bilden.

Am wichtigsten sind die Lager des Oberen Kalmius, welche den eigentlichen industriellen Mittelpunkt des ganzen

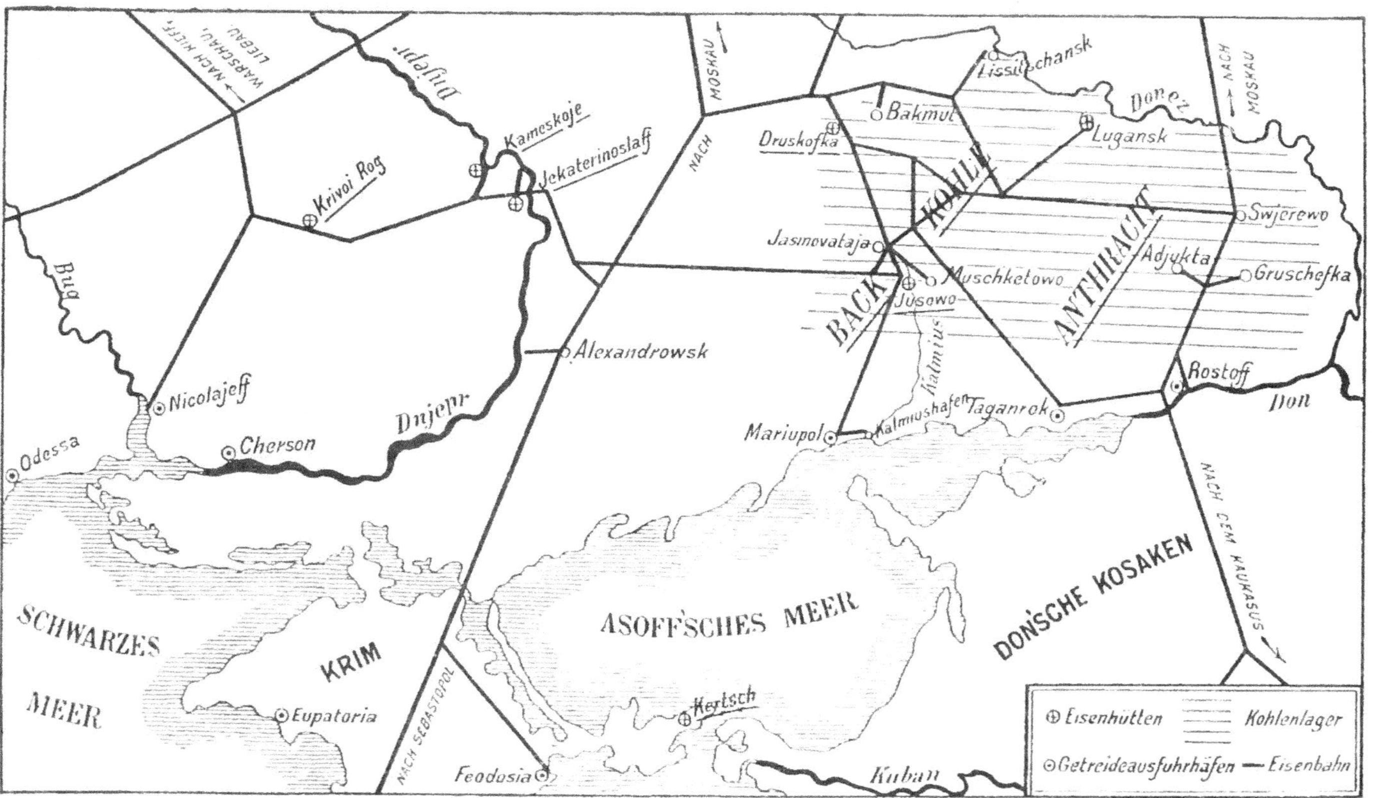

NACH KIEFF, WARSCHAU, LIEBAU
NACH MOSKAU
NACH MOSKAU
Dnjepr
Dnjepr
Bug
Kameskoje
Jekaterinoslaff
Krivoi Rog
Nicolajeff
Cherson
Odessa
Alexandrowsk
Druskofka
Bakmut
Lissitschansk
Donez
Lugansk
Swjerewo
Jasinovataja
Adjukta
Gruschefka
Muschketowo
Jusowo
KOHLE
ANTHRACIT
BACK
Kalmius
Mariupol
Kalmiushafen
Taganrok
Rostoff
Don
NACH DEM KAUKASUS
DONSCHE KOSAKEN
ASOFFSCHES MEER
SCHWARZES MEER
KRIM
Eupatoria
NACH SEBASTOPOL
Feodosia
Kertsch
Kuban
Eisenhütten
Kohlenlager
Getreideausfuhrhäfen
Eisenbahn

Donezbeckens bilden. Dort liegen die Eisen- und Stahlhütten der Gesellschaft „Neu-Rufsland“, welche besser unter dem Namen „Hughes-Werke“ nach ihrem Gründer, Erbauer und Leiter bekannt sind.

Die Kohlen dieser Gruppe sind schwarze, glänzende Fettkohlen, leicht zerreiblich, blähen beim Erhitzen infolge der Gasentwicklung stark auf und liefern ausgezeichneten Koks für Hüttenzwecke. Der Schwefel- und Aschengehalt derselben ist in der Regel ziemlich niedrig. Die Kohlenlagerungen sind zahlreich und von einer ansehnlichen Mächtigkeit.

Eisenerze finden sich verstreut im ganzen Kohlenbecken. Sie sind jedoch nicht über 40—50 % eisenhaltig, und wegen ihres starken Phosphorgehaltes nur zur basischen Stahlherstellung geeignet. Auch ist die Ergiebigkeit der einzelnen Lagerstätten eine beschränkte. „Diese an vielen Stellen des Beckens auftretenden Vorkommen bilden gewöhnlich einen eisernen Hut an karbonischen Kalkbänken“ [1]. Bis jetzt hat man sie wenig und meist ohne Erfolg abgebaut. Auch die Lagerstätte von Khorsak-Moghila, von welcher vor einigen Jahren viel die Rede war, hat den Erwartungen nicht entsprochen [2]. Es wäre um die Eisenindustrie des Donezbeckens schlecht bestellt gewesen, wenn sie auf ihre eigenen Eisenerze beschränkt geblieben wäre.

Neben den Eisensteinlagern des Donezbeckens verfügt die Eisenindustrie jedoch über die herrlichen Magneteisensteinlager von Krivoi-Rog. Diese äufserst merkwürdigen Erzablagerungen liegen etwa 450 Werst in westlicher Richtung von den Kohlengruben des westlichen Teiles des Donezbeckens entfernt und stehen mit letzteren heute durch einen Schienenweg in Verbindung. An der Grenze der Gouvernements Cherson und Jekaterinoslaw gelegen, erstrecken sich dieselben über eine Fläche von 8000 bis 9000 Defsjätinen und folgen dem Laufe des Flüfschens Saksagane, welches unfern

1 Zeitschrift für praktische Geologie 1897, S. 183.
2 Ökonomische Rundschau, August 1897, S. 77.

von der Stadt Cherson in den Ingulctz, einen Nebenflufs des Dnjepr, mündet. Die Erze von Krivoi-Rog sind äufserst rein und sehr reich an Metall (60 bis 70%).

Die geschichtliche Entwicklung der südrussischen Eisenindustrie gehört der jüngsten Vergangenheit an. Obgleich die Mineralschätze des Donez-Dnjepr-Beckens schon Peter d. G. bekannt waren, so blieb es bis in unsere Tage hinein bei wenigen verfehlten Versuchen ihrer Erschliefsung. Das Gebiet war unbewohnte Steppe im Besitz der Kosaken.

Der berühmte Le Play, einer der ersten volkswirtschaftlichen Forschungsreisenden in Rufsland, welcher jene Gegend auf Veranlassung des Fürsten Demidoff untersuchte, hat in seiner Schrift „Voyage dans la Russie Meridionale" 225 Kohlen- und 30 Erzvorkommen beschrieben. Trotzdem riet er, gewifs mit Recht für jene Tage, von der Eröffnung des Bergbaues in jenen Gegenden ab, angesichts des völligen Mangels an Arbeitern und Verkehrsmitteln.

Überwindung dieser Schwierigkeiten brachte, wie in so vielen früher unerschliefsbaren Kolonialgebieten, die Eisenbahn, zunächst die Herstellung der grofsen Centrallinie Moskau-Charkoff-Sebastopol, welche der Krimkrieg erzwang, und an welche das Kohlenbecken leicht anzuschliefsen war, dann die Eisenbahnverbindung mit dem Seehafen Mariupol.

Der Mann, welcher die durch die moderne Verkehrstechnik eröffneten Möglichkeiten in die That umsetzte, war der Engländer J. Hughes, der Gründer „Neurufslands", des ältesten der heute in Thätigkeit befindlichen Hüttenwerke jener Gegend. Ein russischer Bergingenieur, welcher mit Hughes amtlich zu thun hatte, Herr Ziloff, rühmt gerechtermafsen den Namen des Mannes, „dessen Kraft, Energie und Ausdauer es fertig gebracht hat, inmitten einer Wüste ein industrielles Monument aufzubauen".

Bezeichnend für merkantilistische Industriegründung in unsern Tagen ist das zwischen Hughes und der russischen Regierung eingegangene Verhältnis.

Die Bildung der Gesellschaft „Neu-Rufsland" fand am 18. April 1860 statt. Der Regierung gegenüber übernahm sie die Verpflichtung, die Kohlen- und Eisenerze des Donezbeckens auszubeuten, eine Hütte für Schienen- und Handelseisen-Fabrikation mit einer wöchentlichen Produktion von wenigstens 100 t Roheisen anzulegen und in den zu eröffnenden Kohlengruben für die Bedürfnisse der Regierung mindestens 2000 t Steinkohlen zu fördern. Während einer Periode von 10 Jahren gewährte hingegen die Regierung der Gesellschaft eine Prämie von 50 Kopeken für das Pud fabrizirter Schienen auf ein Fabrikationsquantum, welches 3 Mill. Pud nicht überschreiten sollte.

Zugleich wurde die Gesellschaft für die ersten Jahre ihres Bestehens mit Aufträgen fest versehen. Sie versprach, der Eisenbahnverwaltung im Laufe von 7 Jahren 2100000 Pud Eisenschienen und 70000 Pud Laschen zu liefern. Loco Hütte wurden für diese Lieferung 1,38 Rubel für das Pud Schienen und 2 Rubel für das Pud Laschen, die Prämie nicht einbegriffen, bezahlt. Ferner erhielt die Gesellschaft die Konzession zum Bau der Eisenbahn von Konstantinowka-Mariupol, welche die Hütten-Anlagen mit dem Reichs-Eisenbahnnetz und der See verbindet.

Hughes begann mit dem Bau seiner Hüttenanlagen im Jahre 1870. Als Lage wählte er ein dem Fürsten Paul Liven gehörendes, an den Ufern des Kalmiusflusses gelegenes Gebiet. Dasselbe umfafst eine Fläche von 150 Defsjätinen, und ist auf eine Dauer von 90 Jahren in Pacht genommen. Der Gesellschaft „Neu-Rufsland“ steht das ausschliefsliche Recht der Ausbeutung der Bergprodukte auf der betreffenden Fläche zu. In Bezug auf Eisenfabrikation ist die Wahl des Standortes äufserst günstig ausgefallen; die Hütten liegen im Mittelpunkte von Backkohlenlagern bester Qualität, welche Flötze von 1—2 Meter Mächtigkeit aufweisen.

Die Hochöfen verhütteten zuerst Erze, welche in dem Mariupoler Distrikte, 25 bis 40 Werst nach Süden hin von der Hütte entfernt, gefördert werden. An Qualität standen diese Erze denen von Krivoi-Rog, welche heute in den Hughes-Werken verwendet werden, bedeutend nach.

Die Inbetriebsetzung der Werke begann im Januar 1872 mit dem Anblasen des ersten Hochofens. Zur Zeit meines Besuches waren 4 Hochöfen in Betrieb, 2 weitere im Bau. Die Zahl der Arbeiter, zur Zeit meines Besuches über 6000, wird heute auf 8000 angegeben. An das Hüttenwerk hat sich die mit unerhörter Schnelligkeit anwachsende Stadt Jusowo angeschlossen.

Die gelernten Arbeiter waren zunächst im Kohlenschacht, am Hochofen, am Puddelofen, wie im Walzwerk Engländer. Die ungelernten Arbeiter wurden aus Nordrufsland (Smolensk, Petersburg) bezogen, da die örtliche Bevölkerung bei dem vorhandenen Reichtum an Land jede industrielle Beschäftigung von sich wies. Aber die Engländer waren in der unwirtlichen Steppe nur mit grofsen Kosten festzuhalten. Allmählich wurde ihre Zahl daher vermindert, die russischen Wanderarbeiter angesiedelt und mit Erfolg zur gelernten Arbeit emporgezogen.

Jedoch sind noch heute die Mängel dieser Arbeit im Vergleich mit Westeuropa schwerwiegend. „Der Mann kommt vom Pfluge und haut, wie es geht, in den Flötz“ sagte mir Herr Hughes, wobei er die hohen Kohlenpreise Südrufslands trotz verhältnismäfsig niederer Wochenverdienste der Häuer (zur Zeit meines Besuches 1 Rubel — 1 Rubel 50) auf „teure Arbeit“ zurückführte. Es war diese Äufserung für mich ein Beleg dessen, was ich oben hinsichtlich einer andern Industrie ausführlich begründete. Immerhin stehen diese Arbeiter qualitativ noch hoch über den Arbeitern des Ural, was ihre grofse Mehrproduktion pro Kopf ergiebt. Nach Radzig ist die Produktion pro Kopf in Südrufsland etwa halb so grofs, wie in Belgien, und circa 6 mal so grofs wie im Ural[1].

Trotz aller von der Regierung gewährten Vorteile ging zunächst das Wachstum der südrussischen Eisenindustrie nur langsam vor sich. Im Jahre 1887 bestanden erst zwei Hüttenwerke. Seitdem ist ihre Zahl rasch gestiegen; im Jahre 1897 waren 14 Werke im Betriebe, Werke ersten Ranges, von

[1] Radzig a. a. O. S. 50.

denen ein jedes etliche Tausend Arbeiter beschäftigt. Dieser Aufschwung hat zwei Ursachen, eine örtliche und eine allgemeine. In erster Hinsicht kommt die Herstellung einer Eisenbahnverbindung zwischen den Kohlenbecken und den Erzlagern von Krivoi-Rog in Betracht, welche 1882 erfolgte. Daneben aber gab einen entscheidenden Anstofs die allgemeine Handelspolitik der achtziger Jahre, welche in der zweiten Hälfte des Jahrzehnts die Einfuhr von Eisenbahnmaterial nach Rufsland geradezu unmöglich machte. Es wäre doktrinär, diesen ursächlichen Zusammenhang zu leugnen.

Insbesondere wurde durch das russische Prohibitivsystem Belgien getroffen, welches 1870 noch für 22 Millionen fr., dagegen 1884 für nicht mehr 8 Mill. fr. nach Rufsland ausführte. Belgien besafs nicht wie Deutschland, welches ebenfalls schwer geschädigt wurde, einen immerhin leidlich grofsen heimischen Markt; gemäfs einer gewissen Vornehmheit der belgischen Handelswelt konnte es nicht durch weitherzigste Kreditgewährung den Kampf mit dem russischen Schutzzoll aufnehmen, wie dies Deutschland vielfach gethan hat. Während in Deutschland das in einer Industrie unbeschäftigte Kapital bei dem allgemeinen Aufschwung leicht einer andern Industrie zuflofs, war Belgien im Besitz grofser, Anlage suchender Montankapitalien. Daher strömte belgisches Kapital seit der zweiten Hälfte der achtziger Jahre massenhaft nach Südrufsland. Voran ging die bekannte Gesellschaft Kockerill von Seraing mit der Anlage eines Eisen- und Stahlwerkes bei dem am Dnjepr-Flusse zwischen Ekaterinoslaw und Krivoi-Rog gelegenen Dorfe Kamenskoje.

Neben dem belgischen Kapital hat sich besonders Frankreich für die südrussische Eisenindustrie interessiert, während das englische Kapital verhältnismäfsig fern blieb[1].

---

[1] So Bericht des englischen Konsuls in Taganrok 1898, S. 4. Finanzbote 1897, Nr. 17. Auch das deutsche Kapital hat sich wenig beteiligt. Mir ist nur bekannt, dafs die Duisburger Maschinenbau-Aktiengesellschaft, vormals Bechem & Keetman, in Lugansk eine

An diese Gröfstbetriebe, welche sich vorwiegend im Besitze westeuropäischen Kapitals befinden, schlofs sich die Entwicklung zahlreicher Hilfsbetriebe geringeren Umfangs seitens russischer Unternehmer. Zu nennen sind z. B. mechanische Werkstätten, Röhrenfabriken u. s. w. Dem folgte die Entstehung von Lokomotiven- und Maschinenfabriken in Charkoff, Jekaterinoslaw, Odessa, Mariupol, Nikolajeffsk.

Bis dahin eine dünn besiedelte Steppe extensivster Landwirtschaft erhielt jenes Gebiet mit einem Schlage das Gesicht des Industriebezirkes. Die Städte, bisher Mittelpunkte der Verwaltung und des Getreidehandels, wuchsen mit einer selbst im Westen Amerikas seltenen Schnelligkeit. 1885 hatte Jekaterinoslaw 47000, 1897—120000 Einwohner, Rostoff 1885—79000, 1897—147000 Einwohner[1].

Werfen wir einen Blick auf die Hüttenwerke, welche die Grundlage der ganzen Entwicklung sind. Diese Betriebe verfertigen vorwiegend Eisenbahnmaterial, gewöhnlich in staatlichem Auftrag. Als Gründungen des europäischen Grofskapitals sind sie im Besitz der fortgeschrittensten Technik, für deren Verbesserung sie jährlich grofse Beträge aufwenden[2]. Sie sind auf Produktion gröfsten Umfanges eingerichtet. Die Gröfse der südrussischen Hochöfen ist nicht geringer als die der westeuropäischen Hochöfen, selbst wenn wir folgende Ziffern nur für annähernd richtig halten.

Radzig[3] giebt folgende Ziffern für das Jahr 1894:

Durchschnittliche Jahresproduktion eines Hochofens mit Kohlenfeuerung

in England	1 417 000	Pud
in Deutschland	1 580 000	„
in Belgien	1 580 000	„
in Südrufsland	1 597 000	„

Zweiganstalt errichtet hat: desgleichen die Sächsische Maschinenbau-Anstalt, vormals Hartmann. Anders die polnische Eisenindustrie, in der deutsches Kapital reichlicher vertreten ist, z. B. das der Königs- und Laurahütte.

[1] Finanzbote 1897, Nr. 33.

[2] Tugan-Baranowski a. a. O. S. 331.

[3] Radzig a. a. O. S. 49. 50 u. 10.

Infolge der Massenproduktion mit technisch besten Hilfsmitteln sind die Produktionskosten in Südrufsland verhältnismäfsig niedrig. Dafs dies in der That der Fall ist, ergeben die aufserordentlichen Gewinne, welche den Werken erlauben, in durchschnittlich zehn Jahren das aufgewendete Kapital zu amortisieren. Dabei erreichen die Dividenden eine Höhe, wie sie in Europa längst unerhört ist: die Hugheswerke, welche ihr Anlagekapital voll abgeschrieben haben, zahlten wiederholt 100 %; die Dividenden der anderen Werke schwanken zwischen 20 und 40 %[1].

Der Gedanke der russischen Schutzzöllner ist nun augenscheinlich der, das europäische Kapital durch die Höhe der Gewinne weiter anzulocken, die Zahl der Werke zu vermehren und dadurch die Produktion so sehr zu steigern, bis endlich das Eisenangebot dem Eisenbedarf voraneilt und die innere Konkurrenz die Eisenpreise herabdrückt. Die Durchführbarkeit dieses letzteren Gedankens hat eine Voraussetzung: die unbeschränkte Möglichkeit von Neugründungen auf Grund billig zu erwerbender Naturschätze.

Je beschränkter die Naturschätze sind, auf denen die Industrie beruht, um so gröfser ist die Wahrscheinlichkeit, dafs die vorhandenen, mit Land und Leuten bekannten Grofsunternehmungen diese Naturschätze bereits an sich gebracht haben. Damit wäre die Zahl der Produzenten in bestimmte Grenzen festgelegt: ausdrückliche oder stillschweigende Produktionsbeschränkung wäre wahrscheinlicher als gegenseitige Konkurrenz. Es würde dafür gesorgt bleiben, dafs die Nachfrage dem Angebot stets voraneile. Die Eisenpreise blieben auf lange Zeit hinaus, was sie heute sind, Weltmarktpreise + Zoll.

Fragen wir nun nach den thatsächlichen Verhältnissen. Soviel steht fest: die herrlichen Erze von Krivoi-Rog sind in so beschränkter Menge vorhanden, dafs ihre Bedeutung nur

---

[1] Vergl. Tugan-Baranowski a. a. O. S. 331, sowie die öfters citierten Berichte der englischen Konsuln.

eine vorübergehende Episode in der Geschichte der südrussischen Eisenindustrie sein kann. Man rechnet bereits, dafs sie in 10—15 Jahren, nach anderen sogar in 6—7 Jahren abgebaut sein werden [1]. Jedenfalls bieten sie industriellen Neuanlagen um so weniger Raum, als die bestehenden Werke die lohnenderen Lagerstätten erworben und damit sich die Erzzufuhr für längere Zeit gesichert haben [2]. Die Preise der Erze von Krivoi-Rog sind dementsprechend bereits beträchtlich in die Höhe gegangen. Ein sachkundiger russischer Eisenindustrieller schreibt mir hierüber folgendes: „Es ist keine Frage, dafs die besseren Eisenerzlagerstätten in Südrufsland in festen Händen sind; die Zeit ist vorüber, wo man billig zu erwerbende, günstig gelegene, qualitativ geeignete Erzlagerstätten im Gebiet des Krivoi-Rog erwerben konnte; arme Erze giebt es noch im Kohlengebiet, aber deren Verhüttung ohne die reichen Erze des Krivoi-Rog ist nicht vorteilhaft.“

Die Entdeckung ausgedehnter Erzlager auf der Halbinsel Kertsch ist wohl kaum geeignet, diese Schwierigkeiten zu heben. Einmal sind die Erze von Kertsch nicht besonders metallreich (25—40 %) und dazu phosphorhaltig; sodann hat eines der gröfsten Hüttenwerke des Dnjperbeckens, hinter welchem belgisch-französisches Kapital steht, bereits die besten dieser Lagerstätten erworben und ist im Begriff, die ersten der geplanten sechs Hochöfen anzublasen [3]. Die Hüttenwerke in Kertsch werden also die des Dnjper schwerlich in den Preisen unterbieten.

Ich lasse dahingestellt, ob angesichts obiger Thatsachen die russische Regierung eine Zollherabsetzung in den Kreis ihrer Erwägungen ziehen oder andere Mittel und Wege sehen

---

[1] Vergl. u. a. Ökonomische Rundschau, August 1897, S. 77.

[2] Ökonomische Rundschau, Mai 1898, S. 106.

[3] Bericht des englischen Konsuls zu Kertsch 1898, S. 11. Zeitschrift für praktische Geologie 1897, S. 184.

wird, die unabweisliche Verbilligung der Eisenpreise herbeizuführen [1]. Dafs eine Zollherabsetzung den Grofsbetrieben Südrufslands erträglich wäre, dürfte kaum zu bezweifeln sein. Bei einem Zollsatz von 50 Kopeken pro Pud Stahlschienen ist heute ein Gewinn von 50—70 Kopeken nichts ungewöhnliches; auch bei niedrerem Zollsatz bliebe also ein auskömmlicher Gewinn übrig. Zudem würden die Werke wahrscheinlich durch Verbesserung der Technik und Produktionsvermehrung (Herstellung von Handelseisen) etwaigen Mindergewinn auszugleichen bestrebt sein und damit schneller und energischer vor die Frage gestellt, auf deren Lösung die Zukunft der südrussischen Eisenindustrie beruht: Erzzufuhr von aufsen.

Rufsland besitzt unerschöpfliche Erze bester Qualität im Ural, reichlich vortreffliche Kokskohle im Donezbecken. Uralerze mit Donezkohlen zu verhütten, ist die der russischen Eisenindustrie gestellte Aufgabe, deren Lösung wohl nur eine Frage der Zeit ist. Ob diese Erze dann nach Südrufsland gehen oder anderwärts dem südrussischen Koks begegnen werden, ist gleichgültig. Bezeichnenderweise wandte sich bereits Hughes nach dem Süden des Ural.

Aber die zu überwindenden Entfernungen sind ungeheuer; sie müssen auch nach dem Bau der Uralbahn einer durchgreifenden Verbilligung der russischen Eisenpreise entgegenstehen.

Die natürliche Ausfuhrstrafse der Uralerze ist die Wolga. Diese gröfste Wasserstrafse Europas, die Lebensarterie Rufslands, wächst noch an Bedeutung nach Fertigstellung der sibirischen Bahn, welche recht eigentlich in den Wolgahäfen mündet. Der Wolga-Donkanal, d. h. die Verbindung der Wolga mit dem Weltmeer, ist daher nach Fertigstellung des asiatischen Schienenweges eine der wichtigsten Aufgaben Rufslands.

[1] Selbstverständlich könnte die Regierung durch verstärkte Einfuhr von Eisenbahnmaterial, woran sie die höchsten Zölle nicht hindern, einen Druck auch auf die Preise des Handelseisens ausüben; aber diese Mafsregel wäre innerlich nichts anderes als Durchbrechung der bestehenden Zölle.

Ihre Bedeutung für die Getreideausfuhr liegt auf der Hand. Nicht geringer wäre ihre Wichtigkeit für die Eisenindustrie. Am Ausflufs des Don träfen die Uralerze die Kohlen des Donez. Erst dann, also noch nicht in nächster Zukunft, könnte von einer endgültigen Lösung der russischen Eisenfrage die Rede sein.

Übrigens ist es wahrscheinlich, dafs mit Vollendung dieses Wasserweges die Donezkoks zum Teil den Don emporsteigen würden, um an den Wolgaufern den Uralerzen zu begegnen. Hierfür spricht die Möglichkeit, kaspisches Naphtha, welches in praktisch unerschöpflicher Menge zu Gebote steht, für das Hüttengewerbe zn verwenden. Hierüber schreibt mir ein sachverständiger Gewährsmann: „Die Verwendung von Naphtharückständen für Roheisengewinnung, d. h. Hochofenprozefs, ist ausgeschlossen. Für Flufseisenbereitung (Siemens-Martin-Prozefs) werden sie aber bereits verwendet. Mehrere Stahlwerke sind an den Wolgaufern teils im Betrieb, teils im im Entstehen (Zarizyn, Saratoff, Kasan); dieselben arbeiten mit Naphtha und tragen dazu bei, der Uralroheisenproduktion einen neuen Aufschwung zu geben.“

Fünftes Kapitel.

Agraria.

I. Allgemeines.

Alle bisherigen Ausführungen weisen auf eine Grundthatsache. Der ältere Merkantilismus hatte geringen Erfolg deswegen, weil er aufser stande war, die Naturalwirtschaft des platten Landes durch staatlichen Befehl zu überwinden.

Die Anfänge der Geldwirtschaft auf dem Lande ermöglichten für Rufsland das Entstehen einer modernen Grofsindustrie, zunächst der Baumwollindustrie. Die Grundanschauung der Slavophilen von der Unvergleichlichkeit Rufslands mit Westeuropa scheiterte an der langsamen, aber unzweifelhaften Europäisierung der breiten Unterschichten des russischen Gesellschaftsbaues. Aber diese Europäisierung war nichts als die Folgeerscheinung der geldwirtschaftlichen Entwicklung, welche unter Alexander II. schon tiefer in das Volksganze hineingriff.

Das System prohibitiven Industriezolles verlangsamte die Entwicklung der ländlichen Geldwirtschaft und schädigte damit die Grundlage des Absatzes der Industrieprodukte selbst; es erweist sich um deswillen unhaltbar. Die Durchführung wie die Verteidigung der Goldwährung endlich, diese Voraussetzung aller Weltmachtspolitik nach aufsen, beruht, wie wir unten sehen werden, in letzter Linie auf den Fortschritten der Geldwirtschaft in den breiten Kreisen des Landvolkes. Die Einengung der altüberlieferten Naturalwirtschaft durch einen Agrarprodukte verkaufenden, die Handelsbilanz verbessernden, Industrieprodukte kaufenden Landbau ist die Grundthatsache der russischen Wirtschaftsentwicklung in der zweiten Hälfte unseres Jahrhunderts; sie ist zugleich die Grundlage jener Fortschritte von Industrie und Finanzen, welche zwar mehr in das Auge fallen, aber doch im ursächlichen Zusammenhang zweiter Ordnung sind.

Einen Überblick über die agrarpolitische Lage Rufslands zu geben, ist eine schwierige Aufgabe innerhalb der Grenzen vorliegenden Bandes. Jedoch scheint mir ein fester Standpunkt in den schwierigen Fragen der russischen Gewerbe-, Handels-, Finanz- und Währungspolitik unmöglich, ohne zu der Grundthatsache des russischen Wirtschaftslebens, der Entwicklung der ländlichen Geldwirtschaft, Stellung genommen zu haben. Diese Stellungnahme aber ist für mich geradezu eine Pflicht der Aufrichtigkeit, da von einem grofsen Teil der russischen Leser der im folgenden vertretene Standpunkt mit Leidenschaft abgewiesen werden wird.

Aber wenn ich vorliegenden Band nicht um einen weiteren vermehren und damit den Abschlufs dieser Arbeit in unabsehbare Ferne rücken wollte, so mufste ich mich darauf beschränken, meinen Standpunkt mit wenigen Zügen zu zeichnen und etwa nur eine Disposition dessen zu geben, was ich im einzelnen gerne ausgeführt hätte.

A. Landwirtschaftliche Geographie.

Jede Besprechung der russischen Agraria hat, um den deutschen Leser zu orientieren, zunächst einen Überblick über die landwirtschaftliche Geographie des Zarenreiches zu geben: Rufsland zerfällt in zwei scharf getrennte, ja vielfach gegensätzliche landwirtschaftliche Gebiete. Der nördliche Teil wird eingenommen durch die dem Ackerbau wenig geeignete „Waldzone“, der südliche Teil von der Getreide bauenden „Schwarzerde“. Die Linie, welche beide trennt, streicht von Südwesten nach Nordosten und wird ungefähr gewonnen durch Verbindung der Städte Kieff, Tula, Kasan.

Die Waldzone wird im Norden begrenzt von der polaren Tundra, welche aller Wirtschaftsentwicklung feindlich ist. Die südliche Grenze der Schwarzerde bilden teils Meere, teils der Alpenwall des Kaukasus, teils nach Osten hin Salzsteppen und Sandwüsten.

Aber sowohl innerhalb der Waldzone wie der Schwarzerde hat man weitere Unterscheidungen vorzunehmen.

Im nördlichen Teil der Waldzone überwiegt Wald und Wasser, letzteres oft in der Gestalt von Sumpf und See. Der Mensch lebt hier in erster Linie von Waldwirtschaft, daneben von Holz verarbeitenden Hausindustrieen. Die Landwirtschaft ist hier wilde Feldwaldwirtschaft (Brennwirtschaft)[1]; die vorwiegend mit Hafer, Roggen, Flachs bestellten Felder werden nach ihrer Erschöpfung wieder dem Waldwuchs überlassen. Das Ackerareal ist verschwindend gegenüber der Masse der Waldbestände. Das Gebiet dieser primitiven Wirtschaftsverhältnisse deckt die Gouvernements Archangel, Olonetz, Wologda, Teile der Gouvernements Novgorod, Kostroma, Wjatka und Perm.

Im südlichen Teile der Waldzone spielt neben Holzproduktion und -bearbeitung der Flachsbau vielfach eine leitende Rolle; der Flachs wird gesät teils in regellosem Wechsel mit dem Waldwuchs, teils auf besonderen, gedüngten Feldern, oft in Wechsel mit Klee. Die Hauptsitze der Flachskultur sind die Gouvernements Pskoff, Witebsk, Novgorod, Jaroslaff, Kostroma, Smolensk, Teile von Wologda. Stellenweise tritt im südlicheren Teile der Waldzone auch die Milchwirtschaft in den Vordergrund, unter dem Einfluſs der hauptstädtischen Verbrauchscentren.

Der Schwerpunkt der russischen Landwirtschaft, wie der russischen Nation überhaupt, liegt jedoch nicht in dem dünnbesiedelten Norden, sondern auf dem Boden der „Schwarzerde“. Zwischen beide schiebt sich, wie wir oben sahen, der Industriebezirk Moskaus, Wladimirs und Tulas.

Auch die Schwarzerde zerfällt in zwei von einander zu scheidende Zonen. Der nördliche Teil erfreut sich gemäſsigten

[1] Vergl. Schischkin, Landwirtschaftslehre. Bd. II, S. 15 ff.

Klimas, auskömmlicher Feuchtigkeit, dichter Besiedelung. Hier herrscht Dreifelderbau[1], meist mit ungedüngter, daneben in vereinzelten Fällen mit gedüngter und bearbeiteter Brache. Roggen steht hier voran unter den Feldfrüchten, daneben Hafer, Weizen, Gerste, Buchweizen, Hirse. Mangel an Futter hält die Viehzucht in engen Grenzen. Diese Region umfafst die Gouvernements Tula, Rjäsan, Tamboff, Pensa, Simbirsk, Nischni-Novgorod, Kazan, Orel, Kursk, Chernigoff und Teile der angrenzenden Gouvernements Woronesch, Charkoff, Pultawa, Kieff.

Der südliche Teil der Schwarzerde ist dünner besiedelt, wärmer und trockener. In diesem Gebiet steht der Weizen an der Spitze der Feldfrüchte; Timotheusgras, Klee, Esparsette u. s. w. werden vielfach gesät, um die Futterergiebigkeit der ruhenden Steppe zu erhöhen. Diese Gebiete sind die wichtigsten für die Getreideausfuhr Rufslands. Das in ihnen herrschende Feldsystem bezeichnet man als „Steppenwirtschaft"[2].

Vielfach auf meinen Reisen in Rufsland hatte ich Gelegenheit, diese Steppenwirtschaft zu beobachten, so z. B. auf den Gütern des Fürsten Georg Liven, welcher mich der Gastfreundschaft seines Herrn Oberverwalters Baron Behr empfohlen hatte. Dem praktischen Scharfblick des letztgenannten Herrn verdanke ich vielerlei wertvolle Aufklärung. Die Güter liegen auf beiden Seiten der Wolga bei Wolsk und Balakowa und umfassen gegen 50000 Defsjätinen (1 Defsj. = 109¼ Ar = 4,28 preufsische Morgen).

In Iwanofka, dem Gute am östlichen Wolgaufer, herrschte noch vor 20 Jahren die reine Viehwirtschaft: von den 20000 Defsjätinen des Gutsareals waren kaum 500 besät. Das Land kostete nicht mehr, als heute der jährliche Pachtzins beträgt: 7—9 Rubel die Defsjätine. Heute ist die Saatfläche auf 2500 Defsjätinen gesteigert; da das Gut 12000 Defsjätinen

[1] Vergl. Schischkin a. a. O. Bd. II, S. 19 ff.
[2] Vergl. Schischkin a. a. O. Bd. II, S. 8 ff.

schwarzerdiger Steppe besitzt — das übrige sind Überschwemmungswiesen der Wolga — so ist etwa $^1/_5$ der ackerbaufähigen Fläche besät. Bei vielen Nachbargütern ist das Verhältnis weit ungünstiger.

Die Steppenwirtschaft[1] besteht darin, dafs ein Stück Land eine Reihe von Jahren ununterbrochen und meist ohne Düngung bebaut wird, und alsdann für eine längere Zeitperiode unbebaut liegen bleibt. Normalerweise wird fünf Jahre hindurch Getreide gesät, alsdann tritt eine fünfzehnjährige Ruhezeit ein. Indem man das gesamte Gutsareal in 20 Schläge teilt, wird alljährlich eine 15 Jahre alte Steppe wieder aufgerissen und ein anderer, fünf Jahre lang mit Getreide bestellter Schlag der natürlichen Begrasung überlassen. Zuerst erscheinen auf lezterem Unkräuter, nach einigen Jahren weiche und hochwertige Gräser, sodafs zwischen dem 4. bis 8. Jahre der höchste Futterwert der Steppe erreicht ist. Allmählich gewinnen harte Gräser die Oberhand, bis endlich mit dem fünfzehnten Jahre das Steppengras (Kowil) vorwiegt. Wenn dieses lange, weifshaarige Gras die Fläche bedeckt, so nimmt man an, dafs der Boden wieder die Beschaffenheit der jungfräulichen Steppe zurückerlangt hat. Er ist hart gleich dieser; die Unkräuter, welche auf gepflügtem, weichem Boden gedeihen, sind vernichtet; wird solcher Boden vom Pfluge gewendet, wozu grofse Kraftanstrengung gehört, so halten die Wurzeln der Steppengewächse die Erde in einzelnen Knötchen zusammen und ermöglichen das Eindringen atmosphärischer Einflüsse.

Wird in der angegebenen Weise gewirtschaftet, so wird die Erschöpfung des Bodens dauernd vermieden. Voraussetzung ist, wie gesagt, dafs etwa nur ein Fünftel des gesamten Areals bebaut ist. Bebaut man einen gröfseren Teil des Landes, so sinkt mit der Zeit das Ernteergebnis, ohne dafs die Produktionskosten sich wesentlich vermindern. Der Boden verliert wahrscheinlich (nach Ansicht von Prof. Kostitscheff) weniger die chemischen als die physikalischen

[1] Näheres giebt Schischkin a. a. O. § 9 u. § 21 u. passim.

Eigenschaften, welche die jungfräuliche Steppe auszeichnen; bei fortgesetztem Getreideanbau verunkrautet er so sehr, dafs, wie nicht selten auf russischen Bauernäckern, mehr Unkrautsamen als Brotfrucht geerntet wird[1].

Will man bei vermehrter Anbaufläche das Erträgnis auf gleicher Höhe halten, so ist man gezwungen, die bisherige Steppenwirtschaft zu verlassen, zu geregelteren Feldsystemen überzugehen und zu düngen. Dieser Fortschritt ist jedoch heute noch nicht allzu häufig. Ein ziemlich verbreiteter Fruchtwechsel dieser Art ist z. B. folgender: 1. Jahr Hirse, 2. Jahr Sommerweizen, 3. Jahr Brache, 4. Jahr Winterweizen oder -roggen, 5. Jahr Gerste oder Hafer, 6. Jahr Brache, 7. Jahr Winterweizen, 8. Jahr Kartoffeln oder Rüben, 9. Jahr Sommerweizen oder Gerste; sodann folgen zehn bis fünfzehn Jahre Steppe[2].

In den abgelegeneren Gebieten der südlichen Schwarzerde, insbesondere an die Steppenwirtschaft nach dem Osten zu anschliefsend, herrscht die Viehwirtschaft. Gehörntes Schlachtvieh, Pferde, Wolle, Talg, Häute, Schafsdärme u. s. w. sind hier die Hauptausfuhrprodukte. So fährt z. B., wie ich in Balakowa hörte, der Bauer nur bis zu 200 Werst landeinwärts Getreide zum Wolgahafen; darüber hinaus wird Getreide nur noch zum eigenen Verbrauch gebaut.

Jede Schiene, die in diese Flächen gelegt wird, bewirkt eine wirtschaftliche Revolution: der bisher wertlose Boden wird dem Pfluge unterworfen und die Getreidefläche weit ausgedehnt; von den zeitweiligen Besitzern werden grofse Gewinne gemacht. Auch diesen Vorgang hatte ich in dem bereisten Bezirk zu beobachten Gelegenheit, indem die neuerdings von Saratoff nach Uralsk gebaute Bahn mit ihren Zweiglinien, darunter eine nach Nikolajewsk, das Getreideausfuhrgebiet weit nach Osten vorgeschoben hat. Im weiteren

[1] Nach Schischkin a. a. O. S. 13 ist das Ernteergebnis pro Defsjätine in Südrufsland herabgegangen, nachdem nicht mehr $^1/_5$, sondern $^1/_3$ bis $^1/_4$ des Ackerareals besät ist.

[2] Vergl. Agriculture and forestry S. 69.

Osten geht das Gebiet der Viehzucht über in die Steppen nomadisierender Asiaten.

Vom Westen her schiebt sich in das Getreidegebiet, zwischen die Zone der Dreifelderwirtschaft und die Zone der Steppenwirtschaft, die Zuckerrübe. Hauptsitze dieser Kultur sind die Gouvernements Kieff, Podolien, Wolhinien, Kursk, Charkoff, Tschernigoff[1]. In Verbindung mit dem Rübenbau trifft man hier die intensivste Feldkultur, welche Rufsland aufweist.

B. Grundeigentumsverteilung.

In zweiter Linie kann man über die russischen Agrarverhältnisse nicht sprechen, ohne einen Überblick über die Verteilung des Grundeigentums zu geben. Alles Grundeigentum in Rufsland zerfällt der Hauptsache nach in Staatseigentum, Bauernland und Privateigentum.

Die offizielle Statistik giebt für den Beginn der neunziger Jahre folgende Ziffern der Eigentumsverteilung:

Staatsland	150 409 977	Defsj.
Kaiserliches Apanageland	7 367 740	„
Bauernland (Nadjelland)	131 372 457	„
Privateigentum	93 381 170	„
Eigentum von Kirchen, Klöstern, Stadtgemeinden	8 572 622	„

Diese Ziffern betreffen das europäische Rufsland mit Ausschlufs von Polen, Finland und dem Donschen Kosakengebiet, in welchem letzteren alles Land den Kosaken gehört.

Der Staat ist der gröfste Eigentümer in Rufsland; jedoch liegt der staatliche Besitz vorwiegend im Norden, wo in den Gouvernements Archangel, Wologda, Perm, Wiatka mehr als die Hälfte alles Landes Staatseigentum ist und adliger

[1] Näheres findet man über die landwirtschaftliche Geographie Rufslands in englischer Sprache in dem Bande „Agriculture and Forestry“, herausgegeben vom Landwirtschaftsministerium für die Weltausstellung zu Chicago. 1893.

Besitz nicht existiert. Über 100 000 Defsjätinen des Staatsbesitzes sind von Wäldern bedeckt, der Rest ist grofsenteils Unland, sodafs der Staatsbesitz in agrarpolitischer Beziehung von geringer Bedeutung ist.

Das Privateigentum untersteht der vollen Verfügungsfreiheit des Eigentümers; zu dieser Klasse gehört vor allem das Land, welches die Gutsherrn bei der Bauernbefreiung erhielten; Fideikommisse bestehen in Rufsland nicht.

Das Privateigentum ist in folgender Weise verteilt:

	Defsjätinen	%	Durchschnittlicher Besitz pro Eigentümer
Adel	73 163 744	79,8	637,8 Defsj.
Kaufleute	9 793 961	10,7	775,4 "
Kleinbürger	1 909 603	2,1	32,9 "
Bauern	5 005 824	5,5	18,0 "
Sonstige Privateigentümer	1 732 713	1,9	75,5 "

Der kleine verbleibende Rest gehört Aktien- und Erwerbsgesellschaften. Die Durchschnittsgröfse des adligen Gutes ist in den mittleren und westlichen Gouvernements, den Gebieten der Dreifelderwirtschaft und des Rübenbaues, geringer als in den südlichen und östlichen Gegenden der Steppenwirtschaft und in den nördlichen Gegenden des Flachsbaues und der Waldwirtschaft.

Werfen wir nun einen Blick auf das Bauernland.

a) Bei Gelegenheit der Bauernbefreiung wurden in den fünfzig Gouvernements des europäischen Rufsland zu bäuerlichem Gemeindebesitz gegen 80 Millionen Defsjätinen erklärt; als Individualbesitz wurden an einzelne Bauern über 22 Millionen Defsjätinen verteilt. Der verbleibende Rest des Bauernlandes gehört Kosaken, asiatischen Nomaden u. s. w. Der Gemeindebesitz herrscht in Grofsrufsland und Neurufsland, d. h. im Norden, Osten und Süden, der Individualbesitz in Kleinrufsland, Polen und den westlichen Grenzprovinzen.

Gleichviel, ob Gemeindebesitz oder Einzelbesitz, so ist der Eigentümer des Bauernlandes weitgehenden Beschränkungen der Verfügungsfreiheit unterworfen. Zwar fehlen derartige Beschränkungen in der Befreiungsgesetzgebung des Jahres 1861. Im Gegenteil bestimmt Art. 33 des allgemeinen Befreiungsgesetzes, dafs jeder Bauer unbewegliches Eigentum erwerben und dasselbe wie jeder andere Eigentümer frei veräufsern und verpfänden darf. Art. 37 rechnet zu diesem Eigentum ausdrücklich das Nadjelland, sobald die Ablösungsschuld getilgt sei; hierzu gehört z. B. auch dasjenige Nadjelland, welches auf Grund von Art. 165 der Ablösungsordnung, unter Tilgung der auf dem betreffenden Landanteil ruhenden Ablösungsschuld, von einzelnen Gemeindegenossen aus dem Gemeindebesitz ausgeschieden worden ist.

Praktisch war diese gesetzliche Verfügungsfreiheit nicht, so lange das Bauernland noch von Ablösungszahlungen überlastet und der Landbesitz weniger ein Recht als eine Pflicht war. Thatsächlich war das Nadjelland unveräufserlich und unverpfändbar. Die Verfügungsfreiheit bezog sich in praxi nur auf dasjenige Land, welches aufserhalb des Nadjels von dem Bauern freihändig erworben und also von Ablösungsverpflichtungen frei war[1].

Als Ende der achtziger Jahre die Ablösung Fortschritte machte, und insbesondere einzelne kräftigere Bauern ihren Landanteil auf Grund von Art. 165 cit. freizukaufen anfingen, wäre die gesetzlich anerkannte Verfügungsfreiheit praktisch geworden. Damals jedoch wurde der bisherige thatsächliche Zustand der Unveräufserlichkeit gesetzlich festgelegt. Ich gebe die wichtigsten Bestimmungen des Gesetzes vom 14. Dez. 1893 im Wortlaut wieder:

§ 1. Der Verkauf von Bauernland durch ganze Gemeinden wird nicht anders zugelassen, als auf Grund eines besonderen Gemeindebeschlusses, gefafst mit nicht weniger als

[1] Näheres vergleiche „Ökonomische Rundschau“. Brscheski. Juli 1898. S. 55/56.

$^2/_3$ Majorität aller auf der Gemeindeversammlung stimmberechtigten Bauern und bestätigt vom Gouvernementskollegium für bäuerliche Angelegenheiten. Wenn der Wert des zur Veräufserung gelangenden Grundstücks 500 Rubel übersteigt, so ist zum Verkauf erforderlich die Genehmigung des Ministers des Innern, erteilt im Einverständnis mit dem Finanzminister, und in den Fällen der Veräufserung von Grundstücken zu bergbaulichen Zwecken — auch im Einverständnis mit dem Minister der Reichsdomänen.

§ 2. Die Grundstücke des Bauernlandes, welche von einzelnen Bauern erworben sind, oder in erblicher Nutzung der einzelnen Höfe sich befinden, dürfen im Wege der Schenkung und des Verkaufs — sowohl des freiwilligen als auch des zwangsweisen wegen Rückständen in Ablösungszahlungen (Ablösungsordnung § 133—138) — nur an Personen, welche zu einer Landgemeinde gehören oder bei dieser Gelegenheit in eine Gemeinde eintreten werden, veräufsert werden.

§ 3. Den bäuerlichen Gemeinden und den einzelnen Bauern wird verboten, das Bauernland mit Hypotheken zu Gunsten von Privatpersonen oder Privatinstituten zu belasten, selbst wenn das auf diesem Lande lastende Ablösungsdarlehn bereits getilgt ist. Der Verkauf solchen Landes im Exekutionswege auf Grund gerichtlicher Urteile ist zulässig, nur wenn es sich um Forderungen aus Pfandbriefen handelt, welche in der Zeit vor der Veröffentlichung dieses Gesetzes in gesetzlich vorgeschriebener Weise ausgegeben worden sind.

b) Eine andere wichtige Unterscheidung innerhalb des Nadjellandes ist die nach der Person seines früheren Eigentümers. Die Bauern zerfallen danach in zwei grofse Klassen, Staatsbauern und Gutsbauern, deren Landausstattung durch die Befreiungsgesetzgebung folgende Ziffern ergeben:

	Zahl der männlichen Seelen	Defsjätinen	Defsjätinen pro männliche Seele
Gutsbauern	10,749,845	37,083,476	3,45
Staatsbauern	10,745,738	75,438,118	7,02
Kaiserl. Apanagebauern	900,486	4,333,261	4.81

Diese Ziffern, des näheren analysiert, ergeben die allgemein anerkannte Thatsache, dafs ein grofser Teil der Bauern, insbesondere der weit überwiegende Teil der Gutsbauern, nicht genügend Land erhielt, um ausschliefslich von der Bebauung seiner Scholle zu leben. Die Bauernbefreiung hinterliefs einen „landbesitzenden“, d. h. durch das Land an die Scholle gefesselten Tagelöhnerstand und über ihm eine bäuerliche Zwergwirtschaft. Diese Wirkungen der Bauernbefreiung wurden verschärft durch die seitdem eingetretene Zunahme der Bevölkerung[1].

Nach Maress erhalten 70,7 % der gesamten Bauernschaft von ihrem Landanteil weniger als das Existenzminimum; 20,4 % sind im stande von ihren Landanteilen sich selbst, nicht aber ihr Arbeitsvieh zu ernähren; nur 8,9 % der gesamten Bauernschaft bringen nach Maress über die Deckung des eigenen Bedarfs hinaus landwirtschaftliche Produkte ihres Nadjellandes zum Verkauf[2] [3].

---

[1] Nach der Volkszählung vom 28. Januar 1897 hatte Rufsland 129 Millionen Einwohner; die Bevölkerung hat sich seit 1851 um 93 % vermehrt. Vergl. Raffalowich, Marché financier 1897/98. S. 401.

[2] Tschuproff und Posnikoff, Der Einflufs der Ernten und der Getreidepreise auf einige Seiten der russischen Volkswirtschaft. Petersburg 1897. Bd. I, S. 86—92.

[3] Eine Tabelle hierfür giebt Simkhowitsch, Die Feldgemeinschaft in Rufsland. Jena 1898. S. 376.

C. Der landwirtschaftliche Betrieb und sein Inhaber.

Aber es wäre sehr irrig, wenn man auf Grund der Besitzverteilung, wie sie die Bauernbefreiung hinterliefs, über die thatsächlichen Gröfsenverhältnisse der landwirtschaftlichen Betriebe der Gegenwart sich ein Urteil bilden wollte. Besitz und Betrieb fallen im heutigen Rufsland weit auseinander; nirgends auf dem europäischen Festlande spielt die Pacht eine solche Rolle, wie in Rufsland.

Der Tagelöhner löst sich von der Landwirtschaft ab, wenn auch der Gemeindebesitz ihn grofsenteils verhindert, sich von Landeigentum abzulösen. Ein Beweis hierfür ist die grofse Menge der „wirtschaftslosen“ Bauern, welche überhaupt kein Ackervieh mehr halten und nur ihrem rechtlichen Standesverhältnis, nicht aber ihrem thatsächlichen Berufsverhältnis nach mehr „Bauern“ sind.

Die bäuerliche Zwergwirtschaft klimmt auf der anderen Seite zu höheren Betriebsgröfsen empor, indem sie sowohl Bauern- wie Gutsland begierig aufsaugt. Leider verläfst uns hier alle Statistik. Es erklärt sich dies aus der Flüssigkeit der Pachtverhältnisse in Rufsland, aus den mannigfachen Übergangsformen zwischen Eigenbetrieb und Arbeitsverhältnis, aus den versteckten und oft wucherischen Rechtsformen, mittels derer die reicheren Bauern das Land ihrer ärmeren Genossen an sich bringen. Niemand kann sagen, wie grofs im Durchschnitt der landwirtschaftliche Betrieb in Rufsland ist. Man ist in dieser Hinsicht auf verwickelte Specialuntersuchungen angewiesen, welche im besten Falle für einzelne Dörfer oder Bezirke eine gewisse Klarheit schaffen.

Der Gesamterscheinung dagegen nähern wir uns eher, wenn wir die Frage unter dem Gesichtspunkt der Klassenverschiebung betrachten. Welche Klasse verliert, welche Klasse schiebt ihren landwirtschaftlichen Betrieb auf Kosten der verlierenden vor?

Es ist hier auf den Rückgang der adligen Gutswirtschaft hinzuweisen, insbesondere auf den Verfall der Wirtschaft des mittleren und kleineren Landadels. Eine eingehendere Untersuchung hätte hierbei nicht nur die volkswirtschaftliche, sondern auch die reiche belletristische Litteratur zu Rate zu ziehen.

Mit einem Humor, durch den die Thränen hindurchschimmern, hat z. B. Terpigorjeff[1] an einzelnen Beispielen beschrieben, in welcher Weise der Adel die Ablösungsgelder unproduktiv durchbrachte, wie er dann zur Hypothezierung seiner Güter schritt, um mit den so erhaltenen Summen nicht anders zu verfahren. In gleicher Weise griff der Adel das Kapital seiner Wälder an, welche bis dahin durch die Schlechtigkeit der Verkehrsmittel geschützt waren. Aus dem genannten Buche geht hervor, wie sich die Maschinen, mit denen man die leibeigene Arbeit zu ersetzen suchte, in der Hand des Adels als ungefüge Diener erwiesen. Erinnert sei an jene ergötzliche Geschichte, in welcher ein Gutsherr ausländische Maschinen kommen läfst, welche darum nicht besser funktionieren, weil er die Bedienungsmannschaft „als Deutsche verkleidet". Es wiederholt sich hier die schon oben betonte Erfahrung, dafs die moderne Technik gewisse psychologische Bedingungen voraussetzt, und diesen Bedingungen entspricht der adlige Gutsherr in geringerem Mafse, als selbst der Bauer.

Je mehr die aus der Ablösung stammenden baren Mittel hinwegschwanden, desto mehr wurde die gutsherrliche Eigenwirtschaft eingeschränkt und, wie einst zur Zeit der Leibeigenschaft, das Gutsland wieder mit bäuerlichem Inventar bestellt. Solche Güter stellen nach Thun den vollsten Verfall des Landbaues dar. „Früher lebten die Besitzer doch noch auf ihren Gütern und obwohl wenig, beschäftigten sie sich doch immerhin mit der Landwirtschaft, führten irgend welche Verbesserungen und landwirtschaftliche Gewerbe ein; sie bemühten sich, ihr Gut auf der einmal erreichten Höhe zu bewahren und hielten deshalb Vieh, um das Land zu bedüngen. Jetzt herrscht auf den Gütern die schonungslose Exploitation der Bauern[2]."

---

[1] Skizzen des gutsherrlichen Verfalls. Petersburg 1881.

[2] Thun, Landwirtschaft und Gewerbe in Mittelrufsland. S. 13.

In engem Zusammenhang hiermit steht der weit verbreitete Absenteïsmus des mittleren Adels, welcher als Offizier, Beamter, Gelehrter, Journalist Zuschüsse zu seinem agraren Renteneinkommen erwirbt.

Als eine der gröfsten Schwierigkeiten, mit welcher die Gutswirtschaft zu kämpfen hat, ist die ländliche Arbeiterfrage anzusehen.

Eine eingehende Kenntnis der ländlichen Arbeiterfrage Rufslands vermittelt das Werk von Korolenko[1]. Die dort gegebene Geographie der ländlichen Arbeiterverhältnisse schliefst an die oben besprochene Einteilung Rufslands in verschiedene landwirtschaftliche Zonen an.

Die nördlichen Gouvernements der Wald- und Flachszone besitzen infolge des geringen landwirtschaftlichen Areals jener Gegenden Menschenüberschufs; sie entsenden entsprechend den dort von alters her eingewurzelten Hausindustrieen grofsenteils gewerbliche Wanderarbeit, insbesondere nach den Städten und Fabriken, daneben, aber in unzureichender Menge, landwirtschaftliche Wanderarbeit in die mittleren Gouvernements.

Die mittleren Gouvernements, die Gegenden der Dreifelderwirtschaft und die Sitze der früheren Leibeigenschaft, entsenden in Massen ärmere und rein landwirtschaftliche Wanderarbeit nach dem Süden. Folge ist drückender Arbeitermangel in den mittleren Gouvernements selbst, sowie völlige Unsicherheit der vorhandenen Arbeit bei der steten Gefahr ihres Abflusses in den menschenarmen Süden. Beide Umstände erschweren auf das äufserste die Eigenwirtschaft des Gutsbesitzers. Korolenko bestätigt ausdrücklich, dafs die Versuche einer Wirtschaft mit eigenem Inventar, die der Adel vielfach nach der Bauernbefreiung machte, mit wenigen Ausnahmen gescheitert sind. Korolenko versichert, dafs Gutswirtschaften, welche ausschliefslich im Eigenbetriebe ständen, kaum mehr vorhanden seien. Arbeitermangel ist auch das

[1] Korolenko, Die freie Arbeit in der Gutswirtschaft. Petersburg 1892. Insbesondere Erster Teil, S. 78 bis Schlufs. Zweiter Teil, passim.

Hindernis des technischen Fortschritts, welcher gesteigerte Arbeitsanwendung auf gleicher Fläche bedeutet.

Auf meinen Reisen im mittleren Rufsland hörte ich allerwärts Klagen über diesen Arbeitermangel, welche selbst die Klagen über schlechte Getreidepreise weit übertrafen[1]. Noch besteht im mittleren Rufsland die lebendigste Erinnerung an die Leibeigenschaft. Wenn der Bauer Lohnarbeit sucht, so wandert er lieber nach den jungbesiedelten Steppen, wo die gehässige Vergangenheit fehlt, wo er — der Macht des Gewohnheitsmäfsigen entrissen — besser arbeitet und bessere Löhne empfängt, als daheim. In den älterbesiedelten Gegenden des mittleren Rufslands dagegen beschäftigen die Gutsherren vorwiegend benachbarte Bauern, welche selber wirtschaften und infolge ihrer Sefshaftigkeit und ihres Inventars eine gewisse Sicherheit bieten. Damit entsteht eine Menge von Verhältnissen, welche zwischen Arbeitsvertrag und Parzellenpacht die Mitte halten, alle aber die Eigentümlichkeit haben, dafs das Land mit b ä u e r l i c h e m I n v e n t a r bewirtschaftet wird. So vergiebt der Gutsbesitzer bestimmte Arbeiten, z. B. das Pflügen, die Ernte, bald die ganze Bearbeitung eines Feldes gegen Geld. Vielfach erhält der Bauer auch Land gegen Arbeitsverpflichtung, woran der Teilbau anschliefst. Alle diese Verhältnisse stehen der Leibeigenschaft nahe und bedeuten gleich dieser Stillstand auf der bisherigen Stufe bäuerlicher Technik[2]. Gröfsere und teuerere Maschinen können insbesondere nur einem in Geldlohn beschäftigten, von der Scholle gelösten Lohnarbeiter anvertraut werden, nicht einem Zwergbauern, der als widerwilliger Bearbeiter der Gutsfelder das alte Fröhnderverhältnis innerlich fortsetzt.

Die Landwirtschaft des gesamten süd- und ostrussischen Steppengebietes, die südliche Zone der Schwarzerde, beruht

---

[1] Vergl. z. B. T s c h u i k o f f, „Das Kurskische Gouvernement in landwirtschaftlicher Beziehung". Moskau 1894. S. 96. So erklären z. B. auch die öfters citirten „Petersburger Nachrichten" vom 21. Aug. 1898 die ländliche Arbeiterfrage für ungelöst und aus diesem Grunde weitere Vermehrung der Bauernpacht für unvermeidbar.

[2] Z. B. weitverbreitet Arbeitsverpflichtung gegen Notdarlehn im Winter. Jurist. Boten 1887. S. 630.

demgegenüber auf Wanderarbeit. Die Arbeiter befinden sich hier auf dem Boden der dünnbevölkerten Steppe gegenüber dem Arbeitgeber in einer kolonialen Machtlage. Dauernde Kontrakte, wie sie in Mittelrufsland im Winter gewöhnlich für die folgende Sommerperiode geschlossen werden, sind auf dem Gebiete der Wanderarbeit selten. Gerade zur Zeit der drängendsten Arbeiten besteht die Gefahr des Abflusses der Arbeiter, da die Konkurrenz der Arbeitgeber um die Arbeit dann besonders dringend ist. Jeder Versuch, sich gerichtlich gegen Kontraktbruch zu schützen, ist bei den Entfernungen des russischen Reiches, der Beweglichkeit der Bevölkerung, sowie den Exekutionsbeschränkungen zu Gunsten der Bauern aussichtslos. Die Folge ist, dafs man die Arbeiter vielfach nur für kürzeste Zeit, oft nur von Tag zu Tag, anstellt. Auch sucht man, wenn möglich, die Arbeiten im Accord zu vergeben. Früher war die Vermittelung zwischen Arbeiter und Arbeitgeber in diesem Falle eine genossenschaftliche, heute überwiegt der Accordmeister.

Eine weitere Folge der geschilderten Verhältnisse ist, dafs die Löhne im Süden keineswegs gewohnheitsmäfsig feststehen, wie im mittleren Rufsland, vielmehr auf das jäheste, oft von Tag zu Tag schwanken. Hin und wieder erreichen sie die aufserordentliche Höhe von drei und mehr Rubeln pro Tag; andererseits ist es nicht ausgeschlossen, dafs sie zeitweise auch unter das Lohnniveau des Abwanderungsgebietes herabsinken; sind es doch keineswegs rein wirtschaftliche Erwägungen, welche diese Massenwanderungen veranlassen[1]. Hierzu kommt die völlige Unkenntnis der Arbeiter hinsichtlich des vorhandenen Arbeitsbedarfs.

Das System der Wanderarbeit besitzt gewisse Vorteile vor den im mittleren Rufsland vorherrschenden Arbeiterverhältnissen. Statt sich mit minderwertiger Bauernarbeit und Bauerninventar zu behelfen, ist der Landwirt durch die relative Lohnhöhe und die Seltenheit der Arbeit auf den Weg

---

[1] Beispielsweise wurde mir zur Zeit meiner Reise erzählt, dafs die Löhne damals im Samaraschen niederer ständen als im Pensaschen, von woher zahlreiche Arbeiter nach dem Samaraschen kämen.

des technischen Fortschritts gewiesen. Landwirtschaftliche Maschinen sind in den Steppenbezirken Südrufslands weit verbreitet, insbesondere die arbeitsparenden Mähmaschinen, die Pferderechen, die Dampfdreschmaschinen u. s. w.

Immerhin ist die völlige Unsicherheit der Arbeit ein schweres Hindernis auch für die Gutswirtschaft in den Steppengegenden. Oft genug hat eine reiche Ernte aus Arbeitermangel ungeerntet bleiben müssen; oft genug haben die Löhne eine geradezu phantastische Höhe erreicht, welche Verzicht auf die Ernte nahelegte. Leichter überwindet diese Schwierigkeiten der in seiner Wirtschaft mitarbeitende bäuerliche Wirt, der Kosak, der Kolonist, welcher mit den Arbeitern an einem Tische ifst. Daher auch in den Steppengegenden die Neigung der Gutsherrn, den Eigenbetrieb einzuschränken, insbesondere dort, wo mit enger gewordener Bevölkerung die Pachten steigen und die bäuerliche Nachfrage nach Land einsetzt[1].

Für die bäuerliche Bevölkerung der mittelrufsischen Abwanderungsgebiete aber bedeutet die Wanderarbeit im Süden Kapitalzuflufs, welcher sie zum Kauf oder zur Pachtung von Gutsland in ihrer Heimat kräftigt.

Das Ergebnis des vorhergehenden läfst sich dahin zusammenfassen: Der gutsherrliche Betrieb verliert. An seine Stelle tritt der Bauer und daneben, freilich erst in zweiter Linie, das kaufmännische Element der Landstadt. Die Mittel hierzu sind der Kauf und die Pacht. Eine ausführlichere Darstellung hätte diesen beiden Gesichtspunkten im einzelnen nachzugehen.

Insbesondere ist hier zunächst der staatlichen Bauernbank[2] zu gedenken, welche gegen Ausgabe von Pfandbriefen an Gemeinden, Gesellschaften und einzelne Bauern Gelder zum Landerwerb vorstreckt. Neuerdings kauft die Bank auch selbstthätig Grofsgüter zum Zwecke der Parzellierung

[1] So u. a. Korolenko a. a. O. Teil II, S. 6.

[2] Vergl. den offiziellen Bericht über die Thätigkeit der Bauernbank für 1896.

an Bauern. Bis Ende 1896 waren mit Hilfe der Bauernbank 2½ Mill. Defsjätinen von bäuerlichen Besitzern erworben worden.

Aber auch abgesehen von der staatlichen Vermittelungsthätigkeit geht das frühere Gutsland durch freihändigen Kauf in die Hände bäuerlicher und bürgerlicher Besitzer über. Allenthalben in Rufsland hört man von einzelnen Beispielen, in denen Bauern, Kosaken und ähnliche Elemente selbst Grofsgrundbesitz erwarben. Auf der anderen Seite ist des kaufmännischen Kapitals nicht zu vergessen, welches begierig vom Gutslande an sich reifst[1] — ein Beweis der Rentabilität kaufmännisch geleiteten Betriebes auch bei heutigen Getreidepreisen[2], wenigstens dort, wo die Landpreise durch die Konkurrenz des Kleinbetriebes nicht allzuhoch emporgetrieben sind.

[1] Vergl. die Materialien zur Bewegung des Grundeigentums in Rufsland; offizielle Ausgabe des Finanzministeriums. Mir liegen nur die Auszüge bei Raffalowich, Marché financier 1897/98. S. 372 ff. vor.

[2] Hier ein Beispiel für viele: der sehr solide Verwalter des fürstlich Livenschen Gutes im Samaraschen machte mir eine Rechnung für die Ernte von 1895 auf, aus welcher sich ergiebt, dafs auch bei den damaligen Getreidepreisen der Getreidebau in jener Gegend rentabel war, während in den achtziger Jahren mit ihm Reichtümer verdient worden seien.

Der übliche Pachtpreis einer Defsjätine Weizenland	7 Rubel	
Die Arbeit des Pflügens	4 „	
„ „ „ Eggens	2 „	
Die Saat (Arbeit und Saatgut)	6 „	
Schneiden, Garbenbinden und Anfuhr zur Dreschmaschine (Lohn und Unterhalt der Arbeiter)	9 „	
Drusch	2 „	
Fracht zum Wolgahafen	1 „	40 Kop.
	31 Rubel	40 Kop.

Alle diese Posten sind relativ hoch gerechnet, nach den in der Gegend üblichen Accordsätzen. Das Ernteergebnis von 7 Sack pro Defsjätine ist kein besonders hohes.

Ernte	7 Sack	
Preis im Wolgahafen (Oktober 1895)	35 Rubel	70 Kop.
Produktionskosten	31 „	40 „
Reingewinn des Pächters	4 Rubel	30 Kop.

Insbesondere kommt als Käufer des Gutslandes in Betracht die kleinere Kaufmannschaft der Landstädte und Handelsdörfer, welche der Landwirtschaft und der Landbevölkerung nahe steht. Es sind die Fälle nicht selten, in denen solche Bürgerschaften grofse Gemeindefluren nach den Regeln des Gemeindebesitzes bewirtschaften. Auf meinen Reisen in Rufsland hatte ich öfters Gelegenheit, über diese wichtige Volksklasse Beobachtungen anzustellen.

Die ältere Generation dieser Kaufleute führte ein durchaus bäuerliches Leben, getrennt von der Welt westeuropäischer Bildung, deren wirtschaftliche Grundlage der Landadel war. Heute beginnt die jüngere Generation „europäisch" zu leben; sie erscheint in der Gesellschaft der Landstadt unter Beamten und Adel. Ihre Kinder schickt sie in die höheren Bildungsanstalten — einen bedeutsamen Umschwung in der gesellschaftlichen Schichtung der Nation damit vorbereitend [1].

Terpigorjeff hat den Übergang der Gutsländer in die Hände solcher Elemente anschaulich geschildert. Schwäche, Leichtgläubigkeit und Charakterlosigkeit bringen die einen zu Fall; List und Betrug, aber auch Energie und Wirtschaftlichkeit heben die andern empor. Zuerst haben die neuen

Da das Land in dem obigen Beispiel nicht mehr als 60 Rubel die Defsjätine wert ist, so trägt es bei 7 Rubel Pacht aufser dem Gewinn des Pächters dem Verpächter eine hohe Verzinsung. Allerdings mufs letzterer bei dem herrschenden Feldsystem das Land eine längere Reihe von Jahren als Weide ruhen lassen, wofür natürlich die Pachtpreise viel geringer sind.

[1] In dem Handelsdorfe Balakowa an der Wolga hörte ich von Kaufleuten, die 200 000 Defsjätinen und mehr zusammengekauft hatten. Der gröfste dieser Besitzer lebte noch ganz wie ein Bauer. Wenn er seine Güter bereiste, empfingen ihn seine Verwalter mit stinkendem Schweinefleisch und Buchweizengrütze — um dann, wenn der „Alte" abgefahren war, es sich um so besser schmecken zu lassen. Nach der Anschauung des Alten war jeder Verwalter ein Betrüger; in der That wurden sie alle schnell reich, aber er auch. Als ein neu angestellter Verwalter, welcher schon von europäischer Art angekränkelt war, dem Alten eine schriftliche Rechnung legen wollte, wurde dieser wütend; „du willst mich betrügen," rief er, „schreibe mir, was du gestohlen hast." —

Besitzer die Güter, soweit noch etwas zu rauben war, insbesondere die Waldbestände, ausgeraubt. Aber das damit unverkäuflich gewordene Land erforderte landwirtschaftliche Ausnutzung. Es ist kein Zweifel, dafs letztere bei den neuen Besitzern aus dem Kaufmanns- und Bauernstande zweckentsprechender ist als bei ihren Vorgängern. Sie bauen, sagt Terpigorjeff, keine kostspieligen Phantasiebauten wie der Adel; sie wenden weniger Maschinen an, aber die, welche sie anwenden, funktioniren.

Es liegt mir fern, die moralischen Mängel zahlreicher Mitglieder dieser Klasse zu beschönigen. Ihre erste Generation gleicht eben dem rechtlosen Geschlechte der Squatter, energischen Willens, aber sittlich zweifelhaften Wertes. Möchten ihre Kinder sich zum thatkräftigen Yankee entwickeln, den die Schätze des russischen Bodens erwarten! Es ist zu hoffen, dafs ein Teil der Söhne des Adels an diesem Auswege teilnimmt, den Fleifs und Energie einem jeden eröffnen.

Es wäre hier endlich der Platz, des deutschen Gutsverwalters mit einem Worte zu gedenken, jener typischen Figur des russischen Landlebens; er ist die wichtigste Hilfstruppe des Adels gegen den Ansturm von Bauern und Kaufmannschaft. Mit geringem Verständnis ausgerüstet für die Eigentümlichkeiten des ihn umgebenden Volkslebens, nicht selten bei den Bauern wegen seiner Genauigkeit und Rücksichtslosigkeit mifsliebig, dient er mit bewundernswerter Treue den Interessen der oft weit entfernten Auftraggeber. In der Heimat ist es ihm zu eng geworden; an die breiteren Verhältnisse Rufslands gewöhnt, „könnte er in Deutschland nicht mehr leben." Das Resultat seiner Lebensarbeit aber kommt ausschliefslich der russischen Volkswirtschaft zu gute, wie er auch in Körpern der Selbstverwaltung und in geselligen Klubs häufig beliebt ist wegen der „Disciplin", die er hineinbringt. —

Der adelige Betrieb aber bröckelt nicht nur durch Verkauf ab, sondern mehr noch durch Verpachtung. Die Bauernpacht ist eine der wichtigsten Erscheinungen der russischen Agrarverhältnisse der Gegenwart. Über diesen Punkt bietet das treffliche Buch von Karischeff[1] wertvolle Aufklärung. Ganz besonders zu betonen ist hier der tiefgreifende Unterschied der langdauernden Pachten Westeuropas und der vorwiegend einjährigen Pachtverhältnisse in Rufsland.

Nach Karischeff ist Verpächter der Adel, Pächter der Bauer; über die Hälfte der bäuerlichen Bevölkerung Rufslands ist an der Pacht beteiligt; Pächter sind die mittleren und die reicheren Bauern, während die armen Bauern auch als Pächter leer ausgehen. Je gröfser die Landausstattung des Bauern mit Nadjelland, je gröfser sein Viehbesitz und die Arbeitskraft des Hofes, um so begieriger sucht er Gutsland hinzu zu pachten.

Karischeff unterscheidet unter den Pächtern: Gemeinden, Gesellschaften und einzelne Bauern. Die Gemeinden treten als Pächter auf in Gegenden des Landüberflusses und bei niedrigen Pachtpreisen. Durch diese Gemeindepachten wird zunächst eine gewisse Gleichheit unter den Bauern aufrecht erhalten, dort nämlich wo das Pachtland nach Seelen unter alle Gemeindegenossen verteilt wird. Bei höheren Pachtpreisen tritt die Verteilung nach Seelen zurück, und werden nur noch die wohlhabenderen Gemeindemitglieder am Pachtlande beteiligt, weil sie allein für die Erlegung des Pachtzinses Sicherheit bieten. Aber die Pachtpreise steigen weiter; sie sind in den letzten drei Jahrzehnten enorm gestiegen, im Osten und Westen Rufslands um das 2 und 3fache, in der Mitte und im Süden um das 4 und 5fache; an Stelle der Gemeindepacht tritt damit die Pacht durch Gesellschaften (Artelle) wohlhabender Bauern und in letzter Linie die Pacht durch einzelne kräftigere Wirte.

Der Pachtzins besteht in Rufsland überwiegend in Naturalleistungen (Teilbau) oder Arbeitsverpflichtung. Die volkswirtschaftlichen Nachteile beider Systeme liegen auf der

[1] Karischeff, Bauernpacht. Dorpat 1892. Vergl. auch das anonyme Buch aus der Feder eines hohen Staatsbeamten (Jermoloff) „Mifsernte und Volksarmut“. Petersburg 1892. S. 99 ff.

Hand. Die gepachteten Felder werden beim Teilbau meist sehr oberflächlich bestellt; denn für den Bauern ist am vorteilhaftesten ein mittlerer Ertrag des Feldes bei geringer Arbeitsaufwendung. Um höhere Erträge zu erzielen, müfste er relativ mehr arbeiten, während er das Mehrerträgnis mit einem andern zu teilen hätte. Nicht minder unerfreulich ist die Pacht gegen Arbeitsverpflichtung. Sie bedeutet Bestellung der Gutsäcker mit Bauerninventar und widerwilliger Bauernarbeit. Um auf dem Gutshofe zur Arbeit zu erscheinen, mufs der Bauer sein Feld oft gerade zu einer Zeit vernachlässigen, da es der Arbeit am meisten bedarf. Dieses System verewigt alle Mängel der unfreien Arbeit.

Auf der andern Seite ergiebt das Buch von Karischeff einen grofsen Widerwillen der Bauern gegen Teilbau und Arbeitspacht. Die kräftigeren Wirte streben nach Geldpacht, schon um in ihrer Wirtschaftsführung freier zu sein. Aufserdem ist der Pachtzins bei Geldpacht verhältnismäfsig niederer und weniger lastend als bei Pacht gegen Arbeitsleistung und Naturalabgaben, weil im letzteren Falle dem Verpächter die Arbeit und Gefahr der Verwertung bleibt. Auch der Verpächter zieht die Geldpacht vor, wenn anders der Pächter nur einige Sicherheit für den Pachtzins auch in schlechten Jahren bietet. Wird damit das Risiko des Verpächters geringer, so kann die Pachtsumme niederer sein. Nach Karischeff überwiegt die Geldpacht bereits heute dort, wo gröfsere und viehreiche Bauernhöfe existieren. Bei der völligen Unsicherheit und Schwäche der Pächter, wie sie in vielen Teilen Rufslands allgemein ist, herrscht dagegen Teilbau oder Pacht gegen Arbeitsverpflichtung auch heute noch vor.

Die Pachtperiode ist in Rufsland überwiegend eine einjährige. Je mehr der Gutsbesitzer seine patriarchalischen Beziehungen zu den Bauern aufgab und möglichste Steigerung seiner Renten erstrebte, um so mehr verkürzte er die Pachtperioden; angesichts der Unsicherheit der Pächter und des Mangels an Düngung boten längere Pachtperioden keinen Vorteil; dagegen konnte der Gutsherr bei einjährigen Pachtperioden die günstige Konjunktur am meisten ausnutzen. Aber das Buch von Karischeff zeigt auf der andern Seite, parallel mit der Entwicklung der Geldpacht, eine Neigung zur Verlängerung der Pachtperioden, soweit es sich um kräftigere Pächter handelt, soweit Düngung und geregelter Fruchtwechsel einsetzt.

Die Entwicklung zur Geldpacht und zur mehrjährigen Pacht wird beschleunigt durch das Auftreten „kapitalistischer“ Grofspächter. Es sind dies Leute, welche meist selber dem Bauernstande entstammen und durch Handels- und Kreditgeschäfte zu einem gewissen Wohlstand emporgestiegen sind. Sie pachten teils zwecks Afterverpachtung, teils zur Selbstbewirtschaftung. Die Afterverpachtung wird in dem Mafse schwieriger, je mehr die breite, mittlere Bauernschicht zum Proletariate herabsinkt und die eigene Wirtschaft aufgiebt. Die kapitalistische Pacht zwecks Selbstbewirtschaftung führt zu gröfseren Landwirtschaftsbetrieben, freilich in der Hand einer energischeren Unternehmerklasse als der des Adels.

Auch in Sachen der russischen Bauernpacht könnte ich manches aus persönlichen Eindrücken und mündlichen Mitteilungen schöpfen. Baron Behr, der Oberverwalter des von mir besuchten Livenschen Latifundiums, wie alle von mir hierüber befragten Landwirte waren darin einig, dafs die einjährige Pacht in der wirtschaftlichen Schwäche der Bauern ihren Grund habe; längere Pachtverträge schützten, weil gegen die Bauern nicht exequierbar, weder vor den niedergehenden Konjunkturen, noch vor der Einwirkung von Mifsernten auf die Pachtlust u. s. w. Bei der einjährigen Pacht habe dagegen der Verpächter wenigstens den vollen Vorteil der steigenden Konjunktur. Zudem sei Düngung bei den Bauern doch nicht üblich, und es wäre daher auch bei längeren Verträgen eine bessere Bearbeitung des Feldes seitens des Bauern nicht zu erwarten. Die mit dem Gemeindebesitz verbundenen Landumteilungen erschwerten das Aufkommen einzelner kräftiger Besitzer, welche genügende Sicherheit für mehrjährige Pachten böten und genügend Vieh besäfsen, um entsprechend zu arbeiten und zu düngen.

Das Gesagte führt zu der Einsicht: der russische

Landwirt ist der russische Bauer[1]. Es kommt in dieser Hinsicht noch in Betracht, dafs der Anteil der besäten Fläche am Gesamtareal beim Bauernlande viel gröfser ist als beim Gutslande. Für das schwarzerdige Rufsland, also für das Rufsland des Getreidebaues, giebt Korolenko folgende Ziffern:

	Defsjätinen	
	Bauernland	Privateigentum
Kulturland	77 711 012	53 110 463
davon Ackerland	63,7 %	44,3 %
davon besät	61,8 %	55,4 %

Nach Nicolai—on werden nur 13 pCt. des Ernteergebnisses der Hauptgetreidearten von nichtbäuerlichen Wirtschaften hervorgebracht[2].

D. Die Mängel der russischen Bauernwirtschaft.

Der russische Bauer ist ein gewesener Leibeigener. Vor dem Reformwerk Alexanders II. zerfiel die bäuerliche Bevölkerung in zwei Klassen: die Staatsbauern und die Gutsbauern. Bei beiden lag der Zweck der bäuerlichen Wirtschaft nicht in dieser selbst, sondern aufserhalb ihrer in der Wirtschaft des Herrn, bezw. des Staates. Der Reichtum letzterer bestimmte sich bei der Wertlosigkeit des Landes nach der Zahl ihres Besitzes an leistungsfähigen Bauern, wie man Landgüter nicht nach Flächeninhalt, sondern nach „Seelen" kaufte. Die Leistungsfähigkeit des Bauern erforderte eine entsprechende Landausstattung; um Land und Arbeitskraft in gleichem Verhältnis zu erhalten, mufste der Gutsherr den Verschiebungen innerhalb der Bevölkerung durch Landumteilung folgen. Ähnliches geschah auf Befehl des Zaren auf dem Staatslande in willkürlichen Zwischenräumen (sog. Revisionen)[3].

---

[1] So schon Thun, Landwirtschaft und Gewerbe in Mittelrufsland. S. 2. Diesen richtigen Satz betonen vor allem die Volkstümler; freilich ziehen sie verfehlte Folgerungen. Siehe oben.

[2] Nicolai—on a. a. O. S. 137, 267.

[3] Aus einem Aufsatz eines vortrefflichen Sachkenners hebe ich folgende Stellen hervor: „Bis zur Einführung der Kopfsteuer war vollberechtigtes Mitglied der Gemeinde, wer einen Hof innerhalb der

Die Aufhebung der Leibeigenschaft gab den Bauern zweierlei: persönliche Befreiung und Abtrennung des Bauernlandes von den Staats- und Gutsländereien. Hiergegen wurde der Bauer mit Ablösungssummen belastet, welche dem Ablösungsplane nach auf mehrere Jahrzehnte bis zur völligen Tilgung sich erstreckten. Da der Adel vom Staate durch verzinsliche Papiere abgefunden war, so waren die Ablösungsgelder lediglich an den Staat zu zahlen. Der Staat trat an die Stelle des Gutsherrn[1].

Aber eine wichtige Veränderung fand statt: in den breiten Gebieten des schwarzerdigen, landwirtschaftlichen Rufsland hatte der Gutsherr vorwiegend Naturalabgaben und Frohnden bezogen; der Staat forderte Geld[2]. Die russische, wie jede Bauernbefreiung setzte einen gewissen Grad geldwirtschaftlicher Entwicklung voraus, und dieser Grad war vielfach noch nicht erreicht. Gegenüber der bäuerlichen Naturalwirtschaft und dem niederen Stande der Technik, wie er von der Leibeigenschaft her überkommen war, erreichten, ja überstiegen die Ablösungszahlungen und Steuern vielfach die Erträgnisse des Grund und Bodens. Dies war besonders in den schwarzerdigen Teilen des mittleren und südlichen Rufsland der Fall. In der nördlichen Zone waren schon zur Zeit der Leibeigenschaft die Verhältnisse geldwirtschaftlicher gewesen, und die Bauern auf den Obrok, d. h. Geldabgaben gesetzt. Der gutsherrliche Rentenempfänger wurde hier durch die Bauernbefreiung einfach durch den Fiskus ersetzt, wobei

Gemeinde besafs, weil er davon die Grundsteuer zahlte. — Um die Möglichkeit zu haben, die Kopfsteuer zu zahlen, mufs man Land besitzen. Die Gemeinde teilt daher das Land nach Revisionsseelen. — Diese Verteilung verfolgte rein fiskale Ziele. — Die Umlegung der Kopfsteuer auf das Land und die Verteilung des Landes nach Revisionsseelen führte das Volk zu der Überzeugung eines gleichen Rechtes jedes Gemeindegenossen auf ein Stück Land." N. Wasilenko im Encyklopädischen Wörterbuch XXIV, S. 209.

[1] Steuer, Feudallast und Pachtzins fliefsen im Osten zusammen. So Maine, Village Communities.

[2] Auf diesen Unterschied weist hin die Ökonomische Rundschau. Juli 1898. S. 11.

ein Gewinnüberschufs aus Landwirtschaft, Hausindustrien und Wandergewerben der bäuerlichen Bevölkerung verblieb. In den rein agraren Bezirken der Mitte, des Südens und des Ostens dagegen, in welchen die wirtschaftliche Basis Rufslands liegt, blieb der Landbesitz vielfach, was er bisher gewesen: kein Recht, sondern eine Pflicht.

Ein Beweis hierfür sind die Steuerrückstände der mittleren und östlichen Gouvernements, d. h. jener Gegenden, in denen die Naturalwirtschaft auch heute noch am tiefsten wurzelt. Über die Steuerrückstände und ihre geographische Verteilung enthält das oben angeführte Buch von Jermoloff „Mifsernte und Volksarmut", Petersburg 1892, interessante Mitteilungen. Die Steuerrückstände sind auf der fruchtbaren Schwarzerde gröfser als im Norden. Die gröfsten Rückstände hat der Osten, dann folgt das mittlere Rufsland, bezeichnenderweise die Gegenden, in denen der Gemeindebesitz noch heute unerschüttert ist. Keinerlei nennenswerte Steuerrückstände weisen der Süden und der Westen Rufslands auf; diese Gegenden aber sind unter dem Einflusse der See und des Verkehrs am tiefsten in jene Geldwirtschaft verstrickt, welche nach Meinung der „Volkstümler" den Ruin des Volkes bedeutet.

Nach den Berichten des Reichskontrollamts machten die Steuerrückstände im Jahre 1885 bei der bäuerlichen Bevölkerung gegen 50 Millionen Rubel aus, bis zum Jahre 1896 aber wuchsen die Rückstände bis 142½ Millionen an. Die Rückstände betrugen u. a. im Gouvernement Woronesch 164 % der direkten Abgaben, im Gouvernement Nischni-Nowgorod 306 % der Jahresquote, in dem Gouvernement Kasan 355 %, in dem Gouvernement Samara 342 %, in dem Gouvernement Orenburg 492 %[1].

Dabei ist keineswegs eine zu grofse Milde der Eintreibung Grund der Steuerrückstände. Die Steuern, für welche die Gemeinde solidarisch haftet, werden von den Gemeindeältesten „herausgeschlagen"; nach Engelhard „Vom Lande" soll es vorgekommen sein, dafs nicht nur einzelne Bauern, sondern

[1] Issajeff, Zur Politik des russischen Finanzministeriums. S. 7.

ganze Gemeinden bei Nacht und Nebel den Steuerrückständen entliefen. Die Steuereintreibung wird dadurch verschärft, dafs die Steuern alsbald nach der Ernte zu entrichten sind. Hierdurch zwingt man den Bauern, sofort zu verkaufen, während er, wenn die Steuern über das Jahr verteilt wären, zweifelsohne einen beträchtlichen Teil dessen, was er jetzt in Geld an die Staatskasse abführt, in natura aufzehrte.

Uspjenski[1] sagt sehr bezeichnend: an Stelle der bequemen Zustände der Vergangenheit sei das Leben des Bauern heute „eine quälende Geldfrage“ geworden. Wie wenig freiwillig die sofortige Veräufserung der Ernte ist, zeigt z. B. ein Umstand, auf den Nicolai—on hinweist: im Falle einer ersten guten Roggenernte fallen die Roggenpreise, weil Steuerrückstände und Schulden den Bauern zum Verkauf zwingen; dagegen ziehen bei einer zweiten, guten Roggenernte die Preise eher an, weil der Bauer nun nicht verkauft, sondern selbst konsumiert. Nach dem Urteile aller Kenner hat die Mehrzahl der Bauern nur bis Weihnachten, die „Reichen“ bis Ostern auskömmlich zu essen. Von da an setzt Unterernährung ein. Durch Schulden, durch den Verkauf der künftigen Ernte oder künftigen Arbeitskraft, in letzter Linie „um Christi willen“ fristet der Bauer sein Dasein. Die Schulden des russischen Bauern sind zu konsumtiven Zwecken, d. h. für Nahrung oder Steuerzahlung gemacht.

Das Mifsverhältnis zwischen Geldabgaben auf der einen, bäuerlicher Naturalwirtschaft auf der andern Seite wurde durch einen Umstand vermehrt, welcher dem Bauern erschwerte, sich aus den überkommenen Verhältnissen loszuarbeiten: die geistige Natur des Bauern selbst als eines gewesenen Leibeigenen. Ein berühmter Kenner der russischen Landverhältnisse schildert diese Natur in folgenden Worten: „Der Bauer freut sich oder jammert; er klagt über sein Schicksal oder dankt für dasselbe Gott, aber er nimmt Gutes und Schlechtes hin, ohne auch nur den Gedanken zu fassen, dafs man das Gute befördern, das Schlechte bekämpfen und besiegen kann. Sein Dasein verändert sich.

[1] Uspjenski, Tagebuch. Petersburg 1879 passim.

aber diese Veränderungen sind nicht das Ergebnis persönlicher Absicht, sondern erscheinen als das Ergebnis der Thätigkeit gewisser geheimnisvoller Mächte, welche sein Leben regieren. Der völlige Mangel der Selbstthätigkeit, die völlige und bedingungslose Unterwerfung unter das, was von aufsen kommt — dies ist das Grundprinzip der Weltanschauung des Bauern.“ „Der Protest gegen die Umstände, wenn sie unerträglich werden, drückt sich entweder in Flucht oder wilder, plötzlicher Zerstörung aus [1].“

Die Art, wie die Bauernbefreiung sich vollzog, hat dazu beigetragen, den Bauern an diesen psychologischen Typus des Leibeigenen festzuschmieden. Der Gedanke der „Befreiung des Bauern mit dem Lande“, d. h. der Landausstattung des befreiten Bauern, wurde im Laufe der Reform zu Gunsten des Adels mehr und mehr abgeschwächt; ein grofser Teil des Landes verblieb beim Adel. Der gewesene Gutsbauer wurde also in der grofsen Mehrzahl der Fälle ein proletarischer Zwergbesitzer; die ihm gewordene Landausstattung war zu gering, um auf ihr die Tugenden des Freien: Arbeit, Selbsthilfe und wirtschaftlichen Fortschritt zu gründen. Auf dem Boden proletarischer Hoffnungslosigkeit lebten als Erbstücke der Leibeigenschaft Passivität und Indolenz weiter.

Folge dieser Verhältnisse ist nach meiner Auffassung die Fortdauer des Gemeindebesitzes. Hinsichtlich des Gemeindebesitzes in seiner gegenwärtigen Gestalt ist vor allem auf das riesige Thatsachenmaterial Bezug zu nehmen, welches in den Landschaftsstatistiken niedergelegt ist; dieselben umfassen eine ganze Bibliothek zum Teil sehr wertvollen Inhalts; es wäre zu wünschen, dafs eine vollständige Sammlung der russischen Landschaftsstatistiken wenigstens in einer Bibliothek Deutschlands oder Frankreichs vorhanden wäre [2].

---

[1] Vergl. Kawelin, Bauernfrage. S. 150—151.

[2] Eine kurze wertvolle Zusammenstellung der wichtigsten Ergebnisse findet sich in den „Quellen der volkswirtschaftlichen Erforschung

Auch zum Verständnis der heutigen Verhältnisse des Gemeindebesitzes ist auf seinen fiskalen Ursprung zu verweisen. Noch bei der Befreiungsgesetzgebung spielten fiskale Gesichtspunkte eine hervorragende Rolle, wie die Beibehaltung der Solidarhaft der Gemeinden für Steuern und Ablösungszahlungen beweist. Wo diese Solidarhaft von praktischer Bedeutung war, d. h. dort, wo die Abgaben an den Ertrag der Grundstücke heranreichten oder ihn überstiegen, wurde durch die Befreiungsgesetzgebung der Gemeindebesitz befestigt, ja auf Gebiete ausgedehnt, denen er bisher fremd gewesen war. Die theoretische Abneigung vieler Mitglieder der Gesetzgebungskommission gegen den Gemeindebesitz hatte gegenüber den fiskalen Rücksichten wenig Bedeutung[1].

Auch heute ist der Gemeindebesitz am festesten eingewurzelt in den weniger geld- und verkehrswirtschaftlichen Teilen des Reiches, wo der Widerspruch zwischen Geldabgaben und Naturalwirtschaft am klaffendsten ist. Dort wird in häufigen Umteilungen der Landbesitz, der Träger der Steuer, den veränderten Arbeitskräften angepafst. Die Norm der Teilung ist in diesen Fällen meist die Arbeitskraft[2]. Häufig teilt die Gemeinde das Land in der Weise des früheren Gutsherrn nach Paaren (Tjaglo, arbeitsfähiges Ehepaar). Wo

---

Rufslands auf Grund der Landschaftsstatistik". Moskau 1892. In deutscher Sprache giebt neuerdings Simkhowitsch, „Die Feldgemeinschaft in Rufsland", Jena 1898, eine nützliche Zusammenfassung des gegenwärtigen Standes der Gemeindebesitzfrage. Das Buch enthält für denjenigen, dem die russische Litteratur einigermafsen bekannt ist, wenig neues; jedoch soll hierin kein Tadel liegen; denn es ist ein Verdienst, ein uferloses Meer, auf dem so viele Irrfahrten gemacht wurden, sicher zu beschiffen. Den Kompafs hat bereits vor Jahrzehnten Tschitscherin gearbeitet. Dieser grofse Gelehrte war für alle Späteren ein Pfadfinder.

[1] So Brscheski, Die Dorfgemeinde auf Grund der neuesten Daten. Ökonomische Rundschau, November 1897, S. 62/63. Ähnlich Ökonomische Rundschau, Juli 1898, S. 8.

[2] Quellen I, Landverteilung nach Tjaglo S. 68, 224; nach Arbeiter S. 285, 290; nach Kraft schlechthin S. 66, 75, 362. Vergl. auch Keufsler a. a. O. II, 300.

die Verhältnisse besonders drückend sind, wird unter Abwägung aller Umstände die Gröfse des Landanteils der Leistungsfähigkeit des Einzelnen öfters noch genauer angepafst; so werden manchmal heranwachsende Kinder als halbe Seelen berechnet, Alter von 60 oder 70 Jahren als Entschuldigungsgrund gegen Landzuweisung angesehen, körperliche Gebrechen, z. B. geschwächte Sehkraft, als Grund zur Minderung des Landanteils zugelassen, u. ä.[1]

Unter solchen Umständen ist Landbesitz eine Pflicht, der sich kein Gemeindegenosse entziehen darf. Der Wohlhabende verbirgt seinen Besitz, um nicht mehr Land zu erhalten, als der Zahl der Arbeitskräfte auf seinem Hofe entspricht. Trotzdem kann die Gemeinde nicht verhindern, dafs fortwährend Landanteile unbebaut bleiben, sei es, dafs die Bauern entlaufen, sei es, dafs sie der „Kraftlosigkeit“ anheimfallen. Solche Wirte, welche kein Vieh mehr haben und daher hoffnungslose Steuerrückständler sind, befreit die Gemeinde vom Lande, indem sie ihren Anteil den reicheren und viehbesitzenden Bauern zuwälzt, welche sich häufig genug dagegen sträuben.

Verhältnisse, wie die geschilderten, sind nach den „Quellen“ noch immer weit verbreitet in dem mittleren und östlichen Rufsland von Moskau und Rjäsan bis nach Saratoff und Samara[2]. Wo solche Zustände herrschen, ist der Gemeindebesitz die notwendige Form des bäuerlichen Wirtschaftslebens — so notwendig, dafs es auf nationale Gewohnheiten und Neigungen dabei wenig ankommt. So suchte selbst im Kaukasus die eingeborene Bevölkerung stellenweise gegenüber dem Druck der Rauchfangsteuer ihre Zuflucht im Gemeindebesitz[3]. Selbst Gemeinden alten Privateigentums gehen zum Gemeindebesitz über wegen der Bildung „erbloser“ Anteile.

Gewifs sind nicht ethische Gründe für die Aufrechterhaltung des Gemeindebesitzes mafsgebend: der Bauer ist zu

[1] Quellen I, 66—69, 246.

[2] Quellen I, aufgegebene Anteile in Rjäsan S. 282, 283; in Saratoff S. 272, 273; in Tamboff S. 288; in Samara S. 361.

[3] Keufsler, Gemeindebesitz II, 37; III, 65, 69. Quellen I, 273.

arm, um sich den Luxus einer Socialpolitik gestatten zu können, wie denn Witwen und Waisen als unsichere Steuerzahler grofsenteils kein Land erhalten[1]. Der Grund für den Fortbestand jener Wirtschaftsform, welche die Slavophilen mit einem mystischen Schimmer umhüllen, liegt vielmehr in solchen Fällen in Folgendem: Privateigentum setzt ein privatwirtschaftliches Interesse am Objekt voraus; Pflichten sind dagegen dann am leichtesten zu tragen, wenn sie in möglichst gleicher Weise der Leistungsfähigkeit des Einzelnen angepafst werden[2].

Neben den bisher geschilderten Fällen steht eine breite Masse solcher, in denen die Lasten den Ertrag zwar nicht übersteigen, wohl aber ungefähr aufwiegen. Auch hier hat das Land noch keinen privatwirtschaftlichen Wert; weit entfernt, dafs der Einzelne möglichst viel davon zu besitzen strebt, begehrt er nicht mehr, als notwendig ist, sich und die Seinen zu erhalten. Ähnlich wie von Luft und Wasser — Gütern, die ebenfalls einen privatwirtschaftlichen Wert nicht besitzen — nimmt jeder soviel Land, als er braucht; mehr will er nicht, denn mehr Land bedeutete mehr Steuern. Auch hat er den Reiz einer höheren Lebenshaltung noch nicht kennen gelernt und scheut sich, mit einem gröfseren Landbesitz ein Mehr von Arbeit zu übernehmen, um sich über die Stufe barster Lebensnotdurft emporzuschwingen.

Auch in solchen Verhältnissen sind Landumteilungen häufig; man teilt öfters „nach gutem Willen“, „nach Bedürfnifs“. Ein jeder sagt, was er braucht, und was übrig bleibt, wird zwangsweise den wohlhabenden Wirten zugewälzt. Denn kein Land darf unbestellt bleiben, damit alles Land an der Tragung der Steuerlast Teil habe. Ähnliche Bedeutung haben vielfach jene Fälle, in denen „nach Seelen“, „nach Essern“ schlechthin, auch unter Berücksichtigung der weiblichen Seelen,

[1] Brscheski. Ökonomische Rundschau, Juli 1898, S. 11: „Ausschliefslich Steuererwägungen“ seien für die Gemeinde mafsgebend.

[2] Simkhowitsch a. a. O. S. 134: „Je mehr die Zahlungen den Ertrag des Bodens überragen, desto geringer ist das Interesse der Höfe, den Umteilungen zu widerstehen, und desto häufiger kommen Umteilungen vor.“

geteilt wird[1]. Dafs auch für diesen Verteilungsmodus keine „socialen“ Beweggründe mafsgebend sind, zeigt der Umstand, dafs die Ärmsten der Armen, Steuerrückständler und solche, die es werden können, leer ausgehen. Auch in diesen Fällen ist Landbesitz noch kein Recht; der Mir hat noch alle Mühe, frei werdende Ackerloose an den Mann zu bringen[2] — und solche entstehen noch fortwährend durch Aufgabe oder Verarmung.

Das Mifsverhältnis zwischen der bestehenden Naturalwirtschaft und den ihr auferlegten Geldlasten äufsert sich nicht nur in der Fortdauer des Gemeindebesitzes, sondern auch in der landwirtschaftlichen Technik. In dieser Hinsicht bietet u. a. das oben angeführte Buch des einflufsreichen Anonymus „Mifsernte und Volksarmut“ reiches Material. Eine eingehendere Untersuchung hätte hier im einzelnen nachzuweisen, wie die dem Lande auferlegten Geldlasten zum Teil nicht aus dem Ertrage, sondern aus dem Kapital des Bodens gezahlt werden.

Zunächst wäre zu verweisen auf den vielfach bemerkten Rückgang der Viehhaltung[3]. Diese Erscheinung müfste in Zusammenhang gesetzt werden mit der Verminderung von Weide und Wiese zu Gunsten der durch den Steuerdruck erzwungenen Getreideverkaufsproduktion. Ohne genügenden Viehstand ist aber Düngung und intensivere Bearbeitung des Feldes unmöglich.

[1] Vergl. Quellen I, Teilung „nach gutem Willen“ S. 256. 298; „nach Essern“ S. 77; Berücksichtigung weiblicher Seelen S. 254. Verteilung „nach Seelen“ berücksichtigt nur die männlichen Seelen, die „nach Essern“ auch die weiblichen. So nach Orloff Miklaschefski. Encyklopädisches Wörterbuch. Band XXIV. S. 216.

[2] Simkhowitsch a. a. O. S. 119: „Wirtschaftliche Motive sind es, welche die Bauerngemeinden der verschiedenen Gegenden Rufslands zu dieser oder jener Verteilungsart bewegen.“ Diesen Gedanken führte ich bereits aus in den Preufsischen Jahrbüchern. 1894. Band 75. Heft 3. S. 499 ff.

[3] Näheres giebt Nicolai—on a. a. O. 60, 242, 312. 1876 hatte Rufsland nicht mehr Pferde als 1851. Auch die offiziöse Ökonomische Rundschau stellt für die achtziger Jahre einen Rückgang der Viehhaltung fest. Juli 1898. S. 38.

Zu erwähnen wäre ferner in diesem Zusammenhang die vielbeklagte Entwaldung des südlichen Rufsland, als deren Folge man vielfach zunehmende Trockenheit des Klimas ansieht. Zur Stütze dieser Meinung verweist man auf das Austrocknen vieler kleinerer Flüfse, die Bildung von Erdrissen, die Ausdehnung von Flugsand, besonders in den südöstlichen Teilen des Reiches, auf das Sinken des Wasserspiegels des Kaspischen Meeres u. s. w. Eine Stimme für viele: Aus dem Gouvernement Woronesch, welches recht eigentlich im Mittelpunkt der Schwarzerde liegt, berichtet z. B. das im Jahre 1893 veröffentlichte Tagebuch eines Landwirts: „In letzter Zeit sind weite Räume fruchtbaren Landes in Ödland übergegangen. Überall im Gouvernement beobachtet man das Einfallen der wasserhaltenden Schluchten, die Vertrocknung der Flüsse, die Bildung von Rissen. Die Verwüstung der Nährkräfte des Bodens geht schnell und breit vor sich, und dort, wo früher Getreide stand, Gräser und Wald wuchsen, hörte alle Vegetation auf." Immerhin stehen solche Klagen unter dem Eindruck von vorübergehenden Mifsernten und sind nicht ohne weiteres zu verallgemeinern[1].

Diese Zusammenhänge werden von Nicolai — on in interessanter Weise beleuchtet; freilich führt seine „volkstümliche" Gedankenrichtung diesen Verfasser öfters zu einseitig pessimistischer Beurteilung, welcher man nur mit Vorsicht folgen darf. Nachstehende Ausführung ist dagegen eine zweifellos scharfsinnige Erfassung der Thatsächlichkeit. „Die Bevölkerung fährt fort zu wachsen. Um das Dasein zu fristen, mufs sie das Ackerland auf Kosten der Wiesen und Weiden erweitern, den Wald hauen und hiermit mehr und mehr die natürlichen Bedingungen verschlechtern, ihnen mehr und mehr sich unterwerfen. Die Erweiterung des Ackerlandes auf Kosten von Wiese und Weide führt zur Verminderung des Viehs, welches ohnehin eine Last ist wegen der Schwierigkeit der Ernährung im Winter. Das Vieh wird verkauft;

[1] Vergl. über klimatische und meteorologische Verhältnisse „Mifsernte und Volksarmut" a. a. O. S. 11 ff.

mit der Verminderung des Viehs nimmt die Düngung ab; der ungedüngte Boden unterliegt leichter der Trockenheit“ [1].

Hierzu kam die Einführung der modernen Technik in der Industrie und dem Verkehrswesen Rufslands. Der Bauer verlor dadurch in vielen Fällen seine Nebenbeschäftigung, sowohl die Hausindustrie als das früher im Winter einträgliche Fuhrwesen; er verlor damit denjenigen Erwerb, welcher ihm früher einen beträchtlichen Teil der zur Steuerzahlung nötigen Barmittel lieferte. Dieser Umstand zwang ihn, einen immer gröfseren Betrag der Ernte zu verkaufen. Bei dem Stillstande der Technik wurde dieser gröfsere Betrag nicht durch Produktionssteigerung, sondern auf Kosten der Konsumtion und des Bodenkapitals aufgebracht.

Aus dem gleichen Grunde war der Bauer gezwungen, Flachsbau und Schafzucht einzuschränken, welche ihm früher den Rohstoff zu der selbst gefertigten Kleidung lieferten. Notgedrungen mufste er Industriewaren, in erster Linie Textilstoffe, kaufen und zwar zu Preisen, welche durch das Zollsystem weit über die Preise des Weltmarktes erhöht waren. Auch damit stieg der Bedarf an Barmitteln, welcher, da die Erträge nicht wuchsen, vielfach durch Unterernährung oder Ausraubung des Bodens und des landwirtschaftlichen Inventars gedeckt wurde.

In diesem Zusammenhange ist die Kapitallosigkeit der bäuerlichen Wirtschaft erklärlich: der Mangel an Düngung und an verbesserten Werkzeugen. Noch ist der altertümliche Hackenpflug (Socha) in Grofsrufsland weit verbreitet, welcher den Boden nur oberflächlich ritzt und nicht wendet. Noch vor zwanzig Jahren wurde die Notwendigkeit der Düngung auf der Schwarzerde geleugnet; heute zweifelt kein Mensch mehr an ihrem Nutzen. Der Bauer hat diese Einsicht bereits in ein Sprichwort gekleidet: „Der Mist ist kein Heiliger, aber dennoch er verrichtet Wunder“. Trotzdem könnte ich aus eigener Beobachtung berichten von den Bergen Düngers, die sich vor Guts- und Bauernhäusern so häufig auftürmen und

[1] Nicolai—on a. a. O. S. 312.

die, um den Zugang frei zu machen, nur zu oft in den Flufs geworfen werden. Im Süden fand ich getrockneten Dünger noch allgemein als Brennmaterial in Anwendung.

Insbesondere scheitert die Einführung von bearbeiteter und mit Blatt- oder Wurzelgewächsen bestellter Brache, d. h. gröfsere Produktion auf gleicher Fläche an der Armut und Kulturlosigkeit des Bauern.

Man hat vielfach den Gemeindebesitz als Grund des technischen Stillstandes angesehen; dem gegenüber möchte ich einwenden, dafs der Gemeindebesitz, wie überhaupt Rechtsinstitutionen, weniger als Grund, denn als Symptom von Wirtschaftsverhältnissen anzusehen ist. Andererseits aber ist nicht zu verkennen, dafs diese Institution nun ihrerseits auf die Wirtschaftsverhältnisse mächtig zurückwirkt. Jeder Antrieb nämlich, Arbeit oder Kapital auf das Land zu verwenden, fehlt dort, wo der Fleifsige die Steuerrückstände des untüchtigen Nachbars zu tilgen hat; mufs er doch fürchten, bei der nächsten Landumteilung an Stelle des mühsam verbesserten ein verwahrlostes Grundstück einzutauschen. Es ist bekannt, dafs in der That die ärmeren Wirte Umteilungen zu dem Zwecke anstreben, um ihre ausgeraubten Felder los zu werden und besser bestellte Felder dafür einzutauschen[1]. Anerkanntermafsen schliefsen sich Landumteilung und Düngung gegenseitig aus; wo gedüngt wird, wird selten oder überhaupt nicht umgeteilt —[2] und umgekehrt.

---

[1] So Brscheski, Ökonomische Rundschau. Juli 1898. S. 40.

[2] Wenn Posnikoff, „Gemeindebesitz", 2. Aufl., Odessa 1878, zur Verteidigung des Gemeindebesitzes auf das englische Pachtsystem verweist, welches trotz zeitlich begrenzter Nutzung des Landes durch den Pächter zu grofsartigen Meliorationen geführt habe, so vergifst er: a) der englische Verpächter ist ein aristokratischer Kapitalist, der zu Meliorationen Geld in sein Land steckt, nicht so der Mir; dieser ist unwissend und arm; b) der englische Pächter ist ein bürgerlicher Unternehmer, welcher Buch führt und daher Ersatz für seine Verbesserungen fordern kann. Der russische Bauer führt nicht Buch, und Ersatz müfste er fordern vom Mir, d. h. der fortschrittliche Einzelne von der rückständigen Menge. — Über die Verwerflichkeit kurzfristiger Parzellenpacht ist in Europa alles einig. Vergl. über den Gemeindebesitz

Gegen diese mangelhafte Technik reagiert der Boden durch Mifsernten. Dafs diese Mifsernten in erster Linie auf wirtschaftlichen Gründen beruhen, beweist der Umstand, dafs anerkanntermafsen mitten in den Gebieten der Mifsernte nicht selten auf besser bestellten Landgütern und regelmäfsig gedüngten Feldern gute Erträge geerntet werden.

Mifsernten aber bedeuten bei dem Mangel an irgend welchen Ersparnissen periodische Hungersnot der bäuerlichen Bevölkerung. Für den physischen Zustand der Bauern in solchen Zeiten ist bezeichnend folgende Mitteilung, welche mir bei meinen Fahrten im Saratoffschen zu Ohren kam. Während der Hungersnot 1892 seien die Löhne für landwirtschaftliche Arbeit besonders hoch gewesen. Denn die Bauern seien zu entkräftet und gelähmt gewesen, um Lohnarbeit zu suchen. In dem Mafse, als es den Bauern besser ging, stellten sie sich bereitwilliger zur Arbeit; die Löhne sanken, weil das Angebot an Arbeit stieg. Man könnte hieran Betrachtungen über die aufserordentlich hohen Sterblichkeitsziffern Rufslands, insbesondere die erschreckliche Kindersterblichkeit anknüpfen[1]. Rufsland übertrifft in der Sterblichkeitsziffer, freilich auch in der Geburtenziffer, sämmtliche gröfseren europäischen Staaten.

Blicken wir zurück: Der unzweifelhafte Rückgang breiter Schichten des russischen Bauernstandes läfst sich unter einem weiteren Gesichtspunkt betrachten. Gegenüber dem Ansturm der Geldwirtschaft und der Konkurrenz brechen naturalwirtschaftliche Klassen zusammen, die dem volkswirtschaftlichen

---

als Hindernis der Meliorationen: Mifsernte und Volksarmut a. a. O. S. 103 ff. In Übereinstimmung hiermit die „Volkswirtschaftliche Rundschau“, April 1898, S. 121.

[1] Vergl. die in der Presse viel besprochenen Veröffentlichungen des medizinischen Departements über den Gesundheitszustand in Rufsland 1898. Im Durchschnitt der Jahre 1893/95 wurden danach in Rufsland geboren pro 1000 Einwohner 48, starben 33,3; in Deutschland 36 bezw. 23, in Frankreich 22 bezw. 22; in Grofsbritanien 30 bezw. 18. So verweisen die „St. Petersburger Nachrichten“ des Fürsten Uchtomski vom 4. Aug. 1898 auf die ökonomischen Ursachen der Sterblichkeit und ihr Anschwellen in den Jahren der Hungersnot.

Umschwung unvorbereitet gegenüber treten. Man denke z. B. daran, wie die Lebenshaltung des gewerblichen Arbeiters in England nach Einführung des modernen Fabriksystems jäh zurückging. Menschenfreundliche Beobachter fürchteten damals eine dauernde Entartung der betreffenden Klassen, und die Nationalökonomen betrachteten die Erscheinung bereits als Ausfluſs eines unabänderlichen Gesetzes. Aber die fortgeschrittneren Teile der niedergeworfenen Volksmassen traten energisch auf den Boden der neuen Zeit und erkämpften allmählich mit den Mitteln der Gegner solche Erfolge, die über alles das hinausgehen, was ihre Vorfahren je besaſsen[1].

E. Die Triebkräfte der Fortschritts.

Häufig wird das Bild der russischen Agrarverhältnisse der Gegenwart lediglich in düsteren Farben gemalt. Aber dieser Pessimismus ist tendenziös: er beruht hin und wieder auf vorübergehenden Baissetendenzen der Finanzwelt; aber wenn in Westeuropa die russischen Agrarverhältnisse vielfach als verzweifelt angesehen werden, so ist mehr hieran Schuld ein groſser Teil der volkswirtschaftlichen Litteratur Ruſslands selbst, in welcher eine schwächliche politische oder socialpolitische Opposition so zum Ausdruck kommt. Dabei vergessen die Opponenten, daſs es kein sichereres Mittel giebt, die von ihnen beklagten Miſsstände zu verewigen, als wirtschaftlichen Stillstand. Möchten sie sich von dem Gedanken durchdringen, den ich anderwärts ausführte: der wirtschaftliche Fortschritt, die Voraussetzung der socialen und, setzen wir hinzu, der politischen Reform[2].

Zweifellos finden sich innerhalb der russischen Agrarverhältnisse der Gegenwart unverkennbare Ansätze des wirtschaftlichen Fortschritts. Wir fragen zuerst, welches sind die bewegenden Faktoren des wirtschaftlichen Fortschritts, um sodann seine Erscheinungsformen zu prüfen.

Der Fortschritt knüpft zuerst an gewisse historische Verhältnisse.

---

[1] Vergl. meinen „Groſsbetrieb“. Leipzig 1892. S. 41 ff. u. 213 ff.; in russischer Sprache herausgegeben und geistvoll eingeleitet von Paul Struwe.

[2] Vergl. meinen Aufsatz in Brauns Archiv. Band V, Heft 1.

Über dem Durchschnitt befindet sich die Lage der Bauern vielfach im Norden, wo der Kampf mit der Natur schon frühe die Thatkraft des Menschen stählte und intensivere Arbeitsanwendung erforderte. Dort zeigten die Verhältnisse, weil gewerblicher, schon seit länger eine geldwirtschaftliche Färbung; dort wurden die Landanteile der Bauern durch die Befreiungsgesetzgebung gröfser bemessen, weil die Gutsherren weniger Land, denn Geldrenten erstrebten.

In einer verhältnismäfsig günstigeren Lage befinden sich ferner die früheren Staatsbauern im Vergleiche zu den Gutsbauern, nicht nur deswegen, weil die Bedingungen ihrer Befreiung günstiger waren, sondern gewifs nicht weniger deswegen, weil ihre Unfreiheit milder gewesen: Thatkraft und Unternehmungsgeist konnten sich bei ihnen daher früher als bei den Gutsbauern entwickeln[1].

Die Staatsbauern sind nie einer Privatperson hörig gewesen. Sie zahlten aufser der Kopfsteuer dem Staate eine Pachtsteuer (Obrok), aber verrichteten keine Frohnden. Ihr Land, ursprünglich freies Privateigentum, wurde zwar schon im Moskauer Staate als Staatsdomäne angesehen. Thatsächlich erhielt sich jedoch lange das individuelle Besitzrecht der einzelnen Höfe, mancherorts bis in unser Jahrhundert. Zwar hat die allgemeine Kopfsteuer bei den ärmeren Bauern die Vorstellung eines Rechtes auf Landumteilung erweckt. Die Solidarhaft der Gemeinden und die persönliche Haftung der Gemeindeältesten für die Steuern hat die Widerstände gegen die Landumteilungen auch vermindert. Trotzdem haben die besitzenden Bauern ihre ererbten Rechte lange auf das zäheste verteidigt und nur einem scharfen obrigkeitlichen Druck ist zwecks „Ausgleichung der Lasten" die Einführung des Gemeindebesitzes allmählich gelungen[2].

---

[1] So bereits Thun a. a. O. S. 43.

[2] Simkhowitsch a. a. O. S. 64 ff. Daselbst folgende Äufserung einer obrigkeitlichen Kommission: „Die Felder und Nutzungen sollen in Tjaglos nach Seelenzahl anständig verteilt werden . . ., ihre Genealogien und ihr Erbrecht mufs vernichtet, ihre Käufe und Verkäufe, ihre Verpfändungen, ihre Austausche müssen annulliert werden."

Am spätesten setzte diese Entwicklung ein bei den sog. „Viertelrechtlern“ [1], ursprünglich adligen Militäransiedlern an der südlichen Grenze des Moskauer Staates, besonders zahlreich im heutigen Gouvernement Kursk. Später haben sie den Adel verloren und sind mit den Staatsbauern zu einer Klasse verschmolzen. Erst der Graf Kisseleff hat bei ihnen um die Mitte unseres Jahrhunderts gewaltsam den Gemeindebesitz eingeführt, wobei die besitzenden Bauern, die ihr ererbtes Recht verteidigten, als „Aufwiegler und Revolutionäre“ bestraft wurden. Trotzdem ist bis heute fast eine halbe Million Staatsbauern beim alten Viertelrechtsbesitz geblieben. Heute finden Übergänge zum Gemeindebesitz nicht mehr statt.

Zu den Staatsbauern im weiteren Sinne gehören auch die Kosaken und Kolonisten, von denen wir unten noch hören werden.

Dieser historische Hintergrund erscheint um so wichtiger, wenn man die grofse Zahl der Staatsbauern bedenkt. Dieselben machten zur Zeit der Befreiung etwa die Hälfte aller Bauern aus (1861 circa 11 Millionen männlicher Seelen). Bei ihnen kam der Gedanke der „Befreiung der Bauern mit dem Lande“ voll zur Verwirklichung: das vorhandene Land war eben mit keinem Gutsherrn zu teilen. Ihre Pachtsteuer und späteren Ablösungszahlungen an den Staat waren geringer als die Geldleistungen der Gutsbauern; sie arbeiteten also von vornherein mehr mit der Hoffnung, durch eigene Anstrengung aufzusteigen; so wurden sie vielfach das fortschrittliche Element unter der Bauernbevölkerung überhaupt [2].

Aber wie tief sich auch die Spuren der Leibeigenschaft in das Geistesleben des russischen Bauern, besonders des

[1] „Viertelrechtler“, d. h. Besitzer ideeller Quoten am Lande zerfallener Hauskommunionen. Über dieselben vergl. Simkhowitsch a. a. O. S. 28 ff., 74 ff.

[2] Vergl. die Bemerkung von Tschuikoff: Das Gouvernement Kursk in landwirtschaftlicher Beziehung. Moskau 1894. S. 31. Danach führen die Viertelrechtsbauern Dünger auf ihre eigenen Felder, während die sonstigen Bauern ihn vielfach verkaufen.

Gutsbauern, eingegraben haben, so machen sich doch heute die heilenden Wirkungen der Zeit geltend. Dieser Fortschritt bedeutet für den Bauern nichts anderes als Überwindung jenes slavophilen Ideals des Mujik; er bedeutet Ersatz der negativen Tugend der Entsagung durch die positiven der Thatkraft, des Fleifses, der Selbstverantwortlichkeit, d. i. die Entwicklung des modernen Wirtschaftsindividuums 'aus Zuständen gewohnheitsmäfsiger Gebundenheit. Es handelt sich um die Überwindung der psychologischen Nachwirkungen der Leibeigenschaft, in der ein anderer für das Dasein des Bauern sorgte und seine Wirtschaftsweise bestimmte. Voraussetzung hierfür aber ist eins: eine Lage, in welcher der Einzelne hoffen kann, durch vermehrtes wirtschaftliches Streben seine Verhältnisse zu bessern. Insofern erscheint der geistige Fortschritt an den wirtschaftlichen geknüpft; aber wo immer die geistige Selbständigkeit sich einigermafsen entfalten kann, da wirkt sie nun mächtig zurück in der Richtung wirtschaftlichen Aufsteigens. Wo der Landbesitz nicht mehr eine Pflicht, sondern ein Recht ist, und der Bauer hoffen kann, den wirtschaftlichen Wert dieses Rechtes durch Anwendung von Arbeit zu erhöhen, dort wird er nicht mehr, wie der Leibeigene, ängstlich seine Ersparnisse verbergen: er legt sie in verbessertem Wirtschaftsinventar, in vermehrtem Viehstande an[1]. Er beginnt zu düngen, tiefer zu pflügen.

So wichtig die Nachwirkungen der Vergangenheit auch für die Gegenwart sind, so überwiegen doch heute zweifellos die Einflüsse, welche von den Verkehrs- und Absatzverhältnissen ausgehen.

Diejenigen landwirtschaftlichen Gebiete befinden sich in einer verhältnismäfsig günstigeren Lage, denen Verkehrs- und Absatzverhältnisse die Erzielung von Gelderträgen erleichtern; dort werden Geldlasten, welche in naturalwirtschaftlichen Verhältnissen erdrückend sind, oft spielend aufgebracht und dazu noch Überschüsse erwirtschaftet. Jeder derartige Überschufs bereichert

---

[1] Über diese Fortschritte vergl. u. a. Raspopin, Juristischer Bote 1887, S. 469.

nicht nur direkt die bäuerliche Wirtschaft und kann zur Anschaffung verbesserter Werkzeuge, zur Vermehrung der Viehhaltung und der Düngung, zur Erweiterung des landwirtschaftlichen Betriebes durch Kauf oder Pacht verwendet werden. Wichtiger noch sind die mittelbaren Wirkungen derartiger Überschüsse, auf welche wir oben hinwiesen: zu vermehrter Arbeit entschliefst sich nur der, welcher das Gefühl hat, durch vermehrte Arbeit vorwärts zu kommen. Vermehrte Arbeit aber ist der Grundstein jeder Verbesserung der Lage des Volkes, wofür es magische Formeln nicht giebt — und ertönten sie selbst aus dem Munde des Gesetzgebers.

Das Gesagte erklärt eine gewisse geographische Verteilung des wirtschaftlichen Fortschritts: Von den am Meere gelegenen Gouvernements aus, von Cherson und Taurien im Süden, von St. Petersburg und den baltischen Provinzen im Norden schiebt sich die Entwicklung aufsteigender Agrarverhältnisse nach der Mitte und dem Osten. Es handelt sich um geldwirtschaftliche Zonen, die sich stetig verbreitern — gewissermafsen die Finger, welche Europa in den Block des östlichen Festlandes hineinlegt. In ähnlich begünstigter Lage befindet sich der Europa benachbarte Westen in dem Mafse, als die Angliederung des russischen Eisenbahnnetzes an die westeuropäischen Absatzgebiete fortschreitet.

Aber durch ihre Zollpolitik sind die Staaten in der Lage, die zwischen ihnen liegenden geographischen Entfernungen künstlich zu erweitern. In dieser Richtung wirkten sicherlich hemmend auf die geldwirtschaftliche Entwicklung des russischen Landbaus die agraren Schutzzölle Westeuropas. Um so bedeutsamer war es, dafs es der neueren russischen Handelspolitik gelang, den wichtigsten Abnehmer aller russischen Ausfuhr, Deutschland, zu einer beträchtlichen Herabsetzung seiner Getreidezölle zu vermögen. Wichtiger für Rufsland aber war noch die zwölfjährige Bindung der deutschen Zollsätze[1]. Hierdurch wurden weitere deutsche Zollerhöhungen

[1] Anders Frankreich. Raffalowich, Marché financier, Paris 1897, S. 407 konstatiert, dafs Frankreich seine Getreidezölle von 5 auf 7 Fr.

für einen längeren Zeitraum unmöglich, und die einflufsreiche agrarische Bewegung Deutschlands auf diesem Gebiete in feste Grenzen gebannt[1].

Noch wichtiger für Rufsland sind die indirekten Wirkungen seiner neueren Handelsvertragspolitik. Mit dem Aufblühen von Industrie und Handel in Westeuropa wächst die Zahl kaufkräftiger Abnehmer landwirtschaftlicher Produkte, worin das natürlichste und sicherste Mittel einer Festigung, ja vielleicht einer allmählichen Hebung der internationalen Getreidepreise liegt. Dies umsomehr, als die zur Erweiterung des Getreideanbaues verfügbaren Flächen doch immerhin begrenzt sind[2]. Diesen einleuchtenden Gedanken entwickelt der Finanzminister Witte in seinem Bericht zum Budget 1895[3]. Die internationalen Getreidepreise aber, welche bis in das innerste Rufsland hinein die lokalen Getreidepreise beherrschen[4],

heraufsetzte, während Deutschland die seinen von 5 Mk., bezw. 7,50 Mk. Kampfzoll auf 3,50 Mk. herabsetzte und band.

[1] Übrigens wird die agrarische Bewegung Deutschlands keineswegs in jeder Beziehung in Rufsland beklagt. Die vom russischen Finanzministerium herausgegebene „Ökonomische Rundschau“ enthält z. B. unterm Juli 1897, S. 96, folgende Ausführung: „Mit dem Verbot des Terminhandels an der Berliner Getreidebörse verlor der Berliner Markt seine leitende Rolle nicht allein für Deutschland. — Der gegenwärtige Moment scheint daher günstig, in unser Land den Schwerpunkt des Getreidehandels zu übertragen, indem es sich der mächtigen Waffe des Termingeschäfts bedient.“ Ähnliches daselbst September 1898, S. 173/174.

[2] Für das asiatische Rufsland weist dies nach C. Ballod, Die wirtschaftliche Bedeutung Sibiriens. Conrads Jahrbücher für Nationalökonomie. Dritte Folge. Band XVII. S. 321 ff.

[3] Citiert bei Raffalowich, Marché financier 1894/95, S. 209. Die neuere Entwicklung der Getreidepreise scheint dieser Ausführung recht zu geben. Vergl. z. B. den Bericht des englischen Konsuls zu Warschau, Nr. 2135 für 1897, S. 21: danach erreichten Neujahr 1898 die Getreidepreise in Warschau einen Stand, welchen sie seit 18 Jahren nicht inne gehabt hatten.

[4] So der Finanzminister Witte, citiert bei Raffalowich, Marché financier, 1893/94, S. 205. Scheinbare Abweichungen der lokalen Preise beruhen meist auf den von den Getreidehändlern vorgenommenen Mischungen.

sind von gröfster Bedeutung für die Frage, in welchem Mafse die landwirtschaftlichen Betriebe Rufslands Gelderträgnisse über Steuern und Abgaben hinaus abwerfen[1]. Von diesen Überschüssen aber hängt die Bildung und Vermehrung des nationalen Kapitals ab — dies umsomehr, als auch die Industrie aus mittelbar oder unmittelbar aus diesen Überschüssen von den Verbrauchern bezahlt wird[2].

Aber die Getreidepreise sind sogar von Bedeutung für diejenigen Bauern, welche durch Lohnarbeit das zur Steuerzahlung nötige Bargeld aufbringen und den Landbau daneben naturalwirtschaftlich betreiben. Denn Lohnarbeit ist in Rufsland in erster Linie landwirtschaftliche Lohnarbeit: mit steigenden Getreidepreisen aber wird das Getreideareal ausgedehnt; es wächst also die Nachfrage nach Arbeit; umgekehrt bei sinkenden Getreidepreisen. In zweiter Linie ist die Lohnarbeit gewerblicher Natur; aber wir sahen oben, wie der gewerbliche Absatz von der Zahlungsfähigkeit und der Geldwirtschaftlichkeit der Landbevölkerung abhängt, welche mit den Getreidepreisen zweifelsohne in engem Zusammenhange stehen.

Bei gleichbleibenden oder gar sinkenden Getreidepreisen ist der einzige Ausweg, um die Erträge auf gleicher Höhe zu halten oder gar zu steigern: Verbilligung der Produktionskosten. Auch in dieser Beziehung sind Handelspolitik und Verkehrsverhältnisse von gröfster Bedeutung. Jede Verbilligung der Gegenstände des nötigsten Lebensbedarfs (z. B.

---

[1] So v. Witte a. a. O. S. 204.

[2] Ich behandle hier nicht die Frage, ob hohe oder niedere Getreidepreise für die Mehrzahl der russischen Bevölkerung von Vorteil sind oder nicht. Vergl. „Wirkung der Ernten und der Getreidepreise auf einige Seiten der russischen Volkswirtschaft." Sammelwerk unter der Redaktion von Tschuproff und Posnikoff. Petersburg 1896. Für den Staatszweck kann der Vorteil einer Minderheit wertvoller sein als der Vorteil der Mehrheit. Es beruht die Stellungnahme hier in letzter Linie auf Wertgesichtspunkten, welche der Nationalökonomie nicht zu entnehmen sind, sondern auf Weltanschauungsfragen zurückgehen.

Textilstoffe) und der notwendigen Produktionsmittel (z. B. Eisen) vermehrt die Reinerträge des Landmanns, welche er als neugebildetes Kapital der Produktion dienstbar machen kann. Von gröfster Bedeutung war in dieser Hinsicht der deutsch-russische Handelsvertrag, welcher beträchtliche Zollherabsetzungen für landwirtschaftliche Werkzeuge und Maschinen brachte. Die wichtigsten Positionen in dieser Hinsicht sind folgende:

	Zollsätze des allgemeinen Zolltarifs	des Vertragstarifs[1]
Art. 160. Sensen, Sicheln u.s.w.	1,40 Rubel	1,10 Rubel pro Pud
„ 167. Nr. 4. Landwirtschaftl. Maschinen u. Werkzeuge nicht besonders genannt	0,70 „	0,50 „ „ „
„ 167. Nr. 5. Lokomobilen mit Dreschmaschinen	1,40 „	1,20 „ „ „

Durch diese Zollherabsetzungen wurden auch die landwirtschaftlichen Werkzeuge russischen Ursprungs verbilligt; dafs trotzdem die russische Industrie keineswegs geschädigt wurde, sondern im Gegenteil einen mächtigen Ansporn zur Mehrerzeugung erhielt, hiervon legen folgende Ziffern ein interessantes Zeugnis ab[2]:

	Russische Produktion landwirtschaftlicher Werkzeuge	Einfuhr in 1000 Rubel
1889	4,210	2,957
1894	9,607	5,194

Die vermehrte Kaufkraft der Landwirtschaft, welche die Folge der neueren Handelspolitik ist, tritt hier in ihrer günstigen Wirkung für die Industrie offen zu Tage.

Neuerdings ist Rufsland über die im deutsch-russischen Handelsvertrag enthaltenen Zollherabsetzungen in autonomer Weise hinausgegangen. Zollfrei werden seit dem 1. September 1898 eingelassen: selbstbindende Mähmaschinen,

---

[1] Vergl. Kloefsel, Der deutsch-russische Handelsvertrag. Bielefeld 1895. S. 24, 62/63.

[2] Raffalowich, Marché financier, 1897/98, S. 405.

Pferderechen, Dampfpflüge, verschiedene Arten von Dreschmaschinen und Sortiermaschinen, Streumaschinen für pulverförmige Düngemittel, allerlei Apparate zur Weinbereitung, Maschinen und Werkzeuge für Versuchsanstalten und landwirtschaftliche Museen u. s. w. Zollfreiheit wurde ferner an Kaïnit, Chilisalpeter, Kali und andere künstliche Düngemittel zugestanden. An diese Zollbefreiungen schlossen sich gewisse Zollherabsetzungen, z. B. für Lokomobilen. Die genannten Tarifveränderungen gelten gesetzlich bis zum 1. Januar 1904, dem Tage des Ablaufes des deutsch-russischen Handelsvertrages; augenscheinlich wollte man die betreffenden Positionen für die neubevorstehenden Verhandlungen mit Deutschland nicht aus der Hand geben [1].

Mehr als alles andere aber lastet noch auf der russischen Landwirtschaft die Höhe der Eisenpreise. Besonders erschwert wird hierdurch dem Bauern der Übergang von der Socha zum Eisenpfluge, von der hölzernen zur eisernen Egge, welcher Fortschritt einen Mehrertrag von 5 Pud pro Deſsjätine bedeuten soll [2]. Die Verluste, welche durch diese Hemmung des technischen Fortschritts der russische Volkswohlstand erleidet, sind zahlenmäſsig schwer zu schätzen, aber recht groſse. Die Maschinen der Müllerei kosten nach Radzig in Ruſsland doppelt so viel, als in Deutschland, so daſs ein Mehlzoll erforderlich ist, damit in Petersburg, diesem Hauptausfuhrhafen russischen Getreides, nicht ausländisches Mehl verzehrt werde. Leere Blechbüchsen kosten nach demselben Gewährsmann in Ruſsland ebensoviel, wie amerikanische Blechbüchsen mit Fleischfüllung in London [3]. Welche Erschwerung der Verwertung des Viehreichtums der östlichen Steppengebiete!

Wichtiger aber als alles andere: Die Verteuerung der Eisenbahnfrachten durch hohe Kosten des Bahnbaues. Nach

[1] Näheres hierüber findet sich in der Ökonomischen Rundschau. Mai 1898. S. 94/95.

[2] So die Nowoje Wremja vom 29. Januar 1897, woselbst eine Arbeit der Landschaft von Wjatka über die Belastung der bäuerlichen Wirtschaft durch die Eisenzölle citiert ist.

[3] Radzig a. a. O. S. 58.

Nic — on- ist der Unterschied zwischen den Getreidepreisen im Innern Rufslands und den Hafenpreisen doppelt so hoch als in Amerika. In der That verschlingen die Frachtkosten schon westlich der Wolga häufig mehr als die Hälfte des Hafenpreises [1]; jede Verminderung der Frachtkosten höbe entsprechend die lokalen Preise — gemäfs dem oben erörterten internationalen Charakter der Getreidepreise.

In engem Zusammenhang mit der Handelspolitik stehen endlich eine Reihe von Mafsregeln, welche den Absatz erleichtern und die Produktionskosten verbilligen: Verbilligung des Kredits, wofür die Währungsreform ein wichtiges Fördernis ist, Verbesserung der Handelsorganisation, z. B. durch Errichtung von Elevatoren, verbesserte Reinigung des Getreides, worin in dem letzten Jahrzehnt grofse Fortschritte gemacht wurden. Der Preis des russischen Weizens stand noch vor etlichen Jahren in Deutschland beträchtlich unter dem amerikanischen, hauptsächlich wegen schädigender Beimischungen; heute hat er jenen Vorsprung nahezu eingeholt.

Mitwirkend fördern den wirtschaftlichen Fortschritt gewisse Mafsnahmen der inneren Volkswirtschaftspolitik. Unter denselben ist zuerst der von Bunge [2] in schwerer Zeit unternommenen S t e u e r r e f o r m zu gedenken, welche die auf dem Bauern lastenden direkten Steuern beträchtlich erleichterte. Zu nennen ist insbesondere die Abschaffung der Kopfsteuer, die Herabsetzung der Ablösungszahlungen, die Aufhebung der Salzsteuer, neuerdings die Reform der Pafsverhältnisse. Aber alle diese Mafsregeln setzten voraus, dafs man die wachsenden Staatsbedürfnisse auf die Entwicklung der indirekten Steuern anweisen konnte. Sie setzte also weiter voraus die Zunahme der Geldwirtschaftlichkeit innerhalb der ländlichen Massen; es waren also Mafsregeln, bei aller Wichtigkeit, doch nur sekundärer Bedeutung.

---

[1] Im Oktober 1895 zahlte z. B. in Balaschowa im Saratoffschen Gouvernement ein Exporthaus durch seinen Agenten 23 Kopeken pro Pud Roggen; die Fracht nach Libau kostete 37 Kopeken.

[2] Vergl. S k a l k o f s k i, Ministres des finances de la Russie. Paris 1891. S. 230 ff.

Ähnliches ist zu sagen von den Staatsmafsnahmen, welche das öfters angeführte Buch eines hohen Staatsbeamten „Mifsernte und Volksarmut“ empfiehlt. Musterwirtschaften, landwirtschaftliche Unterrichtsanstalten, Beforstungen, Bewässerungsanlagen u. s. w. erfordern Geld, in wirksamem Umfange durchgeführt viel Geld; einige dieser Vorschläge, z. B. die Erhöhung des Wasserspiegels des Kaspischen Meeres und die Anlage grofser Schutzwaldungen im Südosten erfordern sehr viel Geld. Sie sind daher abhängig in ihrer Durchführung von einer wachsenden Steuerfähigkeit der Bevölkerung.

In diesem Zusammenhange sind auch die Verdienste der gegenwärtigen Regierung um Erweiterung des Volksschulunterrichts anzuerkennen. Kein Mittel trägt so wie dieses bei zur Hebung der geistigen und damit der wirtschaftlichen Lage des Bauern. Aber so lobenswert die freiwillige Mitarbeit aller Kreise der russischen Gesellschaft im gegenwärtigen Stadium der Sache ist, so erfordert doch die thatsächliche Durchführung des hohen Zieles eines allgemeinen und obligatorischen Volksschulunterrichtes die Bereitstellung sehr beträchtlicher Mittel und hängt in letzter Linie ab von der Entwicklung des Staats- wie der Landschaftsbudgets[1].

Die volkswirtschaftliche Reformthätigkeit des Staates könnte mit ganz anderer Energie einsetzen, wenn es gelänge, die unproduktiven Posten des Ausgabebudgets zu beschneiden. In Betracht kämen hier vor allem die Ausgaben des Landheeres; dieselben sind für einen Staat, der nach Europa hin gesättigt und von Europa her jedes Angriffes sicher ist, unverhältnismäfsig hoch. Waren doch in letzten Jahren diese Ausgaben vielfach gröfser als die Ausgaben Frankreichs und Deutschlands, während die steuerliche Basis doch viel weniger tragfähig ist[2].

---

[1] Nach Raffalowich, Marché financier, 1896/97, S. 361 betrugen 1895 die Ausgaben des Ministeriums der Volksaufklärung nur 23.6 Mill. bei einem ordentlichen Ausgabebudget von 1129 Millionen.

[2] So betrugen z. B. 1896 die Ausgaben für Landheer inkl. Pensionen in Deutschland 634 Mill. Mark, in Frankreich 557 Mill. Mark, in Rufsland 636 Mill. Mark. Vergl. Die Ausgaben für Landheer und Flotte,

F. Die Erscheinungsformen des wirtschaftlichen Fortschritts.

Nachdem wir die Triebkräfte des Fortschritts kennen gelernt haben, fragen wir nach den Formen, in denen sich der Fortschritt vollzieht.

Auf zwei Erscheinungen ist hier vor allem hinzuweisen: die sociale Differenzierung der ländlichen Gesellschaft und den Zerfall des Gemeindebesitzes.

1. Jeder Fortschritt auf agrarpolitischem Gebiete setzt in Rufsland die Überwindung der bäuerlichen Zwergwirtschaft voraus, welche im besten Falle ihrem Inhaber das bare Dasein ermöglicht, aber mit zunehmender Bevölkerungsdichte und Landenge auch diese Aufgabe immer schlechter erfüllt[1]. Für den Staatszweck ist diese Wirtschaftsform, wie sie die breite, gewohnheitsmäfsige Schicht des Bauernstandes repräsentirt, weil steuerlich steril, nutzlos; bei dem ungeheueren Menschenreichtum Rufslands ist sie nicht einmal zu verteidigen unter dem Gesichtspunkt der Rekrutierung des Landheeres. Kulturell aber ist sie wertlos, weil ihre Träger am Geistesleben der Nation nicht teilnehmen.

Überwindung der Zwergwirtschaft aber ist nichts anderes als die Erweiterung einzelner bäuerlicher Betriebe über die Grenzen ihres Nadjels hinaus, also Loslösung der landwirtschaftlichen Betriebsgröfsen von den rechtlichen Besitzverhältnissen. Nur auf diesem Wege sind Überschufswirtschaften möglich, welche über den baren Lebensunterhalt hinaus direkte Steuern zahlen, mit indirekten Steuern belegte Verbrauchsgegenstände kaufen, Abnehmer der Industrie sind und nationale Kapitalien ersparen. Nur auf dem Boden solcher Wirtschaften ist die Überwindung der Landenge durch den technischen Fortschritt der Landwirtschaft denkbar: durch

---

zusammengestellt auf Veranlassung des deutschen Reichsmarineamts, S. 38, 42, 45.

[1] So Simkhowitsch passim in Abschnitt IV. Lediglich um von diesem Verfasser nicht abhängig zu erscheinen, verweise ich darauf, dafs ich ähnliche Gesichtspunkte bereits ausführte in den Preufsischen Jahrbüchern, Märzheft 1894, z. B. S. 515.

Düngung, bessere Werkzeuge, Maschinen, fortgeschrittenere Feldsysteme u. s. w. Technischer Fortschritt nämlich ist die Anwendung von mehr Arbeit und mehr Kapital auf die gleiche Fläche. Mehr Arbeit aber wird nur der anwenden, welcher hoffen kann, durch vermehrte Arbeit wirtschaftlich vorwärts zu kommen, also Überschüsse aus seinem Betriebe über das Existenzminimum und die Steuern herauszuwirtschaften. Mehr Kapital aber kann nur derjenige anwenden, welcher thatsächlich Überschüsse erzielt und diese Überschüsse nicht ängstlich vor dem Steuererheber (dem die Steuer umlegenden Mir) verbirgt, sondern offen in neuen Produktionsmitteln anzulegen wagt.

Sicher ist, dafs die grofse Mehrzahl der bäuerlichen Betriebe Rufslands zu klein ist, um diesen Anforderungen zu genügen. Welche Betriebsgröfse aber diesen Anforderungen entspricht, ist sehr verschieden zu beurteilen, je nach Lage, Klima, Bodenbeschaffenheit, Arbeiterverhältnissen u. s. w. 15 bis 30, ja 60 Defsjätinen pro Hof mag als angemessene Gröfse erachtet werden.

In seinem trefflichen Werke über die Bauernwirtschaft Südrufslands weist Postnikoff[1] an Beispielen nach, dafs die Wirtschaft von 2½—5 Defsjätinen nahezu das doppelte an Arbeitskräften pro Produkt mehr aufwendet, als die Wirtschaft von 20 bis 30 Defsjätinen. Der Reinertrag aus der Landwirtschaft der Bauern pro Defsjätine sinkt in dem Mafse, als der Umfang des Betriebes sich vermindert[2]. Ganz kleine Wirtschaften ergeben überhaupt keinen Reinertrag, ja oft genug einen Mindererertrag, der durch Unterernährung oder Tagelöhnerei ausgeglichen wird. Am vorteilhaftesten sind nach Postnikoff für Südrufsland Bauernwirtschaften, welche unter Anwendung von Maschinen und genügendem Arbeitsvieh eine bäuerliche Familie von 3 männlichen Arbeitern voll beschäftigen und nur vorübergehend, etwa für die Ernte, Tagelöhner erfordern. Sie entgehen damit

---

[1] Postnikoff, Südrussische Bauernwirtschaft. Moskau 1891.

[2] Postnikoff a. a. O. S. 316, 320.

den Hauptschwierigkeiten der Arbeiterfrage und vereinigen damit einen Teil der Vorzüge des Grofsbetriebes.

Postnikoff verweist auf das Beispiel der deutschen Kolonisten, die wir noch unten kennen lernen werden. Diese Wirtschaften beruhen in erster Linie auf der Arbeit der bäuerlichen Eigentümer selbst, von denen sich die gröfseren (Vollwirte) zeitweise um einige gemietete Hilfskräfte verstärken. Ähnliche Verhältnisse zeigt nach Postnikoff die Wirtschaft der wohlhabenden taurischen Bauern. Derartige gröfsere Wirtschaften ermöglichen allein „die Anwendung gröfserer Maschinen, verbesserten Inventars, ein weniger ausraubendes System des Landbaues, höhere Ernteerträge pro Fläche und eine gröfsere Roheinnahme[1]." Die Anwendung arbeitsparender Maschinen hat die Tendenz, den Umfang dieser vorteilhaftesten Reinertrags-Wirtschaften auszudehnen; die Einführung von Fruchtwechsel, bearbeiteter Brache u. s. w., d. h. das vermehrte Bedürfnis nach Handarbeit wirkt in entgegengesetzter Richtung.

Dafs der russische Landbau zu viel „Esser" beschäftigt, daher zu wenig Kapital ansammelt und daher zu wenig Kapital produktiv verwendet, ergiebt ein Vergleich mit den Vereinigten Staaten. Dieser Vergleich liegt um so näher, als Rufsland sich nicht mit Getreideschutzzöllen umgeben konnte, und die auch für Rufsland mafsgeblichen internationalen Getreidepreise durch die billigeren Produktionskosten des Amerikaners bestimmt werden[2]. Soweit nämlich Getreide zur Zeit als beliebig vermehrbare Ware anzusehen ist, stehen seine Preise unter der Herrschaft der niedersten Produktionskosten, ähnlich wie dies bei Erzeugnissen der Grofsindustrie der Fall ist[3].

Nicolai—on hat das Verdienst, auf diesen Vergleich hin gewiesen zu haben, ohne freilich zu den hier gezogenen Schlufsfolgerungen zu kommen.

---

[1] Postnikoff a. a. O. S. 317.

[2] Mit Recht sagt Tolpigin in der Ökonomischen Rundschau, Juni 1897, S. 66, nur diejenige Billigkeit des Getreides sei für ein Land nützlich, welche auf Verbilligung der Produktionskosten beruht; dies ist der Fall für Amerika.

[3] Vergl. Philippovich, Grundrifs der politischen Ökonomie. Band I, S. 207.

Es wiederholt sich jene Erscheinung, welche wir oben für die industrielle Konkurrenz beobachteten, auch für die Landwirtschaft: nicht diejenige Produktion ist die billigste, welche bei niederer Lebenshaltung massenhafte Arbeit beschäftigt, sondern die, welche die meisten und besten Werkzeuge und eine leistungsfähige, gutgenährte Arbeit besitzt.

In Amerika ist die Verwendung von Kapital auf den Grund und Boden verhältnismäfsig grofs. In Rufsland dagegen ist der Wert des Betriebsinventars verschwindend gering. Trotz einer um ein Drittel gröfseren Anbaufläche soll nach Nic—on Rufsland im Jahre nur 7,6, die Vereinigten Staaten dagegen an 140 Millionen Rubel für landwirtschaftliche Maschinen und Geräte ausgeben[1]. In gleicher Richtung liegen aber auch indirekte Kapitalanwendungen, z. B. das System von landwirtschaftlichen Schulen und Versuchsstationen, welches Amerika bedeckt, in Rufsland nahezu fehlt.

Das Ergebnis der verstärkten Kapitalanwendung auf den Grund und Boden ist ein doppeltes:

Zunächst wird die gleiche Fläche Landes in Amerika weit energischer ausgenutzt als in Rufsland. Die in Betracht kommenden Statistiken lassen hierüber keinen Zweifel, selbst eine grofse Irrtumsgrenze zugegeben. Die besäte Gesamtfläche wird in Rufsland auf 60, in den Vereinigten Staaten auf 40 Mill. Defsj. (1 Defsj. gleich 1,09 Hektar) geschätzt. Dagegen schwankte der Erntewert der für Rufsland fast ausschliefslich in Betracht kommenden Getreidearten, Weizen, Roggen, Gerste und Hafer, in den 6 Jahren von 1885 bis 1890 incl. um 1 Milliarde Rubel; der Wert der amerikanischen Ernte allein an Weizen, Hafer und Mais war in jenen Jahren nie niederer als 2 Milliarden Rubel und überstieg einmal sogar die 3. Milliarde. Hiernach käme in Amerika ein nahezu vierfaches Ernteergebnis auf dieselbe Grundfläche. Dieser gröfsere Ertrag darf nicht auf gröfsere Fruchtbarkeit des Bodens zurückgeführt werden; denn die „Schwarzerde“, welche für Rufslands Getreideproduktion vor allem in Betracht

[1] Nicolai—on a. a. O. 332, 333.

kommt, steht an natürlicher Ergiebigkeit keinem Boden der Welt nach. Vielmehr ist der gröfsere Ertrag wohl in erster Linie der höheren Kapitalanwendung zuzurechnen und unter anderem spielt gewifs die energischere Pflügung hier eine wichtige Rolle.

Aber diese Mehrproduktion von der gleichen Fläche wird in Amerika unter Anwendung von weit weniger Arbeit erzielt als in Rufsland. Dabei sind die Fortschritte der Technik, welche Ersatz der Arbeit durch Kapital bedeuten, in Amerika ununterbrochen. Ein Arbeiter pflügte heute soviel wie vor kurzem zwei; mit Hilfe der Mähmaschine, welche die Garben automatisch bindet, mäht er heute soviel wie vor kurzem 12 Arbeiter; der Farmer lebte vor wenigen Jahrzehnten auf seiner Farm in Naturalwirtschaft; heute genügen nach Atkinson 300 Arbeitstage im Jahre auf den fortgeschrittensten Farms im Nordwesten, um Getreide zur Nahrung von 1000 Personen zu produzieren. Einer landwirtschaftlichen Bevölkerung der Vereinigten Staaten von gegen 25 Mill. entspricht in Rufsland eine solche von 70 Mill., wonach auf eine Defsjätine besäter Fläche dort 6, hier 10 Köpfe landwirtschaftlicher Bevölkerung kämen. Da nun dieses Mehr von Personen in Rufsland auf der gleichen Fläche weniger Getreide produziert als in Amerika, so ist das Erzeugnis pro Kopf landwirtschaftlicher Bevölkerung in Amerika an 10 bis 11 Mal gröfser als in Rufsland. Der russische Bauer steht dem Amerikaner also nicht anders gegenüber, als etwa der Handweber dem Weber am mechanischen Webstuhl.

Das Gesagte ergiebt, dafs wir es als eine hoffnungsvolle Thatsache ansprechen müssen, wenn die bäuerliche Betriebsgröfse in Rufsland wächst und das Land in den Händen der kräftigeren Bauern sich sammelt. Diese Entwicklung aber ist nach Urteil aller Sachkenner zweifellos im Gange. Die reicheren Bauern vergröfsern ihre Betriebe, sowohl durch Pacht und Kauf von Gutsland, als auch auf Kosten des Anteillandes der schwächeren Gemeindegenossen.

Von ersterem Vorgang sprachen wir oben, von letzterem hier noch ein Wort. Da Gemeindefremde als Pächter nicht auftreten dürfen — eine Folge der gesetzlichen Unveräufserlichkeit des Gemeindelandes — so sinken die Pachtpreise innerhalb der Gemeinde zu Ungunsten der ärmeren Gemeindeglieder oft unter den Pachtdurchschnitt der Gegend[1]. Da zudem die Gemeindeversammlung den Steuerrückständlern ihr Land ohne jede Entschädigung nehmen kann, so befinden sich die ärmeren Gemeindegenossen, welche behufs Steuerzahlung Darlehen aufnehmen, den reichern gegenüber in einer Notlage, welche häufig die Pachtpreise des Nadjellandes noch weiter herabdrückt[2].

Der Aufbau gröfserer bäuerlicher Betriebe ist notwendigerweise verbunden mit den Anfängen socialer Klassenbildung innerhalb der ländlichen Gesellschaft; es beginnt „die Absonderung des Rahms von der ländlichen Masse.“ Alle Beobachter stimmen dahin überein, dafs die breite, mittlere Klasse des Bauernstandes, welche der Sitz des Gewohnheitsmäfsigen ist, auseinanderfällt in eine obere Schicht verhältnismäfsig Wohlhabender und einen zwar rechtlich, aber nicht mehr thatsächlich Land besitzenden Lohnarbeiterstand.

Bei dem Einflufs der Volkstümler auf die öffentliche Meinung ist diese Erscheinung den meisten Vertretern der russischen „Intelligenz“ ein Greuel. Da ich meine entgegengesetzte Meinung leider hier nicht ausführlich begründen kann, so stütze ich sie mit zwei Autoritäten die jedenfalls nicht leicht genommen werden dürfen. Ich citiere zunächst die trefflichen Ausführungen des Finanzministers Witte in seiner Budgetvorlage für das Jahr 1896[3]: „In früherer Zeit waren wohlhabende Dörfer und

---

[1] Vergl. Volkswirtschaftliche Rundschau, Januar 1898, S. 57, 63. Die Landhauptleute machen den Vorschlag, kein Bauer sollte mehr als drei Nadjele pachten dürfen — in praxi undurchführbar, wenn durchführbar, ein Hemmnis jedes wirtschaftlichen Fortschritts. Der folgende Artikel zeigt, dafs die Redaktion der Zeitschrift offenbar weitblickender ist, als die Petenten.

[2] So Brscheski, Ökonomische Rundschau, Juli 1898, S. 49, 67 ff.

[3] Vergl. Raffalowich, Marché financier, 1896, S. 340. Citiert auch bei Issajeff, Zur Politik des russischen Finanzministeriums. S. 5 u. 6.

sogar einzelne wohlhabende Bauernhöfe eine Ausnahme. Jetzt bildet sich überall eine wohlhabende Schicht der Landbevölkerung; sie sondert sich von der Masse der Bauernschaft als eine höhere Gruppe ab. Diese Gruppe wächst numerisch und macht in ihrem Wohlstande äufserst bemerkbare Fortschritte, sie verfügt über einen bedeutenden Teil in den Sparkasseneinlagen und steigert fortdauernd ihren Verbrauch an Manufaktur- und anderen Waren; sie ist eine Schicht, die es verstehen wird, die ungünstigen Bedingungen des ländlichen Lebens zu besiegen, und die über alle Vorbedingungen zu einer weiteren Entwicklung verfügt."

Mit Recht behauptet der Finanzminister, dafs der Volkswohlstand auf keinem anderen Wege zu fördern ist, als dem „der kapitalistischen Entwicklung."

Um diesen Ausspruch zu verstehen, mufs man bedenken, dafs in der volkswirtschaftlichen Litteratur Rufslands der Ausdruck „Kapitalismus" als gleichbedeutend mit Geldwirtschaft gebraucht wird — nicht ohne die Gefahr eines Mifsverständnisses. Schon die Naturalwirtschaft besitzt Kapital; solches ist z. B. der Bogen des Jägers, die Herde des Nomaden, das Arbeitsvieh des Bauern u. s. w. Freilich bietet die Geldwirtschaft einen ungeheuren Ansporn zur Kapitalvermehrung, indem Überschüsse der Wirtschaft bis zur definitiven Verwendung als Produktionsmittel in Geldform thesauriert oder anderen Personen als Leihkapital zur Produktion dargeboten werden können.

Mit Recht erklärt der Finanzminister des weiteren: „Die Erfolge der Produktion und der Anhäufung der Reichtümer gehen immer und überall den Erfolgen einer gleichmäfsigeren Verteilung derselben unter alle Bevölkerungsschichten vorher. Die neuen Bahnen, welche der volkswirtschaftliche Fortschritt des Ganzen eröffnet, werden zuerst immer nur von den unternehmendsten Wirtschaftseinheiten, nur von Leuten der kühnen Initiative und von Glückspilzen voll ausgenutzt[1]. Erst in der Folge, wenn diese Wege zu

[1] Hierfür ist bezeichnend: die Einzelkäufer haben Zinsen und

eingefahrenen Geleisen geworden sind, folgen die schüchternen, trägen Massen des Volkes nach, indem sie eine Verbesserung ihrer Lebensverhältnisse durch den langsamen, ermüdenden Prozefs der Befreiung von althergebrachter Routine, diesem Vermächtnis vieler ungezählter Jahrhunderte, erreichen. Wenn unser ländliches Leben sich auf dem Wege der kapitalistischen Entwicklung zu bewegen beginnt, so beweist dies nur, dafs die allgemeine Verbesserung der wirtschaftlichen Lage auch im ländlichen Lebensgefüge ihren Ausdruck erhalten hat.“

Mit Recht weist Witte darauf hin, dafs bei Verfall des volkswirtschaftlichen Organismus finanzielle Erfolge, wie sie Rufsland in dem letzten Jahrzehnt zu verzeichnen gehabt hat, unmöglich gewesen wären. Insbesondere deuten meiner Meinung nach die wachsenden Erträgnisse der Verbrauchssteuern auf eine Zunahme des Volkswohlstandes[1].

Es sind dies dieselben Wahrheiten, welche schon ein Mann von der Sachkunde des Staatssekretärs Walujeff unter Bezugnahme auf die russischen Bauernverhältnisse in folgenden Worten zusammengefafst hat: „Jeder Fortschritt geht aus von einzelnen Persönlichkeiten, welche sich aus der Masse hervorthun durch besondere Fähigkeiten, besondere Thätigkeit, besondere Glücksumstände. Jede Wirtschaftsgesetzgebung soll sich bemühen, derartige individuelle Anstrengungen zu unterstützen und derartige individuelle Erfolge zu sichern.“

Um auch einen Gegner zu Worte kommen zu lassen, welcher aber die Thatsachen genau so beurteilt, wie hier geschehen, citiere ich noch W. E. Postnikoff: „Ein Teil der ländlichen Bevölkerung, der über gröfsere Familien- und

---

Amortisationsquoten an die Bauernbank fast stets bezahlt; von den Gemeinden, welche als solche von der Bauernbank Land kauften, ist der gröfsere Teil rückständig. „Mifsernte und Volksarmut“. S. 118.

[1] Ähnlich J. J. Janschull, Die Woche vom 25. Dezember 1898. Von 1887 bis 1897 haben sich die Staatseinnahmen, ohne Schaffung bedeutender neuer Steuern, von 800 auf 1400 Millionen Rubel gehoben.

Wirtschaftskomplexe verfügt, hat alle Aussichten darauf, ungestört immer reicher zu werden, während der übrige Teil der ländlichen Bevölkerung unvermeidlich immer ärmer werden mufs; unvermeidlich müssen dessen Rückstände anwachsen, und unvermeidlich mufs dieser Bevölkerungsteil nach und nach aus der Gemeinde scheiden, um anderen Erwerb zu suchen. Durch die Anwendung von Maschinen in dem landwirtschaftlichen Betriebe werden den Wirtschaften gröfseren Umfanges noch höhere wirtschaftliche Vorteile zu gute kommen. Dies tritt schon besonders drastisch in unserem Steppengebiet, z. B. in dem Gouvernement Samara und Taurien, hervor. Schliefslich müssen wir unvermeidlich zu jener Wirtschaftsordnung gelangen, die gegenwärtig die Wirtschaftsordnung Westeuropas ist mit ihrem wohlhabenden Bauernstand, mit ihren ländlichen Lohnarbeitern, mit ihrem städtischen Proletariat und ihrer ekelerregenden Prostitution[1]."

Gleiche Anschauungen fand ich bei vielen praktischen Landwirten verbreitet, welche ihre Meinungen gewifs nicht aus der Litteratur schöpften. Um statt vieler Beispiele nur eines zu erwähnen, so erzählte mir z. B. der Oberverwalter

---

[1] W. E. Postnikoff, Südrussische Bauernwirtschaft. Moskau 1891. S. 308. Es ist unerfindlich, weswegen der Verfasser die Prostitution als Begleiterscheinung gerade der westeuropäischen Kultur ansieht. Auf den grofsen Pferdemärkten, so wurde mir von durchaus zuverlässigen Beobachtern auf meiner Reise im Samaraschen erzählt, auf denen Kirgisen und Kosaken ihren Pferdereichtum zusammentreiben und wo vorübergehend eine volksreiche Lagerstadt in der menschenleeren Steppe entsteht, fehlt die Prostitution nicht; sie findet Unterschlupf unter dem Zeltdach des Nomaden. Freilich folgt ihr hierhin kein Arzt. — Für die Meinung Postnikoffs spricht auch nicht die Thatsache, dafs die Syphilis die Geifsel Rufslands ist. Auf Grund der offiziellen Statistik betrug die Zahl der Syphilitiker, welche in öffentlichen Krankenhäusern Rufslands behandelt wurden, 1866 = 8,7 %, 1890 = 14,8 % aller Kranken. Thatsächlich ist der Prozentsatz der Syphiliskranken viel höher, da dieselben anerkanntermafsen ungern in Krankenhäuser gehen. Podolinski, ein vielerfahrener Landarzt, schätzt in seiner Broschüre „Die Gesundheit der Bauern in der Ukräne" die Zahl der Syphilitiker in dem ihm bekannten Gebiet auf 10—15 % der ganzen Bevölkerung.

des fürstlich Livenschen Latifundiums, der öfters angeführte Baron Behr, dafs früher die umliegenden Gemeinden als solche von den Gütern der Herrschaft gepachtet hätten. Jedoch seien im Laufe der Zeit eine Anzahl von Wirten zu sehr verarmt, um diese Verpachtungsart fortzusetzen. Er verpachte nunmehr an einzelne kleinere Gesellschaften von leistungsfähigen Bauern, während die Armen nichts mehr erhielten; letztere seien damit gezwungen, ihre eigene Wirtschaft aufzugeben, um so mehr, da Weide lediglich durch Pacht vom Gute zu erhalten sei; auch den eigenen Nadjel pflegten sie nunmehr an Gemeindegenossen zu verpachten oder gegen Zahlung der Steuern umsonst zu überlassen. Baron Behr setzte hinzu, dafs er jetzt systematisch die reicheren Bauern begünstige und jene Differenzierung zwischen Arm und Reich acceptiere, die er früher bekämpft habe. In der That finden sich in der Gegend von Tersa neben vielen viehlosen Bauern auch solche mit einem Besitz von 8 bis 9 Pferden, an 40 Schafen und mehreren Stück Rindvieh[1].

2. Hand in Hand mit socialer Klassenbildung verblafst die Gemeindebesitzordnung. „Die Pflicht zum Lande“ war es, welche den Gemeindebesitz zusammenhielt. In dem Mafse als der Landbesitz ein Recht wird, beginnt die langsame und allmälige Entwicklung individueller Besitzverhältnisse, welche durch die Unfreiheit gegenüber Gutsherrn und Fiskus erstickt war[2].

Wo sich der Bauer dieser günstigeren Lage erfreut, sind nach den Landschaftsstatistiken die Fälle zahlreich, in denen er so über das Land verfügt, als ob es sein eigen wäre; er verpachtet, vererbt, veräufsert. In diesen Fällen sind die Pachten und Kaufpreise alsdann vielfach so hoch,

---

[1] Skworzoff, Juristischer Bote 1891, S. 170: Je mehr der Bauer Land hat, desto mehr pachtet er hinzu. — Die Pacht wirkt weiter differenzierend. So auch Karischeff a. a. O. passim.

[2] Nach Brscheski, Ökonomische Rundschau, Juli 1898, S. 13 sind — im Gegensatz zu den siebziger Jahren — heute die Fälle Ausnahme, in denen die Lasten den Ertrag des Landes übersteigen. Aber die Steuerrückstände haben nicht aufgehört!

wie bei freiem Eigentum; die Erwerber also vertrauen, dafs der Mir nicht mehr sein Recht der Umteilung geltend machen werde. In der That bestehen in den günstiger gestellten Landstrichen zahlreiche Gemeinden, welche seit der Bauernbefreiung überhaupt nicht mehr geteilt haben; insbesondere sind das Gemeinden von Staatsbauern, welche einfach bei der Revision von 1858 verharrten; bei ihnen ist das Recht des Mir auf das Gemeindeland thatsächlich vergessen [1].

Diese Entwicklung erscheint dort beschleunigt, wo der Substanzwert der Erde durch Arbeit erhöht werden mufs. Schlechter Boden ist der Entwicklung des Privateigentums günstiger, als guter; gerodeter Wald wird leichter Privateigentum als andres Gemeindeland. Hanf- und Hopfenfelder werden fast nirgends umgeteilt [2]. Leichter Boden wird häufiger umgeteilt als schwerer, weil der schwerere Boden intensivere Arbeit fordert [3].

Besonders selten sind ferner die Umteilungen in jenen Gemeinden, welche die Ablösungsverpflichtung bereits getilgt haben und volle Eigentümer ihres Landes geworden sind. Auch hier erweist sich die Arbeit als Schöpferin von Individualrecht. Das bäuerliche Gerechtigkeitsgefühl verlangt, dafs diejenigen Wirte, welche in schwerer Zeit das Land bestellt und die Ablösungszahlungen durch ihren Fleifs aufgebracht haben, nunmehr die Früchte der besseren Zeit ernten und ihren schwererkauften Landanteil ihren Kindern vererben. Auch einzelne Wirte, welche für sich ihren Landanteil von der Ablösungsschuld befreit, aber nicht aus der Gemeinde ausgeschieden haben, berufen sich auf diese Gerechtigkeit gegenüber den Umteilung verlangenden Genossen in der Gemeindeversammlung.

---

[1] Quellen I, 218, 219, 63, 64. Keufsler III, 29, 30, 31. Quellen I, 310. Erbrecht sogar von Witwe und Tochter. Quellen I, 316.

[2] Quellen I, 123, 157, 178, 188. Keufsler II, 49. Von Beispielen der Arbeit als Grundlage des Individualrechtes sind voll die Studien Kaufmanns aus Sibirien, z. B. in den Arbeiten der Moskauer Juristischen Gesellschaft, Band VI, S. 160.

[3] So Simkhowitsch a. a. O. 135, 151, 337.

Äufserst interessant ist auch der Einwand, dafs Landumteilung eine Rückkehr zum Hörigkeitsrecht bedeute. So erwidern Bauern auf die Frage, weswegen sie nicht mehr umteilen: „wie wir als Hörige lebten, wünschen wir jetzt nicht mehr zu leben“[1]. Es liegt dem ein richtiger Gedanke zu Grunde: die Landumteilung ist ein Zeichen dafür, dafs der Zweck der bäuerlichen Wirtschaft nicht in ihr selbst, sondern in der Wirtschaft eines dritten (Gutsherrn, Fiskus) liegt.

Freilich vollzicht sich diese Entwicklung zum Individualbesitz nicht ohne schwere innere Kämpfe und Katastrophen. In dem Mafse, als das Land wertvoller und die Bevölkerung dichter wird, wächst die Zahl derer, welche mit der bestehenden Besitzverteilung unzufrieden sind. Immer begehrlicher fordern die seit der letzten Umteilung nachgeborenen Seelen eine Neuverteilung des Besitzes, welchen noch kein Gerichtshof schützt. Um die Frage der Umteilung erheben sich in solchen Fällen hitzige Kämpfe, wie sie in der Vorzeit der Entstehung von Privateigentum überall vorangegangen sein mögen. Den Reichen, an sich der Minderzahl, erwachsen Bundesgenossen hinter ihren Gegnern: die Armen, die viehlosen Bauern, die mit dem Lande nichts mehr anfangen können und die damit verbundene Steuerpflicht fürchten, oder den Reichen durch Schulden zu Willen sind.

Der Ausgang dieser Kämpfe ist zweifelhaft und hängt von der zufälligen Bildung der für die Umteilung geforderten ²/₃ Mehrheit ab, für welche oft mit Branntwein und ähnlichen Mitteln gearbeitet wird. Zahlreiche Neuverteilungen des Landes nach lebenden Seelen im letzten Jahrzehnt belegen die Unsicherheit der bestehenden Besitzverhältnisse[2]. Immer-

---

[1] Citiert in der Ökonomischen Rundschau, Juli 1898, S. 37.

[2] Prof. N. Miklaschefski, einer der besten Sachkenner russischer Agraria, Encyklopädisches Wörterbuch, Band XXIV, S. 216: für die gegenwärtigen Verhältnisse des Gemeindebesitzes im schwarzerdigen Grofsrufsland sei der Kampf zwischen „Revisionsseelen“ und „lebenden Seelen“, d. h. bestehender Besitzverteilung und Besitzlosen besonders bezeichnend.

hin ist die Zahl der Gemeinden, welche seit der Befreiung jede Umteilung abwiesen, eine recht grofse.

Die geschilderten Kämpfe drehen sich um die Frage, ob die geforderte Landumteilung eintreten oder unterbleiben soll. Ihr Ausgang ist entweder eine völlige Revolution aller Besitzverhältnisse oder der faktische Fortbestand des Überkommenen. Viel seltener und später taucht die Frage auf, ob auch der rechtliche Übergang zum Individualbesitz zu vollziehen sei, womit die Möglichkeit der Umteilung ein für allemal beseitigt wäre. Wenn auch kein Zweifel ist, dafs die wohlhabenderen Bauern eine solche Veränderung ihrer Rechtslage erstreben[1], so sind doch die entgegenstehenden gesetzlichen und thatsächlichen Schwierigkeiten aufserordentlich grofs. Nur in wenigen Fällen hat sich bisher juristisch anerkanntes Privateigentum aus dem Gemeindeeigentum entwickelt.

Wer mit uns den Gemeindebesitz als Hemmnis des technischen Fortschrittes betrachtet, wird nicht daran zweifeln, dafs eine rechtliche Festlegung des thatsächlich vielfach bestehenden Individualbesitzes von Nutzen wäre. Es kommen hier in Betracht alle diejenigen Gesichtspunkte, welche schon in den 70er Jahren von der unter Walujeff tagenden Kommission einstimmig geltend gemacht wurden. Der ausgeraubte Boden biete dem verarmten Gemeindegenossen immer kärglichere Frucht; er würde seine Kräfte wieder sammeln unter der liebevollen Pflege des Privateigentümers. Sparsamkeit und Erwerbssinn würden sich eher entwickeln, wenn der sparsame Wirt nicht mehr fürchten müfste, für den Trinker und Verschwender zu arbeiten. Der kräftigere Wirt brauchte nicht mehr den schwächeren durch Wucher zu unterjochen, wenn er offen und ehrlich auf dem Boden des Privateigentums seine Wirtschaft ausdehnen könnte. Der Verpächter könnte dem durch eigenen Besitz gesicherten Wirte längere Kontrakte zu niederern Pachtpreisen gewähren, als dem völlig unsichern Gemeindebesitzbauer. Der Verpächter würde sich hierzu um

[1] Vergl. Ökonomische Rundschau, Februar 1899, S. 53, 59, 63.

so eher entschliefsen, als die übliche einjährige Pacht für ihn selbst keineswegs vorteilhaft ist[1].

Sucht man thatsächliche Belege für die Vorteile des Privateigentums, so fische man nicht die vereinzelten Fälle Individualbesitzes aus dem Meere grofsrussischen Gemeindebesitzes; hier sind durch Gemengelage und Flurzwang die Individualbesitzer gewöhnlich an die Wirtschaftsweise des Mir gefesselt. Man denke vielmehr an die Westgouvernements, die Gegenden vorherrschenden Privateigentums, welche trotz schlechten Bodens anerkanntermafsen weit bessere Wirtschaftsverhältnisse aufweisen als die breite Masse des bäuerlichen Grofsrufslands.

Meine russischen Freunde werden mir die wirtschaftlichen Vorteile der geschilderten Entwicklung vielleicht zugeben, dagegen ihr aus socialen Rücksichten den Krieg erklären. Hiergegen gebe ich Folgendes zu bedenken: Zwar gewährleistet der Gemeindebesitz Gleichheit der Lebenslose, aber dieses gleiche Recht ist, wie Jermoloff treffend sagt, nur das Recht aller zu hungern. Dem gegenüber bringt jene Klassenbildung zunächst wenigstens eine Anzahl von Menschen hervor, welche nicht der periodischen Gefahr des Hungers ausgesetzt sind. Aber selbst die landlos gewordenen Bauern, welche sich zum Tagelohn entschliefsen, sind meist besser gestellt als bisher.

Die Emporentwicklung einer Klasse besitzender Landwirte, einer „ländlichen Kleinbourgeoisie[2]“ aus der Unterschiedslosigkeit des bäuerlichen Elends scheint mir also auch vom socialen Standpunkt die wichtigste Aufgabe des heutigen Rufsland. Freilich verschliefst sich ein grofser Teil der Beurteiler dieser Notwendigkeit: slavophil gefärbte Nationalisten und socialistisch angehauchte Liberale. Man sträubt sich gegen diese Entwicklung als „eine Proletarisierung des Volkes“. In der öffentlichen Meinung sucht man die wohlhabenden und emporstrebenden Bauern als Wucherer (Kulaki) anzuschwärzen, und insbesondere jenen socialistischen Pseudo-

---

[1] Karischeff a. a. O. S. 248, 307, 309, 343, 383.

[2] Vergl. Brauns Archiv 1894, S. 355 ff.

Liberalen „gilt Wohlhabenheit als Unsittlichkeit“[1]. Nur wenige meist dem Landleben angehörige Schriftsteller haben dagegen protestiert, dafs man sich den Bauern nur in bettelhafter Erscheinung denken könne, und darauf hingewiesen, dafs eine Überwindung der ländlichen Krise nur von dem Kulakentume, d. h. der Kapitalansammlung zu erwarten sei[2].

Damit soll nicht geleugnet oder gar gerechtfertigt werden, dafs diese wohlhabenderen Wirte die Notlage ihrer ärmeren Nachbarn oft in rücksichtsloser Weise ausnutzen. Aber ähnliche moralische Flecken hatten auf der Urgeschichte fast aller wirtschaftlich emporsteigenden Klassen; denn Sittlichkeit erfordert Tradition und eine gewisse Sicherung der Lebensverhältnisse. Man denke daran, wie der Kaufmann, dieser Stammvater des modernen Bürgertums, in frühen Gesellschaftszuständen als Betrüger gilt.

Sicherlich unterliegen aber nicht alle Mitglieder der aufstrebenden Klasse dem sittlichen Makel — besonders wenn man die dunkle und rohe Masse bedenkt, aus deren Kulturlosigkeit sie zwar nicht sich selbst, vielleicht aber ihre Kinder und Enkel emporarbeiten. Übrigens ist nicht alles Wucher, was Wucher scheint. Bei der gänzlichen Unsicherheit der ländlichen Verhältnisse und dem gänzlichen Fehlen eines Rechtes der Privathypothek sind sehr hohe Zinsfüfse unvermeidlich. Gelddarleiher, welche den Bauern zu 18 % vorschiefsen, werden von ihnen als Wohlthäter verehrt; der gewöhnliche Zinsfufs beträgt nach Orloff im Gouvernement Moskau 30 %. Bemerkenswerter Weise ist den Juden der Aufenthalt in diesen Teilen Rufslands verboten[3].

[1] Besonders charakteristisch hierfür ist das Buch von Sasonoff, Wucher, Petersburg 1894. Vergl. besonders die Thesen auf S. 86. Dem Verfasser erscheint die ganze Entwicklung der russischen Volkswirtschaft seit der Reform als die Entwicklung einer „Wucherwirtschaft“. Hilfsmittel hiergegen — Polizei.

[2] So Golowin und Fürst Wasiltschikoff. Vergl. einen interessanten Aufsatz von Samson Himmelstierna, Baltische Monatsschrift, Bd. 30, Heft 1, S. 68.

[3] Citate finden sich bei Simkhowitsch a. a. O. S. 390 ff. Dagegen

Ferner ist zu bedenken, dafs der Mangel an festen Individualrechten den energischen Mann geradezu zum Wucher hinführt. Da der Gemeindebesitz den wohlhabenden Bauern verhindert, durch Kauf seinen Betrieb auf dem Bauernlande zu vergröfsern, so ist er gezwungen, auf dem Wege des Notdarlehns seine Wirtschaft auszudehnen und die ärmeren Genossen zu unterjochen. Jedoch hören die letzteren in dem Mafse auf, Objekte des Wuchers zu sein, als sie die eigne Wirtschaft aufgeben und reine Tagelöhner werden. Ihnen mufs auch der Wucherer den üblichen Geldlohn zahlen.

G. Agrare Gesetzgebung.

Welche Stellung nimmt der Staat zu der geschilderten Entwicklung ein? Bis Anfang der neunziger Jahre gar keine; bis dahin besafs die Gemeinde vollste Autonomie. Nicht zu Unrecht sagte man: der Bauer habe durch die Bauernbefreiung einen neuen Herrn erhalten, der über Person und Besitz mit ebensolcher Freiheit verfüge, wie der alte, die Gemeinde[1].

Die Gemeinde bestimmt das Feldsystem, den Zeitpunkt der einzelnen Feldarbeiten; sie vermietet Steuerrückständler nach auswärts, giebt oder verweigert den Pafs, ohne welchen der Einzelne die Gemeinde nicht verlassen darf; sie hat das Recht, ihre Mitglieder der Prügelstrafe zu unterwerfen. Die Gemeinde hat volle Verfügungsfreiheit über das Land im Verhältniss zum Gemeindemitglied: sie kann mit $^2/_3$ Mehrheit eine allgemeine Umteilung beschliefsen und dabei den Mafsstab beliebig festsetzen, nach dem verteilt werden soll; sie kann aber auch ohne allgemeine Umteilung die Landanteile einzelner Mitglieder kürzen und damit die anderer vergröfsern. Steuerrückständlern pflegt sie allen Landbesitz ohne weiteres

---

sagt das englische Blaubuch Nr. 254 über russische Landwirtschaft, dafs in den „jüdischen Provinzen" Rufslands der Zinsfufs niederer sei wegen gröfserer Konkurrenz des Anleihekapitals.

[1] Bei den Staatsbauern übte zur Zeit der Leibeigenschaft eine weitgehende Aufsicht ein lokaler Staatsbeamter, der Kreishauptmann.

zu nehmen[1]. Rechtfertigung dieser weitgehenden Befugnisse: Sie haftet für Steuern und Ablösungszahlungen mit Solidarhaft, ist aber völlig frei in der Art und Weise, wie sie die Steuern aufbringt. An der Grenze der Gemeinde macht selbst das Civilrecht halt, indem für die Beziehungen der Genossen untereinander das Gewohnheitsrecht gilt, dessen Träger die Gemeinde ist. Dies die Gemeinde, wie sie die Befreiungsgesetzgebung hinterliefs: ein kulturloser, vielköpfiger, Einflüfsen aller Art, besonders dem des Branntweins unterliegender Herr.

Da die Urheber der Bauernreform keineswegs unbedingte Anhänger des Gemeindebesitzes waren, vielmehr ihm aus fiskalen Gesichtspunkten so weitgehende Konzessionen machten, so sah die Befreiungsgesetzgebung folgende Wege für den Übergang zum Privateigentum vor:

1. Ganze Gemeinden können mit 2/3 Mehrheit den Übergang zum Privateigentum beschliefsen.
2. Einzelne Gemeindemitglieder können Aussonderung ihres Landanteils zu Privateigentum jederzeit verlangen, sobald die Gemeinde die Ablösungsschuld bezahlt hat. Art. 36 des allgemeinen Gesetzes.
3. Einzelne Gutsbauern können, schon ehe die Ablösungsschuld der Gemeinde bezahlt ist, zu Privateigentum ausscheiden:
   a) mit Zustimmung der Gemeinde. Art. 165 a der Ablösungsordnung;
   b) auch ohne Zustimmung der Gemeinde, wenn sie den vollen Betrag der auf ihrem Landanteil ruhenden Ablösungsschuld der lokalen Regierungskasse einzahlen. Art. 165 b der Ablösungsordnung.
4. Einzelne Staatsbauern können zu Privateigentum ausscheiden mit Zustimmung einer 2/3 Mehrheit der Gemeinde. Art. 15 des Gesetzes über die Staatsbauern.

[1] Brscheski, Ökonomische Rundschau, Juli 1898, S. 14. Jan. 1898, S. 72.

Obgleich die unter dem Vorsitz von Walujeff tagende Kommission in den siebziger Jahren weitere Erleichterungen für den Übergang zum Privateigentum empfahl, so blieb bis 1893 die Gesetzgebung in dieser Frage unverändert. Thatsächlich waren auf dem Boden dieser Bestimmungen die Fortschritte des Privateigentums geringfügig. Der Übergang ganzer Gemeinden zum Privateigentum scheiterte an der verlangten ²/₃ Mehrheit, sowie den Schwierigkeiten der Vermessung, deren Kosten und Technik den Bauern unzugänglich waren. Da Gemeinden, welche ihre Ablösungsschuld bezahlt hatten, lange Zeit nicht vorhanden waren, so war die zweitangeführte Bestimmung unpraktisch. Das Ausscheiden einzelner Gemeindemitglieder vor völliger Tilgung der Ablösungsschuld scheiterte an der geforderten Zustimmung der Gemeinden, welche natürlich ihre zahlungsfähigsten Glieder nicht loslassen wollten.

So blieb nur der Ausweg des Art. 165 b. In dem Maſse, als die Ablösungsschuld sich verminderte und der Wert des Landes stieg, vermehrten sich die Fälle, in denen auf Grund der angeführten gesetzlichen Bestimmung einzelne Bauern aus dem Gemeindebesitz ausschieden. Es waren dies in erster Linie wohlhabende Wirte, welche sich in Besitz des steigenden Grundwertes setzen und der Solidarhaft für Steuern sich entziehen wollten, daneben aber auch arme Bauern, welche von dritter Seite das Geld zum Loskauf ihres Landanteils erhielten und den ausgeschiedenen Landanteil sofort an die Darlehngeber veräuſserten. Unter den letzteren traten Landwirte und Industrielle auf, welche das gekaufte Land produktiv verwandten, häufig aber auch Schnapswirte und ähnliche Elemente, die sich auf diesem Wege als Ausbeuter in die Gemeinde einnisteten. Übrigens hat der Bauernstand als solcher durch diese Verschiebungen an Landbesitz keineswegs verloren; denn auch die Käufer waren meistenteils bäuerlichen Standes und auſserdem dehnte sich der Bauer, wie wir sahen, auf dem Boden des Gutslandes durch Kauf mächtig aus.

Während seit der Bauernreform die agrare Gesetzgebung völlig geruht hatte, begann mit dem Gesetz vom 12. Juni 1889 eine Reihe wichtiger gesetzgeberischer Akte. Das genannte

Gesetz brach mit dem Prinzip der Autonomie der Gemeinde. „Es ist bekannt,“ sagt die Begründung des Gesetzes, „dafs häufig von der Gemeinde solche Beschlüsse gefafst werden, welche offenbar die wichtigsten Bedürfnisse der ganzen Gemeinde verletzen oder die Rechte einzelner Gemeindegenossen mit Füfsen treten. Es beruht dies auf dem Mangel an geistiger Entwicklung bei der Mehrheit der bäuerlichen Bevölkerung.“ Dementsprechend gab das Gesetz vom 12. Juni 1889 den „Landhauptmännern“ das Recht, solche Gemeindebeschlüsse anzuhalten und der Entscheidung der Bezirkssitzung zu unterbreiten, welche zum offenbaren Nachteil der Gemeinde dienen oder die gesetzlichen Rechte einzelner ihrer Mitglieder verletzen. Später hat das Gesetz vom 8. Juli 1893 insbesondere die Landumteilungen der Aufsicht der Landhauptmänner unterworfen. Endlich haben die Einführungsverordnungen zu den Gesetzen vom 7. Februar 1894 und 26. Juli 1896, welche sich mit Stundung der Ablösungszahlungen befassen, den Landhauptmännern die entscheidende Stimme bei Verteilung und Eintreibung der Steuern überwiesen.

Damit ist die alte Gemeindeautonomie gebrochen — grundsätzlich gewifs ein Fortschritt. Denn was im Westen zur Zeit des Merkantilstaates galt, gilt hier im Osten noch heute: der Staat ist volkswirtschaftlich aufgeklärter als die grofse Masse seiner Unterthanen, welche er, oft wider ihren Willen, zum Fortschritt hinanführt. Der Gedanke des Adam Smith, dafs jeder seine eigenen Interessen am besten verstünde, versagt gegenüber der breiten Durchschnittsmasse der russischen Bauern: Gutsherr, Staat und nicht zum mindesten der Mir haben durch eine schrankenlose Herrschaft über Besitz und Person des Einzelnen die individualistische Entwicklung des Bauern aufserordentlich verzögert.

Aber dieser Staatseingriff ist nur dann berechtigt, wenn er die Erziehung zur Selbsthilfe und zur wirtschaftlichen Freiheit zum Ziele hat[1]: Help them to help them selves.

---

[1] Diesen Standpunkt vertreten die St. Petersburger Nachrichten des Fürsten Uchtomski z. B. Art. vom 2. Aug. 1898.

Gerade in dieser Hinsicht aber scheiterte die gute Absicht des Gesetzgebers vielfach an der Persönlichkeit der Beamten. Zwar herrscht an den leitenden Stellen in Petersburg eine durchaus sachliche Auffassung der russischen Agrarfrage. Das öfters citierte Buch „Mifsernte und Volksarmut“, dessen Verfasser der gegenwärtige Landwirtschaftsminister ist, erklärt die allmähliche Überführung des Gemeindebesitzes in Privateigentum für unerläfslich. Die Budgetberichte Wittes betonen, dafs das Aufsteigen der „reichen Bauern“ dem Finanz-, also dem staatlichen Machtinteresse entspricht. Anders die ausführenden Organe.

Die grofse Masse der örtlichen Beamten, so besonders auch die dem Landadel entnommenen Landhauptmänner, stehen völlig unter dem Banne der „volkstümlichen“ Ideenwelt. Nichts liegt ihnen ferner als der Gedanke, dafs das Emporkommen der reichen Bauern im staatlichen Interesse zu fördern ist, dafs die Loslösung der verarmten Bauern vom Lande für diese selbst wie für die Gesammtheit eine Wohlthat ist. Ihre Aufgabe scheint ihnen vielmehr in der Erhaltung der kulturell wie steuerlich unerfreulichen Mittelmäfsigkeit zu bestehen, in der Verteidigung, ja der Ausdehnung des Gemeindebesitzes, in der Beförderung der so schädlichen Landumteilungen u. s. w[1].

Auch wir kennen in Westeuropa diese Stimmungen, welche oft von den lautersten Absichten getragen sind. Das Mitgefühl mit den Leiden des Volkes und der Wunsch, ihm zu helfen, führt häufig auf Seiten der Gebildeten zu Versuchen, niedergehende Schichten künstlich am Leben zu erhalten. Aber dieses Bestreben ist widersinnig und reaktionär; es bewirkt nichts, als die beklagten Mifsstände zeitlich zu verlängern. Es hemmt den wirtschaftlichen Fortschritt, weil ihm die Einsicht fehlt, dafs der Fortschritt des Ganzen den Fortschritt einzelner Individuen und Schichten voraussetzt. Wer das Wohl des

---

[1] Vergl. z. B. Ökonomische Rundschau, Februar 1898, S. 59, ferner Juli 1898, S. 34, 35.

Volks vernünftig will, kann nichts besseres thun, als die aus Rohheit und Elend emporringende Klasse zu unterstützen, welche die Keime der Zukunft in sich trägt.

Diese Einsicht ist zur Zeit von der Nebelwelt der „Volkstümlichkeit“ völlig verdunkelt. Ein Beleg hierfür sind die von der Centralregierung veranlafsten Äufserungen der Landhauptmänner zur Agrarfrage[1]. Die breite Masse dieser Beamten ist dem Gemeindebesitz gewogen, ja leidenschaftlich zugethan. Mit allen Mitteln sucht sie seine „künstliche“ Auflösung hintanzuhalten — als ob ein Vorgang künstlich zu nennen wäre, der sich ohne jeden Eingriff der Staatsgewalt von selbst vollzieht. Die reicheren Bauern, von welchen der Zersetzungsprozefs ausgeht, beschuldigt man, „nichts als ihre eigenen Ziele zu verfolgen“[2] — als ob man von einem wirtschaftlichen Individuum, das in den harten Kampf um das Dasein gestellt ist, etwas besseres verlangen könnte. Nur eine Minderheit der Landhauptmänner vertritt demgegenüber eine mehr europäische Auffassung der Agrarfrage.

Interessant ist die geographische Anordnung der beiden Parteien. Für den Gemeindebesitz stimmt die breite Masse der grofsrussischen Gouvernements. Vom Westen her erhebt sich zu Gunsten des Privateigentums die Stimme Europas, welche bis zu den Gouvernements Mogileff, Tschernigoff, Pultawa dringt. Dem Privateigentum günstig äufsern sich ferner die Landhauptmänner von St. Petersburg, Cherson und Taurien. Wenn alle Wirtschaftsgeschichte lehrt, Privateigentum und individuelles Erbrecht als die Grundlage der persönlichen Freiheit anzusehen, so könnte man sagen, dafs in jenen Stimmen die befreiende Wirkung der Seeluft sich fühlbar macht[3].

---

[1] St. Petersburg 1897. 3 Bände. Einen Auszug enthalten die öfters citierten Aufsätze der Ökonomischen Rundschau.

[2] Vergl. Ökonomische Rundschau, Januar 1898, S. 57.

[3] Als Wilhelm der Eroberer 1066 England unterjocht hatte, galten alle Einwohner als seine Hörigen, alles Land als sein eigen. Eine Ausnahme machten „die freien Herrn von London“, mit denen er einen

Dieser zwiespältigen Stimmung in Beamtenkreisen entspricht die neuere Agrargesetzgebung. Einen gewaltigen Fortschritt in der Richtung auf individuelle Rechtsverhältnisse bedeutet das Gesetz vom 8. Juni 1893. Was schon Walujeff erstrebt hatte[1], wird hier endlich verwirklicht: Verminderung der als schädlich erkannten Landumteilungen, welche das Gesetz an eine 12jährige Frist bindet. Die wichtigsten Bestimmungen dieses Gesetzes lauten:

(§ 5.) „Die Umteilungsfrist wird auf zwölf oder mehr Jahre festgesetzt". — Eine Anmerkung erläutert, dafs diese Beschränkung der Umteilungsfrist sich nicht auf Fälle erstreckt, wo die Umteilung des Gemeindelandes zum Zwecke der definitiven Teilung desselben in konstante erbliche Anteile vorgenommen wird. —

(§ 9.) „Bei jeder Umteilung wird denjenigen Bauern, welche die Bonität ihres Landanteiles durch Düngung, Entwässerung, Irrigation oder auf irgend welche andere Weise melioriert haben, gleichweise den Rechtsnachfolgern dieser Bauern, der Landanteil nach Möglichkeit auf der früher von ihnen benutzten Stelle zugewiesen. Im Falle dieses unmöglich ist, erhalten genannte Personen entweder einen Landanteil, welcher von der gleichen Bonität ist wie der früher genutzte, oder eine Entschädigung, die in einer entsprechenden Kürzung der Abgaben besteht oder auf andere Weise effektuiert wird."

(§ 10.) „Im Zeitraum, bis ein neuer Gemeindebeschlufs über denselben Gegenstand gefafst werden darf, darf die Gemeinde die Landanteile der einzelnen Hofwirte weder in ihrem ganzen Umfang noch teilweise einziehen, mit Ausschlufs folgender Fälle: 1) Tod des Hofwirtes, Austritt aus der Gemeinde, Ausweisung desselben gemäfs einem gerichtlichen Verdikt oder einem Gemeindebeschlufs, nachrichtslose Abwesenheit und Aufgabe der Wirtschaft seitens des Hofwirtes,

Vertrag schlofs. Als erstes Zeichen ihrer Freiheit erkannte der Freibrief das individuelle Erbrecht an.

[1] Ökonomische Rundschau, Juli 1898, S. 23.

wenn in allen diesen Fällen der gestorbene resp. ausgetretene Hofwirt in der Gemeinde keine Familienmitglieder hinterlassen hat, welchen der Landanteil überlassen werden könnte. 2) Verzicht des Hofwirtes selbst auf die Benutzung des Landes. 3) Steuerrückständigkeit (§ 138 der Allgemeinen Bauernordnung)".

Entgegengesetzte Tendenz weist derjenige Teil des Gesetzes vom 14. Dezember 1893 auf, welcher Artikel 165 b des Ablösungsgesetzes aufhebt. Derselbe lautet:

„Bis zur Einzahlung des Ablösungsdarlehns ist die Ausscheidung der Landanteile der einzelnen Hofwirte aus dem von der Gemeinde erworbenen Grundbesitze und gesonderte Ablösung der Landanteile vor dem allgemeinen Termin nicht anders zulässig, als mit Einwilligung der Gemeinde und unter Bedingungen, welche in einem Beschlusse der betreffenden Gemeindeversammlung anzugeben sind". —

Seitdem also ist das Ausscheiden einzelner Bauern aus dem Gemeindebesitz an folgende Bedingungen geknüpft[1]:

a) Staatsbauern können auf Grund der unverändert gebliebenen Gesetzgebung ausscheiden, wenn die Gemeinde mit $^2/_3$ Majorität zustimmt.

b) Gutsbauern können nach der neuen Fassung von Artikel 165 des Ablösungsgesetzes nur ausscheiden unter einfacher Zustimmung der Gemeinde und mit voller Tilgung des Ablösungsdarlehns, dessen Betrag für das einzelne Grundstück die Gemeinde festsetzt.

Dieses Gesetz äufserte einen einschneidenden Einflufs. Im Jahre 1893 waren noch 965000 Rubel Ablösungsschuld auf Grund des Artikels 165 der Ablösungsordnung von einzelnen Bauern zur Zahlung gebracht; im Jahre 1896 war diese Summe auf 44000 Rubel gesunken. —

Bei der Gesamtpolitik der 80er Jahre, die wir kennen lernten, kann es nicht wunder nehmen, dafs die Stimmungen einer „volkstümlichen" Agrarpolitik auch im Ministerium zu

[1] Ökonomische Rundschau, Februar 1898, S. 69.

Worte kamen [1]. Schon seit Anfang der achtziger Jahre haben sie sich zu Gesetzentwürfen verdichtet. Aber Rufsland unterscheidet sich von manchen parlamentarischen Staaten Westeuropas zu seinem Vorteil durch die umständliche Art, in der die Gesetzgebungsmaschine arbeitet und die Entwürfe Jahre lang gesiebt werden. So geschah es, dafs die dem Gemeindebesitz günstige Zeitströmung ihren gesetzgeberischen Ausdruck erst in den Tagen fand, da die Flutwelle „volkstümlicher“ Wirtschaftsauffassung bereits ihren Höhepunkt überschritten hatte.

Trotz der Kompliziertheit dieser Fragen im einzelnen stehe ich nicht an, die Tendenz des Gesetzes vom 14. Dezember 1893 zu verurteilen. Es entspringt den Anschauungen der Leibeigenschaft, welche heute alle Bauern auf das Niveau der früheren Staatsbauern herabdrücken möchten. Stimmen, welche alles Bauernland als Staatseigentum reklamieren und staatliche Regulierung der ganzen Bauernwirtschaft verlangen, sind auch heute noch in der russischen Presse und Gesellschaft häufig zu hören. Auch in seiner praktischen Wirkung scheint mir das genannte Gesetz verurteilungswert: es erschwerte die Loslösung Einzelner aus der Gemeinde, den zur Zeit allein gangbaren Weg zum Individualbesitz; es schädigte damit die Interessen der besseren Bauern, jener staatlich wichtigsten Klasse im heutigen Rufsland.

Leser, welche sich über beide Gesetze näher orientieren wollen, finden auch einiges Material in deutscher Sprache [2].

Noch heute hängen die phantastischen Wolkengebilde der „volkstümlichen“ Nationalökonomie in den Niederungen der Provinz. Ein Glück für Rufsland dagegen: die der Centralregierung erhebt sich über das Nebelmeer und ragt in das Licht einer realistischen, darum nicht ausschliefslich westeuropäischen Wissenschaft. Es scheint zweifellos, dafs man

---

[1] Vergl. die dem Gemeindebesitz sehr geneigte Äufserung des Staatssekretärs Durnowo, Ökonomische Rundschau, Nov. 1897, S. 77.

[2] Brauns Archiv, Band VII, S. 642, Artikel von Paul Struwe; ferner Simkhowitsch a. a. O. S. 379 ff.

an diesen Stellen heute Fortschritte in der Richtung individualrechtlicher Entwicklung sucht, welche freilich durch die entgegenstehende öffentliche Meinung der gebildeten Kreise sehr erschwert werden. Ich möchte daher kurz diejenigen Punkte namhaft machen, wo mir die gesetzgeberischen Probleme der nächsten Zukunft zu liegen scheinen.

1. Obligatorische Aufhebung des Gesammtbesitzes mehrerer Gemeinden, welcher in Rufsland noch häufig ist; Vermessung des Landes unter die einzelnen Gemeinden.

2. Obligatorische Überführung des Gemeindebesitzes kleinster Gemeinden (etwa bis zu 20 Höfen) in erblichen Einzelbesitz.

3. Herabsetzung der 2/3 Majorität, mit welcher Gemeinden den Übergang vom Gemeindebesitz zum Einzelbesitz beschliefsen können, auf einfache Majorität.

Freilich würden alle diese Mafsregeln den erwarteten Nutzen schwerlich schaffen, wenn Gemengelage und Flurzwang bestehen blieben. Wie sehr die Gemengelage im mittleren Rufsland zur Zeit entwickelt ist, beweisen folgende Ziffern. Im Durchschnitt kommen im Moskauer Gouvernement nach Orloff 11 Gewanne je auf das Sommer- und das Winterfeld. Jeder Bauer hat in jedem Gewann Anspruch auf mindestens ein Ackerstück; er bebaut also mindestens 22 Parzellen[1]. Wie in Westeuropa wird die Gemeinheitsteilung begleitet sein müssen von staatlicher Vermessung und Zusammenlegung[2].

Sobald man aber zum arrondierten Hofbesitz (chutornoje chosjaistwo) übergeht, erhebt sich die Frage des bäuerlichen

---

[1] Vergl. Miklaschefski a. a. O. S. 216.

[2] Buchenberger, Agrarwesen und Agrarpolitik. Leipzig 1892. Band I, S. 287: Die Preufsische Gemeinheitsteilungsordnung bestimmt in dieser Hinsicht: Soweit die Aufhebung einer Gemeinheit erfolgt, „müssen die aus der Gemeinheit scheidenden und darin verbleibenden Teilnehmer die Landentschädigungen möglichst in einer zusammenhängenden wirtschaftlichen Lage erhalten" (§ 3, 61). Solche mit Zusammenlegungen verbundene Gemeinheitsteilungen heifsen Specialseparationen und die ersteren traten allmählich geradezu als der Hauptzweck des ganzen Unternehmens hervor.

Erbrechts, welche bereits Keufsler am Horizonte der russischen Agrarpolitik aufsteigen sah. Bei dem Fehlen eines Hypothekenrechtes bedeutet Erbteilung bezw. Familienteilung in Rufsland Realteilung des Grund und Bodens und damit die Gefahr einer bei relativ extensiver Landwirtschaft gewifs wenig wünschenswerten Zersplitterung.

Vielleicht dürfte auch hier die blühende Kolonistenwirtschaft Südrufslands den Weg weisen. Nach Postnikoffs öfters citirtem Buche ist bei den Kolonisten die ganze Gemeindeflur Eigentum der Gemeinde; kein Land darf ohne Zustimmung der Gemeinde veräufsert werden. Weide und Wald werden gemeinsam benutzt. Das Ackerland zerfällt dagegen in unteilbare Hufen, welche der Normalgröfse eines bäuerlichen Betriebes entsprechen und im Individualbesitz einzelner „Wirte“ stehen. Im Erbfall werden die Hufen gewöhnlich von einem der Erben übernommen zu einem von der Gemeinde angesetzten niedern Kaufpreis; wenn kein Erbe da ist, werden sie unter den Kolonisten versteigert, jedenfalls aber als Ganzes erhalten [1].

4. Wichtiger aber und vorbereitend für alles andere erscheint die Frage, wieweit es finanztechnisch möglich ist, die Solidarhaft der Gemeinde für Steuern und Ablösungszahlung aufzugeben. Erst hiermit schnitte man in die Wurzel des Gemeindebesitzes. Die wachsende Bedeutung der indirekten Besteuerung und die steigenden Einnahmen des Staates aus Eigenbetrieben sollten eine solche Reform der direkten Besteuerung in das Gebiet der Möglichkeit rücken. Selbstverständlich ist es, dafs die provinziellen Finanzbehörden sich gegen eine solche Reform aussprechen werden, da durch eine Verteilung der Steuern auf den einzelnen Bauer sich ihre Arbeit und Verantwortlichkeit aufserordentlich vermehren würde. Aber dieser Gesichtspunkt darf nicht entscheidend sein. Wenn man Steuerausfälle fürchtet, so käme vielleicht selbst eine geringe Anspannung des gegenwärtigen Steuerfufses in Betracht. Denn Bestimmtheit der Steuer ist nach

[1] Vergl. Postnikoff a. a. O. S. 291 ff. und passim.

A. Smith der erste Grundsatz aller Besteuerung, und eine bestimmte, höhere Steuer kann für den Besteuerten erträglicher sein als eine niedere, aber unbestimmte Steuer.

Ich fühle mich keineswegs berufen, über die Einzelheiten dieser gesetzgeberischen Aufgaben Urteile zu fällen. Um so sicherer erscheint mir das letzte Ziel aller Agrarreform im heutigen Rufsland: es handelt sich um Vollendung des grofsen Befreiungswerkes der 60er Jahre. Die Befreiungsgesetzgebung begründete aus fiskalen Gesichtspunkten die Allgewalt des Mir und versagte dem einzelnen Bauern individuelles Eigentum und persönliche Freiheit. Die Reform hat daher eine doppelte Seite: eine Aufgabe hinsichtlich des Landes und eine solche hinsichtlich der Person.

Hinsichtlich des Landes lautet die Aufgabe: allmähliche und den Verhältnissen Rechnung tragende Überführung des Gemeindeeigentums zum Privateigentum oder wenigstens Beseitigung der dieser Entwicklung gegenüberstehenden Hindernisse.

Ob ein jäher Übergang von der völligen Rechtlosigkeit des Individuums zum vollfreien Privateigentum thunlich ist[1], kann zunächst dahingestellt bleiben. Denn jedenfalls ist die weitgehende juristische Bindung des Grund und Bodens, wie wir sie auf Grund der heutigen Gesetzgebung oben kennen lernten, (oben S. 317) sinnlos, solange thatsächlich jene unerhörte Flüssigkeit und Unsicherheit aller bäuerlichen Besitzverhältnisse herrscht, welche wir wiederholt berührten. Erst gegenüber dem Individualbesitz ist die Frage einer mehr oder minder weitgehenden Bindung des Grund und Bodens praktisch[2].

Hinsichtlich der Person des Bauern lautet die Aufgabe: Beseitigung des bäuerlichen Standesrechtes und Gleichstellung aller Unterthanen auf dem Boden eines allgemeinen

---

[1] Hiergegen z. B. Nikolski, Ökonomische Rundschau. Januar 1898, S. 86-87.

[2] So verlangt Kawelin, Bauernfrage, S. 80 erblichen Privatbesitz mit unveräufserlichem und unverpfändbarem Obereigentum der Gemeinde.

Staatsbürgertums. Das Wort „Bauer" höre auf, ein öffentlich-rechtlicher Begriff zu sein, und werde zur Bezeichnung eines wirtschaftlichen Berufes. Schon die Urheber der Befreiungsgesetzgebung haben dieses Ziel ausgesprochenermafsen ins Auge gefafst[1].

Freilich setzt diese, wie jede gesetzgeberische Reform eine ungeheure und langdauernde Erziehungsarbeit an der öffentlichen Meinung voraus. Die russische Intelligenz darf den Bauern nicht länger als jenes mystische Wesen, halb Wilden, halb Heiligen, betrachten, dessen Glück darin bestehe, seine Persönlichkeit im Nirwana des Mir zu versenken. Der russische Bauer ist ein sich selbst bejahender Mensch, mit denselben Strebungen wie jeder von uns, zwar roh und ungebildet, aber doch der Anlage nach ein geistig, wie sittlich hochbegabter Europäer. Mehr als im Adel liegt in ihm die Fähigkeit, das moderne Wirtschaftsindividuum mit allen seinen Mängeln und Vorzügen aus sich heraus zu entfalten. Denken wir an den Sieg des bäuerlichen Gewerbes über die gutsherrliche Fabrik, den wir oben kennen lernten.

Wenn die russische „Intelligenz" ihre Stellung zum Bauern im angegebenen Sinne ändert, so wird dies für sie selbst ein Vorteil sein. Die Unselbständigkeit der „Intelligenz", welche die Slavophilen beklagten, beruhte in letzter Linie auf der Schwäche ihrer wirtschaftlichen Grundlage: des Adels. Heute erhebt sich eine neue Felsenschicht aus den Gewässern der Naturalwirtschaft und der geistigen Gebundenheit: jene „ländliche Kleinbourgeoisie", welche als Siegerin über den Gemeindebesitz den Litteraten verhafst ist. Und doch, die Ecken und Spitzen des „Kulakentums" können mit der Zeit verwittern, den öden Felsen kann eine Rasendecke überziehen, auf welchem die Blume einer wirklich „volkstümlichen" Bildung erblühen kann. Dann, und nicht eher, wäre das Ideal der Slavophilen erreicht: die Einheit der nationalen Kultur. Dann, und nicht eher, wäre die Kluft zwischen Volk und Gebildeten ähnlich überwunden, wie dies in gewissen Teilen Westeuropas

---

[1] So Nikolski a. a. O. S. 74.

der Fall ist, wo die höchsten Schichten des Geisteslebens durch unzählige Zwischenglieder mit der breiten Volksbasis unlöslich verbunden sind. Nur durch eine Emporhebung der unteren Schicht ist dies möglich, nicht durch ein künstliches Verbauern der Gebildeten.

Das Gesagte genügt, um meinen Standpunkt in den Grundfragen der russischen Agrarpolitik festzustellen. Es genügt aber auch, um den Leser zu überzeugen, dafs eine ausführliche Begründung dieses Standpunktes einen weiteren Band erforderte, der den vorliegenden an Umfang überträfe. Der Versuch, diese Begründung in den Grenzen gegenwärtigen Werkes vorzunehmen, würde mit Recht der Oberflächlichkeit geziehen werden.

Innerhalb der vorliegend gesteckten Grenzen erscheint es mir richtiger, die obigen Ausführungen durch einige Momentaufnahmen des ländlichen Kleinlebens zu illustrieren, welche zwar nicht den Anspruch machen, sogenannte „typische" Fälle festzuhalten, aber doch unmittelbar aus dem Meere der Thatsachen geschöpft sind. Nur so wird der Leser von dem Hauche der russischen Landluft angeweht werden, die man geatmet haben mufs, um nicht in russischen Wirtschaftsfragen, selbst Fragen der Gewerbe- und Finanzpolitik', nach westeuropäischer Schablone zu urteilen.

Das erste dieser Tagebuchblätter ist geschrieben auf der Seereise von Sebastopol nach Brindisi, also ohne die Benutzung irgend welcher Litteratur; der farbige Frühlingsglanz, der mich an den griechischen Küsten umgab, verschärfte die Eindrücke, die ich wenige Tage vorher in den schneebedeckten Hungergebieten Rufslands empfangen hatte. Der zweite Reisebericht entstand in dem Landhause eines russischen Gastfreundes, ebenfalls ohne Litteraturbenutzung, aber unter täglicher Besprechung mit einem sachkundigen Beobachter des russischen Dorflebens. Für die folgenden beiden Berichte benutzte ich dagegen die Schätze des statistischen Bureaus zu Pultawa. Leider verhindert mich der Mangel an Zeit, mein reiches Material zum russischen Gemeindebesitz zu heben; für die vorliegenden Zwecke schienen mir gewisse individualistische Erscheinungen charakteristischer.

II. Ein Tagebuchblatt aus den russischen Notstandsgegenden. März 1893.

Im Sommer 1892 wurde ein Teil des östlichen Rufsland von einer schweren Mifsernte heimgesucht, welche im darauffolgenden Winter zu einer eigentlichen und offiziell anerkannten Hungersnot führte; der Notstand war um so schärfer, als bereits ein Jahr vorher dieselben Gegenden unter völliger Mifsernte zu leiden hatten. Der Bereich der ersteren Mifsernte erstreckte sich über die Gouvernements Tula, Woronesch, Poltawa, Cherson und das Gebiet der Donschen Kosaken, ferner über Teile der Gouvernements Orel, Rjäsan, Kursk und Kijew. Zum zweitenmal von der Mifsernte und daher von verschärftem Notstande betroffen waren die Gouvernements Tula, Woronesch, sowie Teile von Rjäsan und Orel.

Ein Blick auf die Landkarte belehrt, dafs es sich in jenen Notjahren also keineswegs um die Teile Rufslands handelte, die, mit kargem Boden und rauhem Klima, von der Natur nur stiefmütterlich ausgestattet sind. Diese Umstände haben vielmehr in dem nördlichen Rufsland den Menschen frühe vom Boden gelöst, ihn in die Städte und in die Ferne zu zeitweisem Erwerb getrieben. Die Bevölkerung ist hier beweglicher und unternehmender, sie findet seit langem Nebenbeschäftigung in einer ausgedehnten Hausindustrie. Letztere aber bereitete den Boden für die Entstehung jener gewaltigen Grofsbetriebe, welche heute im Moskauer und Wladimirschen Gouvernement ihren Sitz haben. Diese vielfach Getreide einführenden Bezirke erfreuen sich verhältnismäfsigen Wohlstandes. Sie sind wohlhabend genug, auch in Zeiten des Mifswachses Getreide zu kaufen. Auch die westlichen, verkehrsreicheren Gouvernements Rufslands kennen zwar Mifsernten, nicht aber Hungersnöte. Demgegenüber wurden vom „Hunger“ als Massenerscheinung wiederholt die südlichen und östlichen Gouvernements heimgesucht; mit ihrer berühmten „schwarzen Erde“ könnten sie geeignet erscheinen, nicht nur ihre eigenen Bebauer, sondern noch Millionen von Käufern zu nähren — es sind Gegenden, deren Klima den Anbau des Weizens und zum Teil auch der Zuckerrübe gestattet.

Diese Thatsache ist merkwürdig genug; aber sie wird merkwürdiger, wenn man ihr Auge in Auge gegenübertritt. Ich fordere daher den Leser auf, mich in die Notstandsgegenden Rufslands zu begleiten. Der Ausflug ist von Moskau aus unschwer zu unternehmen, da das Gebiet von Eisenbahnen durchschnitten ist.

Ich verliefs die Eisenbahn in der Kreisstadt B. im Tulaschen Gouvernement. Der das Städtchen überragende Schlot zeigte mir von fern, dafs das moderne Wirtschaftssystem bereits seinen Fufs in das Land gesetzt hat. Auf meine Frage erfuhr ich, dafs der Schlot einer grofsen Zuckerfabrik angehöre — ein Beweis für den Reichtum des Bodens. Welcher Gegensatz: auf der Eisenbahnstation sah ich zugleich das Holzdepot des Roten Kreuzes, zu welchem die Bauern mit kleinen Schlitten und kleinen abgezehrten Pferdchen herangefahren kamen, um zu ermäfsigten Preisen das unentbehrlichste Brennmaterial zu kaufen. Schweigend drängten sie sich um den Eingang des Hofes, wo das Holz abgemessen wurde, während die Pferde mit hängendem Kopf, kaum fähig, sich auf den Beinen zu halten, nach den herumliegenden Stroh- und Heuhalmen schnappten; schweigend belasteten die Bauern die Schlitten mit wenigen Scheiten; die Schlitten sind klein und schon ihre gewöhnliche Befrachtung ist äufserst gering; um so geringer aber war sie hier, wo die Pferde wenig mehr als Haut und Knochen darstellten. Schweigend zogen die Bauern von dannen, während andere kamen; der russische Bauer ist ein Held jenes buddhistischen Lebensgrundsatzes: Widerstehe nicht dem Übel.

Ein günstiger Zufall führte mich bei Beginn meiner Wanderung mit einer jener für das russische Landleben typischen Gestalten zusammen, welche Wallace unter dem Namen Karl Karlitsch beschrieben hat: dem deutschen Gutsverwalter. Diese Klasse, vom Volke durch eine Kluft geschieden, zeigt oft nur geringes Verständnis für die inneren und geistigen Seiten des Volkslebens; dagegen beurteilt sie die wirtschaftlichen Zustände ihrer Umgebung mit nüchterner Sachkenntnis, die mir zur Belehrung diente.

In der That, meinte Karl Karlitsch, sei in den letzten beiden Jahren der Ernteertrag ein aufsergewöhnlich geringer gewesen; jedoch habe die Mifsernte das von ihm verwaltete Gut viel weniger schwer betroffen, als die benachbarten Bauern. Das Gut habe pro Defsjätine geerntet vom Weizen statt der gewöhnlichen 150 Pud nur 63, vom Roggen statt 75 Pud nur 28, also etwas weniger als die Hälfte; die Bauern dagegen hätten nicht mehr als ein Viertel der gewöhnlichen Ernte gemacht und vielfach seien bei ihnen die Felder „nackte Erde“ gewesen [1].

Auf meine Frage nach den Gründen dieser Erscheinung wurde ich auf die Verschiedenheit der Wirtschaftsweise von Gut und Bauern verwiesen. Das Gut baue Weizen, Zuckerrübe und Futtergewächse, die Bauern dagegen nach der Weise der Dreifelderwirtschaft Roggen und Hafer, bezw. Kartoffel, während das dritte Jahr das Feld unbearbeitet brach liege. Ihre Armut verhindere sie, diejenigen Werkzeuge anzuschaffen, welche zur besseren Bestellung des Landes notwendig seien. Daher verharren sie bei dem alten Hackenpflug (Socha), welcher grofsentheils auf dem Dorfe selbst gemacht werde und äufserst wenig Eisenbestandteile erfordere. Sein Vorteil bestehe für die gänzlich mittellosen Bauern darin, dafs er für die verschiedensten Arbeiten zu brauchen sei, für welche fortgeschrittenere Wirtschaften mehrerlei Werkzeuge besäfsen (Furchenziehen, Herausnehmen der Kartoffeln u. s. w.). Die Socha aber ritze den Boden nur oberflächlich, so dafs die unteren Schichten der fast 1 m tiefen Schwarzerde zur Produktion nicht herangezogen würden. Ein weiterer Grund der geringeren Ernteerträge der Bauern sei der Mangel an Düngung: das Land werde alle drei Jahre entsprechend der herrschenden

[1] So hörte ich erzählen, dafs man im Sommer 1891 neben dem Lande der Bauern, das lediglich Unkraut bedeckt habe, im Moskauer Gouvernement wogende Getreidefelder der landwirtschaftlichen Akademie erblickt habe.

Dreifelderwirtschaft neu umgeteilt, und damit fehle jedes Interesse des Bauern an der nachfolgenden Ernte. Die Felder, welche sich im Gemeindebesitz befänden, würden schlechthin nie gedüngt; vielmehr diene das Stroh dem Bauern als ausschliefsliches Brennmaterial. Eng mit dem Dreifeldersystem hänge auch der Viehmangel zusammen, welcher nur durch den Anbau von Futtergewächsen zu heben sei. Den wenigen Dünger, den der Bauer habe, verwende er zur Düngung des im Privateigentum befindlichen Gartens, ja eher der Pachtfelder, als seines Anteils am Gemeindeland. In seinem Garten baue er die Zuckerrübe zum Verkauf an die Fabrik; aber diese Bauernrübe habe um 25 % weniger Zuckergehalt als die Gutsrübe.

Während so der Bauer das Land nach der Weise der Väter bewirtschafte, habe sich die Bevölkerung vermehrt; vielfach käme auf die männliche Seele nicht mehr als 1/3 Defsjätine, und hieraus ergäbe sich, wenn man die durchschnittliche Produktion bei so extensiver Wirtschaft in Betracht zöge, die Notwendigkeit periodischen Hungers. Diese Notwendigkeit würde noch gröfser sein, wenn die Auswanderung nach den östlichen Gouvernements und Asien nicht einen steten Abflufs der Bevölkerung ermögliche; aus einem Dorfe in der Nähe seien von 350 Höfen 40, aus einem andern von 100 Höfen 30 während des gegenwärtigen Notstandes fortgezogen.

Im Vergleich mit der alten, von Karl Karlitsch gepriesenen Zeit der Leibeigenschaft habe sich die Lage der Bauern zweifellos verschlechtert — nicht erst als Folge der letzten schlechten Ernten. Früher, vor den grofsen Reformen, produzierte der Bauer für eigenen Verbrauch; was er in guten Jahren nicht aufzehrte, wurde bei den schlechten Wegen und dem mangelnden Verkehr aufgespeichert und diente als Rückhalt für die Zeit des Mifswachses. Bares Geld brauchte der Bauer nicht; höchstens das Salz und die eiserne Spitze des Pfluges waren zu kaufen. Dem Gutsherrn leistete er lediglich Arbeit und Naturalabgaben. In schlechten Zeiten hatte der

Gutsherr dafür Pflicht und Interesse, den Bauern leistungsfähig zu erhalten. Wenn die Regierung ausnahmsweise für die Ernährung des Volkes Aufwendungen machte, so forderte sie dieselben vom Gutsherrn zurück. Zweierlei griff in diese Zustände verändernd ein; einmal der Bau der Eisenbahnen und sodann die Befreiung der Bauern. Zur Bezahlung der Steuern und der Ablösungsgelder mufste der Bauer bares Geld haben; die Eisenbahnen aber setzten ihn in die Lage, seine Erzeugnisse zu verkaufen. Volkswirtschaftlich gesprochen: der Bauer wurde in die Weltwirtschaft eingezogen, aber seine Wirtschaftsweise und sein psychologischer Zustand widersprechen noch heute diesem Umschwung.

Nachdem ich mich über die Wirtschaftsverhältnisse des Bezirks hatte unterrichten lassen, suchte ich Umfang und Grad des Notstandes, sowie die Mittel der Abhilfe kennen zu lernen. Hier wäre Karl Karlitsch nicht der richtige Wegweiser gewesen mit seiner nüchternen, fast kalten Beurteilung der ihn umgebenden menschlichen Not. Hierzu war eine andere Persönlichkeit geeigneter, deren Bekanntschaft ein Empfehlungsbrief vermittelte. In dem Grafen B., einem früheren Gardeoffizier, der aber nunmehr das zweite Jahr unermüdlich in den Hungergegenden arbeitete, lernte ich einen Vertreter jener idealistischen Lebensauffassung kennen, welche innerhalb des jüngeren Geschlechts der gebildeten russischen Gesellschaft so verbreitet ist, der aber meist ein Feld der geeigneten Thätigkeit fehlt; sie verkümmert daher in späteren Jahren häufig und schlägt nur zu oft in ihr Gegenteil um. Hier hatte eine solche Persönlicheit ihre Aufgabe gefunden, und der von mir besuchte Bezirk konnte vor anderen von gleicher Not heimgesuchten als bevorzugt gelten in dem Besitze dieses thatkräftigen Vorsitzenden des örtlichen Ausschusses des Roten Kreuzes.

Ich gebe hier einige Mitteilungen wieder, welche mir von dieser sachkundigen Seite gemacht wurden.

Nach der Mifsernte des Jahres 1891 befand sich der Bezirk, sowie überhaupt das Gouvernement und mit ihm der gröfsere Teil des mittleren und östlichen, lediglich auf Landwirtschaft angewiesenen Rufsland in äufserst schwieriger Lage; nur aufserordentlichen Opfern seitens der Regierung gelang es, einer Verminderung der Bevölkerung, sowie der Anbaufläche erfolgreich entgegen zu wirken. Insbesondere ist die fast vollständige Erhaltung der Anbaufläche als tüchtige Leistung der staatlichen Verwaltung anzuerkennen. Neben den Regierungsorganen entfaltete die Privatwohlthätigkeit eine rege Thätigkeit. In dem von mir besuchten Bezirk mit 170000 Einwohnern wurden über 1 Mill. Rubel von Regierung und Privatpersonen zusammen aufgewandt, nachdem vom Dezember 1891 an die eigenen Vorräte der Bauern erschöpft waren, bis zur neuen Ernte.

Die Trockenheit des Sommers 1892 vernichtete in dem Bezirk abermals die Ernteaussichten; das Winterkorn (Roggen) ergab etwa die Saat; das Sommerkorn (Hafer) wurde vielfach gar nicht geschnitten. Die Folge war ein verschärfter Notstand. Bereits im September waren die schmalen Ernteerträge aufgezehrt. Zum mindesten drei Viertel der Bewohner des Bezirks lebten zur Zeit meines Besuches von der Unterstützung der Regierung oder privater Wohlthätigkeit.

Wenn der russische Bauer der Zarengewalt voll ergeben ist, so beruht dies darauf, dafs er in ihr eine Vorsehung verehrt, die in den verheerenden Gang der Natur verbessernd eingreift. Die Notwendigkeit dieses Eingriffs wird in dem Mafse für die Regierung zwingender, als gröfsere Massen und breitere Gebiete die rettende Hand des Zaren erhoffen. Je vereinzelter der Notstand, desto weniger sind die für das Volksempfinden sich ergebenden Folgen zu fürchten. Hieraus erklärt sich, dafs der 1891 von Regierungsseite in Bewegung gesetzte Hilfsapparat viel bedeutender war als 1892, in welchem Jahre eine weit kleinere Fläche allerdings von einem örtlich um so fühlbareren Notstand heimgesucht war.

Trotzdem hat auch in letzterem Jahr die Regierung sich jener Verpflichtung nicht entzogen. Die Organe, deren sie sich in ähnlichen Fällen bedient, sind die Landschaften (Semstwi). Sie empfingen aus der Staatskasse unverzinsliche Darlehen, teils in Geld, teils in Getreide, welch letzteres von den Bezirken, die voriges Jahr eine schlechte, dies Jahr aber eine gute Ernte hatten, an die Regierung zurückfliefst. Die Semstwi gaben die empfangenen Beträge, aber nur in natura, nicht in Geld, als Darlehen an die notleidenden Gemeinden weiter. Der von mir besuchte Bezirk erhielt für den Zeitraum vom September bis zur neuen Ernte 400 000 Pud Roggen (1 Pud = 40 Pfund). Nimmt man 130 000 Einwohner des Bezirks als hilfsbedürftig an — eine gewifs nicht zu hohe Ziffer — so käme im Durchschnitt auf die Seele etwa 3 Pud oder 120 Pfund Getreide, d. h. täglich nicht ganz 1/2 Pfund. Dieser Betrag wäre nicht genug zum Leben, nicht einmal genug, um das Sterben zu verhindern.

Die Verteilung geschieht daher nicht nach Köpfen. Überhaupt tritt ja in Rufsland die Gemeinde der Verwaltung als unterste Einheit gegenüber, welche ihre Verhältnisse selbständig regelt; so erhalten auch im vorliegenden Fall nicht die Einzelnen, sondern die Gemeinden die Getreidedarlehen. Sie haften solidarisch für die Rückerstattung. Hieraus ergiebt sich als notwendige Folge: Die Gemeinde teilt nur an solche Glieder das Darlehen aus, von denen sie die Aussicht auf Wiedererstattung hat, d. h. an die Bauernwirte, welche Landanteile besitzen und bearbeiten. Das Darlehen erscheint als eine Art Hypothek auf das Land. Die Landlosen — und ihre Zahl ist trotz des Gemeindebesitzes in stetem Wachsen — gehen leer aus. Dazu gehören einmal gewisse Klassen, welche gesetzlich von den Landanteilen ausgeschlossen sind: die Nachkommen der früher zu persönlichen Diensten herangezogenen Leibeigenen, die Nicolaischen Soldaten, die vor der Bauernemanzipation befreit wurden, und ihre Nachkommen; hierzu kommt, zwar nicht rechtlich, aber thatsächlich die grofse Masse derer, die zwar einen Landanteil erhielten, aber zu arm sind, um ihn zu bebauen, und ihn reicheren Gemeindemitgliedern als ihren Gläubigern überlassen mufsten.

Während so die Ärmsten der Armen unberücksichtigt bleiben, werden an die besitzenden Bauern 30 Pfund Getreide pro Monat und Seele verteilt; ausgeschlossen sind jedoch Kinder unter 3 Jahren und erwachsene männliche Personen von 18 bis 55 Jahren, sogen. „Arbeiter“. Berücksichtigt man diese Ausnahmen, so kommen durchschnittlich im Monat 15 bis 20 Pfund auf die Person; jedoch giebt es Dörfer, welche in dieser Hinsicht weit ungünstiger gestellt sind.

Offenbar ist also die private Wohlthätigkeit unentbehrlich, um der Bevölkerung das Leben zu fristen — selbst wenn man in Betracht zieht, dafs der russische Bauer wie kein zweiter an Entbehrung gewöhnt ist. Gewöhnlich setzt in den Bauernhöfen erst nach Ostern der Mangel an Nahrungsmitteln ein; diesmal treten die Menschen bereits entkräftet in die Zeit des Jahres ein, in der die Bestellung der Felder die Anspannung körperlicher Kräfte erfordert.

Das Hauptorgan der Privatwohlthätigkeit ist die Gesellschaft des „Roten Kreuzes“, welche einen halboffiziellen Charakter trägt. Die Mittel, welche diese Gesellschaft aufbrachte, flossen jedoch fast ausschliefslich aus privaten Quellen — und zwar den Winter 1891/92 in einem Mafsstab, welcher der russischen Gesellschaft alle Ehre macht. In welchem Mafs die Organisation des Roten Kreuzes wirksam arbeitet, hängt im einzelnen Fall von dem Umstand ab, ob sie an Ort und Stelle geeignete, thatkräftige und aufopfernde Persönlichkeiten als Vertreter findet. Priester, Grundbesitzer, Verwalter, Studenten und Damen treten als „Pfleger“ des Roten Kreuzes auf. Wichtig ist es, dafs unter ihnen solche Persönlichkeiten sich finden, welche ihrer Stellung wegen bei der Regierung Berücksichtigung oder bei der öffentlichen Meinung Gehör finden. Wo solche Elemente fehlen, ist das Elend zwar nicht geringer, aber eine Schneedecke verhüllt es und mit ihr das Schweigen des langen russischen Winters.

Die Thätigkeit des Roten Kreuzes bezieht sich in erster Linie auf die Ernährung derjenigen, welche von der Landschaft überhaupt keine oder nur ungenügende Unterstützung erhalten. In dem von mir besuchten Bezirk bestanden 25 Bäckereien des Roten Kreuzes, welche im Monat gegen

9000 Pud Brot aus einer Mischung von Roggen- und Maismehl herstellten. Das Brot wurde an die Bedürftigsten umsonst, im übrigen zu ermäfsigtem Preise abgegeben..

Eine weitgehendere Hilfe sah ich an einem der folgenden Tage in den Suppenanstalten des Fräuleins L. Auch hier war es interessant, zu beobachten, in welcher Weise der Bauer an gemeinsames Handeln gewöhnt ist. An die Gesamtheit der Empfangsberechtigten in einem Dorfe wurden allwöchentlich die Nahrungsmittel verabfolgt; die Zubereitung und Verteilung der Speisen besorgten die Bauern unter sich, ohne dafs eine weitere Kontrolle erforderlich war; es erinnert dies daran, dafs sich unter Arbeitsgenossen in Rufsland sofort Artelle, d. h. Verbrauchsgenossenschaften, bilden. Wie wenig das Einzelindividuum entwickelt ist, beweist der Umstand, dafs die Beschlüsse solcher Gemeinschaften meist einstimmig zu Stande kommen.

Nicht minder dringlich als der Mangel an Nahrung ist der Mangel an Futter für das Vieh. Nur die wenigsten Bauern sind imstande, ihren Viehbestand zu erhalten. Nach dem Bericht des Vorsitzenden des Lokalausschusses des Roten Kreuzes hatte sich in der Zeit vom Januar 1892 bis Januar 1893 die Zahl der Pferde in den zum Bezirk gehörigen Dörfern um 30 bis 55 Prozent, die des Rindviehs um 50 bis 77 Prozent vermindert. Das Rote Kreuz hat seitdem im Bezirk mehrere Niederlagen errichtet, in denen Heu zu stark ermäfsigten Preisen verkauft wird. Der Zudrang war bei Errichtung dieser Verkaufsstellen ein ungeheurer; der Bauer verkauft alles irgend Entbehrliche, ja in letzter Linie seinen Rock, um das Pferd am Leben zu erhalten, ohne welches er sein Feld im Frühjahr nicht bestellen kann. Wenn die Zahl der Käufer seitdem vielfach abnahm, so bedeutet dies, dafs die Kaufkraft der Bevölkerung herabsank. Auch sind die Pferde der Bauern vielfach zu entkräftet, um die langen Wege zur Station, wo das Heu lagert, zu unternehmen. Besteht doch ihr Futter seit Wochen hauptsächlich in dem Material der allmählich abgedeckten Strohdächer der Häuser und Ställe.

Ähnliches gilt auch vom Brennholz, welches von der Gesellschaft des Roten Kreuzes ebenfalls in Massen eingeführt und zu ermäfsigtem Preis verkauft wird. Der Mangel an Brennmaterial wurde von meinem Berichterstatter als ebenso schwerwiegend, wie der Mangel an Nahrung angesehen — eine eigentümliche Erscheinung, wenn man bedenkt, dafs unter den Häusern der frierenden Bauern in einer Tiefe von 30 bis 40 Ellen ein starkes Flötz von Lignitkohle sich hinzieht, welche für Haushaltszwecke wohl geeignet ist. Während das Pud der geringeren Sorte Kohle an Ort und Stelle nur 2 bis 2½ Kop. (4 bis 5 Pfg.) kostet, während eine englische Gesellschaft jährlich 12 Millionen Pud dieser Kohle aus dem Bezirk ausführt, ist die Feuerung der Bauern in alter Weise das Stroh ihrer Felder. Kohle können sie nicht brennen, weil sie nicht das Geld haben, einen für Kohle geeigneten Ofen zu kaufen, obwohl letzterer für wenige Rubel zu haben wäre; den alten, nur für Stroh oder Holz geeigneten russischen Bauernofen, der zugleich den Haupteinrichtungsgegenstand ihrer Wohnung bildet und das Bett ersetzt, errichten sie dagegen beim Bau ihrer Häuser selbst. Wenn die Ernte schlecht ist und Stroh oder Dünger ausbleibt, so sind die Dächer der Ställe und Häuser das einzige Brennmaterial, bis auch dieses ausgeht und mit dem Hunger zugleich die Kälte in die Bauernstube einzieht.

Fahrten durch den Bezirk erwiesen mir, dafs mein Berichterstatter keineswegs übertrieben hatte. In dem bedeutenden Kirchdorf L. zeugte die grofse, mit massiver Kuppel überdeckte Kirche von früherem Reichtum. Der Priester erzählte, dafs sie vor 30 Jahren, d. h. unmittelbar nach Aufhebung der Leibeigenschaft, von den Bauern ohne einen Kopeken fremder Hilfe und ohne Schulden erbaut sei. In unübersehbaren Reihen ziehen sich auf beiden Seiten der Kirche die Bauernhäuser hin, welche gegen 7000 Einwohner beherbergen. Was dem Westeuropäer an ihnen zunächst auffällt, ist die Gleichheit des äufseren Aussehens und Umfangs, welche einen Unterschied zwischen Reich und Arm noch kaum erkennen läfst. Ein Besuch zahlreicher Bauernhäuser zeigte auch in ihrem Innern ein ziemlich gleiches Mafs des Notstands.

Ich bat z. B., mir einen „reichen“ Bauern zu zeigen. Dieser Mann, welcher seinen Anteil am Gemeindeland selbst bearbeitet, vielleicht einen andern dazu gepachtet hat, daher der Gemeinde als zahlungsfähig gilt, lebt von den ihm gewährten Darlehen an Roggenkorn, durchschnittlich 20 Pfund pro Person monatlich. Andere Nahrung ist nicht vorhanden. Das Vieh ist in die Stube genommen, wohl um die Wärme zu erhöhen. Denn mit jedem Holzscheit, jedem Strohhalm mufs gespart werden.

In einem benachbarten Dorfe, das ich besuchte, erklärte der Priester, dafs er seine Stelle als Pfleger des Roten Kreuzes am liebsten niederlegen würde; so unauskömmlich seien die Mittel der Hilfe. Täglich kämen Frauen zu ihm, welche Brot für die hungernden Kinder erbäten, ohne dafs er helfen könne. Nicht nur Frauen, auch Männer habe er weinen gesehen. Während dieses Gesprächs versammelten sich vor dem Priesterhaus, welches sich kaum von den Bauerngehöften unterschied, die Bauern und Bäuerinnen. Jedoch wurden wir weder hier noch an anderen Orten während unserer Fahrt durch Bettel belästigt. Auch bei dieser Gelegenheit machte sich die Eigentümlichkeit des russischen Bauern geltend, als Gesamtheit aufzutreten. Es erschien eine Abordnung der Gemeinde, an der Spitze ihr Ältester, welcher meinem Begleiter die Unmöglichkeit darlegte, das Heu selbst zu dem ermäfsigten Preise des Roten Kreuzes zu kaufen. Angesichts des sich stetig mindernden Viehbestandes der Gemeinde werde um darlehnsweise Überlassung des Heues gebeten, weil widrigenfalls die Bestellung der Felder im Frühjahr unmöglich sei. Es erschien eine Abordnung der Mütter des Dorfes, welche um Gewährung von Graupe zur Ernährung ihrer Kinder unter drei Jahren baten — angesichts der Unmöglichkeit, Kinder so zarten Alters mit Roggenbrot zu nähren, dem einzigen Nahrungsmittel, das selbst den Wohlhabenden zur Verfügung stehe.

Wir besuchten ein benachbartes Dorf. Hier trat uns

eine neue Seite des Notstands entgegen. Wie schon gesagt, sind die Bauern zur Einschränkung des Viehbestandes gezwungen. Aber Käufer sind nicht vorhanden, denn der Bezirk ist ein rein ländlicher, und der Jude, welcher in den westlichen Teilen des Reichs immer noch etwas gäbe, ist aus den mittleren Gouvernements ausgeschlossen. Es ist erstaunlich, wie tief die Viehpreise herabgesunken sind; man versicherte mir, dafs man Pferde zu 3 Rubel, Schafe für wenige Kopeken verkauft habe.

In einem andern Teil des Bezirks war der Notstand noch schärfer. Man hätte sich in die Zeit versetzt glauben können, da die tatarischen Horden die Dörfer des russischen Bauern zerstörten. Weithin war die Mehrzahl der Dächer des Strohes beraubt und nur die leeren Dachbalken übrig geblieben; vielfach waren auch diese verschwunden und der Schnee lastete unmittelbar auf der Decke der Stube. Häufig war aber auch diese Bretterdecke den Weg in den Ofen gewandert, und von dem Hause, das die Einwohner verlassen hatten, nichts als die Ringmauern übrig geblieben. Wir betraten mehrere der noch bewohnten Häuser. Der schmelzende Schnee tropfte durch die Ritzen der Decke und verwandelte das Erdreich des Bodens in einen Sumpf. Um und auf dem Ofen drängten sich zahlreiche Bewohner, Menschen wie die spärlichen Reste der Haustiere. Die Familien waren vielfach zusammengezogen und die, welche vom Roten Kreuz Holz erhielten, waren viel begehrte Gäste. Da häufig die Schornsteine fehlten, war das ganze Innere der Hütten vom Rauch geschwärzt und die Atmosphäre von Ausdünstung und Rufs geschwängert. Glücklich jedoch die, die sich noch irgendwelcher Heizung erfreuten; in andern Häusern wehte uns feuchtkalte Luft entgegen. Hier hatte sich der Bauer vielfach in den Ofen verkrochen; denn wenn bereits die Hütte erkaltet war, mochte das letzte verglühte Fünkchen noch in dem Ofen nachwirken. Vielfach schien besonders bei den Alten gänzliche Stumpfheit eingetreten; wenigstens wurden auf Fragen, selbst auf kräftiges Anstofsen, Antworten öfters versagt.

Wir verliefsen diese besonders heimgesuchte Gegend. Pfeilschnell flog der Schlitten über die unermefslichen Ebenen des Schnees. Keine Erdwelle, kein Baum hemmte den Blick, den nur der Horizont begrenzte. Unter dem Schnee ruhte die Schwarzerde, welche an den Flufsufern zum Vorschein kam; tiefer unter uns aber schlummerte, noch unerweckt, die Kohle, und dabei darbten und froren die Bewohner, gleich dem Könige Midas der Fabel, der bei allem Golde verhungert. Sollte das Zauberwort, das diesen Bann zu lösen imstande ist, nicht auch hier „moderne Technik“ lauten, insbesondere Anwendung von Maschinen auf den Grund und Boden, welcher ihnen hier weniger Hindernisse als sonst irgendwo entgegensetzt? Freilich aber dürften hier wie überall als Vorbedingung zur modernen Wirtschaftsweise gewisse psychologische Bedingungen unentbehrlich sein, welche gegenwärtig der russische Bauer nur in einzelnen Exemplaren besitzt. Auch im Westen Europas hat das genossenschaftlich gebundene Individuum sich den Ansprüchen vermehrter und verbesserter Güterproduktion gegenüber als unfähig erwiesen. Man denke an den älteren deutschen Flurzwang, welcher mit einem verbesserten Wirtschaftssystem unvereinbar war; man denke an die produktivgenossenschaftlichen Vereinigungen, welche früher allenthalben das Gewerbe, sowie den Bergbau beherrschten. Ihnen gegenüber erwies sich der „König Dampf“ als ungefügiger Diener. Erst der energische Wille eines Einzelnen konnte ihn zum Gehorsam zwingen. Sollte im vorliegenden Fall die moderne Technik durch Gemeindeorganisation zu erreichen sein?

Ich konnte nicht umhin, meinem Begleiter diesen Zweifel auszusprechen. Er teilte meine Ansicht vollkommen; er hatte lange auf dem Lande und unter den Bauern gelebt. Anders meine Freunde in Moskau; gerade die, welche sich liberal nannten, pflegten meine Ideen als rückschrittlich zu beurteilen; als Schüler des westeuropäischen Socialismus glaubten sie in der „socialistischen“ Landgemeinde den wertvollen Keim zu besitzen, aus welchem sich der socialistische Gesellschaftszustand geradewegs herausentwickeln könne. Ihnen gegenüber konnte ich nur darauf verweisen, dafs zur Zeit wenigstens in dem ganzen von mir besuchten Bezirk die Tagelöhner des individualistisch gesinnten Karl Karlitsch die einzigen waren, welche nicht hungerten; neben freier Wohnung und Beheizung — und zwar in Gestalt von Kohlen — zahlte er ihnen 80 bis 100 Rubel das Jahr Geldlohn.

Weiter flog der Schlitten vorüber an halb zerstörten Dörfern, an verlassenen Edelsitzen, deren Eigentümer wahrscheinlich als Beamte irgendwo ihren Unterhalt verdienten. Wir näherten uns einer Gegend, welche, wie mein Begleiter berichtete, aufser von Hunger und Kälte auch vom Typhus heimgesucht sei. Ein Zeichen des verschärften Notstandes sei darin zu sehen, dafs voriges Jahr der Typhus erst im Februar, dies Jahr schon vor Weihnachten aufgetreten sei. Angesichts des gänzlichen Mangels an einer für Typhuskranke geeigneten Nahrung, ferner des Umstandes, dafs die Bevölkerung sich immer mehr in den Wohnungen zusammendränge, dehne sich das Gebiet der Krankheit fortwährend aus. Bereits Januar 1893 wurde die Zahl der Typhuskranken im Bezirk auf 1500—2000 angegeben. Wir besuchten in dem folgenden Dorfe eine grofse Anzahl Häuser der Reihe nach ohne Auswahl. In vielen fanden wir Kranke, und die abgezehrten Züge, die uns von den Öfen herab entgegen gähnten, liefsen über die Natur der Krankheit keinen Zweifel. Nach dem, was ich sah, schien mir der von meinem Begleiter erzählte Fall glaublich, dafs von Kranken, die sich in einen Ofen verkrochen hätten, der eine gestorben sei, die andern aber nicht die Kraft gehabt hätten, die Leiche herauszuziehen; sie sei längere Zeit neben den Kranken gelegen, bis Nachbarn zufällig den Sachbestand feststellten.

Auch hier hat das Rote Kreuz helfend eingegriffen und Typhuskrankenhäuser errichtet — im März waren es fünf mit ungefähr zusammen 200 Betten. Zugleich hat der Central-Ausschufs zehn Pflegeschwestern geschickt. Wir besuchten eines dieser Krankenhäuser; von zwei benachbarten Bauernhäusern war das eine zur Lagerstätte von Frauen, das andere von Männern eingerichtet. Die herumführende Schwester erzählte uns, dafs man nur einige 20 Kranke aufnehmen könne, während im Dorfe an 200 krank seien. Sie wähle daher die ärmsten und schlechtest verpflegten zur Aufnahme aus. Diese Auswahl sei freilich erschwert, da die zweite Pflegeschwester ein Opfer der Ansteckung geworden sei; sie selbst aber könne die Kranken nicht verlassen. Welche Aufgabe dieser einen aufopfernden Frau inmitten einer unwissenden Bevölkerung gestellt war, mag man daraus ermessen, dafs nach ihrer Angabe der Arzt etwa einmal monatlich erschien.

Einige Tage darauf hatte ich Gelegenheit, diesen viel in Anspruch genommenen, trefflichen Mann in der Bezirksstadt kennen zu lernen. Er gab mir eine Reihe interessanter Daten. Im Jahre 1891 übertraf in dem Bezirk mit 170 000 Einwohnern die Zahl der Geburten die der Todesfälle um 860, im Jahre 1892 die Zahl der Todesfälle die der Geburten um 1027.

		Geburten	Todesfälle
1887	Gute Ernte	9125	6177
1888		9455	5752
1889		8975	7644
1890	Mittelernte	8769	8118
1891		9763	8903
1892	Mifsernte	8708	9735

Ein besonderes Anzeichen für die Gründe, welche auf die Sterbeziffer einwirken, ist der Umstand, dafs dieselbe in den Monaten aufserordentlich herabsank, in denen der Bauer von den Erträgen der letzten Ernte lebte. In dem Dorfe K., mit 4000 Einwohnern, welches als verhältnismäfsig günstiges Beispiel gelten kann, da es von der Typhusepidemie 1892 verschont blieb, war die Sterblichkeit folgende vor und nach der Ernte:

	Jan.	F.	M.	A.	M.	J.	Jul.	A.	S.	O.	N.	D.
1891	13	9	3	8	11	19	33	27	11	22	9	17
1892	29	30	41	35	45	59	48	26	9	19	18	36

Das Bild, welches diese Zahlen gewähren, wird um so düsterer, wenn man bedenkt, dafs in ihnen die Wirkungen der zweiten Mifsernte sich nur unvollkommen spiegeln. Vielmehr ist der Sommer des folgenden Jahres, bis das neue Erntekorn da ist, die besonders kritische Zeit.

Ich habe die arbeitsuchenden Massen an den Thoren der Londoner Docks sich drängen sehen und riesige Strikes ungelernter Arbeiter in England in der Nähe erlebt. Das Elend der schlesischen Hausweber, in deren Thälern ich aufwuchs, hat mir als Kind bereits die socialen Disharmonien Westeuropas zu Bewufstsein gebracht. Überall thut der Hunger gleich weh, ob er im Londoner Ostend, am Fufse des Riesengebirges oder in den Ebenen Rufslands ertragen wird. Aber was ich in letzteren gesehen, trug einen eigentümlichen Zug. In den Londoner Docks schwimmen die Schätze einer Welt, und wenn man aus den Hütten jener Hausweber emporsteigt, so blicken aus dem Nachbarthale Schornsteine herüber, und der Abstieg führt an den Villen und eisengitterumgebenen Parks der Fabrikanten vorbei. In Rufsland sah ich die „Besitzer" selbst hungern, sie, denen niemand einen „Mehrwert" entzieht, und welche noch dazu durch Verkaufs- und Hypothezierungs-Beschränkungen geschützt sind. Das Trostlose ihrer Lage aber war die Gleichmäfsigkeit des Elends, die Abwesenheit von Nichtnotleidenden. Handgreiflich kam mir hier zu Bewufstsein die Unterordnung der socialen unter die wirtschaftlichen Gesichtspunkte und der Irrtum vieler Socialreformer, ausschliefslich in der mangelhaften Verteilung des Volkseinkommens die Gründe des Massenelends zu suchen. Würde doch hier eine verbesserte Verteilung der Güter nichts, sondern könnte allein eine vermehrte und verbesserte Erzeugung helfen!

Jener Ausflug in die russischen Notstandsgegenden bot mir vielmehr zahlreiche Belege für den Satz, dafs in ursprünglichen Verhältnissen zurückgebliebene Produktionsweisen und damit die Abhängigkeit von der Naturgewalt periodisches Massenelend bedingen; erst die Differenzierung der Gesellschaft — also, wenn man will, die Ausbildung des Gegensatzes zwischen arm und reich — bedeutet vermehrte Produktion und damit den ersten Schritt zur möglichen Abstellung jener Übelstände.

Obige Schilderung habe ich im wesentlichen unverändert nach meinem Bericht in der Münchener Allgemeinen Zeitung abgedruckt, um den Eindruck des Augenscheins nicht zu verwischen. Ich schildere damit eine periodische Erscheinung, welche sich erst Winter 1898/99 wiederholt hat. Nach den Petersburger Nachrichten des Fürsten Uchtomski „schliefst das Gebiet, das in Mitleidenschaft gezogen ist, mehrere grofse Provinzen in sich und erstreckt sich von den Höhen des Ural im Osten bis nahe an Moskau im Westen, während es von Nord nach Süd auf beinahe 10 Grade sich ausdehnt. Es sind fast durchwegs dieselben Provinzen, die schon durch die Hungersnot der Jahre 1891 und 1892 betroffen waren.“

Es sind, so können wir hinzusetzen, die naturalwirtschaftlichsten, dem Gemeindebesitz tiefst ergebenen, kontinentalsten Landstriche des östlichen und südöstlichen Rufsland. Menschlich tief beklagenswert, sind diese periodischen Notstände immerhin volkswirtschaftlich nicht zu überschätzen, da es sich um eine allgemein asiatische Erscheinung handelt, deren auch die erleuchtete britische Regierung in Indien nicht immer Herr wird.

III. Reisebrief aus dem Gouvernement Charkoff.

Sommer 1895.

A. Gemeindebesitz, Landumteilungen.

Das Gouvernement Charkoff, von Norden nach Süden durchschnitten durch die wichtige Eisenbahnlinie Moskau-Krim, zerfällt in zwei Teile. Der nördliche Teil gehört der mittelrussischen Schwarzerde an, ähnlich dem angrenzenden Gouvernement Kursk; der südliche Teil ist schwarzerdige Steppe. Der nördliche Teil weist alte Siedelung auf, der südliche Teil war bis zu Katharina II. das Wandergebiet asiatischer Nomaden; der nördliche Teil besitzt kleinrussische Bevölkerung, wärend im Süden den Kleinrussen zahlreiche grofsrussische Staatsbauern, zum Teil alte Militäransiedler, sowie deutsche Kolonisten untermischt sind. Beide Gebiete sind fast ausschliefslich mit Getreide bestellt; die letzten Reste jungfräulicher Steppe sind heute nahezu verschwunden; aber noch erinnert die Baumlosigkeit des Südens an die einstige Steppe, während im Norden vereinzelte Eichenwaldungen den eintönigen Charakter der unabsehbaren Getreidefelder durchbrechen.

Die erste und wichtigste Frage gegenüber jeder russischen Bauerngemeinde betrifft die Form des Landbesitzes. Bei der Bauernbefreiung haben die Gemeinden das Land in Gesamteigentum, sowie die Entscheidung darüber erhalten, nach welchem Mafsstabe und in welchen Zwischenräumen Landverteilungen vorgenommen werden sollen. Dieser weitgehenden Befugnis der Gemeinde entspricht ein aufserordentlicher Formenreichtum der wirtschaftlichen Erscheinungen im einzelnen. Wie verschieden sich die Verhältnisse des Landbesitzes in der bereisten Gegend gestalten, dafür folgende Beispiele.

Die Gemeinde K., Gutsbauern im nördlichen Teile des Gouvernements, hat seit der Befreiung der Bauern (1861) den Mafsstab der Landverteilung nicht verändert. Jede lebende männliche Seele, wie sie durch die Volkszählung 1858 festgestellt worden war, sog. „Revisionsseele“, hatte damals ein gleiches Ackerlos (nadjél) von etwa drei Defsjätinen erhalten; diese Ackerlose sind seitdem an Zahl und Gröfse die gleichen geblieben und erbrechtlich als Privateigentum der mit ihnen ausgestatteten Seelen behandelt worden. Die Besitzer haben auch mehrfach unter Lebenden ihre Ackerlose an Gemeindegenossen veräufsert, wobei die Erwerber für die auf dem Nadjel ruhenden Lasten haftbar wurden. In der Gemeindeversammlung sind nur die Revisionsseelen oder die, welche sie durch Kauf oder Erbgang vertreten, d. h. nur die Besitzer von Landanteilen, stimmberechtigt, wie auch nur auf sie die Steuern umgelegt werden. Diejenigen, welche ohne Land befreit wurden, die sog. „Hofleute“, welche zur Zeit der Befreiung persönliche Dienste auf dem Herrenhofe verrichteten, ferner Nachgeborene, welche bei der letzten Umteilung noch nicht vorhanden waren, endlich von aufsen zugezogene Leute — alle diese Landlosen sind der Gemeinde gegenüber rechtlos. Jedoch hören wir von den Bauern, dafs eine starke Minderheit in der Gemeindeversammlung — Wirte mit zahlreichen Söhnen oder Brüdern — eine neue Landumteilung auf sämtliche lebende Seelen nach gleichem Mafsstabe verlangt; voraussichtlich werden bei Gelegenheit der nächsten Volkszählung diese Wünsche zur Sprache gelangen.

Stets also schwebt über dem Bauern das Damoklesschwert einer gänzlichen Revolution aller Besitzverhältnisse, aber auch abgesehen davon ist das Recht der Nadjelbesitzer noch weit entfernt von freiem Privateigentum: alljährlich finden in der Gemeinde Landverlosungen statt, welche die dem einzelnen Nadjel zukommenden Felder bestimmen: mit andern Worten, der Nadjel ist nur ein ideelles Anteilrecht am Gemeindelande, keineswegs örtlich festgelegt. Alljährlich wird zwischen den Nadjelberechtigten 1/3 der Flur neu verlost; der Bauer bestellt alsdann das ihm zugeloste Feld zunächst mit Winterkorn, das zweite Jahr mit Sommerkorn; das dritte Jahr fällt das Land in die allgemeine Brache, welche vom Gemeindevieh beweidet wird. So bebaut der Bauer das Feld voraussichtlich nicht länger als zwei Jahre.

Die Bauern wissen sehr wohl, dafs infolge hiervon Niemand besondere Sorgfalt aufwenden wird, welche erst bei späteren Ernten sich lohnte: er arbeitete ja nicht für sich, sondern für einen Fremden. Insbesondere ist bei dieser Ordnung des Landbesitzes Düngung so gut wie ausgeschlossen. Auf unsere Frage, weshalb angesichts dieses Mifsstandes die Nadjele nicht dauernd festgelegt würden, antworten die Bauern: jeder Nadjel zahle gleiche Steuern, und bei der Verschiedenheit des Bodens sei es nur durch jährliche Neuverlosung möglich, die einzelnen Nadjele gleich zu belasten. Es ist dies ein Beweis dafür, wie sehr gegenüber dem Besitzrecht die damit verbundene Steuerpflicht in das Gewicht fällt.

Übrigens haben einige wohlhabende Wirte letzthin eine Anzahl von Nadjelen der Herrschaft der Gemeinde entzogen, indem sie das volle Ablösungskapital bar bezahlten; das freigekaufte Ackerland wurde ihnen in zusammenhängenden Stücken aus der Gemeindeflur und Gemenglage ausgeschnitten; sie sind Privateigentümer geworden und der Solidarhaft für Steuern wie dem Flurzwang entzogen. Bezeichnenderweise aber haben diese Bauern, welche Nadjele auskauften, alle mindestens e i n e n Nadjel in dem Gemeindelande beibehalten, um das Recht auf die gemeinsame Brachweide nicht zu verlieren. Es zeigt dies, dafs sie die Solidarhaft nicht allzusehr fürchten; in der That weist die Gemeinde K. nur wenige gänzlich verfallene Wirtschaften auf, welche sich in dauernder Unfähigkeit der Steuerzahlung befänden. Die Differenzierung zwischen Reich und Arm ist keine allzustarke; Dereliktion von Nadjelen durch „Wirtschaftslose" ist bisher nicht vorgekommen.

Ähnliche Verhältnisse des Besitzrechts trafen wir bei mehreren Gutsbauerngemeinden des südlichen Bezirkes des Charkoffer Gouvernements; die Nadjele blieben unverändert an Zahl und Gröfse seit der Befreiung; aber dabei findet jährliche Umlosung der Felder statt, hier nicht nur der zum Winterkorn, sondern auch der zum Sommerkorn bestimmten. Zwei Drittel der genannten Gemeindeflur wird also alljährlich neu verlost. Der Grund ist der nämliche: Ausgleichung der verschiedenen Bodenqualitäten gegenüber den Steuern. Der Landbesitz wird ebenso sehr als Pflicht wie als Recht angesehen. Aber im Süden ist die Differenzierung zwischen arm und reich weiter fortgeschritten als im Norden; für die ärmeren Bauern überwiegt die Pflicht das Recht so sehr, dafs sie nicht selten ihren Nadjel aufgeben und Haus und Hof fluchtweise verlassen.

Von grofser Bedeutung ist in dieser Richtung die Möglichkeit steter Massenauswanderung; gegenwärtig ziehen viele Tausende von Bauern, ja ganze Gemeinden in das Jenisseische Gouvernement und das Amurgebiet. In dem Dorfe B. haben z. B. von 33 Höfen sich alle bis auf die drei wohlhabendsten Bauern zur Auswanderung eingeschrieben, in dem benachbarten Chutor G. mehr als die Hälfte. Die wohlhabenden Bauern weigern sich, die mit Steuern belasteten und ausgesogenen Nadjele der Auswanderer zu übernehmen. Sie dehnen sich lieber teils durch Kauf, teils durch Pachtung auf dem Gutslande aus, woselbst sie von den mit dem Gemeindebesitze verbundenen Eigentumsbeschränkungen und Ablösungslasten frei sind.

Besonders merkwürdig war in dieser Hinsicht der Besuch

eines dritten benachbarten Dorfes W., ebenfalls Gutsbauern im Steppenbezirk des Charkoffer Gouvernements. Diese Gemeinde entstand im Anfang der achtziger Jahre dadurch, dafs aus B. ein Teil der Höfe aussiedelte und mit Hilfe der Bauernbank benachbartes Gutsland kaufte (die Defsjätine zu 65 Rubel), auf welchem sie sich in der Form des Gemeindebesitzes mit Solidarhaft gegenüber der Bank niederliefsen. Der Nadjel beträgt bei ihnen pro Hof 8 Defsjätinen, bedeutend mehr wie in der in dem Heimatsdorf (dort $3^1/_2$ Defsjätinen); jeder Nadjel zahlt jährlich an die Bank 35 Rubel zur Verzinsung und Amortisation des Darlehns, daneben die Staats-, Provinzial- und Gemeindesteuern. Auch von diesen Bauern hat sich ein beträchtlicher Teil zur Auswanderung gemeldet, indem sie das Land, für welches sie Jahre hindurch bereits Amortisationsraten bezahlt haben, sowie Hof und Haus aufgeben. Das Land fällt der Bank zurück. Die Regierung, welche anfänglich die Auswanderung förderte, zwecks Siedlung längs der Sibirischen Bahn, scheint gegenwärtig zurückzuhalten, in der Besorgnis, dafs die Bewegung ihr über den Kopf wachse.

Bezeichnend war folgendes Gespräch. Mein Begleiter, ein örtlicher Gutsbesitzer, machte einen der Bauern darauf aufmerksam, dafs die Regierung in Sibirien zwar Land, aber kein Vieh, kein Ackergerät und keine Häuser verteile, und dafs viele der Ansiedler wohl durch Hunger und Kälte in den ersten Jahren umkommen würden. Die Antwort hierauf war ein fatalistisches: „Gott ist alles, einige werden übrig bleiben“. In der That eine Massenbewegung, in welcher der einzelne ein Nichts bedeutet. Jedenfalls ist dieses bei den Gutsbauern in dem bereisten südlichen Bezirke angetroffene Auswanderungsfieber ein Zeichen weitgehender Proletarisierung; es ist ein Beweis dafür, dafs das „Recht am Lande“, welches der Gemeindebesitz jedem gewähren soll, durch „die Pflicht zum Lande“ überwogen wird.

Wesentlich anders liegen die Verhältnisse bei den Staatsbauern, von denen ich ebenfalls Dörfer sowohl in dem nördlichen wie in dem Steppenbezirke des Gouvernements besuchte.

Die Staatsbauern haben bei der Befreiung im allgemeinen bedeutend mehr Land erhalten als die Gutsbauern; letztere mufsten das von ihnen bebaute Land mit den ehemaligen Herren teilen, erstere safsen auf den ausgedehnten Staatsländereien von vornherein breiter. Da bei den Staatsbauern das Recht am Lande die darauf liegenden Pflichten meist überwiegt, so finden wir bei ihnen vielfach mehr Neigung zur Entwicklung von Privateigentum als bei den Gutsbauern, jedoch in sehr verschiedener Weise.

In dem nördlichen Bezirke besuchte ich die Gemeinde Derkatsch, welche in mehrere zerstreute Ansiedlungen zerfällt, von denen jede ihre besondere Flur besitzt. Wir besuchten eine dieser Ansiedlungen; sie besteht aus 14 Höfen; alle Bauern tragen denselben Familiennamen und betrachten sich als Verwandte — ein Beispiel dafür, wie sich aus der Familie oft unmittelbar die Gemeinde entwickelt. Sie besitzen ihr Land zwar rechtlich im Gesamtbesitz, jedoch ist thatsächlich nahezu Privateigentum vorhanden. Seit der Befreiung sind die Nadjele nicht nur an Zahl und Gröfse die gleichen geblieben; sie sind sogar, anders als bei den Gutsbauern, aus ideellen Anteilen zu festen Besitzrechten an bestimmten Stücken der Flur geworden. Jahraus, jahrein bebaut der Bauer dasselbe Feld; bezeichnend genug, wenn auch noch vereinzelt, finden sich die Anfänge der Düngung. Die Steuern sind hier verhältnismäfsig weniger drückend, so dafs der Gesichtspunkt der Ausgleichung zurücktritt und der Wunsch überwiegt, das einmal bebaute und verbesserte Feld festzuhalten. Aber noch ist das Besitzrecht unsicher; ein Gemeindebeschlufs, und es erfolgt Umteilung, die dem tüchtigen Wirte die Früchte des dem Felde geschenkten Fleifses entzieht. Angesichts der Volkszählung regen sich bereits Stimmen, welche Neuverteilung nach lebenden Seelen wünschen. Wir fragen, weswegen die zeitigen Besitzer nicht, um dieser Gefahr zu entgehen, durch Gemeindebeschlufs das Gesamteigentum beseitigen und den Nadjel zu freiem Privateigentum machen. Dieser Frage wird die Rücksicht auf die Brachweide entgegengehalten; der wohlhabende Bauer wünsche mehr Vieh aufzutreiben als der ärmere; ja er kaufe, um die Gemeindeweide auszunutzen, wohl noch Vieh vorübergehend an; wenn das Land endgültig aufgeteilt sei, so fürchte er, der ärmere Wirt werde diese ungleiche Ausnutzung der Brachweide bestreiten oder gar das ihm zugeteilte Land mit einem Zaune umgeben. Dieses Bedenken sei jedoch, so hören wir weiter, in der Nachbargemeinde überwunden worden. Hier, ebenfalls bei kleinrussischen Staatsbauern, habe man durch Gemeindebeschlufs den Nadjel dem zeitigen Besitzer zu ewigem Eigentum zugesprochen, während die Brachweide als gemeinsames Recht aller Dorfgenossen beibehalten worden sei; die Gefahr der Neuverteilung bei Gelegenheit der Volkszählung sei damit ausgeschlossen worden. In der That liegt hierin der einzig mögliche Weg, so lange überhaupt Brachweide besteht, Privateigentum am Ackerfelde zu ermöglichen. Dieser Weg wird jedoch nur in seltenen Ausnahmefällen beschritten, so lange seine Beschreitung der Autonomie der Gemeinde überlassen ist.

Eine völlig andere Entwicklung weist eine von mir besuchte Gemeinde von Staatsbauern im Steppenbezirke auf, Losowenka, eine grofsrussische Militäransiedlung. Das Dorf ist eine jener umfangreichen Niederlassungen, wie sie vielfach den Staatsbauern Südrufslands eigen sind; im Taurischen finden sich Dörfer mit 15000 und mehr Einwohnern bei Gesamteigentum an der Flur. Losowenka hat etwa 450 Höfe und 1500 Einwohner. In langen Reihen liegen die Höfe an breiten Strafsen, die Wohnhäuser mit der Schmalseite nach der Strafse, getrennt durch den Hof vom Nachbarhause — die slavische Reihenansiedlung. In der Nähe der Kirche bemerken wir eine Anzahl von Kaufläden, welche darauf schliefsen lassen, dafs eine Bresche in die Naturalwirtschaft gebrochen ist. Die Kirche selbst, welche erst neuerdings von den Bauern erbaut und mit reich vergoldeten Ikonostas, sowie zahlreichen Heiligenbildern, Erzeugnissen benachbarter Hausindustrie, geschmückt wurde, deutet auf eine gewisse Wohlhabenheit.

Auf unsere Fragen ergab sich in Losowenka eine Ordnung der Besitzverhältnisse, scheinbar völlig entgegengesetzt der soeben geschilderten bei den Staatsbauern im nördlichen Bezirk. Bei der Befreiung war der Nadjel grofs, 12 Defsjätinen pro Revisionsseele, aber die Nadjele sind nicht dieselben geblieben, weder an Zahl noch an Gröfse. Vielmehr haben die Bauern wiederholt das Land zusammengeworfen und auf alle lebenden männlichen Seelen neu verteilt, womit die Zahl der vorhandenen Nadjele beträchtlich stieg und ihr Umfang sich verminderte. Von 12 Defsjätinen ist so der Nadjel auf 2³/₄ Defsjätinen herabgesunken, und für das kommende Jahr spricht man von einer neuen Umteilung. Aufserdem ist auch hier der Nadjel nur eine ideelle Quote des Gemeindelandes. Alljährlich werden die zur Winterbestellung kommenden Felder unter die Nadjelinhaber neu verlost, so dafs jedem dasselbe Feld nur zwei Jahre lang zufällt — also gröfste Flüssigkeit des Besitzrechtes an Grund und Boden.

Diese Sachlage mag zum Teil mit der grofsrussischen Nationalität von Losowenka zusammenhängen. Aber gewifs nur zum Teil. Die Slavophilen und ihre Nachfolger meinen, dafs ein besonderer Gerechtigkeitssinn das grofsrussische Volk Landumteilungen geneigt mache. Für den vorliegenden Fall wenigstens pafst diese Theorie nicht: weit mehr fand ich die Gleichheit erhalten bei jenen oben beschriebenen Staatsbauern, welche überhaupt nicht mehr umteilen; viel weiter war die Differenzierung zwischen Arm und Reich fortgeschritten bei den häufig neu umteilenden Bauern von Losowenka. Schon der äufsere Anblick einzelner, von riesigen Strohschobern umgebenen Höfe zeigte, dafs diese Höfe durch das Herabsinken des Nadjels auf 2³/₄ Defsjätinen nicht geschädigt worden sind; dagegen tragen nicht wenige Hütten in den entfernteren Strafsen augenscheinlich den Stempel der „Viehlosigkeit“; ihre Besitzer verdienen den Namen „Bauer“ nur mehr in rechtlicher, nicht mehr in thatsächlicher Beziehung.

Weshalb also diese häufigen Umteilungen? Die Bauern sagen es uns. Den Reichen schaden sie nicht; ihnen ist ein grofser Teil der Gemeinde so sehr verschuldet, dafs sie sich frei unter den Ackerlosen der Armen das ihnen passende

Land auswählen; ja die Umteilungen sind ihnen günstig, da sie die mittleren Wirte herabdrücken und das Entstehen fester Besitzrechte am Lande verhindern. Thatsächlich häufen sich die Nadjele in den Händen einiger weniger Wirtschaften. Die Wege hierzu sind verschieden. Viehlose Wirte sind nicht in der Lage, das Feld zu bestellen; sie sind damit schlechte Steuerzahler. Die Gemeinde aber hat das Recht, Steuerrückständlern den Nadjel zu nehmen und solchen Wirten zu geben, welche Sicherheit für Zahlung der Steuern und Rückstände bieten. Sie giebt also das Land den Reichen, welche zudem die Gemeindeversammlung beherrschen. Ein anderer Weg der Sammlung der Nadjele in wenigen Händen ist folgender: die ärmeren und mittleren Wirte müssen meist sofort nach der Ernte zwecks Steuerzahlung das Getreide verkaufen; im Winter oder Frühjahr zwingt sie die Not, Getreide zu kaufen oder vielmehr, da sie kein bar Geld besitzen, Naturaldarlehen in Getreide aufzunehmen. Die Bezahlung dieser Naturaldarlehen erfolgt häufig in Land und Arbeit, dem einzigen, was diese Proletarier besitzen. Sie treten ihr Land dem Darlehngeber für das nächste Jahr oder für eine Reihe von Jahren zur Bebauung ab oder verpflichten sich zu Arbeitsleistungen, entweder während der Ernte oder von Frühjahr bis Herbst. So erlangt der Reiche Land und Arbeitskräfte auf gleichem Wege.

Einige wenige halten also das Dorf in vollster Abhängigkeit; wenn sie über die Strafse gehen, verneigt sich der Mujik ebenso tief, wie einst vor dem Gutsherrn. In der Gemeindeversammlung herrschen sie durch die Stimmen ihrer Schuldner. Der Gemeindebesitz, den gerade *sie* festhalten, dient der verschleierten Ausbildung einer neuen Arbeitsverfassung; die Verschwommenheit des Besitzrechts wird zum Mittel der Auswucherung der Schwächeren.

Auch äufserlich unterscheiden sich diese Leute von dem bekannten Typus der russischen Bauern; nicht mehr zeigen sie das sorgengefurchte Antlitz des vielduldenden Mujik, welches mit seinen tiefgegrabenen Zügen zum Malermodell wie geschaffen scheint; diese Mirojédi, „Gemeindeesser“, wie sie das Volk nennt, tragen selbstbewufste, vollere Züge, fast als fühlten sie sich als Träger der Zukunft und neben all dem Verfall als eine aufsteigende Klasse.

Als wir Losowenka verliefsen, genossen wir bei Abendhimmel den Blick in die unendliche, melancholische Steppe. Am Horizont hob sich vor der untergehenden Sonne ein bezeichnendes, neuzeitiges Bild ab: der reichste Bauer und thatsächliche Herr von Losowenka bestellte mit Söhnen und Arbeitern das Feld seiner Schuldner. Drei gewaltige, dreischarige Pflüge (Bukker), jeder bespannt mit drei Paar kräftiger Ochsen, hinter jedem Pflug eine Egge von einem Ochsengespann gezogen, im ganzen also 12 Gespanne, waren an der Arbeit; hinter ihnen schritt hochaufgerichtet, die Arbeiter beaufsichtigend, der Bauer, welcher 20 Paar Ochsen und mehrere Pferde sein eigen nennt; daneben säete einer der Söhne mit der Säemaschine. — Dieses Bild sprach gegen die so viel verbreitete Behauptung von dem allgemeinen Niedergang des russischen Bauern, freilich auch gegen die Lehre des Gemeindebesitzes als einer Gewähr der Gleichheit und Gerechtigkeit; es sprach gegen die Tolstoische Lehre von der dem russischen Bauern angeborenen Neigung zur Askese. Indem wir den technischen Fortschritt würdigten, den dieses Bild verkörperte, drängte sich uns die Frage auf; würde derselbe Mann nicht sorgfältiger und mit mehr Liebe die Erde bearbeiten, wenn sie sein väterliches Eigen wäre und er hoffen könnte, sie einst den Seinigen unbestritten zu hinterlassen, mit anderen Worten, wenn die Besitzrechte fester wären? Die Zügel seiner Herrschaft über das Land können ihm heute leicht entgleiten; deshalb ist er durch das herrschende Besitzrecht geradezu gezwungen, die Mehrzahl seiner Gemeindegenossen wucherisch zu umstricken.

B. Die landwirtschaftliche Betriebsgröfse.

Wir sahen, dafs Nadjel und Bauernbetrieb keineswegs zusammenfallen, dafs jeder Gemeindegenosse nicht etwa das ihm von der Gemeinde zugeteilte Los und nur dieses bebaut. Vielmehr werden die Nadjele unter den Gemeindegenossen hin und her veräufsert — allerdings unbeschadet des stärkeren Rechtes der Gemeinde: diese kann alle privatrechtlichen Verfügungen nach Belieben auswischen und jederzeit das Land wieder in eine gemeinsame Masse zusammenwerfen. Aber sofort nach der Neuverteilung setzt abermals jene private Verfügungsthätigkeit ein, welche die Grenzen zwischen offiziellem und thatsächlich ausgeübtem Besitz verschiebt.

Von freihändigen Verfügungen über den Nadjel ist zuerst zu nennen die Dereliktion. Ihr gegenüber scheitert die Allmacht des Staates wie der Gemeinde. Soweit die zurückbleibenden Wirte die verlassenen Nadjele aufnehmen, vergröfsern sich ihre Besitzflächen, — jedoch fanden wir sie meist wenig geneigt, mit dem ausgesogenen Lande die Steuerrückstände der Läuflinge zu übernehmen. Das frei gewordene Land fällt an die Gemeinde zurück und wird verpachtet, gelegentlich an Landarme ausgethan oder einzelnen Gemeindegliedern aufgezwungen.

Die entgeltliche Veräufserung des Nadjels ist alltäglich. Sie nähert sich äufserlich bald dem Verkauf, bald der Verpfändung mit Besitzübertragung, bald der Verpachtung. Sie ist ein wichtiges Mittel, um, dem Gemeindebesitz zum Trotz, gröfsere bäuerliche Betriebe aufzubauen. In den von mir besuchten Gemeinden fand ich derartige Besitzübertragungen in allgemeinster Übung. So lange die Steuern eingehen, sind der Gemeinde derartige Verfügungen gleichgültig. Bei Steuerrückständen nimmt die Gemeinde den Nadjel, gleichviel wer ihn bewirtschaftet, und teilt ihn einem fähigen Zahler zu.

Dagegen fand ich Veräufserungen an Gemeindefremde selten und erschwert. Der Fremde mufs zuvor Mitglied der Gemeinde und damit in ihr steuerpflichtig werden.

Die dritte Form der Veräufserung ist die durch Erbgang bezw. Familienteilung. In den besuchten Gemeinden zeigen die herrschenden Erbgewohnheiten wenig Verschiedenheit und beweisen auf das deutlichste, wie das Erbrecht aus der geschlossenen Familie hervorwächst. Eigentlich führt die Familie (Hauskommunion) ein ewiges Dasein; die Veränderungen ihres Personenbestandes berühren ihren äufseren Bestand nicht;

die sich loslösenden Glieder ziehen in die Ferne, wohin sie kein Land — und dies ist fast der einzige Besitz der Familie — mitnehmen können. Sie gehen also leer aus. Dasselbe gilt von den hinausheiratenden Töchtern, welche vielleicht mit beweglichem Gut, keinesfalls mit Land ausgestattet werden. Dagegen kann die Familie zu vollem Genossenschaftsrecht Aufsenstehende aufnehmen — z. B. Schwiegersöhne, welche alsdann in die Familie hineinheiraten, ohne dafs die Frau das elterliche Haus verläfst.

Das Erwachen individualistischer Stimmungen drängt zur Sprengung der Familien; die jüngeren Genossen wollen sich nicht mehr der Autorität des Ältesten beugen, um so weniger, als dieser oft genug seine Macht an den Frauen der Jüngeren mifsbraucht.

Mehrfach fanden wir in den von uns besuchten Gemeinden noch derartige grofse Familien, z. B. bei den Gutsbauern im Norden einen Fall, in dem sieben Brüder mit Familien eine gemeinsame Wirtschaft führten. Einstimmig jedoch wurde uns versichert, dafs das Streben nach Teilung von Jahr zu Jahr zunehme. Bei solchen Teilungen gilt es als selbstverständlich, dafs alle männlichen Genossen zu gleichen Teilen berücksichtigt werden, während die Frauen — nur vorübergehende Mitglieder der Genossenschaft — unberücksichtigt bleiben.

Alles Erbrecht ist thatsächlich nichts als Familienteilung, und in den von uns besuchten Gemeinden wird zwischen beiden Fällen thatsächlich kein Unterschied empfunden. Auch im Erbfall teilen die Brüder zu gleichen Teilen; die Töchter erhalten kein Land; dagegen werden Dritte, welche in die Familie aufgenommen wurden, z. B. Schwiegersöhne, wie Familiengenossen behandelt. Umgekehrt werden Blutsverwandte, welche der Familiengemeinschaft nicht mehr angehören, beim Erbgange nicht berücksichtigt. Zieht die Familie fort oder bleiben in ihr keine Genossen mehr übrig, so fällt das Land an die Gemeinde. Diese Ordnung ist dort in voller Anwendung, wo der Bauer auf freiem Privateigentum sitzt. Beispielsweise beherrscht sie den Erbgang solchen

Landes, das der Bauer aus dem Gutslande zu Eigentum gekauft hat.

Anders auf dem Gemeindelande, wo das stärkere Recht der Gemeinde überwiegt. Wie das Interesse des Grundherrn früher die Zersplitterung des Grund und Bodens verhinderte, so wirkt die russische Gemeinde wegen der ihr auferlegten Solidarhaft für Steuern den Familienteilungen entgegen. Jede Teilung unterliegt der Genehmigung der Gemeindeversammlung; die Genehmigung wird überall da versagt, wo eine Gefährdung der Steuerfähigkeit des betreffenden Nadjels vorläge. So wurde in den von uns besuchten Gemeinden des nördlichen Bezirkes, wo, wie wir sahen, die Differenzierung zwischen Arm und Reich weniger weit fortgeschritten ist, als im Süden, jeder Fall der Teilung bisher von den Gemeinden gutgeheifsen; in dem südlichen Bezirk dagegen hörten wir öfters von ablehnenden Beschlüssen der Gemeinde, und zwar stets in Fällen von zweifelhafter Zahlungsfähigkeit der Antragsteller.

Aber noch eine weitere Schranke steht der Zersplitterung des Familienbesitzes entgegen. Der Vater oder der ältere Bruder oder wer immer Leiter der Hauskommunion ist, vertritt die Familie der Gemeinde gegenüber; er allein wird in der Gemeindeversammlung gehört; er allein also kann den Antrag auf Teilung stellen, so dafs thatsächlich auch von seiner Zustimmung die Teilung abhängt. Ihm gegenüber sind die Jüngeren rechtlos, denn die Gemeindeversammlung kennt nur den, in dessen Namen die Steuer entrichtet wird. So kann sich der Älteste thatsächlich zum Alleinbesitzer des Hofes machen, wozu er neigen wird, wenn das Land nicht grofs genug ist, um alle zu ernähren. So lernte ich einen Fall kennen, in dem der Älteste die Teilung den Jüngeren verweigerte und letztere gezwungen waren, auswärts durch Tagelöhnerdienste ihr Dasein zu fristen, ohne irgendwie ihre Rechte wahrnehmen zu können. Selbstverständlich besteht eine Art Unterschlupfsrecht der weichenden Geschwister gegenüber dem Nadjelinhaber, dem sie z. B. als kranke Fabrikarbeiter zugeschoben werden können.

Jedoch war auch in dem besuchten Bezirke darüber eine Stimme, dafs trotz dieser Hemmnisse die Familienteilungen unaufhaltsam zunehmen.

Die Verschiedenheit zwischen Nadjel und Bauernbetrieb beruht nicht nur auf Verfügungen innerhalb der Gemeinde; sie ist um so gröfser, als allenthalben in Rufsland die bäuerlichen Wirtschaften sich über den Nadjel hinaus beträchtlich ausdehnen. Die Wege hierzu sind Kauf oder weit häufiger Pachtung von Gutsland. Auf diesem privatrechtlich erworbenen Boden unterfällt der Bauer dem allgemeinen bürgerlichen Rechte, während auf dem Gebiete des Gemeindelandes die Autonomie und die Gewohnheiten der letzteren jedes Privatrecht überwiegen.

Der Adel, ein erst spät geschaffener Dienstadel, war früher kein landwirtschaftlicher Beruf; er bezog vielmehr grofsenteils lediglich Renten, und zwar vielfach Naturalrenten von den hörigen Bauern, denen er den landwirtschaftlichen Betrieb überliefs. Dieses Verhältnis ist auch heute weit verbreitet. Die nichtbäuerlichen Eigenbetriebe beschränken sich in den von mir bereisten Bezirken des Charkoffer Gouvernements auf einige kleinere Adelsgüter, deren Besitzer von Pachtrenten allein nicht leben könnten: im Eigenbetriebe führen sie ein kümmerliches, halbbäuerliches Dasein. Auf der anderen Seite stehen wenige rationell, meist von deutschen Verwaltern geleitete Grofs- und Riesenbetriebe, die häufig Specialitäten, z. B. im westlichen Teil des Gouvernements Rübenbau, anderwärts Viehzucht u. s. w. treiben.

Ich beschränke mich vorliegend auf eine Schilderung des weitverbreiteten Pachtsystems, wie ich es in ähnlicher Weise sowohl im nördlichen, als im südlichen der bereisten Bezirke angetroffen habe; hervorheben möchte ich, dafs die durch dasselbe erkaufte Mufse von beiden meiner Gastfreunde dem Dienste der Wissenschaft geweiht wurde.

In dem bereisten Bezirke sind die Bauernpachten äufserst kurzfristig; und zwar scheint sich die Pachtperiode anzupassen den in der Gegend üblichen Umlosungen des Bauernlandes. Im Norden sahen wir, dafs die Gutsbauern alljährlich das

Drittel der Flur, das zum Wintergetreide bestimmt ist, unter sich verlosen; ähnlich verpachtet auch der benachbarte Gutsherr alljährlich ein Drittel seines Ackers neu für eine dreijährige Wirtschaftsperiode. Die Gewanne des Gutslandes werden, ähnlich wie die Dorfflur, nach Defsjätinen zerschnitten und unter die Anwärter verlost. Im südlichen Bezirke, wo die Bauern gar Winter- und Sommerfeld unter sich alljährlich verlosen, verpachtet auch der Gutsherr je 2/3 seiner Flur auf Jahresfrist an die Bauern, während die Teilnahme an der Brachweide auf dem Gutslande hier besonders vergeben wird. Die Bauern zahlen grofsenteils in Geld; doch besteht daneben, möglichst vom Gutsherrn vermieden, der Teilbau. Letzterer nämlich saugt das Land noch mehr aus, als selbst die kurzfristigste Geldpacht, welche die Abgabe wenigstens fest bemifst und dem Bauern den gesamten Überschufs frei läfst.

Das geschilderte Pachtsystem bedeutet augenscheinlich unter veränderter Rechtsform den Fortbestand der früheren Hörigkeitsverhältnisse; es erinnert an die Zeit, da der Bauer mit seinem Inventar die Felder des Gutsherrn bestellte. Dem entspricht auch gegenwärtig die Sicherheit des Verpächters: Nadjel und Arbeitsvieh des Bauern sind der Exekution entzogen, ähnlich wie der Staat auch früher die Erhaltung der hörigen Bauernstellen verlangte. Dagegen ist das Getreide auf dem Felde heute thatsächlich, so wie früher, Eigentum des Verpächters; der Pächter darf es erst fortführen, wenn er die Pachtsumme bezahlt oder der Verpächter die ausdrückliche Erlaubnis erteilt.

Diese kurzfristige Pacht entspricht der Unsicherheit der bäuerlichen Besitzverhältnisse überhaupt: die Lage der meisten bäuerlichen Wirte ist so unsicher, dafs auch bei langdauernden Verträgen keineswegs die thatsächliche Durchführung gewährleistet wäre. Auf der anderen Seite entspricht dieses Pachtsystem der niederen Stufe der bäuerlichen Technik; auch bei langdauernden Verträgen wäre zunächst eine sorglichere Behandlung des Bodens keineswegs gewährleistet. Eine Veränderung dieses Pachtsystems, das augenscheinlich allen Regeln rationeller Landwirtschaft widerspricht, ist demgemäfs so leicht nicht zu erwarten. Voraussetzung wäre, dafs der Bauer erst am eigenen Lande langdauernde Rechtsverhältnisse ausbilde, womit die Verbesserung der Technik voraussichtlich Hand in Hand ginge. Diese Voraussetzung dürfte in den von mir bereisten Bezirken eher bei den Staats- als bei den Gutsbauern zutreffen, eher im Süden als im Norden. Denn im Süden sahen wir einige kräftige Wirte sich über der proletarischen Masse emporentwickeln, Leute, welche dem Verpächter für langdauernde Verträge genügende Sicherheit gewähren könnten.

Auf Grund der geschilderten Besitzverhältnisse stellen sich die thatsächlichen Betriebsgröfsen der bäuerlichen Wirtschaften als äufserst flüssig dar. Jedoch hatte ich folgenden allgemeinen Eindruck. Im Norden fand ich eine breite Masse bäuerlicher Kleinbetriebe; die mittleren, Nadjel und Pachtland zusammengenommen, umfafsten 6 bis 7 Defsjätinen. Die Differenzierung zwischen Arm und Reich schien gering; ich traf wenig viehlose Wirte; die meisten hatten 1—2 Paar Ochsen, keiner über drei. Das Pachtland des Gutes war unter mehr als 500 Pächter verteilt, und durchschnittlich kamen auf den Pächter nicht mehr als drei Defsjätinen. Ein breiter Teil der Bevölkerung war, um Steuern und Pachten aufzubringen, auf auswärtigen Tagelohn und Nebenerwerb angewiesen.

Im Süden fand ich dagegen eine breite untere Schicht in völlig proletarischer Lage, zahlreiche viehlose Wirte, vielfach Neigung zur Dereliktion der Nadjele.

Daneben aber traf ich einzelne aufstrebende Bauernwirtschaften, welche Betriebsgröfsen aufwiesen, die im Norden unbekannt sind; neben Zwergpächtern von 1 Defsjätine wies das von mir besuchte Gut im südlichen Bezirke Pächter bis zu 40 Defsjätinen auf. Eine zahlenmäfsige Erfassung dieser gröfseren Betriebe dürfte unmöglich sein; vielmehr verschwimmen die Grenzen in Fällen, wenn z. B. der Gläubiger das Feld des Schuldners in Zahlung nimmt und von diesem im Teilbau bestellen läfst.

Zweifellos sind die Verhältnisse, die wir im Norden trafen,

die idyllischeren. Sind sie auch die zukunftsvolleren? Hierüber soll uns ein Blick auf die bäuerliche Technik Aufschlufs gewähren.

C. Bäuerliche Technik. Deutsche Kolonien.

Die bäuerliche Technik steht in den bereisten Bezirken auf niederer Stufe. Die Gründe scheinen mir mehrfacher Art. In erster Linie steht das geringe Interesse des Bauern an dem Land, welches er wegen der darauf ruhenden Lasten und der steten Gefahr einer Neuumteilung wie ein unfreier Fröhndner bestellt. Der Reichtum des Bodens und eine gewisse Gunst des Klimas aber machen selbst eine äufserst niedere Technik immerhin noch lohnend; ähnlich wirkt endlich die stete Möglichkeit der Auswanderung, die den vorwärtstreibenden Einflufs des Bevölkerungsgesetzes auf die Technik abschwächt.

Das Anlagekapital der bäuerlichen Wirtschaft ist in den bereisten Bezirken äufserst gering. Es besteht aus dem Wohnhause; dasselbe ist im Norden aus Holz, im Süden vielfach aus Flechtwerk hergestellt, dessen Fugen mit getrocknetem Dung verstrichen sind. Die Häuser sind mit Kalk geweifst und tragen Strohdächer. Hinter dem Hause befindet sich der Hof, auf dem allgemein im Freien gedroschen wird; dahinter gewöhnlich ein Schuppen zur Schüttung und Aufbewahrung des gedroschenen Getreides (Ambar); daneben eine oder mehrere halbgedeckte, aber seitlich offene Umzäunungen (Sarai), in welchen das Vieh Sommer und Winter im Freien nächtigt. Eine Scheune fehlt. In grofsen Schobern steht auf dem Hofe das Stroh und daneben in Ziegeln der getrocknete Dünger, welcher als Brenn- und Baumaterial dem Bauern wertvoll ist. Wer einen solchen Hof gesehen hat, begreift die Leichtigkeit, mit der der Bauer seine Heimstätte aufgiebt und in die unbekannte Ferne zieht: ein Nomade, der erst vor kurzem sefshaft geworden ist.

Im Norden wie im Süden fand ich die unverbesserte Dreifelder-Wirtschaft allgemein herrschend, womit eine geringe

Viehhaltung von selbst verbunden ist. Unter den Getreidearten überwiegt der Roggen. Die Pflügung ist eine sehr oberflächliche; sie geschieht mittels des grofsrussischen Hackenpfluges (Socha), welcher das Land nicht tiefer als 1½ Zoll ritzt, oder mittels des kleinrussischen Pfluges, welcher zwei bis drei Zoll tief in den Boden eindringt. Jedoch kommen auch Fälle vor, dafs lediglich geeggt und der Samen sofort hinter der Egge eingestreut wird. Gedroschen wird mit Dreschflegeln, zwei aneinander gebundenen Knütteln verschiedener Länge. Alle diese Ackergeräte sind fast ausschliefslich aus Holz und eigenhändig von den Bauern hergestellt; besonders merkwürdig ist der russische Bauernwagen, welchen man ohne jeden Metallbestandteil antreffen kann; sein antiquarisches Interesse mufs er mit äufserst geringer Tragfähigkeit bezahlen. Gedüngt wird nicht oder in äufserst seltenen Ausnahmefällen. Folge ist bei der oberflächlichen Pflügung die Erschöpfung der Bauernäcker und geringe Ernten. Das eine der von mir besuchten Güter war bis vor kurzem unter Eigenbewirtschaftung des Gutsbesitzers, wobei es Tiefpflügung und Düngung genossen hatte. Die Folge war, dafs dieselben Bauern als Pächter hier zwei- bis dreimal soviel von der Defsjätine ernteten, wie von den eigenen Feldern: im gegenwärtigen Jahre z. B.

	Gutsland	Bauernland
Roggen	110 Pud	30—40 Pud von der Defsjätine
Weizen	65 „	30 „ „ „ „

Einstimmig bestätigten alle Beobachter in jener Gegend den Niedergang der durchschnittlichen bäuerlichen Wirtschaft. Dieser Niedergang zeigt sich jedoch in den beiden bereisten Bezirken in verschiedener Weise. Im Norden sah ich Sinken des Mittelniveaus. Zwar fand ich hier gröfsere Gleichheit unter den Bauern, aber diese Gleichheit bewegt sich nach unten; beispielsweise ist in den letzten 15 Jahren der Durchschnitt des auf den einzelnen Pächter kommenden Ackers gesunken; der bäuerliche Viehstand hat abgenommen.

Im Süden dagegen fand ich Hand in Hand mit der stärkeren Differenzierung der Bevölkerung die Anfänge des technischen Fortschrittes. Das alte System des Ackerbaues, wie wir es soeben beschrieben, war bei den kräftigeren Wirten durchbrochen.

Den Umschwung bringt die Maschine. Zuerst taucht die Worfelmaschine auf; ihr folgt alsbald die von Zugvieh getriebene Dreschmaschine. Bei zahlreichen bäuerlichen Wirten des südlichen Bezirkes habe ich Dreschmaschinen mit 3—4 kräftigen Gespannen in Thätigkeit gesehen; der nächste, ebenfalls schon vielfach anzutreffende Fortschritt führt zur Mähmaschine und Säemaschine. Der alte Pflug wird bei Seite gelegt. Es taucht der Bukker auf, ein dreischariger Eisenpflug, welcher mit zwei bis drei Paar Ochsen bespannt, zwei bis drei Defsjätinen den Tag pflügt, während die alten Bauernpflüge nur 1/2 bis 3/4 Defsjätine bewältigen. Die hierdurch ermöglichte Beschleunigung der Bestellung ist aber bei dem trockenen und heifsen Klima Südrufslands von grofsem Nutzen. Sie bringt die Saat früher in den Boden und giebt ihr Zeit, sich zu befestigen, ehe die Hitze beginnt.

Am spätesten erscheinen die Fortschritte, welche eine intensivere Bearbeitung der Erde bezwecken: westeuropäische Tiefpflüge und Bearbeitung der Brache — von beiden traf ich bei den russischen Bauern der besuchten Bezirke kaum erst Spuren. Zunächst dehnt sich der aufstrebende Wirt eben extensiv aus und baut Betriebsgröfsen auf, welche eine rentable Getreideproduktion ermöglichen, wozu die ihn umgebenden niedergehenden Guts- und Bauernbetriebe reiche Gelegenheit bieten.

So fand ich einen scharfen Gegensatz zwischen dem nördlichen und südlichen der bereisten Bezirke. Was sind die Gründe? Ich verstehe die Verhältnisse des Südens als Ausstrahlung Neurufslands, unter welchem Namen ich insbesondere an Taurien und Cherson denke, daneben aber auch an Bessarabien, das Gouvernement Jekaterinoslaff, das Gebiet der Donschen Kosaken und den Kubanschen Bezirk. Es kann auf diesen Gebieten jedenfalls nicht von einem allgemeinen

Niedergange der Bauernwirtschaft die Rede sein. Vielmehr nach Postnikoff finden sich daselbst zahlreiche, stark aufstrebende Elemente, wie denn nirgends die Maschinenanwendung so weit verbreitet ist, wie dort.

Als Gründe für diese Erscheinung mag zweierlei in Betracht kommen: einmal der lösende Einfluſs des benachbarten Meeres, die Nähe groſser Ausfuhrhäfen, Odessa, Cherson und Rostoff, damit eine stärkere Einwirkung der Getreideausfuhr und der Geldwirtschaft; auf der anderen Seite ist nicht zu vergessen, daſs die genannten Länder Kolonialboden [1] sind und eine neue, stark durcheinander gemischte Bevölkerung aufweisen — Umstände, welche allerwärts dem wirtschaftlichen Fortschritte günstig sich erweisen.

Ausgegangen sind die meisten Fortschritte von den deutschen Kolonisten, unter ihnen viele Mennoniten, welche, von Katharina II. und Alexander I. angesiedelt, die Lehrmeister der neurussischen Bauern geworden sind. Sektenbildung, welche ein hohes Maſs von Individualismus mit strenger moralischer Bindung vereinigt, erwies sich in Westeuropa vielfach als günstiger psychologischer Boden für den wirtschaftlichen Fortschritt; man denke an die Puritaner, jene Gründer Amerikas, an die Quäker, jene Pioniere der englischen Groſsindustrie, an die blühenden Herrnhuter Gemeinden Deutschlands [2].

Aber das psychologisch günstige Material, welches die deutschen Kolonien Neuruſslands für den wirtschaftlichen Aufschwung bereit hielten, bedurfte zur Entfaltung eines Anstoſses

---

[1] Odessa, mit mehr als 300 000 Einwohnern, der wichtigste Hafen Ruſslands, ist z. B. eine ganz neue Gründung. Auf einem Hofball schlug man der Kaiserin Katharina II. vor, dem neuzugründenden Kriegshafen am Schwarzen Meer den Namen der benachbarten einstigen Griechenstadt, Odessos, zu geben, worauf die Kaiserin erwiderte, daſs das alte Odessos eine weibliche Endung erhalten sollte.

[2] Hinsichtlich der Stundisten sagt ein russischer Priester: „Alles bei ihnen strebt zum Gelde.“ Roschdestwenski, Südrussischer Stundismus. Petersburg 1889. Gedruckt mit Erlaubnis des Direktors der geistlichen Akademie zu St. Petersburg.

von aufsen. Dieser kam auch hier, wie so oft in der Wirtschaftsgeschichte, von der See und durch den Handel. Bis in die sechziger Jahre führten die Kolonien ein ärmliches und naturalwirtschaftliches Stillleben. Da setzten die technischen Fortschritte der Schiffahrt und die städtische Entwicklung Westeuropas sie in die Lage, eine geschätzte Ware für den Weltmarkt zu produzieren: den Weizen. Auf ihn gründeten sie ihren Wohlstand; ihnen folgten die taurischen Bauern.

Diesen Vorgang zu beobachten, bot sich mir in dem bereisten südlichen Teile des Charkoffer Gouvernements Gelegenheit. In dieser Gegend erscheinen in neuester Zeit deutsche Kolonisten, worauf nach allgemeinem Urteil die soeben geschilderten technischen Fortschritte der russischen Bauernwirtschaft zurückzuführen sind. So wenig nämlich die Wirtschaft der benachbarten Gutsbetriebe auf den russischen Bauern von Einflufs ist, ebenso eifrig beobachtet er das Thun der deutschen Einwanderer, und ebenso willig ist er, es nachzuahmen. Ich fand keinerlei Spur von nationalen Gegensätzen. Im Gegenteil wurde mir in der besuchten Kolonie versichert, dafs in mehreren Fällen, wo russische Bauern mit deutschen Minoritäten in demselben Wolost (unterer Verwaltungsbezirk) zusammenleben, sie den Vorsteher (Starschina) aus den der Schrift kundigeren Deutschen gewählt hätten. Dieses Verhältnis ist verständlich, wenn man bedenkt, dafs die Kolonisten allezeit getreue Unterthanen der Zaren gewesen sind, deren grofse Vorfahrin ihre Voreltern einst in das Land gerufen hat.

Werfen wir einen Blick auf die deutsche Kolonie von 22 Höfen, welche einen so wichtigen Einflufs auf die Wirtschaftsweise des bereisten Bezirkes ausübt.

Gorochaja war bis vor wenigen Jahren ein auf der Höhe der Steppe gelegenes Gutsland, welches von den umwohnenden Bauern in der oben beschriebenen Weise durch einjährige Pachten ausgeraubt wurde. Dann kamen die Kolonisten und kauften das Land vom Gutsherren gegen den Preis von 120 Rubel die Defsjätine; 60 Rubel blieben als amortisables Bankdarlehen stehen, 30 Rubel kreditierte ihnen der Gutsherr, 30 Rubel zahlten sie aus eigener Tasche. Es waren

22 Anzügler, 20 von ihnen jüngere Söhne, welche wegen des in der Mutterkolonie an der Molotschnaja herrschenden Anerbenrechts ein Unterkommen auswärts suchen mufsten und ihre Abfindungsgelder in dem billigeren Boden des Charkoffer Gouvernements anlegten. Hier wurden sie „Vollwirte“, d. h. Bauern zu 60 Defsjätinen; bei Fleifs und Gunst der Zeit werden sie dieses Land allmählich von den Schulden reinigen. Aufser ihnen kamen zwei Vollbauern aus der Mutterkolonie, welche dort ihre Stellen verkauft hatten und dafür hier dreifach gröfsere (180 Dessj.) kauften. Sie thaten dies in der Hoffnung, auch ihre jüngeren Söhne einmal mit Land auszustatten, indem bei ihrem Tode ihr Besitz in je drei Vollbauernhöfe zu 60 Defsjätinen zerfallen wird.

An einer breiten Dorfstrafse errichteten die Ansiedler saubere Ziegelgebäude mit Schindeldächern, welche sich von den russischen Bauernhütten augenfällig unterscheiden. Das Haus steht mit der Schmalseite nach der Strafse; der vordere Teil enthält drei bis vier Stuben, sowie eine Küche; der hintere Teil des Hauses unter demselben Dach den Stall für das Grofsvieh. In gleicher Linie hinter dem Hause liegt der Getreidespeicher, welcher zum Schütten und Aufbewahren des Getreides benutzt wird; seitlich und von untergeordneter Bedeutung, zum Teil nach kleinrussischer Art aus getrocknetem Dung gebaut, ein Schuppen für das Ackerzeug und ein Schweinestall. Hinter den Höfen sah ich allenthalben Gartenanlagen mit reichlicher Baumpflanzung.

Jeder der Vollwirte hat von seinen 60 Defsjätinen gegen 15 Defsjätinen, die gröfseren Wirte entsprechend mehr, als dauernde Weide ausgesondert; dieselbe wird gemeinsam von dem Vieh der Ansiedler beweidet, jedoch unter fest beschränktem Anteilrechte jedes Wirtes. Jährlich setzt die Gemeindeversammlung fest, wieviel Vieh im ganzen zur Weide zugelassen wird, wonach sich dann die auf den einzelnen Wirt kommende Stückzahl bemifst.

Alles übrige Land ist Acker; Wiesen besitzt die Kolonie nicht. Das Ackerfeld ist einer Vierfelderwirtschaft unterworfen;

auf dreimal Getreide folgt bearbeitete Brache: z. B. Winterweizen, Gerste, Sommerweizen, Brache. Letztere wird zum Teil schwarz gehalten, zum Teil mit Mais als Viehfutter bestellt. Flurzwang herrscht nur in soweit, als die Brache zusammengelegt werden mufs, und zwar die schwarze, wie die bebaute an besonderen Stellen der Dorfflur.

Jedoch sprachen die Bauern davon, zu einem neuen System überzugehen, welches sie „grüne Brache" nennen. Es besteht darin, dafs unter Aufgabe der gesonderten Weide das gesamte Feld dem Ackerbau unterworfen wird; dafür bleibt an der betreffenden Stelle der Fruchtfolge jeder Acker einmal ganze drei bis vier Jahre als Weide liegen, sodafs Acker und Weide mit einander wechselt. Dieses System, welches in den Mutterkolonien, besonders bei den Mennoniten der Molotschnaja, immer mehr um sich greife, so sagte man uns, habe zwei Vorteile: einmal reinige es den Acker besser von Unkraut, besonders der schädlichen Steppendiestel, sodann aber ermögliche es stärkere Getreideproduktion, indem es die bisher unberührte Schwarzerde des Weidelandes ausnutze und dem bisherigen Ackerlande längere Erholung gewähre.

Die Bearbeitung des Feldes erfolgt, wie allgemein bei den Kolonisten, mit dem Bukker, jenem dreischarigen Pfluge, welcher nicht tiefer als zwei Zoll eindringt. Dagegen wird die Brache sorgfältig mit eisernen Tiefpflügen bearbeitet und aus einer Tiefe von 4—5 Zoll der Reichtum der Schwarzerde an die Oberfläche gefördert. Von Maschinen traf ich in allgemeiner Anwendung Dreschmaschinen, Mähmaschinen (keine Selbstbinder, wie sie die taurischen Kolonisten vielfach besitzen), Säe (Drill) maschinen u. s. w. Die vorgefundenen Dreschmaschinen waren denen der benachbarten russischen Bauern darin überlegen, dafs sie die Garben besser durchschüttelten und so den Verlust an Körnern beträchtlich verminderten. Viele dieser Maschinen waren in den Werkstätten der taurischen Kolonien selbst angefertigt, andere deutsches und englisches Fabrikat.

Düngung fanden wir in der von uns besuchten Kolonie so wenig in Anwendung, wie bei den russischen Bauern;

zunächst wird dieser Mangel in Folge der eingeführten Tiefpflügung der Brache wenig gespürt. Anders in den Mutterkolonien im Taurischen, wo die Düngung des stärker ausgenutzten Bodens immer mehr um sich greift. Das Haupthindernis besteht darin, dafs in dem baumlosen Lande der Dünger unentbehrliches Brennmaterial ist. Bedenkt man aber, wie nahe die Kohlenschätze des Donezbeckens sich befinden, so sollte man den Ersatz des Düngers durch einen rationelleren Brennstoff für möglich halten. In der That wurde uns berichtet, dafs in den Mutterkolonien mit der Düngung der Felder auch der Gebrauch der Steinkohle um sich greife. Angesichts dieses Zusammenhanges ist die Höhe der russischen Kohlenzölle unverständlich. Die hohen Kohlenpreise sind ein schweres Hindernis für den technischen Fortschritt der südrussischen Landwirtschaft.

Gerade in der besuchten Kolonistenwirtschaft dürfte die Notwendigkeit der Düngung frühe empfunden werden, da sie völlig auf Weizenbau beruht, welcher bekanntlich am meisten vom Boden fordert. Weizen ist nahezu das einzige Erzeugnis, das diese Kolonisten für den Markt hervorbringen; er bedeckt 60—70 % der gesamten besäeten Fläche. Alle anderen Feldfrüchte werden hauptsächlich zum eigenen Verbrauch angebaut.

Fragen wir zum Schlufs: worin bestehen die Vorteile der Kolonistenwirtschaft über die benachbarte russische Bauernwirtschaft? Ein technischer, ein rechtlicher und ein geistiger Gesichtspunkt scheint in Betracht zu kommen.

Technisch bedeutet die Kolonistenwirtschaft, unter rücksichtsloser Ausbeutung des Bodens eine möglichste Ersparnis an Arbeit (Ersatz der Arbeit durch Kapital). Noch heute gilt der von Haxthausen aufgestellte Satz, welcher angesichts der niederen Tagelöhne Rufslands paradox erscheint: „la main d'oeuvre est chère en Russie“. Klar wird diese Behauptung dem Reisenden, wenn er beispielsweise in den Herrenhäusern die doppelte und dreifache Anzahl von dienendem Personal antrifft, als in Westeuropa, und dabei die Trägheit derselben beobachtet. Ja noch mehr: gelernte und hochleistungsfähige Arbeit ist in Rufsland zur Zeit häufig überhaupt kaum zu haben. Ich hörte bei den umwohnenden Bauern die Bemerkung, dafs die Deutschen zwar sehr hohe Löhne zahlten, jedoch die Arbeit bei ihnen so schwer und anstrengend sei, dafs nur kräftige, jüngere Männer sich allmählich dazu entschlössen. Die geringe Leistungsfähigkeit der Handarbeit machen die Maschine vorteilhaft, um so mehr, als von allen Zweigen der Landwirtschaft der Getreidebau am meisten zur Maschine hinneigt.

Aber die Maschine erfordert, um sich zu rentieren, ein gröfseres Areal, als die russische Bauernwirtschaft gemeinhin aufweist. Schon wegen des geringen Landbesitzes ist der mittlere russische Bauer in dem von mir bereisten Bezirk von der Maschinenanwendung ausgeschlossen. Anders die gröfseren Wirte, welche, wie wir sahen, die Maschine begierig aufnahmen. Hierdurch allein ist es ihnen möglich, weichenden Getreidepreisen durch Herabdrückung der Produktionskosten zu folgen. Mit den gleichen Arbeitskräften bestellt der gröfsere Bauer nunmehr ein vier- bis fünfmal so grofses Areal als der mittlere Mujik. Er produziert billiger aus ähnlichen Gründen, wie der englische Spinner billiger als der deutsche, der polnische billiger als der Moskauer produziert.

Rechtlich ist der Kolonist dem russischen Bauern durch die Sicherheit seines Besitzrechtes an Grund und Boden überlegen, was sorgfältigere Bebauung und längeren Fruchtwechsel ermöglicht; ferner kommt in Betracht die Zusammenhaltung des Bodens in Betriebsgröfsen, welche Maschinenanwendung und Arbeitsersparnis ermöglichen. Im Erbfalle wird der Hof allgemein e i n e m Anerben übergeben oder zwischen dem ältesten und jüngsten geteilt, sodafs zwei Halbwirte zu je 30 Defsj. entstehen. Eine Halbwirtschaft wird nicht weiter geteilt.

Dieser Anerbengewohnheit entspricht eine eigentümliche Einrichtung zur Versorgung der nichterbenden Söhne, welche sich mit der Zeit der anziehenden Getreidepreise in den 70er Jahren gebildet hat. Die Mutterkolonieen besitzen mehr oder minder grofse Gemeindeländereien, welche einst Weide waren, jetzt aber als wertvolles Ackerland verpachtet werden. Aus den Erträgnissen dieser Pachtungen wird eine Sparsumme gebildet, die zum Ankauf von Land für die Landlosen der Kolonie dient. Insbesondere werden adelige Güter im ganzen gekauft. Jeder Hof, welcher zur Kolonie gehört, hat das Recht, Reihe um einen Teilnehmer an einem solchen „Auszuge“ der jüngeren Söhne zu stellen. Entsprechend der niederen Erbtaxe, welche zu Gunsten der Anerben herrscht, erhalten auch die Auszügler nunmehr die neuen Hufen ebenfalls zu ermäfsigten Kaufpreisen, die sie ratenweise in den Ansiedelungsfonds zurückzahlen. Dieser Einrichtung verdankte auch die von mir besuchte Kolonie ihre Entstehung.

Demgegenüber zwingt der Gemeindebesitz den kräftigeren russischen Wirt, die technisch erforderlichen Betriebsgröfsen auf Bewucherung der Gemeindegenossen aufzubauen; was er aufserhalb des Gemeindelandes an Grundeigentum erworben hat, wird durch die Erbteilung wieder zersplittert.

Geistig ist der deutsche Kolonist individualistischer als der russische Bauer. Aber der Individualismus — ob man ihn tadelt oder lobt — ist aus dem früheren Gruppendasein des Menschen als Machtmittel im Kampfe um das Dasein entwickelt. Dem Individualismus der Kolonisten dient als Gegengewicht eine starke moralische Bindung. Es ist in beider Hinsicht bezeichnend, dafs die 22 Höfe der besuchten Kolonie sofort ein Stück Land als Schulland aussonderten, eine Schule erbauten und einen Lehrer anstellten, welcher zur Zeit 25 Kinder unterrichtet. Ich selbst hörte ihn am Sonntag den Bauern eine Gerocksche Predigt vorlesen. Dieser schlichte Mann, den die Bauern als einen der ihrigen betrachten, ist das Band, das diese versprengten Bewohner der Steppe mit der Welt der „Intelligenz“ verbindet, ein Zusammenhang, der dem russischen Bauern bislang fehlt.

IV. Reisebericht aus der Ukraine.

A. Eine Arbeitsverfassung.

Das Gouvernement Poltawa, der Mittelpunkt der alten Ukraine, der Stammsitz der kleinrussischen Kosaken, grenzt westlich an das Charkoffsche Gebiet; es gehört gleich diesem zur Zone der Schwarzerde. Sein Wohlstand beruht ausschliefslich auf der Landwirtschaft. Getreidebau überwiegt hier alles andere. Fast jede einzelne Station der das Gouvernement durchschneidenden Bahnen weist höchst ansehnliche Beträge der Getreideausfuhr auf, welche nicht selten eine Million Pud das Jahr überschreiten. Das Getreide bewegt sich zu den Schwarzen-Meer-Häfen, neuerdings in Folge der neu eröffneten Bahn über Romni auch nach Libau und Königsberg.

Der Namen Poltawas ist verknüpft mit der Erinnerung an einen weltgeschichtlichen Wendepunkt: durch die Schlacht vom 9. Juli 1709 ging die Vorherrschaft des Nordens und Ostens von Schweden an Rufsland über. Die Niederlage der Schweden wurde dadurch verursacht, dafs sie in der Meinung, bereits gesiegt zu haben, die Verfolgung zu frühe abbrachen und den Russen damit Zeit zur Sammlung gaben. „Man mufs die Russen nicht nur todtschiefsen, sondern noch umwerfen,“ sagte später Napoleon nach ähnlichen Erfahrungen. Er wies damit auf jene Eigenschaft passiven Mutes hin, die der russische Bauer aus dem Glauben an eine allbestimmende Vorsehung schöpft.

Die Stadt Poltawa ist nichts anders als eine gewöhnliche russische Provinzialstadt: einstöckige Häuser, breite Strafsen, einige offizielle Gebäude mit den unvermeidlichen korinthischen Säulen, deren Stuck von den Kapitälen abbröckelt, dorfähnliche Vorstädte. Dem volkswirtschaftlichen Forscher ist Poltawa interessant als der Sitz eines der vorzüglichsten statistischen Landschaftsbureaus, dessen bändereiche Arbeiten mir sein Leiter, Herr Bunin, auf das liebenswürdigste zur Verfügung stellte; ich war daher in der Lage, meine örtlichen Beobachtungen an den Ergebnissen der Landschaftsstatistik zu prüfen.

Auch im Poltawischen habe ich zwei Bezirke bereist, welche in der socialen Schichtung ähnliche Unterschiede aufweisen, wie ich sie für das Charkoffsche schilderte. Aber die Gründe sind sehr verschieden. Im Charkoffschen wies der südliche Bezirk gegenüber dem nördlichen deswegen wirtschaftlich differenziertere Verhältnisse auf, weil er dem neurussischen Kolonialboden benachbart und den von dort ausstrahlenden geldwirtschaftlich-individualistischen Einflüssen ausgesetzt ist. Die Verschiedenheit zwischen dem östlichen und westlichen Bezirk des Poltawischen, dem Bezirke von Konstantinograd und dem Bezirke von Kobeljaki, hat dagegen neben natürlichen auch geschichtliche Gründe, die Jahrhunderte zurückliegen.

Auf einer Karte aus dem Anfang des vorigen Jahrhunderts fand ich den heutigen Bezirk von Konstantinograd als „campi deserti" bezeichnet — er gehörte zu jenen Steppen, welche so lange Tummelplatz der Raufereien zwischen Tataren und Kosaken waren. Erst nach Vertreibung der Tataren wurde er besiedelt, und zwar gutsherrlich, vielfach durch glückliche Generale und Adlige, welche das Land verliehen erhielten. Noch heute bildet das bezeichnendste und breiteste Element seiner Bevölkerung der frühere Gutsbauer.

Anders der Bezirk von Kobeljaki; er ist älteres Siedelland, seit lange Eigentum der Kosaken, welche den polnischen Königen als Militärgrenze gegen Türken und Tataren dienten. Das Kosakenland jener Gegend bildet eine Insel nie verlorener Gemeinfreiheit in dem Meere der Hörigkeit Osteuropas. Kosaken sind noch heute der überwiegende und wirtschaftlich wichtigste Teil seiner Bevölkerung. Als adlige Familiengenossenschaften (Bojaren) hatten sie das Land einst zu erblichem Besitz von den polnischen Königen verliehen erhalten. Später empörten sie sich gegen Polen und verfochten den orthodoxen Glauben gegen den eindringenden Jesuitismus; bei der Trennung Kleinrufslands von Polen erhielten sie von

Bogdan Chmelnitzki, dem Führer des Aufstandes, den Besitz ihrer ererbten Ländereien bestätigt.

Die Bereisung der genannten beiden Bezirke bot interessante Gelegenheit, die Nachwirkungen von Freiheit und Unfreiheit und die hieraus folgenden wirtschaftlichen und socialen Verschiedenheiten zu beobachten. Selbstverständlich liegt es mir fern, die im folgenden aufgewiesenen Verschiedenheiten ausschliefslich auf diese historischen Unterschiede zurückzuführen. Klimatische und sonstige natürliche Bedingungen spielen sicher auch ihre Rolle; der Bezirk von Konstantinograd ist trockener und besitzt nur einen einzigen, den Sommer durchdauernden Flufs, die Berestowaja; der Bezirk von Kobeljaki ist dagegen bespült von dem gewaltigen Dnjeprstrom, von mehreren Zuflüfsen durchschnitten und besitzt natürliche Wiesen und Waldparzellen. Im Bezirk von Konstantinograd fehlen von Natur Wiesen und Wald; dasselbe Land dient bald als Getreideland, bald als Weide. Dagegen beweist der prächtige Wald der Grofsfürstin, den ich zu Pferde durchquerte, dafs auch in dieser Steppengegend durch menschlichen Fleifs und Ausdauer reichlicher Baumwuchs zu erzielen ist.

Trotz dieser Verschiedenheit der natürlichen Bedingungen aber sind die Nachwirkungen der Vergangenheit nicht zu unterschätzen. Denn kein Kenner dieser Gegend wird bestreiten, dafs, wie immer der natürliche Untergrund, die kleinrussische Kosakenschaft im allgemeinen kräftiger, energischer und kulturvoller ist, als die früheren Gutshörigen, ihre Nachbarn gleicher Abstammung. Diese Thatsache ist um so bedeutungsvoller, als die Hörigkeit in Kleinrufsland — der Freiheit der Kosaken benachbart — überhaupt nie die Strenge erreichte, wie sie in Grofsrufsland allgemein war und dort ihre Spuren tiefer in das Volksleben eingegraben hat.

In Konstantinograd besuchte ich den in seiner Art höchst bemerkenswerten Latifundienbetrieb der Grofsfürstin Katharina Michailowna, nunmehr ihrem Sohne, dem Herzog von Mecklenburg gehörig; sodann durchfuhr ich zu Wagen einen Teil des

Bezirks, auf die Gastfreundschaft örtlicher Gutsbesitzer angewiesen. In Kobeljaki erhielt ich reiche Belehrung durch Herrn Wasilenko, den Verfasser zahlreicher volkswirtschaftlicher Monographien und Specialforscher auf diesem seinem heimischen Boden.

Schon die Namen der Dörfer im Bezirke von Konstantinograd sind bezeichnend für die sociale Schichtung der Bevölkerung; sie sind vorwiegend aus Eigennamen gebildet, sei es der adligen Besiedeler selbst, sei es der Mitglieder der kaiserlichen Familie, welche durch solche Patenschaft geehrt werden sollten. Da finden sich Karlofka und Barbarofka, die Namen des Latifundienbesitzes des Herzogs von Mecklenburg, daneben Pawlofka, Elisabetofka, Michailofka u. s. w. Der Gutsbauer bildet das vorherrschende Element der Bevölkerung sogar in noch höherem Mafse als die Statistik es erscheinen läfst (52,3 %); bei Gelegenheit der Bauernbefreiung wurde nämlich eine Anzahl von Bauern kleinerer Güter vom Staate übernommen und als Staatsbauern befreit. Der Bauer sitzt eingezwängt zwischen Mittel- und Grofsgütern von 500 Defsj. an aufwärts; der Latifundienbesitz des Herzogs von Mecklenburg beträgt über 50000 Defsj. (über 200000 preufs. Morgen).

Es trat mir bei Bereisung des Bezirkes auf das deutlichste vor Augen, dafs die Ausstattung des Gutsbauern mit einem rechtlich gebundenen Stück Ackerfeld, welches zum Leben und zur Erhaltung einer Familie nicht ausreicht, die sogenannte und viel verherrlichte „Befreiung des Bauern mit Land“, nichts anderes ist, als ein Stück verschleierter A r b e i t s v e r f a s s u n g. Ohne den Nadjel wäre zu fürchten, so sagten mir mehrere Gutsbesitzer, dafs die Bauern abflössen von einem Boden, auf dem sie noch so viel an die verhafste Leibeigenschaft erinnert.

Die Nadjele des Gutsbauern des von mir bereisten Bezirkes betragen 1—3 Defsj.; 4 Dessj. finden sich nur in Ausnahmefällen; so wurden z. B. die Gutsbauern von Karlofka durch den Grofsmut der damaligen Besitzerin mit 4 Defsj. pro erwachsene männliche Seele ausgestattet. Nach den Berechnungen des Poltawischen Statistischen Bureaus sind jedoch

6 Defsj. erforderlich, damit eine Bauernfamilie herkömmlicher Wirtschaft leben, sowie Steuern und Ablösungsgelder von ihrem Lande allein, ohne Nebenerwerb, bezahlen kann. Berücksichtigt man aufserdem die seit der Befreiung eingetretene Bevölkerungsvermehrung, so ersieht man, dafs der Bauer zu seiner Lebensfristung notwendig auf das Gutsland angewiesen ist.

Die Abhängigkeit des Bauern vom Gutsbetriebe ist dort um so gröfser, wo, wie ich dies wiederholt fand, das Bauernland kreisförmig vom Gutslande eingeschlossen ist; der Bauer steht alsdann nur einem Arbeitgeber gegenüber. Nur von ihm insbesondere ist das für die bäuerliche Wirtschaft unentbehrliche Weideland zu erhalten.

Aber nicht minder grofs ist die Abhängigkeit des adligen Guts von der Arbeit der umwohnenden Bauern. Grundsätzlich vergiebt die Gutsverwaltung Ackerland und Weide nur gegen Arbeitsverpflichtung, nicht in Geldpacht. Insbesondere werden in dem bereisten Bezirk die Erntearbeiten nahezu ausschliefslich gegen Arbeitspacht verrichtet; entweder erhält der Bauer ein Stück Ackerland, oder sein Vieh wird in die Gutsherde eingestellt, wofür er eine bestimmte Fläche abzuernten übernimmt. In vielen Fällen pachtet auch die Gemeinde als Ganzes Weideland, gegen eine von ihr im gesamt zu leistende Arbeit.

In Karlofka sind zwanzig benachbarte Dörfer an der Arbeit in der Gutswirtschaft beteiligt; wenn trotzdem von den 50000 Defsjätinen beinahe durchweg fruchtbaren Gesamtareals bisher nur 10000 Defsjätinen bestellt werden, so wurde mir als Hauptgrund der Mangel an Arbeitern bezeichnet. Wanderarbeiter aus der Ferne werden nicht beschäftigt, vielmehr ist diese Gegend offenbaren Menschenmangels eher noch Ausgangspunkt von Wanderarbeit.

Die gesamten Erntearbeiten werden in Karlofka von den Bauern mit bäuerlichem Inventar verrichtet — als Entgelt hierfür wurden in den letzten Jahren an Ackerland zwischen 3000 bis 4000 Defsjätinen, an Weide gegen 6000 Defsjätinen an die Bauern ausgegeben. Für eine Defsjätine Ackerland hat der Pächter 1—1¹/₄ Defsjätine Gutsfeld zu ernten, für eine Defsjätine Weide ³/₄ Defsjätine Gutsfeld zu ernten und die Garben zur Dreschmaschine anzufahren. Das den Bauern gegebene Ackerland ist nicht ausgesondert, sondern findet sich im Gemenge und Umtriebe mit den Gutsfeldern.

Die übrige landwirtschaftliche Arbeit wird ebenfalls von den umwohnenden Bauern, aber meist gegen Geldlohn, verrichtet. Dauernd, d. h. Sommer und Winter angestellte Knechte und Mägde dienen lediglich zur Wartung des Viehs; Pflügung, Saat, Drusch, Austrieb der Schafe besorgen dagegen Arbeiter, welche nur für den Sommer oder von Tag zu Tag angestellt werden und der benachbarten landarmen Bauernschaft entnommen sind.

Die Lohnverhältnisse der in Karlofka gegen Geld 1894 beschäftigten Arbeiter ergeben folgende Zahlen:

	Arbeits-tage	das Jahr für Rubel	also pro Tag Kop.
Dauernd angestellte Arbeiter	26 032	5 453,70	21
Für den Sommer angestellte Arbeiter	318 544	73 547,23	23
Von Tag zu Tag angestellte Arbeiter	272 921	69 395,25½	25½

Aber die Arbeitsverfassung von Karlofka, als eines kapitalkräftigen Grofsbetriebes mit industriellen Nebenbetrieben, ist weit geldwirtschaftlicher als die der mittleren Gutswirtschaften des Bezirks. Bei letzteren wird häufig die gesamte Arbeit des Gutsbetriebes von den Bauern mit bäuerlichem Inventar gegen Landhingabe verrichtet. Seinen Höhepunkt erreicht dieses System dort, wo das ganze Gutsland von den Bauern im Teilbau bestellt wird, was, wie ich hörte, in jener Gegend nicht selten ist; alsdann hat die Gutswirtschaft überhaupt kein Inventar.

Die geschilderte Arbeitsverfassung ersetzt den mit der Bauernbefreiung hinweggefallenen äufseren Zwang durch den indirekten Zwang der Landenge. Ihr haften alle die volkswirtschaftlichen Nachteile an, welche die unfreie Arbeit für den Herrn in sich schliefst. Einstimmig klagten alle von mir befragten Gutsbesitzer über die schlechte Qualität der Bauernarbeit. Gleich dem Hörigen habe der Arbeiter nur ein Interesse: so wenig wie möglich zu verrichten. Es wurde mir erzählt, dafs die Bauern immer neue Feiertage erfänden, immer neue Heilige feierten; der Gutsbesitzer sei hiergegen machtlos, denn wenn einer der Bauern, fleifsiger als die anderen, an solchem Feiertage etwa arbeiten wolle, so habe er zu gewärtigen, dafs ihm nächtlicherweile sein Eigenthum zerstört oder gar sein Haus angezündet werde. Obstgärten, wurde mir versichert, sei es unmöglich anzulegen, weil die Früchte vor der Reife mit Sicherheit gestohlen würden, wenn nicht gar schon die jungen Bäumchen böswillig vernichtet seien. Selbst die Gärten der Volksschulen, welche Unterrichtszwecken dienten, würden nicht verschont. Nur allzuhäufig würden Heu- oder Getreideschober der Gutsherrn auf dem Felde frevlerisch in Brand gesteckt.

Ich möchte ausdrücklich vor Verallgemeinerung dieser Angaben warnen; immerhin sind sie interessant als die Meinung des kleineren Adels jener Gegend. Zugleich dienen sie als Beleg für den Klassenhafs, welcher als langlebiges Erbstück der Leibeigenschaft noch vielerorts die Bevölkerung des russischen Landes in zwei scharf getrennte Lager spaltet.

Aber der Zwang zur Arbeit, welchen das herrschende System ausübt, ist doch nicht kräftig genug, um dem Gutsherrn die unfreiwillige Arbeit der Bauern wirklich zu sichern. Der Bauer, nicht mehr unter der Furcht der Knute, hat einen Ausweg gefunden, sich der verhafsten Herrenarbeit zu entziehen: die Einschränkung seiner Lebenshaltung unter äufserster Aussaugung des ihm zugefallenen Landfetzens, in letzter Linie den Hunger. Sehnsüchtig blicken daher nicht wenige Gutsbesitzer nach den goldenen Tagen der Leibeigenschaft zurück, welche in jenen anderen Teilen Rufslands, wo die Wanderarbeit vorherrscht, so gut wie vergessen ist.

Die unheilvollen Folgen der geschilderten Verhältnisse

liegen auf dem Gebiete der landwirtschaftlichen Technik. Früher herrschte in der bereisten Gegend und herrscht noch heute auf dem Boden der Güter die Feldgraswirtschaft; ein Stück Feld wird eine Reihe von Jahren bebaut, dann rückt der Ackerbau auf ein benachbartes Stück Land, während das bisher bebaute Feld längere oder kürzere Zeit, jedenfalls eine Reihe von Jahren, als Weide ruht.

Die Bauernbefreiung gab den Bauern zu wenig Land, dieses System fortzusetzen; andererseits hemmten zu hohe Lasten den Geist individualistischen Fortschritts und intensiver Arbeit. Daher kamen die Bauern dazu, die Weide immer mehr einzuschränken, ohne darum zu einem geregelteren System des Ackerbaues, etwa der Dreifelderwirtschaft, überzugehen. So fand ich Fälle, in denen dasselbe Feld sechs Jahre lang mit Getreide bestellt und dann nur drei liegen gelassen wurde; in anderen Fällen wurde nur noch ein Teil der Dorfflur periodisch unter Weide gelegt, alles übrige ununterbrochen bebaut. In den meisten Fällen aber ist der Bauer noch einen Schritt weiter gegangen: er bebaut alljährlich unausgesetzt und ohne Düngung das gesamte Areal des Dorfes mit Getreide. Es bedeutet dies also Einsaat des Wintergetreides sofort auf die Stoppel des Sommergetreides — ein für den sorglichen Landwirt unerhörtes Vorgehen. Beispiel derartigen Fruchtwechsels ist folgendes: Roggen, Sommerweizen, Roggen, Gerste u. s. w. Im Falle der Erschöpfung des Bodens säet man Buchweizen. Nach der Statistik der Landschaft bebauen von 270 Gutsbauerngemeinden 145 ununterbrochen das Ackerfeld in der angegebenen Weise; von diesen haben 109 überhaupt keine Weide, sondern bestellen die gesamte Dorfflur. Aber auch in den übrigen Gemeinden wird meist nur einem Bruchteil des Feldes zeitweise Ruhe gegönnt.

Dabei ist die Bearbeitung des Ackers, wie ich auf meiner Reise vielfach beobachtete, eine äufserst primitive. Man pflügt mit der Socha (Hackenpflug) oder dem kleinrussischen Pfluge, dessen Pflugschar noch häufig genug aus Holz lediglich mit eisernem Rande besteht. Gar nicht selten aber kommt es vor, dafs man das Pflügen überhaupt unterläfst und sich auf die Lockerung des Bodens mittels eines dem Exstirpator ähnlichen Gerätes beschränkt. Dasselbe besteht aus einem hölzernen Querbalken, an welchem sich in Zwischenräumen von etwa fünf Zoll drei bis sechs eiserne Zähne befinden, mit denen der Boden geritzt wird. Ja, ich hörte, dafs der Bauer nicht selten einfach auf die Stoppel sät und dann mittels des soeben beschriebenen Gerätes die Saat mit der Erde oberflächlich vermischt.

„Vielleicht“ (awos!), der im russischen Volksmunde so beliebte Ausdruck fatalistischer Unthätigkeit, wäre die bezeichnende Unterschrift unter das Bild eines sein Feld in angegebener Weise bestellenden Bauern. Alles ist den Zufällen der blind waltenden Natur überlassen; das Zuthun des Menschen ist auf das geringst mögliche Mafs beschränkt.

Der Drusch geschieht unter freiem Himmel auf dem Hofe, denn der Bauer besitzt aufser Hütte und Vorratskammer (ambar) keinen gedeckten Raum. Bei den Gutsbauern — im Gegensatz zu den Staatsbauern und Kosaken — habe ich den Dreschflegel noch im allgemeinen Gebrauch gefunden; ja, ich habe sogar gesehen, dafs vereinzelt in alttestamentlicher Weise das Getreide aus den Garben durch die Füfse des Arbeitsviehes ausgetreten wurde.

Die Beschränkung der Weide und der Brache bei einseitigstem Getreidebau führt zur Verminderung der Viehhaltung. Dort, wo man die Weide aufgegeben hat und alles Land jahraus, jahrein pflügt, ist das Vieh häufig wegen Mangels an Nahrung so entkräftet, dafs es zur schweren Feldarbeit überhaupt nicht fähig ist. Hiermit hängt zusammen die verminderte Tiefe der Pflugfurche. An Stelle des bisher üblichen Pfluges, welcher an 3 Zoll tief pflügt und mindestens ein Paar Arbeitsochsen erfordert, greift der Bauer zur Socha, die er mit einem Stück Arbeitsvieh handhaben kann; freilich pflügt die Socha nur 1½ Zoll tief. Bei fortschreitender „Entkräftung“ giebt der Bauer die Pflügung überhaupt auf.

Folge der bezeichneten Wirtschaftsweise ist eine zunehmende Erschöpfung und Verunkrautung der Bauernäcker. Nirgends baut der Bauer den ertragsreicheren, aber auch mehr vom Boden verlangenden Winterweizen, die Hauptfrucht gut geleiteter Gutsbetriebe in der bereisten Gegend; selbst den Anbau des Sommerweizens hat er vielfach eingeschränkt, infolge der Erschöpfung des Landes. Geradezu erstaunlich sind die Unterschiede des Ernteerträgnisses von gedüngten und gut bearbeiteten Äckern und den erschöpften Bauernländereien. Hierfür folgendes durch Befragung beider Teile ermitteltes Beispiel: die betreffenden Gutsfelder stehen unter Düngung und bearbeiteter Schwarzbrache, aber auch die Bauernäcker dürften eher über als unter dem Durchschnitt des Bezirks sich befinden.

Ernte 1895 pro Defsjätine:

	Gutsfeld	Bauernfeld
Winterweizen	156 Pud	nicht gebaut
Roggen	169 „	45 Pud
Sommerweizen	88 „	35 „

Aber die Verschiedenheit der Erträgnisse wird noch dadurch zu Ungunsten der Bauern verschoben, dafs das Bauerngetreide durch Zumischung von Unkrautsamen und anderen Unreinigkeiten verschlechtert wird. Die Bauern selbst machen sich um diese Zuthaten wenig Sorge; sie vermahlen und verbacken sie mit. Wenn sie dagegen zum Verkaufe gezwungen sind, so wird der Preis ihrer Waare durch die vorhandenen Beimischungen gedrückt. Nur so ist zu erklären, dafs die Bauern zu Preisen verkaufen, welche tief unter den Marktpreisen und den von den Gütern erhaltenen Preisen stehen. Anfang September 1895 stand in Rostoff der Marktpreis für Weizen auf 45—64 Kopeken pro Pud; die Gutsbesitzer verkauften in dem von mir bereisten Bezirk zu 45 Kopeken, die Bauern zu 30—35 Kopeken. In derselben Zeit verkauften die Bauern Roggen zu 20—25 Kopeken, die Gutsbesitzer zu 35 Kopeken. Dieser Unterschied mag allerdings teilweise auch auf die Ungunst der Lage des Kleinverkäufers gegenüber dem Grofsverkäufer zurückgehen — jedoch spielt gewifs die schlechtere Qualität eine bedeutende Rolle.

Das Erstaunen der Reisenden erwecken die winzigen Bauernwägelchen mit den armseligen Pferdchen davor, deren geringe Leistungsfähigkeit den Transport der Verkaufsware nach den Eisenbahnstationen so verteuert; einer jener Wagenzüge führt wohl kaum mehr Getreide, als ein Paar kräftige Pferde an einem europäischen Wagen fortbewegen würden.

Verhältnisse wie die geschilderten sind, wenn auch vielleicht in dieser Schärfe selten, in ihrer Art typisch für den Verfall der Gutsbauernwirtschaft breiter Teile des Reichs. Ihnen gegenüber ist es unverständlich, wenn man immer noch in Kreisen der russischen „Intelligenz“ die Meinung vertreten findet, dafs es in Rufsland keine Proletarier gäbe. Vielmehr liegt in der Entwicklung des Bauern zum Proletarier in gewissem Sinne ein hoffnungsvolles Element.

Freiwillig hat nämlich der ursprüngliche Mensch sich niemals zu jener verstärkten Arbeitsleistung entschlossen, wie sie der Kulturfortschritt erfordert. Ängstlich sucht er nach Schlupfwinkeln, das thatenlose Dasein der Vorzeit fortzuführen. Erst später, da höhere Bedürfnisse aufser denen des nackten Daseins erwachen, wird der äufsere Zwang durch innere Beweggründe ersetzt, die den Menschen veranlassen, zu den Stufen intensiverer Arbeit aufzusteigen. Damit erwachen, als köstlichste Gaben der Kultur, die Fähigkeiten wirtschaftlicher Selbsthilfe und geistiger Selbstbestimmung; nur so reift der Mensch allmählich der politischen Freiheit entgegen, welche ohne diese wirtschaftlichen und geistigen Voraussetzungen verhängnisvoll ist.

Zu diesen Gedanken gab mir die Fahrt durch den Konstantinogradschen Bezirk Anlafs. Augenscheinlich verbirgt dem Gutsbauern die Scholle, die er erhielt, das wahre Sachverhältnis, dafs er thatsächlich auf Lohnarbeit angewiesen ist; sie ermöglicht ihm bis zu ihrer gänzlichen Erschöpfung das Dasein auf dem Boden des wirtschaftlichen Rückschritts.

Es ist daher gewifs kein Zufall, wenn ich gerade bei meinen Fahrten durch jene Gegenden von Fällen hörte, dafs frühere Hofbedienstete, welche bei der Befreiung überhaupt kein Land erhielten, öfters zur Wohlhabenheit emporstiegen. Auch fand ich wiederholt, dafs solche Gemeinden, welche ganz ohne Land befreit wurden, vielfach in blühenderem Zustande sich befanden, als Gutsbauerngemeinden, deren Nadjel zu wenig war, um zu leben, und zu viel, um zu sterben. Jene eben waren von vornherein auf die eigene Kraft angewiesen. welche zu allen Zeiten das Mittel des socialen Emporsteigens gewesen ist.

Die Wahrheit dieses Satzes fand ich häufig auch dort bestätigt, wo die Bauernbank durch weitgehende und äufserst langmütige Kreditgewährung den Bauern in den nahezu schenkweisen Besitz von Herrenland gesetzt hat. In dem bereisten Bezirk und anderwärts hörte ich von zahlreichen Fällen, dafs die Käufer, ohne Zinsen zu zahlen, das gekaufte Land einige Jahre aussaugten und dann abgaben. Wo dagegen das Geschäft seitens der Bauern als ordnungsmäfsiges Kaufgeschäft aufgefafst wird, und sie durch Zins und Amortisation dem Eigentum zustreben, da wird das neuerworbene Land viel sorgfältiger bebaut, als der Gemeindebesitz. Bezeichnend genug: trotz der Solidarhaft gegenüber der Bank pflegen die Käufer das Land unter sich in solchem Falle zu endgültigem Besitz aufzuteilen. — Man kann vielleicht Einzelne, nicht aber eine Volksklasse durch Geschenke emporheben.

Je mehr die eigene Wirtschaft verfällt und der Gutsbauer auf Herrenarbeit angewiesen ist, um so mehr wird das Gemeindeland eine Fessel, die ihm erschwert, die Gunst der Lage des „freien" Arbeiters geltend zu machen; in letzter Linie kann der Nadjel ein Mittel werden zur Erhaltung niedersten Lohnniveaus der landwirtschaftlichen Arbeit. Es erinnert dieses Sachverhältnis daran, dafs deutsche Nationalökonomen, z. B. Max Weber, gegen eine Ausstattung der Landarbeiter des östlichen Deutschlands mit Landparzellen überall dort sich aussprechen, wo dem Arbeiter lediglich der Gutsbetrieb gegenübersteht und ihm damit das allmähliche Emporsteigen zum selbständigen Landwirt unmöglich gemacht ist; ein Protest im Interesse der Arbeiter.

Die geschilderten wirtschaftlichen Verhältnisse der Gutsbauern geben nun die Erklärung für die im bereisten Bezirk herrschenden Besitzgewohnheiten, wobei das formale Recht ziemlich gleichgültig ist. Das Besitzrecht der Gutsbauern im Bezirke von Konstantinograd ist sehr verschieden. Die Bauern von Karlofka erhielten bei der Befreiung den grofsrussischen Gemeindebesitz, die übrigen Gutsbauern dagegen den Nadjel zu erblichem Besitz des einzelnen Hofes. Trotzdem fand ich in der thatsächlichen Behandlung des Landes bei allen Gutsbauern des Bezirkes wenig Unterschiede. Der Nadjel gilt überall als „ewiges“ Privateigentum der Revisionsseele, welche seiner Zeit mit ihm ausgestattet wurde. Es ist unmöglich, den Nadjel den Revisionsseelen oder ihren Rechtsnachfolgern zu verkleinern, etwa durch Zusammenwerfung und Neuverteilung des Landes auf sämtliche lebende Seelen. Diese Unmöglichkeit ist, wie gesagt bei den meisten Gutsbauern im Poltawaschen eine rechtliche; aber sie besteht auch in Karlofka und beruht hier, wie ich mich durch Befragung der Bauern überzeugte, auf tiefgewurzelter Rechtsüberzeugung. Obgleich die Gemeinden des Karlofkischen Latifundiums rechtlich die Möglichkeit hätten, das Land nach lebenden Seelen umzuteilen, so weisen sie thatsächlich jeden Gedanken an diese Möglichkeit ab.

Aber der Nadjel ist nicht etwa ein Bauerngut fest umschriebener Grenzen, sondern ein ideeller Anteil an der Gemeindeflur; häufig, oft alljährlich, finden Umlosungen der Felder statt, welche die Lage des Nadjels örtlich bestimmen. Als Grund für diese Sitte wurde mir in der bereisten Gegend folgendes angeführt.

Einmal führt die Gemeinde im allgemeinen Interesse einen Kampf gegen die Ausdehnung des Ackerlandes auf Kosten der Brache; bei Gelegenheit jener Neuverlosungen sucht sie die Freilassung eines Teiles des Ackers zwecks gemeinsamer Weide zu erzwingen. Wir sahen oben, wie dieser Kampf mit dem Niedergang der bäuerlichen Wirtschaft vielfach erfolglos wird. Um so mehr spricht alsdann für die Umlosung ein anderer Grund. Es besteht nämlich auf Seiten des Einzelwirtes kein Interesse daran, das Land festzuhalten, dem er ja keinerlei Verbesserung hat zu teil werden lassen. Ja, je schlechter die Bearbeitung ist, um so mehr wächst sein Interesse, das ausgeraubte Land los zu werden, in der Hoffnung, bei der Neuverlosung das Feld eines sorglicheren Wirtes zu erhalten. Diese letztere Absicht wurde mir wiederholt als Grund angeführt, weswegen gerade die Mehrheit der armen Wirte die häufige Neuverlosung vielfach verlange.

Aber die Gewohnheit der Umlosungen wirkt nun ihrerseits wieder ungünstig auf die Behandlung des Landes zurück; sie erschwert insbesondere die Düngung, worüber in dem bereisten Bezirke die Bauern einig waren.

Gegenüber den geschilderten Verhältnissen scheint der auf die Initiative des gegenwärtigen Landwirtschaftsministers seitens der Behörden geführte Kampf gegen die Häufigkeit der Umlosungen höchst verdienstlich.

Auch in anderer Hinsicht könnte eine weitsichtige, staatliche Verwaltung mancherlei thun; es handelt sich darum, Fälle zu verhindern, wie folgenden, den mir einer der wohlhabendsten Bauern von Karlofka erzählte. Er habe zwei Nadjele von verarmten Gemeindegenossen gekauft, dafür das volle Ablösungskapital gezahlt und damit das Land aus dem Gemeindebesitz ausgekauft. Die Gemeinde habe ihm nunmehr das freigekaufte Land, wie das Gesetz[1] in solchem Fall vorschreibt, aus der Gemeindeflur ausgeschieden, aber nicht in einem Stücke, sondern in zahlreichen schmalen Streifen an den äufsersten Grenzen der Dorfflur. So umziehe sein Land fast die gesamte Peripherie der Dorfflur; er habe zu dem nächsten Felde 7 Werst, zum weitesten 15 Werst (ein Werst über ein Kilometer). Dieser Fall ist um so mehr zu bedauern, als kräftige Existenzen, welche sich zu selbständigen und leistungsfähigen Landwirten, „Bauern" im Sinne der deutschen Sprache, emporentwickeln, unter den Gutsbauern jener Gegend recht selten sind.

Ähnlich wie im Charkoffschen traf ich auch im Bezirke von Konstantinograd derartige Elemente in gröfserer Anzahl unter den früheren Staatsbauern als unter den Gutsbauern. Wie im Charkoffschen fand ich auch in dem bereisten Bezirk

[1] Es beruhte dies auf dem nunmehr durch Gesetz vom 14. Dec. 1893 abgeänderten Art. 165 der allgemeinen Ablösungsordnung.

des Poltawaschen die Differenzierung zwischen arm und reich bei den Staatsbauern weiter fortgeschritten als bei den Gutsbauern; ich fand bei den Staatsbauern neben zahlreichen niedergehenden einzelne stark aufstrebende Elemente. Bei den Gutsbauern herrschte oft noch geistige Nacht, bei den Staatsbauern mehr religiöses Leben, freilich auch Ketzerei.

Der Unterschied zwischen Gutsbauern und Staatsbauern erhellte mir u. a. auch aus der Mitteilung einer Volksschullehrerin, welche in einem Dorfe von Gutsbauern Schule hielt. Sie sagte mir, dafs die Schule von den Kindern eines mehrere Werst entfernten Staatsbauerndorfes mehr und regelmäfsiger besucht würde, als von denen des eigenen Dorfes; letztere zeichneten sich zudem durch schwer auszurottende Diebesgewohnheiten unvorteilhaft vor den Nachbarn aus. In der That bewundernswert schien mir der Kampf, den diese Dame, ähnlich wie viele ihrer Kolleginnen, in geistiger Einöde mit der Unkultur führt; bewundernswert die hierzu gehörige Selbstverleugnung und Thatkraft. Klassen von 40, 60 Knaben und mehr im Zaum zu halten und zu disciplinieren, ist eine Aufgabe, deren Lösung bei uns zu Lande für die Kräfte einer Frau unlösbar erscheinen würde — sie wird gelöst, wie mich sachkundige Beobachter versicherten.

Ähnlich wie im südlichen Bezirke des Charkoffschen entwickelt sich auch im Bezirke von Konstantinograd über den Staatsbauern — und ihrem wirtschaftlichen Fortschritt die Wege weisend — ein stärkeres Element, das von aufsen hereindrängt, hier nicht die deutschen Kolonisten des Südens, sondern die Kosaken des Westens. Sie sind es, welche, vielfach ohne Hilfe der Bauernbank, das Gutsland aufkaufen, auf ihm blühende Grofsbauernbetriebe gründen; als Pächter von Gutsland verschmähen sie die Pacht gegen Arbeitsleistung und nehmen statt winziger Parzellen gröfsere Ackerstücke in Geldpacht.

Erst seit etwa sieben Jahren vollzieht sich der friedliche Einbruch der Kosaken in den Bezirk von Konstantinograd, und schon sprachen mir verschiedene adlige Gutsbesitzer von ihnen als der Klasse „neuer Gutsherrn“, welche die alten verdränge. In der That hörte ich wiederholt von Kosaken, welche mehrere hundert Defsjätinen Land besitzen; von einem hörte ich, welcher über 1000 Defsjätinen bebaut.

Als Bauer ein altväterisches Dasein führend, erspart der Kosak die Ausgaben der standesgemäfsen Lebenshaltung des Adels. Es wurde mir beispielsweise erzählt, wie ein Kosak, der ein Herrenhaus gekauft habe, auf dem Parket der Salons Getreideschüttboden eingerichtet habe. Bezeichnender war noch die Antwort, die mir ein adliger Gutsbesitzer auf die Frage gab, wo er die Lokomobilen, die ich bei seinem Drusche in Thätigkeit sah, gekauft habe. Sie seien nicht sein eigen, sagte er mit süfssaurem Lächeln, er habe sie vom Kosaken gemietet.

Wer sind diese Kosaken? Zur Ermittelung dieser Frage begab ich mich in den Bezirk, von dem die Kosakeneinwanderung in das Konstantinogradsche hauptsächlich ausgeht, nach Kobeljaki.

B. Die Kosaken von Kobeljaki.

Andere Menschen und ein anderer Hintergrund — dies ist der erste Eindruck, welchen der Reisende empfängt, wenn er aus den breiten Gebieten der Gutsbauern und Latifundien dem alten Kosakenlande sich nähert. Es war dies für mich der Fall, als ich, von den Gütern der Grofsfürstin Katharina im Bezirke von Konstantinograd ausfahrend, die Gegend von Kobeljaki besuchte; diese Reise führte mich recht eigentlich in das Herz der alten Ukraine. An Stelle jenes passiven Mutes, der in den gefurchten Zügen der Mujik sich widerspiegelt, blitzt aus den dunklen Augen der Kosakenabkömmlinge kecke Thatenlust und etwas von südlichem Feuer. An Stelle des wirr herabwallenden blonden Vollbartes des russischen Bauers tritt hier der an den Mundwinkel abwärts gedrehte Schnurrbart, wie ihn auch die Familienbilder in den Häusern des von Kosaken abstammenden Kleinadels jener Gegend zeigen. Eines dieser Bilder, welches ich sah, war mir besonders bezeichnend für das frische und sangesfrohe Volk, bei grofser Naïvetät: der Kosak sitzt auf der grofsblumigen Steppe, eine Leier im Schofs, wohl ein keckes Liebeslied singend oder eine alte Sage; neben ihm sein treues Rofs, das aufmerksam dem Sange des Meisters lauscht.

Auch die Siedlungweise des Kosaken unterscheidet sich schon äufserlich von der des Bauern. Während die Reihendörfer der russischen Bauern durch ihre oft aufserordentliche Ausdehnung sich als künstliche Gebilde verraten, entstanden und zusammengehalten durch Befehl von oben, bevorzugt der Kosak den Einzelhof oder häufiger den aus wenigen Höfen bestehenden Weiler.

Die Weiler der wohlhabenden Kosaken sind meist von Hütten umgeben, deren Bewohner augenscheinlich keine selbständige Landwirtschaft treiben. Sie sind ein äufseres Anzeichen dafür, dafs hier der Grofsbauer eine ihm eigentümliche Arbeitsverfassung sich geschaffen hat. Diese sogenannten „Nachbarn“ sind eigentumslose Arbeiter, welche durch Feld und Naturalien vom Kosaken entlohnt werden.

Die Kosaken, welche den gröfsten und bei weitem wichtigsten Teil der Einwohner des Bezirkes von Kobeljaki ausmachen, sind die Abkömmlinge freier Krieger, denen — ein Beweis ihrer Freiheit — das Litauische Statut freies Eigentum und Erbrecht am Grund und Boden gleich der Schlachta (dem kleinen Adel) gewährleistet. Erst nach der Schlacht von Poltawa wurden sie endgiltig von Moskau unterworfen; später wurde die kriegerische Organisation dieser kleinrussischen Kosaken von der Centralregierung beseitigt; die Kosaken sind damit reine Ackerbauer geworden.

Man hat diese kleinrussischen Kosaken wohl zu unterscheiden von den mit Moskau verbündeten Kosaken, welche ihre kriegerische Organisation bis heute beibehielten, so z. B. die donschen, die uralschen, die terekschen, die sibirischen Kosaken. Bei letzteren werden noch heute die gesamten jungen Mannschaften mit erreichtem 16. Jahre zum Militärdienst eingereiht, zu welchem sie Waffen und Pferde selber zu stellen haben. Lange Jahre der Heimat entzogen, bleiben sie der alten Meinung aller waffentragenden Klassen treu, wonach die landwirtschaftliche Arbeit Schimpf und Sache der

Unfreien ist. Im Gegensatz zu den kleinrussischen Kosaken pflegen die donschen Kosaken einen grofsen Teil ihres Landes zu verpachten, und trotz ihrer sehr reichlichen Landausstattung auf fruchtbarstem Boden hört man heute von ihnen wachsende Klagen über Landmangel. Das einseitig kriegerische Leben dieser Kosaken, welches sie von wirtschaftlicher Thätigkeit abzieht, bewirkte einen starken Zuflufs von aufsen in das donsche Kosakengebiet. Diese „Auswärtigen" dienen den Kosaken als Tagelöhner, Pächter und Handwerker. Einige von ihnen aber haben sich als Händler und Kreditgeber an der Unwirtschaftlichkeit der Kosaken bereichert. Sie sind „die Gutsherrn der Kosaken, welche sich ihrer Freiheit rühmen" [1].

Anders die kleinrussischen Kosaken, welche wir in Kobeljaki besuchen. Gewaltsam, aber zu ihrem Vorteil einst in das Erwerbsleben hinabgestofsen, wissen sie den Landmangel durch Zukauf und Zupacht, also durch wirtschaftliche Selbsthilfe zu vermeiden. Energisch dringen sie in die Nachbargebiete vor, statt selber Ausbeutungsobjekte „Auswärtiger" zu sein.

Noch heute bilden die Kosaken Poltawas einen besonderen Stand, rechtlich ebenso getrennt von den benachbarten Bauern wie von dem Adel; aber mit beiden sind sie blutsverwandt, beiden drücken sie ihren Stempel auf. Die Bauern jener Gegend sind gröfstenteils Abkömmlinge von Kosaken, welche zur Unfreiheit herabsanken — nur zum kleinen Teil stammen sie von Grofsrussen ab, welche Moskau zur Pacifizierung des Kobeljakischen Bezirkes an dem Flüfschen Orel ansiedelte. Dafs der Adel grofsenteils von den Kosaken herstammt, zeigt sich schon darin, dafs er wirtschaftlich nur wenig über sie hervorragt. An Stelle des auf Schenkung beruhenden Latifundiums, das ich im Konstantinogradschen Bezirke

---

[1] So „Petersburger Nachrichten", 26. Juli 1898. Die Frage der Donschen Kosaken wird in der russischen Presse viel besprochen; gegenwärtig tagt zur Abhilfe der Notlage in jenen Gegenden eine Regierungskommission.

kennen lernte, fand ich in Kobeljaki einen Kleinadel, der zum gröfseren Teil ein bäuerliches Dasein führt. Die Mehrzahl des Adels im Bezirke besteht aus sogenannten „Halbherren“ (polupanki), d. h. Adeligen, welche weniger als 50 Defsjätinen besitzen und daher gezwungen sind, mit eigener Hand den Pflug zu führen. Im Bezirke befanden sich 1883 1469 landwirtschaftliche Betriebe, welche weder Bauern noch Kosaken, also vorwiegend dem Adel gehörten, offiziell sogenannter „Privatbesitz“; von diesen Betrieben waren 1163 unter 50 Defsjätinen grofs, gehörten also zwar nicht rechtlich, wohl aber wirtschaftlich zu dem, was wir in deutscher Sprache „bäuerliche“ Betriebe nennen.

Diese Thatsache erscheint nun um so wichtiger, wenn man die sociale Schichtung der Kosaken selbst betrachtet: unter ihnen überwiegt der dem Kleinadel nahestehende Grofsbauer, selbstverständlich nicht der Zahl, wohl aber dem wirtschaftlichen Schwergewicht nach.

In Rufsland findet man oft, dafs „Bauern“ im Sinne der ständischen Gliederung keineswegs Leute sind, die ausschliefslich von einem landwirtschaftlichen Betriebe leben; insbesondere die gewesenen Gutsbauern sind grofsenteils auf Erwerb durch Lohnarbeit angewiesen.

Bei den Kosaken von Kobeljaki dagegen findet sich eine breite Masse von unabhängigen landwirtschaftlichen Betrieben. Alle Besitzer von mehr als sechs Defsjätinen können nach Annahme der Landschaft zu dieser Klasse thatsächlicher Bauern gerechnet werden.

Aber ein Besitz von sechs Defsjätinen, gerade genügend zum Leben und zur Steuerzahlung, beschäftigt noch nicht voll die Arbeitskräfte einer Familie; dies ist bei 15 Defsjätinen der Fall, und je mehr die Maschinenanwendung, insbesondere die Mähmaschine und Dreschmaschine, um sich greift, desto mehr wächst diese Gröfse auf 30 und mehr Defsjätinen. Ich zeigte oben, dafs diese Betriebsgröfse das durch Anerbenrecht gesicherte Mindestmafs der deutschen Kolonistenwirtschaft bildet, dafs die kräftigeren russischen Bauern, insbesondere Staatsbauern, sie im einzelnen Fall auf dem Wege des Zukaufs, der Pachtung oder des Wuchers aufbauen; im Bezirke von Kobeljaki bildet das Vorhandensein dieser Klasse gröfserer Bauern die bezeichnende Eigentümlichkeit der Kosakenbevölkerung. Der wirtschaftliche Schwerpunkt der ganzen Gegend liegt in diesen gröfseren Betrieben, die sonst in Rufsland ziemlich selten sind. Es ist dies weit mehr der Fall, als nach der Eigentumsstatistik erscheinen könnte, weil gerade die wohlhabenden Kosaken ihren Betrieb durch Zupachtung beträchtlich verstärken. Zwei Drittel alles „Privatbesitzes“ im Bezirke, insbesondere die mittleren und gröfseren adeligen Güter, werden verpachtet; es sind natürlich nicht die Armen und Landlosen, welche als Pächter auftreten, sondern die kräftigeren Wirte. Wir begegnen also hier lebendigen Beispielen jener Betriebe, von denen wir oben Witte sprechen hörten: diese reichen Kosaken zahlen Steuern, kaufen Industrieprodukte, verkaufen Erzeugnisse der Landwirtschaft, beleben also den Warenumsatz und verbessern die Handelsbilanz; sie verteidigen damit, ohne etwas davon zu wissen, den Bestand der Goldwährung.

Während wir die Pacht im Bezirke von Konstantinograd als verschleierte Arbeitsverfassung kennen lernten, dient sie hier zur Verstärkung der bäuerlichen Eigenbetriebe. Beweis hiefür: die Kosaken verabscheuen die bei den Gutsbauern so häufige Pacht gegen Arbeitsleistung und pachten vorwiegend Land gegen Geld, während sie zu gleicher Zeit durch Zukauf den gröfseren Grundbesitz anbröckeln. Auch spielt neben der einjährigen Pacht, welche sonst in Rufsland überwiegt, im Bezirk von Kobeljaki die mehrjährige Pacht eine bedeutende Rolle; sie umfafst etwa $^{2}/_{5}$ alles Pachtlandes — ebenfalls ein Beweis der wirtschaftlichen Stärke der Pächter.

Sicherlich bedeutet das Vorhandensein einer Klasse von bäuerlichen Betrieben, welche nicht nur kümmerlichen Unterhalt gewähren, sondern in der Lage sind, Überschüsse abzuwerfen, ein wichtiges Element des Fortschritts. Aber wenn man dies zugiebt, so mufs man auch mit der Begleiterscheinung sich abfinden, gegen welche sich die meisten Vertreter der russischen Agrarlitteratur sträuben: wo es Wohlhabende giebt, giebt es auch Arme. Übrigens wird die Entwicklung ja nicht durch Litteraturmeinungen entschieden: aus fiskalen Gründen bleibt dem Staate keine Wahl; er mufs auf die Seite einer Entwicklung treten, welche die Emporentwicklung kräftiger Steuerobjekte bedeutet. In Poltawa beträgt die Zahl der „viehlosen" Bauern 34 Prozent der bäuerlichen Bevölkerung — ein Beleg weitgehender Proletarisierung. Dagegen ist die Summe der Steuerrückstände verhältnismäfsig gering.

Auch im Bezirke von Kobeljaki steht den wohlhabenden Kosakenwirtschaften eine grofse Menge landloser und viehloser Bauern und Kosaken gegenüber. Über 40 Prozent aller Bauern- und Kosakenfamilien des Bezirkes sind „viehlos", d. h. statt auf eigenen Landwirtschaftsbetrieb auf Lohnarbeit angewiesen. Kosaken dienen vielfach bei Kosaken in einem Verhältnis der „Nachbarschaft", das an die westdeutschen „Heuerlinge" erinnert. Auch bildet der Bezirk von Kobeljaki den Ausgangspunkt von Wanderarbeitern nach dem Süden (Cherson und Taurien), da die gröfseren Kosakenwirtschaften und der Kleinadel des Bezirkes die vorhandenen Arbeitskräfte keineswegs aufbrauchen.

Welches sind die Gründe der Überlegenheit des Kosaken gegenüber der sonstigen bäuerlichen Bevölkerung? Ich führe sie in erster Linie auf die wirtschaftlichen und geistigen Wirkungen der angestammten Freiheit zurück. Als Freier arbeitete der Kosak seit jeher in der Aussicht, die Früchte seines Fleifses selber zu ernten; der Zweck seiner Arbeit war sein eigener Wohlstand, während die erzielten Überschüsse des Hörigen dem Herrn gehörten und verstärkte Arbeit wie vermehrter Wohlstand häufig nur Mehrbelastung bedeuteten. Noch heute wirkt dieses alte Verhältnis nach. Der Kosak bezahlt gleich dem Adel nur öffentlich-rechtliche Steuern: die staatliche Grundsteuer, die Steuern der Landschaft und die seiner eigenen ständischen Organisation; die Bauern, sowohl die früheren Staats- wie Gutsbauern, haben daneben noch schwer lastende Ablösungsgelder zu erlegen. Weniger besteuert, ist die Arbeit des Kosaken hoffnungsvoller. Auch ist der Kosak durch kein Gutsland eingeengt, während sich der Gutsbauer auf Kosten des Herrenlandes zwar sicher, aber doch nur sehr langsam und in schwerem Ringen vorwärts schiebt.

Sind schon die unmittelbaren Vorteile der geringeren Belastung und der gröfseren Landausstattung hoch anzuschlagen, so möchte ich noch höher werten, dafs auf diese Weise seit langer Zeit bei den Kosaken das Selbstinteresse und die damit verknüpften wirtschaftlichen Tugenden in Thätigkeit gesetzt wurden. Bei den Kosaken finden wir den Geist der Selbsthilfe, der dem russischen Bauern so häufig abgeht, den man aber darum nicht dem russischen Volke überhaupt absprechen sollte. Der Bauer, welcher sein Feld auf das oberflächlichste bestellt, sagt: „Gott ist alles"; und wenn die Ernte dementsprechend schlecht ist, so meint er: „Gott hat gestraft"; dem gegenüber hat der Kosak ein Sprichwort: „Hilf dir selbst, so hilft dir Gott".

Auch die kommerziellen Fähigkeiten, die man dem Kosaken nachrühmt, sind nichts als eine andere Seite desselben Charakterzuges. Der Handel ist individualistisch; er entwickelt sich mit dem Verfall des Gruppendaseins der Vorzeit. Früher, ehe die Eisenbahnen gebaut wurden, verrichtete der russische Bauer im Winter allgemein Fuhrdienste. Der Kosak begnügte sich damit nicht; er betrieb den Warentransport auf eigene Rechnung. Von der Meeresküste, der Krim und dem Don holte er Salz und Fische im Austausch gegen landwirtschaftliche Produkte, quer durch die damals noch unbebauten Steppen Neurufslands. Mancher Kosak besafs ein Dutzend und mehr Fuhrwerke und Ochsengespanne. Später, da dieser Erwerb verfiel, verwandte der Kosak das darin angelegte Kapital zum Ankauf von Land. In schleuniger Anpassung warf er sich auf die Produktion der neuen marktgängigen Ware, des Weizens. Er produzierte für die Ausfuhr und nahm vollen Teil an dem Gewinn, welchen die hohen Getreidepreise der siebziger und achtziger Jahre abwarfen [1].

---

[1] Auf besondere Anfrage bestätigt mir brieflich ein genauer Kenner Kleinrufslands, Prof. J. Miklaschefski in Charkoff, die

Auch in seinen Rechtsgewohnheiten ist der Kosak ein Europäer. Im Gegensatz zum Gemeindebesitze des grofsrussischen Bauern ist das Privateigentum am Grund und Boden dem Kosaken in Fleisch und Blut übergegangen. Dem Einflusse seines Beispiels ist die benachbarte Bauernbevölkerung unterlegen.

Freilich ist auch hier, wie wir sahen, die Entstehung des Privateigentums verhältnismäfsig jungen Datums.

Nach den eingehenden Forschungen Lutschitzkis war die ursprüngliche Siedelungsform der Kleinrussen der Einzelhof (Hauskommunion) oder die aus wenigen Höfen bestehende Dorfgemeinde, letztere augenscheinlich nichts anderes als eine zerfallene Hauskommunion, zusammengehalten durch das Gefühl der Blutsverwandtschaft. Jeder Hof besafs einen ideellen Anteil, eine Quote an dem Familien-, bezw. Gemeindelande. Periodische Umlosungen kamen vor, um die Ungleichheiten der Losbildung auszugleichen, welche auf mangelhafter Vermessungstechnik beruhten. Aber die Quoten der einzelnen Höfe blieben stets dieselben; sie wurden veräufsert, vererbt, geteilt, während das Entscheidende am grofsrussischen Gemeindebesitz gerade darin besteht, dafs die Umteilung des Landes diese Quoten selbst verändert, die bestehenden Besitzrechte also völlig auswischt; so wird z. B. das Gemeindeland infolge des Bevölkerungszuwachses in eine gröfsere Anzahl von Anteilen zerlegt, als bisher. Letztere Gewohnheit ist als Ergebnis der Pflicht zum Lande anzusehen: wo die Unfreiheit einsetzt, wird die individualistische Entwicklung oft um Jahrhunderte verzögert. Auf dem Boden

Verknüpfung der kleinrussischen Kosaken- und Bauernwirtschaft mit dem Getreideweltmarkt. In der That ist jede Bauernwirtschaft, welche überhaupt einen Getreideüberschufs zum Verkauf bringt, mit diesem Weltmarkt verflochten, auch wenn ihr Getreide nicht in natura exportiert wird. Sie vermehrt eben die nationalen Bestände, welche nach Abzug der eigenen Volksernährung der Ausfuhr zu Gebote stehen. Die Getreidepreise sind, gleichviel, ob das Getreide in Rufsland oder im Ausland verzehrt wird, internationale Preise.

der freien Familiengenossenschaft wird dagegen aus den ideellen Anteilen der einzelnen berechtigten Höfe durch Realteilung verhältnismäfsig leicht europäisches Privateigentum. Die Gründe hierfür können z. B. darin liegen, dafs infolge der Spaltung der ideellen Quoten der Streubesitz unerträglich wird, oder dafs vermehrte Arbeitsintensität die Festhaltung des längere Zeit bestellten Feldes dem Bebauer wünschenswert macht[1].

Diese Entwicklung wurde durch einen weiteren Umstand gefördert. In Kleinrufsland stand nicht die Gemeinde, sondern der einzelne Steuerzahler seit Mitte des 16. Jahrhunderts persönlich dem Fiskus gegenüber. Damit fehlte das Hemmnis, welches der Ausbildung des Privateigentums am Grund und Boden in Grofsrufsland entgegenstand.

In der That ist schon das vorige Jahrhundert in Kleinrufsland die Zeit der Gemeinheitsteilungen, während die Reste des alten Rechtes lediglich im Verkaufsrecht der Gemeinde fortbestehen. In unserem Jahrhundert ist Kleinrufsland im Gegensatz zu Grofsrufsland recht eigentlich das Land des Privateigentums. Durch die Zusammenlegung aller Eigentumsgröfsen von über 50 Defsjätinen wurde ein ansehnlicher Teil des Landes dem Flurzwang entzogen. (Gesetz über die Landvermessung im Gouvernement Pultawa und Tschernigoff[2].)

Heute liegen von jenen alten Familiengenossenschaften bei den Kosaken der von mir besuchten Gegend nur noch wenige Spuren vor. Gogol erzählt von jenen alten Kosaken-

---

[1] Diese Ausführung beruht auf den Studien von Professor Lutschitzki in Kieff. Materialien zur Geschichte des Grundbesitzes im Gouvernement Poltava im XVIII. Jahrhundert, Lieferung 1, Kieff 1883. — Derselbe, Sammlung der Materialien zur Geschichte der Gemeinde und der Gemeindeländereien in der Ukrajna im XVIII. Jahrhundert. Kieff 1884. — Derselbe, Schmollers Jahrbuch, Bd. XX, 1896, Zur Geschichte des Grundeigentums in Kleinrufsland.

[2] Vergl. Encyklopädisches Wörterbuch XXIV, S. 213.

familien, in denen — gewifs ein äufserst altertümlicher Zug — die Herrschaft vom Vater auf den Sohn dann überging, wenn letzterer an körperlicher Stärke dem Vater sich überlegen erwies, d. h. den Vater durchprügeln konnte. Noch heute hörte ich von Fällen, in denen nicht nur Väter und verheiratete Söhne, sondern auch Brüder mit ihren Familien zusammen hausen.

Zweifellos weisen ferner auf die einstige Hauskommunion gewisse Sätze des Gewohnheitsrechtes der Kosaken: der Sohn, welcher sich wider Willen des Vaters von dessen Haushalt getrennt hat, etwa ausgewandert ist, verliert den Anspruch auf die Erbschaft des Vaters; Töchter erben nicht in das Land; der Sohn, welcher bis zum Tode des Vaters im väterlichen Hause gearbeitet hat, wird bei der Erbteilung bevorzugt; der Nichtblutsverwandte, welcher, zu gleichen Rechten in den Haushalt aufgenommen, in ihm gearbeitet und Steuern gezahlt hat, wird bei der Erbteilung als gleichberechtigter Genosse behandelt.

Alles dies sind jedoch nur schwache Reste der Vorzeit. Thatsächlich ist heute die kleine Familie bei den Kosaken durchaus vorherrschend; sie ist, ähnlich der Familie in Westeuropa und in den oberen Schichten der russischen Gesellschaft, weniger eine wirtschaftliche als eine physiologische und sittliche Einheit. Scharf nennt sie das Sprichwort der Kosaken „ein Band des Blutes, nicht der Arbeit.“ Diese Anschauung ist so sehr die herrschende, dafs die Väter, soweit als möglich, versuchen, den Söhnen bei deren Heirat ein Haus zu bauen und ein Stück Land abzutreten. Wenn die Familie zu arm ist, um zu teilen, so sollen Fälle vorkommen, dafs Brüder in demselben Hause, ja in derselben Stube wohnen und doch getrennten Haushalt führen. Daher die Ansiedlung der Kosaken in kleinen, unregelmäfsig gebauten Weilern, welche nichts als abgeteilte Hauskommunionen sind.

Die Sprengung der Hauskommunion und die Entstehung der kleinen Familie ist hier, wie wohl überall, vor allem ein Werk der Frau. Ist doch dieser Vorgang der erste Schritt zur Befreiung der Frau überhaupt. Mit allen Kräften strebt die Jungverheiratete aus der Familie des Schwiegervaters hinaus und ersehnt einen eigenen Herd. In der grofsen Familie ist sie nichts als Arbeitskraft; in der kleinen ist sie die Herrin ihrer Kräfte, die sie, besonders wenn sie kleine Kinder hat, vielleicht mehr anstrengen mufs, aber über deren Anwendung sie doch freier verfügt. Hier erst erwacht in ihr die Lust an jenem kleinen Schmuck des Daseins, jenen echt weiblichen Sorgen, welche ein wichtiges Element der Kultur- und Wirtschaftsentwicklung bilden. Von dieser Seite lernt der Mann die Frau zuerst schätzen, um sie allmählich zu seiner Genossin emporzuheben.

Bei den Grofsrussen, bei welchen die älteren Gemeinschaftsformen durch die Unfreiheit länger erhalten wurden, ist die Stellung der Frau eine schlechtere als in Kleinrufsland. Das zärtlichste Sprichwort des Grofsrussen, das mir hinsichtlich der Frau bekannt ist, rät dem Manne: „Liebe deine Frau wie deine Seele und klopfe sie wie deinen Pelz.“ „Lang sind ihre Haare, kurz ihr Verstand,“ sagt ein anderes grofsrussisches Sprichwort, während der Kleinrusse in Haushaltsachen die Frau nach eigenem Ermessen wirtschaften läfst. Dafs die Frau die bessere Behandlung dem Manne durch gröfsere Sauberkeit vergilt, weifs jeder, der kleinrussische mit grofsrussischen Bauernstuben zu vergleichen Gelegenheit gehabt hat. Das Leben der Kleinrussen ist heiterer als das der Grofsrussen; an Feiertagen tragen die Kosaken- und Bauernmädchen Blumenkränze im Haar. An den langen Winterabenden verfertigen sie altertümliche Stickereien, sogenannte „Handtücher“, welche sie einmal ihrem Bewerber als Zeichen des Jaworts zuschicken wollen; der Bräutigam schmückt sich mit ihnen bei der Hochzeit, um sie als Greis noch aufzubewahren. Auf dem Markt von Kobeljaki und anderwärts in Kleinrufsland sah ich nicht nur die Männer, sondern auch die Frauen; jene verkaufen Getreide, diese die Produkte des Gartens und Haushaltes, ebenfalls ein Zeichen gröfserer Selbständigkeit der Frau, das in Grofsrufsland selten ist.

Es ist nicht zu verkennen, dafs der Individualismus, wie

er bei den kleinrussischen Kosaken zum Ausdruck kommt, wirtschaftliche Gefahren in sich schliefst. Er führt zum Zerfall der grofsen Höfe, zur Erbteilung zu gleichen Teilen. Da die Hypothek, welche zur Abfindung der Geschwister in Deutschland dient, fehlt, so bedeutet Erbteilung Realteilung des Grund und Bodens, damit die Gefahr unwirtschaftlicher Zersplitterung. Man beklagt die Entstehung fragwürdiger Existenzen an Stelle wohlhabender Höfe, die ihre Glieder reichlich ernährten.

In der That sehen wir aus diesem Grunde Gemeinden, Behörden und Gesetze den Familienteilungen entgegenarbeiten, freilich mit geringem Erfolge. Denn wo in der grofsen Familie einmal Unfrieden eingezogen ist, wo der Alte seine Autorität thatsächlich verloren hat, was kein Gesetz verhindern kann, da ist der wirtschaftliche Niedergang sicher besiegelt; dann ist es immerhin noch besser, wenn die uneinigen Genossen teilen. Den arbeitsameren unter ihnen ist dann wenigstens auf dem Boden der kleinen Familie die Möglichkeit des Emporstrebens gegeben.

Bei den Kosaken Kobeljakis ist von einem Widerstand der Gemeinden gegen die Familienteilung keine Spur mehr zu finden; denn die kleine Familie ist völlig in das Rechtsbewufstsein der Bevölkerung übergegangen. Merkwürdigerweise aber sind die Wirkungen der in Kobeljaki herrschenden Erbteilung an Grund und Boden keineswegs so ungünstig, wie die Agrarschriftsteller fürchten.

Zwar ist zuzugeben, dafs die häufigen Familien- und Erbteilungen sicherlich mitgewirkt haben, hier jene breite untere Schicht, die wir kennen lernten, jene sogenannten „kraftlosen Höfe", zu schaffen; die Teilung hat gewifs manchen schwächeren Hof wirtschaftlich gänzlich vernichtet. Dafür ermöglicht die bestehende Ordnung des Privateigentums dem Verarmten aber auch eine gänzliche Loslösung vom Lande, welches ihm unter der Herrschaft des Gemeindebesitzes häufig wie eine Fessel am Bein hängt.

Auf der anderen Seite dagegen steht die Thatsache fest, dafs im bereisten Bezirke das System der Familien- und

Erbteilung zur Zeit wenigstens keineswegs die Entstehung kräftigerer Wirtschaften verhindert. Im Gegenteil ist nach den statistischen Untersuchungen der Landschaft anzunehmen, dafs in den letzten Jahrzehnten bei den Kosaken des Bezirkes die Zahl und die Bedeutung der gröfseren Betriebe eher zugenommen hat. Lediglich die mittleren Wirtschaften haben nach oben und unten abgegeben; die reicheren Kosaken haben sich auf Kosten der mittleren entwickelt.

Über die Gründe dieser merkwürdigen Erscheinung im Kobeljakischen kann ich auf Grund von Reisebeobachtungen lediglich Vermutungen aufstellen, ohne die Frage zu erschöpfen. Als Produzent einer marktgängigen Ware, des Weizens, im Besitz von Bargeld, baut der Kosak die durch Familienteilung zerfallenden gröfseren Betriebe durch Pachtung oder Zukauf von Gutsland wieder neu auf.

Dabei ist Land für seine Ausbreitung im Überflufs vorhanden, weil der Kosak seine weniger geldwirtschaftlichen Nachbarn auffrifst. Dem adeligen Gutsbesitzer ist er dadurch überlegen, dafs er die Kosten „standesgemäfsen“ Unterhaltes nicht kennt; „er lebt wie ein Spartaner,“ sagte mir ein Kenner der Verhältnisse im Bezirk. Obgleich er keine französischen Romane liest und nicht von deutschen Gouvernanten erzogen ist, zeigt er innerlich weit mehr als der weiche, in seiner Existenz vom Staate abhängige Kleinadel jene Fähigkeit wirtschaftlicher Selbstbehauptung, welche Tolstoi als „Grausamkeit“ am Westeuropäer tadelt.

Aber auch auf dem Boden des Bauernlandes können die kräftigeren Kosakenwirtschaften Eroberungen machen; was in Westeuropa der Abzug in die Stadt, das bedeutet hier die Auswanderungsmöglichkeit, welche das Land immer wieder von schwächeren und ärmeren Elementen reinigt. Der massenhafte Abflufs der untersten Schichten nach dem Neulande des Ostens erleichtert gewifs die Zusammenfassung ihrer zurückbleibenden Parzellen zu kräftigeren Betrieben[1]. Eine

[1] Ich erinnere an folgendes, von Simkhowitsch a. a. O. S. 378 citierte Wort eines wohlhabenden Bauern aus Zlatowratzki,

grofse Beweglichkeit des Bodens ist die Voraussetzung dieses Systems; in der That hörte ich vielfach Klagen über die Streulage der Grundstücke, welche trotz geschehener Vermessung und Zusammenlegung in 10—15 Jahren wieder eingetreten sei.

Neben dem Verfall der alten Familienorganisation steht die Beseitigung der weitgehenden Rechte der Gemeinde über das einzelne Mitglied — Rechte, die in Grofsrufsland bis zur Selbstherrlichkeit der Gemeinde und Rechtlosigkeit des Individuums gesteigert sind.

Zwar erinnert noch mancherlei an die frühere Bedeutung der Gemeinde auch auf dem individualistischen Boden des Kosakenlandes. Noch findet sich hin und wieder gemeinsame Bearbeitung der Gemeindeländereien, so wenigstens gemeinsamer Grasschnitt der Wiesen durch alle Gemeindegenossen und Verteilung des Heues entsprechend den Anteilen der einzelnen Höfe am Gemeindegut. Gemeinsame Bebauung von Ackerland scheint nur zwecks der Füllung der Getreidemagazine vorzukommen, welche das Gesetz für jede Gemeinde vorschreibt. Gewöhnlich werden die Gemeindeländereien verpachtet und allenthalben besteht die Neigung zur gänzlichen Aufteilung der Reste des Gemeinbesitzes.

Hin und wieder wird noch — ein Rest des alten Occupationsbesitzes am Boden — das Recht jedes Genossen anerkannt, auf dem Gemeindelande eine Wohnstätte, Haus und Garten anzulegen und zwar ohne Entschädigung an die Gemeindekasse. Heute wird in den meisten Gemeinden nur mehr gegen Zahlung, in anderen überhaupt nicht mehr, Gemeindeland zur Neuansiedlung hergegeben.

Am längsten erhielten sich hier wie anderwärts die Rechte der Gemeinde hinsichtlich der Weide. Nach den Mitteilungen

Das bäuerliche Werktagsleben, St. Petersburg 1880, S. 203: „Ja, bei uns halten sich nicht die Schwarzen (die Verarmten), sie haben keine Luft. Und wenn's nicht so wäre, wie könnten wir dann leben?! Wenn dieses Volk nicht luftig wäre, dann wären wir sehr beengt . . . Aber jetzt, wo man einen genügenden Teil des luftigen Volkes aus dem Mir hinausfliegen läfst, ist es uns selber bequem."

des örtlichen Sachkenners, Herrn Wasilenko, welche mit den Studien des Professors Lutschitzki genügend übereinstimmen, herrschte früher weitgehende Gemengelage — eine Folge der sich zersplitternden ideellen Anteile der einzelnen Höfe an der Gemeindeflur. Demgegenüber stand ein strenger Flurzwang, welchen die Gemeinde dazu benutzte, einen Teil der Felder periodisch dem Ackerbau zu entziehen und als Weide liegen zu lassen. Auf dieser Weide hatte jeder das Recht, soviel Vieh, als er hatte, zu weiden.

Darüber hinaus lagen die gemeinsamen „Steppen“, auf denen in alter Zeit jeder nach Belieben pflügen konnte. Die hier angelegten Felder waren dem Flurzwang entzogen. So entstanden vermutlich zahlreiche Einzelhöfe, aus ihnen durch Teilung vielleicht wieder Weiler, vielleicht Dörfer, wie denn z. B. Tochtergemeinden, welche mit den Muttergemeinden noch durch gemeinsamen Landbesitz verbunden sind, in Rufsland nicht zu den Seltenheiten gehören. Indem die Steppen allmählich in Besitz genommen und bepflügt wurden, ergab sich eine fortschreitende Verminderung der ewigen Weiden.

Dieses System wurde durch die Landvermessung und die Zusammenlegung gesprengt. Beide Mafsregeln wirkten zugleich bei dem geringen Wert der vorhandenen Baulichkeiten in der Richtung der Auseinandersiedlung. Die Folge war Aufhebung des Flurzwanges für die gröfseren Wirtschaften und Beschränkung der gemeinsamen Brachweide. Es ist klar, dafs die kleineren Wirte unter dieser Einengung der Weide litten und zur Beschränkung des Viehstandes gezwungen wurden — ein Mittel zu ihrer Proletarisierung.

Dagegen konnte mit Sprengung der alten Landverfassung die Wirtschaft der gröfseren Kosaken einen Charakter annehmen, ähnlich der früher kennen gelernten Wirtschaft der deutschen Kolonisten: äufserste Ausnutzung der Bodenkräfte zwecks möglichst grofser Getreideproduktion für den Markt. Hiervon hatte ich auf meinen Reisen im Poltavischen wiederholten Anlafs, mich selbst zu überzeugen. Der Kosak baut vorwiegend Weizen und Gerste als Verkaufsware, während er selbst Roggenbrot ifst. Über die Hälfte der gesamten besäeten Fläche des Bezirkes ist allein mit Weizen bestellt, welcher auf der Nikolajeffschen Bahn den Schwarzen Meerhäfen zufliefst.

Diese Marktproduktion führt zu rücksichtsloser Ausdehnung des Getreidelandes unter Ausraubung der Bodenkräfte. Mit der Dreifelderwirtschaft hat der Kosak die regelmäfsige Brache aufgegeben; er bebaut das Land ununterbrochen. Das einzige Mittel, um das Land zu erholen und zu reinigen, ist der Buchweizen, der vor der Winterfrucht eingeschoben wird. Ein bestimmter Fruchtwechsel existiert nicht.

In der That wird der Schwarzerde oft Unglaubliches zugemutet. Nicht selten säet man sofort auf den Sommerweizen den Winterroggen, wobei die Saat vielfach noch im Oktober vorgenommen wird. Reicht die Zeit nicht zur Bestellung, so wird der Roggen ohne vorgängiges Pflügen auf die Stoppel gesäet und die Saat mittels der eisernen Egge nur oberflächlich mit Boden bedeckt. Die meisten der zahlreichen Maschinen, welche eingeführt werden, haben ähnlich wie bei den deutschen Kolonisten nur die Ersparnis von Arbeitskräften zum Zweck, nicht die intensivere Bearbeitung des Bodens. Allenthalben findet man bei den wohlhabenden Kosaken Dreschmaschinen, Sortiermaschinen und Mähmaschinen. Der Bukker, jener mehrscharige Pflug, taucht auf, welcher eine weit gröfsere Fläche in gleicher Zeit zu bepflügen ermöglicht, als der sonst übliche kleinrussische Pflug, aber auch mehrere Paar kräftiger Zugochsen erfordert. So technisch unvollkommen die geschilderte Bodenbearbeitung ist, so hat sie zeitweise schöne Überschüsse abgeworfen — ein Beweis dafür, dafs das technisch Vollkommenere keineswegs immer das wirtschaftlich Vorzuziehende ist.

Jedoch zeigt sich hier, was sich anderwärts gezeigt hat: auch die köstlichste Schwarzerde ist nicht unerschöpflich; insbesondere ist hierfür ein Beweis die Unmöglichkeit, Winterweizen auf Feldern anzubauen, welche längere Zeit hindurch dem Getreidebau gedient haben, ohne gedüngt zu werden. Auch hier wieder geht die energische Kosakenbevölkerung voran, der südrussischen Landwirtschaft einen civilisierteren Charakter zu verleihen.

Mehr als in anderen Bezirken der südrussischen Schwarzerde finden wir bei den kleinrussischen Kosaken heute bereits die Düngung in Anwendung, freilich nur bei den reicheren Kosaken, während die ärmere Bauernbevölkerung den Raubbau bis an die Grenzen der Möglichkeit fortsetzt. Ganz besonders wichtig ist auch folgender Unterschied: die reichen Kosaken kaufen heute vielfach tiefarbeitende, deutsche Eisenpflüge, ein wichtiger Fortschritt in der Richtung auf Intensität der Bestellung; die proletarisierten Bauern dagegen geben sogar den kleinrussischen Holzpflug, welcher ein Ochsenpaar erfordert, auf, um zum grofsrussischen Hackenpfluge überzugehen.

Besonders sorgfältige Bearbeitung verwendet der Kosak auf das dem Hause benachbarte Stück Gartenland. In dieser Hinsicht ist der Unterschied zwischen der Wohnstätte des Bauern und des Kosaken augenfällig. Die Hütten der Bauern liegen meist gleichförmig an den langgedehnten Dorfstrafsen, ohne dafs die Farbe der Blumen oder das Grün der Bäume die Einförmigkeit unterbräche. In verschiedenen Teilen Rufslands habe ich die fruchtlosen Bemühungen der Polizei beobachtet, die Anpflanzung von Bäumen in den Dörfern zu erzwingen. Um der Polizeivorschrift äufserlich zu genügen, steckt der Bauer ein paar abgeschnittene Äste vor dem Hause in den Boden, welche verdorren, sobald das Auge der Beamten nicht mehr auf ihnen ruht. Es ist dies vielleicht eine Nachwirkung der Unfreiheit, da der Hörige die eigene Wohnstätte als fremdes Eigentum mifsachtete.

Was die Polizei nicht vermag, das bewirkt bei dem Kosaken die langeingewurzelte Gewohnheit des Privateigentums und die in ihr ruhende Liebe zur Heimat. Allenthalben sieht man die Weiler der Kosaken beschattet von Bäumen und von Fruchtgärten umgeben. Auf diese Gärten findet man in dem Kobeljakischen Bezirke eine Sorgfalt verwandt, welche ihnen schon heute eine wirtschaftliche Bedeutung verleiht, die in Zukunft nur wachsen kann. So besteht in der

Gegend eine starke Ausfuhr von Obst nach den benachbarten Städten Kieff, Jekatrinoslaw und Poltawa; daneben werden andere Gartenprodukte, insbesondere Wassermelonen, weithin und in grofsen Massen auf dem Dnjepr verfrachtet. —

Im Gegensatz zu der Zähflüssigkeit grofsrussischer Agrarverhältnisse sehen wir die Kosakenwirtschaft in schnellstem Flusse befindlich. Es gilt dies von ihr wie von jeder Wirtschaft, welche unter dem Einflusse der technischen Umwälzung der Gegenwart steht. In der That war Voraussetzung der geschilderten Zustände die Anwendung der Technik auf den Verkehr und die damit eintretende, wahrhaft erstaunliche Verbilligung der Seefracht. Vorüber der lichtumflossenen Kuppel der Sophienkirche, dem ragenden Felsen Gibraltars, vielleicht auch den sagenumsponnenen Burgen des Rheines mag die Dampfkraft den Weizen der Kosaken der westdeutschen Handelsstadt zuführen. Es kostet nicht mehr, dieselbe Menge Weizen von Odessa per Schiff, als aus dem benachbarten Bayern per Bahn nach Mannheim zu schaffen. Dort aber harren des russischen Getreides der Industriearbeiter und der Kleinbauer der Rheinebene, ebenfalls Kinder der neueren geldwirtschaftlichen Entwicklung. Mit dem Ergehen dieser Bevölkerung ist das Aufblühen der entfernten Kosaken auf das engste verknüft.

Wie die Gegenwart, so hängt aber auch die Zukunft des kleinrussischen Kosaken von den weitesten Verhältnissen ab. Im Gegensatz zu den naturalwirtschaftlichen Bauern mittleren Schlages, im Gegensatz auch zu jenen Bauern, deren Existenz der morsche Boden der Hausindustrie noch trägt, sind für die Kosaken als geldwirtschaftliche Marktproduzenten die Getreidepreise von entscheidender Wichtigkeit. Daher ihr Interesse an der Handelspolitik der russischen Regierung und ihrer Nachbarn, nicht minder auch an der innerrussischen Eisenbahntarifpolitik, welche entscheidet, in welchem Mafse das Neuland des fernen Ostens zur Konkurrenz mit dem älteren Westen zugelassen wird, ferner an der sibirischen Besiedlungspolitik u. s. w. Alle diese Umstände und viele andere werden bestimmen, ob die Getreidepreise eine durchschnittliche Höhe behaupten, welche den Kosaken den Übergang zur intensiveren Wirtschaft ermöglichen wird, oder ob die Blüte der Kosakenhöfe verfallen wird, wie zahlreiche Farmen Neuenglands verfielen gegenüber der Entwicklung des fernen Westens.

In letzter Linie aber dürfte die Zukunft der Kosakenwirtschaft mitbestimmt werden von der Zukunft des benachbarten Montanbezirks des Donez Dnjeprbeckens. Neue Hochöfen und neue Bessemerkonverter bedeuten für den Kosaken die Möglichkeit, auch andere und qualifiziertere Erzeugnisse des Landbaues als das Getreide benachbarten Märkten zuzuführen.

Sechstes Kapitel.

Zur Währungsreform.

I. Die Aufgabe.

A. Die währungspolitische Aufgabe.

Wir lernten die Widersprüche kennen, an denen das Programm der Panslavisten Schiffbruch litt. Wir sahen ferner, dafs auch die wirtschaftliche Abwendung von Europa, welche in den Prohibitivzöllen der 80er Jahre ihren Ausdruck fand, den weitsichtig erfafsten Interessen der russischen Industrieentwicklung selbst widersprach. Thatsächlich erfolgte ein Umschwung: politischer Frontwechsel vom Westen gegen den Osten, wirtschaftliche Annäherung an Europa, wie sie in dem russisch-französischen Handelsvertrag vom Juni 1893 und dem deutsch-russischen, sowie dem russisch-österreichischen Handelsvertrage vom März und Juli 1894 zum Ausdruck kam.

Der Einsicht der Staatsmänner kam im Kampfe mit Verbohrtheit und Leidenschaft ein harter und unerbittlicher Lehrmeister zu Hilfe: der von den Finanzen ausgehende Zwang. Gegen Ende der 80er Jahre nämlich trat eine währungspolitische Aufgabe in den Vordergrund, deren finanzielle Durchführung jenen doppelten Umschwung gebieterisch erheischte. Beim Staate aber wie beim Einzelnen sind die Finanzen die Grenze des Könnens gegenüber dem unbeschränkten Wollen; sie sind die Fesseln, mit denen das Handeln des

Staatsmannes an den Wagen der wirtschaftlichen Notwendigkeit gespannt ist.

Von keiner Frage des Zarenreiches galt lange Zeit in gleichem Mafse, wie von der seiner Finanzen, das Dichterwort: „Von der Parteien Gunst und Hafs entstellt.“ Heute, nachdem ein grofses, lange Zeit in seinen Einzelheiten geheim gehaltenes Ziel erreicht ist, sehen wir klarer.

Seit dem Krimkriege befand sich Rufsland in dem Zustande uneinlöslichen Papiergeldes, welches seit dem letzten Orientkriege einer schweren Entwertung unterlag. Obgleich einer bekannten Schulmeinung zufolge dieser Zustand für Rufsland grofse Vorteile hätte besitzen müssen, so hat das Zarenreich, wie jeder Staat, der die „Segnungen der Papierwährung“ am eignen Leibe erfuhr, kein erstrebenswerteres Ziel gekannt, als die Rückführung seiner Währung auf metallische Basis.

Aufklärend hat in dieser Hinsicht zweifellos das Buch A. Wagners gewirkt, welcher in den 60er Jahren die russische Papierwährung, ihre Einwirkung auf die Volkswirtschaft, sowie die Möglichkeit ihrer Beseitigung einer eingehenden Besprechung unterwarf [1]. Trotzdem blieb die öffentliche Meinung bis in unsere Tage hinein überwiegend inflationistisch verderbt. Die Währungsreform vollzog der Staat gegen die öffentliche Meinung [2], mit wenigen Ausnahmen gegen die Presse, gegen den zähen Widerstand des Publikums. Für den Staat aber kamen nicht nur, ja vielleicht nicht in erster Linie die allgemeinen, oft genug dargelegten volkswirtschaftlichen Schäden der Papierwährung in Betracht, sondern vor allem die Gesichtspunkte des staatlichen Machtinteresses.

Jede Abbröckelung des Papierkurses um Kopeken bedeutete für Rufsland, einen der gröfsten Goldschuldner der Welt, eine Mehrbelastung mit Zinsen um Millionen und gefährdete das Gleichgewicht des Budgets. Die blofse Möglich-

[1] Die russische Papierwährung. Riga 1868.

[2] Vergl. z. B. Berichte über die Währungsreform in der Freien ökonomischen Gesellschaft.

keit solcher Schwankungen verhinderte jede ordnungsmäfsige Voraussicht im Staatshaushalt.

In Zeiten politischer Verwickelung, mit denen ein Staat wie Rufsland täglich rechnen mufs, bedeutete die Papierwährung ein schwerwiegendes Moment der Schwäche. Ein Staat, welcher mit entwerteter Papierwährung in den Krieg eintritt, hat zu fürchten, dafs ihm das letzte finanzielle Hilfsmittel, die Notenpresse, versagt, indem nämlich der Kurssturz die Erträgnisse der Neuemissionen überholt. Dem gegenüber bietet die metallische Währung für die Staatsgläubiger auch bei Verdüsterung des politischen Himmels ein Pfandobjekt des gewährten und zu gewährenden Kredits; sie erleichtert die Aufnahme fundierter Anleihen. Endlich kann die Metallcirkulation in den Tagen der höchsten Not unter Neuausgabe von Papiergeld zur Ausfuhr gebracht werden; sie bedeutet daher einen kräftigen, finanziellen Rückhalt gegenüber kriegerischen Verwicklungen [1].

Es mag paradox erscheinen, aber es war für Rufsland vielleicht nicht der letzt mafsgebliche Beweggrund: man beseitige die Papierwährung, um gegebenen Falls neues Papiergeld in die Welt setzen zu können. Die Währungsreform ist unter diesem Gesichtspunkt eine „Wiederherstellung des Kriegsmaterials“, wie die Ausgabe von Papiergeld eine Vorwegnahme künftiger fundierter Anleihen ist, welche während des Krieges im Auslande schwer unterzubringen sind [2]. Wie friedlich immer die gegenwärtige Politik des Zarenreiches sein mag, so bedeutet die blofse Möglichkeit dieses Rückgriffes auf ca. 1500 Millionen Rubel Währungsmetall ein ansehnliches Machtmittel nach aussen. Die Währungsreform war die finanzpolitische Seite von Rufslands Weltpolitik.

---

[1] Irreführend war es, weil die mühsam erkämpfte theoretische Unterscheidung von Banknote und Papiergeld verwischend, wenn L. v. Stein die Möglichkeit, bei Kriegsausbruch Staatspapiergeld auszugeben, als „Kriegsschatz“ bezeichnete. Letztere Bezeichnung trifft eigentlich nur den Barvorrat der centralen Notenbank, welchen der Staat zu Kriegszwecken entleiht.

[2] Vergl. Kaufmann, Kreditbillette. Petersburg 1888, S. 358 ff.

Die beherrschende Stellung der Währungsreform in der äussern wie der innern Politik des Zarenreiches wurde dadurch erhöht, dafs unter den russischen Staatsmännern der letzten beiden Jahrzehnte die Persönlichkeiten mehrerer Finanzminister besonders hervorragten. Nicht gilt dies für den zweifelhaften Greig; dagegen verhinderte wohl nur die Ungunst der Verhältnisse Abaza an der Bethätigung guter Fähigkeiten.

Niemand übertraf Abazas Nachfolger, den früheren Professor der Finanzwissenschaft an der Universität Kieff, Nicolaus Christianowitsch Bunge, an gediegener, von bester Wissenschaft durchtränkter Sachkunde (Finanzminister vom Mai 1881 bis 1. Januar 1887)[1]. Unter Verzicht auf Augenblickserfolge entwarf Bunge das Programm der Valutareform auf dem Boden allmählicher finanzpolitischer Gesundung. Dieses Programm mufste bei der Schwierigkeit des Problems weit über die Dauer eines Ministeriums hinaus angelegt sein.

Dem Nachfolger Bunges, Iwan Alexejewitsch Wischnegradski, schien die Sonne des Glücks durch Frankreichs Wohlwollen und überreiche Ernten. Dagegen hat der Nachfolger Wischnesgradskis, Sergius v. Witte, in schweren Tagen der Hungersnot sein Amt übernommen und mit bewundernswertem Geschick, trotz zeitweiser Wolken am Finanzpolitischen Himmel, die Früchte der lang angelegten Reformarbeit zur Reife gebracht[2].

Sobald man die Wiederherstellung einer metallischen Währung sich zum Ziele setzte, stand man vor einem dreifachen Wege.

[1] Die Finanzpolitischen Schriften Bunges, über den wir einen Artikel im Handwörterbuch der Staatswissenschaften vermissen, finden sich citiert bei Skalkowski: Les Ministres des finances de la Russie, S. 231. Nach S. war Bunge auch Übersetzer von A. Wagners Russischer Papierwährung.

[2] Die Finanzminister Rufslands von 1802—1890 schildert etwas anekdotenhaft das citierte Buch von Skalkowski. Über Bunge enthält bemerkenswerte Angaben Raffalovich: Marché financier 1895/96, S. 292 ff.

1. Dem bestehenden Rechtszustand allein entsprach die Rückkehr zur Silbercirkulation[1], — ein Satz von Wichtigkeit gegenüber den Vorwürfen der Devalvation, welche der Währungsreform Rufslands mehr vom Inlande als vom Auslande gemacht worden sind.

Grundlage des russischen Währungsrechtes bis in die Gegenwart war der Ukas vom 20. Juni 1810, welcher den Silberrubel schuf, die während des Jahrhunderts in ihrem Feingehalt unverändert gebliebene, eigentliche Währungsmünze[2]. Der genannte Ukas befahl zugleich, dafs alle auf Geldsummen lautenden Abmachungen nur in Silberrubeln abgeschlossen werden sollten.

Thatsächlich cirkulierten damals stark entwertete Assignaten, welche zunächst keinen Zwangskurs hatten und solchen erst mit Einführung des Kurswertzwangskurses durch Ukas vom 9. April 1812 erhielten. Mit Recht bemerkt A. Miklaschefski[3], dafs damals, nicht erst 1839 die Devalvation eintrat. Die Regierung nahm ihre Assignaten nur mehr zu stark herabgesetztem Kurse in Zahlung, d. h. sie repudiierte ihre eigenen Schuldversprechen.

Kankrin, der bekannte Finanzminister Nikolaus' I. 1823—44, acceptierte diesen Zustand. Hatte bisher die Regierung von Zeit zu Zeit den Kurs festgesetzt, zu dem sie ihre Assignaten in Zahlung nahm, so legte Kankrin diesen Kurs dauernd fest, und zwar auf 1 Rubel Silber gleich 3,50 Rubel Assignaten (Manifest vom 1. Juli 1839).

Zugleich aber that Kankrin einen wichtigen Schritt vorwärts. Sein Vorgänger im Finanzministerium, Graf Gurjeff, den Kankrin als wertvollen Vorarbeiter, statt als Gegner hätte

---

[1] Diese Ansicht vertreten u. a. E. Lorini: La Réforme monétaire de la Russie. Paris 1898, S. 32, ebenso Lexis im Handwörterbuch der Staatswissenschaften, zweiter Suplementband, Art. Papiergeld.

[2] H. Mayer, Münzwesen und Edelmetallproduktion Rufslands. Leipzig 1893, S. 15.

[3] Alexander Miklaschefski: Geld, 2. Auflage. Moskau 1895, S. 580—588.

ansehen sollen [1], hatte unter Aufnahme von fundierten Anleihen die Menge der umlaufenden Assignaten stark vermindert; hierdurch und infolge des anwachsenden Bedürfnisses nach Zahlungsmitteln war auf Grund des Kurswertzwangskurses eine Menge von Metallgeld wieder in Umlauf gekommen. Diese Umstände ermöglichten Kankrin trotz völlig unzureichender Barmittel an die metallische Fundierung des Papiergeldes heranzutreten. Seine diesbezüglichen Maſsnahmen zerfielen in zwei Teile, in die Einziehung der Assignaten gegen neu ausgegebene „Kreditbillets“ und die Einlösbarkeit dieser Kreditbillets in Silber.

In der Periode von 1843—56 war der Silberrubel nicht nur rechtlich, sondern auch thatsächlich die Währungsmünze im vollsten Sinne des Wortes [2]: alle Kontrakte müssen auf Silbermünze lauten; der Gläubiger kann stets Silber fordern, der Schuldner sich stets mit Silber befreien. Dieser Zustand hat gesetzlich bis in unsere Tage bestanden. Auch das Münzgesetz von 1886 hat an ihm nichts geändert.

Die Kreditbillets, welche Kankrin ausgab, waren trotz der Eigenschaft des Zwangskurses, den sie von vornherein besassen, zunächst rechtlich wie thatsächlich Repräsentanten des Silberrubels. Sie lauteten auf Silber. Wenn der Staat sich ihre Einlösung auch in Gold vorbehielt, so wollte er, wie Lexis bemerkt, hiermit „die Erfüllung ihrer Einlösungsverbindlichkeit sich erleichtern, ohne Zweifel im Hinblick auf die seit dem Ende der 30er Jahre steigende Bedeutung der sibirischen Goldproduktion [3].“ Dagegen hatte der Inhaber eines Kreditbillets, wie jeder andere Gläubiger ein Recht nur auf Bezahlung in Silber.

[1] So urteilt Bunge, vergl. Zielinski, Der Rubel jetzt und vor 100 Jahren. Conrads Jahrbücher III. Folge, 16. Band, Heft 4, S. 447.

[2] Die wichtigsten Bestimmungen des Manifestes vom 1. Juli 1839 sind abgedruckt von Lexis a. a. O. S. 643 sowie bei A. Miklaschefski a. a. O.

[3] Lexis a. a. O. S. 644. Ich möchte daher den Ausdruck „Doppelwährung“, welchen Zielinski, Heft 5 a. a. O. S. 624 von den älteren russischen Währungszuständen braucht, verwerfen.

Thatsächlich wurde die Einlösbarkeit der Kreditbillets trotz unzureichender Barvorräte — nach dem Gesetze nur ein Sechstel des Betrages der Emission — bis 1856 aufrecht erhalten. Im Krimkriege wurde die Einlösung ausgesetzt und seitdem nicht wieder aufgenommen, ohne dafs hierüber eine besondere Verordnung veröffentlicht worden wäre.

Die Kreditbillets wurden damit Geldsurrogat, nicht nur als Umlaufsmittel, was sie bisher gewesen waren, sondern auch als Wertmafsstab, freilich nicht unveränderlicher Wertmafsstab. wie es die metallische Währungsmünze ist, sondern ein Wertmafsstab selbst veränderlich nach all den Gründen, welche das Agio des Papiergeldes bestimmen. Solange die Erinnerung an ihre Silbergrundlage noch bestand, blieb ihr Wert in einem gewissen Zusammenhang mit dem Werte des Silberrubels; später ging dieser thatsächliche Zusammenhang völlig verloren.

Dem gegenüber fehlte dem Goldrubel das erste Erfordernis einer Währungsmünze: unbeschränkte gesetzliche Zahlungskraft. Der Staat gewährleistete ihm durch die Prägung lediglich einen bestimmten Feingehalt. Ursprünglich war er reine Handelsmünze; der Nennwert bedeutete in diesem Falle überhaupt nichts als eine theoretische Aussage über die vom russischen Gesetzgeber für richtig gehaltene Wertrelation vom Gold zum Silber.

Durch das Manifest vom 1. Juli 1839 erhielt diese Goldmünze Kassenkurs in dem Sinne, dafs die Regierungskassen sie in einem bestimmten Wertverhältnis statt des Silbers entgegennahmen: und zwar zum Nennwert plus 3 %. Letzterer Zuschlag bezweckte die Gleichstellung mit der Relation des Auslandes; trotzdem erreichte man nur eine Relation von 1 : 15, 45; das Gold bliebe also nach wie vor unterschätzt [1].

Seit der Ordonnanz von 1885 wurde der Goldrubel wieder reine Handelsmünze. Die damals vorgenommene Veränderung des Feingehaltes des Goldrubels hatte lediglich die Bedeutung der theoretischen Proklamierung der damals durch die That-

[1] Vergl. Mayer a. a. O. S. 15.

sachen längst überholten „klassischen“ Wertrelation von 1 : 15½. Eine mittelbare Bedeutung mochte diese Mafsregel haben, weil sie den Halbimperialen an Gewicht und Feingehalt dem 20 Frankenstück so nahe brachte, dafs beide Münzen auf den internationalen Märkten mit nahezu dem gleichen Werte cirkulierten; die Einbürgerung der russischen Goldanleihen auf der Pariser Börse mag hierdurch erleichtert worden sein [1].

Währungsrechtlich dagegen wurde die Natur des Goldrubels durch diese münztechnischen Bestimmungen ebenso wenig berührt, wie durch Specialgesetze, welche in bestimmten Ausnahmefällen (bei Zollzahlung, für Zinsen und Amortisation der Goldanleihen) Zahlung in Goldrubeln dem Schuldner vorschrieben. Bei allen anderen Forderungen, z. B. selbst Wechseln, welche auf Goldrubel lauteten, konnte der Schuldner sich stets durch Zahlung einer gleichen Anzahl von Silber-, bezw. Papierrubeln befreien, während die Zahlung in Gold die Übereinstimmung beider Teile voraussetzte [2].

Erst durch Dekret vom 3. März 1895, also während die Währungsreform in vollem Gange war, wurden Abschlüsse in Goldrubeln autorisiert und der Schuldner, welcher Gold versprochen hatte, gezwungen, Goldrubel oder ihren Kurswert in Papier zu zahlen. Erst damit erhielt das Gold gesetzliche Zahlungskraft.

Das Gesagte ergiebt: dem bestehenden Währungs r e c h t e entsprach eine Währungsreform, welche den Papierrubel gegen Silberrubel eingelöst hätte. Abgesehen vom Wortlaut der Gesetze hätte man für diesen Weg der Währungsreform auch anführen können, dafs bei der gesetzlichen Unterschätzung des Goldes [3] in Rufsland thatsächlich während des ganzen

---

[1] Dieser Meinung ist Lorini a. a. O. S. 63.

[2] Näheres hierüber A. Rnetz, Zur Geschichte der russischen Valutareform. Die Währungspolitik Rufslands 1881—95. Eine Dissertation der Freiburger Universität.

[3] Vergl. J. J. Kaufmann, Die Wechselkurse Rufslands 1841 bis 1890. Ausgabe des centralen Statistischen Comités. Petersburg 1892, S. XV.

Jahrhunderts Silber cirkuliert hätte, wenn kein Papiergeld vorhanden gewesen wäre. Gold wäre unrettbar abgeflossen, wie dies thatsächlich 1862/63 der Fall war, als man vorübergehend die Kreditbillets gegen Gold oder Silber einlöste. Man hat alsdann noch kurze Zeit die Einlösung nur gegen Silber aufrecht erhalten — wozu man sich auf Grund der Münzgesetze für zweifellos berechtigt hielt[1].

Der Silberumlauf wäre in unseren Tagen sinkenden Silberpreises leicht zu erreichen gewesen. Ende 1892 erreichte der Papierrubel pari mit dem Silberrubel. Der Staat hätte entweder selbst Silber kaufen und prägen oder die seit 1893 rentabel gewordene Silberprägung der Privatinitiative überlassen können[2].

Der russische Staat, einer der gröfsten Goldschuldner der Welt, hat aus handgreiflichen Gründen diesen Weg nicht gewählt. Nur radikalste Inflationisten, welche merkwürdigerweise auch in dem angesehenen „Europäischen Boten" zu Worte kamen, konnten ihn befürworten[3]. Für Staatsmänner, die sich ihrer Verantwortlichkeit bewufst waren, genügten die Erfahrungen des indischen Budgets. Rufsland schlofs seine Münzstätten dem weifsen Metall.

Der russische Staat also konnte jeden andern Weg der Münzreform wählen, vorausgesetzt, dafs er seine Gläubiger nicht schlechter stellte, als sie eine Einlösung des Kreditrubels zum Silbernennwerte gestellt hätte. Betrachten wir die weiteren Möglichkeiten.

Mit der Silberwährung war zugleich die nationale oder nur mit einigen Staaten vereinbarte Doppelwährung verdammt. Dieselbe hätte angesichts der Überschätzung des Silbers,

---

[1] Raffalovich, Der Kreditrubel. Paris 1896, S. 6/7.

[2] Nach Janschull, Finanzwissenschaft. Petersburg 1890, S. 216 erhob Rufsland nach dem Münzgesetz von 1885 die hohe Prägegebühr von 60 Silberrubel pro Pud Feinsilber, d. h. vom Silberrubel 6,5 Kop.

[3] Ein Befürworter der reinen Silberwährung war z. B. Slominski, Europäischer Bote. Juniheft 1895. Slominski bezeichnet die Ansammlung eines Einwechselungsfonds in Gold als ein „überflüssiges Opfer", S. 805.

welche der Bimetallismus beliebt, zum Silberumlauf geführt. Auch bei Zugrundelegung der gegenwärtigen Marktrelation wäre dieselbe Erscheinung lediglich etwas später zu befürchten gewesen, da das Silber heute infolge der Fortschritte der Technik als nahezu beliebig vermehrbare Ware anzusehen ist[1].

Die Hoffnung auf internationale Doppelwährung, welche in der Presse zahlreiche Fürsprecher fand, hätte die Reform aufs ungewisse vertagt[2].

Meiner Meinung nach konnte vom praktischen Standpunkt aus überhaupt nur zweierlei in Betracht kommen. Entweder: man behielt unter möglichster Festigung des Rubelkurses den bisherigen Zustand bei — der Papierrubel blieb dann Kreditgeld, selbstständiger Wertmafsstab, Repräsentant einer mehr oder weniger veränderlichen Menge Goldes. Diesen Weg empfahl z. B. unter beachtenswertem Hinweis auf die russische Zahlungsbilanz Prof. Chodski[3]. Hielt man Rufsland für reif zur metallischen Währung, so blieb nichts als die Goldwährung übrig.

Da Gold heute der internationale Wertmafsstab ist, so befreit allein der Besitz von Goldwährung die Volkswirtschaft von den schädlichen Schwankungen der inneren Valuta im Verhältnis zum Weltgelde. Der gewichtigste Einwand, welcher im Auslande gegen Handelsverträge mit Rufsland geltend gemacht wurde, war der, dafs die schwankende Valuta Zollkonzessionen Rufslands hinfällig mache. Wollte man Sicherung der russischen Ausfuhr durch Handelsverträge, so

---

[1] So Lexis, Handbuch der politischen Ökonomie. Bd. I, 4. Aufl., S. 400. Für die Silberproduktion bestehe keine andere Grenze als die durch das immer weiter gehende Sinken des Preises gezogene. Übereinstimmend viele andere. Vergl. auch den von Lotz gegebenen Bericht über die Ergebnisse der deutschen Silberkommission in Schmollers Jahrbuch 1894/95.

[2] Anhänger der internationalen Doppelwährung war z. B. Butmy, Betrachtungen eines südrussischen Landwirts. Berlin 1897.

[3] So Chodski in der Freien Ökonomischen Gesellschaft. Ähnlich Schaparoff, Ziffernmäfsige Analyse der Zahlungsbilanz Rufslands 1881 bis 1895. Petersburg 1897.

mufste man diesen Einwand beseitigen. Hierzu aber war allein die Goldwährung geeignet. Endlich Gold in Gestalt einer gesättigten Cirkulation ist der in allen Wechselfällen der Politik verläfsliche, jederzeit verkäufliche Kriegsschatz; denn Gold ist die internationalste aller Waren. Goldbesitz ist Weltmacht, weshalb die englischen Bimetallisten, unter ihnen einflufsreiche Staatsmänner, der übrigen Welt zwar den Bimetallismus anraten, England selbst aber kein Haar breit von dem „Willen der City“ abweicht[1]. Dieser „Bimetallismus für die andern“ erinnert an „das Schiedsgericht für die andern“, für welches sich England Sommer 1899 im Haag begeisterte, während es in denselben Tagen den südafrikanischen Krieg vorbereitete. England kann sich ebensowenig durch internationale Verträge seine Goldwährung beschneiden lassen, wie es allen internationalen Abrüstungsvorschlägen gegenüber von vornherein seine Flotte ausnimmt.

Rufsland hat sich schon früh das Ziel der Goldwährung gesetzt, was daraus hervorgeht, dafs es bereits in den 70er Jahren Zwecks Fundierung des Papiergeldes einen Barvorrat in Gold ansammelte[2].

Auf dem Boden der Goldwährung boten sich nun wieder zwei Möglichkeiten. Die erste bestand in der Hebung des Papierrubels auf die Höhe des alten Goldrubels, obgleich ein gesetzliches Verhältnis zwischen beiden bisher nicht bestanden hatte.

Dieser Weg hätte den Vorteil für sich gehabt, die teils unwissende, teils böswillige Kritik abzuschneiden, welche die russische Währungsreform im eigenen Lande gefunden hat[3]. Man hätte vermieden, einen neuen, geringwichtigeren Goldrubel in Umlauf zu setzen, was nicht nur beim ungebildeten Landvolk, sondern auch bei dem in Währungsfragen nicht minder

---

[1] So Helfferich, Geschichte der deutschen Geldreform. Leipzig 1898, S. 465.

[2] Lorini a. a. O. S. 51 ff.

[3] Vergl. die berüchtigten Schriften von Cyon, Paris. Verlag von A. Charles, Rue Monsieur Le-Prince 8. Z. B. „Les finances Russes et L'Epargne Française“.

ungebildeten städtischen Publikum Anstofs erregte. Hat doch die Tagespresse mit wenigen Ausnahmen die Währungsreform als „verdeckten Staatsbankerott“ verurteilt und das Publikum der Annahme der neuen Goldmünzen zähen Widerstand entgegengesetzt.

Aber diesen Vorteilen standen weit überwiegende Nachteile gegenüber. Der Weg einer beträchtlichen Hebung des Papierkurses war nur möglich unter Kontraktion der umlaufenden Notenmenge — eine Mafsregel, welche bei wachsender Bevölkerung und in einer Zeit aufstrebender Volkswirtschaft aufserordentlich schwer durchzuführen ist.

Gegenüber den periodisch wiederkehrenden Bedürfnissen des Verkehrs nach Vermehrung der Umlaufsmittel hat das russische Finanzministerium alle Mühe gehabt, den vorhandenen Papierumlauf auch nur auf der gleichen Höhe zu erhalten. Jenen durchaus legitimen Bedürfnissen, welche bei metallischer Währung die Banknoten befriedigen, hat Rufsland wiederholt durch Neuemissionen von Papiergeld entsprechen müssen, so bei der aufsergewöhnlich guten Ernte 1888, wie bei den Mifsernten 1891 und 1892; es war nicht leicht, diese voll gegen Gold gedeckten Noten wieder aus dem Verkehr herauszubringen [1].

Kontraktion war um so schwieriger in einem Lande, wo der Umlauf des Geldes sehr langsam und bei dem Mangel bankmäfsiger Zahlungsmethoden der Bedarf nach Kassenbeständen aufsergewöhnlich grofs ist.

Endlich, die Hebung des Rubelkurses auf die Höhe des alten Goldrubels wäre nur möglich gewesen unter beträchtlichen, die ganze Volkswirtschaft schwer schädigenden Kursschwankungen.

Kursschwankungen vorwiegend nach Oben, wie sie in Rufsland stattgehabt hätten, wären vom Rückgang der Preise

[1] Raffalovich, Marché financier. 1892/93, S. 72. Die regelmäfsigen Schwankungen des Geldbedarfs nach Jahreszeiten hat man aus den Kassenvorräten der Reichsbank bestritten. A. a. O. 1894/95, S. 216.

begleitet gewesen. Die Ausfuhrwaren des Welthandels, vor allem Getreide, besitzen Goldpreise; jede Kursschwankung teilt sich sofort ihren Papierpreisen mit. Wie ich mich auf meinen Reisen überzeugte, trägt der Telegraph jede Veränderung der Weltmarktspreise sofort bis an die entlegensten Ufer des Wolga und darüber hinaus. Dagegen besitzen nur wenige Teile der landwirtschaftlichen Produktionskosten Goldpreise, so z. B. die vom Ausland eingeführten Maschinen. Nicht gilt dies dagegen von Löhnen, Schuldzinsen, Steuern.

Im mittleren Rufsland sind die Löhne, wie wir sahen, naturalwirtschaftlich und, da der Bauer Getreide ifst, in gewisser Weise Goldlöhne. Eine Verbilligung der Papierpreise des Getreides, die Folge der Kurssteigerung des Rubels, bedeutete hier eine Verbilligung der Löhne[1]. Anders im neu besiedelten Süden und Osten, den Hauptausfuhrgebieten. Hier sind die Löhne geldwirtschaftlich, und zwar Papierlöhne, die nicht ohne weiteres mit Kurssteigerung fallen. Die dort vorwiegende Wanderarbeit befindet sich zudem wegen ihrer Flüssigkeit, wie wir sahen, in jenen dünn besiedelten Gegenden in kolonialer Machtlage; nur sehr unvollständig und allmählich hätten voraussichtlich die Getreideproduzenten jener Gegenden der Kurssteigerung des Rubels mit Herabsetzung der Löhne folgen können[2].

Auch die riesige Verschuldung der russischen Landwirtschaft ist vorwiegend in Papier kontrahiert[3]. Bei steigendem

[1] Anders nach Max Weber der argentinische Arbeiter, welcher Fleisch ifst, keine Ausfuhrwaren. Vergl. Deutsches Wochenblatt vom 11. Januar und 11. Februar 1894. Näheres siehe bei Goodwin, Wheat farming in Argentine.

[2] Leider ist diese Frage in der volkswirtschaftlichen Litteratur Rufslands völlig unbearbeitet, sodafs der bekannte Währungsschriftsteller Prof. A. Miklaschefski eine eingehendere Beantwortung mir brieflich für unmöglich erklärte.

[3] Von allen Hypothekeninstituten lauteten nur die Pfandbriefe der „Gesellschaft gegenseitigen Bodenkredits“ auf Gold, wofür auch die Zinsen in Gold erhoben wurden. Diese Gesellschaft lebt heute als besondere Abteilung der staatlichen Adelsbank fort und erhebt von ihren Schuldnern nunmehr die Zinsen in Kreditvaluta. Anders nach

Papierkurse wäre die Zinslast unerträglich geworden — um so mehr als das Kapital in entwertetem Papier empfangen war [1].

Steuerherabsetzungen als Folge der steigenden Papiervaluta zu erhoffen, verbot die ganze bisherige Finanzgeschichte; der Druck der wachsenden Staatsbedürfnisse hätte in dieser Hinsicht um so weniger eine Erleichterung der Landwirtschaft gestattet, als der Staat seine Papieranleihen ja auch in steigender Valuta zu verzinsen gehabt hätte.

In der That hatte man wiederholt in den letzten Jahren die Probe auf diese Befürchtungen gemacht. Vorübergehende Kurssteigerungen hatten dem russischen Landwirt öfters die günstigste Konjunktur verdorben. Keine günstigere Lage z. B. für Rufsland als die der Jahre 1888 und 1890: Mifsernte der überseeischen Getreideproduzenten, reiche Ernte in Rufsland, steigende Weltmarktspreise des Getreides. Das gleichzeitige Steigen des Papierrubels hob jedoch infolge sinkender innerer Getreidepreise für den russischen Landwirt die Gunst der Lage völlig auf [2]. Der russische Landwirt verkaufte mit Verlust, weshalb Rufsland grofse Bestände zurückhielt.

Das, was in diesen Fällen die Verbesserung der Handelsbilanz und politische Umstände bewirkten, hätte eine zielbewufste Kontraktion zwecks Hebung des Kreditrubels auf die Kurshöhe des Goldrubels zur dauernden Erscheinung gemacht: der russische Landwirt wäre in der Herabschraubung seiner

Max Weber, Deutsches Wochenblatt vom 11. Januar und 11. Februar 1894, die argentinische Landwirtschaft, welche Goldzinsen zahlt.

[1] Laut Saling, Börsenhandbuch, 2. Teil 1896/97, waren ausgegeben an staatlich garantierten Pfandbriefen: a) in Gold: Russische 5 %ige steuerpflichtige Bodenkredit-Pfandbriefe. Ultimo Juni 1895 noch ca. 5 Mill. Rubel, $4\frac{1}{2}$ %ige steuerfreie Bodenkredit-Pfandbriefe. Ultimo Dezember 1895 in Umlauf ca. 80 Mill. Rubel; b) in Papier: 5 %ige Prämien-Pfandbriefe der Reichsadelsagrarbank ca. 80 Mill. Rubel. $4\frac{1}{2}$ und 4 %ige Pfandbriefe derselben Bank, Ende 1895 ca. 220 Mill. Rubel. Russische Reichs Bauern-Agrarbank $4\frac{1}{2}$ und 4 %ige, 1895 ca. 66 Mill. Rubel. 4 %ige Polnische Liquidations-Pfandbriefe. Umlauf ultimo 1895 ca. 24 Mill. Rubel.

[2] Vergl. Helfferich in Schmollers Jahrbuch. Jahrg. 21, S. 401.

Produktionskosten den sinkenden inneren Getreidepreisen allemal nachgehinkt. Dieser von vielen empfohlene Weg der Währungsreform wäre Ruin der Landwirtschaft gewesen; er war aus diesem Grunde ungangbar.

Alle diese Schwierigkeiten konnte man vermeiden, wenn es gelang, den Rubelkurs auf der durchschnittlichen Höhe der letzten Jahre festzulegen. Man konnte alsdann eine allmähliche Ausgleichung aller Preise erhoffen, bis sie sich auf das Niveau stellten, welches sie ohne Einflufs von seiten der Valuta her besessen haben würden — freilich findet, wie A. Wagner mit Recht hervorhebt, diese Preisausgleichung in Rufsland langsamer statt, als in Ländern mit schnellerem Geldumlauf.

Nur auf diesem Wege verteilte man Licht und Schatten gleichmäfsig zwischen allen Klassen der Bevölkerung; nur so war annähernd zu erreichen, was der Finanzminister als leitenden Grundsatz der Währungsreform erklärte, dafs dadurch „niemand reicher und niemand ärmer“ werden dürfe [1].

Für diesen Weg der Währungsreform sprach ein weiterer Grund. Gesetzlich war der Papierrubel zwar Silberrepräsentant bis durch Sperrung der Münzstätte für das Silber. Empfunden wurde er als Silberrepräsentant dagegen nur bis in die erste Hälfte der siebziger Jahre, während welcher Zeit er mit der Silberbarrenwährung Hamburgs eine feste, mit der englischen Goldwährung dagegen, je nach den Schwankungen des Silberpreises, eine veränderliche Parität besafs. Das Statistische Central-Komitee berechnet

[1] Selbst A. Wagner, der erklärte Gegner jeder Devalvation, hat sich, vorbehaltlich der Frage, ob Goldwährung überhaupt zu erstreben sei, für diesen Weg der Währungsreform Rufslands ausgesprochen. „Man wird wohl nicht das frühere Goldpari der Silbermünze zum Ausgangspunkt nehmen können“. Handbuch der politischen Ökonomie. 3. Band, 1. Halbband, 4. Aufl. Tübingen 1897, S. 848, 849. In der deutschen Silberkommission hat, nach dem oben angeführten Bericht von Lotz in Schmollers Jahrbuch 1894/95, Lexis die verminderte Kaufkraft des Rubels im Innern Rufslands auf ca. 2.20 M. Goldkurs geschätzt.

diese veränderlichen Goldparitäten des Rubels ausgehend von einer festen Silberparität bis 1873[1].

Seitdem war jener Punkt längst erreicht worden, da die gesetzliche Metallunterlage für das Wertbewufstsein jede Bedeutung verliert. Thatsächlich bestimmte sich der Rubelkurs nach Angebot und Nachfrage von dreimonatlichem London auf dem Petersburger Wechselmarkt, nach Angebot und Nachfrage von Papierrubeln gegen deutsches Reichsgold auf der Berliner Rubelbörse. Der Rubel wurde in Gold gemessen, denn die Zahlungsbeziehungen zum Auslande, welche in normalen Zeiten den Papierkurs beherrschen[2], waren längst Goldbeziehungen. Der Rubel war zwar nicht gesetzlich, wohl aber thatsächlich Goldrepräsentant.

Aber der Papierrubel war nicht Repräsentant derjenigen Menge Goldes, welche der gesetzliche Goldrubel enthielt: 324 deutsche Reichspfennige oder 38,35 d. Dreimonatliches London bei 4 % Diskont. Mit dem Goldrubel hatte der Papierrubel überhaupt nichts zu thun, da beide nur via Silberrubel und zwar lediglich durch den Kassenkurs des Goldrubels auf Grund einer völlig veralteten Wertrelation verbunden waren. Es war daher unrichtig, von irgend welcher Goldparität des Papierrubels zu sprechen, wie Kaufmann und andere thaten[3].

Vielmehr war der Papierrubel Repräsentant einer mehr oder weniger schwankenden Menge Goldes, welche der Preis von London lang in Petersburg oder der Rubelpreis in Berlin namhaft machte. Diese Goldmenge hatte im Durchschnitt der Jahre 1884—1895 ungefähr 216 deutsche Reichspfennige betragen, welche Goldmenge daher mit Recht der neu zu schlagenden Währungsmünze zu Grunde gelegt wurde.

---

[1] Kaufmann, Rufslands Wechselkurse 1841 bis 1890. Petersburg 1892, S. VII und XVI.

[2] Vergl. A. Wagner, Russische Papierwährung. S. 87 ff.: „in normalen Zeiten erlangt der Wechselkurs Herrschaft über das Agio".

[3] Kaufmann a. a. O. S. IX.

Zudem waren die von dieser Mittellinie am weitesten abliegenden, aufsergewöhnlich ungünstigen Kurse von 1887/88 ebenso wie die aufsergewöhnlich günstigen Kurse von 1890 durch „aufsergewöhnliche Gründe“ verursacht worden[1]. Mit jedem Jahre war die Spannung zwischen dem höchsten und niedersten Kurse des Jahres geringer geworden. Seit 1894 hielten sich die Schwankungen des Rubels in Grenzen, welche nicht weiter waren als die in Goldwährungsländern durch die Goldpunkte gesetzten — es war dies das Ergebnis der unten zu besprechenden Mafsregeln der russischen Regierung auf dem Petersburger Devisenmarkt und der Berliner Rubelbörse.

In letzter Linie sprach für den Kurs von 216 Reichspfennigen der gewichtige Vorteil, dafs unter seiner Zugrundelegung $1\frac{1}{2}$ Papierrubel einem alten Goldrubel gleich waren.

Das Ziel der russischen Finanzpolitik der beiden letzten Jahrzehnte war damit gesetzt: Stabilisierung des Kurses auf der Höhe von 1,50 R. Papier = 1 R. Gold alter Prägung, Beschaffung von Gold zwecks Einlösbarkeit der umlaufenden Papierrubel zu diesem Kurse, Prägung eines neuen Goldrubels im Werte von $\frac{2}{3}$ des bisherigen, Sättigung des Verkehrs mit dieser Münze unter möglichster Einziehung der umlaufenden Kreditbillets.

[1] Lexis a. a. O. S. 642 scheint geneigt, den mittleren Kurs höher als 216 anzunehmen, weil die niedern Kurse der Jahre 1887/8 durch „politische Spannung“ beeinflufst gewesen seien. Aber politische Gründe galten auch für die günstigen Kurse von 1890. Raffalovich betont, dafs die Höhe der 1890er Kurse in den wirtschaftlichen Verhältnissen des Jahres nicht begründet gewesen sei; die Ernte von 1890 reichte an die von 1888 nicht heran. Die günstigen Kurse von 1890 wurden vielmehr durch den Besuch Kaiser Wilhelms II. in Petersburg verursacht, — aufserdem wie mir ein Berliner Rubelspekulant versicherte, durch die irrige Meinung der Berliner Börse, dafs Rufsland eine Währungsreform unter Gleichstellung des Papierrubels mit dem alten Goldrubel beabsichtige — dieser Irrtum war gewifs auch ein „aufsergewöhnlicher Umstand“.

Dieses Ziel wurde bereits in einer Sitzung des Finanzkomitees Juni 1887 festgestellt; das Protokoll dieser Sitzung zeichnete Kaiser Alexander III. eigenhändig mit dem Worte: „auszuführen“. Freilich war man durch die Mifserfolge der Vergangenheit belehrt, dafs auf diesem Gebiete nichts zu überhasten und nichts mit kleinlichen Kunstgriffen zu erreichen sei. Das festgestellte Währungsprogramm wurde vielmehr geheim gehalten, bis man im Besitz eines den ganzen Notenumlauf übersteigenden Einwechselungsfonds in Gold war.

Heute ist das damals aufgestellte Ziel im wesentlichen verwirklicht. Die erste Aufgabe der russischen Wirtschaftspolitik der nächsten Jahrzehnte ist Erhaltung und Verteidigung des schwer Erreichten.

Die technischen Mafsnahmen auf dem Gebiete der Münzgesetzgebung, welche die Einführung der Goldwährung begleiteten, fallen aus dem Rahmen dieser Arbeit hinaus; sie sind aufserdem bereits der Gegenstand mehrerer und zwar nicht nur in russischer Sprache verfafster Schriften.

Die wirtschafts- und finanzpolitischen Grundlagen der Reform werden wir in besonderen Abschnitten dieses Kapitels behandeln, weil sie in gleicher Weise für die Einführung wie für den künftigen Bestand der Goldwährung mafsgeblich sind. Hier sei noch die gegenwärtige Lage, welche Abschlufs der Reform bedeutet, dem Leser kurz vergegenwärtigt.

1. Der Goldrubel neuer Prägung besitzt alle Merkmale einer wirklichen Währungsmünze; dafs nur sein Vielfaches ausgeprägt wird, ist gleichgültig. Der Goldrubel neuer Prägung besitzt zunächst unbeschränkte gesetzliche Zahlungskraft. Seine Prägung beglaubigt lediglich eine bestimmte Gewichtsmenge Goldes, auf welchem Stoffwerte sein internationaler Tauschwert beruht.

Diese Bindung des Münzwertes an den Stoffwert wird gewährleistet durch die Freiprägbarkeit, natürlich abgesehen von den geringen Schwankungen innerhalb der Goldpunkte. In praxi wird die Freiprägbarkeit dadurch erreicht, dafs die Centralbank ausländische Goldmünzen und Barrengold zu einem festen Preise ankauft und mit einem geringen

Abzug von demjenigen Werte bezahlt, welchen dieselbe Goldmenge in heimischer Münze ausgebracht darstellen würde[1]. Gesetzlich ist die russische Reichsbank zu einem bestimmten Goldankaufspreise nicht verpflichtet; thatsächlich geht sie in der Erleichterung der Goldeinfuhr weiter als § 14 des deutschen Bankgesetzes vorschreibt, indem sie zur Zeit 1 ‰ Prägekosten belastet. Es ergiebt sich dies aus folgender Rechnung:

? Rubel neuer Prägung	=	1 russ. Pfund Gold fein,
wenn 9/10 Pfund Gold fein	=	1 Pfund gemünzt,
und 1 Pfund	=	9216 doli,
„ 290,4 doli	=	1 Imperial,
„ 1 Imperial	=	15 Rubel neuer Prägung
dann ist 1 russ. Pfund Gold fein	=	528,9254 Rubel
dagegen beträgt Ankaufspreis der Bank für 1 russ. Pfund fein	=	528,39669 „
also Schlagschatz für 1 russ. Pfund Gold fein	=	0,52871 Rubel, d. h. ca. 1 ‰[2].

Aber die voll durchgeführte Goldwährung verlangt auch die Möglichkeit der Goldausfuhr zwecks Korrektur vorübergehend ungünstiger Wechselkurse. Dem entspricht, dafs die russische Reichsbank zur Zeit beliebig Goldtratten auf das Ausland zu Preisen verkauft, welche von der Parität nur innerhalb des Goldpunktes abweichen.

Sollten die Guthaben im Auslande, auf welche die russische Reichsbank diese Goldtratten zieht, einmal erschöpft sein und damit das Bedürfnis der thatsächlichen Goldausfuhr eintreten, so wird die Kaltblütigkeit, mit welcher die Regierung diese Eventualität erträgt, einen Beweis für die Festigkeit der Goldwährung abgeben. Erschwerungen der Ausfuhr würden nicht nur den Rubelkurs unter den Gold-

[1] W. Lotz, Geschichte und Kritik des deutschen Bankgesetzes, S. 247; Helfferich, Geschichte der deutschen Geldreform, S. 297 ff.

[2] Die deutsche Reichsbank erhebt 2,16 ‰ Schlagsatz, gewährt dagegen in Gestalt zinsloser Vorschüsse bei Goldeinfuhr gewisse Erleichterungen.

punkt hinabwerfen, sondern auch in den Augen der Geschäftswelt die russische Währung wieder zu einer versicherungsbedürftigen Papierwährung machen.

2. Die Silbermünze ist Scheidemünze im vollen Sinne des Wortes; sie besitzt nur beschränkte Zahlkraft bis 25 Rubel; sie ist Sperrgeld, d. h. der Freiprägung entzogen und die staatliche Prägung auf einen bestimmten Betrag (3 Rubel pro Kopf der Bevölkerung) festgelegt. So Ukas vom 27. März 1898[1].

Die Silbermünze ist unterwertig, sowohl die als „unterwichtig" bezeichnete kleine Silbermünze, wie auch der alte Silberrubel, welchem sein bisheriger Silbergehalt belassen wurde. Aber diese Unterwertigkeit ist gleichgültig: der Silberrubel ist Goldrepräsentant; sein Wert ist unabhängig von seinem Stoffwert.

3. Der Papierrubel ist einlöslicher Vertreter des Goldrubels. So sind z. B. die früheren Kreditanleihen heute Goldanleihen geworden; ihre Coupons werden zu Zollzahlungen zugelassen[2]; die Bilanz der Reichsbank ist einheitlich geworden und lautet ausschliefslich auf Goldrubel neuer Prägung[3]. Dafs der Kreditrubel aus früherer Zeit her Zwangskurs besitzt, ist demgegenüber gleichgültig, wie ja bekanntlich die Noten der Bank von England und Frankreich Zwangskurs besitzen. Der ausstellende Staat macht eben den Zwangskurs, so lange er die Noten jederzeit einlöst, zu seinen Gunsten nicht geltend.

Dafs das Gold nur allmählich die Cirkulation füllt, liegt in den Gewohnheiten des Publikums begründet, welches seit

---

[1] Vergl. Bulletin Russe 1898, S. 184.

[2] Ökonomische Rundschau März 1898, S. 145.

[3] Früher zerfiel die Bilanz der Reichsbank in einen Handelsteil und einen Emissionsteil; in letzterem stand den umlaufenden Kreditbillets die vorhandene Metalldeckung (in Goldrubeln alter Prägung berechnet) und das Decouvert des Staates gegenüber. Der Handelsteil war in Kreditrubeln geführt. Vergl. Bulletin Russe 1895 S. 36, 37. Die neue Form der Bilanzierung enthält Raffalovich a. a. O. 1897 98, S. 831.

lange des Edelmetallgeldes entwöhnt ist. Jedenfalls arbeitet die Reichsbank thatkräftig in dieser Richtung weiter: sie vereinigt die eingehenden Kreditrubel in der Centrale, um sie zu geeigneter Zeit zu vernichten; die Filialen, welche die Ausgänge besorgen, werden vorwiegend mit Goldmünzen versehen. Kein Zweifel, dafs auf diesem Wege das erwünschte Ziel zu erreichen.

B. Die bankpolitische Aufgabe.

Sind die Kreditrubel Banknoten? Um diese Frage zu beantworten, müssen wir einen Blick auf die Verhältnisse der russischen Reichsbank werfen.

Die russische Reichsbank ist eine Staatsbank; ihre Notenausgabe beruht auf dem Grundsatz der direkten Kontingentierung; sie arbeitet mit verzinslichen privaten und staatlichen Depositen.

Es ist klar, dafs diese Thatsachen der theoretischen Beurteilung als Mängel erscheinen; praktisch dagegen sind sie vielfach als faute de mieux zu rechtfertigen, d. h. als das unter gegebenen Verhältnissen best Erreichbare. Es ist naïv, mit Kramarç[1] zu empfehlen, „die Statuten der deutschen Reichsbank nachzuahmen“ — als ob nicht jeder Fortschritt der Bankorganisation einen Fortschritt der allgemeinen Wirtschaftsverhältnisse voraussetzte.

Betrachten wir die drei genannten Punkte näher.

1. Die russische Reichsbank ist nach wie vor reine Staatsbank. Hiermit treffen Rufsland die Nachteile, welche kürzlich der Verstaatlichung der deutschen Reichsbank entgegengehalten wurden[2].

Die absolutistische Staatsform bietet ebensowenig wie die

[1] Kramarç, Die russische Valutareform. Wien 1896, S. 37.

[2] Vergl. z. B. Lotz, Der Streit um die Verstaatlichung der Reichsbank; ferner den Vortrag des Bankdirektors M. Schinkel in der Plenarversammlung des deutschen Handelstages vom 14. März 1898; endlich Helfferich, Die Erneuerung des Privilegiums der Reichsbank. Nation 1898, Nr. 20—23.

konstitutionelle eine Gewähr gegen den Mifsbrauch der Staatsbank durch einflufsreiche Inflationisten. Die Kämpfe, die sich hier im Saal des Parlaments abspielen, sind dort auf das höfische Parkett verlegt[1]. Alles hängt ab von der Persönlichkeit des Finanzministers, wobei allerdings die in Rufsland durchgeführte Öffentlichkeit einen gewissen Schutz bietet.

Ferner liegt die Gefahr der Finanzgeschäfte zwischen Staat und Bank beim Staatsbanksystem besonders nahe; die Reichsbank als Geldquelle für den Staat statt als Hüterin der Währung zu betrachten, ist eine in Rufsland noch heute weit verbreitete Auffassung. Unbeseitigt ist die Gefahr der Übernahme oder der Lombardierung schwer verkäuflicher Staatsschuldverschreibungen, Schatzanweisungen u. s. w. Man erinnere sich der berüchtigten Vorschüsse in Kreditbilletten auf die Obligationen der ersten inneren Prämienanleihe 1864.

Trotz dieser Gefahren blieb kein anderer Weg als der der Staatsbank für Rufsland offen; sahen wir doch, wie alles Geschäftsleben hier noch von der Initiative des Finanzministers abhängt. Gerade das vorhandene Grofskapital besitzt am wenigsten Selbständigkeit gegenüber dem Staate, weil seine Thätigkeit in der Weise des älteren Merkantilismus vielfach noch auf staatlicher Förderung und Privilegierung aufgebaut ist[2].

Hierzu kommt ein weiterer Gesichtspunkt. Die russische Reichsbank ist nicht in dem Sinne Notenbank, dafs sie ihre Betriebsmittel durch Notenausgabe sich verschafft; den ausgegebenen Noten entspricht vielmehr heute im Activum der zinslose Barschatz. Die russische Reichsbank arbeitet vielmehr mit Depositen, welche ihrem überwiegenden Teile nach staatliche Depositen sind. Schon aus diesem Grunde ist die Bank vom Staate völlig abhängig und, da auf dem Boden der vorhandenen Wirtschaftsverhältnisse ein anderer Weg, die nötigen Betriebsmittel zu beschaffen, heute noch fehlt, so ist

[1] Auf diese Gefahr weist Lorini, wenn er von der „intrigue des feudataires aristocrates de la Cour“ spricht a. a. O. S. 153.

[2] Sudeikin, Die Reichsbank. Petersburg 1891, S. 249.

schon aus diesem Grunde das Staatsbanksystem unvermeidlich. Die „autokratische Staatsform“ dafür verantwortlich zu machen, ist sinnlos[1].

Aber gewiſs ist der Zustand der „gemeinwirtschaftlichen Organisation der Centralbank“, wie ihn Ruſsland besitzt, kein Ideal, dem Westeuropa nachzusteuern habe; das Ziel ist vielmehr auch hier Loslösung der Centralbank vom Finanzwesen des Staates und Garantien, wie sie auf dem Boden der Privatbank § 31—35 des deutschen Bankgesetzes vorsehen. Welchen Vorteil würde gerade für Ruſsland eine Centralbank besitzen, deren Kredit etwas unabhängiges wäre neben dem Kredit des Staates, und eine Institution ähnlich dem viel verketzerten, seine Interessen zu eigenem Rechte wahrnehmenden Ausschuſs der Anteileigner der deutschen Reichsbank[2].

Aber wenn dieses Ziel zur Zeit unerreichbar ist, so wäre ein Schritt in der angedeuteten Richtung schon heute möglich und eine Gewähr für die Festigung der Währung. Ich meine die organisatorische Trennung der Reichsbank vom Finanzministerium in der Weise der alten preuſsischen Bank, deren Chef nur dem Könige für seine Maſsnahmen verantwortlich war[3]. Die Beamten der preuſsischen Bank blieben Staatsbeamte, aber zum Teil „mit fast richterlicher Unabhängigkeit“.

2. Ruſsland hat im Ukas vom 29. Aug. 1897 das System der direkten Notenkontingentierung angenommen: die in Umlauf befindliche Notenmenge muſs bis zum Betrage von 600 Millionen Rubel zur Hälfte, was darüber in Umlauf ist, muſs Rubel für Rubel in Gold gedeckt sein. Die russische Reichsbank also darf 300 Millionen Rubel ungedeckter Noten ausgeben.

---

[1] Dies thut Zielinski a. a. O. Heft 5, S. 634.

[2] „Zu eigenem Recht“, anders als die Teilnahme der Kaufleute an der alten russischen Kommerzbank, welche, weil ohne eignes Recht und Interesse, sich als wertlos erwies. So Sudeikin, Die Reichsbank. S. 108.

[3] Vergl. Lotz, Zur Geschichte und Kritik des deutschen Bankgesetzes. Leipzig 1888, S. 13, 33. Sudeikin, Reichsbank, S. 48.

Bekanntlich ist das Kontingentierungssystem mit der ihm zu Grunde liegenden Currencylehre heute von der Theorie wie der Praxis Europas verworfen. Als das Entscheidende betrachtet man allgemein die „bankmäfsige Deckung“, mit deren Durchführung die richtige Grenze der Notenausgabe von selbst gesetzt ist. Trotz der Peelsakte ist das Prinzip der „bankmäfsigen Deckung“ bekanntlich auch für die Bank von England entscheidend [1]. Diesen Grundgedanken leugnen auch diejenigen nicht, welche das System der indirekten Kontingentierung durch die Notensteuer, wie es Deutschland besitzt, verteidigen; es sind hierfür gewisse Nebenabsichten entscheidend, z. B. „die Erziehung der Reichsbank zum Girogeschäft“ [2].

Als Sicherung des Notenumlaufs betrachtet heute niemand mehr eine in Zeiten der Krisen doch versagende, unelastische Beschränkung des Notenumlaufs auf eine bestimmte Summe. Selbst die Barvorratsquote wird gegenüber der bankmäfsigen Deckung für verhältnismäfsig gleichgültig erklärt [3].

Es ist dies nicht etwa nur „deutsche Theorie“, wie uns Fedorowitsch zur Verteidigung des russischen Zustandes glauben machen möchte [4], sondern sowohl deutsche wie englische Theorie; es ist die jüngere Theorie gegenüber der älteren; hat doch der Engländer Tooke zuerst die Currencylehre grundlegend bekämpft. Auch die russischen Bankschriftsteller stimmen dieser Auffassung bei [5].

---

[1] Bei der Bank von England ist der Notenumlauf begrenzt durch „den gewohnheitsmäfsig abgeschlossenen Aktivgeschäftskreis“. Thatsächlich ist das Stammkapital, nicht die Notendeckung immobilisiert. Vergl. u. a. A. Wagner, Zettelbankpolitik. Freiburg i. B. 1873, S. 238, 244 und passim.

[2] So Lotz, Geschichte und Kritik des deutschen Bankgesetzes, S. 214, 285.

[3] Vergl. A. Wagner in Schönbergs Handbuch. 4. Aufl. Band I, S. 506.

[4] Fedorowitsch in der Ökonomischen Rundschau. Nov. 1897.

[5] So z. B. ein gelehrter, aber etwas theoretisch gehaltener Artikel des Moskauer Professorenblattes „Russische Nachrichten“ vom 20. April

Demgegenüber ist anzuerkennen, dafs die Currencylehre, wie so viele volkswirtschaftliche Theorien, sich deswegen heute als falsch erweist, weil sie vergangenen Wirtschaftsverhältnissen entstammt. Das Versprechen des Staates, den Notenumlauf unter keinen Umständen über eine bestimmte Summe vermehren zu wollen, ist dort nicht ganz ohne Wert, wo der Unterschied zwischen Banknote und Papiergeld noch nicht voll durchgedrungen ist, wo das staatliche Finanzbedürfnis bisher die Menge des Notenumlaufs bestimmt hat und Überemissionen der wunde Punkt des Geldwesens waren. Entspricht das Prinzip der bankmäfsigen Deckung allein der wahren Banknote, so das Kontingentierungssystem der aus dem Papiergeld heranreifenden Banknote. In Rufsland ist das letztere System vollauf berechtigt als das gute, dem das bessere, weil noch nicht durchführbar, ein Feind wäre.

Um den gethanen Fortschritt voll zu würdigen, bedenke man, dafs bis 1897 der Satz Sudeikins[1] galt: „das Finanzministerium emittiert Kreditbillette zur Deckung von Finanzbedürfnissen, indem es zugleich der Reichsbank, welche aus diesen Emissionen keinen Vorteil zieht, die Pflicht auferlegt, für die Erhaltung des Kurses dieser Kreditbillete zu sorgen. Hierzu ist die Bank ganz ungeeignet, weil die Frage der Emission von Kreditgeld ausschliefslich vom Fiskus, nicht von den Bedürfnissen des Verkehrs abhängt.“ Demgegenüber bestimmt der Ukas vom 29. August 1897, dafs in Zukunft die Reichsbank Kreditbillete ausschliefslich für dringende Zwecke des Geldmarktes ausgeben dürfe[2]. Die Emissionsabteilung der Reichsbank, welche gleich der alten Assignatenbank lediglich eine staatliche Papiergeldfabrik war, ist aufgehoben worden.

Dafs die strengen Bardeckungsvorschriften erforderlich

1896; ferner Prof. Chodski, welcher in den „Verhandlungen der freien Ökonomischen Gesellschaft“ auf das Prinzip der „bankmäfsigen Deckung“ allen Wert legte; so auch Kaufmann, Kreditbillets, S. 373/374, welcher die direkte Kontingentierung verwirft u. s. w.

[1] So Sudeikin a. a. O. S. 258.

[2] Der Inhalt dieses wichtigen Ukas findet sich u. a. bei Raffalovich, Marché financier 1897/98, S. 353.

waren, wegen der Undurchführbarkeit bankmäfsiger Deckung, ergeben folgende Thatsachen:

Das in Rufsland vorhandene Wechselmaterial ist, wie mir hervorragende Kenner des russischen Bankwesens übereinstimmend versichern, weder qualitativ noch quantitativ heute zur Deckung des Notenumlaufs geeignet. Der Grund hierfür liegt in dem geringen Umfang wie in der Langsamkeit der Umsätze des Warenhandels, damit zusammenhängend in den äufserst langen Kreditfristen. Teilweise kommen hierfür natürliche Gründe in Betracht, so die weiten Entfernungen des Reichs, das Zufrieren der Wasserstrafsen im Winter, während zu Lande vielerorts gerade der Schlitten das einzige Transportmittel ist; man denke z. B. an Holz, das im Winter zu Schlitten an den Flufs geschafft, im Sommer verschifft, erst im Herbst in die Hände des Käufers anlangt. Dampfschiffe und Eisenbahnen wirken hier entgegen, überhaupt die zunehmende Geldwirtschaft, welche den Warenverkehr und damit das Wechselmaterial verbreitert.

Dementsprechend kann die russische Reichsbank eine allmähliche Erziehungsthätigkeit in der Richtung auf kürzere Kreditfristen entfalten, freilich ohne im gegebenen Augenblick zu weit zu gehen, weil sie dadurch nur die fiktive Zerschneidung langer Wechsel in mehrere kurze bewirkte. Sie erhebt in der That verschiedene Diskontsätze für lange und kurze Wechsel — am 1. März 1898 z. B. $4\frac{1}{2}$ % für Dreimonatswechsel, $7\frac{1}{2}$ % für Zwölfmonatswechsel[1]. Thatsächlich ist die Laufzeit der Wechsel in Abnahme begriffen, aber immer noch viel länger als in Westeuropa[2].

Hierzu kommt etwas weiteres. Neben den Warenwechseln

---

[1] Vergl. Bulletin Russe. Heft I, 1898, S. 168.

[2] Nach den Mitteilungen von Sudeikin aus dem Ende der 80er Jahre waren z. B. von allen Wechseln, welche die Wolga-Kamabank, eine der gröfsten russischen Privatbanken, diskontierte, nur 30 % 3—6 Monatswechsel; die übrigen waren längere Wechsel. Vergl. Sudeikin a. a. O. S. 415. Die durchschnittliche Laufzeit der Wechsel der Reichsbank betrug 1888 nach Sudeikin 124 Tage, bezw. bei den Filialen 133 Tage.

sind die aus solidem Acceptverkehr zwischen Kunden und Banken hervorgehenden Tratten ein beliebtes Diskontmaterial im Westen, z. B. bei der deutschen Reichsbank [1], ja vielleicht ein Diskontmaterial von wachsender Bedeutung, je mehr im Warenhandel die Barzahlung um sich greift. In Rufsland fehlen solche bankmäfsigen Acceptkredite nahezu vollständig, und zwar deswegen, weil infolge der früheren unsicheren Währungsverhältnisse ein grofser und regelmäfsiger Markt für Primapapier nicht besteht; daher müfsten angesehene Banken fürchten, sich zu diskreditieren, wenn ihre Accepte sich gelegentlich nur zu ungünstigen Diskontsätzen diskontabel erwiesen. Die Entwicklung des regulären Acceptverkehrs ist im Interesse der russischen Währung zu wünschen, wenn auch gegenüber diesen Wechseln als Kreditwechseln eine besondere Strenge des Noten ausgebenden Diskonteurs erforderlich ist.

Abgesehen von der geringen Menge und langen Laufzeit war bislang auch die Güte der von der russischen Reichsbank diskontierten Wechsel keineswegs so einwandsfrei, wie die Grundsätze der Notendeckung verlangen. In dieser Richtung liegen die recht zahlreichen Wechselproteste [2]. Immerhin scheint neuerdings die Reichsbank ihr „Censorenamt“ strenger als früher auszuüben. Dies ergiebt mir die briefliche Mitteilung eines Sachkenners aus einem Hauptplatze der Provinz. Danach läfst die Reichsbank nur Wechsel mit zwei Unterschriften zum Diskonte zu, „welche von einem aus angesehenen und achtbaren Kaufleuten gebildeten Diskont-

[1] Nach eingezogener Erkundigung hat „in Bezug auf diese Diskonte noch niemals eine Beschränkung seitens der Reichsbank stattgefunden“. Sollten neuerdings Bankaccepte nur mit kürzerer Verfallszeit an die Reichsbank gelangt sein, so würde dies darauf beruhen, dafs die deutsche Reichsbank in den letzten drei Jahren nicht zum Privatsatz mehr diskontiert hat und somit die Bankaccepte längerer Laufzeit vorwiegend an die Privatdiskonteure gelangt wären. Dieser Gesichtspunkt fällt für Rufsland weg, da die Reichsbank dort die niedersten Diskontsätze gewährt.

[2] Vergl. Sudeikin a. a. O. 427.

komitee gutgeheifsen werden." Ein Vorteil der Goldwährung: die Währung des leicht beweglichen, internationalen Metalls führt die Centralbank im eigensten Interesse zur Verschärfung ihrer Diskontbedingungen.

Aus dem Gesagten erklärt sich die verhältnismäfsig geringe Bedeutung des Diskontgeschäfts für die russische Reichsbank[1]. In der unten mitgeteilten Bilanz findet sich der Betrag von 160 Millionen Rubel diskontierter Wechsel gegenüber einem Gesamtactivum von 1700 Millionen.

Die weitere Entwicklung des Diskontgeschäftes ist jedoch aufserordentlich wichtig, dies um so mehr, als das Lombardgeschäft gerade in Rufsland zur Notendeckung besonders ungeeignet erscheint.

Zwar ergeben die gegenwärtigen Beleihungsgrundsätze den ernsten Willen einer soliden Geschäftsführung, wenn sie auch an die Strenge der deutschen Reichsbank nicht entfernt heranreichen. Über die zur Zeit geltenden Gepflogenheiten der russischen Reichsbank erhalte ich aus russischen Geschäftskreisen folgende Mitteilung:

„Vorschüsse werden gewährt vorzugsweise:

auf Staatspapiere bis 85 à 90 % des Börsenwertes,

„ hypothekarische Pfandbriefe (städtische oder agrare) bis 75 à 80 % des Börsenwertes,

„ sonstige Werte (Aktien etc.) zu niedrig bemessenen Taxationen, kaum in Betracht zu ziehen,

„ Waren, meistens Getreide, nicht über 60 % des Marktwertes."

Trotzdem erheben sich gegen die Lombardsicherheiten als Notendeckung in Rufsland die schwersten Bedenken. Zunächst ist auf die Langfristigkeit dieser Darlehen hinzuweisen; z. B. führt Sudeikin an, dafs im Jahre 1888 die durchschnittliche Dauer der Darlehn gegen lombardierte Staatspapiere bei der Centrale 360, bei den Filialen 150 Tage betrug. Hierzu kommt wenigstens für die Zeit, die Sudeikin schildert, die

[1] Kankrin hat noch den staatlichen Banken das Diskontgeschäft ganz verboten. Vergl. Sudeikin a. a. O. S. 127, 241.

Gewohnheit von Stundungen, welche nicht selten mit Verlustverkäufen durch die Bank endeten[1]. Derselbe Verfasser erzählt von Fällen, in denen nach alt merkantilistischer Weise derartige Darlehen in weitherzigster Weise zur Rettung schwankender Privatindustrien und Privatbanken gewährt wurden[2].

Neuerdings haben sich in dieser Hinsicht die Verhältnisse zweifelsohne gebessert. Aber wie dem auch sei, so ist nicht zu vergessen, dafs dieselben Beleihungsgegenstände in Rufsland ihrer Natur nach eine viel geringere Sicherheit bieten als im Westen.

Nicht nur dafs das beliehene Getreide mangels geeigneter Lagerräume vielfach bei Privaten, z. B. bei den Landwirten selbst, lagert — jedenfalls ist dieses Getreide eine unverkaufte, in ihrem Preise von der Ausfuhrmöglichkeit abhängige Ware, welche unter Umständen, z. B. im Fall einer Blockade, auf das schwerste entwertet werden kann. Die Wertpapiere aber, welche als Lombardpfänder dienen, sind fast ausschliefslich russische Staatspapiere, die im Auslande gewertet werden. Politische Erschütterungen können ihre Kurse über Nacht werfen, und dies gerade in Tagen, in denen die Einlösbarkeit der Noten besonders in Frage steht.

Ja es ist fraglich, ob in solchen Tagen diese Staatsanleihen sich überhaupt als verkäuflich erweisen. Ist doch selbst in ruhigen Verhältnissen und in Friedenszeiten diese Verkäuflichkeit nicht über allem Zweifel erhaben. Wenigstens steht fest, dafs die Lombarddarlehen in den letzten Jahrzehnten vielfach zur Unterbringung von Staatsanleihen dienten, welche ohne das Abnehmer nicht gefunden hätten. Diese Lombard-

---

[1] Sudeikin a. a. O. S. 451, 454, 439.

[2] Sudeikin a. a. O. S. 455. Vor kurzem berichteten die Zeitungen vom Eingriff der Reichsbank zwecks Fortführung der industriellen Untersuchungen der fallierten Derwies — aus merkantilistischem Interesse verständlich, dem Wesen einer centralen Notenbank widersprechend.

geschäfte entsprangen nicht nur dem privaten Kredit-, sondern auch dem staatlichen Finanzbedürfnis [1].

Blicken wir auf das Gesagte zurück.

Die Kreditbillete durch Einführung wirklich bankmäfsiger Deckung auf die Höhe wahrer Banknoten zu erheben, mufs das Ziel aller russischen Währungspolitik sein; erst damit wäre die Goldwährung innerlich vollendet. Dieses Ziel ist nur allmählich zu erreichen unter Veränderung der volkswirtschaftlichen Struktur des Ganzen von der Naturalwirtschaft zur Geldwirtschaft. Hierzu aber ist nötig, wie wir oben sahen, eine verkehrsfreundliche, die Handelsumsätze vermehrende Handelspolitik, welche die Geldwirtschaft in die breiteren Schichten des Volkes fortpflanzt, und die schon unter diesem Gesichtspunkt die Grundlage aller Währungsreform ist.

Man gedenke der Vorgängerin der deutschen Reichsbank, der preufsischen Bank. Nur in Jahrzehnte langer Arbeit gelang es ihr, hypothekarische Festlegungen und Forderungen an den Staat aus ihrem Activum zu beseitigen. Später wurde der eigene Effektenbestand, noch Mitte des Jahrhunderts beträchtlich, erst beschränkt, dann ganz veräufsert. Der Schwerpunkt der Activa wurde mehr und mehr auf kurzfällige Guthaben verschoben, bis für die deutsche Reichsbank nur noch gute und kurzfällige Wechsel als Notendeckung in Betracht kommen. Aber diese Entwicklung war nicht möglich ohne eine Umwälzung der deutschen Volkswirtschaft.

3. Nachdem wir gesehen haben, dafs die russische Reichsbank zur Zeit keine Notenbank nach dem Muster der westeuropäischen Centralbanken ist und nicht ohne weiteres dazu gemacht werden kann, fragen wir nach dem gegenwärtigen Wesen dieser Bank an der Hand der mir letztvorliegenden Bilanz. Um mifsverständliche Übersetzung zu

[1] Sudeikin a. a. O. S. 444 ff. Mit Recht sagt A. Wagner, Zettelbankpolitik S. 325: das Effektenlombard als Notendeckung widerspreche dem Grundsatz, dafs keine Banknote nur auf den Kredit des Staates zu stellen sei. Derselbe über die Gefahr der Lombardierung noch nicht begebener Staatsanleihen a. a. O. S. 613.

Bilan de la Banque

ACTIF.

	A St.-Petersbourg.	Aux autres comptoirs et succurs (1).	Aux Trésoreries (1).	TOTAL.
1° Caisse:				
a. Billets de crédit . . .	33 055 440 —	12 917 000	18 177 000	64 149 440 —
b. Or	15 921 765 —	104 848 000	41 127 000	161 896 765 —
c. Argent au titre de 0.900 .	2 543 669 —	15 919 000	16 441 000	33 983 669 —
d. Billon d'argent et de cuivre	668 332 80¾	5 602 000	9 627 000	15 897 332 80¾
Total	52 189 206 80¾	138 386 000	85 352 000	275 927 206 80¾
2° Dette sans intérêt du Trésor du chef des émissions de billets de crédit	100 000 000 —	—	—	100 000 000 —
3° Or en monnaies russes d'anciennes frappes, monnaies étrangeres, lingots et bons de l'administration des mines .	787 899 176 16½	8 238 000	—	796 137 176 16½
4° Or à l'étranger (2).	22 352 118 42½	—	—	22 352 118 42½
5° Papier sur l'étranger . . .	106 601 20	—	—	106 601 20
6° Effets escomptés et autres valeurs à brève échéance .	12 924 548 79	137 870 000	7 375 000	158 169 548 79
7° Avances en comptes-courants spéciaux sur effets de commerce	996 617 01	1 236 000	—	2 232 617 01
8° Avances en comptes-courants spéciaux sur titres	3 637 571 08	12 397 000	—	16 034 571 08
9° Prêts sur titres	4 976 380 81¾	19 706 000	—	24 682 380 81¾
10° Prêts sur marchandises . .	16 800 —	19 028 000	—	19 044 800 —
11° Prêts sur warrants, connaissements, etc.	— —	1 443 000	—	1 443 000 —
12° Prêts à des propriétaires fonciers	241 280 21	9 087 000	—	9 328 280 21
13° Prêts industriels	5 039 606 54	3 723 000	—	8 762 606 54
14° Prêts à des artisans (industrie domestique) . . .	125 —	472 000	—	472 125 —
15° Prêts pour achat de machines et instruments agricoles . .	— —	1 055 000	—	1 055 000 —
16° Avances à des intermédiaires	— —	78 000	—	78 000 —
17° Prêts à des municipalités et à des assemblées provinciales (zemstvos)	— —	10 000	—	10 000 —
18° Dette des Monts-de-Piété de St.-Petersbourg et de Moscou	2 764 000 —	790 000	—	3 554 000 —
19° Effets protestés	6 162 70	196 000	—	202 162 70
20° Créances remboursables par versements successifs (acomptes) et garanties par des immeubles	359 102 34	3 071 000	—	3 430 102 34
21° Titres appartenant à la Banque	8 541 061 46	16 141 000	6 093 000	30 775 061 46
22° Titres en commission . . .	238 903 82	—	—	237 903 82
23° Comptes de la Banque avec les Banques de la Noblesse et des Paysans et avec d'autres institutions gouvernementales	4 852 565 33	1 185 000	—	6 037 565 33
24° Dépenses de la Banque et divers	5 291 535 04¼	4 376 000	—	9 667 535 04¼
25° Compte de la Banque avec les succursales	177 262 225 82¼	—	—	177 262 225 82¼
26° Compte des Trésoreries avec les succursales	— —	—	37 701 000	37 701 000 —
	1 189 695 588 56	378 488 000	136 521 000	1 704 704 588 56

De plus dépôts en garde:

Appartenant à des particuliers et à des institutions privées:

Or et argent, d'après l'évaluation des déposants . . . 5 127 744 r. 30 c.

Titres et documents . . . . 2 960 620 688 r. 68¼ c.

(1) Suivant renseignements télégraphiques en milliers de roubles.

(2) Cet article comprend l'or à l'étranger appartenant seulement à la Banque de l'Etat; l'or à l'étranger appartenant au Trésor impérial ne figure pas dans le bilan.

de l'Etat au 1er (13) avril 1899.

PASSIF.

	A St.-Pétersbourg.	Aux autres comptoirs et succurs (1).	Aux Trésoreries (1).	TOTAL.
1º Billets de crédit émis . .	660 000 000 —	—	—	660 000 000 —
2º Quittances métalliques en circulation	12 845 25	—	—	12 845 25
3º Traites sur l'étranger . . .	9 644 377 29	—	—	9 644 377 29
4º Capital de fondation . . .	50 000 000 —	—	—	50 000 000 —
5º Réserves	3 000 000 —	—	—	3 000 000 —
6º Capital destiné à construire des hôtels pour les succursales	129 652 30½	—	—	129 652 30½
7º Dépôts à terme	2 759 995 33	24 759 000	—	27 518 995 33
8º Dépôts à vue	6 716 773 57¼	55 959 000	—	62 675 773 57¼
9º Comptes-courants:				
a. Du Trésor	326 398 018 71	—	—	326 398 018 71
b. Consignations	— —	—	136 521 000	136 521 000 —
c. De diverses administrations publiques (Etat, provinces, districts, municipalités, etc.)	66 418 672 99¾	7 484 000	—	73 902 672 99¾
d. De particuliers, d'établissements de crédit et de Sociétés industrielles et commerciales	23 413 458 46	56 480 000	—	79 893 458 46
10º Comptes créditeurs des chemins de fer (clearing) . . .	18 899 146 33	—	—	18 989 146 33
11º Mandats non acquittés . .	767 717 02¾	7 246 000	—	8 013 717 02¾
12º Intérêts sur les opérations de l'exercice en cours . .	1 898 888 19¼	5 945 000	—	7 843 888 19¼
13º Intérêts dus sur les dépôts, sommes transitoires et divers	8 559 974 51	5 516 000	—	14 075 974 51
14º Compte des succursales avec la Banque	— —	187 285 000	—	187 285 000 —
15º Compte des succursales avec les Trésoreries	10 986 068 58½	27 814 000	—	38 800 068 58½
	1 189 695 588 56	378 488 000	136 521 000	1 704 704 588 56

Le gouverneur de la Banque de l'Etat: Ed. Pleské.

Le chef de la Comptabilité Centrale: E. Slansky.

vermeiden, gebe ich dieselbe in französischer Sprache auf Grund der offiziellen Veröffentlichung.

(Siehe Tabellen auf S. 490 und 491).

Wir betrachten zunächst das Passivum der Bilanz.

Am 1. April 1899 belief sich der russische Notenumlauf auf circa 600 Millionen (660 Mill. Emission — 64 Mill. in der Kasse der Bank).

Der Fortschritt, den Rufslands Geldverhältnisse neuerdings durchgemacht haben, wird durch nichts deutlicher gekennzeichnet als durch die Abnahme des Notenumlaufs, welcher Dez. 1896 noch 1121 Millionen Rubel betrug. Da der Geldumlauf nicht kontrahiert wurde, so müssen in der Zwischenzeit mindestens 500 Millionen neuer Goldrubel in den Verkehr gedrungen sein[1].

Dem Notenumlauf stand ein Barvorrat von 980 Millionen Rubel Gold gegenüber (Posten 1b, 3 und 4 des Aktivums). Genau genommen mufs zwar der Posten 4 des Aktivums, „Or à l'étranger", vermindert werden um Posten 3 des Passivums; letzterer betrifft die umlaufenden Tratten, welche die Reichsbank auf ihre ausländischen Korrespondenten gezogen hat. Immerhin waren die Noten reichlich überdeckt.

Die thatsächliche Überdeckung ist noch eine gröfsere, da der Staatsschatz, abgesehen vom Goldbesitz der Reichsbank, über beträchtliche Goldguthaben im Auslande verfügt. Nach einer Mitteilung von Raffalovich belief sich Ende 1898 der Gesamtbesitz der Reichsbank und des Staatsschatzes an Gold auf 1146 Millionen Rubel.

Die vorhandene Überdeckung ermöglicht eine gewisse Anpassung der Umlaufsmittel an die Bedürfnisse des Verkehrs, indem die Reichsbank im Bedarfsfall voll gedeckte Noten oder Goldmünzen in Umlauf setzen kann. Freilich ist damit keineswegs jene Elasticität des wahren Banknotenumlaufs erreicht. So lange man jedoch über echte Bank-

[1] Es entspricht dies einer brieflichen Mitteilung des Herrn Raffalovich, welcher mir für Dezember 1898 den Goldumlauf auf 445 Millionen Rubel angiebt.

noten noch nicht verfügt, ist ein gewaltiger Barschatz zu dem genannten Zwecke zwar kostspielig, weil zinslos, aber doch unentbehrlich.

Die Betriebsmittel der Reichsbank sind Depositen (Posten 7—10 inkl. des Passivums) und zwar grofsenteils verzinsliche Depositen[1]. Die Bank vergütete am 1. März 1898 ihren Kunden für deren Aktivkontokurrent 2 %, für befristete Deposita 1—3½ %, für jederzeit kündbare Deposita 1 %[2].

Der wichtigste Einleger ist der Staat, Kontokurrentgläubiger der Bank nach Posten 9 a, b, c des Passivums. Dieses Guthaben des Staates beträgt seit längerer Zeit mehrere hundert Millionen Rubel, in der vorliegenden Bilanz über 500 Millionen Rubel, jedenfalls übersteigt es in seinem eisernen Minimalbestande die Summe von 100 Millionen Rubel beträchtlich. Daher ist die ungedeckte, zinslose Schuld des Staates an die Bank von 100 Millionen Rubel, Posten 2 des Passivums, unbedenklich[3]. Wenn auch eine unerfreuliche Erinnerung an die Zeit, da die Notenpresse als staatliche Einnahmequelle galt, so ist doch die letztjährige Entwicklung dieses Postens ein Beleg des gewaltigen Fortschrittes der russischen Finanzen. November 1895 betrug die ungedeckte Notenschuld des Staates an die Bank laut Bilanz noch 671 Millionen Rubel[4].

Übrigens stehen dieser Schuld des Staates an die Bank bei der russischen Reichsbank als reiner Staatsbank Grundkapital und Reserven gegenüber, zusammen 53 Millionen. Denn dieser Betrag ist die Fundierung, welche der Staat der Bank gegeben, also von ihr zu fordern hat.

---

[1] „Consignations“ sind nach eingezogener Erkundigung Specialfonds einzelner Behörden „ne provenant pas du budget général de l'Etat“ sowie private Gelder, welche sich in obrigkeitlicher Verwahrung befinden, z. B. Kautionen, im Rechtsstreit befindliche Summen u. s. w. In Abzug davon käme der unbeträchtliche Posten 24 des Activums, Schulden staatlicher Agrarbanken.

[2] Bulletin Russe. 1898. Heft 1., S. 168.

[3] Ich stimme hierin mit Lexis, Handwörterbuch a. a. O. S. 649 überein; Kramarç a. a. O. S. 33/34 legt m. M. auf diesen Punkt zu viel Gewicht.

[4] So Moos, Finanzen Rufslands. Berlin 96, S. 96/97.

Je weniger man auf die noch vorhandene Schuld des Staates auf die Bank Wert legt, um so energischer ist darauf zu verweisen, dafs die Beschaffung der Betriebsmittel durch verzinsliche private und staatliche Depositen dem Wesen einer Notenbank völlig widerspricht. Will Rufsland eine wirkliche Notenbank entwickeln, so ist dieses Verhältnis grundlegend zu ändern.

Die Depositen in der russischen Reichsbank sind ein Rest der Vergangenheit. Das Wesen der älteren staatlichen Kreditinstitute bestand darin, die Spareinlagen des Publikums aufzunehmen, durch hohe Verzinsung möglichst zu fesseln und zu Regierungsausgaben zu verwenden. Sudeikin erzählt, dafs für diese Gelder Festungen gebaut, Kriegsmaterial gekauft wurde u. s. w.[1].

Solche Bankeinlagen zum Zweck der Verzinsung gehören zurückgebliebenen Volkswirtschaften ohne Unternehmungsgeist an; in den 60er Jahren waren Fristen noch von 5–10 Jahren für die Einlagen bei der russischen Reichsbank üblich[2]. Später wendete sich das Sparkapital den Wertpapieren zu, wie denn nach dem Krach der älteren Kreditinstitute ihre Gläubiger grofsenteils durch verzinsliche Staatsanleihen abgefunden wurden.

Thatsächlich werden auch in Rufsland die Bankdeposita immer beweglicher; die befristeten Einlagen nehmen ab, die unbefristeten zu. Erstere entstammen heute vorwiegend der Provinz: Sparanlagen Privater in kleinen Durchschnittsbeträgen. Die Bankeinlagen aus den grofsen Mittelpunkten des Verkehrs dagegen nehmen mehr und mehr den Charakter jener „schwebenden Kapitalien“ an, welche bei der Reichsbank vorübergehend Verzinsung suchen[3], ihr aber sowohl in Zeiten des

---

[1] Sudeikin a. a. O. 127 ff. Es erinnert dies an die ältere Bankgeschichte Westeuropas. Vergl. Sieveking, Genueser Finanzwesen II., die Casa di S. Giorgio (volksw. Abhandl. d. bad. Hochschulen III, 3), S. 203, 214 ff., 221 ff.: Benutzung von Bankdepositen für Staatszwecke (Flottenbau, Bau des Freihafens etc.).

[2] Sudeikin a. a. O. S. 176.

[3] Sudeikin a. a. O. 210, 305 ff., 318.

Geschäftsaufschwungs wie der Krisis entzogen werden: „ungetreue Freunde“ [1]. Damit werden die verzinslichen Deposita immer bedenklicher für die Centralbank, welche in Fällen der Not für den Kredit des ganzen Landes das Rückgrat sein soll. Nicht nur, dafs sie die Bank zu gewagten Geschäften veranlassen, um die Verzinsung aufzubringen und darüber hinaus Gewinn zu machen — erfahrungsgemäfs ist auch in Zeiten der Krisis die Rückforderung der Depositen gefährlicher, als die Präsentation der Noten.

Die Rückforderung der Depositen warf 1806 die preufsische Bank. Schon seit 1850 hat die preufsische Bank wenigstens für Summen, welche weniger als drei Monate bei ihr belegt blieben, keine Zinsen mehr vergütet [2]. Seit 1879 sind auch die versinslichen Depositen, welche die deutsche Reichsbank von der preufsischen Bank noch übernommen hatte, gänzlich beseitigt worden [3].

Unter den unverzinslichen Einlagen überwiegen in Rufsland noch heute die des Finanzministers [4]. Diese Einlagen haben während der letzten Jahre des Friedens und des volkswirtschaftlichen Aufschwungs der russischen Reichsbank dauernd sehr beträchtliche Mittel zur Verfügung gestellt. Da aber in Zeiten der politischen Verwickelung oder gar der militärischen Mobilmachung diese Summen mit Sicherheit zurückgezogen würden, so gilt von ihnen das, was A. Wagner gegen die Anlage des Kriegsschatzes bei der Centralbank ausführt: die Bank müfste die von ihr gewährten Kredite kündigen „in jenem kritischen Zeitpunkte, wo die Darlehnsansprüche sich steigern“ [5]. Sollte letzteres Mittel versagen, so bliebe nichts, als die Zuflucht zur Notenpresse. Einen gewissen,

---

[1] Lotz, Geschichte und Kritik des deutschen Bankgesetzes. Leipzig 1888, S. 287.

[2] Poschinger, Bankwesen und Bankpolitik in Preufsen II, S. 27. Vergl. auch III, 41.

[3] Lotz a. a. O. S. 284.

[4] Sudeikin a. a. O. S. 313.

[5] A. Wagner, System der Zettelbankpolitik, S. 390.

wenn auch der reinen Staatsbank gegenüber nicht allzuhoch zu veranschlagenden Schutz, jedenfalls einen Fortschritt über die heutigen Zustände hinaus würde es bedeuten, wenn man in Friedenszeiten den eisernen Minimalbestand dieser Gelder dazu benutzte, die Schuld des Staates an die Bank zurückzuzahlen und das Grundkapital der Bank zu vermehren.

Wichtiger als alles andere aber wäre die Pflege derjenigen Depositen, welche nicht zu Zwecken der Aufbewahrung und Geldanlage, sondern zu Giro-, also Zahlungszwecken der Bank zufliefsen. Die Kassenvorräte der Geschäftswelt unterliegen geringen Schwankungen; ja in schlechten Zeiten werden die Kunden der Bank sogar diese Art von Guthaben zu vermehren trachten, weil die Bedürfnisse nach Zahlungsmitteln zunehmen [1].

In Rufsland scheinen die Ansätze in dieser Richtung noch gering. Ich deute dahin den unbeträchtlichen Posten 11 des Passivums: „unerledigte Transferte“. Eine weitere Entwicklung in dieser Richtung verlangt auf der einen Seite grofse Kulanz gegenüber den Giroeinlagen, z. B. durch kostenfreie Übertragungen; vor allem aber wäre erforderlich Herabsetzung, in letzter Linie gänzliche Beseitigung des Depositenzinses — eine Mafsregel, welche Kassenvorräte und Anlagekapitalien endgültig von einander schiede [2].

Werfen wir nunmehr einen Blick auf das Aktivum der Bilanz, von welchem wir Wechsel- und Lombardanlagen bereits besprachen. In demselben befinden sich daneben noch heute Posten, welche an die Zeit erinnern, da die Reichsbank „zugleich Hyothekenbank und Kreditmobilier“ war [3].

Immerhin sind diese Kreditgewährungen an Grundbesitzer, Industrielle, Kleingewerbtreibende, Wohlthätigkeitsanstalten u. s. w. heute nicht viel mehr als Schönheitsfehler der Bilanz;

---

[1] Vergl. Nasse, Handwörterbuch der Staatswissenschaften. Band II, S. 17.

[2] Hierfür plaidiert mit Recht Sudeikin a. a. O. S. 210 und 309 bis 310.

[3] So Raphael Georges Levi, Revue des deux mondes. 1895. Band 130, S. 81 ff.

ihre Beiträge sind geringfügig. Diese Posten können bei gutem Willen der Finanzverwaltung mit der Zeit beseitigt werden. Wichtig hierfür ist nur, dafs auch im Publikum die Einsicht Platz greife von der Unvereinbarkeit derartiger langfristiger Kredite mit den Aufgaben einer Notenbank. Auch ist nicht zu vergessen, dafs diese Kredite zwar keine „bankmäfsigen" sind, wohl aber volkswirtschaftlich nützlichen Zwecken dienen.

Ähnliches gilt von dem heute gegen früher stark verminderten Effektenbesitz der Bank, Posten 21 des Aktivums. Bei der geringen Ausbildung des privaten Bankwesens in der Provinz mufs die Reichsbank nicht unbeträchtliche Effektenvorräte insbesondere bei ihren Filialen besitzen, um die Staatspapiere in das Publikum zu vertreiben[1]. Auch aus andern Gründen ist die Theorie keineswegs allgemein gegen einen mäfsigen Effektenbesitz der Centralbank[2]. —

Posten 13 und 14 des Passivums enthalten Zinsgewinne, 24 des Aktivums Geschäftsunkosten; Posten 14, 15 des Passivums, bezw. 25, 26 des Aktivums haben lediglich rechnerische Bedeutung.

Das Bild, welches wir in kurzen Zügen von der russischen Reichsbank entwarfen, zeigt einen gewaltigen Fortschritt, etwa verglichen mit dem Stande sämtlicher Reichskreditanstalten am 1. Januar 1859[3]. Dieser Vergleich ist notwendig, wenn wir im Hinblick auf die westeuropäischen Centralbanken nicht lediglich die Unvollkommenheiten der russischen Reichsbank sehen wollen.

Activa.

1. Darlehen		1 038 199 531 Rubel.
auf weniger als ein Jahr	37 868 406	
auf 1—15 Jahre . . .	31 371 460	
auf länger als 15 Jahre .	968 959 665	
2. Bargeld		68 849 427 Rubel,
	Summa	1 107 048 958 Rubel.

[1] Schon durch Gesetz von 1860 war der Reichsbank Kauf und Verkauf von Effekten nur bis zum Betrage des eigenen Kapitals gestattet. Vergl. Keufsler, Handwörterbuch der Staatswissenschaften, Band II, S. 158.

[2] Vergl. z. B. A. Wagner, System der Zettelbankpolitik. S. 414.

[3] Entnommen Zielinski a. a. O. Heft 4, S. 466.

Passiva.

Einlagen von Privaten . . . . . 725 074 952 Rubel,
Einlagen von der Krone . . . . . 242 032 089 Rubel.

Ferner wollen wir der russischen Reichsbank gegenüber nicht vergessen, dafs auch die preufsische Bank bis in die 50er Jahre hinein bei Bardeckung oder Überdeckung ihrer Noten ihre Betriebsmittel dem verzinslichen privaten und dem staatlichen Depositum entnahm; erst in der zweiten Hälfte des Jahrhunderts trat allmählich an der Stelle der Bardeckung die „bankmäfsige“ Deckung und an Stelle des verzinslichen Depositum die Giroeinlage.

Fragen wir zum Schlufs: welche Mittel hat die russische Reichsbank in ihrer gegenwärtigen Verfassung zur Verteidigung des Goldumlaufs? Für normale Zeiten ist der sachkundigen Stimme aus der russischen Bankwelt Recht zu geben, welche sich mir brieflich also äufsert: „Der Diskontsatz der russischen Reichsbank hat im Lande einen entscheidenden Einflufs, um so mehr, als der private Diskontsatz gewöhnlich höher ist als der der Reichsbank. Was die Frage wegen des Abflusses von Gold ins Ausland anbetrifft, so ist kaum anzunehmen, dafs es für das Ausland bei dem verhältnismäfsig hohen russischen Diskontsatz je lohnen wird, aus Rufsland Gold zu beziehen. Eventuell wäre zur Abwehr des Goldabflusses eine Diskontpolitik der Reichsbank in Betracht zu ziehen.“

Es gilt eben auch für Rufsland der Satz: „sofern alle Banknoten in vollhaltigem Goldgelde an den grofsen Verkehrsmittelpunkten wirklich einlösbar sind, ist es gar nicht zu fürchten, dafs es unserm Lande an Goldmünzen jemals mangeln werde“ [1].

Aber zugleich ist hier die Bedingung namhaft gemacht, unter der allein die Diskontpolitik der Centralbank dem Goldabflufs begegnen kann: Vertrauen des Auslandes, das in das Inland gesandte Goldkapital jeder Zeit in Gold wieder zurückziehen zu können. Sollte das Ausland fürchten, „in Währung zu geraten“, so wird selbst der höchste Diskontsatz kein aus-

[1] So Nasse in Hirths Annalen des Deutschen Reichs. 1875, S. 299.

ländisches Kapital nach Rufsland ziehen, ja nicht einmal den Abflufs des bisher nach Rufsland gesandten verhindern. Man kauft Goldtratten um jeden Preis, um aus der gefährdeten Währung hinaus zu kommen.

Worauf beruht nun dieses Vertrauen des Auslandes? Nicht sowohl, wie wir sahen, auf der Sicherheit und der Realisierbarkeit der Ausstände der russischen Reichsbank, als zunächst auf ihrem riesigen Goldbesitz[1]. Dieses Vertrauen ist zur Zeit grofs und mit Recht; denn die Grenzen innerhalb deren ohne Gefährdung der Währung Fehler gemacht werden können, sind zur Zeit weit gesteckt.

Es ergiebt dies folgende Betrachtung. Im Umlauf sind zur Zeit ungefähr:

500 Millionen Rubel Gold,
120 „ „ Silber,
660 „ „ Papier.

Da nach dem russischen Bankgesetz 300 Millionen Papierrubel ungedeckt umlaufen dürfen, so erfordert der gegenwärtige Papierumlauf nur einen Barbesitz der Bank von 360 Millionen Rubel Gold. Thatsächlich besitzen Bank und Tresor zusammen über 1000 Millionen Rubel Gold: hieraus folgt, dafs ungefähr 640 Millionen Rubel Gold abfliefsen könnten, ohne die Basis der Währung zu erschüttern.

Um vorübergehenden Verschlechterungen der Zahlungsbilanz zu begegnen, genügt dieser Goldvorrat reichlich. Einer dauernd schlechten Zahlungsbilanz gegenüber könnte er eben so wenig Trotz bieten, wie einem massenhaften Rückflufs der russischen, im Auslande angelegten Effekten. Beide Gefahren erörtern wir unten.

II. Rubelkurs und Rubelbörse.

Der Wert des Kreditrubels wurde seit den 70er Jahren — ohne Rücksicht auf seine gesetzliche Silberunterlage —

[1] Lorini a. a. O. S. 142 hält es nicht für unnötig zu betonen, dafs er diesen Goldvorrat in den Kellern der russischen Reichsbank selbst gesehen habe. Dies Kritikern à la Cyon gegenüber.

in Gold bemessen und zwar wurde leitend für diese Bewertung die Berliner Rubelbörse. Diese Thatsache wurde in Rufsland schwer empfunden als Abhängigkeit vom Auslande in einer Angelegenheit, welche auf das Gleichgewicht des Budget wie auf Handel, Produktion und Vermögensverteilung entscheidend einwirkte. „Es hatte etwas Erbitterndes, auf die Gnade der Berliner Spekulanten angewiesen zu sein, welche Regen und Sonnenschein für den Rubel machten" [1].

Jene Verstimmungen der 80er Jahre klingen auch heute noch fort; dagegen ist nach Festigung der Währungsverhältnisse und Verfall der Berliner Rubelbörse ein ruhigeres Urteil für denkende Russen heute möglich. Da vorliegendes Buch Mifsverständnisse zwischen den beiden benachbarten und aufeinander angewiesenen Volkswirtschaften aus dem Wege zu räumen sucht, so ist eine nachträgliche Prüfung des viel verschrieenen Popanz nicht überflüfsig. Diese Nachprüfung ist zugleich wissenschaftlich nicht ohne Interesse, insbesondere bei der Lückenhaftigkeit der deutschen Börsenenquete, welche mich fast ausschliefslich auf den Weg persönlicher Nachfrage verwies. In letzter Linie dient folgender Abschnitt dazu, einen Einblick in die Grundlagen der russischen Goldwährung zu gewinnen und ist daher im Zusammenhang dieses Kapitels unentbehrlich.

Eines steht von vornherein fest: die von Rufsland schwer empfundene Abhängigkeit vom Auslande in der Kursbemessung der Währung beruhte auf der Thatsache der Papiergeldwirtschaft selbst. Laienhaft war es, sie der börsenmäfsigen Bildung des Rubelpreises Schuld zu geben.

Diese Abhängigkeit vom Auslande besteht nicht minder, ja wahrscheinlich in höherem Mafse dort, wo die Noten des Papierwährungslandes im Auslande einen börsenmäfsigen Markt nicht besitzen. So haben z. B. einzelne Londoner Bankhäuser südamerikanische Währungen über Nacht geworfen

[1] So Raffalovich, Marché financier 1894/95, S. 234 ähnlich Lorini a. a. O. S. 78: „Le joug orgueilleux de la bourse de Berlin".

durch Verweigerung des Acceptes der Regierungswechsel; ein meist teuer erkauftes Abkommen mit nur einem solchen Bankhause konnte die Kurse ebenso schnell wieder heben. Diese persönliche Abhängigkeit von einzelnen Firmen ist gewifs nicht leichter zu tragen. und vielleicht beschämender, als die Abhängigkeit von einem grofsen, unpersönlichen Markte.

Die Gröfse und Unpersönlichkeit des Marktes beruhte hier wie in andern Fällen auf der Entwicklung des börsenmäfsigen Termingeschäfts.

Bringen wir uns, ehe wir auf die Einzelheiten der Rubelbörse eingehen, die allgemeinen Merkmale des börsenmäfsigen Termingeschäftes ins Gedächtnis: usancemäfsig feststehende Geschäftseinheiten erhöhen die Wahrscheinlichkeit, die gehandelten Beträge stets weiter geben zu können; usancemäfsig feststehende, in unserem Fall monatliche Termine geben dem Spekulanten die Zeit, glückliche Spekulationen durch die entsprechenden Realisationsgeschäfte bequem abzuwickeln, unglückliche oder nicht genügend gewinnbringende Spekulationen hinauszuschieben; zu letzterem Zwecke tritt der Kredit ein, indem ein dritter entweder die vorhandenen Stücke beleiht oder die gewünschten Stücke darleiht, „herein nimmt“, „herausgiebt“. Da das Substrat des Kredites hier die Stücke selbst sind, der Kreditgeber also nur Kursdifferenzen riskiert, so kann der Kredit verhältnismäfsig billig sein. Es erweitert dieser Zutritt des Kredits in seiner technisch höchst entwickelten Form den Markt, wogegen die Weite des Marktes, d. h. die Möglichkeit, das eingegangene Engagement jederzeit durch ein entgegengesetztes Geschäft auszugleichen, die Gefahren der Spekulation vermindert, und damit wieder verbilligend auf den Kredit zurückwirkt. Ultimo erfolgt eine gemeinsame Abrechnung der eingegangenen Engagements auf Grund eines gemeinsamen Kurses (Liquidationskurs) durch Skontrierung mittelst Liquidationsbureaus, wodurch die Menge der erforderlichen Stücke im Verhältnis zur oft riesigen Ausdehnung des Marktes stark herabgedrückt wird.

Gehen wir nunmehr zum Einzelnen über.

A. Die Entstehung der Berliner Rubelbörse.

Es ist natürlich, dafs der Wert des Rubels, nachdem die Erinnerung an seine Metallunterlage verblafst war, in der Währung desjenigen Landes bemessen wurde, welches die regsten Handelsbeziehungen mit Rufsland besafs. Dieses galt und gilt noch heute von Deutschland. Beispielsweise betrug Rufslands Handelsverkehr mit Deutschland in den 80er Jahren ein Drittel seines gesamten auswärtigen Handels[1].

Es waren also die Handelsbeziehungen Rufslands zu Deutschland von mafsgebender Bedeutung für den Rubelkurs, abgesehen von Zeiten, in denen Kreditverhältnisse, z. B. Effektenverschiebungen, die Bedeutung der Handelsbilanz für die Zahlungsbilanz aufhoben. Jedoch war damit ein börsenmäfsiger Notenmarkt in Berlin noch nicht gegeben. So besteht ein solcher Markt z. B. nicht für Milreisnoten in London trotz der herrschenden Stellung Londons gegenüber Rio[2].

Es kommt hier der Unterschied in Betracht zwischen osteuropäisch-asiatischem Boden, der sich nur langsam aus der Naturalwirtschaft heraus entwickelt und jenen kolonialen Gebieten, wo von der Küste aus die Eisenbahn und die Bank der Landwirtschaft und dem Warenhandel vorausgehen. Letzteren Ländern gegenüber hat es das herrschende Goldwährungsland leicht, die eigne Währung allen internationalen Zahlungsbeziehungen aufzuzwingen; selbst von den Einheimischen jener Länder wird hinter den Coulissen des eignen Papiergeldes das £ als letzter und eigentlicher Wertmesser empfunden. Die Unbeweglichkeit des Ostens dagegen zwingt

---

[1] So Ratner, Rubel- und Wechselkurse. München 1898, S. 32. Als weiteren Grund für die Entstehung der Berliner Rubelbörse die Thatsache anzuführen, dafs die „grofse Mehrzahl der im Auslande untergebrachten russischen Staatspapiere sich in deutschen Händen befand,“ ist in dieser Allgemeinheit wenigstens unangängig. Anfang der 80er Jahre war noch weit mehr in englischem und daneben in holländischem Besitz — ersteres bis zur Afghanistankrise.

[2] Ich vergleiche in folgendem öfters die russischen Verhältnisse mit den in vieler Beziehung entgegengesetzten Papierwährungsverhältnissen Rios, welche ich in der Hamburger Bankpraxis kennen lernte.

Europa vielfach, sich der Zahlungsmittel der Eingeborenen zu bedienen, während die breiten Volksschichten jenes kontinentalsten Gebietes der Welt in ihren Zahlungsbeziehungen untereinander den goldenen Weltherrscher noch heute beharrlich ignorieren. Unter diesem Gesichtspunkt war die Berliner Rubelbörse mit dem Londoner Silbermarkte zu vergleichen.

Deutschland stand seit alters mit Rufsland in engem Grenz- und Kleinverkehr, dies schon zu einer Zeit, da in jenen Gegenden bankmäfsige Zahlungsmethoden völlig unbekannt waren. Zudem handelten hier Bevölkerungsklassen miteinander, welche jedes Kredites und daher jedes kreditmäfsigen Zahlungsmittels entbehrten. Der russisch-polnische Gutsbesitzer, sowie der jüdische Kleinhändler, welche landwirtschaftliche Erzeugnisse über die preufsische Grenze verkauften, wollten Rubel sehen. Der deutsche Fabrikant, welcher nach Rufsland verkauft hatte, reiste wohl selbst, um seine Forderungen einzukassieren; diese Reise wurde, wie ich aus Familienerinnerungen weifs, um die Mitte des Jahrhunderts seitens der Verwandten und Freunde noch als ein Wagnis betrachtet; ging alles gut, so brachte er Rubelnoten zurück. So wurden seit alters in Breslau und Königsberg Rubelnoten gehandelt. Später sammelte sich dieser Markt in Berlin.

Aber auch der gröfsere Handelsverkehr, welcher eine Folge der Eisenbahn und des Dampfschiffes war und mit dem Getreidezufuhrbedürfnis Deutschlands rasch zunahm, hatte mit der mangelhaften Entwicklung des Bankwesens in Rufsland zu rechnen. Grofse Ausfuhrplätze, wie z. B. Nicolajeffsk, Rostoff, Eupatoria waren keine Bankplätze, so dafs der russische Exporteur oder Gutsbesitzer mit Devisen auf Deutschland nichts anzufangen wufste. Er wollte in Rubelnoten bezahlt sein, welche der deutsche Getreidehändler in Berlin kaufen mufste. Auch der deutsche Fabrikant, welcher in Rufsland vielleicht eine Filiale errichtete, fand nicht leicht Devisen, in denen er seine russischen Eingänge nach Deutschland hätte remittieren können. Auch hier diente die Rubelnote als bequemes Zahlungsmittel, da sie auf dem Berliner Markte stets in deutsche Währung umzusetzen war.

Da der Handel in Rufsland nicht genügend Devisen hervorbrachte, so entbehrte die Kursspekulation daselbst des geeigneten Objektes. Später zwar kamen eine Anzahl russischer Banken zu Acceptkredit im Auslande, vorwiegend in Berlin, wo sie am bekanntesten waren. Damit wäre eine Valutaspekulation mittels Devisen in Rufsland ermöglicht gewesen; aber sie konnte sich gegenüber der bereits vorhandenen Zusammenfassung der Spekulation in Berlin nur schwach entwickeln. Hierzu kam, dafs jene russischen Banken selbst das Interesse hatten. ihre ausländischen Kreditgeber bei guter Laune zu erhalten und zu diesem Zweck die Aufträge der russischen Spekulation der Berliner Börse zuleiteten.

Alle diese Bedürfnisse des Handels wie der Spekulation fanden ihre endgültige Befriedigung erst mit der Entwicklung des Termingeschäftes in Rubelnoten an der Berliner Börse. Damit gewann Berlin eine centrale Stellung für die Bewertung des Rubels. Dieser Übergang vollzog sich zur Zeit des Orientkrieges und hatte folgende Gründe: Zunächst wurde die Getreideeinfuhr Deutschlands — eine Folge seiner industriellen Fortschritte seit dem deutsch-französischen Kriege — zur regelmäfsigen Erscheinung, welche alljährlich eine grofse und wachsende Nachfrage nach russischer Währung in Berlin zusammenführte.

Ferner: die massenhaften Papiergeldemissionen, mit denen Rufsland während des türkischen Krieges einen Teil seiner Kriegskosten auch im Auslande bezahlte, flossen in grofsen Beträgen in Berlin zusammen; nur ein durch das Termingeschäft erweiterter Markt konnte sie verschlucken, ähnlich wie anerkanntermafsen grofse Beträge verzinslicher Staatsanleihen auf Terminmarkt leichter begeblich sind, als ohne solchen. In der That hat die Berliner Börse recht beträchtliche Mengen von russischem Papiergeld damals in natura aufgeschlürft und zeitweise sogar kräftig aus der russischen Cirkulation selbst geschöpft. Mir wurde z. B. erzählt, dafs für die Bedürfnisse der Börse die jungen Leute der Berliner Banken russische Noten öfters handkofferweise über die Grenze gebracht hätten: Abschwächung des Anpralls neuer Papieremissionen durch Notenausfuhr.

Endlich begannen mit dem Orientkriege aus Rufsland Papieranleihen, sog. „Orientanleihen“, nach Berlin abzufliefsen, womit für die begebenden Hände ein Interesse an Kursversicherung entstand. Es ist eine anerkannte Thatsache, dafs die Aufnahme russischer Papieranleihen in Deutschland, ihrem einzigen ausländischen Markte, und die Entstehung der Berliner Rubelterminbörse in gegenseitigem ursächlichen Zusammenhange standen.

Für die sich jäh übersteigenden Geldbedürfnisse zur Zeit jenes Krieges, in welchen Rufsland finanziell unvorbereitet eintrat, war also die Entstehung eines Berliner Terminmarktes für Rubelnoten zweifellos ein grofser Vorteil[1].

B. Die Funktionen der Berliner Rubelbörse.

1. Jedenfalls steht die Funktion der Kursversicherung obenan. Bei der geringen Entwicklung des Devisengeschäftes in Rufsland war die Entstehung eines benachbarten grofsen Rubelterminmarktes für die Kursversicherungszwecke des Warenhandels geradezu unentbehrlich. Insbesondere wäre die Getreideausfuhr — diese Grundlage der Zahlungsbilanz und damit der wirtschaftlichen Weltstellung Rufslands — zu ihren gewaltigen Dimensionen von heute nicht herangewachsen, ohne die Möglichkeit der Kursversicherung.

Wir betrachten im folgenden einzelne Fälle der Kursversicherung, ohne selbstverständlich erschöpfend zu sein; ich beschränke mich dabei auf den deutsch-russischen Zahlungsverkehr.

Im russischen Ausfuhrhandel ist, wie wir sahen, die ältere Form die, dafs der europäische Importeur gegen Rubel kauft, z. B.: der deutsche Getreidehändler kauft gegen Rubel im August den noch ungedroschenen Weizen, lieferbar für Dezember in Odessa. Dieser Fall, früher häufig, tritt heute eigentlich nur noch bei Geschäften direkt mit dem Grofsgrundbesitzer ein. Kursversicherung ist hier Sache des

---

[1] Vergl, Raffalovich, Marché financier. 1894/95, S. 233.

deutschen Einfuhrhauses, welches in Berlin Rubel auf Dezember kauft.

Die grofse Masse der Getreideversendungen Rufslands wird heute anders bezahlt: der russische Exporteur verkauft in Mark, z. B. im August für den Dezember. Gleichzeitig mit Abgang der Ware und Indosso des Konnossements zieht der russische Exporteur auf das deutsche Einfuhrhaus oder auf dessen Bank einen Dreimonatswechsel in Reichsmark[1]. Er kann nicht abwarten bis dieser Wechsel verfällt. Vielmehr verkauft er den Wechsel, welcher auch vor eingeholtem Accept durch das angeheftete Konnossement und den Versicherungsschein seinen selbständigen Wert besitzt. Gemeinhin sammeln sich diese Wechsel in den Portefeuilles der Berliner Grofsbanken, welche gegen Accept oder Zahlung dem Bezogenen das Konnossement zwecks Verfügung über das Getreide ausliefern. Grund dieser Stellung Berlins, als Reservoirs russischer Wechsel, sind die seit alters bestehenden Beziehungen zu Rufsland, welche eine Beurteilung der Kreditwürdigkeit der Wechselaussteller ermöglichen. Denn das Konnossement bietet keine Sicherheit, die von der Prüfung des Wechsels entbände, abgesehen davon, dafs es gefälscht sein kann. Während das Getreide schwimmt, hat die deutsche Volkswirtschaft es bereits bezahlt; der Russe hat seine Rubel erhalten. Er wird also, um nicht in Währungsspekulation zu kommen, schon zur Zeit, da er das Geschäft abschliefst und kalkuliert, eine Goldtratte auf den Termin verkaufen, da das Getreide abgeht, oder was gleich ist, an der Börse (in unserem Fall im August auf Dezember) Rubel kaufen.

Hinsichtlich des Einfuhrhandels nach Rufsland ist zunächst zu bemerken, dafs die Kursversicherung hier keineswegs allgemein ausgebildet ist. In manchen Fällen ist der Eingang der Zahlung so unsicher, dafs an Kursversicherung überhaupt nicht gedacht werden kann. Wo die Preise in Rubel gestellt sind, trägt das volle Risiko alsdann der europäische Exporteur oder Fabrikant. Derselbe versucht diese

[1] So Borgius, Mannheim und die Entwicklung des südwestdeutschen Getreidehandels. Volkswirtschaftliche Studien der badischen Universitäten. Band II. Freiburg 1899, S. 65.

Gefahr öfters dadurch von sich abzuwälzen, daſs er die Rechnung in Reichsmark stellt. Freilich, nicht immer verfängt dieses Mittel; ein am Ausfuhrhandel nach Ruſsland hervorragend beteiligter deutscher Industrieller erzählte mir, daſs bei niederen Rubelkursen der russische Geschäftsfreund eben einfach die Zahlung aufschiebe, bis der Rubelkurs für ihn günstiger geworden sei. Es gilt dies vom mittleren und Kleingeschäft, insbesondere direkt mit dem Konsumenten, in vielen Fällen noch heute.

Gröſsere Sicherheit findet der europäische Industrielle oder Exporteur dadurch, daſs ein russisches Einfuhrhaus zwischen ihn und den Verbraucher, bezw. den Kleinkaufmann tritt. Solche Einfuhrhäuser scheinen in manchen Branchen aus dem „Agenten", d. h. dem in den russischen Westprovinzen meist jüdischen Schlepper sich entwickelt zu haben, der dem fremden Handlungsreisenden wegen Sprache und Lokalkenntnis meist unentbehrlich ist. So schlieſst z. B. bei der Einfuhr landwirtschaftlicher Maschinen der miſsbräuchlich sogenannte „Agent" häufig auf eigene Rechnung mit dem deutschen Industriellen ab und vertreibt die Ware auf eigene Gefahr an die umwohnenden Landwirte; dieses Verhältnis verliert auch dadurch seine Natur nicht, daſs der Agent für den weitgehenden Kredit, den er in Anspruch nimmt, öfters die von seinem Kunden erhaltenen langfristigen Solawechsel dem deutschen Ausfuhrhause in Faustpfand giebt.

Wo immer auch nur mit einiger Sicherheit auf die Eingänge zu rechnen ist, setzt dagegen auch beim Einfuhrhandel die Kursversicherung ein.

Kursversicherung nimmt der deutsche Industrielle oder Exporteur, wenn er in Rubeln verkauft, was nicht selten der Fall ist. Der deutsch-russische Handel bedient sich nämlich keineswegs ausschlieſslich der Goldvaluta, wie Zielinski annimmt[1]. So schreibt mir z. B. ein bekanntes ostdeutsches Kolonialwarenhaus: „Nicht nur die russische, sondern auch die polnische Kundschaft läſst sich am liebsten in Rubeln

[1] So Zielinski a. a. O. Heft 5, S. 607.

beziehen und werden zu dem Zweck die Mark-Fakturen in russische Währung übertragen. Die Appoints verkaufen wir hier. Solange der Kurs stabil bleibt, machen wir keine Kurstransaktionen durch Vorverkäufe. Sollte diese Situation sich ändern, so werden wir uns den Kurs durch Vorverkäufe sichern, ebenso, wie wir es früher gemacht haben. Das wird und mufs jeder Kaufmann machen, der nicht will, dafs sein Nutzen durch eine plötzliche Kursbaisse zerfliefst.“ Gerade die Nachgiebigkeit in der Valutafrage scheint öfters ein Kampfesmittel der Deutschen gegen den Mitbewerb dritter Länder auf russischem Boden gebildet zu haben. Der Engländer verkauft nicht in Papier. Dieses Mittel wäre ohne Kursversicherung, also ohne Rubelbörse, unanwendbar gewesen.

Regelmäfsige Kursversicherung tritt ein, wo ein dauernder Geschäftsverkehr sich entwickelt, der bei aller Unsicherheit des Einzeleinganges einen ungefähren Durchschnittseingang wahrscheinlich macht. Dies ist besonders dort der Fall, wo Filialen europäischer Häuser in Rufsland gegründet werden. Zunächst sind es meist Verkaufsfilialen, häufig werden aus ihnen Fabrikations- oder Veredelungsfilialen. Diese Filialen verkaufen in Rubeln. Wo irgend möglich, nehmen sie Kursversicherung, so wenn sie mit gröfseren und kapitalkräftigen russischen Fabriken zu thun haben, beispielsweise als Käufern von Chemikalien, Maschinen, Baumwolle. Zwecks Kursversicherung verkauft die Filiale grofse, runde Rubelbeträge auf Termin. Man rundet den erwarteten Durchschnittseingang gewöhnlich nach oben auf und überträgt den verbleibenden Rest durch Prolongation auf das nächste Vierteljahr, wobei man sich lediglich mit einer neuen Bankkommission belastet.

Wenn so der deutsch-russische Zahlungsverkehr sich vielfach des Rubels bedient, so ist auf der andern Seite richtig, dafs, wo immer möglich, das deutsche Ausfuhrhaus seine Rechnungen in Reichsmark stellt. Damit fällt das Kursrisiko dem Käufer zu. Gröfsere russische Konsumenten, z. B. Fabriken, landwirtschaftliche Gesellschaften, Grofsgutverwaltungen mögen öfters den Kurs gesichert haben; freilich waren diese Fälle wohl nicht zu häufig bei dem Mangel an kaufmännischer

Bildung, der immer noch in Rufsland weit verbreitet ist. Russische Einfuhrhäuser, welche zwischen Verbraucher und dem Ausland vermitteln, mögen oft durch die Unsicherheit ihrer Eingänge an der Kursversicherung verhindert worden sein; sie mufsten dann erhebliche Risikoprämien dem Preise zuschlagen. Hieraus erhellt der Nutzen der Währungsreform z. B. für den russischen Landwirt als einen Verbraucher europäischer Maschinen und Werkzeuge.

Die höchste Stufe alles Zahlungsverkehrs von Rufsland nach Europa ist der europäische „Rembours“. Der Exporteur nach Rufsland erhält hier als Zahlung das Accept eines bekannten Bankhauses des Goldwährungslandes; er ist also nicht nur allen Kurs- sondern auch allen Zahlungsunsicherheiten enthoben und kann seine Ware entsprechend billiger hergeben. Acceptverbindungen mit Goldwährungsländern geniefsen nur die gröfsten und im Auslande angesehensten russischen Fabriken, z. B. Knoop in London, die Lodzer in Berlin, die südrussischen Eisenwerke in Paris. Derartige Kreditverhältnisse, welche entweder in blanco oder gegen Hinterlegung von Wertpapieren gewährt werden, verlangen prompteste Erfüllung der verabredeten Bedingungen. Die Grofsbanken können sich ihre Gelddispositionen nicht durch Zahlungsunsicherheiten verwickeln lassen. Soweit die Tratten nicht durch Trattenerneuerung prolongiert werden, sind sie gewöhnlich e i n e n Tag vor Verfall abzudecken. Diese straffen Zahlungsverpflichtungen weisen die europäischen Acceptkredit geniefsenden Firmen mit Notwendigkeit auf Kurssicherung. Dasselbe gilt hinsichtlich derjenigen Kreditziehungen auf europäische Banken, durch welche die gröfsten russischen Firmen sich Geld zum billigen europäischen Diskontsatz verschaffen — und zwar nicht nur Betriebs- sondern durch das Mittel der Trattenerneuerung sogar öfters langfristiges Anlagekapital.

Auch die russische Regierung bediente sich früher zu Zahlungen im Auslande des Wechsels, ohne dafs von Kurssicherung etwas bekannt geworden ist, da sie „aus dem Vollen wirtschaftete“. Heute bedarf sie des Wechselkredits nicht mehr, weil sie an den Hauptbankplätzen Europas grofse Goldguthaben besitzt, auf welche sie einfach anweist. —

Werfen wir nunmehr einen Blick auf die verschiedenen Formen der Kursversicherung, welche die Rubelterminbörse dem Handel darbot.

Wollte sich der Warenkaufmann jeder Verflechtung mit dem Kurse enthalten, so machte er einfach das entgegengesetzte Geschäft an der Terminbörse: der russische Ausfuhrhandel bezw. der deutsche Einfuhrhandel kaufte Rubel; der russische Einfuhrhandel bezw. der deutsche Ausfuhrhandel verkaufte Rubel auf Termin.

Dagegen bot das Prämiengeschäft ein beliebtes Mittel, an möglichen Kursgewinnen sich zu beteiligen, während man das Risiko auf einen bestimmten Betrag, Reugeld, begrenzte. Zum Beispiel: ein russischer Spinner hatte für 100 000 Mk. Baumwolle auf Zeit gekauft; da er fürchten mufste, dafs die Konkurrenz etwaige Kurssteigerungen des Rubels zur Herabsetzung der Garnpreise ausnutzen würde, so verkaufte er eine Rückprämie an der Rubelbörse. Er hatte dabei die Wahl, entweder bei gesunkenem Kurse die Rubel zu liefern oder bei gestiegenem Kurse die Prämie zu zahlen und damit der Verpflichtung zu liefern enthoben zu sein. Umgekehrt kaufte das deutsche Getreideeinfuhrhaus, welches für Rubel flau war, eine Vorprämie, womit es das Recht erwarb, zu einem festgesetzten Kurse am Zahlungstermin Rubel fordern zu dürfen oder gegen Reugeld vom Geschäft zurückzutreten und vom gefallenen Rubelpreise Nutzen zu ziehen.

Unentbehrlich war das Prämiengeschäft, wo in Entgegenkommen gegenüber dem russischen Geschäftsfreunde in Rubeln oder Mark zu festem Umrechnungskurs, z. B. 200 Mk. = 100 Rubel, nach Wahl des Abnehmers verkauft war. In diesem Falle sicherte sich der deutsche Exporteur durch ein Rückprämiengeschäft, d. h. Verkauf der Rubel unter Vorbehalt des Rücktritts gegen Prämie, das letztere für den Fall, dafs der Russe in Mark zahlte[1].

[1] Auf diesen Fall aufmerksam macht Max Weber, Ergebnisse

Es ist wichtig, sich klar zu machen, dafs der Warenhandel zwecks Kursversicherung der Börse und der Spekulation notwendig bedurfte.

Der russische Getreideexporteur konnte im weiten russischen Reiche nicht nach einem Importeur Umschau halten, welcher zufällig denselben Rubelbetrag auf dieselbe Zeit verkaufen wollte, den er selber zu kaufen suchte. Auch eine blofse Konzentrierung der aus dem Warenhandel sich ergebenden Kaufs- und Verkaufsbedürfnisse genügte nicht: Angebot und Nachfrage fielen zeitlich auseinander; es war ein seltener Zufall, wenn die Höhe der einzelnen Beträge übereinstimmte. Quantitativ waren die Bedürfnisse des Ausfuhrhandels aus Rufsland viel gröfser als die des Einfuhrhandels, welcher nicht nur absolut kleiner war, sondern auch nicht in allen Fällen Kursversicherung nehmen konnte.

Die notwendige Erweiterung des Marktes bot die Spekulation. Nun erst waren beliebig grofse Mengen von Noten täglich auf Termin zu kaufen und zu verkaufen. Wären Nachfrage und Angebot lediglich dem Warenhandel entsprungen, so hätten verhältnismäfsig geringfügige Beträge die Kurse bereits ohne sachlichen Grund beeinflufst, lediglich deswegen, weil das entgegengesetzte Geschäft an dem betreffenden Tage fehlte. Diese Schwankungen hätten sich allerdings schnell ausgeglichen, aber sie wären trotzdem für die Volkswirtschaft des Papierwährungslandes von schädlichster Wirkung gewesen. In den durch die Spekulation erweiterten Markt ergossen sich die vom Warenhandel ausgehenden Anregungen wie Bächlein in den Strom. Mir ist z. B. ein Fall bekannt, in dem ein deutsches Haus zwecks Kurssicherung bei gutem Geschäftsgang allvierteljährlich je eine Million Rubel rund auf Termin zu verkaufen pflegte, ohne durch diese Verkäufe den Markt im geringsten zu beeinflussen. Riesenhafte Beträge kaufte zu Zeiten, ebenfalls ohne Derangierung des Marktes, der Getreidehandel.

der deutschen Börsenenquete. Zeitschrift für Handelsrecht. Band XLV. S. 58.

In letzter Linie setzte jedes Prämiengeschäft einen Spekulanten als Gegenpartei voraus.

Für den Warenhandel also war die Rubelbörse unentbehrlich; damit war sie nützlich für Rufsland. Dies eben ist eine besonders unerfreuliche Seite der Papiergeldwirtschaft, dafs in ihr das Börsenspiel eine volkswirtschaftlich unentbehrliche Funktion ausübt.

Indem ich die Funktion des Termingeschäfts zwecks Kursversicherung besprach, war ich zweifelhaft, ob ich in Vergangenheit oder Gegenwart reden sollte. Denn überall, wo ich diesbezüglich anfragte, hörte ich, dafs man heute die russische Währung für gesichert genug hält, um die Kurssicherung fallen zu lassen. In den meisten Geschäftszweigen hatte man sie soeben aufgegeben.

2. Wenn die Funktionen der Rubelterminbörse hinsichtlich der Kursversicherung völlig klar liegen, so ist die Frage ihrer Einwirkung auf die Kursbewegung selbst viel dunkler. Diese Frage zerfällt in zwei Unterfragen; die erste betrifft die kursausgleichende Funktion des Termingeschäftes, die zweite seine Einwirkung auf die materielle Kursentwickelung, d. h. die durchschnittliche Kurslinie.

Hat die Terminbörse die Kursschwankungen des Rubels gemildert oder verschärft? Die letztere Meinung, wird ohne weiteres Eindringen in den Stoff von vielen Russen geteilt; sie beruht dann auf der naïven Gewohnheit der Menschen, wirtschaftliche Gebrechen, insbesondere unverstandene, auf böse Absicht und geheimnisvolle Intrigue zurückzuführen. Sie überschätzt die Macht der Börsenleute. Dagegen wäre es doktrinär, ohne weiteres die erstere Meinung zu vertreten. Zwar scheint von der Effektenbörse vielfach zu gelten, dafs der Terminhandel die jähen Kursschwankungen des Tages in „leichtes Wellengekräusel“ auflöse[1]; ja für einzelne Effekten hat man sogar das Termingeschäft eingeführt, mit dem Zweck

[1] Vergl. Max Weber, Ergebnisse der Börsenenquete. Zeitschrift für Handelsrecht. Band XLV, S. 55 und 63. Ferner Pfleger und Gschwindt, Die Börsenreform. Stuttgart 1897. Band III, S. 32.

die Kursschwankungen zu mildern. Damit ist jedoch eine gleiche Wirkung des Termingeschäftes noch nicht für alle Effekten, geschweige denn für den Notenmarkt nachgewiesen.

Ferner: sollte für einen Valutamarkt die Milderung oder Verschärfung der Kursschwankungen durch die Spekulation nachgewiesen sein, so hat man kein Recht, dieses Ergebnis ohne weitere Nachprüfung auf andere Märkte zu übertragen. Beispielsweise behauptet Kramarç[1], dafs die Devisenspekulation in Wien die Kursschwankungen der österreichischen Valuta bedeutend verschärft habe. Er beruft sich dafür auf Erfahrungen der 40er, 50er und Anfangs der 60er Jahre. Diese Erfahrungen sind jedenfalls schon um deswillen nicht ohne weiteres auf die Gegenwart zu übertragen, weil Telegraph und Telephon seitdem die Effektenarbitrage und damit die Ausgleichung der internationalen Zahlungsbilanzen aufserordentlich vervollkommnet haben.

Festzustehen hinsichlich des Rubels scheint zunächst folgendes: Bei der eigentümlichen Periodicität des Ausfuhr- und Einfuhrhandels, wie der Zinszahlung an das Ausland fallen Angebot und Nachfrage nach Valuta zeitlich auseinander. Ausgleichend wirkt hier u. a., z. B. neben Finanzziehungen der Banken, zweifellos die Spekulation in Valuta. Rufsland hat z. B. Geld im Herbst, braucht dagegen Geld zur Zeit der Messe von Nischni-Nowgorod; aber zu letzterer Zeit anticipiert die Börse bereits die kommende Ernte, was daraus hervorgeht, dafs gerade in diesen Tagen die Erntenachrichten den gröfsten Einflufs auf den Rubelkurs ausüben. Der Rubel hat nicht nach Jahreszeiten geschwankt.

Auf der anderen Seite darf ein berechtigter Kern der russischen Anklagen gegen die Berliner Rubelbörse nicht geleugnet werden. An derselben trieb eine Menge sog. „kapitalloser Intelligenz“ ihr Wesen, welche zu schwach war, gegenüber der von stärkerer Seite ausgegebenen Parole eigene Tendenzen aufrecht zu erhalten. Dafs es sich hierbei oft um Kapitallosigkeit ohne Intelligenz gehandelt hat, geht daraus

[1] Kramarç, Papiergeld in Österreich. Leipzig 1886, S. 69 u. 70

hervor, dafs, wie mir ein guter Sachkenner versicherte, Leute in Rubeln spekuliert haben, welche „knapp wufsten, wo Rufsland liegt.“ Solche Schlachtenbummler der Börse werfen bei eintretender Baisse die Flinte schneller ins Korn, als der kräftige Spekulant, der manches erlebt hat: während jene die bleiche Angst ergreift, spannt dieser den Regenschirm des Kredits auf, um durch das schlechte Wetter durchzukommen.

Schlimmer noch wirkt dieses Mitlaufen von Leuten, „welche fast nur mit einer guten Lunge, Notizbuch und Bleistift ausgerüstet sind“[1] zu Zeiten erregter Spekulation und erhitzter Fantasie: hier kann es geradezu phantastische Kurssteigerungen hervorbringen, die eben so schnell in sich zusammenbrechen. Sollte die Berliner Rubelbörse, was ich nicht genügend beurteilen kann, aber dem Eindruck gewiegter Sachkenner entspricht, die „kursausgleichende Aufgabe“ des Termingeschäftes nur unzulänglich erfüllt haben, so hängt dies mit ihrem nicht gerade rühmlichen „demokratischen“ Charakter zusammen, der bei manchem ihrer Besucher an das Proletarische heranstreifte.

Die zweite der oben aufgeworfenen Fragen war die der Einwirkung der Rubelbörse auf die materielle Kursentwicklung, die durchschnittliche Kurslinie.

Zunächst ist die naïve Vorstellung abzuweisen, welche in der russischen Presse und Fachlitteratur öfters auftauchte, als ob die Berliner Rubelbörse eine Verschwörung dargestellt habe, um den Kurs des Rubels zu drücken. Selbstverständlich haben die Spekulanten nur e i n Interesse, nämlich zu verdienen, was sie ebenso können, ob die Kurse steigen oder fallen. Jene Meinung glich dem Irrtum des Frierenden, der die Kälte dem Thermometer zur Last legt; wenn man zur Hebung des Rubelkurses die Zerstörung dieser Börse anstrebte, so glich dies der Hoffnung, durch Zertrümmerung des Mefsapparats Wärme erzeugen zu können. Sollten bei der Spekulation die Verkaufstendenzen zeitweise überwogen haben, so ist zu bedenken, dafs sie die Contrepartie des Warenhandels

[1] Max Weber a. a. O. S. 55, 63. Vergl. auch Max Weber, Die Börse. Göttingen 1894, S. 77.

bildete, bei dem, wie wir sahen, das Kaufbedürfnis nach Währung das Verkaufsbedürfnis weit überwog.

Auf der anderen Seite ist auch nicht die kurssteigernde Wirkung, welche das Termingeschäft auf dem Effektenmarkt öfters besitzt, ohne weiteres auf den Notenmarkt zu übertragen. Indem das Termingeschäft den Kredit in technisch höchster Vollkommenheit dem Effektenhandel dienstbar macht, vermehrt er die Zahl derer, die im Effekt Geschäfte machen. Es erleichtert damit das Emissionsgeschäft der finanzierenden Banken, und beschleunigt die grofskapitalistische Zusammenfassung insbesondere der Banken, Hüttenindustrien, Schiffahrtsunternehmungen u. s. w.[1]. In gleicher Weise dient das Termingeschäft den Staaten hinsichtlich des Kurses und der Begebbarkeit ihrer Schuldverschreibungen.

Immerhin sprechen gewisse Gründe dafür, dafs auch das Notentermingeschäft der Berliner Rubelbörse eine mäfsig kurssteigernde Wirkung gehabt hat.

Nach den Schätzungen des Börsenvertreters einer am russischen Geschäft erstbeteiligten Grofsbank liefen in den 80er Jahren in Berlin in natura ca. 10 Millionen, im übrigen Deutschland ca. 5 Millionen Rubelnoten um; zu Zwecken der Ultimoliquidation hat Berlin zudem häufig grofse Beträge, jedenfalls viele (öfters 10—15) Millionen allmonatlich seinen russischen Guthaben in natura entnommen[2]. Wenn auch diese Beträge nur für wenige Tage nach Berlin wanderten, so mufsten doch die russischen Bankiers, um dieser Nachfrage gegenüber gerüstet zu sein, ihre Kassenvorräte bei Zeiten verstärken. Es scheint nicht ausgeschlossen, dafs eine Kontraktion des russischen Notenumlaufs durch die Berliner Rubelbörse, sagen wir,

[1] In Hamburger Börsenkreisen bringt man den Aufschwung desjenigen deutschen Schiffahrtsunternehmens, welches die gröfsten und schnellsten Schiffe der Welt besitzt, mit dem Termingeschäft seiner Aktien in ursächlichen Zusammenhang.

[2] Eine einzelne Firma hatte wiederholt so bedeutende Summen zu liefern, dafs sie Rubelnoten durch drei Couriere aus Rufsland holen liefs, weil dies trotz der Kosten der Fahrt und des Aufenthaltes in Petersburg noch billiger war, als Sendungen derartig grofser Beträge durch die Post.

um etwa 2—3 %, günstig auf den Rubelkurs gewirkt hat; man kann dies auch als Gegner der Quantitätstheorie annehmen, indem man mittelbare Einflüsse der Menge des umlaufenden Papiergeldes auf den Papierkurs wenigstens unter Umständen nicht leugnet. Zur Zeit der Massenemissionen des Orientkrieges hat, nach einstimmiger Annahme guter Sachkenner, die Berliner Rubelbörse dem Rubelkurs jedenfalls als Fallschirm gedient.

Aufserdem vermittelte das Termingeschäft in Noten gewisse Formen der Kreditgewährung Deutschlands an Rufsland. Die am Rubelgeschäft beteiligten Berliner Bankiers hielten bei russischen Firmen grofse Guthaben [1], von welchen sie im Bedarfsfalle Rubelnoten in natura abhoben. Deutsche Kapitalisten und Banken besafsen ferner grofse Portefeuilles von russischen Wechseln. Indem sie die hohen Zinsfüfse (öfters 8—14 %) genossen, sicherten sie sich gegen Kursverluste durch Terminverkauf von Rubelnoten. Diese, wie jede Kreditgewährung, verbesserte, wenigstens vorübergehend, Rufslands Zahlungsbilanz und wirkte damit günstig auf die Wechselkurse. Die starke Konkurrenz deutschen Kapitals um russische Wechsel hat den Diskontsatz in Petersburg niedriger gehalten, als er ohne das gewesen wäre — ein nicht zu unterschätzender Vorteil für Rufsland, welcher in jener Zeit an die Existenz der Berliner Rubelbörse geknüpft war.

Endlich liegt die Annahme nahe, dafs die Unterbringung verzinslicher Papieranleihen in Deutschland durch die Berliner Rubelbörse erleichtert worden ist, welche die Möglichkeit der Kursversicherung bot. Wahrscheinlicherweise bedienten sich dieser Möglichkeit die ersten Hände zur Kriegszeit. In den 80er Jahren dagegen war der Besitz russischer Papieranleihen in Deutschland decentralisiert und zugleich gewöhnlich Valutaspekulation ohne Kurssicherung.

Machen die angeführten Gesichtspunkte einen gewissen günstigen Einflufs der Rubelbörse auf die Kursgestaltung des

[1] „Riesige Beträge“, Bericht der Ältesten der Kaufmannschaft von Berlin. 1893, S. 266.

Rubels wahrscheinlich, so kommt doch viel mehr die mittelbare Einwirkung in Betracht, auf die wir schon oben hinwiesen. Sicher hätte sich der Ausfuhrhandel Rufslands ohne die Kursversicherung, welche die Rubelbörse ermöglichte, nicht zu dem gewaltigen Umfang entwickelt, welchen er in der zweiten Hälfte der 80er Jahre erreichte; trotz des Mitwirkens zahlreicher anderer Momente aber kommt eine günstige Handelsbilanz, besonders wenn sie sich eine Reihe von Jahren wiederholt, gewifs als kurssteigernd in Betracht — nicht nur weil sie das Goldwechselangebot vermehrt, sondern auch, weil sie die Aussichten auf den Übergang zur Metallwährung verbessert.

Trotz zweifelloser Einflüsse der Rubelbörse auf die Kursentwicklung aber wollen wir uns hüten, die Bedeutung dieser Börse zu überschätzen. Die wichtigsten der kursbestimmenden Faktoren liegen aufserhalb der Börse. Die Börse erwägt und bemifst sie. So hat dies die Rubelbörse unter Berücksichtigung der wirtschaftlichen Verhältnisse Rufslands gethan — da letztere in Deutschland so unbekannt sind, gewifs oft recht oberflächlich; sie berücksichtigte z. B. die Ernteberichte, die Budgetabschlüsse, die politische Lage auf Grund von Zeitungsnotizen. Die Börse konnte sich irren; so hat z. B. 1890 die Berliner Börse die Rubelkurse heraufgesetzt in der irrigen Meinung, Rufsland wollte die Papierrubel zum Pari des alten Goldrubels einlösen, während schon seit Jahren ein gegenteiliger, geheim gehaltener kaiserlicher Entscheid vorlag. Aber die irrende Börse mufste früher oder später den Thatsachen weichen, welche die Richtung der Kursentwicklung bestimmen.

Unter jenen aufserhalb der Börse liegenden, den Kurs beherrschenden Faktoren steht in normalen Zeiten der Edelmetallbedarf des Papierwährungslandes obenan: „der Wechselkurs beherrscht das Agio.“ Hier kann u. a. auch das zum Ankauf von Edelmetall verfügbare Papiergeld und damit auch die Menge des vorhandenen Papiergeldes von Einflufs sein.

Unter aufsergewöhnlichen Zeitverhältnissen herrscht Vertrauen und Mifstrauen schlechthin. Da dieses Unwägbare vielfach von der Börse ausströmt, so gewinnt diese damit auch einen grofsen materiellen Einflufs auf die Kursgestaltung. Umgekehrt aber ergreift die Hausse- und Baissestimmung gewifs ebenso oft vom Publikum oder politischen Faktoren her die Börse. In dieser Hinsicht ist nicht zu vergessen, dafs bei wichtigeren politischen Fragen die Berliner Börse unter dem Einflufs der auswärtigen Politik Deutschlands gestanden hat, selbst dann, wenn sie dieselbe. wie 1887 die Vertreibung der russischen Werte vom deutschen Markte, als Fehlgriff beurteilte. Insbesondere fiel in die Wage der Einflufs der offiziösen Presse auf das kleine Sparkapital, welches die Börse durch seine Stimmung für und gegen ein Papier nur allzuhäufig ins Schlepptau nimmt.

Vertrauen und Mifstrauen ist teils unmittelbar entscheidend, teils mittelbar in seinem Einflufs auf die Zahlungsverhältnisse: Vertrauen bestimmt das Ausland, Geld in das Papierland zu legen; Mifstrauen, besonders als Panik, veranlafst das Ausland seine Engagements aus dem Papierlande, soviel als möglich in Gold herauszuziehen, um „aus der Währung zu kommen.“

Es ist dies die allgemein anerkannte Lehre, für deren Begründung man sich auf die Ausführungen A. Wagners beziehen kann. Nur ein Punkt bedarf hier der Besprechung: die Einflüsse der Effektenbewegungen auf die Kurse des Papiergelds, der Zusammenhang der Effekten- und Notenbörse.

Man unterscheide folgende Fälle:

Neue, ins Ausland gebrachte Anleihen, gleichviel ob Gold- oder Papieranleihen, haben die Tendenz, die Effektenkurse zu drücken durch verstärktes Angebot auf dem Effektenmarkte. Dagegen heben sie wegen Entstehung grofser Sichtguthaben des Papierwährungslandes, wenigstens vorübergehend, die Kurse des Papiergeldes. Anleihen, einmal im Auslande untergebracht und ruhend, zeigen in ihrer Kursentwicklung häufig einen Parallelismus mit den Kursen des Papiergeldes, ohne dafs ein Kausalzusammenhang vorzuliegen braucht. Vielmehr sind es ähnliche Erwägungen, welche die Kurse beider beherrschen: die Erwägung des Edelmetallbedarfes des Papierwährungslandes, welches Zinsen und Amortisationen an das Ausland zu remittieren hat.

Anders in Bewegung befindliche Effektenmassen. Hier ist zwischen Gold- und Papieranleihen zu scheiden. Durch Verschiebungen der Papieranleihen hat die Effektenbörse es in der Hand, die Zahlungsbilanz der dem Auslande verschuldeten Volkswirtschaft auf das tiefgreifendste zu beeinflussen — so sehr zu beeinflussen, dafs die Bedeutung der Handelsbilanz zeitweise ganz zurücktritt. Kurssteigerung an der fremden Börse lockt die Effekten an, Kurssenkung verjagt sie in ihre Heimat. Dieses „Heimweh der internationalen Werte“ ist bei Kreditanleihen selbstverständlich, da die Entwertung des Papiergeldes in der Heimat sich langsamer vollzieht[1], als im Auslande.

So lange eine grofse Masse der russischen Papieranleihen, sog. Orientanleihen, im Besitze Deutschlands und Berlin ihr Hauptmarkt war, hatte die Berliner Effektenbörse einen weitgehenden Einflufs auf die Bestimmung des Rubelkurses. Von den ca. 800 Millionen Orientanleihen befand sich damals mindestens die Hälfte in Deutschland. Der Einflufs Berlins war um so bestimmender, als andere europäische Märkte sich gegenüber russischen Papieranleihen völlig ablehnend verhielten; es handelte sich also um die Bewegung Deutschland-Rufsland und umgekehrt. Der Einflufs der russischen Papieranleihen auf die Kurse der Rubelnoten zeigte sich äufserlich darin, dafs beide räumlich nebeneinander auf der Berliner Börse gehandelt wurden. Zu den Papieranleihen des Staates kamen in Papier ausgestellte Eisenbahnaktien und -prioritäten, welche ebenfalls in ansehnlichen Beträgen in Deutschland vorhanden waren und den Einflufs Deutschlands auf die Rubelkurse verstärkten.

Keineswegs denselben Einflufs auf die Kurse der Papierwährung besitzen Goldanleihen. Die Goldanleihen sind nur dann ohne weiteres in ihre Heimat abzuschieben, wenn dort ihr Hauptmarkt liegt. Dies traf jedoch für Rufsland keineswegs zu; die grofse Masse der russischen Goldanleihen befand

[1] Diesen Grund führt mit Recht an Ratner a. a. O. S. 35/36; dagegen unterscheidet er nicht genügend zwischen Gold- und Kreditanleihen.

sich im Auslande, nur geringe Beträge in Rufsland[1]. Rufsland war nicht zu zwingen, seine eigenen Goldanleihen zurückzunehmen, wenn das Ausland ihrer überdrüssig war.

Eine Probe auf die Richtigkeit dieses Satzes hat England gemacht, welches Anfang der achtziger Jahre noch die grofse Menge der russischen Goldanleihen besafs. Als 1884/85 gelegentlich der Afghanistanfrage ein Krieg mit Rufsland drohte, hat England nicht nur seinen Besitz an russischen Goldanleihen, sondern mehr davon verkauft, als es besafs, sodafs zeitweise ein Deport von 1 % in London gezahlt wurde. Nicht nur Börsenleute, sondern Aristokraten und politische Klubs haben damals Russen gefixt. Rufsland hat jedoch nur sehr wenig von seinen Goldanleihen aufgenommen, welche zu gesunkenem Kurs in Deutschland eine Heimstätte fanden; der Rubelkurs blieb unbeeinflufst, ja der Rubel stand im mittleren Kurse 1884 sogar höher als 1883.

Dagegen sind, unabhängig von ihren eigenen Kursen, Goldanleihen in kleineren Beträgen nach Rufsland öfters zurückgegangen, wenn ein hoher Rubelkurs den Russen den Ankauf von Goldanleihen zur Valutaspekulation empfahl; diese Spekulationen wurden durch Verkauf und Ausfuhr von Goldanleihen bei niederen Rubelkursen realisiert. So haben die Bewegungen der Goldanleihen, im Gegensatz zu denen der Papieranleihen, eher einen mäfsigenden Einflufs, wenn auch in geringem Umfange, auf die Rubelkurse gehabt.

Das Gesagte können wir dahin zusammenfassen, dafs zwar eine Einwirkung der Rubelbörse auf die Kursentwicklung des Rubels nicht geleugnet werden kann, dafs aber die wichtigsten Einflüsse aufserhalb der Rubelbörse ihren Ausgang nahmen, dafs unter diesen auswärtigen Faktoren der Besitz von Papieranleihen es war, welcher dem Berliner Markte eine schwerwiegende Bedeutung für die materielle Entwicklung des Rubelkurses verlieh.

3. In letzter Linie hatte die Rubelterminbörse eine grofse Bedeutung für die Arbitrage.

[1] So Theodor v. Buck, Nation 1896. Nr. 21, S. 320.

Werfen wir zunächst einen vergleichenden Blick auf die Effektenarbitrage.

Die Effektenarbitrage dient bekanntlich in wertvollster Weise der Volkswirtschaft dadurch, dafs sie die Saldi der internationalen Zahlungsbilanzen ausgleicht unter Ersparung von Edelmetallversendung. Dies gilt selbst von sehr beträchtlichen Passivsaldi, z. B. im Fall der Mifsernte eines exportierenden Agrarlandes oder im Fall aufsergewöhnlicher Kapitalanlagen im Auslande (Effekteneinfuhr) u. s. w. Diese Arbitrage ist jedoch nur möglich in Wertpapieren, für die auf beiden Seiten ein grofser Markt besteht, sodafs der Arbitrageur ansehnliche Beträge hier kaufen und dort verkaufen kann, ohne den Kurs zu beeinflussen; denn gerade das Wesen der Arbitrage besteht in der Vermeidung von Kursspekulation.

Einen solchen grofsen Markt bietet gemeinhin nur das Termingeschäft, welches aufserdem noch den Vorteil gewährt, dafs hier in runden, usaneemäfsigen Summen gehandelt wird, sodafs der Arbitageur darauf rechnen kann, sich glatt zu stellen. Infolgedessen ist die Arbitrage zwar nicht begrifflich, wohl aber thatsächlich an den Terminmarkt gebunden, und zwar so, dafs äufserlich Spekulations- und Arbitragegeschäfte überhaupt nicht zu scheiden sind: der Arbitrageur kauft, verkauft und prolongiert auf Termin; er spekuliert nicht, weil er an einer anderen Börse das entgegengesetzte Geschäft macht. Daher ist die Arbitrage gebunden an die auf mehreren Börsenplätzen beliebten Ultimopapiere, sog. „internationale Effekten“.

Wenn zwischen Berlin und den anderen grofsen Börsenplätzen Westeuropas in „internationalen Effekten“ arbitriert wurde, so hatte dies eine mittelbare Wirkung auch auf den Rubelkurs, so lange Berlin der leitende Rubelmarkt war. In Zeiten, in denen die internationalen Effekten fortarbitriert wurden, hätte ohne diese Ausfuhr auf dem Berliner Markt eine allgemeine Geldknappheit geherrscht, welche auch für den Papierrubel eine gedrückte Tendenz zur Folge gehabt hätte; dagegen bekämpfte die internationale Effektenarbitrage zu anderen Zeiten durch Effekteneinfuhr eine übermäfsige Geldflüssigkeit, welche vorübergehend dem Rubel eine steigende Tendenz gegeben hätte. Die Verflechtung des den Rubel bewertenden Marktes in den internationalen Effektenverkehr wirkte, weil ausgleichend auf den Geldstand, so auch kursausgleichend auf der Papierrubel.

Die internationale Ausgleichung des Geldstandes aber beschränkt sich im wesentlichen auf die Geldmärkte der Goldwährungsländer, weil die leichte Hin- und Herbewegung der internationalen Werte wegen der Gefahren der Valuta an den Grenzen des Papierwährungslandes Halt macht. So lange also Rufsland ein Papierwährungsland war, war es ein Vorteil, dafs der leitende Rubelmarkt auf dem Boden eines Goldwährungslandes lag und so Rufsland in dieser Hinsicht mittelbar an gewissen Vorteilen der Goldwährung teilnahm.

Aber selbstverständlicherweise war nicht Geldfülle oder Geldknappheit in Europa, sondern das Bedürfnis der russischen Volkswirtschaft nach Gold zu Zahlungszwecken an das Ausland von primärer Bedeutung für den Rubelkurs. Die Saldi der russischen Zahlungsbilanz konnten nun nicht ausgeglichen werden durch die Arbitrage „internationaler Effekten“, weil Rufsland solche nicht besitzt. Sie konnten auch nicht ausgeglichen werden durch die Arbitrage in russischen Goldanleihen, welche aus Rufsland zwar reichlich ausströmten, aber nur vereinzelt zurückflossen.

Dagegen bestand jenseits der russischen Grenze ein grofser Terminmarkt in einem Wertobjekt, welches einen noch gröfseren Markt in Rufsland selbst hatte, welches also ebenso leicht nach Rufsland zurückging, wie hinausging: die Rubelnote. In den achtziger Jahren war das wichtigste Objekt der Arbitrage zwischen Rufsland und dem Auslande die Rubelnote; daneben wurden Papieranleihen arbitriert, welche letztere ebenfalls sowohl in Rufsland, wie an der Berliner Börse ihren Markt hatten. Aber das Vorhandensein eines Marktes für Papieranleihen in Berlin war, wie wir sahen, erst ermöglicht durch die Entstehung der Rubelbörse.

Zudem erfüllte die Berliner Rubelbörse das Bedürfnis,

weswegen der Arbitrageur mit Vorliebe den Terminmarkt aufsucht: die Menge der an ihr geschlossenen Geschäfte war so grofs, dafs das einzelne Geschäft seinen Einflufs auf die Kurse verlor, was den Arbitrageur vor spekulativen Gefahren sicherte.

Hätte diese Art der Arbitrage zwischen Rufsland und Europa nicht funktioniert, so wäre zweifellos bald die Nachfrage, bald das Angebot von Goldwechseln in Rufsland schärfer gewesen, als es thatsächlich war, je nach der vorübergehenden Gestaltung der russischen Zahlungsbilanz. Die Berliner Rubelbörse ermöglichte dagegen, bei einem Aktivsaldo der russischen Zahlungsbilanz von Berlin aus Goldwechsel gegen Noten in Petersburg zu kaufen, wofür man in Berlin Rubelnoten kaufte, welche man eventuell zur Bezahlung jener Wechsel nach Petersburg schickte. Bei passiver Zahlungsbilanz dagegen importierte Berlin Noten und verkaufte dafür Goldwechsel in Petersburg, wodurch die gefürchtete Knappheit an Devisen für Rufsland vermindert wurde. Beispielsweise: im Oktober verkaufte man langes London in Petersburg per Dezember, für welche Zeit eine Knappheit an Devisen für Rufsland angenommen wurde; dafür verkaufte man in Berlin Rubel auf denselben Termin, welche man eventuell von dem in Petersburg durch Verkauf des Goldwechsels gewonnenen Rubelguthaben in natura abhob. Um eine mögliche Schwankung des Londoner Wechselkurses in Berlin aus der Rechnung zu eliminieren, mufste man in Berlin zugleich das lange London, welches man in Petersburg zu liefern hatte, per Dezember kaufen.

Die Rechnung vollzog sich nach folgendem einfachen Schema: ? Mk. = 100 Rubel auf Termin, wenn z. B. 94 Rubel auf Termin = 10 £ langes London auf Termin (in Petersburg) und 1 £ langes London auf Termin (in Berlin) = 20,30 Mk. Das Ergebnis verglich man mit dem Terminkurse der Rubel in Berlin, wonach sich die Richtung der Arbitrage bestimmte.

Ich stehe nicht an, die Ermöglichung einer Arbitrage zwischen Rufsland und Europa neben der Kursversicherung für die wertvollste, weil schlechthin unersetzliche Funktion der einstigen Berliner Rubelbörse anzusprechen.

Mit Einführung der Goldwährung hat die Rubelterminbörse ihre Bedeutung auch für Arbitragezwecke verloren. Nachdem der Unterschied zwischen Goldanleihen und Papieranleihen gefallen ist, können russische Effekten freier als früher zwischen Rufsland und Europa hin und her arbitriert werden.

Ferner bedient sich die Arbitrage heute des Kassamarktes in Wechseln und Anweisungen. Früher war der Kassamarkt zu klein; die Arbitrage hatte zu fürchten, durch gröfsere Übertragungen bereits die Kurse zu beeinflussen, weswegen sie den Terminmarkt vorzog. Heute ist der Kassamarkt erweitert, einmal dadurch, dafs der Handel vorwiegend Kassageschäfte macht, sodann durch die Devisengeschäfte der russischen Regierung; endlich sind die Schwankungen der Wechselkurse überhaupt wenig beträchtlich, weil hinter ihnen die Möglichkeit der Edelmetallversendung steht, welche sie in die Goldpunkte festlegt.

C. Das Ende der Berliner Rubelbörse.

Vorschläge, die Berliner Rubelbörse durch Rubelausfuhrverbot lahm zu legen, tauchten seit Anfang der achtziger Jahre in der russischen Presse immer wieder auf. Sie beruhten auf Unkenntnis der Sachlage. In der That haben die Kenner, welche das russische Finanzministerium leiteten, sich gehütet, diesen Aufforderungen Folge zu leisten. Sie thaten dies, obgleich die Berliner Rubelspekulation, wie jedes Börsenspiel, zweifellos ihre sehr unerfreulichen Seiten hatte: mufste es doch die russischen Staatslenker mit Recht verdriefsen, wenn auf mifsbräuchliche Offerten aus Berlin hin russische Unterthanen an einer ausländischen Börse in riesigen Beträgen russischer Valuta spielten. Aber jene Sachkenner wufsten, dafs die Spekulation die unvermeidliche, ja unentbehrliche Begleiterin der Papierwährung und nur mit dieser zu beseitigen ist. Erst nachdem man in langer Reformarbeit dazu gelangt war, die inneren Lebensbedingungen der Spekulation abzuscheiden, änderte man die bis dahin verfolgte Politik des laissez faire gegenüber der Berliner Rubelbörse.

Der erste Schritt in dieser Richtung war das Rundschreiben des russischen Finanzministers an die russischen Banken vom 16. Januar 1893. Dasselbe verbot, das Börsenspiel auf den Kurs des Rubels zu begünstigen, sei es „durch Verkauf von Papierrubeln in natura an ausländische Firmen“, sei es „durch Eröffnung eines offenen Kredites an dieselben oder durch andere die Anschaffung von Kreditrubeln erleichternde Mittel“. Zugleich wurde Zuwiderhandeln mit der Strafe der Kreditentziehung durch die Reichsbank bedroht.

Durch Staatsratsgutachten vom 8. Juli 1893 wurden alle „Differenzgeschäfte“ in Valuta verboten, unter Strafandrohung, welche bis zur Absetzung der schuldigen Bankdirektoren aufstieg. Zwar litt dieser gesetzgeberische Akt an dem Fehler des deutschen Börsengesetzes, solide und unsolide Geschäfts*formen* unterscheiden zu wollen, statt anzuerkennen, dafs neutraler Geschäftsformen sich solide und unsolide Geschäfts*leute* bedienen können[1]. Die russischen Bankiers wufsten jedoch was gemeint war; nirgends befindet sich die private Bankwelt in einer gleichen Abhängigkeit vom Finanzminister, wie in Rufsland. Ist letzterer ein energischer Mensch, so ist sie ein einheitlich funktionierendes Werkzeug in seiner Hand. Auch in dieser Beziehung, wie in so vielen anderen, ist Rufsland der äufserste Gegensatz zu England. „Der Bank von England gleiten die Zügel aus der Hand[2].“ Freilich wird diese Thatsache dadurch voll aufgewogen, dafs die „City“, von nationaler Stimmung durchtränkt, sich dem Auslande gegenüber als trustee des Staatsinteresses fühlt — mehr als irgendwo sonst die private Bankwelt.

Zu den genannten Mafsregeln kam ein Ausfuhrzoll auf Rubelnoten vom 29. März 1893 (Zoll von 1 Kopeken für 100 Rubel, also vorwiegend zu statistischen Zwecken, um die Rubelbewegung zu übersehen.) Damit gelang es, wie der Bericht der Ältesten der Berliner Kaufmannschaft für 1894 aus-

[1] Vergl. *Max Weber*, Die Ergebnisse der deutschen Börsenenquete. Zeitschrift für Handelsrecht. Band XLV, S. 47.

[2] Vergl. *Struck*, Englischer Geldmarkt, in Schmollers Jahrbuch. 1886, S. 425.

drücklich feststellt, „den Export von Rubelnoten thatsächlich unmöglich zu machen[1]."

Die jungen Leute der deutschen Banken, welche in Warschau und Petersburg Rubel für die Liquidationszwecke der Berliner Börse holten, wurden beobachtet; es wurde festgestellt, wo und wie viel Rubel sie erhoben; an der Grenze wurden sie körperlich untersucht; ja es soll vorgekommen sein, dafs Schneebälle, deren Kern aus Rubelnoten bestand, über die preufsische Grenze geflogen sind.

Nach diesen vorbereitenden Schritten gelang der entscheidende Schlag bei der berühmten Oktoberliquidation des Jahres 1894. Das seit lange dem russischen Finanzminister verbündete Berliner Bankhaus von Mendelssohn war in alle Verkäufe von Rubeln als Käufer eingetreten und forderte von der stark engagierten Baissepartei Erfüllung in natura. Da Rubelnoten aus Rufsland nicht zu beziehen waren, so stieg der Deport auf 15 Mark pro 100 Rubel. Die Liquidation wurde nun einige Tage aufgeschoben und durch die Vermittelung von Mendelssohn der russische Finanzminister aufgefordert, das Reugeld für die nicht erfolgte Lieferung zu fixieren. Derselbe bewilligte die Ausfuhr von 3 Millionen Rubelnoten zum Kurse von 234, während die Baissiers zu 220 verkauft hatten[2].

Die Berliner Börse verschmähte es, jenen höchst einfachen, aber der kaufmännischen Ehre widersprechenden Weg einzuschlagen, das Ausfuhrverbot als vis major zu erklären und Lieferung in St. Petersburg zuzulassen; die Stimmen, welche in dieser Richtung sich äufserten, wurden einfach überhört. Insofern ist jene Niederlage zugleich ein Ehrentitel in der Geschichte der Berliner Börse.

Hiermit war die Form der Rubelspekulation mit einem Schlage zerbrochen: aber das wichtigere war, dafs zu gleicher

---

[1] a. a. O. S. 266.

[2] Näheres über diese Episode findet sich bei Raffalovich, Marché financier 1894/95, S. 235 ff. Die Angabe eines Deports von 20 Mk. ist irrtümlich, der höchst bezahlte Deport betrug 15 Mk.

Zeit auch die inneren Bedingungen der Spekulation aufhörten[1]. Auf Grund seiner riesigen Goldvorräte und Goldguthaben begann das russische Finanzministerium regelmäfsig die Kurse zu veröffentlichen, zu denen es Devisen kaufte und verkaufte. Damit hatte das Bedürfnis der Kursversicherung einen anderen Ausweg gefunden. Zugleich wurde der Petersburger Devisenmarkt und hinter ihm der russische Finanzminister leitend für den Rubelkurs, und waren die Bedingungen einer allmählichen Festigung der Kurse gegeben, welche die Kursversicherung überflüssig und den Rubel für die Spekulanten uninteressant machte.

Werfen wir einen Blick auf das Devisengeschäft der russischen Regierung, weil dieses das Ende der Rubelspekulation bedeutete.

Bei metallischer Währung ist bekanntlich der Wert der Währungsmünze festgelegt durch ihren Stoffwert; Schwankungen sind nur innerhalb der engen Grenzen der Goldpunkte möglich. Die Freiprägbarkeit verhindert die Steigerung des Wertes der Währungsmünze über ihren Stoffwert im Gegensatz zum sog. Sperrgeld; die Möglichkeit der Ausfuhr und des Einschmelzens verhindert ein Sinken des Wertes der Währungsmünze unter ihren Stoffwert, im Gegensatz zum Papiergeld, welches einen selbständigen Stoffwert nicht besitzt.

Ähnlich der Freiprägbarkeit wirkt in einem Papierwährungslande die Erklärung der Staatsbank, Goldtratten zu einem für längere Zeit festgesetzten Kurse einzukaufen. Das Papiergeld kann nicht über diesen Kurs steigen; denn sonst verkaufte die Geschäftswelt die Goldtratten des Warenhandels und die Finanztratten der Bankiers gegen Papiergeld an die Staatsbank, womit sie den Kurs des Papiergeldes drückte. Der Verkaufskurs der Staatsbank wirkt dagegen gleich der Möglichkeit der Goldausfuhr im Goldwährungslande. Der

[1] Dies verkennt vielfach die russische Publizistik, wenn sie meint, die gegen die Berliner Baissespekulation gerichteten Mafsnahmen hätten die Stabilität des Rubelkurses bewirkt. Vergl. Zielinski, Conrads Jahrbücher 1898, Heft 5, S. 601.

Kurs des Papiergeldes kann unter jene Grenze nicht sinken; denn sonst kaufte die Geschäftswelt Goldtratten von der Staatsbank und verwendete dieselben zu Zahlungen an das Ausland; auch könnte sie im Auslande Währungswechsel auf die Heimat in höherem Betrage kaufen, als sie für die Goldtratten der Staatsbank bezahlt hätte. Damit stiege der Kurs des Papiergeldes.

Die Einkaufs- und Verkaufspreise der Regierung sind also die Goldpunkte, zwischen denen sich die Schwankungen des Papiergeldes halten. Je enger die Grenze, desto geringer die Schwankungen, bis das Papiergeld Vertreter einer bestimmten Gewichtsmenge Goldes wird, womit die Schwelle der Goldwährung erreicht ist.

Aber dieses Mittel, so einfach es ist, ist in seiner Anwendung gefährlich. Um den Augenblickserfolg einer Festigung des Papierkurses zu erreichen, haben schwache Finanzverwaltungen (wie oft die südamerikanischen!) Goldtratten so lange verkauft, bis die grofsen Acceptfirmen der Goldwährungsländer der Regierung das Accept verweigerten; nach Versiegen des künstlichen Devisenangebotes fielen dann die Papierkurse jäher und tiefer, als sie ohne das gefallen wären. Denn nun mufste die Regierung selbst auf dem Devisenmarkte als Käuferin zu jedem Preise auftreten, um ihre verfallenden Tratten zu decken; riesenhafte Verluste, jähe Kursschwankungen waren die Folge.

Auch die russische Regierung hat das bezeichnete Mittel früher wiederholt angewandt, um mit völligem Mifserfolge zu enden[1].

Nach Miklaschefski erschien am 17. November 1861 zum erstenmal ein Vertreter des russischen Finanzministers auf der Petersburger Börse und erklärte den Kurs, zu dem er eine beträchtliche Menge Goldwechsel verkaufte; da er keine Unterstützung fand, stellte er jedoch die Operation ein, und der Rubelkurs fiel an demselben Tage beträchtlich.

1862 hat Rufsland bei Rothschild eine Anleihe von 15 Millionen £ aufgenommen, mit der ausdrücklichen Zweck-

[1] Vergl. W. Sudeikin, Reichsbank, S. 424 ff.

bestimmung der Festlegung des Rubelkurses. Die Reichsbank kaufte und verkaufte vom 1. Mai 1862 ab nach einer im voraus festgelegten, steigenden Skala Gold und Goldtratten, später Silber und Silbertratten. Im Anfang, als die Rubelkurse niedrig waren, verkaufte die Geschäftswelt Goldtratten an die Reichsbank gegen Währung. Später, als die Rubelkurse gestiegen waren, veränderte sich das Bild: nunmehr entzog man der Reichsbank ihr Gold, später, als sie nur noch Silber verkaufte, auch dieses. Am 5. November 1863 stellte die Reichsbank die Operation ein, deren Erfolg für den Staatsschatz ein Verlust von 75—80 Millionen Rubel war. Als Erinnerung an jenen verfehlten Versuch lebten lediglich die zu zahlenden Goldzinsen im Budget fort, welche bei der darauf folgenden, starken Entwertung des Rubels um so drückender wurden [1].

Mit ähnlichem Mifserfolge endete 1875 ein Versuch, den Rubel bei fallender Tendenz des Kurses durch Goldtrattenverkäufe zu halten. Die Spekulanten verschafften sich durch Effektenlombard die nötigen Rubelvorräte und kauften dafür Goldtratten von der Regierung. Die hierdurch entstandenen Goldguthaben im Auslande liehen sie gegen Lombard russischer Staatspapiere aus. Die hereingenommenen Effekten liefsen sie nach Rufsland kommen und verwandten sie abermals zu der gleichen Operation bei der Reichsbank. Im Oktober 1876 gingen der Reichsbank die Kräfte aus; sie mufste die Operation mit grofsem Verluste für sich und bei sofortigem Sturz des Rubelkurses einstellen [2].

Durch derartige Erfahrungen gewitzigt, hat die russische Finanzverwaltung der 80er Jahre sich jeder Beeinflufsung der

[1] Diese merkwürdige Episode der russischen Währungsgeschichte bespricht A. Wagner, Russische Papierwährung. S. 132, wobei er vor Versuchen mit unzulänglichen Mitteln dringend warnt. Vergl. ferner A. Miklaschefski, Geldwesen. Moskau 1895, S. 596.

[2] So A. Miklaschefski a. a. O. S. 601, auf Grund von Blioch. So ging ein grofser Teil des Goldes verloren, das bei steigender Tendenz des Rubels in den vorhergehenden Jahren gegen neuemittierte Rubelnoten gekauft worden war — die eine Operation war so verfehlt, wie die andere.

Rubelkurse enthalten. Erst seit Anfang der 90er Jahre ist hierin eine Veränderung eingetreten. So hat schon Wischnegradski 1890, als der Kurs über das der neuen Währung zu Grunde zu legende Verhältnis von 1 Rubel Gold = $1^1/_2$ Rubel Kredit gestiegen war, Goldtratten angekauft. Dadurch wurde dem weiteren Steigen des Kurses entgegengewirkt[1].

Umgekehrt hat 1892 zur Zeit der Mifsernte und des Getreideausfuhrverbots das russische Finanzministerium durch Goldtrattenverkäufe dem Sinken des Rubelkurses entgegengewirkt, insbesondere aber seine Trattenkäufe zu Zinszahlungszwecken an das Ausland während längerer Zeit eingestellt.

Seit Mitte April 1895 publiziert die russische Reichsbank regelmäfsig die Kurse, zu denen sie Goldtratten kauft und verkauft, und nach diesen Preisen richten sich die Börsenpreise[2]. Seitdem ist der Rubelkurs thatsächlich festgelegt, obgleich auch in den letzten Jahren politische und andere Ereignisse genug eingetreten sind, welche unter früheren Verhältnissen den Kurs stark beinflufst hätten.

Fragen wir nach den Gründen dieses heutigen Erfolges im Gegensatz zu den früheren Mifserfolgen:

Die einstigen Versuche der Kursfestigung waren zunächst gescheitert an den unzureichenden Metallbeständen, mit denen sie unternommen waren. Als die russische Regierung in den 90er Jahren an die gleiche Aufgabe herantrat, besafs sie einen Goldvorrat, welcher an die Höhe der umlaufenden Noten heranstreifte. Im Dezember 1896 überstieg der Goldbesitz der Regierung bereits die vorhandene Papiergeldmenge[3]. Dieser riesige Goldvorrat, zum Teil mit Budgetüberschüssen angekauft, zum Teil das Ergebnis von verzinslichen Anleihen, beruhte jedenfalls n i c h t auf einer Vermehrung von Papiergeld. Vielmehr hatte sich das Papiergeld seit dem Orientkriege ziemlich auf gleicher Höhe gehalten, ja verringert. Die Menge

---

[1] Raffalovich, Marché financier 1892/93, S. 68.

[2] Theodor von Buck, Nation 1896. Nr. 20. S. 308.

[3] So Issajeff, Zur Politik des russischen Finanzministeriums. Stuttgart 1898. S. 18.

autorisierter Kreditbillete belief sich 1880 auf 1,162, 1895 auf 1,121 Millionen Rubel[1].

Aber gegenüber den Ansprüchen der Spekulation schmilzt der gröfste Goldvorrat wie Schnee in der Sonne. Das geschilderte Mittel der Kursfestlegung verfängt nur dann, wenn ein periodischer Zuflufs von Goldtratten auf den Devisenmarkt des Papierwährungslandes, sei es durch den Ausfuhrhandel, sei es durch regelmäfsige Kreditgeschäfte, gesichert ist. Nur hierdurch wird die Regierung immer wieder in die Lage gesetzt, die von ihr auf das Ausland gezogenen Tratten bequem abzudecken, bezw. die Goldguthaben im Auslande zum Zweck der Trassierung und der Couponzahlung auf ausreichender Höhe zu halten. Die Regierung kann durch ihr Devisengeschäft also lediglich eine Nivellierung der Kurse bewirken; indem sie den Kursfall verhindert, nimmt sie ein künftiges Steigen der Kurse vorweg.

Im Grunde handelt es sich hier um nichts anderes, als um jene intertemporale Ausgleichung, welche im Zahlungsverkehr der Goldwährungsländer untereinander automatisch arbeitet[2]. Ist z. B. der Betrag an Tratten auf das Ausland zur Zeit knapp, erwartet man aber das Erscheinen zahlreicher Forderungen gegen das Ausland in der Zukunft, so ist der Kurs des langen Papiers unter Zurechnung des Diskontsatzes des auswärtigen Marktes billiger als der Kurs des kurzen. Wer gegenwärtig an das Ausland zu zahlen hat, wird daher langes Papier remittieren. Andererseits öffnen die Banken ihre Portefeuilles und senden das lange Papier, welches bei ihnen zu Anlagezwecken lagert, in das Ausland. Insbesondere pflegen die Kontinentalen regelmäfsig langes London als sicherste Geldanlage zu halten, welches sie im Bedarfsfalle nach London remittieren können[3]. Auf Grund der hierdurch erwor-

[1] So Raffalovich, Marché financier 1894/5. S. 216.

[2] Über diese Ausgleichung Goschen's Theorie der Wechselkurse, deutsche Übersetzung, S. 37.

[3] Beispiele giebt Clare, ABC des Changes étrangers. Paris 1894, S. 113 ff.

benen Guthaben ziehen die Banken Sichtwechsel, wodurch die Menge der gegenwärtigen Forderungen der heimischen Volkswirtschaft gegen das Ausland vermehrt wird. Hierzu treten reine Finanzwechsel, welche die heimische Bankwelt lediglich auf Grund von Kreditverhältnissen kurzfristig auf das Ausland zieht. Der Diskonteur hat eine feine Nase und weifs diese durchaus solide Vorwegnahme künftiger Forderungen von Wechselreiterei wohl zu unterscheiden. Durch alle diese Mafsregeln vermehrt man das Trattenangebot für die Gegenwart, die Trattennachfrage für die Zukunft.

Umgekehrt, wenn der lange Kurs höher steht als der kurze, wenn man augenblicklich viel Forderungen auf das Ausland hat, dagegen in Zukunft Mehrforderungen des Auslandes voraussieht. Wer erst in Zukunft an das Ausland zu zahlen hat, wird das verhältnismäfsig billige kurze Papier benutzen, um sich für künftige Zahlungszwecke Guthaben schon jetzt anzuschaffen. Die Banken remittieren kurzes Papier an das Ausland, um darauf lang zu ziehen; oder sie ziehen auf Grund bestehender Kreditverbindungen langfristige Finanzwechsel. Durch alles dies wird der Kurs des langen Papiers gedrückt, der des kurzen gehoben; die Zahlungsverhältnisse der in Betracht kommenden Länder werden zeitlich ausgeglichen [1].

Die Differenz der langen Kurse von den kurzen unter Berücksichtigung des Diskonts ist ein Fingerzeig dafür, wie die Geschäftswelt die Gestaltung der künftigen Zahlungsbilanz beurteilt.

Aber diese selbstthätige Ausgleichung zwischen Gegenwart und Zukunft setzt festes Vertrauen in die beiderseitige Währung voraus. Sie arbeitet zuverlässig nur auf dem Boden von Goldwährungsländern. Hier nun setzte die bewufste Thätigkeit der russischen Regierung ein, indem sie die Aktiv- und Passivsaldi der russischen Volkswirtschaft durch ihr Devisengeschäft zeitlich ausglich. Dies hätte sie nicht gekonnt

[1] Rechnerische Beispiele finden sich bei Wenzely, Lehrbuch der kaufm. Arithmetik. S. 360.

bei dauernd überwiegendem Passivsaldo. Die Festigung des Rubelkurses wurde also nicht den geheimnisvollen Kniffen irgend eines Finanzkünstlers verdankt, sondern der Thatsache einer zwar wechselnden, aber im allgemeinen nicht ungünstigen Zahlungsbilanz während eines längeren Zeitraumes. Die folgende Untersuchung der Zahlungsbilanz Rufslands berührt die Grundlage der Währungsreform in Vergangenheit und Zukunft.

Ehe wir jedoch zu diesem Gebiete übergehen, ist es nicht uninteressant, die Frage in das Auge zu fassen: was wäre eingetreten, wenn die Mafsnahmen der russischen Regierung gegen die Berliner Rubelbörse zu einer Zeit eingesetzt hätten, da die inneren Bedingungen einer Festigung des Rubelkurses noch nicht gegeben waren?

Hätte das Verbot der Notenausfuhr aus Rufsland das Berliner Termingeschäft in Rubelnoten vernichtet? Unbedingt ja; seit der Oktoberliquidation 1894 war diese Form der Spekulation tot. Selbstverständlich war damit die Valutaspekulation selber nicht tot, sondern auf andere Wege gewiesen. Dafür, dafs solche Wege offen stehen, nur ein Beispiel für viele.

Die brasilianische Währung entwickelte sich unter dem Einflufs politischer Wirren, welche dem Sturze des Kaiserreiches folgten, von Pari- und zeitweisem Überparistande zu einer äufserst schwankenden Papierwährung. Die Folge war eine starke Spekulation in Währung seitens brasilianischer und europäischer Spekulanten, vermittelt durch den Kauf oder Verkauf von Goldtratten durch die in Rio ansässigen Banken, welche Filialen oder nahe Geschäftsfreunde grofser europäischer Acceptfirmen sein mufsten, um über billigen Trassierungskredit zu verfügen. Die Spekulation vollzog sich per Kassa oder auf Zeit. Im letzteren Fall bestimmte die Meinung der Bank über die Güte des Spekulanten, ob er überhaupt zum Geschäft zugelassen wurde oder nicht: jedes Zeitgeschäft schliefst bereits Kreditgewährung in sich.

Zugleich waren die Banken die Darlehngeber für Zwecke der Spekulation. Auch hier wieder Prüfung des einzelnen Spekulanten, mit dem sich die Bank einliefs; Kreditgewährung nur auf Grund von Effektendepot oder Einschufs von 5 % bis 10 % vom Werte des zu liefernden oder abzunehmenden Wechsels; hohe Zinsen und Provisionen; Mangel jeglicher Kreditfristen, so dafs die Banken die laufenden Kredite kündigten, sobald die Spekulanten unsicher wurden oder gröfsere Verluste hatten. Häufig konnten auch die Spekulanten liefern, wann sie wollten, d. h. die Geschäfte wurden oft nur von Tag zu Tag prolongiert. Es bedeutete dies Schwierigkeit der Gelddisposition für die Banken, insbesondere die Notwendigkeit einer grofsen Kasse, um jederzeit die angedienten Wechsel abnehmen zu können, und die Notwendigkeit grofser Trassierungskredite in Europa, um jederzeit die verkauften Wechsel liefern zu können. Für beides hielten sich die Banken an der kreditbedürftigen und von ihnen abhängigen Spekulation schadlos[1].

Die Banken ihrerseits blieben dabei, wenigstens grundsätzlich, aus der Währung, indem sie die nötigen Betriebsmittel in Milreis womöglich dadurch beschafften, dafs sie Goldwechsel per Kassa verkauften und dafür durch Terminkäufe von Warentratten der Exporteure oder spekulativen Goldwechseln sich deckten.

Es wäre denkbar gewesen, dafs nach Beseitigung der Berliner Rubelbörse, aber bei Fortbestand (oder bei Wiederaufleben) der Schwankungen des Rubelkurses die Spekulation sich ähnlicher Formen bedient hätte, wie der soeben geschilderten. Eine solche Veränderung wäre für Rufsland im Vergleich mit dem früheren Zustand augenscheinlich von grofsen Nachteilen begleitet gewesen, und zwar aus folgenden Gründen.

Die äufserliche Verlegung des Marktes nach Petersburg wäre aufgewogen worden durch die Abhängigkeit von den Acceptfirmen Europas — dies um so mehr, da die Übertragung der Spekulation auf den Wechselmarkt eine riesige Vermehrung dieser Acceptkredite erfordert hätte. Die Kosten der Spekulation (Acceptspesen und Bankprovisionen) wären viel beträchtlicher

[1] Über eine andere, ähnlich rohe Form der Spekulation vergl. Max Weber, Zeitschrift für Handelsrecht. Band XLV, S. 40.

gewesen, als die niederen Kommissionen, welche die Berliner Rubelbörse erhob; sie hätten den Rubelkurs belastet. Die Zahl der Spekulanten wäre auf ein kleines Häuflein bekannter Börsianer zusammengeschrumpft, da die sachliche Grundlage des Kredits, welche die Schiebung der Rubelnoten darbot, weggefallen wäre. Die Kreditwürdigkeit der Spekulanten hätte von den Banken im einzelnen Falle geprüft werden müssen. Mit der Verengerung des Marktes, der Verteuerung des Kredits wären die Schwankungen des Rubels gröfser geworden. Es ist ein allgemein anerkannter Satz, dafs die Gröfse des Marktes kursausgleichend wirkt.

Übrigens hätte eine Devisenspekulation in Petersburg ähnliche Eingriffe der Regierung zu fürchten gehabt, wie die, denen die Berliner Rubelbörse erlag. Die in Rufsland ansässigen Banken unterstehen völlig dem allmächtigen Einflufs des Finanzministers. Es ist anzunehmen, dafs dieser ein derartiges Börsenspiel in Valuta nicht gerade günstig angesehen und die Filialenbildung europäischer Banken zu Zwecken der Valutaspekulation auf russischem Boden verhindert hätte[1].

Es blieb also begrifflich nur noch ein dritter Weg übrig, welcher in beteiligten Kreisen bereits erwogen wurde, und welcher voraussichtlich beschritten worden wäre, falls die russische Währung neuen Schwankungen unterlegen wäre: das Termingeschäft in Sichtwechseln oder Auszahlungen auf Petersburg an der einen oder anderen europäischen Hauptbörse. Diese Spekulation wäre technisch dem Notentermingeschäft weit unterlegen gewesen.

Noten sind untereinander qualitativ gleich; Sichtwechsel auf Petersburg sind verschieden je nach der Person des Aus-

[1] Nachdem diese Gefahr mit Einführung der Goldwährung beseitigt ist, ist der Haupteinwand gegen die Errichtung von Filialen europäischer Banken in Rufsland gefallen; sie erscheint heute vielmehr als die Konsequenz der Herbeirufung des europäischen Kapitals überhaupt. Es handelt sich heute dabei sowohl um die Finanzierung von Industrieen, als vor allen um billigeren Kontokorrent- und Acceptkredit, d. h. Verbilligung des Betriebskapitals, welches in Rufsland an der Verbilligung des Kapitals überhaupt nicht genügend Teil genommen hat.

stellers und des Bezogenen. Sichtwechsel eignen sich infolgedessen zunächst nicht zur Skontrierung, durch welche Einrichtung es der Notenbörse gelang, einen riesigen Umfang des Geschäftes mit verhältnismäfsig geringem Notenvorrat zu bewältigen. Sichtwechsel eignen sich aber aus gleichem Grunde ebensowenig zur Reportierung. Die Noten bieten eine fungible Grundlage des Kredits, sodafs die Parteien durch Hineinnahme und Herausgabe der Noten sich sichern und gegenseitig nur etwaige Kursdifferenzen riskieren. Sichtwechsel sind hierzu ungeeignet, denn ihre Honorierung ist nicht unter allen Umständen sicher. Damit sind nur wenige kräftige Spekulanten dem Geschäft gewachsen; denn jeder Geschäftsabschlufs bedeutet einen gegenseitigen Kredit auf das ganze Kapital.

Ferner kommt folgender Unterschied in Betracht: die Noten sind in Rufsland Zahlungsmittel, also unter allen Umständen zu verwerten. Ob der Sichtwechsel, den ich auf Termin kaufe, etwas wert sein wird, steht nicht fest; er ist wertlos, wenn etwa der Aussteller zahlungsunfähig geworden ist; wenn der Bezogene aus irgend welchem Grunde Zahlung weigert, bin ich mit unbequemen Regrefsansprüchen belastet. Nur wenige gröfste Häuser wären also in der Lage, Sichtwechsel auf Termin abzugeben, welche in Sicherheit an die Noten heranreichten. Auf diese wenigen Häuser wäre die Spekulation angewiesen; sie wäre von ihnen um so abhängiger, als jedes Geschäft mit der Prüfung der persönlichen Kreditwürdigkeit des Spekulanten zu beginnen hätte. Die Folgen wären die oben geschilderten des Golddevisengeschäftes auf dem Boden des Papierwährungslandes: enger Markt, dominierender Einflufs weniger Grofsbanken, jähere Kursschwankungen.

Das Obige zeigt, dafs die Valutaspekulation, jene unerfreuliche Begleiterscheinung jeder schwankenden Papierwährung, in der Berliner Notenbörse für Rufsland immerhin noch die vorteilhafteste Form gefunden hatte; man hätte diese technisch höchst entwickelte Form zerbrechen können, um mit roheren Formen schlechtere Erfahrungen zu machen. Glücklicherweise war es die Goldwährung, welche die Valutaspekulation überhaupt beseitigte.

III. Die finanzpolitischen Grundlagen der Währungsreform.

A. Die Steuerreform Bunges.

Die Überwindung des gewohnheitsmäfsigen Deficits ist die erste Voraussetzung jeder Währungsreform. Sie beseitigt den unerfreulichsten, weil chronischen Anreiz der Papiergeldvermehrung; sie erleichtert durch Verbesserung des Staatskredits die Umwandlung der schwebenden Papierschuld in fundierte Schulden. Regelmäfsige Budgetüberschüsse erlauben gar, das für die Währungsreform notwendige Edelmetall zum Teil ohne Vermittlung des Kredits durch freihändigen Kauf zu beschaffen.

Seit Ende der 80er Jahre hat sich Rufsland vom gewohnheitsmäfsigen Deficit zur Überschufswirtschaft emporgearbeitet.

Die Gründe für diesen Fortschritt waren mannigfaltiger Natur. In erster Linie stand die zunehmende Geldwirtschaftlichkeit und damit Steuerfähigkeit des Volkes, eine Folge der Reformen Alexanders II., der Bauernbefreiung, des Eisenbahnbaues, und nicht minder auch eine Folge der zunehmenden Bevölkerungsdichte und Kaufkraft Westeuropas. Hierzu kam die friedliche und sparsame Politik Alexanders III., welche das Anwachsen des Ausgabeetats zwar nicht verhinderte, aber doch in engen Grenzen hielt, endlich aufsergewöhnlich günstige Ernten, die Wirkung der Konversionen u. s. w.

Folgende, das ordentliche Budget betreffende Ziffern beleuchten das erwünschte Ergebnis des Zusammenwirkens dieser Faktoren. Um diese Ziffern voll zu würdigen, ist nicht zu vergessen, dafs durch Gesetz vom 4. Juni 1894 das aufserordentliche Budget stark entlastet wurde. Zum ordentlichen Budget rechnet dieses Gesetz die Unterhaltung der Eisenbahnen, die Erneuerung des rollenden Materials[1], Hafen-

[1] In den Jahren 1887—1898 inkl. wurden 239 Millionen Rubel auf dem ordentlichen Budget für Unterhaltung und Verbesserung des rollenden Materials ausgegeben. Bulletin Russe, 1898, S. 407.

arbeiten, Neubewaffnung u. s. w., während lediglich die Eisenbahnneubauten und die Neuanschaffung von rollendem Material auf dem aufserordentlichen Budget belassen wurden[1]. Diesem Grundsatze ist auch das aufserordentliche Ausgabebudget für 1899, welches auf 109 Millionen Rubel veranschlagt ist, im wesentlichen treu geblieben. Die mitzuteilenden Ziffern beruhen seit 1886 bereits auf dieser strengeren Klassifikation, nach welcher sie durch das Reichskontrollamt rückwärts berechnet wurden; die vorhergehenden Deficits würden nach dieser Berechnungsweise also noch gröfser erscheinen.

	ord. Einnahmen in Millionen Rubel[2 3]	ord. Ausgaben	Deficit	Überschufs
1883	700,4	723,6	23,2	
1884	706,2	727,9	21,7	—
1885	764,4	806,6	42,2	—
1886	774,3	847,6	73,3	—
1887	820,4	842	21,6	—
1888	873,6	837	—	36,6
1889	914,5	868,8	—	45,7
1890	933,4	914,8	—	18,6
1891	890,5	925,4	34,9	—
1892	964,7	952,6	—	12,1
1893	1031,5	996,4	—	35,1
1894	1145,4	1045,5	—	99,9
1895	1244,4	1129,4	—	115
1896	1368,7	1129,4	—	239,3
1897	1416,7	1229	—	187,7

[1] Raffalovich, Marché financier 1895/1896, S. 282. Die durch Ukas vom 24. Februar 1898 angewiesenen 90 Millionen Rubel für Bau von Kriegsschiffen wurden auf das aufserordentliche Budget übernommen. Vergl. Bulletin Russe, 1898, S. 66.

[2] Raffalovich, Les finances de la Russie 1887—1889, S. XX; Ders., Marché financier 1896/97, S. 341.

[3] Die neueren Ziffern entnehme ich den Angaben im Bulletin Russe 1898, S. 494—497. Vergl. auch die Zusammenstellung des ordentlichen und aufserordentlichen russischen Staatshaushalts 1887/98, mitgeteilt von M. v. Heckel: Conrads Jahrbücher für Nationalökonomie, III. Folge, Band 16, S. 92.

Auch der Budgetabschlufs von 1898 ergiebt ein günstiges Bild. Ich verweise hierfür auf die jüngst veröffentlichten provisorischen Kassenausweise für 1898, welche erfahrungsgemäfs der endgültigen Gestaltung des Staatshaushalts nahe kommen.

Die Fortschritte im einzelnen zeigt folgender Vergleich der wichtigsten Einnahmeposten seit 1878. Es ergiebt sich hieraus eine Verschiebung der Einnahmequellen in folgenden Zügen: Verminderung der auf den ländlichen Klassen ruhenden direkten Steuern, kräftige Entwicklung der Verbrauchsabgaben, insbesondere der Steuern auf den Gegenständen des entbehrlichen Massenverbrauchs, starkes Anwachsen der Einnahmen des Staates aus Eigenbetrieben, mäfsige Steigerung der auf den städtisch-gewerblichen Klassen, auf dem beweglichen Besitz, Handel und Verkehr ruhenden Steuern.

Ich fasse nach diesen Gesichtspunkten die wichtigsten Einnahmeposten in folgender Tabelle zusammen.

(Siehe die Tabelle auf Seite 540.)

In diesen Ziffern findet die Finanzreform ihren Ausdruck, welche mit dem Namen Bunges verknüpft ist[1].

Vorbereitet wurde diese Reform durch die Einführung einer allgemeinen Grundsteuer bereits 1875, welcher auch die bis dahin steuerfreien Grundstücke des Adels unterworfen wurden. Mangels eines Katasters wurde diese Steuer auf die Gouvernements als Repartitionssteuer verteilt; letztere haben, zum Teil nach sehr verschiedenen Grundsätzen, mit den

[1] Über neuere russische Finanzen vergl. das treffliche Lehrbuch von Janschull über Finanzwissenschaft, Petersburg 1890, seitdem in neuer Auflage erschienen; ferner Kaschkaroff, Die Hauptresultate der staatlichen Finanzwirtschaft 1885/94. Petersburg 1895. Umfangreiches Material findet sich in den zahlreichen, öfters angeführten Schriften von Raffalovich, ferner im Bulletin Russe, einiges auch im deutschen Finanzarchiv. Ferner vergl. das öfter citierte Buch von Skalkofski.

Einnahmen in Millionen Rubel Kredit[1]	1878	1886	1895	1897[2]
A. Direkte Steuern und Ablösungszahlungen der Landbevölkerung.				
a) Personal-, Grund- und Forststeuer	122,1	86,1	49,2	39, 2
b) Ablösungszahlung der Gutsbauern[3]	—	41,7	42,1	37, 5
c) Ablösungszahlung der Apanagenbauern	—	2,9	3,3	3
d) Obrok, seit 1887 Ablösungszahlung der Staatsbauern.	4,4	5,3	55,8	47,95
B. Verbrauchssteuern.				
a) Getränke (einschliefslich des Branntweinmonopols)	214,8	237,0	298,2	332, 6
b) Tabak.	12,4	20,1	34,5	35, 3
c) Zucker	5,1	15	47,6	55, 5
d) Salz (aufgehoben)	9,1	—	—	—
e) Mineralöl	—	—	19,7	22, 8
f) Zündhölzer	—	—	7,4	7, 1
g) Zölle	97,7	112,8	167,7	195, 6
C. Domanium des Staates.				
a) Landwirtschaftliche Betriebe . . .	7,4	11,1	14	15, 7
b) Forsten	11,6	13	28,6	37, 7
c) Staatseisenbahnen	5,9	12,7	194,6	277, 8
D. Einnahmen von Gewerbe, beweglichem Kapital, Handel, Verkehr.				
a) Gewerbesteuer.	15	28	42,7	46, 6
b) Kapitalrentensteuer	—	10	13,8	15,56
c) Bergwerksabgaben.	0,5	2	3,5	3,45
d) Stempelabgaben	17,8	18,6	29,7	31, 7
e) Post.	13,7	16.3	24,8	25, 8
f) Telegraph und Telephon	6,9	9,2	14	17, 7

[1] Vergl. Raffalovich, Finances de la Russie 1887/89, S. 50; Derselbe, Marché financier 1896/97, S. 360. Moos, Die Finanzen Rufslands. Berlin 1896, S. 66/67. Ferner Bulletin Russe 1898, S. 494 bis 495.

[2] Seit 1897 fällt die Unterscheidung von Papier- und Goldrubeln; der Staatshaushalt beruht seitdem auf Goldrubeln neuer Prägung.

[3] Seit 1885 in das ordentliche Aufnahmebudget aufgenommen.

Katasterarbeiten begonnen. Diesen Arbeiten entsprangen die wiederholt angeführten, wertvollen Landschaftsstatistiken. Trotz dieser Arbeiten wird die Grundsteuer noch heute roh und ungleichmäfsig umgelegt; öfters wird noch „verheimlichtes Land“ entdeckt. Diese Steuer kann daher nicht hoch sein. Bei einem Erträgnis von 44 Millionen Rubel kamen 1891 nur etwa 14 Millionen auf das eigentliche Rufsland, das übrige auf Polen, die asiatischen Dependenzen u. s. w.[1].

Mit der Abschaffung der Kopfsteuer (Gesetze von 1882/85) verwarf der Staat grundsätzlich die rohe, bei jedem Unterthanen im wesentlichen gleiche, physische Arbeitskraft als Bemessungsgrund der Steuer; er erkannte die individuell verschiedenen Besitz- und Einkommensverhältnisse als die richtige Grundlage der Besteuerung an[2]. Damit war mittelbar auch die Steuersolidarhaft der Gemeinde verurteilt, weil unvereinbar mit der Bemessung der Steuer nach der Leistungsfähigkeit des Einzelnen. Erst die Beseitigung dieser ebenso einflufsreichen, wie verhängnisvollen Institution wäre der Abschlufs der seit den 80er Jahren im Gang befindlichen Steuerreform[3].

Der budgetmäfsige Ausfall, welcher durch Aufhebung der Kopfsteuer verursacht wurde, betrug ca. 60 Millionen Rubel.

In engem Zusammenhange mit der Aufhebung der Kopfsteuer steht die Abschaffung der Salzsteuer 1881. Letztere Steuer wirkte in einem Lande mit weitverbreiteter Fisch- und Pflanzennahrung gleich einer Kopfsteuer und lastete anerkanntermafsen fast ausschliefslich auf dem Bauern[4]. Der Staat verzichtete damit auf eine Einnahme von etwa 12 Millionen Rubel.

Hand in Hand mit diesen Mafsregeln ging die Ermäfsigung der Ablösungszahlungen der Gutsbauern durch

---

[1] Über letztere Steuern vergl. Janschull a. a. O. S. 302.

[2] Dies braucht keineswegs in der Form der eigentlichen Einkommensteuer zu geschehen, welche für Rufsland noch weit verfrüht ist. Vergl. unten.

[3] Die Möglichkeit der Abschaffung der Solidarhaft der Gemeinde betont Janschull a. a. O. S. 358.

[4] Vergl. Janschull a. a. O. S. 493.

Ukas vom 28. Januar 1881, welcher zugleich die Ablösung der Gutsbauern der Willkür der Parteien entzog und schlechthin obligatorisch machte.

In der Zeit eines gewohnheitsmäfsigen Deficits erforderten diese Steuererleichterungen einen nicht zu unterschätzenden Mut seitens des Leiters der Finanzen. Sie haben sich bezahlt gemacht: der Landbesitz, bis dahin überwiegend eine Pflicht der Bauern, wurde seit jenen Tagen in breiten Teilen Rufslands ein Recht. Es war dies die Grundlage jedes wirtschaftlichen wie volkspsychologischen Fortschritts.

Einigermafsen ausgeglichen wurden die durch die Reform verursachten steuerlichen Ausfälle durch das Gesetz vom 12. Juni 1886, welches die Ablösung der Staatsbauern befahl. Die vom Gesetz schon früher ermöglichte freiwillige Ablösung der Pachtsteuer (Obrok) hatte bis dahin nämlich nur in geringem Umfange stattgefunden. Das Staatsbauernland soll bis zum 1. Januar 1931 freigekauft sein. Die Ablösungszahlungen der Staatsbauern wurden auf 49,03 Millionen R. jährlich festgesetzt; dafür fiel die Pachtsteuer von 33,84 Millionen R. und die Kopfsteuer der Staatsbauern von 19 Millionen R., sodafs für die Staatsbauern trotz eingetretener Ablösung immerhin eine Erleichterung von 3,9 Millionen R. erreicht wurde [1].

Im ganzen bedeutete die Reform der direkten Steuern und Ablösungszahlungen (Staatsbauern und Gutsbauern zusammengenommen und eine Erhöhung der Grundsteuer von 3 Millionen mit berücksichtigt) einen Ausnahmefall von 47 Millionen Rubel [2].

In der Richtung der geschilderten Reformen lag auch die neuerliche B e s e i t i g u n g d e r P a f s s t e u e r durch Gesetz vom 7. April 1897. Bis dahin hatte der Bauer, wenn er seinen Wohnort verliefs, eine Pafssteuer zu zahlen und bei längerer Abwesenheit von der Heimat seinen Pafs mit Kosten zu erneuern. Bei der weitverbreiteten Wanderarbeit und dem Mangel jedes Arbeitsnachweises in Rufsland lastete diese Steuer

---

[1] Finanzarchiv IV, 1144/1150. S i m k h o w i t s c h a. a. O. S. 271/272. J a n s c h u l l a. a. O. S. 301.

[2] R a f f a l o v i c h, Finances de la Russie 1887/89, S. XIX.

kopfsteuerähnlich gerade auf den untersten Schichten der bäuerlichen Bevölkerung. Gegenwärtig dient nach Raffalovich das Pafswesen nur noch polizeilichen, nicht mehr fiskalen Zwecken. Der Staat verzichtete damit auf eine Einnahme von ungefähr 4½ Mill. Rubel[1].

Die durch die Steuerreform verursachten Ausfälle konnten gegenüber einem wachsenden Staatsbedarf nicht gedeckt werden durch die Steigerung der auf den gewerblichen und handeltreibenden Klassen ruhenden Steuern. Auch heute noch spielt die Gewerbesteuer (Patentsteuer und Erwerbssteuer für Aktiengesellschaften)[2] eine untergeordnete Bedeutung im russischen Staatsbudget. Das gleiche gilt von der sog. Kapitalrentensteuer. Diese letztere Steuer ergreift Zinsen, „welche sich bequem an der Quelle des Einkommens fassen lassen," in der Form der Couponsteuer oder der Zinsbesteuerung von Einlagen in Staats- oder Aktienbanken.

Die Konstruktion der soeben genannten Steuern weist darauf hin, dafs eine Einkommensteuer, welche nicht die Quelle, sondern das Subjekt des Einkommens fafste, auf lange hinaus für Rufsland Utopie bleiben mufs. Es setzt diese Steuerform Fassion, also ein Identitätsgefühl zwischen Staat und Regierten voraus, wie es in Rufsland sich sobald nicht entwickeln wird[3]. Selbst in England[4] und Deutschland ist diese Steuerform nur

[1] Raffalovich, Marché financier 1897/98, S. 342/343.

[2] Nach dem Bericht des Finanzministers an den Kaiser über das Reichsbudget 1899 wurde der Ertrag der reformierten Gewerbesteuer um 8,8 Millionen Rubel höher angenommen als in dem Budjet für das Jahr 1898.

[3] Einer Einkommensteuer, deren Wesen in „Fassion" bestände, würde sich jedermann — trotz der beliebten liberalen Finanztheorien — zu entziehen suchen, der Reiche mit mehr Erfolg als der Arme, so meint Skalkofski a. a. O. S. 238.

[4] Bekanntlich wurde sofort nach den Napoleonischen Kriegen die verhafste Einkommensteuer wieder aufgehoben; bei ihrer Neueinführung durch Sir Robert Peel war sie nur als vorübergehende Mafsregel gedacht. Vergl. A. Wagner, Finanzwissenschaft Teil II, 2. Aufl., S. 227 ff.

unter gröfstem Widerspruch und in langsamer Erziehungsarbeit verwirklicht worden; Frankreich ist noch heute nicht dazu gelangt, und Italien mufste die nach englisch-deutschem Muster ausgedachte Einkommensteuer wegen mangelnder Qualifikation der Censiten in ein teilweises Ertragssteuersystem zurückbilden.

Aufserordentlich beträchtlich ist die ziffernmäfsige Steigerung der Einnahmen aus den Eigenbetrieben des Staates.

An der Spitze stehen hier die Eisenbahneinnahmen, eine Folge der fortschreitenden Eisenbahnverstaatlichung[1]. Da diesem Posten jedoch die Zinsen und die Amortisation der Eisenbahnschuld gegenüberstehen, so ist die finanzielle Wirkung der Eisenbahnverstaatlichung zunächst eine mehr mittelbare: das Aktivum eines riesigen Eisenbahnbesitzes hebt schon heute den Kredit des Staates. In Zukunft, voraussichtlich naher Zukunft, dürften auch beträchtliche Überschüsse unter diesem Titel zu erwarten sein. Der wachsende Verkehr hebt die Reineinnahmen.

Ich entnehme in dieser Hinsicht einige interessante Daten der Zusammenstellung des General Borkofski für die gesamtrussische Ausstellung in Nischni-Nowgorod 1895.

In den Jahren 1880–1894 hat sich der Personenverkehr um 52 %, der Warenverkehr um 103 % vermehrt. Für letztere Steigerung kamen vornehmlich folgende Massengüter in Betracht: Getreide, Steinkohle, Naphtha, Holz. Die Kosten des Warentransportes haben pro beförderte Einheit um 29 % abgenommen, die des Personentransportes um 12 %. Letzteres Ergebnis ging Hand in Hand mit einer aufserordentlichen Herabsetzung der Personentarife. Man reist wohl in keinem Lande der Welt für weite Entfernungen so billig wie in Rufsland — ein Umstand, der auch politisch für die Zusammenschmelzung des Riesenreiches von Bedeutung ist.

---

[1] Nach dem Bulletin Russe 1898, S. 401 waren am 1. Okt. 1898 von 42000 km Eisenbahnen in Rufsland 28000 km Staatsbahn. Anfang 1887 gab es in Rufsland erst 4500 km Staatsbahn. Vergl. auch Bulletin Russe 1897, S. 644.

Die Roheinnahmen der Eisenbahnen wuchsen in dem angeführten Zeitraum um 90 %, die Rohausgaben des Eisenbahnbetriebs nur um 40 %. Hieraus folgte eine beträchtliche Steigerung der Reineinnahmen. Nach Issajeff betrugen 1881 die Reineinnahmen pro Werst 2524 Rubel, 1898 über 4000 Rubel[1]. Es steht letztere Angabe in Übereinstimmung mit folgender Zusammenstellung des Bulletin Russe, welche Zunahme der Reineinnahme in Rufsland und Deutschland neben Stillstand oder Rückschritt in England und Frankreich feststellt[2]:

Reineinnahmen pro Kilometer in Tausend Frcs.	1883	1896
England	28,27	29,41
Frankreich	18,50	16,63
Deutschland	15,31	18,95
Rufsland	9,64	13,31

Im Jahre 1894 ergab der staatliche Eisenbahnbetrieb bereits einen geringen Überschufs. Der Reinertrag belief sich auf 81,1 Millionen Rubel; unter Berücksichtigung der zum Ersatz der Aktien Moskau-Kursk geschaffenen Staatsobligationen erforderte dagegen der Dienst des Staatsnetzes im Jahre 1894 den Betrag von 80 733 Tausend Rubel. Diese Summe steht um 365 Tausend Rubel hinter dem Ertrag der Linien zurück[3]. 1896 ergaben die staatlichen Eisenbahneinnahmen bereits einen Überschufs von 34 Millionen über Betriebskosten und Dienst der Eisenbahnschuld[4].

Unter dem sonstigen Staatsdomanium stehen die Staatsforsten als stark entwicklungsfähige Einnahmequelle obenan. Die Nutzbarmachung der ungeheueren, bislang vielfach unzugänglichen Waldgebiete des Nordens und Ostens hat grofse

[1] Issajeff, Zur Politik des russischen Finanzministeriums. Stuttgart 1898, S. 10.

[2] Bulletin Russe 1898, S. 410. Nach Bulletin Russe 1897, S. 404 hat sich von 1881—1895 die Roheinnahme der russischen Eisenbahnen (Staats- und Privatbahnen zusammen) verdoppelt, die Reineinnahme verdreifacht.

[3] Moos, Die Finanzen Rufslands. Berlin 1896, S. 73.

[4] Bulletin Russe 1897, S. 645, 656.

Bahn-, Hafen- und Kanalbauten zur Voraussetzung; immerhin ist deren Herstellung nur eine Frage der Zeit. Durch Eröffnung der Bahn von Petersburg nach Archangel wurde der Anfang zur Erschliefsung des Nordens gemacht. Hierzu kam der Bau eines eisfreien Hafens an der Murmanküste — allerdings wohl in erster Linie strategischen Zwecken dienend. Die wachsende Aufnahmefähigkeit Europas für Bauholz verbürgt dem gröfsten Waldbesitzer der Welt, dem russischen Staate, stetige, ja steigende Holzpreise[1].

Während es sich bei Eisenbahn und Forsten immerhin mehr noch um Zukunftsaussichten handelt, beruht die Kräftigung der russischen Finanzen, welche wir seit Mitte der 80er Jahre erlebten, auf gewaltigem Mehrerträgnis der Verbrauchsabgaben. Letztere sind auf lange hinaus das einzige Mittel, um das wechselnde Geldeinkommen des bäuerlichen Betriebes, des landwirtschaftlichen Wanderarbeiters, des Fabrikarbeiters, der breiten von Waldarbeit, Fischfang und Flufsschiffahrt lebenden Bevölkerungsschichten steuerlich zu fassen. Unter Berücksichtigung der gegebenen Verhältnisse wird man die Entwicklung der indirekten Besteuerung für Rufsland um so mehr als einen Fortschritt ansehen, als sie bei der Natur der betroffenen Verbrauchsgegenstände den barsten Lebensunterhalt frei läfst (Beseitigung der Salzsteuer, dagegen freilich der Eisenzoll!).

Das eigentliche Rückgrat der russischen Finanzen ist die gegenwärtig ziemlich verwickelte Besteuerung des Branntweins. Dieselbe setzt sich zusammen aus einer Patentsteuer, einer Fabrikatsteuer, einer Licenzgebühr für Kleinverkauf, einer Steuer auf Likörfabrikate[2]. Seit 1895 ist man daran, die bestehende Branntweinsteuer durch das Verkaufsmonopol zu ersetzen, dessen Herrschaftsgebiet gegenwärtig vom Osten nach dem Westen ausgedehnt wird. In den letzten Jahren gab der Branntwein auf Grund der

[1] Näheres über die Zunahme der Einnahmen aus den Staatsforsten giebt Bulletin Russe 1897, S. 360—366.

[2] Vergl. Janschull a. a. O. S. 454 ff.

verschiedenen Steuern und des Monopols über 300, 1897 über 330 Millionen R., wovon die Ausgaben des fiskalischen Branntweinverkaufes abzuziehen sind. Immerhin trägt die Branntweinsteuer allein nahezu die Ausgaben des Kriegsministeriums. Mit Durchführung des Monopols hofft man die Reineinnahmen auf der regelmäfsigen Höhe von mindestens 300 Millionen R. zu erhalten, dagegen durch Verteuerung des Verkaufspreises den Verbrauch einzuschränken. Damit das Monopol weniger als 300 Millionen Rubel ergäbe, müfste nach Angabe von Raffalovich der Verbrauch um über 20 % abnehmen. Wie aufserordentlich hoch die steuerliche Belastung des Alkohols in Rufsland ist, ergiebt sich daraus, dafs die Monopolverwaltung zum sechs- bis achtfachen ihres Einkaufspreises verkauft[1].

Die Bedeutung des Branntweins für den Staatshaushalt weist auf die Kulturlosigkeit breiter Schichten der Bevölkerung. Aber wir Westeuropäer, besonders wir Deutsche, sollten uns hüten, über diese Thatsache die Nase zu rümpfen. Der Verbrauch in Deutschland ist fast doppelt so hoch, als in Rufsland; er ist in England und besonders Frankreich in Zunahme begriffen.

Verbrauch an reinem Alkohol pro Kopf der Bevölkerung (ausschliefslich Wein und Bier) in Litern[2]

	1888	1896
Frankreich	3,87	4,19
Deutschland	4,50	4,30
England	2,42	2,64
Rufsland	2,80	2,52.

Noch beschämender stellt sich dieser Vergleich für Deutschland unter Berücksichtigung des Wein- und Bierverbrauchs, wobei dann mehr als 8½ Liter reiner Alkohol auf den Kopf kommen[3]. In Rufsland dagegen verbrauchen nur

[1] Raffalovich, Marché financier 1895/96, S. 280.
[2] Vergl. näheres im Bulletin Russe 1898, S. 664.
[3] Vergl. Bulletin Russe 1898, S. 695.

die westlichen Grenzprovinzen Bier, der Kaukasus Wein in nennenswertem Umfange. Der russische Bauer pflegt sich einigemal im Jahre mit verwässertem Branntwein sinnlos zu betrinken; aber diese Sinnlosigkeit beruht zum Teil darauf, dafs er kein Gewohnheitstrinker ist, „wenig verträgt“.

Ein verhältnismäfsig armes Land wie Rufsland bringt pro Kopf der Bevölkerung vom Branntwein mehr als doppelt so viel auf, wie Deutschland, während Deutschland pro Kopf fast doppelt so viel verbraucht!!

Die Zolleinnahmen Rufslands sind ebenso unter dem Hochschutzzoll der 80er Jahre ununterbrochen gestiegen, wie unter den Milderungen des Zollsystems, welche die Handelsvertragspolitik der 90er Jahre brachte[1].

Blicken wir zurück. Die Zunahme der Zoll-, Eisenbahn-, Post- und Telegrapheneinnahmen weist unmittelbar auf steigenden Verkehr und Güteraustausch. Die Möglichkeit, auf dem Wege der indirekten Besteuerung gewaltige und steigende Geldbeträge flüssig zu machen, beweist, dafs die breite bäuerliche Bevölkerung im Besitz von Bargeld sich befindet: sie verkauft, gleichgültig ob sie landwirtschaftliche Erzeugnisse oder im Lohnvertrage ihre Arbeitskraft verkauft. Höchst bezeichnend in dieser Richtung ist die Bedeutung der Ernte für den Eingang der wichtigsten Steuer, der Branntweinsteuer[2]. Der ganze finanzielle Aufschwung Rufslands beruht in letzter Linie also auf dem Siege der Geldwirtschaft über die Naturalwirtschaft; da aber tragkräftige Finanzen die Grundlage aller Machtpolitik nach aussen sind, so bleibt dem russischen Staate keine Wahl: er mufs die russische Volkswirtschaft europäisieren.

Werfen wir nunmehr noch einen Blick auf das Ausgabebudget[3].

[1] Vergl. Kaschkaroff a. a. O. S. 86/87.

[2] Auf diesen Zusammenhang weist Kaschkaroff a. a. O. S. 73.

[3] Ich entnehme diese Ziffern den oben angegebenen Quellen. Vergl. S. 539 Anm. 1.

	Ausgaben in Millionen Rubel			
	1878	1886	1895	1897
Dienst der Staatsschuld	139,7	246,5	277,1	258,6
Staatskörperschaften	2,2	2,1	2,4	2,7
Heiliger Synod	10,1	11	13,8	19,8
Ministerium des Kaiserlichen Hauses	10,5	10,5	12,6	12,9
Ministerium des Auswärtigen	3,9	4,5	5,1	4,9
Ministerium des Krieges	189,2	212,7	285,2	293,8
Ministerium der Marine	26,1	44,6	57,1	85,2
Ministerium der Finanzen[1]	91,2	116,4	140	204,3
Ministerium der Domänen	19,4	22,5	29,9	33,1
Ministerium des Innern				
Ministerium des öffentlichen Unter-	58,4	71,8	86,1	80,4
richts	17	21,2	23,5	26,5
Ministerium des Verkehrs	12,4	25,7	162,9	226,8
Ministerium der Justiz	17,4	20,3	26,1	41,8
Reichskontrolle	2,2	3,1	5,3	6,8
Gestütdirektion	0,8	1,1	1,5	1,6
Für abgelaufene Budgetperioden	1,1	—	—	—
Summa	601,6	832,4	1129,4	1299,6

Ein hervorstechender Punkt im Ausgabebudget ist das geringe Wachstum, ja die Abnahme des Erfordernisses der Staatsschuld. Die Aufwendungen hierfür überstiegen 1897 nicht wesentlich die Höhe von 1886. Es weist dies auf die günstige Entwicklung des russischen Staatskredits hin, welche wir im folgenden mit einigen Worten besprechen.

Unerfreulich ist der geringe Betrag und das langsame Wachstum der Ausgaben des Ministeriums der Volksaufklärung.

Charakteristisch für das Ausgabebudget der 80er Jahre war ferner die Herabsetzung der Aufwendungen des Kriegsministeriums zur Zeit ungetrübter deutsch-russischer Beziehungen (1881 — 229 Millionen R., 1884 — 201 Millionen R.). Anfang der 90er Jahre hat man die frühere Ausgabehöhe wieder erreicht und bald beträchtlich überschritten. In den

[1] Unter den Ausgaben des Finanzministeriums bilden die Hauptposten: Finanzverwaltung, Beamtenpensionen, Kosten des staatlichen Branntweinverkaufs.

neuesten Budgets liegt ein weiteres Anwachsen der Ausgaben des Kriegs- und Marineministeriums vor. Für 1899 sind die Ausgaben des Kriegsministeriums auf 323 Millionen, die des Marineministeriums auf 83 Millionen veranschlagt. Zwar weist trotzdem auch der Voranschlag für 1899 einen Einnahmeüberschufs auf; es wird bei der vorsichtigen Vorausberechnung der Einnahmen, wie sie in Rufsland heute üblich ist, dieser Überschufs wahrscheinlich gröfser sein, als die Schätzung. Nichtsdestoweniger dürfte Rufsland auf die Dauer finanziell aufser stande sein, die aktive asiatische Politik der Gegenwart mit ihren Anforderungen für Marine- und Kolonialzwecke, für Hafen- und Bahnbauten mit der gleichzeitigen Fortentwicklung jener riesenhaften Landrüstung zu verbinden, welche der gegen Westen gerichtete Panslavismus erforderte. Nach Asien hin ist dieser schwere Panzer unnötig, ja unverwendbar. Rufsland bedarf vielmehr der regelmäfsigen Budgetüberschüsse insbesondere zur Förderung seiner riesenhaften asiatischen Bahnbauten, welche auf dem Wege des Kredits allein nicht herzustellen sind.

Sollten die Ausgaben des Kriegsministeriums in dem Geschwindschritt der letzten Jahre weiter zunehmen, so würde dies die ernstesten Bedenken für das Gleichgewicht des russischen Staatshaushaltes und damit auch den Bestand der Währung wachrufen.

B. Die Entwicklung des Staatskredits unter Wischnegradski und Witte.

Die 80er und die erste Hälfte der 90er Jahre war eine Zeit des Kapitalangebots und des herabgehenden Zinsfufses. Diejenigen Staaten, welche als volkswirtschaftliche Grofsmächte anzusehen sind, haben jene Zeit zu Zinsherabsetzungen ihrer Staatsschuld benutzt.

Man denke an die Konversion der englischen 3 %igen Konsols in $2^3/_4$ % und $2^1/_2$ %ige. 1883 hat Frankreich die 5 %ige Rente aus dem letzten Kriege in eine $4^1/_2$ %ige, 1887 die ältere $4^1/_2$ %ige und einen kleinen Posten 4 %iger in

3 %oige verwandelt; seitdem ist durch weitere Zinsherabsetzungen das Erfordernis der $4^1/_2$ %oigen Rente weiter vermindert, das der 3 %oigen vermehrt worden. Die Vereinigten Staaten haben ihre hochverzinsliche Kriegsschuld, soweit sie nicht zurückgezahlt wurde, durch wiederholte Konversionen bis in die neuere Zeit im Zins stark herabgesetzt. Seit 1885 trat auch Deutschland in die Ära der Konversionen, welche mit der Verwandlung des bis dahin vorwiegenden 4 %oigen Typus der Staatsschuld in einen $3^1/_2$ %oigen ihren Abschlufs erreichte.

Nicht so die schwächeren Staaten: Italien, Spanien, Südamerika, Griechenland, Portugal[1].

Rufsland hat an den Vorteilen der Konversionen vollen Anteil gehabt. Die Grundlage hiefür war zunächst das günstige Ergebnis der inneren Finanzverwaltung, welches wir kennen lernten. Mitgewirkt haben jedoch ganz wesentlich politische Momente.

Noch ist es nicht möglich, die Geschichte jener merkwürdigen Episode der neueren europäischen Finanzgeschichte zu schreiben, da Bismarck 1887 die Milliarden russischer Werte[2] aus deutschem Besitze vertrieb, während noch wenige Jahre vorher (1884) ein preufsisches Staatsinstitut an ihrer Emission beteiligt gewesen war. Noch sind die Beweggründe unaufgeklärt, welche den deutschen Staatsmann zu diesem finanzpolitischen Feldzuge veranlafsten. Man hat die Meinung vertreten, dafs mangelhafte Kenntnis und daraus folgende Unterschätzung der volkswirtschaftlichen Dinge mitspielte. Aber der der deutschen Volkswirtschaft zugefügte Schaden lag doch zu klar, und es ist kaum anzunehmen, dafs Bismarck lediglich um des Augenblickserfolges einer Rubelbaisse willen so grofse Opfer gebracht hat. Da gewichtige politische Vorteile sich aus jenem Schritte für Deutschland nicht er-

---

[1] Vergl. A. Wagner in Schönbergs Handbuch. Finanzwissenschaft. IV. Aufl. Tübingen 1897, S. 827 ff. und S. 853 ff.

[2] In jenen Tagen schätzte die „Kreuzzeitung“ den deutschen Besitz an russischen Werten auf $2^1/_2$ Milliarden Rubel.

gaben, so könnten möglicherweise dringende Gefahren abgewehrt worden sein: am Vorabend einer Belagerung rasiert man Bauwerke und Bäume vor einer Festung; am Vorabend eines Krieges ist kein eigenes Opfer zu grofs, das die Rüstung und die Schlagfertigkeit des Feindes verzögert und vielleicht dadurch zur Erhaltung des Friedens beiträgt. Es war die Zeit der „Boulange“ in Frankreich.

So unaufgeklärt die Beweggründe sind, so sicher stehen die äufseren Thatsachen fest. Seit Anfang des Jahres 1887 begannen die offiziösen Prefsstimmen Deutschlands den Bankerott Rufslands als nächst bevorstehend vorauszusagen und es als vaterländische Pflicht des deutschen Sparers darzustellen, seine russischen Werte abzustofsen. Es folgte das Verbot der Lombardierung russischer Staatsanleihen für die deutsche Reichsbank. Diese Mafsregel war weniger an sich wirksam (denn die Menge der lombardierten Russen kam gegenüber dem deutschen Gesamtbesitze nicht in Betracht); wirksam war sie durch ihre psychologische Bedeutung. Die Folge war eine Panik, welche vom Publikum aus die widerstrebende Börse ergriff: Deutschland verkaufte seine Russen zu fallenden Kursen mit schwerem Verlust und setzte diese Verkäufe sogar später bei anziehenden Kursen fort, bis es Ende der 80er Jahre ziemlich vollständig von russischen Werten entleert war.

Zunächst flossen die Goldanleihen ab, welche zumeist direkt nach Frankreich gingen; die Papieranleihen, welche, wie wir sahen, einen internationalen Markt nicht besafsen, hielten zäher an Deutschland. Trotzdem gingen auch sie in den folgenden Jahren grofsenteils direkt nach Rufsland zurück, wo sie eine endgültige Heimstätte fanden.

Bedeutender noch als das damnum emergens war das lucrum cessans für Deutschland. Zufälligerweise bildete das Jahr 1887 — ein Jahr ausgezeichneter Ernte und starker Ausfuhr — in der russischen Finanzgeschichte den Wendepunkt zum bessern. Rufsland machte mit dem Verkauf der nach Frankreich weitergegebenen Werte ein gutes Geschäft. Die folgende Kurssteigerung der russischen Werte bedeutete für Frankreich schon Mitte der 90er Jahre einen Gewinn von circa 500 bis

600 Mill. Fr.[1] Hierzu traten noch sehr beträchtliche, wenn auch ziffermäfsig schwer zu schätzende Emissionsgewinne, welche nunmehr statt in Berlin in Paris gemacht wurden. Aufserdem verlor Deutschland an der italienischen Rente, welche es an Stelle der Russen kaufte. Dieselbe stand am 1. Januar 1887 noch 102, im Oktober 1893 dagegen nur 80, heute einige 90.

Aus politischen Gründen wurde Frankreich in der zweiten Hälfte der 80er Jahre ein äufserst kauflustiger Abnehmer russischer Werte, wobei es Italiener, Argentinier u. s. w. abgab[2].

Drei Thatsachen vereint: die Gesundung der inneren Finanzverhältnisse, das Herabgehen des internationalen Zinsfufses, nicht zum wenigsten das politische Verhältnis zu Frankreich bewirkten gegen Ausgang der 80er und in den 90er Jahren jene glänzende Kurssteigerung der russischen Staatspapiere, welche noch in aller Gedächtnis ist. 4%ige russische Goldanleihen, welche 1880 noch 75 notierten, wurden 1894 zu 97¼ begeben und erreichten Dezember 1897 pari, welchen Kursstand sie seitdem behaupteten, ja überschritten. Selbst bei der Geldknappheit des Sommers 1899 hielten sich 4%ige Goldrussen über pari. Die 5%ige Papieranleihe stand 1881 auf 93; 1894 erreichte der neuere 4%ige Typus der inneren Anleihe „Konsols“, welcher die früheren Orientanleihen ablöste, den Kurs von 95, um später über pari zu steigen, dies ungeachtet der Couponsteuer, welche den Zinsfufs auf 3,80% netto herabdrückt[3].

Mit den genannten drei Thatsachen waren zugleich die

---

[1] Vergl. Raffalovich, Marché financier 1895/96, S. 284.

[2] So erklärt ausdrücklich der bekannte französische Finanzschriftsteller A. Neumarck: „es leiteten uns nicht finanzielle Erwägungen.“ Vergl. Ökonomische Rundschau, Dezember 1897, S. 23.

[3] Ende Juli 1899 stand die 3½%ige deutsche Reichsanleihe 100,10, die 3½%ige russische Goldanleihe 99,80, die 3%ige deutsche Reichsanleihe auf 90, die 3%ige russische auf 89,70 — diese Verbesserung des russischen Staatskredits wäre vor zwei Jahrzehnten unglaublich erschienen.

Bedingungen grofsartiger Konversionen gegeben, welche an Stelle der 5 %igen die 4 %igen Papiere zum vorwiegenden Typus der russischen Staatsanleihen machten. Der durchschnittliche Zinsfufs der Staatschulden betrug 1895 noch 5,08 %, 1894 nur 4,19 %[1]. Der verhältnismäfsig hohe Zinsfufs der älteren Anleihen erwies sich für den Zweck der Konversion als ein Vorteil[2].

Die Hinausschiebung der Amortisationsfristen, welche mit den Konversionen verbunden war, wird man nicht zu schwer nehmen dürfen, nachdem Theorie wie Praxis heute den Typus der unkündbaren Rente bevorzugt. In einem kapitalarmen Lande wie Rufsland, welches fortwährend des Kapitalzuflusses bedarf, ist auf das Tempo der Schuldentilgung weniger Wert zu legen als darauf, zu welchen Zwecken das erborgte Kapital verwendet wird.

Die ersten grofsen Konversionen fielen in die Zeit der Flitterwochen der jungen russisch-französischen Ehe, 1889 bis 1892. Sie sind verknüpft mit dem Namen Wischnegradskis (Finanzminister vom 1. Januar 1887 bis 30. August 1892). Wie sehr diesem Minister die Gunst des französischen Marktes entgegenkam, geht nicht nur aus der Überzeichnung um das vielfache hervor, wie sie für russische Anleihen seit jener Zeit in Paris üblich ist, sondern noch deutlicher aus der grofsen Menge der Zeichner. Wenn bei der Goldanleihe von 1894 in Frankreich 173705 Personen zeichneten[3], so war dies ein Beleg der Beteiligung des Volkes, nicht nur der Bank- und Börsenkreise.

Nach dem Bericht des Reichskontrolleurs, des Senators

---

[1] Kramarç, Russische Valutareform. Wien 1896, S. 24; nach dem Bulletin Russe 1898 nur 3,86 %. Bulletin Russe 1898, S. 433. Diese Zinsfüfse sind jedoch mit Vorsicht zu gebrauchen, da sie vom Nominalkapitel, nicht dem effektiv zugeflossenen Kapital berechnet werden.

[2] Raffalovich, Marché financier 1893/94, S. 157. So gab man 1883 eine 6 %ige Goldanleihe zu ungefähr pari heraus, wobei man sich das Recht der Rückzahlung in 10 Jahren vorbehielt.

[3] So Skalkofski a. a. O S. 296.

Filipoff, wurde 1889—1892 ein Nominalkapital von 1,667 Millionen R. Kredit konvertiert, wobei die Goldrubel unter Zugrundelegung des für das Budget 1892 angenommenen Kurses von 1 Rubel Gold = 1 Rubel 60 Kop. Kredit berechnet sind. Diese Konversionen betrafen weit überwiegend Goldanleihen und kosteten dem Staate 1,705½ Millionen R.; dagegen ergaben die neuen Anleihen, einschliefslich des Betrages der von den Besitzern nicht zur Rückzahlung eingereichten, sondern umgetauschten Stücke, 1,680 Millionen R., wonach der Staat 25½ Millionen Rubel aus Budgetüberschüssen bestritten hat. Aufserdem hat Rufsland in jenem Zeitraum 143 Millionen Kredit zur Tilgung von 79 Millionen Gold- und 24 Millionen Papieranleihen verwandt[1].

Jedoch mufste Rufsland im März 1893 eine neue 4½ %ige Papieranleihe von 100 Millionen aufnehmen, um der Mifsernte und der Hungersnot zu begegnen. Immerhin war es ein zweifelloser Erfolg der Finanzverwaltung, dafs infolge der kurz vorhergehenden Konversionen und Tilgungen die Notjahre mit ihren Ausgaben für Volksernährung und ihren Steuerrückständen das Budget mit Schuldzinsen nicht wesentlich belasteten.

Nach einer kurzen Unterbrechung wurde 1893 und in den folgenden Jahren von Witte, dem Nachfolger Wischnegradski's, die Konversionspolitik fortgesetzt, nunmehr vorwiegend Papieranleihen betreffend. Im Jahre 1894 hat Rufsland über eine Milliarde 5 %ige Papieranleihen in 4 % ewige Rente verwandelt; an Zins und Amortisation ergab diese Mafsregel eine jährliche Ersparnis von 23,2 Millionen R.[2]. Im selben Jahre

---

[1] Vergl. Lorini a. a. O. S. 71. Raffalovich, Marché financier 1893/94 S. 156.

[2] Näheres über die Konversion der Orientanleihen in 4 % Rente findet sich im Bulletin Russe 1897, S. 97. Bei der fakultativen Konversion vom 26. April bis 14. Mai 1894 wurden von 967 Millionen Rubel Nominalkapital 882 Millionen bei russischen Banken zur Umwechslung präsentiert, nur je 38 in Frankreich und Deutschland — ein Beweis dafür, dafs die Orientanleihen damals zum weit überwiegenden Teile nach Rufsland zurückgeflossen waren.

wurde eine $3^1/_2$%ige Goldanleihe im Betrage von 100 Millionen R. in Paris emittiert zum Umtausch der 5%igen und 6%igen Obligationen der Centralbodenkreditbank und gewisser 5%iger Obligationen verstaatlichter Eisenbahnen.

Das Jahr 1896 brachte eine 3%ige Goldanleihe von 100 Millionen R., deren Ertrag nicht zu Konversionszwecken, sondern zur teilweisen Rückzahlung der Papiergeldschuld des Staates an die Bank, also zur Goldanschaffung für Währungszwecke verwandt wurde. Aufserdem wurde in diesem, wie im folgenden Jahre die Konversion älterer Papieranleihen sowohl des Staates, als verstaatlichter Eisenbahnen in 4%ige Rente fortgesetzt, ferner die 1897 und 1898 verfallenden Schatzscheine[1] in 4%ige Rente umgetauscht. Diese Schatzscheine, früher ein beliebtes Mittel, langfristige Schulden durch kurzfristigen Kredit zu decken, werden heute in dem Mafse, als sie verfallen, eingezogen[2].

Überblicken wir das Jahrzehnt von 1887—1897, welches die Rekonstruktion des russischen Staatshaushaltes umfafst: das Ergebnis der Konversionen erhellt dann aus folgenden Ziffern:

Summe der Staatschuld in Millionen Rubel Kredit bezw. neuer Währung:

Anfang 1887 5281,4 Anfang 1897 6735,4.

Jährliches Erfordernis:

1887 280,9[3] (1888 259,4) 1897 258,8.

Ordentliche Staatseinnahmen:

1887 829,6 1897 1416,3.

Es ergiebt sich hieraus eine starke Zunahme des Nominalbetrages der Staatsschuld, dagegen ungefähres Gleichbleiben des Jahreserfordernisses,

---

[1] Vergl. Bulletin Russe 1897, S. 629.

[2] Eine interessante Übersicht über die Verwendung sämtlicher Emissionen der neuen 4%igen Rente enthält Raffalovich, Marché financier 1897/98, S. 364.

[3] 1887 war das Zinserfordernis wegen des ungünstigen Kurses aufsergewöhnlich hoch.

wobei das prozentuale Verhältnis des letzteren zur Gesamteinnahme des Staates bedeutend herabging.

Freilich darf man gegenüber den angeführten Ziffern nicht vergessen, dafs es sich bei der Herabsetzung des Jahreserfordernisses nicht nur um Zinsersparnis, sondern auch um verminderte Amortisation handelt. Einen Einblick in das Verhältnis zwischen Zins und Amortisation geben folgende Ziffern [1].

	Goldschulden in Millionen Rubel	
	1888	1898
Betrag des Schuldkapitals . .	1307, 5	2133,7
Jahreserfordernis	73,18 = 5, 6 %	93,88 = 4, 4 %
davon Zins	61,58 = 4,71 %	82,78 = 3,88 %
davon Amortisation	11,59 = 0,89 %	11,09 = 0,52 %

	Papierschulden in Millionen Rubel	
	1888	1898
Betrag des Schuldkapitals . .	2461,43	2900,70
Jahreserfordernis	156,43 = 6,35 %	131,15 = 4, 5 %
davon Zins	121 = 4,91 %	121,79 = 4,18 %
davon Amortisation	35,42 = 1,44 %	9,35 = 0,32 %

Die entscheidende Frage jedoch zur Beurteilung des russischen Staatsschuldenwesens in dem uns beschäftigenden Zeitraum läfst sich nicht auf Grund dieser blofsen Ziffern beantworten. Es handelt sich vielmehr darum, welchem Zweck hat die zweifellos vorliegende Mehrverschuldung gedient, entspricht ihr ein Zuwachs an produktivem Staatsvermögen?

Nun ist es unmöglich, die Bilanz eines Staates aufzumachen, wie die eines Handlungshauses; am wenigsten ist es

---

[1] Vergl. Bericht des p. Korrespondenten der Frankfurter Zeitung vom 15./27. Dezember 1898 auf Grund offizieller Quellen. Vergl. über die Amortisation auch Raffalovich, Marché financier 1895/96, S. 282.

möglich bei Rufsland. Im Aktivum befinden sich buchmäfsig nicht zu schätzende Werte, z. B. das gerade in Rufsland besonders ausgedehnte, langsam in Erträgnissen wachsende, aber so gut wie unveräufserliche land- und forstwirtschaftliche Domanium.

Hierzu kommt, dafs dem russischen Fiskus weitgehende Verpflichtungen wenigstens subsidiärer Natur obliegen aus dem von ihm rechnerisch völlig getrennten Geschäftsbetriebe der Staatsbanken. Hierzu gehören die Verpflichtungen der Reichsbank in ihrer bisherigen kommerziellen Abteilung, sowie die Pfandbriefschulden der staatlichen Adels- und Bauernbank. Am 1. Januar 1898 waren von der Adelsbank 335,5, von der Bauernbank 81,5 Millionen R. an Pfandbriefen im Umlauf, der vorwiegende Typus zu 4% und $4^1/_2$%[1]; durch Ukas vom 16. Januar 1898 ist die Konversion der $4^1/_2$%igen Pfandbriefe der Adelsbank in $3^1/_2$%ige vorgesehen[2].

Es ist klar, dafs der verhältnismäfsig niedere Zinsfufs durch Staatsgarantie erkauft wird, welche immerhin einmal drückend werden kann, wenn auch buchmäfsig der Pfandbriefschuld höhere Hypothekarforderungen, zusammen von 509,7 Millionen Rubel, entsprechen[3]. Ähnliches gilt von den sehr beträchtlichen Beträgen staatlich garantierter Eisenbahnobligationen, denen zunächst das Aktivum der betreffenden Eisenbahngesellschaft gegenübersteht.

Wenden wir uns nunmehr zu der Staatsschuld im engeren Sinne, so ist schwebende und fundierte Schuld zu unterscheiden.

Betrachten wir zuerst die schwebende Schuld.

Am 1. Januar 1887 befanden sich im Umlauf 941 Millionen R. Kreditbillets; dem stand ein staatlicher Goldbesitz von 281,5 Millionen Goldrubel gegenüber, gleich 422,2 Millionen R. Gold neuer Prägung. Fafst man Noten und Schatzscheine

[1] Bulletin Russe 1898. S. 352.
[2] Bulletin Russe 1898, S. 67.
[3] Bulletin Russe 1898 a. a. O. S. 358.

als schwebende Schuld zusammen, so war dieselbe nach Raffalovich am 1. Januar 1887 mit 24,5 % metallisch gedeckt[1]. Am 1. Januar 1898 betrug dagegen der Papierumlauf 901,2 Millionen Rubel, der Goldbesitz der Reichsbank und des Staatsschatzes 1319,2 Millionen R. neuer Prägung. Noten und Schatzscheine zusammen waren zu 122,2% überdeckt.

Der Nominalbetrag der fundierten Schuld belief sich am 1. Januar 1887 auf 5281,4 Mill. Rubel Kredit. Hiervon waren zum Bau oder Rückkauf von Eisenbahnen 1238,7 Mill. Rubel verwandt[2]. Eine durchaus produktive Anlage bedeuteten ferner die 417 Millionen R. Ablösungsschuld, welche der Staat bei Gelegenheit der Bauernbefreiung zwecks Befriedigung des Gutsherrn aufgenommen hatte. Diese Schuld wurde mit der Staatsschuld vereinigt, wofür die Ablösungszahlungen der Bauern seit 1885 unmittelbar in das Einnahmebudget des Staates fliefsen.

Vom 1. Januar 1887 bis 1. Januar 1899 hat sich die fundierte Staatsschuld in folgender Weise entwickelt. Ich entnehme die Ziffern dem Bulletin Russe[3], welches im einzelnen mitteilt, wie die Summen zu stande kommen und daher am zuverlässigsten erscheint.

Nominalbetrag in Millionen Rubeln neuer Prägung[4].

A. Schulden in alten Goldrubeln oder ausländischer Währung

1. Januar 1887 1975,4. 1. Januar 1899 3062,2.

B. Schulden in Kreditrubeln oder Rubeln neuer Währung

1. Januar 1887 2381,8. 1. Januar 1899 3046,6.

Gesamtbetrag

1887 4357,2. 1899 6108,8.

---

[1] Ich entnehme diese sowie die entsprechenden Ziffern für 1898 Raffalovich, Le rouble Crédit 1896, S. 13 ff., und Dems. Marché financier 1897/98, S. 366.

[2] Ich entnehme diese Ziffern Raffalovich, Marché financier 1897/1898, S. 365. Die Goldschulden sind hier auf Kreditrubel reduziert, was mir für Nominalbeträge wenig praktisch erscheint.

[3] Bulletin Russe 1898, S. 455 und 459.

[4] Vergl. Bulletin Russe a. a. O. S. 426. 1 Rubel = 2/3 alter Goldrubel = 2 2/3 fr. = 2,16 Reichsmark.

Freilich ist keineswegs der ganze Mehrbetrag des Nominals von 1899 gegenüber 1887 thatsächlich dem Fiskus zugeflossen, da die bedeutendsten Konversionen zum ungefähren Kurse von 90 gemacht wurden.

Diesem stark angewachsenen Passivum steht zunächst der Goldvorrat gegenüber, welcher heute die Notenschuld mehr als vollständig trägt. Derselbe hat sich vom 1. Jan. 1887 bis 1. Jan. 1898 um ca. 900 Millionen Rubel neuer Prägung vermehrt. Keine Anlage produktiver als die jenes zinslosen Metallschatzes, wenn er zur Herstellung der Währung benutzt wird! Auch die Überdeckung ist notwendig und produktiv, weil bei der Unmöglichkeit eines wahren Banknotenumlaufs nur so eine gewisse Elasticität des Geldumlaufs erzielt wird.

Ein ferneres, sehr beträchtliches Aktivum bilden heute die Staatseisenbahnen, für deren Bau und Ankauf vom 1. Januar 1887 bis 1. Januar 1899 1564 Mill. Rubel ausgegeben wurden [1]. Hiervon wurden 425 Millionen Budgetüberschüssen entnommen. An Eisenbahnschulden wurden dagegen in demselben Zeitraum 1139 Mill. Rubel aufgenommen [2]. Besonders stark vermehrt wurde durch die Eisenbahnverstaatlichung der Typus der russischen 4 %igen Staatsrente; doch dienten auch Goldanleihen, z. B. die $3\frac{1}{2}$ % von 1894 mit einem Nominalbetrage von 100 Millionen Rubel, der Einlösung von Eisenbahnobligationen [3].

Dafs der Wert des Eisenbahnnetzes, wenn überhaupt zu veranschlagen, zur Zeit höher ist, als der Betrag der dafür gemachten Aufwendungen, dafs die Erträgnisse wachsende und zukunftsvolle sind, wurde oben dargelegt.

---

[1] Diese Ziffer entstammt dem Budgetbericht des Ministers Witte für das Jahr 1899.

[2] Diese Ziffer, demselben Bericht entnommen, steht in genügender Übereinstimmung mit der Angabe von Raffalovich, Marché financier 1897/1898, S. 365, wonach sich vom 1. Januar 1887 bis Ende 1896 die Eisenbahnschuld des Staates um 1112 Millionen Rubel Kredit vermehrt hat.

[3] Näheres findet sich im Börsenjahrbuch von Saling.

Ferner kommt für die Vermehrung der russischen Staatsschuld die Übernahme verschiedener Bodenkreditinstitute durch den Staat in Betracht. Die ehedem vom „Russischen Boden-kredit-Verein“ emittierten Pfandbriefe wurden laut Erlafs vom 6. Februar 1895 als Staatsschuld übernommen, und zwar ca. 5 Millionen R. Gold 5 % Pfandbriefe und ca. 80 Millionen R. Gold 4½ % Pfandbriefe. Letztere 80 Millionen wurden im Jahre 1898 durch 3⁸⁄₁₀ % Konvertierungsobligationen neuer Währung eingelöst[1]. Die 5 % Pfandbriefe können dagegen nicht konvertiert werden, sondern werden laut Plan à 125 % durch halbjährige Verlosungen amortisiert.

In ähnlicher Weise übernahm der Staat die 5 % Obligationen der Centralbodenkreditbank, deren Umlauf sich am 1. Januar 1894 auf 37,6 Millionen Gold Nominal belief. Diese Bank hatte ihre auf Gold lautenden Obligationen dem europäischen Markte zugeführt und dafür auf Papier lautende russische Pfandbriefe gekauft, mit dem Zweck der Ausnutzung des niederen westlichen Zinsfufses. Die Kurssenkung des Rubels hatte bereits seit 1877 Zahlungsschwierigkeiten zur Folge, welchen der Staat durch Übernahme der Bank ein Ende machte, um nicht den russischen Kredit in Europa zu schädigen[2]. Die betreffenden Obligationen wurden durch die Goldanleihe zweiter Emission von 1894 eingelöst. Diese Anleihe betrug ca. 41 Millionen Rubel Gold Nominal.

Den durch diese Operationen entstandenen Staatsschulden stehen die in ihrem Werte schwer zu schätzenden Aktiva der betreffenden Institute gegenüber. Nach dem Bulletin Russe standen dem russischen Bodenkreditverein am 1. Januar 1897 157 Millionen R. Hypothekarforderungen[3] zu. Zur Zeit der Übernahme der Centralbodenkreditbank beliefen sich deren Aktiva auf 52,2 Millionen Rubel Kredit, vorwiegend Pfandbriefe.

---

[1] Vergl. über diese Konversion Bulletin Russe 1898, S. 70/71.

[2] Ad Centralbodenkreditbank vergl. Raffalovich, Marché financier 1894/95, S. 229.

[3] Vergl. Bulletin Russe 1898, S. 358.

Blicken wir zurück, so können wir dahin zusammenfassen, dafs seit 1887 die Aktiva des russischen Staates sich in beträchtlich stärkerem Mafse vermehrt haben, als die Schulden. Die Erklärung hierfür liegt in den Budgetüberschüssen, mittelst deren sowohl ein Teil des staatlichen Eisenbahnbesitzes wie des Goldvorrats erworben wurde.

Es beruht dieser Satz nicht nur auf den angeführten Ziffern, deren Zustandekommen an dem vorhandenen Material bis in das einzelne nachgeprüft werden kann. Es entspricht das erreichte Ergebnis auch der Auffassung der den russischen Verhältnissen nächststehenden Grofsbanken Westeuropas, wie ich mich gesprächsweise zu überzeugen mehrfach Gelegenheit hatte.

IV. Rufslands Zahlungsbilanz.

A. Die Zahlungsbilanz von 1887—98.

Um die Aussichten der russischen Zahlungsbilanz, also der russischen Goldwährung, für die Zukunft zu beurteilen, werfen wir zunächst einen Blick in die letzte Vergangenheit, auf das Jahrzehnt der finanzpolitischen Gesundung seit 1887.

Dafs in diesem Jahrzehnt Rufsland eine vorwiegend günstige Zahlungsbilanz besafs, dafür sind Wechselkurse und Goldeinfuhr ein zweifelloser Beleg. Fraglich sind lediglich die Grundlagen dieser günstigen Zahlungsbilanz. In dieser Hinsicht sind neuerdings, aus Anlafs der Währungsreform, zahlreiche Vermutungen aufgestellt worden, welche jedoch für den exakten Arbeiter ein höchst unerfreuliches Bild aufweisen. Sie münden meist in Schätzungen, welche ohne genügende thatsächliche Grundlage in Zehnern von Millionen untereinander abweichen und in ihrem Ergebnis durchaus von der vorgefafsten Meinung des Schätzenden abhängen. Jede ziffernmäfsige, gar detaillierte Erfassung der russischen Zahlungsbilanz ist m. M. eine statistische Ungeheuerlichkeit[1].

[1] Am ausführlichsten versucht dies Ol bei Schaparoff, Ziffernmäfsige Analyse der russischen Zahlungsbilanz. Petersburg 1897.

Es ergiebt sich dies zunächst, wenn wir einige, immerhin nicht unwesentliche, dabei statistisch schlechthin ungreifbare Nebenpunkte in das Auge fassen.

Wer will die Ausgaben der russischen Reisenden im Auslande schätzen, ohne in das Blaue zu raten? Gegenüber denen, die in diesen Ausgaben nichts als einen volkswirtschaftlichen Verlust erblicken, ist darauf hinzuweisen, dafs diese Aufwendungen zum Teil Studienzwecken dienen und insofern als produktive Anlage gelten müssen. Dieser Belastung stehen gegenüber die ebenfalls statistisch in keiner Weise zu fassenden Löhne, welche russisch-polnische Wanderarbeiter aus Preufsen und Österreich nach Hause bringen[1]. Zum Vergleich von Debet und Kredit fehlt hier jeder Anhalt.

Richtig ist, dafs der Fremdenverkehr in Rufsland Rufslands Zahlungsbilanz vorwiegend belastet, da die Fremden sich meist zum Erwerb, selten zu touristischen Zwecken in Rufsland aufhalten. In letzterer Hinsicht bieten nur der Kaukasus und die Krim günstige Ausblicke für die Zukunft; wichtiger wird der Durchgangsverkehr nach Ostasien sein, sobald die sibirische Bahn fertiggestellt sein wird, wegen der grofsen Zeitersparnis gegenüber dem Seewege.

Welche Beträge die in Rufsland sich aufhaltenden Fremden an Handelsgewinnen und Ersparnissen von Dienstleistungen in das Ausland remittieren, spottet jeder statistischen Erfassung. Auch diese Belastung dient vielfach produktiven Zwecken und mufs im letzten Ergebnis Rufsland bereichert hinterlassen, soweit ausländische Bildung, Intelligenz und Arbeitskraft volkswirtschaftlich nützlichen Zwecken gewidmet wird.

Der recht beträchtliche Goldschmuggel nach China, ein Kreditposten Rufslands, ist ebenso schwer statistisch zu erfassen, wie die Belastung an Fracht zu Gunsten ausländischer Reeder. Letztere Ausgaben sucht Rufsland dadurch zu beschneiden, dafs es mit allen Mitteln die Bildung einer eigenen Handelsflotte erstrebt. Da der bisherige Zollsatz für Seeschiffe von

[1] Diesen Posten vernachlässigt Ol in seiner citierten Tabelle.

20—25 % des Wertes einen einheimischen Schiffsbau nicht hervorgerufen hat, so entschlofs sich die schutzzöllnerische russische Regierung durch Gesetz vom 27. April 1898 zur Zollfreiheit von Seeschiffen und metallischen Schiffsbestandteilen. Zugleich behielt sie die grofse Cabotage zwischen den russischen Häfen des Baltischen und Schwarzen Meeres, sowie des Stillen Oceans der russischen Flagge vor[1].

Übrigens verschieben die an ausländische Reeder zu zahlenden Frachten nur wenig das im folgenden gegebene statistische Bild der russischen Zahlungsbilanz: für die Ausfuhrwaren Rufslands liegen die Preise der Exporthäfen zu Grunde, also Weltmarktpreise minus Fracht; in den Werten der Einfuhrwaren aber dürfte die Fracht bereits den Preisen grofsenteils zugeschlagen sein.

Der asiatische Bahnbau eröffnet Rufsland Aussicht auf ansehnliche Durchfuhrfrachten. Schon heute besitzt Rufsland internationale Durchfuhr in der kaukasischen Bahn[2]. Von gröfserer Bedeutung wird auch in dieser Hinsicht wahrscheinlich die sibirische Bahn werden, deren Rentabilität auf wertvolle Rückfracht gegen Thee, Seide u. s. w. angewiesen ist. Dafs solche Rückfracht nicht ausschliefslich, ja nicht in erster Linie von der russischen Industrie geliefert werden kann, darüber stimmen alle ruhig denkenden Sachkenner überein[3]. Rufsland hat daher ein Interesse am deutschen Überlandverkehr nach dem Innern des asiatischen Festlandes.

Gegenüber den genannten minder wichtigen Punkten sind von entscheidender Bedeutung für Rufslands Zahlungsbilanz seine Handelsbilanz und seine internationale Verschuldung.

---

[1] Näheres findet sich hierüber in der Ökonomischen Rundschau Mai 1898 S. 90.

[2] Vergl. Handel und Gewerbe vom 1. April 1899. Bemühung der Ältesten der Berliner Kaufmannschaft um freien Zolltransit nach Persien.

[3] So z. B. der Fürst Uchtomski, der Leiter der russisch-chinesischen Bank, in dem öfters angeführten Aufsatz der Preufsischen Jahrbücher, Band 92, Heft 2, S. 341.

Zunächst die Handelsbilanz. Trotz aller Unsicherheit der Handelsstatistik welche Sir Charles Dilke in drastische Worte kleidet[1], können wir nachstehende, der russischen Statistik entnommenen Ziffern insofern mit Ruhe verwenden, als die untergelaufenen Fehler beträchtlich zu Ungunsten Rufslands wirken dürften. Die Thatsachen liegen hier wahrscheinlich günstiger für Rufsland als ihr statistisches Abbild.

Die Ausfuhr Rufslands wird nämlich von den Einfuhrländern beträchtlich gröfser angegeben[2]. Andererseits fehlt ein Anreiz für die Importeure, die Einfuhr unter ihrem wahren Werte anzugeben, da Rufsland Gewicht- und nicht Wertzölle erhebt. Thatsächlich schätzt Rufsland seine Einfuhr viel höher als die Ausfuhrländer, z. B. im Durchschnitt der Jahre 1889—94 um 68,5 %[3].

Der Schmuggel, welcher die russische Handelsbilanz der Statistik gegenüber verschlechtert, hat mit Zusammenfassung des Verkehrs auf wenigen grofsen Grenzstationen und bei der Massenhaftigkeit des modernen Warenhandels nach allgemeinem Urteil der Sachverständigen gegen früher sehr abgenommen. Folgendes sind die Ziffern der russischen Statistik:

---

[1] Vergl. Karl J. Fuchs, Die Handelspolitik Englands und seiner Kolonieen. Leipzig 1893, S. 90. Alle Handelsstatistik stelle mindestens 20 % Abweichung von der Wahrheit dar.

[2] Nach Raffalovich, Marché financier 1897/98, S. 410 hat Rufsland auf Grund seiner eigenen Statistik in den Jahren 1889—94 ausgeführt für 3509 Millionen Rubel, nach der fremden Statistik 4701 Millionen Rubel. Sehr eingehend weist die gleiche Thatsache nach: Pokrowski, Über die Festigkeit der russischen Handelsbilanz. St. Petersburg, ohne Jahreszahl. Danach erreichte z. B. 1894 der Wert der nach England ausgeführten Butter nach englischer Statistik einen um 45,6 % höheren Wert als nach russischer; der nach Deutschland ausgeführte Flachs wurde nach deutscher Statistik um 22,4 %, die nach Frankreich ausgeführte Gerste um 89,9 % nach französischer Statistik höher bewertet als nach russischer.

[3] Vergl. Pokrowski a. a. O. S. V.

	Einfuhr in Millionen Rubel	Ausfuhr in Millionen Rubel	Handelsbilanz[1]
1885	435,3	538,6	+ 103,2
1886	426,5	488,4	+ 61,9
1887	399,6	622,9	+ 223,3
1888	386,1	793,8	+ 407,7
1889	431,9	766,0	+ 334,0
1890	406,6	703,9	+ 297,2
1891	371,5	721,6	+ 350,0
1892	399,5	475,2	+ 76,0
1893	449,6	599,5	+ 149,6
1894	575,2	664,2	+ 149,0
1895	489,4	691,0	+ 201,6

Für die jüngste Zeit entnehme ich den Veröffentlichungen des Zollamtes folgende, wohl nur erst provisorische Ziffern[2]:

	Einfuhr in Tausend Rubeln	Ausfuhr in Tausend Rubeln	Handelsbilanz
1896	540,267	667,412	+ 127,145
1897	507,531	704,347	+ 195,816
1898	562,013	708,857	+ 206,844

Nicht minder wichtig als die Handelsbilanz ist für Rufslands Zahlungsbilanz seine internationale Verschuldung.

Der Überschufs des Ausfuhr über die Einfuhr dient der Zinszahlung an die auswärtigen Gläubiger. Hat dieser Überschufs zu dem genannten Zwecke genügt oder hat Effektenausfuhr, d. h. weitere Verschuldung einsetzen müssen, um eine günstige Zahlungsbilanz zu stande zu bringen? Wir unterscheiden in dem uns interessierenden Zeitraum den Abschnitt bis zur Festlegung des Rubelkurses und die neueste Zeit der Durchführung der Reform.

De Clercq veranschlagte 1886 die jährliche Zinszahlung Rufslands an das Ausland auf 131 Millionen R. Kredit. 1895

[1] Ich entnehme diese Ziffern Raffalovich, Le rouble-crédit. Paris 1896.

[2] Vergl. die Industriezeitung 1898 Nr. 74.

schätzte das Finanzministerium auf Grund der Effektendepots bei russischen Staats- und Privatbanken das Maximum der an das Ausland vom Staate zu leistenden jährlichen Zins- und Amortisationszahlungen auf 181 Mill. Rubel Kredit. In diesen Ziffern waren nur die Zinsen der Staatspapiere und der staatlich garantierten Eisenbahnobligationen, nicht die der privaten Wertpapiere mit berücksichtigt, auch nicht die staatlicherseits zu leistenden Vergütungen für Couponeinlösung und Emissionsgewinne ausländischer Banken.

Mit ziemlicher Übereinstimmung ist auf allerdings recht schwankenden Grundlagen von Schriftstellern entgegengesetzter Tendenz die als Zins, Amortisation, Dividende u. s. w. von Staat und Privaten Ende der 80er und Anfang der 90er Jahre an das Ausland zu zahlende Summe auf jährlich etwa 150 Millionen Rubel Kredit veranschlagt worden[1].

Vergleichen wir mit dieser Summe von 150 Millionen die obigen Angaben hinsichtlich der Handelsbilanz, so ergiebt sich immerhin ein nicht unbeträchtlicher Überschufs zu Gunsten Rufslands. Dieser Saldo konnte neben andern Zwecken, z. B. für die Ausgaben der Russen im Auslande, zur Goldeinfuhr verwendet werden.

Der Überschufs der Goldeinfuhr über die Goldausfuhr belief sich in den acht Jahren 1887—1894 einschliefslich auf rund 260 Mill. Rubel Gold[2]. Wie viel hiervon auf den Über-

[1] So Th. v. Buck in der „Nation" vom 15. Februar 1896, ferner Kramarç, Russische Valutareform. Wien 1896, S. 32. Ähnlich auch Raffalovich, Marché financier 1896/97, S. 408 ff. In genügender Übereinstimmung steht hiermit auch die Angabe Ol's, etwa für 1894, wenn man von den Kreditanleihen absieht. Letztere waren, wie mir von sachkundigster Stelle der Berliner Börse versichert wird, Anfang der 90er Jahre fast vollständig von Deutschland, ihrem einzigen aufserrussischen Markte, abgeflossen. Siehe auch oben S. 555 Anm. 2. Vergl. Schaparoff, Ziffernmäfsige Analyse von Rufslands Zahlungsbilanz 1881/95. Petersburg 1897, S. 40/43.

[2] Die Ziffern Pokrowskis a. a. O. S. 7 ergeben für 1887/1894 inkl. eine Mehreinfuhr an Gold von 266 Millionen Rubel Gold; dem entspricht ungefähr die Angabe von Raffalovich, Marché financier 1896/97, S. 410.

schufs der Handelsbilanz über die Zinsverpflichtung, wie viel auf Kreditoperationen zu rechnen ist, ist nicht mit Sicherheit zu ermitteln; ich vermeide es, unbefriedigende Schätzungen wiederzugeben[1].

Jedenfalls stehen die vorhandenen Daten nicht in Widerspruch mit dem, was wir oben auf anderem Wege erreichten. Die Kreditoperationen jener Jahre können keinen allzu bedeutenden Einflufs auf die Zahlungsbilanz gehabt haben: Konversionen, die Übernahme von bereits im Auslande befindlichen Eisenbahnobligationen, Aktien und Pfandbriefen durch den Staat haben zwar die russische Staatsschuld in jenem Zeitraum bedeutend vermehrt, aber keine Goldbewegungen grofsen Stiles hervorgerufen. Auch war das Ausland in jener Zeit noch zaghaft, z. B. durch Industriegründung, in die russische Währung zu gehen; im Gegenteil, dem langsamen Aussickern der Goldanleihen, für welches die Abnahme der in Rufsland registrierten Depots an Goldwerten spricht, stand die Heimkehr der Kreditanleihen gegenüber: Goldwerte flossen von Rufsland nach Paris, Kreditwerte von Berlin nach Rufsland.

Es war die Zeit langsamer Sammlung, die jeder Gesundung der Währung vorangehen mufs, wobei das Inland in erster Linie auf sich selbst angewiesen ist.

Ein ganz anderes Bild bietet die neueste Zeit seit 1895. Der Rubelkurs war festgelegt, das Vertrauen des Auslandes in die Herstellung der metallischen Währung erwacht, insbesondere seit dem Siege des russischen Finanzministers über die Berliner Baissespekulation Oktober 1894. Daher die Thatsache, welche das russische Wirtschaftsleben heute mehr als jede andere charakterisiert: riesenhafter Kapitalzuflufs von aufsen, rasch zunehmende Verschuldung an Europa[2].

---

[1] Gegenüber einer Goldeinfuhr von 260 Millionen vermehrte sich der Goldbesitz von Staatsschatz und Reichsbank zusammen vom 1. Januar 1887 bis 1. Januar 1895 um rund 350 Millionen Rubel Gold: der Überschufs zwischen dieser Summe und der Goldeinfuhr mufs aus der heimischen Produktion geschöpft sein.

[2] Vergl. Bericht des amerikanischen Generalkonsuls in St. Petersburg. Consular Reports January 1898 Washington.

Die Goldansammlung geht nunmehr in verstärktem Tempo. Diese Goldschätze sind teils direkt durch Anleihen erworben worden, z. B. durch die 3% Goldanleihe von 100 Mill. Goldrubel 1896; teils wurden sie mittels Budgetüberschüssen aus dem reichen Material an Goldtratten geschöpft, welches jetzt nicht blofs der Saldo der Handelsbilanz, sondern vor allem auch der an Eisenbahnen, Industriegesellschaften u. s. w. gewährte europäische Kredit hervorbrachte. Mit Recht weist Helfferich auf diesen Kapitalzuflufs als die erste Folge der Valutareform nachdrücklichst hin; was er von Indien sagt, gilt nicht minder von Rufsland[1].

Für Rufsland handelte es sich in erster Linie um die Investierung französischen und belgischen Kapitals[2].

Die Kapitalzufuhr vom Auslande wird heute von der Finanzverwaltung wie der öffentlichen Meinung, im Gegensatz zu den 80er Jahren, ausgesprochenermafsen begünstigt[3]. So erklärte der Finanzminister Witte: „Das Schutzzollsystem ist eine Schule der Industrie, deren Kosten auf allen Bevölkerungsschichten lasten. Wir müssen daher sehen, wie wir diese Last loswerden. Die Befreiung von derselben kann durch Herbeiziehung ausländischer Kapitalien nach Rufsland erreicht werden. Wir haben keine eignen Kapitalien; wo aber solche

---

[1] So z. B. Helfferich, Währung und Landwirtschaft. Stuttgart 1895, S. 23 ff.

[2] Bezeichnend ist eine Äufserung der Revue des deux mondes 1895, Bd. 130, S. 92 hinsichtlich der bevorstehenden Währungsreform: „C'est alors que nos industriels n'hésiteront pas à faire en masse ce que quelques-uns d'entre eux ont déjà commencé, c'est-à-dire à venir installer en Russie une partie de leur outillage et à mettre leur expérience au service de ce pays jeune, où tant d'horizons s'ouvrent à l'esprit d'entreprise."

[3] Vergl. die offiziöse „Ökonomische Rundschau" März 1898 S. 145, und vom November und Dezember 1898: Briefe über russische Industrie und fremde Kapitalien. Zahlreiche Zeitungen plaidieren auf das wärmste für Zufuhr fremden Kapitals. Von Gelehrten u. a. der bekannte Akademiker J. J. Janschull. Vergl. z. B. die Zeitung „Russ" vom 13. Dezember 1898.

vorhanden sind, da sind sie unbeweglich. Durch Herbeiziehung ausländischer Kapitalien wird die Schule des Schutzzollsystems billiger. Ein ausgedehnter Zuflufs ausländischer Kapitalien nach Rufsland ist nach Möglichkeit zu fördern."

Die Kapitaleinfuhr macht sich auf den verschiedensten Gebieten geltend.

In erster Linie gilt dies vom Gebiete der staatlichen Verschuldung.

Zunächst sickern nach wie vor die Goldanleihen aus Rufsland ab, ja heute in verstärktem Mafse; hierauf deutet die Abnahme der innerhalb Rufslands deponierten Goldwerte, wobei zu berücksichtigen ist, dafs die russischen Kapitalisten fast allgemein die Gewohnheit haben, ihre Effektenbestände bei Banken zu deponieren. Dem offiziellen Finanzboten entnehme ich folgende Ziffern[1]:

	Gesamtbetrag	Davon in Rufsland registriert	Nicht registriert
1. Januar 1893 . .	2138,5	286,6	1851,9
1. Januar 1894 . .	2119,9	224,4	1895,5
1. Januar 1895 . .	2388,6	217,4	2171,3
1. Januar 1896 . .	2249,0	210,6	2038,4
1. Januar 1897 . .	2365,7	192,3	2173,4
1. Januar 1898 . .	2429,4	192,4	2237,0

Sodann kommt in Betracht, dafs die früheren Kreditanleihen des Staates, die Kreditobligationen der verstaatlichen Eisenbahnen und die Pfandbriefe der staatlichen Bodenkreditbanken sich heute in nichts mehr von den älteren Goldanleihen des Staates unterscheiden. Sie sind Goldwerte geworden und damit internationales Anlagepapier. Ein guter Sachkenner, Th. v. Buck, bezeichnet den Ausflufs der 4% Rente als „notorisch".

[1] Die gleiche Statistik hinsichtlich der Kreditanleihen ist wertlos, weil sie die Effektenbestände der Sparkassen nicht berücksichtigt, welche zwar keine Goldwerte, dagegen in grofsen Massen Kreditwerte besitzen.

Derselbe Finanzschriftsteller schreibt mir, Gold- und Kreditanleihen zusammenfassend: „Derjenige Betrag der russischen Staatsschuld im weitesten Sinne, der im Auslande placiert ist, ist in den letzten fünf Jahren (1893—1897) um 400 bis 500 Millionen R., also um 80—100 Millionen R. jährlich gewachsen.“ Diese Schätzung entspricht ungefähr der oben angeführten des amerikanischen Generalkonsuls. Mir selbst fehlt das Material, sie auf ihre Richtigkeit nachzuprüfen.

Nicht minder bedeutend, auch ebenso schwer in seinem Betrage zu schätzen, ist der Kapitalzuflufs auf dem Gebiete der privaten Unternehmung, vor allem der Industrie[1]. Am 1. Januar 1895 bestanden in Rufsland mit Ausschlufs der Eisenbahngesellschaften 784 Aktienunternehmungen mit 890 Millionen R. Kapital. Am 15. April 1898 bestanden 990 Aktienunternehmungen mit 1686 Millionen R. Kapital. Allein in der Metallindustrie stieg das Aktienkapital in dieser kurzen Zeitspanne von 86 auf 250 Millionen R. Es ist klar, dafs diese Zunahme des industriellen Kapitals nicht einer plötzlichen Vermehrung der russischen Ersparnis, sondern nur dem Zuflufs ausländischen Reichtums verdankt sein kann. Aufser den Neugründungen haben ältere Aktiengesellschaften mit Erfolg neuerdings im Auslande Obligationsanleihen aufgenommen, was zur Zeit schwankender Papierwährung undenkbar gewesen wäre. Als Beispiele nenne ich die Nobelschen Industrien, die Donez-Kohlenwerke u. a.

Eine weitere Folge der Währungsreform war ein gewaltiger Aufschwung des Eisenbahnbaues, ebenfalls vermittelt durch ausländisches Kapital. Es ist dies eine Erscheinung, die sich überall zeigt, sobald die Eisenbahneinnahmen aus schwankenden Papiereinnahmen zu Goldeinnahmen werden.

Neben den Staatsanleihen, welche Eisenbahnzwecken dienen, kommen hier vor allem die staatlich garantierten 4%

[1] Über die Schwierigkeit, das in der russischen Industrie vom Auslande angelegte Kapital zu schätzen vergl. Bulletin Russe 1897, S. 394/395. Der Verfasser übersieht, dafs auch Aktien russischer Aktiengesellschaften in das Ausland abfliefsen können.

Eisenbahnobligationen privater Gesellschaften in Betracht, von denen seit 1894 bis Anfang 1899 ein Betrag von ca. ¾ Milliarden Mark allein in Deutschland untergebracht wurde. Aufserdem aber werden — eine bisher in Rufsland ungewohnte Erscheinung — neuerdings auch Eisenbahnen lediglich aus privaten Mitteln ohne Staatsgarantie gebaut, insbesondere in den Westprovinzen[1]. Im ganzen befanden sich Anfang 1899 an 5000 Werst Privatbahn im Bau.

Aufser diesen langfristigen Kapitalanlagen sind seit den Tagen der Festigung der Valuta kurze oder jederzeit kündbare Bankkredite in ansehnlichen Beträgen von Europa nach Rufsland gelegt worden, wozu der Unterschied des Zinsfufses anlockt. Diese Bankkredite haben zur Voraussetzung, dafs der Kreditgebe rsich sicher fühlt, wann er will, aus der Währung herauszukommen, d. h. dafs die russische Reichsbank jederzeit Golddevisen zu festem Kurse verkauft. Diese Kredite waren undenkbar, solange der Rubel ein schwankendes Papiergeld war. —

Wie ein vom Druck befreiter Schwamm saugt heute Rufsland begierig fremdes Kapital auf. Die Reaktionäre nennen es „den Verkauf Rufslands an die Fremden", ein Vorwurf, der allerdings vielfach monopolistischem Privatinteresse entspringt, „welches die Maske des Patriotismus annahm"[2].

Sind koloniale Böden je anders als durch das Kapital der alten Volkswirtschaften entwickelt worden? Ist es nicht häufig ein Zeichen gerade des Aufblühens eines Handlungshauses oder Industrieunternehmens, wenn es fremde Gelder sich dienstbar macht? Freilich legt jede solche „Verschuldung"

---

[1] Vergl. Näheres in der Ökonomischen Rundschau September 1898, S. 108 ff.

[2] So der Finanzminister Witte in seiner oben angeführen Rede in der Kommission zur Regulierung des Getreidehandels. Nicht gilt dieser letztere Vorwurf von Schaparoff-Ol, welche bona fide die Verschuldung als „Verlust" betrachten und die Papierwährung bevorzugen, weil sie die Verschuldung an das Ausland erschwere, a. a. O. S. 14 ff.

dem Leiter sowohl des Privatunternehmens, wie der Staatsfinanzen schwere Verantwortung für die Gegenwart und die Zukunft auf.

Fragen wir nach den Folgen der Kapitaleinfuhr für die Zahlungsbilanz einer Volkswirtschaft.

Kapitaleinfuhr bedeutet die Entstehung von Bankguthaben gegen das investierende Ausland, welche zur Kompensation mit Forderungen des Auslandes gegen das Inland benutzt werden. Diese Forderungen wären sonst mit Ausfuhr zu begleichen gewesen. Kapitaleinfuhr bedeutet gestundete Ausfuhr. Es ist möglich, dafs die aus der Kapitaleinfuhr sich ergebenden Forderungen des Auslandes an Zins, Dividende und Amortisation demnächst durch abermalige Kapitalzufuhr getilgt werden; aber diese Thatsache schiebt die Notwendigkeit einer endlichen Regelung der Zahlungsverpflichtungen durch Ausfuhrüberschüsse nur auf, beseitigt sie nicht.

Zeitweise allerdings und vorübergehend kann das Verhältnis das entgegengesetzte Aussehen haben. Übertrifft die Kapitalzufuhr nämlich im gegebenen Augenblick die vorhandenen Zahlungsverpflichtungen des Inlandes an das Ausland, so können zwar Stundungen der Bankguthaben eintreten. Aber solche Stundungen sind wegen Zinsverlustes unwirtschaftlich. Auch können die mit ausländischem Kredit ausgestatteten Eisenbahngesellschaften, Industriewerke u. s. w. derartige Stundungen sich meist gar nicht leisten, da sie in ihren Ziehungen ja nicht durch die Rücksicht auf die Zahlungsbilanz ihres Landes, sondern den eigenen Geldbedarf bestimmt werden.

Zum weit gröfseren Teil wird also der Aktivsaldo der Zahlungsbilanz, besonders wenn er sich mehrere Jahre wiederholt, zur Bezahlung einer Mehreinfuhr verwandt werden müssen.

Diese Einfuhr ist zunächst Edelmetalleinfuhr, welche jedoch ihre Grenze an dem Bedarf nach Umlaufsmitteln findet. Über diese Grenze hinaus erhöht sie die inländischen Preise, erschwert also die Ausfuhr und befördert die Wareneinfuhr, womit sie sich selbst korrigiert.

Die Mehreinfuhr ist also sodann Wareneinfuhr, häufig das einzige Mittel, um eine aufsergewöhnlich günstige Zahlungsbilanz produktiv für die heimische Volkswirtschaft zu verwenden. Die Antwort auf die Milliardenübertragung aus Frankreich nach Deutschland Anfang der 70er Jahre war eine ungünstige deutsche Handelsbilanz [1]. Hierzu kommt, dafs die Kapitalzufuhr, wenigstens der Tendenz nach, die Warenausfuhr hemmt, indem Arbeiter, welche sonst Ausfuhrwaren hergestellt hätten, z. B. Getreide als landwirtschaftliche Tagelöhner, an inländischen Werken, z. B. Eisenbahnbauten, Hochöfen u. s. w. beschäftigt werden [2].

Eine vorübergehende Verschlechterung der Handelsbilanz ist in solchen Fällen keineswegs erschrecklich, oft unvermeidlich. Es kommt nur darauf an, ob diese Mehreinfuhr produktiv angelegt wird, d. h. ob sie der Verminderung künftiger Einfuhr und der Vermehrung künftiger Ausfuhr dient.

Kommen wir, um diesen Gedanken zu erläutern, auf den oben gebrauchten Vergleich der Staatsfinanzen mit einem Privatunternehmen zurück. Für den Privatunternehmer, der sich verschuldet, kommt es nur darauf an, ob er mit den ihm gewordenen Mitteln Gebäude, Maschinen u. s. w. aufstellt, die in ihrem Ergebnis in letzter Linie mehr eintragen, als die zu zahlenden Zinsen und Amortisationen.

Wir wenden nunmehr diesen Satz auf Rufsland an. Der Strom europäischen Kapitals, welcher sich neuerdings nach Rufsland ergiefst, kann wieder abebben. Seine dauernde Folge, die Belastung Rufslands mit Zins, Dividende und Amortisation, ist nur dann gefahrlos, wenn jenes Kapital solchen Anlagen zugeleitet wird, welche auf die Dauer die Zahlungsbilanz

[1] Helfferich, Deutsche Geldreform I, S. 380.

[2] Nasse, Münzreform und Wechselkurse, in Hirths Annalen 1875, S. 596.

Rufslands verbessern, während eine augenblickliche Verschlechterung der Handelsbilanz dem gegenüber unbedenklich wäre.

B. Rufslands Handelsbilanz.

Da bei Rufsland als einem Lande, welches keine Zinsen vom Auslande bezieht, die Handelsbilanz, wie wir sahen, in letzter Linie über die Zahlungsbilanz entscheidet, so betrachten wir die einzelnen Elemente der Handelsbilanz noch etwas näher und suchen uns über ihre Aussichten für die Zukunft Rechenschaft zu geben.

Rufsland, welches, dem Ausland verschuldet, um den Besitz seines Goldumlaufes zu kämpfen hat, sucht berechtigterweise die Einfuhr vom Auslande als Belastung seiner Zahlungsbilanz zu beschneiden; da jede solche Beschneidung aber Zölle, also Verteuerung der Einfuhrwaren bedeutet, so wird sie auf solchen Gebieten am unbedenklichsten Platz greifen, welche der Produktion von Ausfuhrwaren ferne stehen und diese verhältnismäfsig wenig verteuern.

Am meisten gilt dies von der Kultur subtropischer, vielleicht später tropischer Rohstoffe und Halbfabrikate durch die Entwicklung des asiatischen Rufsland.

Einer der schönsten Erfolge der russischen Wirtschaftspolitik der letzten beiden Jahrzehnte ist der Aufschwung der Baumwollkultur in Russisch-Centralasien. Ihm wird bereits heute verdankt, dafs bei grofser Ausdehnung der russischen Baumwollindustrie (1886 3,9 Millionen, 1898 6,4 Millionen Spindeln), bei kolossalem Baumwollverbrauch pro Spindel (grobes Garn!) die Baumwolleinfuhr nach Rufsland nur unbedeutende Steigerung aufweist.

Die russische Baumwollindustrie stellt nahezu ein Drittel ihrer Produkte aus heimischem Rohmaterial her[1]. Bereits

---

[1] Vergl. den Artikel in „Handel und Gewerbe“ vom 18. März 1899. Ferner den oben citierten, bereits etwas veralteten Bericht Mendelejeffs für Chicago, S. 13 der englischen Ausgabe.

1895 belief sich die russische Baumwollernte auf mehr als 4½ Millionen Pud[1].

Von allen Baumwollindustrien der Welt bietet die russische das einzige Beispiel einer protektionistischen Emporzüchtung bereits der Rohproduktion. Mit der Ausdehnung der Baumwollkultur in Transkaspien wurde nämlich der Finanzzoll auf Rohbaumwolle zunächst unbeabsichtigt zum Schutzzoll und in diesem Sinne seit den 80er Jahren bewufst weiter entwickelt. Durch Reichsratsbeschlufs vom 20. Dezember 1894 erfolgte eine beträchtliche Erhöhung dieser Zölle, von 1,40 auf 2,10 Goldrubel pro Pud. Es bedeutet dies eine Belastung von etwa 60 % des Wertes der Baumwolle franko russischer Hafen. Der Finanzminister begründete im Finanzboten vom 1. Januar 1895 die besprochene Mafsregel unter andern in folgender Weise: „Es ist volkswirtschaftlich wünschenswert, dafs Centralasien alles kulturfähige Land für Baumwollproduktion verwendet, seinen Weizenbau einschränkt, um nicht nur seine bisherige Rolle als Konkurrent der südrussischen und kaukasischen Weizenproduzenten aufzugeben, sondern auch, um als Weizenkäufer auf dem russischen Markt aufzutreten“; wir können hinzufügen, auch auf sibirischem Getreidemarkt nach Bau der Eisenbahn Taschkend-Samarkand.

Einige Angaben über das asiatische Produktionsgebiet dürften nicht ohne Interesse sein, zumal da seine Bedeutung in Westeuropa noch vielfach unterschätzt wird; ich bin hierfür in der Lage, die Angaben zweier mit diesem Gegenstande praktisch vertrauter Gewährsmänner zu benutzen.

Die Baumwollkultur in Turkestan ist uralt und beschränkte sich bis zur russischen Annexion des Landes auf den Anbau der Baumwolle aus einheimischer Saat, welche eine kurzstapelige, minderwertige Flocke liefert. Um die mittelasiatische Baumwolle für Zwecke einer europäischen

[1] Vergl. Näheres bei Raffalovich, Marché financier 1896/97, S. 382.

Grofsindustrie brauchbar zu machen, war der Ersatz der einheimischen durch amerikanische Sorten nötig.

Die eingewanderten Russen machten zunächst Versuche mit Anpflanzung von wertvollen Sea-Islands, die an der Trockenheit des Klimas scheiterten. Sie gingen hierauf Anfang der 80er Jahre in der Umgegend von Taschkend auf Upland-Saat über, deren Kultur nach Erschliefsung des Landes durch die transkaspische Bahn im Jahre 1888 sich südwestlich nach Samarkand und Merw ausbreitete.

Die vorteilhaftesten Bedingungen für die Baumwollkultur herrschen jedoch in dem östlicher gelegenen Ferghana. Hier vereinigt sich ein günstiges Klima mit der Möglichkeit reichlicher Bewässerung. Als typisch für die transkaspische Baumwollkultur überhaupt dürfen die Anbauverhältnisse Ferghanas gelten: „Der Landbesitz ist unter den eingeborenen Sarten stark parzelliert; die Besitzflächen sind nicht gröfser als $1/2$ bis 5 Defsjätinen und werden von den Eigentümern selbst bestellt. Die Auswucherung dieser Kleinbauern durch eingeborene Gelddarleiher verhinderte die Produktion eines für Spinnmaschinen geeigneten Rohstoffes. Seine Verbesserung war nur denkbar, als den asiatischen Dorfwucherern eine europäische Konkurrenz erwuchs. Dies leistet der Agent des russischen Fabrikanten, welcher dem Bauern ein Handgeld und Samen giebt und ihn durch einen Kontrakt verpflichtet, die Baumwolle, die er ernten wird, zu einem bestimmten Preise zu liefern. Gegenüber dem so organisierten Kleinbetriebe erweist sich der im Syr-Darja-Gebiete vorkommende russische Plantagengrofsbetrieb konkurrenzunfähig. Dagegen ist die Reinigung der geernteten Baumwolle Maschinenbetrieb und als solcher in den Händen der Vorschüsse gewährenden Kaufleute und Fabrikanten“ [1].

Die bisherigen Versuche haben erwiesen, dafs in Transkaspien beste Qualitäten zu erzielen sind. Es ergiebt sich

[1] So einer meiner an diesem Geschäft beteiligten Gewährsmänner.

dies bereits aus den verhältnismäfsig hohen Preisen der asiatischen Produkte; kostete z. B. Februar 1896 in Moskau:

	Rubel per Pud
Amerikanische Full. good middling Savanna	9,70 — 9,75
Ägyptische good nach type 16	12,35 — 12,50
Daneben beste Kokand (Ferghana), maschinengereinigt, aus amerikanischem Samen .	10,20 — 10,30
Samarkand, I. Sorte, maschinengereinigt aus amerikanischem Samen	9,90 — 9,95
Dagegen Chiwa, handgereinigt	7,85
Persische, aus indigener Saat	6,00 — 6,10

Haupthemmnis der Ausdehnung der Baumwollkultur sind die noch wenig entwickelten Verkehrsverhältnisse. Die Kosten des Karawanentransportes bis zur Bahnstation einschliefslich Versicherung, Kommission u. s. w. verschlingen 20 % vom Werte der Baumwolle. Gegenwärtig wird ein nicht unbeträchtlicher Teil der Ernte an Ort und Stelle noch naturalwirtschaftlich verbraucht. Die Verzweigung des Eisenbahnnetzes wird auch hier die Naturalwirtschaft zurückdrängen und die Ausfuhr steigern.

Seit Anfang der 90er Jahre gewinnt die asiatische Baumwolle nicht nur in Moskau, sondern selbst in Polen an Boden. Um so mehr bedeutet der Baumwollzoll eine Belastung Polens und Petersburgs zu Gunsten Moskaus und Wladimirs. Übrigens ist auch Moskau nicht in der Lage, die Vorteile der Wolgastrafse für den Baumwollbezug voll auszunutzen. Die im September bis November geerntete Baumwolle kann nur zum kleineren Teile noch im selben Jahre den Wasserweg nach Moskau einschlagen. Der gröfste Teil geht, um Zinsen, Gewichtsverluste, Lagerung und Versicherung zu ersparen, den langen und teuren Eisenbahnweg über den kaspischen Hafen Petrowsk. Sollte die Industrie einmal nach diesen kaspischen Häfen einen Ableger einsenken, ähnlich wie Bombay neben Manchester aufkam? Die asiatischen Absatzmärkte liegen hier vor der Thür und, während Bombay englische Kohlen braucht, finden sich unter den kaspischen Häfen unerschöpfliche Erdölbassins. Diese Frage, welche ich vor mehreren Jahren aufwarf[1], ist seitdem, früher als ich erwartete, in bejahendem Sinne entschieden worden durch das Entstehen grofser Baumwollspinnereien zu Baku und Petrowsk[2].

Ich glaubte in obigem Zusammenhang bei dem Baumwollanbau in Transkaspien mit einigen Worten verweilen zu sollen, weil er vorbildlich sein dürfte für andere subtropische Kulturen. Für Jute und Seide ist eine solche Entwicklung bereits im Gange[3]. Früchte und Wein liefert der Kaukasus und das Südufer der Krim in wachsenden Mengen. Dafs letztere Gegend bereits Qualitätsweine anstrebt, lernte ich bei einem dortigen Gastfreunde kennen.

Bei der ungeheuren Verbreitung des Theekonsums in Rufsland bedeutet das Vordringen des Ceylonthees von Odessa her eine schwere Belastung der russischen Zahlungsbilanz. Im Jahre 1896 wurden in Odessa an Ceylonthee teils direkt, teils via London ungefähr 1 Million englische Pfund eingeführt, 1897 dagegen über 2 Millionen — ein Zeichen der sprunghaften Entwicklung dieses Handels[4]. Gleiches gilt für Batum, von wo aus der Ceylonthee bis an die chinesischen Grenzen vordringt. Demgegenüber scheinen die Fortschritte der Theekultur in Russisch-Asien (Kaukasus) noch gering; vielleicht dürfte eine teilweise Rückkehr des Theehandels in den alten Überlandweg mit Fertigstellung der sibirischen Eisenbahn die russische Zahlungsbilanz um die Fracht dieses wertvollen Artikels bereichern.

Auch auf dem Gebiete der Industrie giebt es zweifellos wichtige Zweige, in denen durch Erstarkung der heimischen Produktion die Einfuhr vom Auslande endgültig beschränkt ist, was sich unter anderm an der deutschen Einfuhr nach

[1] Schmollers Jahrbuch Bd. XX, S. 1185.

[2] Vergl. Ökonomische Rundschau, Dezember 1898, S. 19.

[3] Vergl. Raffalovich, Marché financier 1897/98, S. 384 und den Bericht des englischen Konsuls in Odessa für 1897, S. 6.

[4] Bericht des englischen Konsuls in Odessa für 1897, S. 7 8, ferner des englischen Konsuls in Batum für 1897, S. 12.

Rufsland verfolgen läfst[1], in der heute ganz andere Artikel eine Rolle spielen, als vor zwanzig Jahren.

Werfen wir einen Blick auf die russische Einfuhr aus Europa, wobei wir als den wichtigsten und bezeichnendsten Fall die Ausfuhr Deutschlands nach Rufsland in das Auge fassen — natürlich in diesem Zusammenhang vom Standpunkt der russischen Volkswirtschaft aus.

Auch hier gilt der Satz von Josiah Tucker, dafs in einem jungen und kapitalarmen Lande zunächst solche Industrien entwicklungsfähig sind, in deren Produktionskosten das Element des Rohstoffes gegenüber Arbeit und Kapital eine verhältnismäfsig bedeutende Rolle spielt[2]. Daher hat — vom russischen Interessenstandpunkt aus mit Recht — das Ausland[3] im deutsch-russischen Handelsvertrag auf dem Gebiete dieser Industrien geringe Zugeständnisse erreicht.

Rufsland kommt als Markt für ausländischen Zucker nicht mehr in Betracht; die geringen von Deutschland hinsichtlich Finlands erlangten Zugeständnisse sind, schon weil zeitlich begrenzt, ohne gröfsere Bedeutung. Ähnliches gilt von der Papierindustrie, deren Rohstoffe Rufsland in reichlicher Menge besitzt — wenigstens hinsichtlich der gewöhnlichen Massenerzeugnisse; dagegen hat der Handelsvertrag die Ausfuhr qualifizierter Papiere (Bunt-, Photographiepapier, Papierwäsche u. s. w.) gefördert. Auch auf dem Gebiete der in Rufsland hochentwickelten Glasindustrie, welche hier, wie so häufig, den Wäldern folgt, hat Deutschland seit dem Beginn der 80er Jahre eine starke Einbufse an seiner Ausfuhr erlitten, mit der es auch nach Vertragsabschlufs zu

---

[1] Vergl. Auswärtiger Handel des deutschen Zollgebietes 1880/96, herausgegeben vom Reichsamt des Innern. V. Rufsland. — Interessante Beispiele über die Abnahme der Einfuhr einzelner industrieller Produkte giebt Pokrowski, Über die Festigkeit der russischen Handelsbilanz, S. XXVII-XXX. Leider fehlt die Zeit nach Abschlufs der Handelsverträge völlig.

[2] Vergl. meinen „Grofsbetrieb“. Leipzig 1892, S. 8.

[3] Der Vertragstarif mit Deutschland gilt bekanntlich auch für die übrigen meist begünstigsten Nationen.

rechnen hatte. Ebensowenig hat die vertragsmäfsige Herabsetzung des Cementzolles die früher beträchtliche deutsche Ausfuhr wieder besonders gehoben. Dagegen waren die Zollermäfsigungen auf dem Gebiete der Thon-, Porzellan- und Fayenceindustrie nicht ohne Bedeutung. Ebenso ist es eine natürliche Erscheinung, dafs auf dem Gebiete der Lederindustrie die Ausfuhr gewöhnlicher Leder nach Rufsland abnimmt. Dagegen waren die Zollherabsetzungen für feinere Leder geeignet, die deutsche Ausfuhr zu fördern.

Ähnlichen Erscheinungen begegnet man auf dem Gebiete der Textilindustrie. Baumwollwaren, Gegenstände des breiten Massenverbrauchs, fertigt Rufsland selbst; ja auf dem Gebiete dieser seiner mächtigsten Grofsindustrie stellt es bereits hochwertige Qualitäten mit Erfolg her. Die Moskauer Kattundrucke, welche ich vor kurzem in der Chemieschule zu Mülhausen im Elsafs sah, nehmen es mit den besten Erzeugnissen Westeuropas auf — aufser vielleicht im Preise. Die deutsche Ausfuhr an Baumwollgarn und -geweben nach Rufsland weist seit den 80er Jahren einen beträchtlichen Rückgang auf; demgegenüber fallen gewisse Konzessionen des Handelsvertrages, z. B. für baumwollene Wirkwaren, nicht allzu sehr in das Gewicht. In ähnlicher Weise hat die Ausfuhr Deutschlands nach Rufsland in der Leinen- und Seidenindustrie gegen früher stark abgenommen.

Etwas günstiger liegen die Aussichten Europas seit Abschlufs der Handelsverträge auf dem Gebiete der Wollindustrie. Insbesondere ist es als Fortschritt zu begrüfsen, dafs der auch für den Fachmann schwer festzustellende Unterschied zwischen Waren aus Streichgarn und solchen aus Kammgarn wegfiel, der früher zu den gröfsten Zollplackereien Anlafs gegeben hatte. Immerhin hat Polen seit den 80er Jahren auch auf diesem Felde grofse Fortschritte gemacht, insbesondere vielfach mit deutschem Gelde eine eigne Kammgarnspinnerei entwickelt. Nur Garnen hoher Qualität und Specialitäten bleibt der Absatz gesichert. Günstiger verhält es sich mit dem Absatz von Wollgeweben, Konfektions- und Hutwaren, für welche letztere bereits der russisch-französische Handelsvertrag Zollermäfsigungen brachte.

Alles in allem ist auf dem Gebiete der Textilindustrie Rufslands Produktion heute sehr erstarkt. Mit Erfolg wird Europa auf immer feinere Produkte zurückgedrängt, für deren Absatz allerdings die wachsende Wohlhabenheit der städtisch-gewerblichen Klassen und der damit zunehmende Luxus auch in Zukunft einige Gewähr bietet. Die schutzzöllnerische Emporzüchtung der Textilindustrien aber ist vom Standpunkt des russischen Interesses aus verständlich: diese Industrien, vor allem die Baumwollindustrie, liefern die Hauptwerte, mit denen Rufsland die Erzeugnisse seiner asiatischen Besitzungen bezahlt und damit in Bezug auf Rohstoffe seine Zahlungsbilanz entlastet.

Widersinnig dagegen ist es, die Einfuhr auf solchen Gebieten zu beschränken, wo dieselben mittelbar oder unmittelbar gröfsere Ausfuhrwerte schaffen, als die Einfuhr selbst gekostet hat. In diesem Falle liegt die Einfuhr im Interesse der Zahlungsbilanz, also der Verteidigung der Währung. Der zwischen Ausfuhr und Einfuhr sich ergebende Saldo ist in diesem Fall Reingewinn, welcher als Reservekapital in der russischen Volkswirtschaft fortarbeitet oder der allmählichen Rückkehr russischer Effekten aus dem Auslande dient.

In erster Linie stehen hier solche Zweige der Einfuhr, in denen das wichtigste Ausfuhrinteresse Rufslands, das landwirtschaftliche, unter dem bisherigen Schutzzollsystem unmittelbar zu leiden hatte. Kein wichtigeres Interesse der russischen Volkswirtschaft, als Verbesserung der landwirtschaftlichen Technik und Verminderung der landwirtschaftlichen Produktionskosten! Diesem Zwecke dienen alle Zollherabsetzungen auf dem Gebiete der Eisenindustrie, wovon einige nicht unwesentliche der deutsch-russische Handelsvertrag gebracht hat. Zu nennen sind u. a. Bleche[1], Nägel, Kessel,

[1] Ersatz des Strohdaches durch das Blechdach, Verminderung der Feuersbrünste, dieser Geifsel des ländlichen Rufsland!

Bassins, Reservoirs, Brücken, Röhren[1] u. s. w.! Noch unmittelbarer auf die Landwirtschaft Bezug haben die ebenfalls herabgesetzten Zölle auf emaillierte Blechgeschirre, landwirtschaftliche Werkzeuge und Maschinen, Lokomobilen, Feuerlöschapparate u. s. w.

Durch autonomes Zollgesetz hat Rufsland neuerdings in dieser Richtung weitere Schritte gethan und für eine Anzahl komplizierterer landwirtschaftlicher Maschinen vom 1. September 1898 an völlige Zollfreiheit eingeführt[2]. Hierzu gehören bestimmte Sorten von Mähmaschinen, Dreschmaschinen, ferner Dampfpflüge, Apparate für Weinbereitung u. s. w. Hierzu kam eine Zollherabsetzung für Lokomobilen um mehr als die Hälfte, Zollfreiheit für Kaïnit, Chilisalpeter, Kali und gewisse Chemikalien, welche der Vertilgung landwirtschaftlicher Schädlinge dienen. Alle diese Zollbefreiungen und Zollermäfsigungen laufen gesetzlich bis zum 18. Dezember 1903 — da Rufsland sie augenscheinlich als Kompensationsgegenstände für einen künftigen deutsch-russischen Handelsvertrag in der Hand behalten wollte.

In der Frage der Eisenbahnmaterialien hat dagegen Rufsland noch heute die hochschutzzöllnerische Politik der 80er Jahre beibehalten. Nur Lokomotiven werden, letzthin in nicht unbeträchtlichen Mengen, wieder vom Westen eingeführt. Selbstverständlich sind die von den pacifischen Häfen aus gebauten Bahnen zur Zeit auf ausländisches Material angewiesen; vor kurzem meldeten z. B. die Zeitungen von einer Bestellung von 180 000 Tonnen Stahlschienen seitens Rufslands bei der amerikanischen „Carnegie Steel Comp.“

Wie weit sich die Abschliefsungspolitik auf diesem Gebiete aufrecht erhalten lassen wird, entzieht sich meiner Beurteilung. Jedenfalls steht Rufsland mit Abschlufs der Währungsreform, um eine günstige Zahlungsbilanz durch gesteigerte Ausfuhr aufrecht zu erhalten, vor der Forderung gewaltigster Eisenbahnbauten. Es handelt sich, kurz gesagt, um dreierlei: um

[1] Bewässerungen und Entwässerungen!

[2] Vergl. Ökonomische Rundschau Mai 1898, S. 94.

asiatische Bahnbauten, welche das riesige Festland vom Persischen Meerbusen bis zum Stillen Ocean zunächst mit den wichtigsten Hauptlinien überspannen, sodann um neue Hauptlinien im europäischen Rufsland in der Richtung vom Osten nach dem Westen und den Seehäfen, da der asiatische Verkehr die bisherigen Linien überlastet; endlich handelt es sich um neue europäische Anschlufslinien und dichtere Bemaschung der Westprovinzen, entsprechedd ihrem zunehmend industriellen Charakter [1].

Im engen Zusammenhang mit dem Besprochenen liegen Gebiete, auf denen allgemein kulturelle Interessen in Betracht kommen, deren Bedeutung für den wirtschaftlichen Fortschritt nicht hoch genug angeschlagen werden kann.

In einem Lande, in welchem das „Zeit ist Geld“ erst wenigen aufgegangen ist, ist es kulturfeindlich. Uhren durch Uhrenzölle zu verteuern [2]. In einem Lande, dem keine höhere Aufgabe als die der Volksbildung gesetzt ist, gilt das gleiche von Zöllen auf Schiefertafeln, Griffel, Bücher, Karten, Musikalien, Bilder, Kupferstiche, mathematische Apparate, Buchdruckerschriften, Clichés, Druckerplatten u. s. w., ebenso wie von Zöllen auf unverarbeitetes Blei, welches in Rufsland wenig gewonnen wird und grofsenteils den soeben genannten bildungsfreundlichen Zwecken dient. In einem Lande mit einer Sterblichkeit von mehr als 40 vom 1000 in den inneren Gouvernements (so Janson für die Jahre 1884—88), kommen bezüglich vieler Erzeugnisse der chemischen Industrie wichtige hygieinische Gesichtspunkte in Betracht. Die riesigen Entfernungen des Reichs, deren Kulturwidrigkeit von so vielen Russen beklagt wird, überwinden Telegraphenkabel und Telephondrähte, telegraphische wie telephonische Apparate. Einfuhrerleichterungen auf diesen Gebieten heben die Produktivität der russischen Volkswirtschaft um das Vielfache ihres Wertes.

[1] Näheres über den russischen Bahnbau findet sich fast in jedem Heft der „Ökonomischen Rundschau.“

[2] Vergl. den Bericht des englischen Konsuls in Warschau für 1897, S. 40: Uhren fangen eben erst an, dem Arbeiter Bedarfsartikel zu sein.

Gleiches gilt von jenen Hilfsstoffen der Industrie, deren Mehreinfuhr ein Beleg gerade des industriellen Aufschwungs ist. Hierzu gehören z. B. Kratzen, Maschinentreibriemen, feuerfeste Steine, welche neuerdings beträchtlich eingeführt werden, Kohlen und Coaks, vor allem aber Maschinen, welche 1896 mit einer Einfuhr von ca. 30 Millionen Mark, abgesehen vom Edelmetall, den wichtigsten Posten der deutschen Einfuhr nach Rufsland ausmachten.

Für letztere Einfuhrwaren brachte der deutsch-russische Handelsvertrag zum Teil nicht unerhebliche Zollherabsetzungen. Ist es doch unbestritten, dafs der russische Maschinenbau den Bedürfnissen Rufslands bei weitem nicht entspricht. Auch befördert die verstärkte Einfuhr von Maschinen die Errichtung von zahlreichen, über das ganze Land zerstreuten, der Remonte dienenden Werkstätten, woran Rufsland grofses Interesse hat.

Zeitgemäfs war es, dafs dynamoelektrische Maschinen durch Versetzung in Art. 167, 2 des russischen Tarifs den übrigen Maschinen gleich gestellt wurden. Elektrische Kraftübertragung und Reingewinnung von Metallen auf elektrolytischem Wege sind für Rufsland wichtige Aufgaben der nächsten Zukunft, während eine russische Industrie auf diesem Gebiete fehlt[1].

Auch hinsichtlich zahlreicher Erzeugnisse der chemischen Industrie liegen Einfuhrerleichterungen im Interesse der russischen Industrie. Wäre der Aufschwung der Baumwollindustrie, vor allem die Ausfuhr in die farbenfreudigen Länder des Ostens möglich ohne den Regenbogen, welchen die europäische Wissenschaft aus dem unansehnlichen Teerstoff hervorgezaubert hat?

Der industrielle Fortschritt geht eben nicht sprungweise, sondern schrittweise. Er ergreift, wie wir sahen, zunächst

---

[1] Vergl. „Materialien zur Beurteilung des Entwurfs eines deutsch-russischen Handelsvertrags“, herausgegeben im Auftrage von Mitgliedern des Zollbeirats, S. 40.

die Gebiete, auf denen der Rohstoff die mit ihm zu verbindenden Werte von Arbeit und Kapital überwiegt. Sodann erobert er solche Produktionszweige, in denen ein mittleres Verhältnis dieser drei Komponenten aller Produktion besteht, z. B. die breiten Zweige der Textil- und Eisenindustrie. Nur langsam schreitet er fort zu den Gebieten, in denen Arbeit und Kapital über den Rohstoff völlig die Herrschaft gewonnen haben. Am schwersten zugänglich sind ihm diejenigen Produktionszweige, wo die Arbeit selbst zur qualifizierten, d. h. geistigen geworden ist, sei es zur hochgelernten Arbeit an der Maschine — Beispiel der mit Maschinen betriebene Maschinenbau und Schiffsbau — sei es zur wissenschaftlichen Denkarbeit, so in der elektrischen oder chemischen Industrie.

Die europäische Einfuhr nach Rufsland mufs ihren Schwerpunkt mehr und mehr auf letztere Gebiete verschieben, weil Rufsland andere und zunächst wichtigere gewerbliche Aufgaben zu lösen und so zu sagen die Hände voll hat. Eine derartige Einfuhr ist als die Einfuhr von Produktionsmitteln für Rufsland geradezu wünschenswert; dies gilt insbesondere dann, wenn eine aufsergewöhnlich günstige Zahlungsbilanz zeitweise eben nicht anders, als durch Mehreinfuhr ausgeglichen werden kann. Auch für das einführende Europa ist eine solche Entwicklung nicht ungünstig, weil ein wohlhabender, halbindustrieller Nachbar gewöhnlich ein besserer Abnehmer ist, als ein armer und vorwiegend naturalwirtschaftlicher. —

Die nachhaltige Verbesserung der russischen Zahlungsbilanz, welche in Tagen zunehmender Zins- und Dividendenbelastung gegenüber dem Auslande die erste Aufgabe aller russischen Wirtschaftspolitik sein mufs, ist nur zu erreichen durch kräftige Vermehrung der Ausfuhr.

Handelt es sich doch bei der Ausfuhr um viel höhere absolute Ziffern, denn bei der Einfuhr; eine prozentuale Vermehrung ergiebt hier also viel mächtigere Resultate. Die Pflege der Ausfuhr ist um so wichtiger, als eine allseitige, die Zahlungsbilanz stark verbessernde Beschneidung der Einfuhr undenkbar ist. Möglich wäre sie höchstens bei Erhaltung naturalwirtschaftlicher Verhältnisse. Unmöglich ist sie für einen jungen, in vollster Entwicklung begriffenen Kolonialboden wie Rufsland.

Hierzu kommt ein weiterer Gesichtspunkt: nur die Vermehrung der Ausfuhr vermehrt die Zahl der Handelsumsätze. Unmittelbar vermehrt sie die Handelsumsätze mit dem Auslande, mittelbar die zwischen Industrie und Landwirtschaft im Inlande. Damit aber wächst das Material an Devisen und Wechseln, welches für die Entwicklung der echten Banknote unentbehrlich ist — ein Ziel, dessen Erreichung, wie wir sahen, die Währungsreform erst krönen und abschliefsen würde.

Die russische Ausfuhr in ihren Hauptzweigen zeigt folgende Tabelle:

	in Millionen Rubel Kredit	
	1895	1896[1]
Nahrungsmittel	371	357
Roh- und Hilfsstoffe für die Industrie	232, 3	235, 9
Lebende Tiere	0,01	0,01
Fabrikate	12	10, 3

Ein Blick auf diese Ziffern widerlegt zunächst die Utopisten, welche die russische Zahlungsbilanz bereits durch Industrieausfuhr umgewälzt sehen. Zwar kann man gewifs mit Erfolg die Ausfuhr einiger Industrieprodukte nach Asien weiter entwickeln. So exportierte die Baumwollindustrie im Durchschnitt der Jahre 1881—84 für 1,9 Millionen Rubel, im Durchschnitt der Jahre 1891—94 für 7,8 Millionen Rubel[2]. Aber was sind diese Ziffern gegen die Hunderte von Millionen,

[1] Raffalovich, Marché financier 1896/97, S. 398. Neuere, aber wohl nur provisorische Ziffern giebt „Handel und Gewerbe" vom 4. März 1899.

[2] Vergl. Raffalovich, Marché financier 1897/98, S. 383. Neuerdings hat die Ausfuhr von Baumwollfabrikaten, trotz Prämien, wieder abgenommen. Vergl. „Handel und Gewerbe" vom 4. Januar 1899.

welche das Activum der russischen Zahlungsbilanz erfordert? Diese Summen sind nur auf den reichen Märkten Westeuropas einzuheimsen.

Wir lernten oben an einem Beispiel die Gründe kennen, welche für die meisten Zweige der russischen Industrie eine Konkurrenz auf deutschem und englischem Boden auf lange hinaus unmöglich machen. Der Vergleich mit Amerika ist unzutreffend: Amerika ist das Land der Maschinen, Rufsland das Land niedrig gelohnter, aber thatsächlich teurer Handarbeit. Die eigentliche Massenausfuhr Rufslands mufs daher nach wie vor und auf lange hinaus in Rohstoffen, Halbfabrikaten und Nahrungsmitteln ihren Schwerpunkt finden; dies ist um so mehr der Fall, als in Sibirien ein junges Rufsland sich aufthut.

Ein gesunder Fortschritt liegt in der Richtung des Übergangs vom Rohstoff zum Halbfabrikat, z. B. vom Getreide zum Mehl, vom Baumstamm zum Balken oder Brett; dieser Fortschritt erfordert jedoch billige Maschinen, also Einfuhrerleichterung für qualifizierte Industrieprodukte.

Auf folgenden Gebieten scheint Rufslands Ausfuhr besonders steigerungsfähig. Ich mache sie nur namhaft, da eine nähere Behandlung dieser Fragen eingehende Specialuntersuchungen erforderte.

Der ganze Norden Rufslands und der gröfste Teil Sibiriens sind mit Wäldern bedeckt, vielfach von Natur ewiges Waldgebiet. Mit der Verbesserung der Verkehrswege, z. B. auch der Anwendung der Schmalspurbahn, mit Entwicklung der nördlichen Küstenschiffahrt u. s. w. gewinnen jene bisher wertlosen Waldgebiete hohen Ausfuhrwert.

Auch der äufserste Süden weist ein Naturprodukt auf, dessen Ausfuhr für die Zahlungsbilanz Rufslands von steigender Bedeutung sein mufs: das Naphtha und seine Nebenprodukte. Nach Ansicht der Sachverständigen ist die Naphthaausbeute Rufslands auf lange hinaus nicht nur gesichert, sondern gewaltig steigerungsfähig[1]. Die russische Erzeugung

[1] „Handel und Gewerbe“ vom 18. März 1899 spricht von einem „neuen Baku“.

hat in wenigen Jahren und aus geringen Anfängen heraus die amerikanische heute ungefähr erreicht.

Auch die Rückstände der russischen Petroleumraffinerie sind von steigender Bedeutung. Schon heute beherrscht Rufsland in Schmierölen den Markt. Naphtharückstände sind zudem wertvoll, z. B. als konzentriertes Feuermaterial für die Kriegsmarine, deren Beweglichkeit sie fördern, bedeutungsvoll für wichtige Zweige der chemischen Industrie — alles Aussichten auf eine wachsende Ausfuhr.

Um so befremdender ist es, dafs neuerdings die Petroleumausfuhr Rufslands wieder zurückgegangen ist. Das russische Petroleum, welches vor einigen Jahren ein Viertel des westdeutschen Bedarfes deckte, ist heute aus Rotterdam verschwunden[1]. Nach einer Mitteilung des russischen Finanzboten betrug von der Ausfuhr beider Länder:

	die Ausfuhr Amerikas,	die Rufslands.
1888	79,2 %	20,8 %
1892	69,8 %	30,19 %
1897	75 %	25 %.

Nur allzunahe liegt diesen Ziffern gegenüber der Gedanke eines planmäfsigen Zusammenhanges zwischen den amerikanischen und russischen Exporteuren, zumal da anerkanntermafsen viel englisches und amerikanisches Kapital in der russischen Naphthaindustrie angelegt ist. Bei einer „Teilung der Märkte“ wäre Rufsland zu kurz gekommen[2].

Nicht zu übersehen ist ferner die russische Goldproduktion. Dieselbe kann heute, nachdem das Währungsmetall beschafft ist, wieder der Ausfuhr dienen, abgesehen von den Beträgen, die der steigende Bedarf an Umlaufsmitteln, sowie die Thesaurierung jährlich verschlingt[3]. Letzterer Be-

[1] Frankfurter Zeitung vom 16. Dezember 1898.

[2] Man vergl. über diese schwierige Frage die interessanten Artikel der Frankfurter Zeitung vom 24., 25., 26. November 1898, sowie die Antwort des Staatsrates Timirjasjeff.

[3] Die aufserordentliche Zunahme der Sparkasseneinlagen (vergl. Bulletin Russe 1897 S. 221) beweist, dafs die Thesaurierung zu Sparzwecken auch in Rufsland durch neuere Methoden der Geldanlage

trag ist nicht zu niedrig anzuschlagen, u. a. auch in Anbetracht der riesigen Aufstapelung von Gold zur Bekleidung von Heiligenbildern in Kirchen und Klöstern. Gegenüber dieser währungspolitisch sehr bedenklichen, unausgesetzten Abzapfung des Währungsmetalls frägt man sich, ob nicht auch vergoldetes Silber den Heiligen recht wäre. Ist der projektierte Hochzoll auf Silber währungspolitisch ratsam?

Wie dem auch sei, jedenfalls kann in Zukunft von einer ungünstigen, den Geldumlauf bedrohenden Zahlungsbilanz erst dann die Rede sein, wenn die Edelmetallausfuhr die inländische Produktion, abzüglich der genannten beiden Posten, übersteigt. Innerhalb dieser Grenze ist die Goldausfuhr ein ebenso aktiver Posten der Handelsbilanz Rufslands, wie die Getreideausfuhr.

Heute beträgt die jährliche Goldproduktion an 60 Millionen Rubel neuer Währung[1], auf welcher Höhe sie sich seit geraumer Zeit hält. Die Fortschritte der sibirischen Bahn, die neuerdings eingeführte Zollfreiheit für Maschinen und Chemikalien zur Goldgewinnung, die Erschliefsung neuer Gebiete (Ochotsk)[2], alles dies giebt der Hoffnung Raum, dafs die russische Erzeugung, wenn nicht zunehmen, so doch ihre Höhe behaupten wird.

Zu diesen hoffnungsvollen Umständen müfste sich allerdings auch eine Reform der veralteten Steuergesetzgebung gesellen, welche jedes Korn gewonnenen Goldes durch die Hände der Regierung hindurch zwingen will und dadurch einen unerhörten Schmuggel zu Schleuderpreisen grofs zieht. „Zum Schutz und zur Wahrung der gesetzlichen Ordnung umspannt die Regierung die ganze Produktion mit einem Netz der Schwierigkeiten, das jeden Fortschritt niederhält“[3].

---

ersetzt wird: 1877 betrugen die Sparkasseneinlagen erst 6½ Millionen Rubel, 1896 428,8 Millionen Rubel.

[1] Sehr schwer zu schätzen wegen des Schmuggels, der von eingeweihten Beamten auf 20 % der offiziellen Produktion veranschlagt wird.

[2] Vergl. Ratzel, Geographische Zeitschrift 1898, S. 271.

[3] Vergl. H. Meyer, Münzwesen und Edelmetallproduktion Rufslands. Leipzig 1893, S. 102 ff.

Hierzu kommen als weiteres Hindernis die unerhört schlechten Verkehrsverhältnisse Sibiriens. Die Zufuhr von Nahrungsmitteln und Werkzeugen nach vielen Gruben des Lenagebietes dauert von Irkutsk aus gegen 1½ Jahre beschwerlicher Flufsschiff- und Schlittenfahrt mit langen durch das Klima aufgenötigten Pausen — „eine Zeit, die selbst den Wagemut schwergeprüfter Männer auf harte Proben stellt“. Welchen Fortschritt bedeutet hier die Eisenbahn!

Immerhin entscheidet heute und für die praktisch in Betracht kommende Zukunft die Ausfuhr landwirtschaftlicher Erzeugnisse über Rufslands Zahlungsbilanz, wie denn auch zur Zeit der schwankenden Papierwährung der Ernteausfall, die Ausfuhrmenge und die Preise des Getreides die Valuta im wesentlichen beherrschten [1]. Die Einführung der Goldwährung wäre ein verfehltes und kostspieliges Experiment, wenn man nicht mit steigender Ausfuhr landwirtschaftlicher Erzeugnisse rechnen könnte und solche mit allen Mitteln zu befördern willens wäre.

Gewisse, bisher mehr oder weniger vernachlässigte Erzeugnisse der russischen Landwirtschaft bieten in Zukunft gute Aussichten für steigende Ausfuhr: Eier und Eistoffe, deren Ausfuhr in letzter Zeit aufserordentlich gewachsen ist, Butter, Käse, Fleisch und Fleischkonserven, Flachs [2] und Wein, Zucker für asiatischen Verbrauch u. s. w. Trotzdem wird auf lange hinaus der Getreidebau für Rufslands Ausfuhr die leitende Bedeutung bewahren.

Glücklicherweise ist Rufslands Produktionsfähigkeit gerade

---

[1] So mit Recht Helfferich, Aufsenhandel und Valutaschwankungen, in Schmollers Jahrbuch 1897, S. 392, natürlich abgesehen von Effektenverschiebungen.

[2] Eine hervorragende Autorität aus russischen Handelskreisen bezeichnet mir brieflich die Qualität des sibirischen Flachses als sehr hoch, die Preise desselben als gut; die Aussaat habe jedoch bisher wenig zugenommen: der geerntete Flachs werde in Sibirien noch vorwiegend am Platze für Hausbedarf verarbeitet. — Dagegen wurde schon vor Erbauung der sibirischen Bahn Leinsaat aus Sibirien ausgeführt.

auf diesem Gebiete noch aufserordentlich steigerungsfähig. In Betracht kommen folgende Gesichtspunkte:

Noch ist das Netz russischer Eisenbahnen und Wasserstrafsen so weitmaschig, dafs grofse Teile des europäischen Rufsland für die Getreideausfuhr gänzlich aufser Betracht bleiben. Noch sind selbst in der Ackerbauzone westlich der Wolga Gegenden keine Seltenheit, welche 200—300 Werst von der Eisenbahn entfernt sind; dagegen beträgt die mittlere Zufuhrentfernung, welche Mertens für 16 Eisenbahnlinien berechnet, 14—42 Werst, die gröfste Zufuhrentfernung 25—183 Werst von der Eisenbahnlinie[1]. Nur innerhalb dieser Grenzen werden Ernteüberschüsse dem Weltmarkt zugeführt.

Aber auch in diesem dem Verkehr erschlossenen Gebiete sind die Kosten der Zufuhr nach der Station per Achse oder Schlitten sehr hoch: sie drücken die örtlichen Preise und halten die Ausnutzung der gegebenen Produktionsmöglichkeit durch Fortschritte der Technik, vermehrten Anbau u. s. w. hintan. Der Zustand der russischen Landwege wird von Russen selbst als „Wegelosigkeit“ bezeichnet. In der That sind diese sog. „Wege“ tiefzerfahrene Streifen Landes unbestimmter Breite; im Schwarzerdegebiet sind sie während Wochen im Jahre schlechthin unpassierbar, zur Zeit der Schneeschmelze ein unergründliches Meer von Morast. Ich selbst habe die Bekanntschaft dieses Meeres gemacht und gedenke dankbar der Bauern, die im Donschen Kosakenlande den Fremdling nebst Wagen und Pferden aus dem Schlamm herauszogen, der eine Erdspalte völlig überdeckte, in welcher unser Wagen zu versinken drohte.

Trotz solcher Wegeverhältnisse spielt diese primitivste Form des Transports, welche ich oben schilderte (Kapitel V passim), noch heute in Rufsland eine aufserordentliche Rolle. So wurden z. B. 1894 den Schwarzmeerhäfen per Achse noch 110 Millionen

[1] Vergl. Mertens, Rufslands Bedeutung für den Weltgetreidemarkt. In Mayr's statistischem Archiv 1892, S. 587.

Pud Getreide zugeführt — Schätzung einer landwirtschaftlichen Zeitschrift[1].

Jede Verbesserung der Verkehrswege, vor allem jede engere Maschung des Eisenbahnnetzes mufs die Marktproduktion des Getreides auch im europäischen Rufsland noch beträchtlich steigern.

Produzent des zur Ausfuhr gelangenden Getreides ist zur Zeit noch vorwiegend der adlige Grofsgrundbesitz. Wir sahen oben, wie der Grofsgrundbesitz vom kaufmännischen, auf Marktproduktion specifisch angewiesenen Unternehmertum angebröckelt wird. Wichtiger noch: auch auf dem Boden des bäuerlichen Betriebes ist die Ausbildung von „Überschufswirtschaften" die wichtigste Aufgabe aller Agrarpolitik. Wir sahen zugleich, wie der Staat die natürliche Entwicklung, die in dieser Richtung bereits liegt, fördern mufs: der Fortbestand eines naturalwirtschaftlichen Bauernproletariats ist mit den staatlichen Machtinteressen auf die Dauer unvereinbar. Da Rufsland aber vorwiegend Bauernland ist, so ist ersichtlich, wie sehr diese Entwicklung der Getreideausfuhr zu Hilfe kommen mufs.

Auch jede Verbesserung der Volksbildung fördert die produktiven Fähigkeiten der bäuerlichen Bevölkerung, also die Marktproduktion des Getreides.

Die Technik der Landwirtschaft ist zur Zeit noch eine sehr niedere. Die herrliche Schwarzerde, welche mit den besten Teilen Deutschlands, z. B. der Magdeburger Börde, den Vergleich aufnimmt, ist noch wenig auf ihre Ertragsfähigkeit ausgenutzt; ihre unteren Schichten sind wegen zu niederer Pflügung noch unberührt. Von der Ackerfläche Rufslands liegen alljährlich noch ungefähr 40%—60% Brache[2], während die Ackerfläche selbst nur etwa 40% des gesamten Landareals

---

[1] Chosjain 1896, S. 783.

[2] Im Gebiete der Steppenwirtschaft noch mehr; nach Schischkin, Landwirtschaftslehre II. Teil, S. 12/13 ist daselbst nur $^1/_4$—$^1/_3$ der Ackerfläche bebaut.

ausmacht. Jede leichte Steigerung der Getreidepreise bewirkt nicht nur, dafs neue Länder in Anbau genommen, sondern auch dafs die altbebauten intensiver bestellt werden, während umgekehrt Preissenkungen die Anbaufläche und die Anbauintensität und damit die Ausfuhrmenge verringern.

Gleiche Wirkungen wie die Steigerung der Getreidepreise übt aber jede Herabsetzung der Produktionskosten, so z. B. die Verbilligung der landwirtschaftlichen Maschinen und des Eisens durch handelspolitische Mafsnahmen, die Herabsetzung der Eisenbahntarife, die Verbilligung des Zinsfufses, letzteres eine wahrscheinliche Folge der Währungsreform, endlich die Vervollkommnung des Getreidehandels. Auf letzterem Gebiete sind neuerdings bedeutende Fortschritte erzielt worden. Bis vor wenigen Jahren wurde das russische Getreide auf den westeuropäischen Märkten bedeutend niederer gewertet als die transatlantische Konkurrenzware[1] — eine Folge seiner unreinen Beschaffenheit. Heute teilt mir ein hervorragender westdeutscher Getreidehändler mit, dafs infolge verbesserter Qualität der russischen Provenienz dieser Unterschied nahezu geschwunden ist.

Hinsichtlich der Neuländer des Ostens und ihrer Bedeutung für die Getreideausfuhr begegnen wir einem Zwiespalt der Meinungen. Die einen behaupten, dafs die zum Getreidebau geeignete Fläche Sibiriens bereits gröfstenteils besiedelt sei; die andern weisen darauf hin, dafs der gröfste Teil Sibiriens noch heute mit Fichtenwald bedeckt ist und dafs, wo der Wald gedeihe, auch Getreidebau, wenigstens Roggenbau, möglich sei. Zum Beleg hierfür verweisen sie auf Einzelansiedlungen, ja ganze Dörfer, welche in diesen Einöden, deren landwirtschaftliche Brauchbarkeit bestritten wird, noch heute immer wieder von neuem entstehen und von den Behörden oft erst nach Jahren „entdeckt“ werden.

Um gegenüber den Widersprüchen der Litteratur mir Klarheit zu verschaffen, wandte ich mich an einige der

[1] Nähere Angaben enthält hierüber für 1894 Pokrowski, Über die Festigkeit der russischen Handelsbilanz, S. 66 ff.

gröfsten Getreidefirmen Petersburgs und Revals, welche als Experteure sibirischen Getreides mit dem sibirischen Getreidehandel in engster Fühlung stehen. Das Ergebnis dieser Nachfrage läfst sich in folgenden Sätzen zusammenfassen.

Das Gebiet, welches ausführt, wird wesentlich bestimmt durch die Höhe der internationalen Getreidepreise (bei höheren Preisen kann man weiter im Innern kaufen) und die Höhe der Transportkosten: Bahnbauten waren es, welche sibirisches Getreide zur Ausfuhrware machten. Erst nach Fertigstellung der Bahnlinie Perm-Jekaterinenburg-Tjumen und besonders seit Eröffnung der sibirischen Bahnstrecke Tschelabinsk-Ob erscheint sibirischer Weizen in gröfseren und wachsenden Mengen auf dem Petersburger und Revaler Markte, sowie in Rostoff am Schwarzen Meer; er erreicht erstgenannte Märkte von der Wolgastrafse aus über Rybinsk vielfach zu Wasser, letzteren Hafen über Zarizin per Eisenbahn. Die neuerdings vollendete Bahnlinie Perm-Kotlas eröffnet dem sibirischen Erzeugnis einen neuen, nördlichen Ausfuhrhafen in Archangel.

Praktisch in Betracht kommt für die Ausfuhr bislang nur das westliche Sibirien, das Stromgebiet der Irtysch und des Ob mit den Getreidemärkten von Semipalatinsk und Barnaul. Aber schon von Barnaul aus verschlingt die Fracht ungefähr zwei Drittel des Petersburger Preises, wobei die Zinsverluste des sehr langwierigen Transportes nicht inbegriffen sind. Darüber hinaus hört zwar die Besiedelung nicht auf; aber das gebaute Getreide wird gröfstenteils naturalwirtschaftlich oder auch zur Versorgung der ostsibirischen Bergwerksbezirke verwandt. Die Fracht von Irkutsk nach Reval kostet meist schon mehr als den Weltmarktspreis des Getreides; selbst geschenkte Ware würde Europa nicht erreichen.

Sibirische Ausfuhrware ist bisher ausschliefslich ein Weizen hochstehender Qualität, der im Handel durchaus beliebt ist. Die Beschaffenheit desselben pafst mehr für den ausländischen als den russischen Markt. Roggen wird nicht ausgeführt, wahrscheinlich weil er die Transportkosten nicht trägt[1]. Sibirischer Produzent ist ausschliefslich ein Bauer, der von Agenten lokaler Getreidehändler besucht und zum Anbau von Marktfrucht erzogen wird.

Jede Steigerung der internationalen Getreidepreise auch nur um Kopeken, jede Verbilligung der Bahnfracht, jede neue Zweiglinie[2], jede Verkürzung der Ableitungslinien im europäischen Rufsland vergröfsert das Ausfuhrgebiet. So erwartet man z. B. von der kürzlich bestätigten europäischen Linie Wjatka-Tosna eine Steigerung der Zufuhren auch sibirischer Herkunft und vermehrte Ausfuhr über Reval und Hangö (Finland).

Die Frage der Besiedelungsfähigkeit Sibiriens ist demgegenüber gleichgültig; denn gewaltige Gebiete sind bereits besiedelt, ohne auch nur ein Korn auf den Weltmarkt zu bringen.

Sicherlich aber können auch diejenigen Gebiete, die bereits in den Weltmarkt eingezogen sind, ihre Produktion noch beträchtlich steigern. Die Besiedelung Sibiriens ist sehr dünn. Der Ansiedler erhält zumeist 15 Defsj. Land und aufserdem ist jedem Kreise eine Landreserve zugewiesen, welche an die Bauern verpachtet werden kann. Aber gerade diese Bauern-Pächter sind vielfach gröfsere, für den Verkauf arbeitende Produzenten. Die Zunahme der Bevölkerung und die Erleichterung des Absatzes lassen auf vermehrte Ausfuhr auch aus diesen bereits erschlossenen Gebieten rechnen. „Thatsächlich findet die Vergröfserung der Anbaufläche in ganz Westsibirien statt; besonders kann man solches sagen von den Gebieten längs des Flusses Irtysch, wo sich hauptsächlich die Sekte der Molokanen angesiedelt hat, welche durch Fleifs und Ausdauer berühmt ist. Zur Vergröfserung tragen auch sehr viel die neueren landwirtschaftlichen Geräte bei, welche

---

[1] Der Roggenüberschufs Sibiriens wurde vorwiegend zur Branntweinbrennerei verwandt, zu welchem Zwecke gegenwärtig der Kartoffelbau auf Kosten des Roggens Fortschritte macht. Immerhin hat die Regierung auch neuerdings zur Verpflegung der Notleidenden im Innern Rufslands beträchtliche Roggenquantitäten aus Sibirien ausgeführt. Allein aus Kurgan sollen an 3 Millionen Pud expediert worden sein.

[2] Z. B. die zu erbauende Zweiglinie Bijsk-Kriwoschtschokowo.

von den Neuansiedlern mitgebracht und in einigen Jahren die bisherigen höchst primitiven Werkzeuge verdrängt haben werden.“ So einer meiner mit den sibirischen Verhältnissen genau vertrauten Gewährsmänner.

Fassen wir das Gesagte zusammen: angesichts der gewaltigen Naturschätze Rufslands, welche einer Erschliefsung jetzt schneller und energischer entgegengehen als je zuvor, erscheint das Urteil gerechtfertigt, dafs Rufslands Zahlungsbilanz zur Erhaltung und Verteidigung der Goldwährung ausreichen dürfte, freilich nur, wenn gewisse, oben näher bezeichnete Voraussetzungen erfüllt werden. Hierzu gehört in erster Linie kräftige Entwicklung der Ausfuhr, hierfür Eisenbahnbau mit verbilligtem Eisen und agrarpolitische Reformen, welche der Überführung des Gemeindebesitzes in individualrechtliche Bahnen die Wege ebnen und die sog. „reichen Bauern“ grundsätzlich fördern, ferner eine Politik der Volksbildung, besonders auch auf dem Lande, und eine verkehrsfreundliche Handelspolitik, welche, ohne den Schutz der vorhandenen Industrien Preis zu geben, die Produktionskosten der Ausfuhrwaren verbilligt, Absatzmärkte sichert, und den extrem schutzzöllnerischen Bestrebungen Westeuropas den Weg verlegt.

Alles dies gilt von Zeitläuften politischer Ruhe. Bei Verfinsterung des politischen Horizontes mufs heute noch mehr als bisher die internationale Verschuldung Rufslands in den Vordergrund treten. Hierfür kommt aufser der Zunahme dieser Verschuldung, welche die Folge der Währungsreform war, in Betracht, dafs mit der Durchführung der russischen Goldwährung alle russischen Anleihen sowohl im Auslande wie im Inlande ihren Markt haben. Damit ist die Gefahr eines Rückflusses dieser Werte, auch der früheren Goldanleihen, nach ihrer Heimat heute gröfser, denn früher. Die Möglichkeit, auf diesem Wege die russische Goldwährung zu sprengen, ist nicht zu leugnen.

Zwar könnte im Falle einer plötzlichen Panik die russische Reichsbank durch Krediterschwerung vorübergehend vielleicht ihre eigenen Landesangehörigen verhindern, russische

Werte gegen Goldausfuhr vom Auslande zu beziehen, obgleich die Erfahrung lehrt, dafs gerade im Fall einer politischen Krisis eine solche Krediterschwerung kaum durchzuführen ist. Einem dauernden und schleichenden Mifstrauen gegenüber, das die russischen Werte in ihre Heimat zurückbeförderte, hat Rufsland kein Mittel. Hier liegt die eigentliche Gefahr für die russische Goldwährung.

Wie verhalten sich die Thatsachen zu dieser theoretischen Möglichkeit? Diese Frage führt auf das Gebiet der auswärtigen Politik.

Schlufs.

Ich bin weit entfernt, den Leser, der mir einen weiten und ermüdenden Weg gefolgt ist, noch auf das Feld der auswärtigen Politik einzuladen. Die Beurteilung des Details erfordert hier eingehende Kenntnis, insbesondere auch von Personalien, welche der Fachmann nur in langer Praxis hinter den Coulissen erwirbt. Kannegiefserei ist es, ohne solche Kenntnis die schwierigen und verantwortungsvollen Probleme dieses Gebietes der Staatskunst zu behandeln.

In ihren grofsen Zügen dagegen liegt die internationale Situation Rufslands offen vor aller Augen. Ebenso wie Rufsland zur Zeit auf Frankreichs Freundschaft rechnen kann, ebenso sicher, ja vielleicht noch sicherer ist ihm die Gegnerschaft Englands. England kann sich im einzelnen Falle mit Rufsland vergleichen, aber stets wird es eine Machtentfaltung gegnerisch betrachten, welche den Besitz Indiens zur Frage des Landheeres macht und England in dieser Hinsicht des Vorteils seiner insularen Lage beraubt. Tories wie Socialdemokraten in England stimmen in der Feindschaft gegen Rufsland überein[1].

---

[1] Bezeichnend dafür, wie weit die englischen Arbeiter in den Staat eingearbeitet sind, war ein Artikel des Socialdemokraten Hyndman, welcher als Führer der äufsersten Linken in der englischen Arbeiterwelt bekanntlich geringen Einflufs hat. Er bedauerte den neuerlichen

Demgegenüber ist die Stütze, welche Frankreich bietet, für den russischen Kolofs zwar wertvoll, aber nicht breit genug.

Es gilt dies zunächst vom finanzpolitischen Gebiet.

Eine Statistik über die örtliche Verteilung der im Auslande untergebrachten russischen Werte ist nicht vorhanden, auch nicht zu beschaffen. Die beliebte Schätzung nach den Zinsauszahlungsstellen ist nahezu wertlos, weil der Wechselkurs die Zahlungsanweisungen nach dem Orte lockt, wo sie am günstigsten zu verwerten sind. Man ist daher auf die Meinungen intimster Sachkenner angewiesen.

Eine ausgezeichnete französische Finanzautorität, welche an den russischen Emissionen in Frankreich hervorragend beteiligt war, schätzte mir gesprächsweise den Betrag der in Frankreich untergebrachten russischen Staats- und staatlich garantierten Eisenbahnanleihen auf mindestens 6 Milliarden Frs. Dem entsprechen die umlaufenden Schätzungen, welche zwischen 3½ und 7 Milliarden Frs. schwanken. Hierzu kommen 300—400 Mill. Frs. an russischen Industriewerten in Frankreich.

Aber das Kapitalbedürfnis Rufslands konnte sich nicht auf den französischen Markt beschränken. Nachdem gegen Beginn der 90er Jahre nahezu alle russischen Werte aus Deutschland abgeflossen waren, sind neuerdings namhafte Beträge staatlich garantierter russischer Eisenbahnobligationen auf deutschem Markte untergebracht worden. Diese Beträge wurden mir von sachkundigster Stelle Anfang 1899 auf über ¾ Milliarden Mark geschätzt. Hierzu kommen nicht näher zu schätzende, jedenfalls weit geringere Beträge gleichartiger

---

Vertrag Salisburys mit Rufsland, weil er günstige Kriegschancen verscherze; so denkt eine Klasse, deren Vorfahren als Chartisten die bestehende Gesellschaft mit Mord und Brandstiftung bedrohten und gegen das Vaterland ausländische Hilfe suchten!

Papiere in Holland, sowie ca. 500 Mill. Frs. russischer Industriewerte in Belgien. England besitzt zur Zeit sehr wenig an russischen Werten.

Prüfen wir an der Hand dieses Überblickes die Gefahr der Rückkehr der russischen Werte nach ihrer Heimat, etwa in Tagen der Verfinsterung des politischen Himmels.

Die in Frankreich befindlichen russischen Staatsanleihen liegen aufserordentlich fest. Sie sind mehr und mehr in die Hände des kleinen Sparers gesickert. Wenige französische Rentner, welche heute neben französischer nicht russische Rente besäfsen! Diese Kreise reagieren nur auf akute politische Ereignisse, besonders auf solche, welche Rufsland unter den Feinden Frankreichs erscheinen liefsen, was nicht zu befürchten ist. Die Sorge, mit ihrem Besitz in Papierwährung zu geraten, dürfte sie kaum zum Abstofs ihres russischen Besitzes veranlassen.

Anders die in Westeuropa angelegten industriellen Werte, welche im ganzen bald eine Milliarde Frs. betragen dürften. Sie sind vorwiegend in der Hand von Grofskapitalisten, welche Währungsbefürchtungen äufserst zugänglich sind; sie sind um so beweglicher, als im Kriegsfall die inneren Industrien blühen und daher den russischen Erwerber die Aussicht auf erhöhte Dividende lockt.

Hierzu kommen die im übrigen Europa angelegten russischen Staatswerte, welche sicherlich beweglicher sind, als die in Frankreich angelegten, endlich die seit Herstellung der Goldwährung an russische Firmen reichlich gewährten europäischen Bankkredite. Letztere Kredite würden zweifellos sofort gekündigt, sobald Gefahr bestünde, mit ihnen in Papierwährung zu geraten.

Die nach Rufsland zurückkehrenden Wertpapiere und die gekündigten Kredite müfsten die Russen mit dem Golde in der Cirkulation und dem gegen Rubelnoten einzutauschenden Golde der Staatsbank bezahlen. Die in Bewegung geratenden Summen wären, selbst wenn wir die in Frankreich angelegten Milliarden als ruhend betrachten, ausreichend, um die russische Goldwährung in Frage zu stellen.

Bedarf Rufsland also in solchen Tagen der finanzpolitischen Stütze von ganz Europa, so gilt dies auch in Tagen der Ruhe hinsichtlich des künftigen Kapitalbedürfnisses. Denn Rufsland ist mit dem bisher erlangten Kredit bei weitem nicht befriedigt — man denke nur an die riesenhaften Bahnbauten, welche die nächste Zukunft erheischt.

Rufsland suchte vor kurzem auf englischem Markte Absatz für neue Anleihen. Von mancher Seite wurde selbst dem Abrüstungsvorschlage Rufslands diese Nebenabsicht untergeschoben. Augenscheinlich ist der Erfolg dieses Versuches kein grofser gewesen, weil eben die City als Wächterin der englischen Nationalinteressen auch in diesem Falle sich bewährte. Aber selbst, wenn ein wiederholter Versuch besseren Erfolg haben sollte, so liegen doch russische Werte auf englischem Markte erfahrungsgemäfs wenig fest und können auf politischen Anstofs hin leicht in Bewegung geraten [1].

Nach wie vor bleibt Rufsland auf den Pariser, den Berliner und den im Gefolge beider stehenden Amsterdamer Geldmarkt angewiesen, welche zur Zeit lediglich durch Geldknappheit, nicht durch politische Gründe verschlossen sind. Falls diese Geldknappheit sich als dauernd erweisen sollte, so könnte Rufsland durch Zugeständnis eines etwas höheren Zinses sich diese Märkte wieder öffnen.

Auf den französischen Markt insbesondere kann Rufsland auch in Zukunft mit genügender Sicherheit rechnen. Anfang der 90er Jahre begründeten noch politische Hoffnungen bekannter Art die Gier, mit der Frankreich russische Werte aufsog. Allmählich entschleierte Rufsland die Unmöglichkeit, sich für die gehofften Zwecke gebrauchen zu lassen [2]. Frankreich hatte damals aber bereits zu viel der russischen Werte

---

[1] Diese politischen Hindernisse auf englischem Markte beklagt das Memorandum Witte's an das Ministerkomitee vom 26. April 1899.

[2] Vergl. u. a. die offiziöse „Ökonomische Rundschau“ Juni 1898, S. 138, 148, September 1898, S. 120; ferner auch das bekannte Buch von Bloch, Der Krieg. passim.

geschluckt, um nicht mit dem Wohl und Wehe des Zarenreiches auf lange verschlungen zu sein. Hierzu kamen englisch-französische Gegensätze, welche die russischen Neigungen neu belebten. Abgesehen hiervon ist es auch sachlich durchaus begründet, dafs der alte Kapitalreichtum Frankreichs, welcher durch den heimischen Bedarf nicht genügend in Anspruch genommen ist, sich dem jungen Osten Europas zuwendet, wo er ohne die Gefahr politischer Zwischenfälle arbeiten kann.

Aber immerhin, Frankreich ist heute ziemlich voll von russischen Werten und seine Aufnahmefähigkeit in Zukunft keine unbeschränkte. Rufsland braucht mehr.

Auf nüchternem Berliner Markte dagegen bedeuten Gefühlsregungen wenig. Es bedarf hier der Einsicht, dafs die wirtschaftliche Zukunft Rufslands eine grofse, die Sicherheit, die es bietet, eine gute, seine Finanzverwaltung eine solide ist, und dafs politische Gegensätze mit dem Nachbarn nicht zu befürchten sind.

Rufsland bedarf finanzpolitisch eines befreundeten Europas, bei welchem Deutschland nicht fehlen darf. Nur der ganze europäische Kontinent vereint wäre entfernt vergleichbar der Stütze, welche die Vereinigten Staaten an dem Londoner Geldmarkt besitzen.

Wenn Deutschland für Rufsland in finanzpolitischer Beziehung immerhin in zweiter Linie steht, so steht es vornan als Markt russischer Waren. Es ergiebt sich dies aus unten folgender, auf russischer Ausfuhrstatistik beruhender Tabelle. Vergl. S. 613[1].

Folgende Ziffern zeigen des näheren die Bedeutung Deutschlands als natürlichen Marktes der russischen Produkte. Nach der Aufstellung des russischen Finanzboten stammte von der Gesamteinfuhr der betreffenden Länder aus Rufsland in %[2]:

---

[1] Vergl. auch Statistik des Deutschen Reichs, u. a. Auswärtiger Handel des deutschen Zollgebiets im Jahre 1897, S. 240.

[2] Raffalovich, Marché financier 1896/97, S. 376.

	Weizen		Roggen		Hafer		Gerste	
	1894/95	1895/96	1894/95	1895/96	1894/95	1895/96	1894/95	1895/96
in England	25,6	28,3	—	—	72,2	67,5	74,8	45,9
in Frankreich	44,3	40,9	—	—	49,1	35,1	28,3	5,1
in Deutschland	39,3	51,9	88,5	83,3	88,7	91,9	50,8	62,3
in Holland	62,0	61,2	73,6	70,2	97,6	92,9	71,8	67,8

Nach Raffalovich hat Rufsland ausgeführt in Millionen Frs.[1]

	nach Deutschland,	nach Frankreich.
im Durchschnitt der Jahre 1885/92	543	192
im Jahre 1894	678	281
„ „ 1895	710	194.

Russische Sachkenner scheinen sogar geneigt, die deutsche Einfuhr aus Rufsland für beträchtlicher anzunehmen, als die russische und deutsche Statistik angeben, weil Bruchteile dieser Einfuhr in der Einfuhr Deutschlands aus Holland und Belgien, bezw. in der Ausfuhr Rufslands nach diesen den Seeverkehr Deutschlands vermittelnden Ländern enthalten seien. Nach dem Berichte der russischen Gesandtschaft zu Stuttgart, angeführt in „Materialien zur Ausarbeitung von Eisenbahntarifen für Getreide“, 1889, S. 85 und 86, ist das Getreide, welches Baden und Württemberg einführen, zum gröfsten Teile russischen Ursprungs, während es in den Ziffern der Einfuhr Deutschlands aus Rufsland nur teilweise enthalten sei. Die Richtigkeit dieser Anschauung belege der Umstand, dafs z. B. 1889 Deutschland offiziell 66 % der russischen Roggenausfuhr einführte, Deutschland, Belgien und Holland zusammen dagegen 95,7 %, während doch die beiden letztgenannten Länder bekanntlich wenig Roggen verbrauchen.

Ins Gewicht fällt auch die gewaltige Steigerung, welche, bei allen Schwankungen im einzelnen, gerade Deutschlands Einfuhr aus Rufsland in den letzten Jahren aufweist; dieselbe schliefst zweifellos grofse Zukunftsmöglichkeiten in sich. Die

[1] Raffalovich, Marché financier 1896/97, S. 407.

Einfuhr Deutschlands aus Rufsland hat sich von 3—400 Mill. Mark jährlich Ende der 80er Jahre auf über 700 Millionen Mark 1897 gehoben.

Nach seiner geographischen Lage aber ist ein Teil Deutschlands zugleich derjenige Abnehmer, an den Rufsland am vorteilhaftesten, weil mit den geringsten Frachtkosten, verkauft. Es zeigte sich dies nach Abschlufs der deutschen Handelsverträge mit Österreich und den Balkanstaaten, an deren Vergünstigungen Amerika, nicht aber Rufsland teil nahm. Der offizielle Finanzbote (1893 Nr. 32) schrieb darüber: „Der Unterschied zu Gunsten der konkurrierenden Länder beträgt 7,6 Kopeken Gold gleich 12 Kopeken Kredit pro Pud Getreide, was einer Fracht von 500 Werst nach den russischen Eisenbahntarifen gleichkommt.“ In der That wirkte der deutsche Differentialzoll nicht anders, als ein russischer Ausfuhrzoll gewirkt hätte — Verhältnisse, die der deutsche Kampfzoll weiter verschlimmerte.

Wie sehr Deutschland der naturgemäfse Markt russischer Produkte ist, zeigte sich auch darin, wie schnell es seine, durch den Zollkrieg unterbrochene Bedeutung für den russischen Absatz wiedergewann[1].

Deutschland ist endlich der einzige ausländische Verbraucher russischen Roggens. Deutschland kann für seine Fabrikate im Notfall andre Käufer suchen, nicht aber Rufsland für seinen Roggen. Beim Roggen wird daher nach den Untersuchungen Conrads auch ein gröfserer Teil des deutschen Getreidezolles auf den russischen Produzenten abgewälzt, wie beim Weizen; bei Steigerung der deutschen Zölle, also z. B. bei den Kampfzöllen des Zollkrieges, suchte Rufsland seinen Roggenüberschufs unter allen Umständen zu verkaufen, selbst unter grofser Einbufse am Preis: es lag ein „Notangebot“ vor, in welchem Falle der Preisbildung der Verkäufer stets den kürzeren zieht. Klimatische und wirtschaftliche Gründe aber verhindern breite Gebiete Rufslands, vom Roggen- zum

[1] Hierüber vergl. den interessanten Bericht des Generalkonsuls der Vereinigten Staaten zu Frankfurt a. M. 1894, mir bekannt aus Raffalovich, Marché financier 1894/95, S. 202.

Weizenbau überzugehen. Der Roggen ist die Frucht des Bauern in breiten Teilen des Reiches.

So war der Handelsvertrag mit Deutschland für Rufsland als Sicherung seines wichtigsten Marktes von grofser Bedeutung, insbesondere zu einer Zeit der Erhöhung der französischen Getreidezölle.

Aber für den weiterblickenden russischen Staatsmann kam noch ein fernerer Gesichtspunkt in Betracht: die städtisch-gewerbliche Entwicklung Deutschlands schafft einen kautkräftigen Markt, auf welchem Rufsland seine Waren im Notfalle durch Vermittelung der Eisenbahn und eventuell der Donaustrafse absetzen kann, auch bei Blockade der russischen Küsten durch eine feindliche Flotte. Für die Verteidigung der Goldwährung und des internationalen Kredits, den Rufsland in solchen Tagen besonders braucht, ist die ungestörte Ausfuhr russischer Produkte erstes Erfordernis.

Aber nicht nur finanz- und handelspolitische Gründe, nicht nur Rücksichten auf die junge, mit schweren Opfern erkaufte Goldwährung weisen Rufsland auf die Verständigung mit dem westlichen Nachbarn. Hierzu kommen politische Gründe im engeren Sinne des Wortes. In einer Zeit asiatischen Vorrückens braucht Rufsland Deutschlands befreundete Neutralität.

Die Notwendigkeit einer Rückendeckung nach Westen würde Rufslands Aktionsfähigkeit im Osten schlechthin lahm legen.

Diesem Bedürfnis Rufslands gegenüber ist zu fragen: wie verhalten sich hierzu nicht die deutschen Sympathien, sondern die deutschen Interessen? Im Gegensatz zur Zeit der fürstlichen Kabinettskriege dürfen heute die gegenseitigen Beziehungen grofser und gleichberechtigter Nationen durch nichts anderes als durch Erwägungen vernünftigen und weitsichtigen Interesses bestimmt sein. Die lebende Generation ist eben nur Nutzerin einer von den Vorfahren gesammelten Erbschaft und zugleich Treuhänderin des überkommenen Besitzes für ungeborene Geschlechter. Die hierin liegende Verantwortung ist zu grofs, als dafs man sich ihrer unter Einmischung von

Gefühl und Leidenschaft entledigen dürfte: niemand darf wohlthätig sein auf fremde Rechnung.

Deshalb scheint es mir richtig, auch hier die Interessenfrage in den Vordergrund zu rücken. Mag die Interessengemeinschaft aller Völker, wie sie R. Cobden lehrte, auf lange hinaus ein schöner Traum sein, so giebt es zweifellos Fälle eines weitgehenden Interessenparallelismus einzelner Nationen — der, wo vorhanden, die aufrichtigste und sicherste Grundlage gegenseitigen Verständnisses ist.

Deutschland hat kein Interesse, so scheint mir, das der politischen und wirtschaftlichen Machtentfaltung des Zarenreiches gegensätzlich wäre. Es liegt kein Grund vor, weswegen wir von der freundnachbarlichen Neutralität abgehen sollten, mit welcher wir Rufsland während des Krimkrieges und der polnischen Revolutionen die wesentlichsten Dienste leisteten. Ja, es können Gründe vorliegen, Rufsland wirtschaftlich weiter zu fördern, sowie z. B. die Berliner Terminbörse zur Zeit des letzten Orientkrieges dem Rubel als Fallschirm diente, Deutschland als einziger Markt damals russische Papieranleihen aufnahm, und bald darauf den von England Afghanistans wegen abgestofsenen russischen Werten eine Heimstätte bot.

Zur Begründung dieses Satzes kommen folgende Gesichtspunkte in Betracht.

So hoch wir immer die Fortschritte anschlagen, welche Rufsland neuerdings gemacht hat, so besteht heute doch nicht die Gefahr einer russischen, sondern eher die einer angelsächsischen Weltherrschaft. Gerade in England ist das Ideal Cobdens mehr als anderswo verblafst: der Gedanke einer Gemeinschaft gleichberechtigter Nationen und die Entfernung politischer Herrschaftseinflüsse aus den Wirtschaftsbeziehungen der Welt. Leitende Staatsmänner Englands sprechen von der „einen, alles verschlingenden Rasse", von der „Abdankung der mittleren Staaten". Was natürlicher als ein Zusammenstehen der „Mittleren"?

Insbesondere ist England heute noch weit entfernt, den deutschen Mitbewerb als gleich natürliche Thatsache hinzunehmen, wie es die gefährlichere amerikanische Konkurrenz hinnimmt. Noch weiter entfernt ist es, Deutschland werkthätig zu fördern, wie es Amerika fördert. So wurden die jüngsten Verstimmungen zwischen Amerika und Deutschland bekanntlich in London gebraut. Trotz einzelner erfreulicher Ausnahmen betrachtet eine breite öffentliche Meinung jenseits des Kanals den Deutschen als den lästigen Parvenu, wie den Russen als den halbbarbarischen „native“.

Diese Stimmungen und Verstimmungen könnten uns gleichgültig sein; wir wollen uns hüten, sie unsern angelsächsischen Vettern zurückzugeben; denn zwischen Nationen, welche sich gegenseitig die besten Abnehmer sind, ist blinder Chauvinismus gewifs der schlechteste Ratgeber zur Regelung ihrer Beziehungen [1].

Aber ebensowenig dürfen wir über diese Verstimmungen wegsehen, weil sie schwere, wirtschaftliche Gefahren für uns in sich bergen. Die täglich wachsenden, überseeischen Interessen Deutschlands sind zur Zeit mehr oder minder abhängig von dem Wohlwollen Englands. Mit jeder Schiene, die wir in Afrika legen, geben wir an England ein Pfand für unser Wohlverhalten. Deutschlands Interesse also ist es, dafs die Herrschaft der alten Welt mehr als bisher eine Landfrage werde. Denn damit wird Deutschland, dank seiner militärischen Aufstellung zwischen Königsberg und Breslau, zu einer materiell gleichberechtigten, weil gleichstarken Partei. Als Landmacht ersten Ranges hat Deutschland ein Interesse an der wachsenden Bedeutung von Eisenbahn und Landheer in der Welt gegenüber der Flotte, in der es mit England nicht wetteifern kann. Diese massive Thatsache mufs in der schweren und verantwortungsvollen Frage, die uns vorliegt, den Entscheid geben.

Daneben sind gewisse Unwägbarkeiten nicht gänzlich zu vernachlässigen. Es ist volkspädagogisch erspriefslich, wenn

[1] England ist allerdings nicht nur Verbraucher, sondern auch Zwischenhändler deutscher Waren. Für England ist lediglich Indien ein besserer Markt als Deutschland — ein Beleg der wirtschaftlichen Bedeutung politischer Herrschaftsmomente in heutiger Zeit.

die natürlichen Neigungen des Deutschen zum Westen ihr Gegengewicht finden in der Kenntnis und Würdigung der grofsartigen Entwicklung, die sich in unserm Osten vollzieht.

Englische Neigungen beruhen bei uns vielfach nicht auf bewufster Interessenerwägung, sondern auf kosmopolitischen Stimmungen, wie sie als Erbstück der grofsen Freihandelsapostel die besten Engländer noch heute beseelen. Jenseits des Kanals sind diese internationalen Ideale ungefährlich, weil sie mit der Idee der Weltherrschaft verknüpft sind, die ihrem Wesen nach international ist: für den Engländer ist der „Fortschritt der Menschheit“ der Fortschritt Englands. So tragen diese internationalen Ideale sogar dazu bei, jene herrliche nationale Geschlossenheit zu fördern, welche wir an England bewundern. Dagegen lähmen dieselben Stimmungen die Thatkraft und das Selbstgefühl derjenigen „mittleren“ Nationen, welche sich eben nicht mit der „Menschheit“ gleichsetzen können.

Zwar liegt für Deutschland dieses Verhältnis nicht in aller Zukunft hoffnungslos fest. Der grofse Engländer, welcher die deutsche Bildung am besten kannte, Thomas Carlyle, hat ihre Überlegenheit stets anerkannt: im deutschen Idealismus fand er die höhere Versöhnung des gewohnheitsmäfsigen Kirchentums und der utilitarischen Aufklärung, jener Dissonanz, welche das englische Geistesleben durchzieht. Er wies auf Kant und Goethe, als die beiden Riesengestalten, deren Arbeit in gegenseitiger Ergänzung diese gröfste Aufgabe gelöst habe.

Aber noch ist die Erkenntnis des eignen geistigen Wesens weit entfernt, Gemeingut der gebildeten Kreise Deutschlands zu sein. Noch weniger atmen eine Atmosphäre wahrhaft nationaler Kultur diejenigen Klassen, welche die neuere Entwicklung Deutschlands emporhebt: das Grofskapital einerseits, die obere Schicht des Arbeiterstandes andererseits — homines novi in der deutschen Geisteswelt. Noch sind die Kanäle ungebaut, welche den Stauweiher unserer geistigen Vergangenheit mit dem Neulande des 20. Jahrhunderts verbinden. Noch weniger verwirklicht sind die staatlichen Folgerungen dieser unserer Kultur, welche gewifs vollste persönliche Freiheit bedeuten, allerdings neben kräftiger Bindung unter den nationalen Gesamtzweck.

Solange dieses alles der Fall ist, wird für viele von uns die zeitlich fortgeschrittenere Kultur Englands als die innerlich überlegene gelten.

Demgegenüber ist das Gefühl der Interessengemeinschaft, der Wunsch einer Verständigung mit Rufsland für den Deutschen möglich, ohne die Gefahr, sich selbst zu verlieren. Er kann dieses Gefühl verbinden mit einer aufrichtigen Sympathie für „jene wunderbare Odyssee des grofsrussischen Stammes“, wie Leroy-Beaulieu die russische Geschichte genannt hat. Er wird nicht vergessen, dafs gewisse Einrichtungen Rufslands, welche dem Europäer ein Anstofs sind, z. B. die Unfreiheit der Presse, auch in Indien bestehen, aber dort nicht zu Zwecken des nationalen Staates. Das blofse Dasein des russischen Weltreichs ist ihm eine Widerlegung der Lehre von der „e i n e n, alles verzehrenden Rasse“. Eine nähere Bekanntschaft mit der russischen Litteratur zeigt dem Deutschen zugleich die innigste Berührung mit der heimischen Geistesentwicklung.

Neben diesen mehr allgemeinen Gründen lassen sich eine Reihe w i r t s c h a f t l i c h e r Gesichtspunkte geltend machen, welche uns bestimmen sollten, die gewaltige Entwicklung des neuzeitigen Rufslands nicht als eine gegnerische zu betrachten.

Alljährlich geht ein ansehnlicher Betrag deutscher Intelligenz und Arbeit für uns verloren, indem die angelsächsische Rasse die deutsche Auswanderung mit unglaublicher Schnelle aufsaugt. Anders die Deutschen in Rufsland. Zwar haben sie vor und seit Katharina, der grofsen Tochter Deutschlands, einen hervorragenden Anteil gehabt an der politischen, wie wirtschaftlichen Entfaltung Rufslands. Man gedenke der deutschen Kolonisten und Gutsverwalter auf dem Lande, der Industrie gründenden Thätigkeit der Moskauer Kolonie u. s. w. Nationalgesinnte, aber ruhig denkende Russen erkennen diesen Nutzen der deutschen Einwanderer rückhaltlos an, so z. B.

die Petersburger Nachrichten des Fürsten Uchtomski, welche mit Recht den chauvinistischen Angstmachern zurufen: was bedeutet dieser Tropfen in dem slavischen Meere?

Dennoch gehen diese Auswanderer für Deutschland nicht völlig verloren. Das ist selbstverständlich auf einem Boden, wo noch heute Religion gleich Nationalität ist. Ergebene Unterthanen des Zaren, behalten sie deutsche Arbeits- und Lebensgewohnheiten bei. Da sie die wirtschaftlichen Lehrmeister der Russen sind, besonders in landwirtschaftlicher Technik, so führt dies zu einer Erleichterung für Deutschlands Einfuhr gegenüber dem anglo-amerikanischen Mitbewerb auf russischem Boden.

Der russische Landwirt weifs, dafs der Deutsche der beste Abnehmer der landwirtschaftlichen Ausfuhr Rufslands ist. Der Bauer sagt halb mifstrauisch halb bewundernd angesichts der Ernte, welche er in Jahren des Mifswachses auf den Feldern des Deutschen reifen sieht: „ein listiger Deutscher, selbst vom lieben Gott erzwingt er die Ernte". Aber willig lernen sie vom Deutschen. Gerade darum war Peter der Grofse ein wahrer russischer Zar, weil er diese Fähigkeit seines Volkes erkannte und den Staatsinteressen dienstbar machte [1].

In der gleichen Richtung wirken in Rufsland zu unsern Gunsten gewisse andere Verhältnisse. Dem Handwerk und der Hausindustrie, welche im russischen Gewerbeleben noch heute eine so grofse Rolle spielen, steht Deutschland immerhin näher als die auf Maschine und hochqualificierter Arbeit beruhende Industrie Englands und Amerikas. In der russischen, wie der deutschen Landwirtschaft überwiegt der Kleinbetrieb gegenüber dem gröfseren, arbeitsparenden, kapitalanwendenden Farmerbetrieb der genannten Konkurrenten. Infolge hiervon kann der Russe mit deutschen Werkzeugen vielfach besser arbeiten. So erklärt z. B. der Bericht des englischen Konsuls aus Odessa die englischen Maschinen für

[1] Ähnlich Fürst Obolenski in seinem trefflichen Aufsatze, St. Petersburger Nachrichten Nr. 194 und 206 des Jahres 1898.

„zu kompliziert“; nur ein Engländer könne sie bedienen [1]. Hierauf mag es beruhen, dafs Deutschland nach Rufsland nicht nur mehr Werkzeuge, sondern auch mehr Maschinen einführt, als England, dieses Vaterland der Maschinen, welches für gewisse Maschinen, z. B. die der Baumwollindustrie, noch heute auch für Rufsland das Monopol hat.

Endlich: die englische Ware ist auf russischem Markte, um einen englischen Ausdruck zu gebrauchen, vielfach „zu gut“. Auch in Rufsland mag noch öfters der Satz gelten, den das „Nineteenth Century“ neulich für Asien aufstellte: „wer ein ganz vorzügliches Stück haben will, besteht darauf, dafs es englisch sei“ — aber wenige Russen können solche Prima-Qualitäten bezahlen [2].

Übrigens entspricht die billigere deutsche Ware häufig wohl mehr dem Geschmack und den Bedürfnissen des russischen Käufers und wird ihm bequemer, z. B. durch Preislisten in seiner Sprache und Währung, durch Handlungsreisende u. s. w. entgegengebracht. Den englischen Reisenden schreckt der böse Blick des Kosaken, welcher an den russischen Grenzen steht; der Deutsche trinkt mit ihm ein Schnäpschen und fühlt sich auf russischem Boden heimisch, da ihm gerade manche unerfreuliche Erscheinungen des russischen Lebens aus der Heimat her nicht unbekannt sind.

Was immer die Gründe seien, die Thatsache steht fest: gegenüber dritter Konkurrenz hat Deutschland auf russischem Boden eine verhältnismäfsig günstige Stellung [3]. Mit einziger Ausnahme des Jahres des Zollkrieges 1893 steht Deutschland seit lange an der Spitze aller mit Rufsland handeltreibenden Völker.

Ich gebe folgende, auf der russischen Statistik beruhende Ziffern, wobei ich auf meine Ausführungen S. 565 verweise.

---

[1] Vergl. „Handel und Gewerbe“ vom 24. Dezember 1898.

[2] Vergl. „Handel und Gewerbe“ vom 15. Mai 1898.

[3] Vergl. hierzu z. B. den Bericht des englischen Konsuls aus Warschau für 1897, S. 4, 6, 7; aus Riga S. 5; aus Odessa S. 6, 7, 11.

		Millionen Rubel (ausschliefslich Edelmetall)		
		1886	1896	1897
Vereinigtes Königreich	Ausfuhr nach Rufsland	110,3	111,4	102,1
	Einfuhr von Rufsland	143,9	160,9	150,9
Vereinigte Staaten	Ausfuhr nach Rufsland	26,8	65,7	47,7
	Einfuhr von Rufsland	0,3	1,6	2,7
Deutschland	Ausfuhr nach Rufsland	135,3	190,1	179,3
	Einfuhr von Rufsland	119,2	185,4	175,2
Belgien	Ausfuhr nach Rufsland	8,9	19,5	25,0
	Einfuhr von Rufsland	18,2	23,1	32,7
Frankreich	Ausfuhr nach Rufsland	12,3	23,4	24,7
	Einfuhr von Rufsland	30,3	58,2	63,7
Österreich-Ungarn	Ausfuhr nach Rufsland	17	22,9	19,3
	Einfuhr von Rufsland	25,3	29,9	39,1

Deutschlands Übergewicht ist um so bedeutsamer, als England nach Rufsland zum Teil Rohstoffe und Halbfabrikate ausführt, z. B. Kohle, Gufseisen, künstliche Düngstoffe, Zinnplatten für Petroleum u. s. w. Deutschland übertrifft dagegen England in der Ausfuhr hochverarbeiteter Waren, z. B. von Chemikalien, Maschinen, Apparaten u. s. w.

Aus den genannten Gründen ist auch die Ausdehnung und Erschliefsung des asiatischen Rufsland dem deutschen Interesse keineswegs entgegengesetzt.

In Centralasien schiebt sich gegenwärtig das osteuropäische Handelsgebiet auf Kosten des anglo-indischen vor. Dieser Vorgang betrifft Westchina, Afghanistan und das nördliche Persien[1].

Die grofsen Kapitalaufwendungen, welche Rufsland in Eisenbahnbauten und Hafenanlagen für seine nördlichen Gebiete neuerdings gemacht hat und weiter machen wird, können sich nur bezahlt machen durch Einziehung des Murman in den Seeverkehr. Auch hier sind Deutschlands Aussichten neben Norwegen und England keine schlechten. Unablässig arbeitet Hamburg an der maritimen Erschliefsung des polaren und pacifischen Rufsland[2].

Aber eine wirkliche Einziehung Sibiriens in die Weltwirtschaft bringt erst die sibirische Bahn. Schon heute, ehe noch der Durchgangsverkehr nach der pacifischen Küste eröffnet ist, hat sich der Satz bestätigt, dafs in dünnbevölkerten, aber kulturfähigen Landstrichen die Eisenbahn den Verkehr schafft, die Ansiedler herbeizieht, die Schätze des Bodens erschliefst[3]. Damit aber mufs das Gewicht der Sibirjaken zu Gunsten einer mafsvollen und verkehrsfreundlichen Handelspolitik innerhalb Gesamtrufslands künftig in die Wage fallen.

---

[1] So Bericht des Hauptmann Chevenir-Trenche. Vergl. „Handel und Gewerbe“ vom 1. April 1899.

[2] Vergl. Brief von Nossiloff in der „Nowoje Wremja,“ Januar 1898.

[3] Für 1900 rechnet man bereits darauf, dafs Ausgaben und Einnahmen des Bahnbetriebs sich balancieren. Von grofser Bedeutung erwies sich der Lokalverkehr.

Dies wird um so mehr der Fall sein, als die russische Industrie noch auf lange hinaus nicht in der Lage ist, die Bedürfnisse des russisch-asiatischen Festlandes zu befriedigen. Der wirtschaftliche Aufschwung jener riesigen Gebiete erfordert in erster Linie die Produktion von Ausfuhrwaren: Getreide, Metallen u. s. w. Die Massenproduktion von Ausfuhrwaren ist aber unmöglich ohne die Einfuhr von Produktionsmitteln: Werkzeugen, Maschinen, Chemikalien u. s. w.

Gegenwärtig wird Sibirien, welches bis vor kurzem als Schneewüste und Verbrecherkolonie vorgestellt wurde, von Handlungsreisenden aller Nationen durchschwärmt. Dafs die Deutschen nicht zurückstehen, zeigt die Notiz einer russischen Zeitung: „die Kirgisen am Irtysch bedienen sich deutscher Pflüge“ [1].

Die angeführten Thatsachen erscheinen um so wichtiger, wenn wir sie mit der immerhin noch geringen Rolle vergleichen, welche der deutsche Handel und die deutsche Ware auf dem Gebiete der britischen Herrschaft spielen. Trotz des Freihandels mehrerer britischer Kolonien, trotz der Meistbegünstigung, welche wir auch auf dem Boden der schutzzöllnerischen Kolonien mit Ausnahme Kanadas besitzen, behauptet hier die englische, daneben vielfach die amerikanische Ware einen gewaltigen Vorsprung vor der unsern [2]. Die Gründe dieser Thatsache liegen in Gewohnheiten und persönlichen Beziehungen sowohl der privaten Konsumenten wie der Regierungen [3].

Selbstverständlich ist hier nicht der Platz, auf diese Gesichtspunkte näher einzugehen, weil sie mehr der deutschen

[1] Citiert in „Handel und Gewerbe“ vom 11. Februar 1899.

[2] Diese absolute Vorherrschaft des Mutterlandes ist natürlich wohl vereinbar mit dem relativen Vordringen des fremden Handels auf dem Boden britischer Kolonien. Vergl. K. J. Fuchs, Die Handelspolitik Englands, S. 259 ff.

[3] Die Thatsache selbst ergiebt sich um deswillen als unzweifelhaft aus der Handelsstatistik, weil selbst gröfsere Irrtümer derselben gegenüber den absoluten Ziffern nicht in Betracht kämen. Für die Ziffern vergl. man: Statistical abstract for the several colonial and other possessions of the united Kingdom und Statistical abstract for principal and other foreign countries.

als der russischen Wirtschaftspolitik angehören. Um so wertvoller ist es mir, das Urteil eines der intelligentesten deutschen Industriellen anzuführen, welcher, an der Ausfuhr nach aller Welt beteiligt, mir folgendes schreibt:

„Es ist der deutschen Industrie leichter, innerhalb der russischen Grenzen die Konkurrenz mit Engländern und Amerikanern zu bestehen, als auf dem Boden der britischen Kolonien. Ich begründe dieses damit, dafs die russische Industrie noch weit zurück ist und der Kampf mit den erwähnten Industrieländern in Rufsland neutralen Boden findet, weil der russische Konsument sowohl, als die russische Regierung keine Voreingenommenheit gegenüber deutschem Fabrikate besitzen, im Gegenteil oft dieselben begünstigen, während in Kolonien unter englischem Einflufs Bestellungen seitens der Regierung wohl nie und von seiten der Eingewanderten kaum zu erhalten sein dürften, wenn nicht ganz besondere Vorteile in Bezug auf Preis etc. gegenüber englischer Industrie geboten werden können [1].“

Fassen wir zusammen: Rufsland ist heute nicht mehr das Land der Eisbären und Zobeltiere; in seinen Grenzen gedeiht die Baumwollstaude und die Dattelpalme; durch seine Bahnbauten gliedert es sich einen immer gröfseren Teil des asiatischen Festlandes an. Während gegen Ausgang des Mittelalters die Verlegung der Welthandelsstrafsen nach dem Westen Deutschlands Niedergang besiegelte, so verbesserte bereits der Suezkanal diese peripherische Lage Deutschlands. Mit dem Aufschwung des östlichen Europa und des kontinentalen Asien wird Deutschlands Lage wieder centraler: nach Vollendung der sibirischen Bahn wird man in etwa gleicher Zeit,

---

[1] Nähere Nachweisungen in dieser Richtung finden sich bei Martin Bürgel, Unsere Handelsbeziehungen zu England, den Vereinigten Staaten und Rufsland. Vortrag gehalten am 16. Februar 1899 bei der Begründung des deutsch-russischen Vereins. Geschäftsstelle Berlin SW. Königgrätzerstrafse 49. Dieser Verein stellt sich die Aufgabe, die Beziehungen der beiden aufeinander angewiesenen Nachbarländer zu pflegen. Seine Veröffentlichungen erscheinen in deutscher und russischer Sprache.

von Berlin nach Osten oder Westen ausfahrend, den Pacific erreichen. (Petersburg—Pecking auf 14 Tage veranschlagt.) Schon ist es kein phantastischer Traum mehr, ein gesamtasiatisches Eisenbahnsystem, und dieses verbunden mit dem europäischen, zu denken. Rufslands Kräfte allein sind dieser riesigen Aufgabe nicht gewachsen; es liegt aber in russischem Interesse, türkische Bahnen lieber in deutschen und französischen als in englischen Händen zu sehen.

Ihren angemessenen Ausdruck fand diese Interessengemeinschaft in dem deutsch-russischen Handelsvertrage von 1894. Dieser Vertrag war zunächst ein Vorgang von weitreichender wirtschaftlicher Bedeutung, ein legitimes Geschäft, bei dem beide Parteien ihren Vorteil fanden. Dafs letzteres thatsächlich der Fall war, darüber läfst die beiderseitige Handelsstatistik keinen Zweifel. Übrigens haben die Zollherabsetzungen, welche Rufsland im Handelsvertrag gewährte, trotz ihrer unzweifelhaften Vorteile für die deutsche Ausfuhr[1] die russische Industrie keineswegs geschädigt; denn die gewaltigste Woge russischen Industrieaufschwungs erhob sich erst nach Abschlufs des Handelsvertrags.

Sodann bedeutete der Handelsvertrag einen Schlag gegen gewisse, auf beiden Seiten weit verbreitete volkswirtschaftliche Irrtümer.

Beide Nationen sahen sich durch die Macht der Thatsachen darauf hingewiesen, dafs die Vorstellung der wirtschaftlichen „Unabhängigkeit vom Auslande" heute veraltet ist, dafs es sich vielmehr um eine wachsende Verflechtung der Volkswirtschaften handelt, und dafs das Wohl des Nachbarn mit dem eignen verträglich ist.

In letzter Linie hatte der deutsch-russische Handelsvertrag von 1894 eine weitreichende politische Bedeutung, wie überhaupt die grofsen Ereignisse auf dem Gebiete der Handelspolitik mehr als einmal solche gehabt haben. Ich erinnere an den berühmten Handelsvertrag mit Napoleon III., durch welchen Bismarck das „Los von Österreich" einleitete.

---

[1] Vgl. die Äufserungen zahlreicher deutscher Handelskammern.

Unser handelspolitisches Verhältnis mit Rufsland streifte in der zweiten Hälfte der 80er Jahre an den Zollkrieg nahe heran. Die Lebensinteressen und die Leidenschaften beider Völker waren berührt. Ein Verhältnis politischer Freundschaft erwies sich damit unvereinbar, trotz der ausgesprochenen Absicht eines Bismarck, diese Freundschaft aufrecht zu erhalten. Jeder Deutsche, welcher in jener Zeit Rufsland bereiste, weifs, welche Blüten damals der fremdenfeindliche Nativismus trieb.

Jeder, der seitdem Rufsland öfters besucht hat, kann von dem Umschwung sprechen, welcher sich in der öffentlichen Meinung des Zarenreichs vollzogen hat. Der Handelsvertrag bedeutete die erste Niederlage des gegen Europa gerichteten, im Innern hoch reaktionären Panslavismus. Er beseitigte damit für beide Teile die Gefahr des unnützesten aller Kriege, wie uns von mafsgebender Stelle, die es wissen mufs, bestätigt wurde. In diesem Sinne war der Handelsvertrag ein Bedürfnis der auswärtigen Politik beider Staaten.

Pierer'sche Hofbuchdruckerei Stephan Geibel & Co. in Altenburg.

Reprint Publishing

Für Menschen, Die Auf Originale Stehen.

Bei diesem Buch handelt es sich um einen Faksimile-Nachdruck der Originalausgabe. Unter einem Faksimile versteht man die mit einem Original in Größe und Ausführung genau übereinstimmende Nachbildung als fotografische oder gescannte Reproduktion.

Faksimile-Ausgaben eröffnen uns die Möglichkeit, in die Bibliothek der geschichtlichen, kulturellen und wissenschaftlichen Vergangenheit der Menschheit einzutreten und neu zu entdecken.

Die Bücher der Faksimile-Edition können Gebrauchsspuren, Anmerkungen, Marginalien und andere Randbemerkungen aufweisen sowie fehlerhafte Seiten, die im Originalband enthalten sind. Diese Spuren der Vergangenheit verweisen auf die historische Reise, die das Buch zurückgelegt hat.

ISBN 978-3-95940-145-6

Faksimile-Nachdruck der Originalausgabe

www.reprintpublishing.com

www.ingramcontent.com/pod-product-compliance
Lightning Source LLC
Chambersburg PA
CBHW060837220326
41599CB00017B/2328

9783959401456